G. -F- Widera

Mosaik

TERENCE CONRAN

NEUE WOHNIDEEN

Kreativ und stilsicher einrichten.
Der große Einrichtungsratgeber mit 760 Fotos, individuellen Vorschlägen, Checklisten und vielen praktischen Tips

Mosaik Verlag

Mitarbeiter

Sinn für das Einfache	Terence Conran, aufgrund eines Interviews von Stephan Baylay
Vorüberlegungen	Colin Robinson
Planung	John Thackara
Umbauten	Martin Lazenby und Elizabeth Wilhide
Architektonischer Charakter	Gillian Darley
Fassadengestaltung	Joyce Lowrie
Heizung	Mary Trewby
Aufbewahrungsorte	Jeremy Myerson
Gutes Stilgefühl	Susan Collier
Fußböden	Jane Lott
Wände und Decken	Neal Morris
Beleuchtung	Nonie Niesewand
Eingänge, Flure, Treppen	Lance Knobel
Wohnzimmer	Hilary Green
Küchen	Nigel Walters
Eßzimmer	Jan Burney
Schlafzimmer	Caroline Clifton-Mogg
Badezimmer	Rebecca Eliahoo
Kinderzimmer	Diana Harris
Arbeit, Hobby und Werken	Steve Braidwood
Das Einzimmer-Apartment	Suzanne Slesin
Außenräume	Mary Keen und Michael Miller
Sicherheit im Haushalt	Sally King
Behindertengerechtes Bauen	Sally King
Elektrischer Strom	Barrie Evans
Sicherheitsvorkehrungen	Jeanne Griffiths
Instandhaltung	Neal Morris

Übersetzer

Teil 1 und 4	Franz Grieser
Teil 2 und 3	Karin Hein

Die englische Originalausgabe erschien unter dem Titel
»Terence Conran's New House Book« im Verlag Conran Octopus, London

Der Mosaik Verlag ist ein Unternehmen
der Verlagsgruppe Bertelsmann

Redaktion: Dr. Dieter Struss, Grafing bei München
Satz: Filmsatz Schröter GmbH, München
ISBN 3-576-10542-5 · Printed in China.

Herausgeber

Hilary Arnold

Berater

Stafford Cliff

Redaktion

Redaktionsleitung	Mary Trewby
Mitarbeiter	Frances Kennett
	Julian Worthington
	Susan Conder
Assistent	Katherine Dunn
Redakteure	Vicky Hayward
	Elizabeth Wilhide
	Jane Walker
	Sarah Litvinoff
	Yvonne Rees
	Anne Dobell
	Catherine Carpenter
Register	Richard Bird und Hilary Bird

Bebilderung

Bildredakteur	Philippa Lewis
Bildbeschaffung	Shona Wood
	Marian Price

Design

Leitung	Douglas Wilson
Redakteur	Stephen Bull
Designer	Paul Burcher
Assistenten	Neil Haines
	Karen Bowen
Zeichnungen	Mulkern Rutherford
Herstellung	Michel Blake

Berater

	Ray Porfilio (USA)
	Lance Knobel
Technik	David Holloway
	Martin Lazenby
	Tessa Hunkin
	Tony Wilkins
Ergonomie	Jane Dillon
Heizung	C. M. J. Sutherland Associates
Botanik	Jasmine Taylor
Beleuchtung	John Philips
	Royal Society for the Prevention of Accidents
	Metropolitan Police (New Scotland Yard)

INHALTSVERZEICHNIS

ZU DIESEM BUCH

Das Inhaltsverzeichnis führt die auf jeder Seite behandelten Themen detailliert auf und ist in Verbindung mit der folgenden Übersicht zu benutzen.

Teil 1: ENTWURF FÜRS LEBEN

Der erste Teil befaßt sich mit den Grundlagen der Hausplanung und zeigt Wege, wie Sie Ihre persönlichen Erfordernisse in die Praxis umsetzen können. Sie finden Hinweise darauf, was bei der Wahl eines neuen Heims zu beachten ist, aber auch Ratschläge für bauliche Veränderungen, Kostenplanung und andere praktische Belange. Außerdem erfahren Sie, wie Veränderungen an Bausubstanz oder Grundriß aussehen können, der vorhandene Raum besser genutzt, der architektonische Stil verbessert und Heizung und Lagerung optimiert werden können.

Teil 2: INNENDEKORATION

Dieser Teil dient als Führer durch die Innenausstattung. Fragen zu Stil, Farbgebung und Mustern bilden den Anfang. Daran schließt sich eine Betrachtung der einzelnen Komponenten wie Böden, Wände, Türen, Beleuchtung usw. an, um die Palette der Möglichkeiten aufzuzeigen, sowohl im Hinblick auf das Budget als auch auf Funktion und optische Wirkung.

Teil 3: RAUMGESTALTUNG

Jedem Zimmer ist ein eigenes Kapitel gewidmet, um die Raumgestaltung systematisch in Verbindung mit den spezifischen Funktionen und Aufgaben zu betrachten, die jedes Zimmer erfüllen soll. Dieser Teil enthält Anregungen zur Grundrißgestaltung, zu Installationen und Mobiliar ebenso wie zu Fragen des Stils und der Wohnatmosphäre.

Teil 4: GRUNDLAGEN FÜR JEDES HAUS

In diesem Teil finden Sie die wichtigen Grundlagen der Hausinstallationen und Fragen der Sicherheit und Haushaltsführung; graphische Darstellungen und Schaubilder ergänzen die Informationen.

Der Empfangsraum eines Musikers in der Provence. Gelbe Wände und ockerfarbene Fliesen vermitteln ein typisch mediterranes Ambiente. Zur sparsamen Einrichtung gehören, neben dem Flügel, in Grautönen abgestufte Antikmöbel und ein Porträt von Palmero.

Sinn für das Einfache

Die nüchterne Schlichtheit eines ländlichen Schlafzimmers in Griechenland und die vornehme Schlichtheit feiner Bettwäsche in einem betont modernen Raum.

Ich liebe Klares und Nützliches – was aber nicht heißt, daß ich etwas gegen das Vergnügliche hätte, ganz im Gegenteil! Aber ich bin überzeugt, daß die einfachen Dinge besser sind als die komplizierten oder überladenen, und daß nur sie wirklich angenehm sind. Etwas Einfaches und Überzeugendes ist besser als etwas Gekünsteltes, das nur durch übergroße Raffinesse auffällt.

Ich finde eine normale Milchflasche aus Glas schöner als einen komplizierten silbervergoldeten Krug. Es gibt in dieser Welt eine Menge Dinge, die so perfekt sind, daß man sie nicht verbessern könnte, so sehr man es auch versucht. Viele Dinge, die wir kaufen, sind nur deswegen »falsch«, weil sie mit zu viel Design überhäuft sind, mit zu viel unnötigem Dekor und ohne Stilgefühl oder Sinn für adäquate Form. Nicht die Dekoration an sich ist falsch, sondern die kunst- und geistlose Dekoration.

Die subtilen Schattierungen in den Zeichnungen zweier Nachtfalter.

Das gilt auch für die Innendekoration. Mein Geschmack ist zum Teil eine Reaktion auf das Mischmasch, in dem viele von uns aufgewachsen sind. Als ich ein Kind war, entschied glücklicherweise meine Mutter, wie das Haus aussehen sollte. Sie mochte Möbel von Ambrose Heal, von denen wir einige besaßen, dazu ein paar recht gute, ererbte antike Stücke, und erzielte damit eine lapidare Einfachheit. Ich erinnere mich an große massive Sofas in einem typischen Ambiente der 30er Jahre, die von einer besonderen Qualität des Lichts profitierten. Die wenigen Möbel darin schienen genau im Blickpunkt zu stehen, und man sah sie mit einer Intensität, wie man sie in überladenen Räumen nie empfinden kann. Seitdem versuche ich immer wieder, eine solche Atmosphäre luxuriöser Einfachheit zu schaffen.

Ein Fenster in der Molkerei in Uppark, in einem englischen Gutshof.

Farbe gehört zu meinen frühesten Erinnerungen. Noch heute fühle ich den Schreck und die Aufregung, als hellgrüne Farbe aus einer Büchse, die ich umgeworfen hatte, über den Terrakottaboden der Küche floß – eine schreckliche Farbkombination. Und noch eine andere Kindheitserfahrung formte meinen Geschmack für Formen und Farben: Mit zwölf Jahren begann ich, mich ernsthaft für Wiesenblumen, Schmetterlinge und Motten zu interessieren. Vor allem begeisterte ich mich für Nachtfalter. Dieses kindliche

Die Molkerei in Lanhydrock in Cornwall – Schieferrinnen entlang der gekachelten Wände führen Quellwasser zur Kühlung der Frischwaren.

Hobby half mir, ein besonderes Unterscheidungsvermögen für Formen, Farben und Texturen zu entwickeln.

In der Bryanston-Schule legte man großen Wert auf Kunsterziehung; hier wurde mir die Bedeutung der Innendekoration bewußt. Wir machten Ausflüge zu den bekannten Herrenhäusern von Montacute und Stourhead. Obwohl wir angehalten wurden, die bedeutenden Gemälde oder besondere Architekturdetails zu bewundern, zog es mich, eigensinnig wie ich war, immer in die Molkerei oder den Dienstbotentrakt. Ich erinnere mich, daß die großen Räume mir wie ein Schwindel vorkamen und daß ich mir nicht vorzustellen vermochte, wie man darin leben konnte. Die Bediensteten schienen es besser zu haben.

Ein Ausschnitt der Spülküche in Lanhydrock – offene Gestelle für die robusten Küchenutensilien sind einfach und praktisch zugleich.

Der Waschraum in Beningborough Hall in North Yorkshire, in dem jedes Teil solide, funktional und schön ist.

Die großen Salons und Speisesäle der historischen Landsitze demonstrieren eine eindrucksvolle künstlerische Attitüde, aber sie kamen mir eher wie bombastische Theaterkulissen und nicht wie Wohnräume vor. So viele überladene Details waren eine visuelle Herausforderung, und ich wunderte mich, wie man sich hier auf eine Unterhaltung konzentrieren oder gar ein gepflegtes Essen in fröhlicher Runde genießen konnte. Die Arbeitsräume, Vorratskammern und Küchen jedoch mit ihren Steinböden und dem einfachen, unprätentiösen Mobiliar erschienen mir viel eher ein geeigneter Hintergrund für das wirkliche Leben zu sein.

Die Welt der Gesindestuben in diesen großen Landsitzen war nicht von den berühmten Künstlern der Zeit geschaffen worden, sondern von Handwerkern, die seit Generationen erprobte Materialien und Techniken benutzten. Ihre Arbeiten mußten einfach und funktionell sein, Möbel in Urform. Die klare Gestaltung und die Materialtreue in den Waschküchen, Milchkammern und

Küchen entsprach vollkommen den lichten Farben dieser Räume.

Sie erschienen mir als die anziehendsten Räume in diesen großen Anwesen. Hier versuchte niemand, einen künstlichen, ästhetischen Stil aufzuzwingen – alles sollte lediglich so rechtschaffen, zweckmäßig und wirtschaftlich wie möglich seine Funktion erfüllen. In den oberen Räumen wurden exotische Hölzer mit raffiniertem Schnitzwerk malträtiert und dann noch verziert, bis das Mobiliar elegant, kostbar und anfällig wurde.

Ironischerweise hat gerade der bürgerliche Geschmack des 20. Jahrhunderts – dessen Leben sonst eher von Bequemlichkeit und Gleichheit geprägt ist – oft versucht, das Herrendasein dieser Welt zu imitieren. Preziöse Vornehmheit ist zur Norm geworden.

Wenn man es näher überlegt, muß dieses stilisierte Leben in den großen Salons höchst unbequem gewesen sein. Wer der Mode des 17. und 18. Jahrhunderts mit Hingabe folgte, hatte schon Probleme beim Sitzen, nicht nur wegen der überladenen Kleidung, sondern auch wegen der zerbrechlichen Stühlchen, die so hoffnungslos unpraktisch waren, daß man dort nur wie eine Gliederpuppe drapiert sein konnte. Die Dienerschaft jedoch genoß nach ihrer harten Tagesarbeit Mahlzeiten und Gespräche in einer angenehmeren, anregenderen und natürlicheren Weise. Ihre Entspanntheit, Bequemlichkeit und Ungezwungenheit scheint mehr der Lebensqualität zu entspre-

Wandbehänge, Gobelins, weiche Teppiche – in den oberen Räumen in Newby Hall ist eine Präsentation von Standessymbolen zu finden.

chen, wie wir sie heute schätzen, als die Verzierungen der Beletage.

Natürlich waren die Leute, die diese Räume schufen, sich nicht mit selbstkritischer Distanz ihrer Arbeit bewußt. Aber ich bin sicher, daß sie einen größeren Beitrag zur Zivilisation geleistet haben als alle Tapisserien, Bronzen und Gemälde zum Ruhm der herrschaftlichen Räume.

Ein Kriterium für gute Innenarchitektur ist die Fähigkeit, einfache Fragen zu stellen. Gutes Design ist zu 98 Prozent gesunder Menschenverstand und zu zwei Prozent Ästhetik. Fragen Sie sich einmal selbst: Wie möchte ich, daß meine Familie lebt? Wie sollen sich meine Freunde fühlen, wenn sie mich besuchen? Wenn man die Fragen richtig stellt und einigen Grundregeln folgt, ist die Lösung sehr leicht.

Für mich sind die bequemsten Räume fast immer die einfachsten. In einem Ryokan, der traditionellen japanischen Herberge, sitzt man auf Tatami-Matten am Boden, in einer anmutigen Umgebung, deren einziger Schmuck juwelengleiche kleine Chrysanthemen sind. Diese traditionellen japanischen Räume, in die das Licht durch Papierjalousien fällt, wirken ungeheuer beruhigend. Die

Der Architekt und Designer Charles Eames erbaute dieses Haus in Santa Monica zusammen mit seiner Frau Ray im Jahre 1949. Hier gelangte seine Vorliebe für Schlichtheit und strenges Design zur Vollendung.

Ein moderner Raum nach den Prinzipien der minimal art und mit stark japanischem Einfluß.

Japanischer Steingarten.

Ruhe und Stille eines traditionellen japanischen Intérieurs.

strenge und würdige Gestaltung lenkt die Aufmerksamkeit auf das kleinste Detail von Farbe oder Textur. Einen schönen Margeritenstrauß in einem Salon von Montacute würde man wahrscheinlich gar nicht bemerken, aber in einem Ryokan würden dieselben Blumen zu einem Objekt intensiver Schönheit. So kann jeder einfache Möbel oder Objekte für sich wirken lassen. Meine Reisen in Japan haben

Die Provence – ein idealer Rahmen für perfekte Gartenräume.

Bunte Fülle auf einem französischen Wochenmarkt.

viele meiner Ideen, wie Innenräume sein sollten, bestätigt. Den größten Einfluß auf mein Kunstempfinden hatte jedoch ein näher gelegenes Land: Frankreich.

Der Fotograf und Lebenskünstler Michael Wickham wurde mein Führer und Lehrer, als wir 1952 in seinem offenen Wagen erstmals in den Süden fuhren.

Meine Eltern waren vielleicht drei- oder viermal im Ausland. Als ich ein Kind war, war es nicht üblich, irgendwo in der Ferne Ferien zu machen. Wir fuhren gewöhnlich nach Swanage, Bembridge oder einen anderen Ferienort an der Küste. Ich erinnere mich an den kleinen Hafen von Bembridge, der für mich ein verführerischer Ort war, mit den wundervollen Silhouetten der Yachten, den zarten Farben, den gerollten Tauen und dem durchdringenden Geruch von Holz und Firnis. Und vor allem wollte ich die Handwerker bei der Arbeit beobachten.

Im übrigen war es eine eher karge Kindheit im England der Kriegsjahre. Man sah kaum helle Farben. Um so größer war das Erlebnis der südlichen Märkte, bunt und überquellend von Obst und Gemüse. Die Franzosen stellen ihre Waren ebenso verführerisch wie selbstverständ-

Eine englische Bootswerft.

lich aus. Farben und Formen sind so arrangiert, daß einem nicht nur das Wasser im Mund zusammenläuft – es ist auch ein optischer Genuß, genau wie ein schöner Innenraum. Als armer, dünner Engländer, mit der faden und farblosen Kost englischer Internate aufgewachsen, fand ich hier das Paradies – Marktplätze, Läden, die Architektur der kleinen Städte! In den Cafés war alles so einfach wie schön: eine weiße Tischdecke, schwere glatte Porzellanteller mit einer Scheibe Fleisch, etwas Gemüse, eine massive Karaffe mit Wein – jeder Gegenstand hatte ganz selbstverständlich etwas, das man in England Kunst genannt hätte.

Wenn ich auf etwas stolz sein kann, dann darauf, daß ich imstande war, etwas von diesen Erfahrungen aus dem Nachkriegsfrankreich mit nach Hause zu nehmen. Doch was ich dort vor 30 Jahren gelernt habe, kann jeder lernen.

Daß ich diese entscheidende Anregung erhielt, lag auch daran, daß ich in der Fremde und in Ferien war. In den Ferien nimmt man sich schon einmal Zeit, zu überlegen, warum und woran man sich freut. Man steht nicht unter dem Zwang der täglichen Arbeit, wahrscheinlich ist schönes Wetter, und es gibt reichlich und gut zu essen und zu trinken. Doch die Umgebung ist genauso wichtig. Um uns zu erholen, suchen wir schöne Landschaften, sei es in Mexiko oder in der Südsee, in Schottland oder Neu-England. Mich zieht das Mittelmeer besonders an. Hier erlebt man Umwelt und Natur in einer sehr elementaren Weise, und das ist auch der Grund, warum ich in Frank-

Griechisches Haus mit sensibel gestaltetem Intérieur in mediterraner Tradition.

Die Baumaterialien der Mittelmeerländer nehmen mit den Jahren weichere Züge an.

Perfekte Mischung aus alten Gemäuern, vorbeifließendem Wasser und farbenprächtigen Blüten.

reich, Italien, Spanien oder Griechenland so glücklich bin.

Was macht einen bestimmten Platz auf der Welt so schön? Wenn Sie unter einem weiten blauen Himmel sitzen, Terrakottafliesen zu Füßen, vor strengen, weißen, rustikal gemauerten Wänden – überlegen Sie, ob die Dinge, die Sie zu Hause so hoch schätzen, dieses Ferienbild verschönern würden. Vielleicht würden Sie sich in Ihrem eigenen Mobiliar wohler fühlen? Ich möchte es bezweifeln. Wenn Sie ganz ehrlich mit sich selbst sind, werden Sie bei Ihrer Rückkehr feststellen, daß es lächerlich ist, zu einem Teppich zurückzukehren, dessen Muster nur dazu gut ist, Schmutz unsichtbar zu machen. (Ich habe dieses Argument nie verstanden, denn ich ziehe es vor, Schmutz zu sehen und zu wissen, daß ich saubermachen muß). Anstatt Souvenirs zu kaufen, die das Durcheinander in der Wohnung nur vergrößern, sollten Sie die Erinnerung an die schönen Plätze, an denen Sie so viel Freude hatten, mit nach Hause nehmen.

Ferienerfahrungen können eine heilsame Lektion in Innenarchitektur sein. Zu oft vergessen moderne Architekten etwas, das die Künstler und Handwerker der Mittelmeerländer schon immer wußten: Wie wichtig es ist, Material zu verwenden, das gut altert, mit dem die Gebäude im Lauf der Jahre Stil und Qualität gewinnen. Wir alle schätzen Patina. Wahrscheinlich sahen die großen Herrenhäuser scheußlich aus, als sie neu waren – man denke nur an

Eiskremfarben, vielfätlige Texturen, schlichte Formen – die Quintessenz mediterraner Vorzüge.

Eine moderne Fassung mediterraner Architektur, gedämpft mit weichen Vorhängen und stark konturiert durch einen Boden aus Holz und Beton.

ein von frischer Farbe triefendes Haus oder einen gerade angepflanzten Garten. Unsere Freude an alten Häusern kommt nicht nur von dem Vergnügen an der reichen und vielgestaltigen Struktur, die durch Jahrhunderte und Witterung entstanden ist, sie liegt auch in dem beruhigenden Gefühl, daß sie Zeiten überdauert haben. Für ein nagelneues Haus hofft man, daß es bald alt und grau werden und nicht mehr so penetrant neu aussehen möge. Aber dazu braucht man Mut. Denken Sie daran, daß Bauwerke wie lebendige Wesen sind und daß selbst moderne Materialien mit dem Alter besser werden können. Inzwischen schätzen wir frühe Kunststoffobjekte, und sogar Rost kann schön sein.

Ich möchte bestimmt nicht die moderne Architektur verdammen. Schließlich verdanken wir den großen Architekten der 20er und 30er Jahre viele hervorragende, moderne Entwürfe. Ihre Regeln über Materialtreue und das Verhältnis von Funktion und Form sind gültig und nützlich für gutes Design.

Die Architekten haben seit dem Zweiten Weltkrieg eine Menge, oft unfaire Kritik zu hören bekommen. Viele mo-

Das von Eero Saarinen entworfene und 1964 erbaute »Deere & Company Building« in Moline in Illinois. Rostendes Eisen erlangt die Kraft und Schönheit lebender Naturstoffe.

Die stets sich wandelnde Fassade aus Bronze, Marmor und Glas von Mies van der Rohes »Seagram Building« in New York.

derne Gebäude sind schlecht, vor allem die großen Wohnanlagen und die Bauten regionaler Behörden. In vielen Teilen Europas gab es einen Trend nach unten, zur Mittelmäßigkeit, weil Planer und Auftraggeber sich nicht um gute Entwürfe und dauerhafte Qualität kümmerten. Es ging ihnen meist nur um Gewinnmaximierung in der kürzestmöglichen Zeit. Sie arbeiteten mit schlechtem Material und billigen Details, den Bauten fehlte Großzügigkeit und Sinn für Proportionen. Im Gegensatz dazu haben die Vereinigten Staaten einige hervorragende Beispiele moderner Architektur – allerdings auch den entsprechenden Anteil schlechter. Zum Besten gehören einige Verwaltungszentren großer Firmen.

Betrüblicherweise haben nur wenige Menschen Gelegenheit, die besten Beispiele moderner Architektur und Innenarchitektur näher kennenzulernen. Vermutlich bieten Restaurants eine der wenigen Möglichkeiten, von einem Innenarchitekten gestaltete Räume genauer zu betrachten. Die meisten Restaurants entstanden nicht durch Zufall, sie wurden von professionellen Innenarchitekten geplant. Sie sind, nicht nur kulinarisch, eine Schule des

Das Pariser Restaurant »Grand Vefour« – ein zeitloses Intérieur, das Augen und Appetit anregt.

Zeitgenössischer Chic in Michael Chows Restaurant in Los Angeles verrät das Können des Designers; sein Dekorationsstil und die Hängekreation von Richard Smith sind ideal abgestimmt auf die orientalisch-weltstädtische Küche.

guten Geschmacks. Restaurants müssen gut aussehen und gut funktionieren. Die Arbeitsabläufe sind vielfältig, das Personal muß sich ohne Probleme bewegen, die Gäste ihre Tische leicht erreichen können. Man soll bequem sitzen und sein Essen ohne Ablenkung, aber in belebender Atmosphäre genießen. Sorgfältige Planung, Flexibilität, Beleuchtung und Ambiente sind wichtig. Für mich sind einige der besten Werke der Innenarchitektur in Cafés und Restaurants zu finden. Das Grand Véfour in Paris zum Beispiel hat einen der schönsten Innenräume, die ich kenne, unverändert seit dem frühen 19. Jahrhundert.

Zu einer bestimmten Eßkultur gehört eine entsprechende Einrichtung. Wenn Sie abends zum Essen ausgehen: Soll es rustikal, griechisch oder vielleicht ein »high-tech-fast-food«-Menü sein? Terrakottafliesen, weiß gekalkte Wände und Chiavari-Stühle lassen auf Bouillabaisse oder italienische Küche schließen; in einer goldverschnörkelten Rokoko-Umgebung wird man keine *nouvelle cuisine* erwarten. So lernt man, zwischen Design und Stil zu unterscheiden. Design ist das Grundgerüst eines Raumes. Wie kommt man hinein und heraus? Wie ist die Beleuchtung? Wie passen die einzelnen Teile zusammen? Wenn man das nicht richtig beachtet, wird das Endergebnis unbefriedigend sein – ganz gleich in welchem Stil. Stil ist so etwas wie das besondere Aroma eines Gerichts, die Würze des Lebens; Design die Qualität der Zutaten. Stil ist wie ein bestimmtes Prickeln, etwas, was

Verlockende, ausgewogene Fülle im Sonnenlicht eines offenen Fensters – die richtige Balance der einzelnen Elemente ist nicht minder bedeutend in der Raumplanung.

Küchenchef Michel Guerard entnahm die Anregungen für die Gestaltung seiner Küche den Beispielen großherrschaftlicher Häuser.

Um das beste aus dem wunderschönen Anwesen an der amerikanischen Westküste zu machen, ist der Architekt von den Fenstern ausgegangen.

Großzügige Proportionen eines Windsor-Stuhles.

manche Leute ärgert und anderen gefällt. Das Schwierige ist nur, das richtige Gleichgewicht zwischen Design und Stil zu finden.

Die Kochkunst ist ein guter Vergleich. Stellen Sie sich eine Küche vor, in der alle Zutaten auf einer Arbeitsplatte bereitliegen und auf die Zubereitung eines gut komponierten Menus warten. Genauso wird ein Innenraum entworfen. Ein verschwenderisch reiches und raffiniertes Gericht, ergänzt mit etwas Frischem und Leichtem ist ein besonderer Genuß. Kontraste sind beim Kochen ebenso wichtig wie bei der Innendekoration. Das Ziel sollte immer die ideale Balance sein, die reiche Fülle auf einer einfachen Grundlage.

Design ist wichtig, weil sich Menschen, die mit ihrer Wohnung zufrieden sind, entspannt und glücklicher fühlen. Komplimente von Besuchern »Das haben Sie wirklich schön gemacht!«, »Sie haben Talent!« heben das Lebensgefühl. Aber leider halten es viele Leute für neureich und unintellektuell, sich mit der eigenen Wohnwelt zu beschäftigen – was ich wiederum für den wahren Snobismus halte. Ich meine jedoch, daß Leute, die einen Kitschroman oder Unterhaltungsmusik verachten und sich auch nicht um ihre Kleidung, Umgebung oder ihr Essen (allerdings wohl um ihren Wein) kümmern, Leute also, die nicht akzeptieren, daß Augen und Zunge ebenso wichtig sind wie der Kopf, nur eine sehr begrenzte Idee von Kultur haben. Wir brauchen alle fünf Sinne. Das ideale Haus ist viel mehr als nur ein Heim. Wer sein Haus ernsthaft und praktisch plant, sollte genau überlegen, was ihm gefällt – und was nicht und dann die Gründe analysieren. Ich persönlich bewundere traditionelle Windsor-Stühle mit ih-

Amerikanische Shaker-Möbel von 1815.

ren großzügigen Proportionen. Wenn man sich nun ihre modernen Gegenstücke ansieht, muß man feststellen, daß wirtschaftliche Faktoren die Stühle ihrer elementarsten Eigenschaften beraubt haben: Übriggeblieben ist etwas Mickriges und Langweiliges. Aber was kann man anderes von modernen Möbeln erwarten, die von Leuten ohne großes ästhetisches Urteil, ohne Sinn für einfache Grundformen entworfen wurden? Ein Qualitätstest bei Möbeln ist die Frage an sich selbst: Ist dies das Beste seiner Art? Sind keine Kompromisse gemacht? Zu oft ist modernes Mobiliar mit Kompromissen überladen. Ich genieße die Räume, die eine sichere Überzeugung ausstrahlen, und verachte solche, die nur das Ergebnis von Kompromissen sind.

Das beste Kochrezept, das ich kenne, ist Elisabeth Davids »faites simple«. Doch sowohl in der Küche wie in der Innenarchitektur mißtrauen wir dem Einfachen. Der gesunde Menschenverstand scheint die Leute zu verlas-

Einfach zauberhaft – ein Wirbel aus duftigem Fortuny-Gewebe.

sen, wenn sie anfangen, ihre Wohnungseinrichtung zu planen. Einfachheit heißt nicht steif oder unmenschlich – ganz im Gegenteil. Nur bei klaren Grundstrukturen kommen einzelne, dekorative Stücke gut zur Geltung. Eine Skulptur zum Beispiel wirkt hervorragend auf einem einfachen Sockel, mit viel Raum um sich und in gleichmäßig hellem Licht. Es ist ein Widerspruch, wenn man eine Plastik von Brancusi auf eine korinthische Säule stellt.

Vor allem seien Sie ehrlich mit sich selbst. Machen Sie nichts, auch nichts Einfaches, nur weil Sie meinen, man müsse es. Denken Sie nicht an Ihre Schwiegermutter, Ihre Nachbarn oder Ihren Chef – denken Sie nach, wer Sie sind und warum und was Sie in Ihrer persönlichen Umgebung ausdrücken wollen. Anderenfalls wird Ihr Haus stumpfsinnig und langweilig.

Konservativismus und Tradition sind zwei verschiedene Dinge. Die meisten Menschen sind geborene Konservati-

Mit Überzeugung eingesetzte Farben demonstrieren großen Stil – das Haus eines berühmten Modeschöpfers in Marrakesh.

Blumen sind eine Möglichkeit, den Raum stilvoll zu bereichern, vorausgesetzt die Grundlagen stimmen; wie alle Details können sie sich mit uns ändern.

ve in ihrer Einstellung zur Innenarchitektur. Sie neigen dazu, zu wiederholen, was sie von ihren Verwandten kennen, anstatt nachzudenken, was sie selber wollen. Sie leben in einer häßlichen und unbequemen Umgebung, um nur ja nicht aufzufallen. Es erfordert eine gewisse Charakterstärke, aus der Konvention auszubrechen.

Persönlicher Stil heißt auch Selbstvertrauen – zu wissen, was man will, und keine Angst zu haben, es auch zu zeigen. Es scheint für viele Leute schwer zu sein, ihre Persönlichkeit auch in ihrem privaten Wohnbereich auszudrücken, nur aus Sorge, als Außenseiter aufzufallen. Männer scheuen sich auf ganz altmodische Weise, sich überhaupt für Inneneinrichtung zu interessieren. Sie scheinen das für eine spezifisch weibliche Angelegenheit zu halten und bilden sich ein, nicht gleichzeitig Fußball spielen und Vorhänge aussuchen zu können. Selbst elegante, selbstbewußte Leute leben oft in vorgefertigten und wenig anziehenden Wohnungen.

Wunderschöner antiker Bauernschrank aus Österreich.

Es ist leichter, mit Mode umzugehen als mit Innenarchitektur. Man kann seine Kleider schneller und billiger wechseln als seine Möbel. Die Modebranche ist eine hochentwickelte Industrie, und die Geschäfte bieten eine riesige und verlockende Auswahl an, noch vergrößert durch die opulente Darstellung in Zeitungen und Zeitschriften. Die wenigsten von uns wollen ihr Leben in demselben Tweed-Anzug verbringen, den sie schon mit Achtzehn hatten. Warum also sollten wir es mit unseren Wohnungen anders halten? Hier stimme ich mit dem großen italienischen Designer Ettore Sotsass überein: »Warum müssen unsere Häuser immerwährende Tempel sein?« Daß man ein Haus für den Rest seines Lebens und noch für die Nachwelt einrichtet, ist eine weitverbreitete Meinung, die nur zu

Langeweile und Mittelmaß führt, dafür dann aber als »praktisch« gepriesen wird. Ein guter Stil in der Kleidung, die pfiffige Kombination mit wenigen Accessoires – das gilt auch für die Inneneinrichtung. Man braucht die wirklich gute Grundlage, vom Fußboden bis zum Türgriff. Gehen Sie weise mit dem Budget um und sparen Sie nicht an den Dingen, die am meisten belastet werden und die auch lange halten sollen. Schaffen Sie mit klarem, klassischen Mobiliar und passendem Dekor einen Rahmen, in dem Persönliches, Aufregendes und Modisches seinen Platz finden kann, Objekte, die man später leicht auswechseln kann: Stoffe, Wandfarben, Teppiche, Lampen. Damit wirkt ein Raum immer wieder frisch und bekommt neue Blickpunkte, einen neuen Stil. So wie man mit einem schönen alten Schmuckstück ein einfaches schwarzes Kleid neu beleben kann, so kann man die Atmosphäre eines Raumes immer wieder anders inszenieren: mit einem schönen Teppich, hellen Kissen oder einem großen Blumenstrauß. Kontraste und Überraschungen sind wichtig.

Man sollte sein Heim mit Liebe einrichten – es ist eine schöne Aufgabe. Allerdings gehören zu einem gemeinsamen Leben auch Kompromisse und Diskussionen. Meine Frau und ich haben entschiedene Vorlieben, die jedoch nicht immer übereinstimmen. Wir konnten uns über die

Rustikaler Minimalismus in einem französischen Landhaus – der moderne Kamin fügt sich der traditionellen Umgebung harmonisch ein.

Jeder Raum sollte die Persönlichkeit seines Bewohners widerspiegeln – wie diese Nische, deren reicher Dekor mit Kunstobjekten viele Rückschlüsse auf seinen Eigentümer zuläßt.

Sir John Soanes Konzept von »Zufall und Überraschung« ist sehr reizvoll. Einen kleinen Raum durch einen riesigen Eingang zu betreten oder einen großen Raum durch eine tiefer gezogene Decke zu begrenzen – das verleiht jeder Einrichtung Dynamik.

gemeinsamen Räume einigen, aber sie hat ihr Zimmer nach ihren Vorstellungen eingerichtet, und ich bin gerne dort, weil es ihre Persönlichkeit widerspiegelt. Es gibt viele Dinge, die ich bewundere, auch wenn ich sie nicht unbedingt haben möchte; ich schätze jede Spielart angemessener Gestaltung. Wichtig ist nur, daß man von dem, was man macht, auch überzeugt ist und die Fähigkeit hat, sich auch mit anderen Leuten an ganz anderen Interieurs zu freuen.

Es ist deprimierend, in einem Haus ohne Charakter zu sein, das nur respektable Langeweile ausströmt. Wie aufregend ist es dagegen, durch den Besuch eines persönlich geprägten Hauses auch seine Bewohner besser kennenzulernen.

Wenn man sich überlegt, wie wichtig die Umgebung für das tägliche Leben ist, dann sollte man die Kosten nicht scheuen und ein bißchen experimentieren, um herauszufinden, was einem am besten gefällt. Man lebt nur einmal – und sollte das Beste daraus machen. Das Zufällige und Unerwartete in der Innenarchitektur hat für mich Sir John Soane am besten verwirklicht: aus einem großen Raum durch eine kleine Tür in einen kleinen Raum zu gehen, dann plötzlich wieder eine große Weite vor sich zu haben, Blickpunkte, Spiegelungen, Grenzpunkte, wo man sie nicht erwartet. Kaum jemand wird es sich leisten können, ein Haus wie Soane zu bauen, aber man kann ganz ähnliche Effekte mit Licht erzielen und Abwechslung durch helle, dämmrige und dunkle, dann wieder helle Zonen schaffen. Mit verschiedenen Fußbodenbelägen kann man viel erreichen wie auch durch Möblieren: Man denke sich ein kleines, gemütliches, vollgestelltes Zimmer neben einer nüchternen Klosterzelle. Solche Kontraste machen das Leben in einem Haus viel interessanter.

Man wird sich in einem Wohnraum nur wohlfühlen, wenn man auch warm und bequem sitzt. Wie oft habe ich Marterqualen auf unbequemen Sofas ausgestanden, ohne daß die großen Gemälde an den Wänden mich hätten trösten können. Ein gutes Essen im Restaurant ist kein Genuß, wenn die Stühle höllisch unbequem sind, der Raum zu laut und das Licht zu grell ist oder die Kellner einem ständig über die Füße fallen. Farben und Muster können das Mißvergnügen noch vergrößern. Ich kenne viele Räume mit so verwirrend bunten Tapeten, daß man nichts anderes mehr wahrnehmen kann. Das soll praktisch und unempfindlich gegen Fingerabdrücke sein, wird aber oft zur fixen Idee, mit der man aus seiner Wohnung eine sterile Flughafenlobby macht. Ich schätze die kleinen Unvollkommenheiten, Gebrauchsspuren, die Patina des Al-

Die kunstvolle Architektur dieses 1940 erbauten Hauses in San Francisco ist der passende Rahmen für eine Kostbarkeit wie diesen Porzellankrug aus der Sung-Dynastie.

Ein Kentischer Garten in der Dämmerung. Die Beobachtung des Lichts in der freien Natur liefert die besten Anregungen für die Gestaltung der Raumbeleuchtung.

ters, unterstützt von leisen Geräuschen wie dem Zischen einer altmodischen Gasflamme oder dem Knistern von Holzscheiten.

Für mich ist Licht das Allerwichtigste. Darüber denken wir viel zu wenig nach – vor allem, wenn man berücksichtigt, daß wir einen Großteil unserer Zeit bei Kunstlicht verbringen. Ein Zimmer, das in griesgrämigem Beige ausgemalt ist, kann traurig machen; wie anders wirkt derselbe Raum, wenn er in einem zarten Zitronengelb gestrichen ist, beleuchtet vom frühen Sonnenlicht. Selbst vollgestellte Räume können im richtigen Licht wunderbar wirken, aber das edelste Dekor kann bei falscher Beleuchtung öde und finster aussehen. Die richtige Beleuchtung löst viele Probleme, und man kann auf manches verzichten – zugunsten besserer Qualität bei anderem Zubehör. Studieren Sie das Licht in der freien Natur – Sie können eine Menge über Beleuchtung lernen. Draußen im Tageslicht zeigt sich die Bedeutung der Schatten, der Einfallwinkel, der Abstufungen zwischen hartem und weichem Licht. Das heutige Angebot an Lampen ist so vielfältig, daß man praktisch jeden gewünschten Effekt mit künstlichem Licht erzielen kann.

Im privaten Umgang mit Farbe fehlt mir das Zutrauen, obwohl ich es besser wissen müßte. Wenn ich in ein neues Haus ziehe, lasse ich alles ganz konventionell weiß streichen, um dann vielleicht später Farben und Muster hinzuzufügen. Es ist eine solide Basis, die schöne Dinge auch richtig zur Wirkung bringen kann.

Der entscheidende Teil des Entwurfs, Grundlage für alles andere, ist der Fußboden. Der Boden nimmt eine große Fläche ein und wird vermutlich andere Einrichtungsgegenstände überleben. Es ist wesentlich leichter und billiger, die Wände in einer anderen Farbe zu streichen,

Dies Fenster läßt am Tag ein sanftes Licht, nachts eine friedliche Aussicht herein.

Das natürliche Tageslicht, das durch die offene Tür fällt, ist ständigem Wandel unterworfen – bei der Wahl geeigneter Oberflächen, besonders der Böden, ist die Auswirkung natürlichen wie künstlichen Lichts von größter Bedeutung.

Nicht der sybaritische Luxus des versenkten Bades macht die beneidenswerte Qualität dieses Raumes aus, sondern die weniger exotischen Komponenten wie Sonnenlicht, erlesene Oberflächen und Texturen und sorgfältig abgestimmte Accessoires.

Das Gebäude ist ebenso prächtig wie dieser Raum darin, der durch die persönlichen Schätze des Eigentümers, wie Puppenhaus und Billiardtisch, noch an Ausdruck gewinnt.

neue Vorhänge aufzuhängen oder die Beleuchtung zu ändern als den Fußboden aufzureißen und neu auszulegen. Ob Teppiche, Fliesen oder Parkett – der Boden sollte schön und wirklich eben sein. Leitungen müssen gut verlegt und verborgen werden, sichtbare Details, Fußleisten und Verputz sollten von bestmöglicher Qualität sein. Dasselbe gilt für die Wände. Sie sollten optimal geplant, tapeziert oder gestrichen werden. Man würde hier an der falschen Stelle sparen, denn auch die perfekteste Einrichtung kann keinen mißlungenen Raum mit minderwertigem Fußboden, billigem Mauerwerk und Kabelsalat in den Ecken retten.

Die kritische Lektüre einschlägiger Fachzeitschriften erleichtert die Planung. Gerade die Vielfalt hilft, das zu entdecken, was man braucht. Reißen Sie die Bilder aus, die Ihnen gefallen; zusammen mit Schnappschüssen aus dem Urlaub kann man sich ein optisches Notizbuch anlegen. Gute Informationen bieten *Ambiente, Schöner Wohnen, zuhause, Avenue* (Holland), *La Maison de Marie Claire* (Frankreich), *The World of Interiors* (Großbritannien) und *Metropolitan Home* (USA). Setzen Sie sich mit diesen Bildern und mit Stoffmustern für einige Zeit in den leeren Raum, versuchen Sie, ihn kennenzulernen und seine Eigenarten zu verstehen, bevor Sie sich wie auch immer entscheiden.

Man sollte nie versuchen, einen Raum gleich ganz perfekt fertigzustellen – man heiratet auch nicht den Erstbesten, den man auf der Straße trifft. Selbst wenn die Versuchung groß ist – zu viele Dinge müssen vorher überlegt werden. Wenn Sie dann Grundriß und Struktur des Raumes kennen, machen Sie mit dem Notizbuch einen Schaufensterbummel. Nehmen Sie sich viel Zeit und prüfen Sie dann, wieder im Zimmer, wie dieses oder jenes Stück hineinpassen würde, bevor Sie sich endgültig zum Kauf entscheiden.

Betrachten Sie die Dinge nie vereinzelt, sondern immer nur im Zusammenspiel. Holen Sie die größten Teppichmuster und Stoffproben und probieren Sie aus, wie es sich damit lebt. Kaufen Sie nichts, wählen Sie keine Farbe, keinen Stil, bevor Sie nicht wirklich sicher sind, ob es Ihnen gefällt und ob Sie damit leben möchten.

Der Kauf eines Sofas ist eine wichtige Entscheidung. Ich staune immer wieder, wie schnell manche Leute sich entscheiden, ohne zu überlegen, ob die andere Einrichtung dazu paßt. Haben Sie keine Hemmungen, mit Ihrem eingerollten Teppich im Möbelgeschäft zu erscheinen – es ist zu wichtig, daß alles harmoniert. Sie kaufen ja auch keine Schuhe, ohne daran zu denken, zu welchem Kleid sie passen würden. Interessanterweise habe ich festgestellt, daß wir wesentlich mehr Sofas verkaufen, seit wir sie in einfachem Kaliko anbieten. Die Kunden können das Möbel selbst beziehen lassen, nachdem sie den Stoff in den eigenen vier Wänden ausprobiert haben.

Wir haben leider die praktische Kunst der Innenarchitek-

Eine moderne Küche im Stil der alten, wundervoll einfachen Küchenräume hochherrschaftlicher Landhäuser.

tur nie richtig erlernt, obwohl doch jede Entscheidung für unsere Wohnung von wirtschaftlicher und ästhetischer Tragweite ist. Ich glaube nicht, daß man bessere Wohnungen konzipiert, wenn man Museen besucht oder sich das Nußknacker-Ballett ansieht. Natürlich erweitert das Gesichtskreis, Geschmack und Stilempfinden, aber es ist nützlicher, wenn man sich ganz unmittelbar mit den Objekten auseinandersetzt, die ein Haus verbessern können, mit ihrer Funktion, Wirtschaftlichkeit, Bequemlichkeit, Zweckmäßigkeit und ihrer Gestaltung.

Grundsätzlich sind die Regeln für den Entwurf eines Hauses dieselben wie die für jeden einzelnen Raum. Und das heißt wieder: nachdenken, bevor man später unabänderliche Entschlüsse faßt. Brauchen Sie zum Beispiel wirklich ein Eßzimmer? Für mich ist die Küche das Herz eines jeden Hauses. Wenn Sie also nicht gezwungen sind, viele formelle Einladungen zu geben, würde ich vorschlagen, Zeit und Geld in die Küche zu investieren, um sie zu einem anziehenden Mittelpunkt zu machen. Man könnte

Drapierung und Faltenwurf an einem Sofa erzeugen eine sehr plastische Aussage.

Ich streiche die Innenwände gern ganz weiß, um dann zu entscheiden, welche Farben hinzukommen sollen. Eine subtile, aber dynamische Farbkomposition des finnischen Innenarchitekten Ristomatti Ratia in seiner Wohnung in Helsinki.

Auf den ersten Blick überwältigend durch den exotischen Dschungel in der Umgebung und die räumliche Weite, auf den zweiten bestechend durch die absolute Schlichtheit der Gestaltung.

eine Wand herausreißen und das Eßzimmer als einen Teil der Küche gestalten. Das meiste Küchengerät hat schöne Formen und braucht nicht in Schränken versteckt zu werden. Die meisten Leute kaufen ohnehin zu viel, und die großen Küchenschränke sind voll mit Dingen, die nicht gebraucht werden. Ich bevorzuge Küchen, in denen die Utensilien, die man täglich benützt, offen zur Hand sind.

Im Schlafzimmer sollte man sich entspannt und intim fühlen. Warum nur überladen es so viele Leute mit Blumenmustern, Volants und dekorativen Details? Sie verschwenden hier mehr Mühe als im Wohnzimmer. Überlegen Sie immer, wieviel Zeit Sie in welchem Raum verbringen und investieren Sie dort, wo Sie sich am meisten aufhalten, auch am meisten Zeit und Geld.

Durchdachte Planung ist wichtig bei jedem einzelnen Entwurf. In einem Wohnzimmer für die ganze Familie sollte man lesen können, während ein Kind vor dem Fernseher sitzt. Die ganze Familie muß bequem Platz für gemeinsame Gespräche finden, und man sollte auch einmal eine große Party feiern können. Planen Sie einen Raum so, daß Sie eine Vielzahl von Möglichkeiten haben. Machen Sie sich klar, welche Art von Leben Sie führen wollen, und richten Sie Ihr Heim entsprechend ein. Lassen Sie sich Ihr Leben nicht von Ihren Möbeln vorschreiben.

Jede Art Design, vor allem aber Innenarchitektur, hat mehr mit gesundem Menschenverstand als mit Stil zu tun. Sie müssen wissen, was Sie wollen, denn Häuser werden für Menschen gebaut – und Ihr Haus für Sie und Ihren persönlichen Stil.

Ihr »Home-sweet-Home« ist, was Sie daraus machen.

Teil 1

ENTWURF FÜR DAS LEBEN

Dieses Haus entwarf Hugh Newell Jacobsen nach den Vorstellungen und Bedürfnissen seiner Klienten. Mit seiner Fassade im Stil des 18. Jahrhunderts fügt es sich vollkommen in die in dieser Gegend weitverbreiteten alten Stadthäuser ein. Das Paar, das dieses Haus in Auftrag gab, glaubte zuerst, es wäre zu groß und zu modern und könne so nicht gebaut werden, wagte es dann aber doch – heute sind sie froh darüber. Die große Spiegelglasfläche an der Giebelseite hält im Winter die Wärme im Haus, im Sommer wird das Haus von Hartriegelbäumen vor der Sonne abgeschirmt.

VORÜBERLEGUNGEN

Zur Gestaltung unserer Häuser stehen uns unerschöpfliche Möglichkeiten zur Verfügung, die vom Umstellen der Möbel bis zum Neuentwerfen und Bauen reichen. Ebenso vielfältig ist die Art und Weise, wie unsere Häuser auf unseren Alltag einwirken.

Angesichts des Angebots an Lösungen erstaunt es, daß viele so unsystematisch an die Veränderung ihrer Häuser herangehen. Überwältigt von der Vielschichtigkeit der Aufgabe gehen wir dabei oft nur nach dem Gefühl.

Aber Gefühl allein reicht nicht aus. Die Entscheidung, welche Veränderungen vorgenommen werden sollen, ist schwierig, jedoch von größter Bedeutung: Größere Umbauten können lange Zeit Ihr Leben stören. Wenn Sie jedoch nur die Wände neu streichen, müssen Sie damit nur so lange leben, bis Sie wieder Energie und Mittel aufbringen, erneut zum Pinsel zu greifen. Der Kauf eines Hauses aber ist wahrscheinlich die größte finanzielle Transaktion Ihres Lebens.

Durch systematische Vorüberlegungen können Sie herausfinden, was Sie von einem Haus erwarten, welche Bedürfnisse Sie haben und welche Möglichkeiten Ihnen offenstehen. Dabei werden Sie am ehesten mit einer methodischen Analyse gute Ergebnisse erzielen.

Verschiedene Grade der Veränderung

Um herauszufinden, welche Veränderung für Sie in Frage kommt, müssen Sie sich zuerst darüber klar werden, wie Sie leben wollen, welche Voraussetzungen Ihr Haus erfüllen muß und wie Ihre Wünsche am einfachsten, kostengünstigsten und mit den geringsten Beeinträchtigungen für Ihr Leben auf einen Nenner gebracht werden können.

Es gibt drei Grade der Veränderung:

- Neustreichen/-tapezieren und/oder Neueinrichten,
- strukturelle Veränderung,
- Umziehen.

In vielen Fällen ist die Entscheidung nicht schwer. Wenn lediglich die Wände im Wohnzimmer schäbig aussehen, sind neue Tapeten wahrscheinlich einfacher als ein Umzug. Versetzt Sie Ihre Firma in eine andere Stadt, dürfte dagegen meist nur ein Umzug in Frage kommen.

Schwieriger wird es, wenn Sie zum Beispiel noch ein Schlafzimmer brauchen, weil ein Kind unterwegs ist. Dann haben Sie die Wahl zwischen Anbauen und Umziehen. Bei dieser Entscheidung sind viele Faktoren zu bedenken:

Anlage und Struktur. Wäre es das beste, ein vorhandenes Zimmer in ein Schlafzimmer umzuwandeln? Oder ist es möglich anzubauen? Wenn Sie eine stabile Garage direkt am Haus haben oder einen geräumigen Dachboden, sollte das kein Problem sein – abgesehen von der Baugenehmigung. Wohnen Sie dagegen im fünften Stock eines Hochhauses, dürfte sich ein Ausbau nicht so leicht gestalten.

Kosten. Wieviel Geld können Sie aufbringen? Falls Sie die Wohnung anders aufteilen und neu gestalten wollen, können Sie sich Baustoffe guter Qualität leisten? Werden durch den Umbau teure Veränderungen an den elektrischen Leitungen nötig? Ist es günstiger, eine Hypothek auf ein neues Haus aufzunehmen als Veränderungen am alten zu finanzieren?

Wert der Investition. Wie können Sie das bereits investierte Kapital am besten sichern? In der Regel ist es nicht ratsam, größere Summen in Umbauten von Häusern in verfallenden Gegenden zu stecken; wenn Sie verkaufen wollen, ist es schwierig, die Ausgaben wieder hereinzubekommen.

Beeinträchtigung des Lebens. Bei jeder Wahl läßt sich eine Beeinträchtigung Ihres Lebens nicht vermeiden; welcher Art diese Störung ist und welches Ausmaß sie annimmt, hängt von Ihrer Wahl ab. Der Lärm, der Schmutz und die Einschränkungen des Privatlebens, die ein Umbau mit sich bringen, belasten Sie sicher. Aber ist es weniger mühsam, das Haus zu verkaufen, ein neues zu finden, die Möbel zu packen, umzuziehen und sich wieder neu einzuleben?

Langzeitplanung. Wie sieht Ihre Zukunft aus? Ändern sich Ihre Bedürfnisse in einigen Jahren wieder, wenn Ihre Kinder älter werden oder ältere Verwandte dazuziehen? Ist es besser, jetzt umzuziehen oder vorübergehend anzubauen?

Das Mögliche wahr machen: die Ruinen eines befestigten Turms – 1586 von den Spaniern an der Südküste Italiens erbaut, heute ein beeindruckendes modernes Haus. Teile der alten Turmmauern wurden zum Bau des neuen Hauses, das die Silhouette der ursprünglichen Festung getreu wiedergibt, verwendet. Das heutige Gebäude verfügt über die gleiche Würde und Größe wie sein mittelalterlicher Vorgänger und paßt sich hervorragend in seinen abgelegenen Standort an der Küste ein. Durch ein hohes Fenster, das die dem Meer zugewandte Seite teilt, gelangt ausreichend natürliches Licht ins Innere, so daß keine herkömmlichen Fenster, die den festungsartigen Charakter zerstört hätten, notwendig waren. Im Inneren wurden hauptsächlich weiße Materialien verwendet; z. B. weiße Keramikfliesen für den Boden, die das Licht stärker reflektieren. Eine geräumige, offene Halle erstreckt sich durch den gesamten Turm, in den drei Stockwerke eingezogen wurden; diese sind durch ein modernes Treppenhaus aus Gitterwerk verbunden.

PRAKTISCHE ANFORDERUNGEN AN EIN HAUS

LAGE

- Soll Ihr Haus in der Nähe liegen von:
  - Ihrem Arbeitsplatz?
  - Verkehrsverbindungen?
  - Schulen oder Kindergärten?
  - Freunden/Verwandten?
  - Krankenhäusern und Ärzten?
  - Geschäften?
  - Bibliotheken?
  - Parks und Spielplätzen?
  - Jugendzentren?
  - Sportanlagen?
  - Ausgehmöglichkeiten?
  - Erholungsmöglichkeiten in der freien Natur?

PLATZBEDARF

Anzahl der Zimmer

- Wie viele Schlafzimmer brauchen Sie?
- Wollen Sie:
  - Küche und Eßzimmer getrennt?
  - Küche und Eßzimmer in einem Raum?
- Wollen Sie mehr als ein Wohnzimmer?
- Wollen Sie mehr als ein Badezimmer?
- Wollen Sie:
  - ein Kinderzimmer?
  - eine Garage?
  - eine Werkstatt?
  - ein Arbeitszimmer/eine Bibliothek?
  - ein Wäschezimmer?
  - ein Gästezimmer?
  - eine Abstellkammer?
  - ein Frühstückszimmer?
  - ein Ankleidezimmer?
  - ein Spielzimmer?
  - einen Wintergarten?
  - ein Gewächshaus?
  - eine Veranda?
  - einen Gartenschuppen?
  - einen Swimmingpool?
  - eine Sauna?
  - ein Solarium?

Größe der Zimmer

- Welche Zimmer sollen besonders groß sein?
- Wollen Sie Zimmer mit hoher Decke?
- Wie viele und wie große Möbel wollen Sie in den Zimmern?
- Wieviel Platz zum Aufbewahren verschiedener Dinge brauchen Sie in den Zimmern?

Lage der Zimmer

- Welche Zimmer sollen nahe beieinander liegen? (z. B. Küche und Eßzimmer)
- Welche Zimmer dürfen nicht nebeneinander liegen?
- Zu welcher Tageszeit soll die Sonne in die einzelnen Zimmer scheinen?
- Welche Zimmer sollen Zugang zum Garten haben?
- Falls Sie auf einer Seite eine gute Aussicht haben, welche Zimmer sollen auf dieser Seite liegen?
- Welche Zimmer müssen im Erdgeschoß liegen? (z. B. für ältere oder behinderte Menschen)

VERSORGUNGSNETZ UND ANSCHLÜSSE

Heizung

- Womit wollen Sie Ihr Haus heizen? Mit:
  - Gas?
  - elektrischem Strom?
  - Heizöl?
  - festen Brennstoffen?
  - Sonnenenergie?
- Wollen Sie:
  - offene Kamine?
  - Heizkörper?
  - Nachtstromspeicher?
  - Gas- oder elektr. Herd?
  - Warmluftheizung?
  - eine Klimaanlage?
  - einen Küchenherd für festen Brennstoff mit einem Boiler?
- Wie soll das Haus isoliert werden? Durch:
  - Hohlwände?
  - Dachbodenauskleidung?
  - Brandschutzwände?
  - Doppelglasfenster?
- Wie soll die Heizung geregelt werden?
  - für jedes Zimmer extra?
  - beides?
  - zentral?
- Wie viele Steckdosen brauchen Sie in den Zimmern?
- Wie viele Stromleitungen für Lampen brauchen Sie in den einzelnen Zimmern?
- Brauchen Sie Starkstromleitungen? (z. B. für den Herd, einen Boiler usw.)
- Wollen Sie einen eigenen Nachtstromzähler für billigen Nachtstrom?
- Wollen Sie einen Stromzähler für die Außenanlagen?
- Wollen Sie einen eigenen Stromzähler für vermietete Zimmer oder für Einliegerwohnungen?

Gas und Öl

- Wie viele Gasanschlüsse wollen Sie in den einzelnen Zimmern und an welchen Stellen?
- Wollen Sie einen Gaszähler für die Außenanlagen?
- Brauchen Sie einen Öl- oder Flüssiggastank:
  - unter der Erde?
  - über der Erde?

Installationen

- Wie viele Kalt- und Warmwasseranschlüsse brauchen Sie? In welchen Zimmern?
- Brauchen Sie:
  - Wasseranschlüsse für eine Wasch- oder eine Geschirrspülmaschine?
  - einen Wasserhahn außerhalb des Hauses?
  - einen Wasserenthärter?
  - eine Abwasser- und Abfallbeseitigungseinheit?
  - direkten Anschluß an die Hauptwasserleitung?

Einbauelemente

- Wollen Sie Einbauelemente in der Küche?
- Wollen Sie Einbauschränke im Schlafzimmer oder in anderen Zimmern?

LICHT UND LÄRM

- Wollen Sie in einigen Zimmern viel natürliches Licht?
- Wollen Sie Zimmer, die ruhig liegen?
- Wollen Sie einige Zimmer gegen Lärm isolieren?

ZUGANG

- Wie viele Zugänge brauchen Sie?
- Wollen Sie eigene Zugänge zu bestimmten Bereichen?
- Wollen Sie einen direkten Zugang zum Garten oder zur Terrasse? Von welchen Zimmern aus?
- Wollen Sie einen überdachten Zugang zur Garage?
- Brauchen Sie Zugang zu Dach oder Keller?
- Brauchen Sie Zugang zu Feuerleitern oder -treppen?
- Sollen bei bestimmten Zugängen keine Treppen sein?
- Brauchen Sie Türen und Gänge, die breit genug für einen Rollstuhl sind?
- Brauchen Sie einen Aufzug?
- Haben Sie sperrige Möbel?
- Brauchen Sie eine Zufahrt für die Müllabfuhr oder den Heizöllieferanten?

SICHERHEITSVORKEHRUNGEN

- Wollen Sie:
  - eine Polizeiwache in Ihrer Nähe?
  - eine Alarmanlage und welche?
  - besondere Sicherheitsschlösser an den Außentüren?
  - Schlösser an Innentüren?
  - Riegel oder Gitter vor den Fenstern?
  - unzerbrechliches Glas in den Türen und Fenstern?
  - Nachbarn, die Ihr Grundstück überblicken können?
  - eine abschließbare Garage?
  - einen Wandsafe?
  - feste, hohe Mauern um Ihr Grundstück?

SICHERHEIT IM HAUSHALT

- Brauchen Sie:
  - für Kinder sichere Fenster und Türen?
  - Steckdosen mit Sicherheitsabdeckungen?
  - für Kinder sichere Heizungsgeräte?
  - Schränke, die Kinder nicht erreichen können?
  - unzerbrechliches Glas in den Türen?
  - Gartenmauern, um Kinder zu schützen?
  - Lampen über den Treppen?
  - Geländer für ältere oder behinderte Menschen?
  - eine Glocke, mit der Hilfe herbeigerufen werden kann?

VERSCHIEDENES

- Brauchen Sie Platz oder einen Zugang für Haustiere?
- Wie viele Telefonapparate brauchen Sie? Wo?
- Brauchen Sie:
  - eine Fernsehantenne?
  - für SAT-Empfang?
  - einen Telexanschluß?
  - Kabelfernsehanschluß?
  - besondere Anschlüsse für einen Computer?

Wahl des Gebäudes

Über Häuser denken wir meist konservativ. Und das nicht zu Unrecht; einen Kredit aufzunehmen, das Haus zu renovieren oder zu verkaufen ist bei einem »normalen« Haus leichter.

Zudem sind konventionelle Häuser erprobt – sie wurden jahrhundertelang immer weiter verbessert. Außerdem können Sie ein solches Haus leicht nach ihren individuellen Wünschen ohne größere Umbauten gestalten. Natürlich hat auch das seinen Preis – leicht stellt sich Langeweile ein; zudem kann es bei solchen Häusern schwierig sein, einen Käufer zu finden.

Denjenigen, die neue, eigene Wege gehen wollen, stehen unendlich viele, interessante Alternativen zur Auswahl. Rund um die meisten Städte stehen viele ungewöhnliche Gebäude zu günstigen Preisen zum Verkauf. Vorausgesetzt, Ihr Geldgeber und die Baubehörde machen mit, können Sie heutzutage sogar alte Fabrikgebäude, Lagerhäuser, Büros oder Läden zu Wohnräumen umbauen.

In manchen Städten und Orten sind sogar leere Kirchen oder Kapellen zu verkaufen, Auskünfte darüber erhalten Sie bei Ihrem Bistum oder Dekanat.

Viele haben sich in alten Bahnhöfen, Stellwerken oder gar in Zugwaggons niedergelassen. Sollten Sie für die Eisenbahn schwärmen, finden Sie vielleicht ein passendes Heim, wenn Sie bei der zuständigen Bahnbehörde nachfragen.

Vielen Bauern geht es heute immer schlechter. Wenn Sie ein ungewöhnliches Haus auf dem Lande suchen, dürfte es lohnend sein, sich nach leerstehenden Nebengebäuden von Bauernhöfen umzusehen.

Ebenso interessant sind auch Nebengebäude in der Stadt. Alte Tankstellen, Werkstätten, ja sogar Gartenlauben und Gewächshäuser lassen sich in außergewöhnlichen Wohnraum umwandeln.

Ob Windmühlen oder Leuchttürme, Burgen oder Lastkrähne – alles, was wetterfeste Wände und ein Dach hat, kann Kreativen und Wagemutigen als Wohnung dienen. Sicher, die Risiken sind hoch, aber die Ergebnisse können sich sehen lassen.

1

1 Dieses romantische Haus an der Biscayne Bay im Miami erzeugt im Betrachter die Illusion, vor einem Ozeandampfer zu stehen.

2 Ein viktorianischer Speicher in den Docklands von London wurde in ein modernes Apartmenthaus umgewandelt.

2

3

4

3 Das Nonplusultra für jemand, der abgeschieden leben will: ein Haus an der Westküste Australiens, das am Ende eines Piers über dem Indischen Ozean errichtet wurde.

4 Diese auf Stelzen am Lac Lacaneau im Südwesten Frankreichs errichteten Ferienhütten aus Holz erinnern an asiatische Pfahlbauten.

8

11

9

12

10

5 *Erst ein prachtvolles Haus, dann dem Verfall überlassen – nun wird es in Wohneinheiten umgewandelt.*
6 *Keinerlei Platznot herrscht in diesem großzügigen Herrenhaus aus dem späten 19. Jahrhundert.*
7 *Durch die Glasfassade dieses im 19. Jahrhundert in England erbauten Ladens überblickt man den Stadtplatz und eine alte Kathedrale.*
8 Casa pronto – *stilvoll und schnell aus Fertigteilen zusammengebaut.*
9 *Einfach und traditionell: ein Landhaus mit einer Vorhalle hinter Gitterwerk*
10 *Hinter der restaurierten Fassade dieser Kapelle in Venedig verbirgt sich ein Wohnhaus.*
11 *Reich verzierte Gitter an einem Balkon in New Orleans.*
12 *Die klassische Geometrie eines Hauses im Kolonialstil in Williamsburg, Virginia.*

Gesichtspunkte für ein neues Haus

Ihr Haus können Sie zwar außen und innen verändern, mit der Wohngegend aber müssen Sie leben, bis Sie wieder umziehen.

Die Wohngegend

Die Wohngegend ist der Stadtteil, in der sich Ihr Haus befindet. Die Infrastruktur dieser Gegend – Läden, Verkehrsverbindungen, Schulen, Krankenhäuser und Parks – bestimmt zusammen mit ihrem Ruf – vornehm oder heruntergekommen, im Aufschwung oder im Rückgang begriffen, gefragt oder tiefste Provinz – weitgehend den Preis Ihres Hauses und den Wert Ihrer Investition.

Sie können sich natürlich auch dafür entscheiden, in einer heruntergekommenen Gegend ohne Bäume und Läden und mit schlechten Verkehrsverbindungen zu leben. Allerdings hat es wenig Sinn, in solch einer Gegend ein einfaches Haus in ein elegantes Stadthaus zu verwandeln und zu hoffen, daß man damit den Wert des Hauses steigern kann; der Wert eines Hauses hängt nicht nur von seinem Zustand ab. Andererseits verändert sich aber auch oft die Attraktivität einer Wohngegend; davon profitieren Sie, wenn Sie ein Haus zu einem niedrigen Preis in einer Gegend finden, deren Wert gerade steigt.

Auch die unmittelbare Nachbarschaft ist wichtig: Sind die Nachbarhäuser in gutem oder schlechtem Zustand? Werden sie gerade renoviert? Sind Straßen und Plätze gut erhalten? Florieren die Läden? Gibt es Umweltverschmutzung durch nahegelegene Industrie, Lärm durch Fabriken, Nachtklubs oder Gasthäuser, Straßen mit viel Verkehr?

Wie liegt Ihr Grundstück? Können Sie Ihr Auto in der Nähe parken? Können Ihre Kinder die Straße ohne Gefahr überqueren?

Nach welcher Himmelsrichtung ist Ihr Haus ausgerichtet? Viele Menschen haben gern am Vormittag die Sonne im Schlafzimmer und in der Küche und nachmittags und abends länger Wärme und Licht im Wohnzimmer. Steht Ihr Haus ungeschützt, sollten Sie herausfinden, aus welcher Richtung der Wind im Winter hauptsächlich weht.

Der Zustand

Bevor Sie ein Haus kaufen, müssen sie sich ein umfassendes Bild von seinem Zustand machen. Dazu sollten sie es genau untersuchen (siehe dazu die Fragen auf der nächsten Seite) und es auch von einem Fachmann begutachten lassen.

Falls Sie eine Hypothek auf Ihr zukünftiges Haus aufnehmen wollen, ist ein Gutachten über seinen Wert nötig. Bedenken Sie aber, daß dabei nur festgestellt werden soll, ob der Wert des Hauses höher ist als die Hypothek – diese ist ja in der Regel erheblich niedriger als der Kaufpreis.

Der Wert

Der Wert einer Immobilie wird im Normalfall durch den Vergleich mit ähnlichen Immobilien auf dem Markt festgesetzt und richtet sich nach bestimmten Gesichtspunkten:

Die Größe. Kleinere Häuser, die der heutigen Kleinfamilie (junge Paare, Familien mit ein oder zwei Kindern, Rentnerpaare) entsprechen, sind am gefragtesten und daher im Verhältnis zur Anzahl der Zimmer am teuersten.

Für die Größe eines Hauses sind nicht nur die Quadratmeter, sondern auch die Anzahl der Zimmer ausschlaggebend. Ein Haus mit zwölf Zimmern erzielt in der Regel einen höheren Preis als eines mit nur zehn Zimmern, selbst wenn beide die gleichen Quadratmeter aufweisen.

Der Zustand. Wenn auch der gute Zuschnitt eines Hauses den Preis steigert, ist der wichtigste Gesichtspunkt doch der bauliche Zustand: wenn Sie feststellen, daß das Haus bauliche Mängel oder Schäden aufweist, sollten Sie es entsprechend niedriger einschätzen.

Die Besichtigung

Beim Besichtigen in Frage kommender Häuser sollten Sie methodisch vorgehen und Vorstellungskraft mitbringen. Lassen Sie sich nie zu schnellen Entscheidungen drängen.

Wer ein neues Haus sucht, sollte einige wichtige Dinge mitnehmen: ein Fernglas, um damit das Dach unter die Lupe zu nehmen; ein Notizbuch, um Pläne zu skizzieren; ein Maßband; einen Photoapparat mit Blitzlicht; ein Taschenmesser, um damit in feuchtaussehenden Stellen zu bohren; einen Kompaß, um die Ausrichtung der Zimmer festzustellen; eine Taschenlampe, um dunkle Ecken zu untersuchen und – was besonders wichtig ist – eine Kopie der nebenan stehenden Fragen.

Es ist ratsam, sich das Haus von den Bewohnern und nicht von einem Makler zeigen zu lassen. Die Bewohner kennen es besser und sind meist nicht so geschickt darin, Schwachstellen zu verbergen und Vorzüge herauszustreichen.

Scheuen Sie sich nicht, Fragen zu stellen: warum die Eigentümer das Haus verkaufen wollen, wie lange sie es schon besitzen, wie hoch die Unterhaltskosten sind, was den Eigentümern an ihrem Haus gefällt und was nicht und was sie reparieren mußten.

Nehmen Sie sich Zeit, wenn Sie ein Haus besichtigen. Schauen Sie auch in den Ecken unter der Treppe, unter der Spüle und unter dem Dach nach; dort findet man am ehesten feuchte Stellen. Falls es Ihnen ernst ist, sollten Sie sich das Haus mehrere Male ansehen – am besten zu verschiedenen Tageszeiten: an einem grauen Vormittag oder bei Nacht sieht ein Haus oft ganz anders aus.

ÄUSSERER ZUSTAND

Fundamente

- Sind die Fundamente waagerecht?
- Sehen Sie Risse in den Grundmauern?
- Wurde Erde um die Mauern herum aufgeschüttet?
- Steht das Haus in der Nähe von Bäumen, deren Wurzeln die Fundamente beschädigen könnten?
- Läuft das Wasser aus Regenrinnen und Überlaufrohren vom Haus weg?
- Gibt es eine Feuchtigkeitsisolierschicht?

Abfluß

- Ist die Abdeckung des Abflußschachts zugänglich?
- Hat der Beton um die Abdeckung Risse?
- Hören Sie das Wasser unter der Abdeckung?
- Sind die Regenrinnen frei oder verstopft?

Mauern

- Sind die Mauern senkrecht?
  Sehen Sie in den Ecken nach größeren Wölbungen.
- Sehen Sie Risse im Mauerwerk?
- Verlaufen die Ziegelreihen geradlinig?
- Ist der Mörtel zwischen den Ziegeln locker?
- Ist der Verputz locker?
  Klopfen Sie daran, um zu hören, ob es hohl klingt.
- In welchem Zustand sind die Holzschindeln?
- Sehen Sie unterhalb von Regenrinnen, Fenstern oder unterhalb des Daches Flecken an den Mauern?

Außentüren

- Sind die Türen verzogen?
- Sehen Sie Anzeichen von Fäulnis?
- Ist das Abdichtmaterial um die Türen in Ordnung?
- Sind die Türen stabil, und sind sie in ihren Angeln gut befestigt?
- Ist die Oberfläche der Türen in Ordnung?
- Passen die Türen zum Haus?

Fenster

- Sind die Fenster verzogen?
- Sind die Fensterrahmen in gutem Zustand?
- Ist der Fensterkitt in gutem Zustand?
- Sind im Glas Sprünge, die auf eine Bewegung des Hauses hindeuten?
- Passen die Fenster zum Haus?
- Wurden Dopelglasfenster eingesetzt?
- Sind die äußeren Doppelfenster und die Fensterläden gut befestigt?

CHECKLISTE FÜR DIE HAUSBESICHTIGUNG

Dach

- Wurde das Dach erst vor kurzem neu gedeckt oder ausgebessert?
- Hängt der Dachfirst durch?
- Sind Dachziegel oder Schieferplatten locker?
- Ist das Blechdach locker oder verrostet?
- Sind die Schindeln in gutem Zustand?
- Sehen Sie Risse in den Anschlußstreifen um die Kamine oder Dachgauben?
- Sind die Schornsteine in Ordnung, und stehen sie senkrecht?
- Sind die Dachrinnen nicht verstopft?

Veranden, Wintergärten und Nebengebäude

- Ist die Veranda oder der Wintergarten fest mit dem Haus verbunden?
- Sind Holz- und andere Außenmauern in gutem Zustand?
- Ist der Wintergarten gut belüftet?
- Ist der Standort der Nebengebäude zweckmäßig?

Garten und Wege

- Ist der Garten gut angelegt und gut gepflegt?
- Kann das Wasser von den Terrassen und Wegen gut ablaufen?
- Sind die Gartenzäune und -türen in gutem Zustand?
- Werden die Wege gut instandgehalten?
- Sind die Stufen und Geländer sicher?

INNERER ZUSTAND

Wände und Decken

- Verlaufen die Wände und Decken geradlinig?
- Sehen Sie Risse im Verputz?
  Untersuchen Sie besonders die Ecken.
- Sind die Oberflächen der Wände in gutem Zustand?
- Sehen Sie Lücken zwischen den Wänden und den Fußbodenleisten?
- Passen Fußbodenleisten und Simse zueinander?
- Sind an den Wänden Flecken oder Auswölbungen?

Treppen

- Sind die Treppen und die Geländer stabil?
- Sind die Stufen zu hoch oder zu schmal?
- Ist über den Treppen ausreichend lichte Höhe?
- Sind am unteren und oberen Ende der Treppe Lichtschalter?

Fußböden

- Sind die Fußböden genau waagerecht?
  Wenn Sie eine Murmel auf den Boden legen, entdecken Sie ansonsten kaum sichtbare Bodengefälle.
- Sind die Balken unter der Diele in gutem Zustand?
  Sehen Sie genau unter losen Dielenbrettern nach, und untersuchen Sie außerdem die Balken vom Untergeschoß aus.
- Fühlen sich die Fußböden schwammig oder porös an, oder klingen sie hohl, sobald man daraufklopft?

Untergeschoß

- Riecht es im Untergeschoß muffig?
  (ein Anzeichen von Trockenfäule)
- Sehen Sie Feuchtigkeit an Wänden oder Fußboden?
- Hat unbehandeltes Holz direkten Kontakt mit Erde?
- Sind die Rohre und Kabel sauber verlegt und in gutem Zustand?
- Ist das Untergeschoß ausreichend belüftet?

Dachboden

- Sind die Dachbalken und -sparren in gutem Zustand?
- Sind Ritzen im Dach, durch die Licht schimmert?
- Sehen Sie feuchte Stellen, vor allem um Schornsteine und Dachfenster herum, an den Mauern oder unter den Dachkehlen?
- Sehen Sie Anzeichen von Befall durch Insekten oder Spuren von Fledermäusen oder Vögeln?
- Ist der Dachboden gut isoliert und belüftet?

Küche

- Sehen Sie Anzeichen von Feuchtigkeit um die Spüle?
  Sehen Sie auch in den Küchenschränken nach.
- Sind der Herd und die Spüle zweckmäßig angebracht?
- Gibt es genügend Steckdosen, und sind sie zweckmäßig angebracht?
- Sind die Küchenschränke und die Arbeitsflächen in gutem Zustand?
- Ist die Küche gut belüftet?

Badezimmer

- Sehen Sie Feuchtigkeit um die Rohre herum?
- Sind die Rohre und Anschlüsse in gutem Zustand?
- Ist die Toilettenspülung in Ordnung?
- Sehen Sie Sprünge in den Fliesen?
- Sind die Fugen zwischen den Fliesen in Ordnung?
- Sind die Badezimmer ausreichend belüftet?
- Sind die Steckdosen abgedeckt, und sind die elektrischen Geräte sicher?

Kamine

- Sehen Sie Feuchtigkeit um die Kamine?
- Haben die Schornsteine einen guten Abzug?
  Prüfen Sie mit angezündetem Papier den Abzug.
- Sind die Fliesen in gutem Zustand?
- Falls vor den Kaminen Luftklappen sind – schließen diese richtig?
- Falls die Kamine zugenagelt oder zugemauert wurden, kann man sie ohne weiteres wieder öffnen?

Installationen

- Sind undichte Stellen in den Rohren (erkennbar an Rost oder Verkrustungen)?
- Hören Sie ein helles, metallisches Geräusch, wenn Sie einen Hahn aufdrehen?
- Fließt ausreichend Wasser?
- Sind Wasserrohre aus Kupfer mit einem Wasserbehälter aus verzinktem Eisenblech verbunden? (Es besteht die Gefahr von Elektrolyse.)
- Läuft das Wasser aus der Spüle, aus Waschbecken und Badewannen rasch und ohne Blubbern ab?
- Tropfen zugedrehte Wasserhähne?
- Arbeitet der Boiler leise?
- Reicht die Kapazität des Boilers aus?
- Haben die Tanks Überlaufrohre, und sind deren Abflüsse weit genug von den Mauern entfernt?
- Ist der Absperrhahn für die Wasserversorgung in Ordnung und leicht zugänglich?

Heizung

- Wird das Haus beheizt mit:
  - Gas?
  - festen Brennstoffen?
  - elektrischem Strom?
  - Sonnenenergie?
  - Heizöl?
- Reicht die Anlage zum Beheizen des ganzen Hauses aus?
- Wurde der Heizkessel regelmäßig gewartet?
- Können Sie jedes einzelne Zimmer regulieren?
- Ist der Thermostat an einer zugfreien Stelle?
- Ist das Haus gut isoliert?

Elektrische Anlage

- Sind die elektrischen Leitungen alt?
  Anzeichen dafür sind noch mit Stoff überzogene oder brüchige Kabelisolierungen.
- Flackert das Licht, wenn Sie es ein- oder ausschalten?
- Ist der Stromzähler leicht zugänglich angebracht?

Ein Haus neu gestalten

Mit Hilfe eines Grundrisses können Sie sich zwar über die Verteilung der Zimmer klar werden, nicht aber darüber, wie die einzelnen Zimmer genutzt werden. Dazu müssen Sie durch Ihr Haus gehen und einige Überlegungen anstellen.

Zuerst sollten Sie überlegen, wie der vorhandene Platz genutzt werden soll. Was geschieht in welchem Zimmer, wer benutzt es, wozu und wann? Welche der Tätigkeiten können nebeneinander ablaufen, welche nicht? Könnten manche Zimmer noch besser ausgenutzt werden?

Zeichnen Sie in Ihren Grundriß die Wege ein; wieviel Platz nehmen diese ein? Verbrauchen Treppen, Hallen und Gänge übermäßig viel Platz? Könnte dieser auch für andere Zwecke, z. B. als Speicher, genutzt werden?

Wie beeinflussen die einzelnen Räume einander? Welche Zimmer liegen isoliert, sollten jedoch näher beieinander sein, da darin verwandte Tätigkeiten, wie z. B. Kochen und Essen, stattfinden? Liegen Zimmer nebeneinander, die für einander ausschließende Tätigkeiten genutzt werden? Wird durch den Durchgang zu anderen Zimmern der Raum in einem Zimmer zu sehr beengt bzw. der Weg zu anderen, z. B. durch eine Arbeitsecke, eingeschränkt?

Überlegen Sie sich nun, was Ihnen an den einzelnen Zimmern gefällt. Sind sie groß genug, haben sie die richtige Form? Sind sie hell genug? Wie steht es mit dem Lärmpegel? Vielleicht ist die Stuckdecke in einem Zimmer sehr hübsch, vielleicht paßt der offene Kamin besonders gut zum Fußboden. Werden diese Details durch die Tapeten und die Einrichtung abgerundet? Passen die Möbel dazu?

Notieren Sie die unansehnlichsten Elemente der einzelnen Zimmer. Fehlt irgendwo Licht, hat ein Zimmer ein häßliches Fenster, wirkt ein Zimmer eng, ist es vollgestellt?

Entspricht die Ausstattung dem Zweck des Zimmers? Sind die Wände im Kinderzimmer und in der Küche abwaschbar? Erscheint die violettorange Velourstapete in Ihrem Schlafzimmer öfter in Ihren Alpträumen?

Entspricht das Äußere des Hauses dem Baustil des Gebäudes? Paßt die Inneneinrichtung dazu?

Halten Sie sich nochmals den Gesamteindruck vor Augen – paßt alles zusammen, wirkt es als Einheit?

Veränderungsmöglichkeiten

Sie haben jetzt einen Überblick darüber, was Ihnen an Ihrem Haus nicht gefällt – falls Sie überhaupt etwas stört. Nun müssen sie entscheiden, wie Sie das Haus neu gestalten wollen. Machen Sie sich mit möglichst vielen Ideen vertraut: lesen Sie in Büchern und Zeitschriften nach, sprechen Sie mit Designern, Architekten und Bauunternehmern. Fragen Sie Freunde, die ihre Häuser verändert haben, nach deren Erfahrungen.

Lassen Sie sich nicht entmutigen – alle Aufregungen dienen nur dazu, Ihnen die Nachteile Ihres Hauses angesichts dessen, was möglich ist, klar vor Augen zu führen. Das Ziel einer Neugestaltung ist es, die Zimmer sowohl funktionell als auch ästhetisch besser zu nutzen. Versuchen Sie, Ihr Haus so gut wie möglich zu nutzen. Achten Sie darauf, daß die Veränderungen mit möglichst geringen Kosten und Beeinträchtigungen verbunden sind.

Zur Neugestaltung Ihres Hauses haben Sie folgende Möglichkeiten:

Die Funktion einiger Zimmer verändern. Wandeln Sie z. B. einen Vorratsraum in ein Kinderzimmer um oder richten Sie im Gartenhäuschen ein Gästeschlafzimmer ein, so ist das einfach; Sie müssen dazu lediglich Möbel umräumen.

Das Aussehen einiger Zimmer verändern. Das Aussehen eines Zimmers wird stark von der Raumaufteilung beeinflußt. Stellen Sie sich die Zimmer einmal ohne Möbel vor und lassen Sie vor Ihrem geistigen Auge nur die Möbelstücke, die Sie mögen und die Sie brauchen, ins Zimmer. Durch eine andere Beleuchtung oder durch andere Farben und Materialien an den Wänden, Decken und Böden können Sie ein Zimmer stark verändern. Auf diese Weise können Sie Ihr Haus völlig verwandeln, und das zu weit niedrigeren Kosten als durch Umbauten.

Den Schnitt einiger Zimmer verändern. Bei ungünstig geschnittenen, also z. B. bei schlauchförmigen Zimmern, empfiehlt es sich, z. B. eine Trennwand einzuziehen; dadurch erhalten Sie zusätzlich nutzbare Zimmer. Ebenso können Sie die Decke eines Zimmers senken oder den Fußboden höher legen.

Anbauen. Wenn Sie mehr Platz benötigen, bleibt ihnen oft nichts anderes übrig, als z. B. ungenutzte Kellerräume auszubauen, außen Nebengebäude anzubauen oder ein Geschoß aufzustocken.

Zum Abschluß der Vorüberlegungen

Anhand der Fragen, welche Anforderungen Sie an ein Haus stellen, und mit Hilfe Ihrer Überlegungen, wie Sie Ihr Haus nutzen, können Sie nun entscheiden, was Sie verändern wollen.

Jetzt müssen Sie grobe Pläne aufstellen, sich um die Finanzierung kümmern, Architekten, Bauunternehmer und Handwerker hinzuziehen, die nötigen Genehmigungen besorgen, das Baumaterial einkaufen, sich mit unerträglichem Lärm und Schmutz abfinden und schließlich alles aufräumen, bevor Sie wieder Ihr normales Leben führen können.

Dieses 1743 fertiggestellte Dubliner Stadthaus wird von seinem Besitzer detailgetreu im ursprünglichen Zustand wiederhergerichtet. Er und seine Familie bewohnen es auch während der Bauarbeiten inmitten ererbter Portraits und Schätze und preisgünstiger Neuerwerbungen.

Zuerst werden die tiefgreifenden Reparaturen durchgeführt und alle dabei entfernten alten Materialien aufgehoben. Der Besitzer läßt sich bei den Arbeiten Zeit, dadurch kann er sich ausführlich informieren; die Tapeten für die einzelnen Zimmer möchte er sogar selbst drucken, wenn es soweit ist. Das Haus läßt gleichzeitig, während es als Rahmen für das tägliche Leben der Familie dient, immer auch etwas von seinem vergangenen Glanz spüren. Ursprünglich wurde es für den Earl of Ely erbaut, diente dann einem Bischof als Stadthaus, wurde später ein Mietshaus und verkam dabei immer mehr und wird nun restauriert.

Restaurierung: vier Ansätze

Die gezeigten Wohnungen befinden sich in vier identischen Reihenhäuser (1) *aus dem 19. Jahrhundert im Norden Londons. Die Fotos zeigen vier verschiedene Ansätze bei der Inneneinrichtung: die Aufnahmen* 2, 5, 9, 13 *wurden von derselben Stelle in jedem der Häuser aus gemacht.*

1

Die eleganten Reihenhäuser wurden zwischen 1840 und 1860 als geräumige Einfamilienhäuser für angesehene Bürger höherer Berufsstände erbaut. Als in den 30er Jahren in der Nähe eine Zigarettenfabrik eröffnet wurde, wandelte man viele Häuser in Mietshäuser um, in denen Arbeiter Zimmer mieten konnten und sich in die Koch- und Waschgelegenheiten teilten. In der Folgezeit verfielen die Häuser in zunehmendem Maße. Ab Mitte der 60er Jahre zog es wieder junge Akademiker in diese Gegend, die umfangreiche Renovierungsarbeiten vornehmen mußten.

2

2 *Dieses Haus war noch gut erhalten, daher ließen sich die hübschen Flügeltüren und die Stucksimse leicht wiederherrichten. Der hintere Teil des Hauses wurde, wie vielfach üblich, als Küche und der vordere Salon als Eßzimmer eingerichtet. Möbel und Dekoration im ursprünglichen Stil ergänzen das Aussehen des Hauses.*

3

3 *Das Wohnzimmer im ersten Stock – hier wurden hinter Preßspanplatten die alten Türen entdeckt, und die ursprünglichen Proportionen und die Atmosphäre des Raumes restauriert.*

7

Dieses Haus, das früher untervermietet worden war, mußte gründlich renoviert werden. Im Eßzimmer (5) *wurden die alten Flügeltüren abgebeizt und mit einem durchsichtigen Schutzanstrich versehen. Durch die Tür sieht man die geräumige, moderne Küche; dort wurde die Trennwand zum Flur entfernt und außerdem ein Glasanbau angebracht, in dem sich ein Allzweckraum mit einer Vorratskammer befindet. Im Flur* (4) *und im Eßzimmer wurden die ursprünglichen Stuckverzierungen wiederhergestellt und hervorgehoben; im oberen Stock* (6, 7) *mußten mehrere Farbschichten von den Stuckarbeiten entfernt werden. Die Fensterrahmen, -sturze und -läden wurden ebenso behandelt wie die Flügeltüren. Eine schmale Tür, die ursprünglich zum Flur führte, später aber verschlossen wurde, beließ man so. Mit großer Detailgetreue ist es hier gelungen, Räume in kühler Harmonie zu schaffen.*

Dadurch, daß im Erdgeschoß dieses Hauses die Innenwände herausgerissen wurden, hat es eine vollkommen andere Atmosphäre und Funktion erhalten. Die offene Anlage des Küchen-, Eß- und Wohnbereichs **(9)** *hat auch Nachteile; da die Eingangstür direkt in den Wohnbereich führt, ist die Privatsphäre der Bewohner nicht vor gelegentlichen Eindringlingen geschützt. Die Treppe* **(8)**, *die hier Teil des Raumes ist, bildet einen reizvollen Mittelpunkt; der Bereich darunter wurde zum Einbau von Stauräumen und der Waschmaschine genutzt.*

8

12

Sechs Jahre lang hat das Paar, dem dieses Haus **(12)** *gehört, daran gearbeitet, das verwahrloste Haus herzurichten. Dabei hat es einen Großteil der Arbeiten selbst erledigt, sich aber von einem Zimmermann und einem Schreiner bei der Verwirklichung seiner Vorstellungen helfen lassen; ein Beispiel dafür ist die Küche* **(13)**, *die man zum Teil durch die Eßzimmertür sieht. Das Küchenfenster, durch das man auf den Garten blickt, ist eine originalgetreue, lediglich etwas vergrößerte Kopie des ursprünglichen.*

9

13

10

Durch einen zweistökkigen Anbau **(10)** *verfügt die Familie über ein zusätzliches Wohnzimmer* **(11)**. *Der Anbau wurde außen mit Schieferplatten verkleidet und weist ungewöhnliche zimmerhohe Bogenfenster auf.*

11

14

14 *Im ersten Stock werden noch die Arbeiten unter den Dielenbrettern durchgeführt. Dieses Zimmer dient als Werkstatt und als Aufbewahrungsort für Werkzeug und Bau- und Arbeitsmaterialien.*

15

15 *Die Einbauschränke im obersten Stock sind zeitgenössischen Zeichnungen nachempfunden, die Frisierecke dagegen ist ein moderneres Element.*

PLANUNG

Lassen Sie sich nicht dazu verleiten, sich, sobald Sie wissen, was Sie verändern wollen, Hals über Kopf darauf zu stürzen. Das wäre ein Fehler. Am eigenen Haus Veränderungen durchzuführen kann Ihnen Spaß machen und eine gute Anlage von Zeit und Geld darstellen; diese Arbeiten können aber auch zu einem kostspieligen Alptraum werden, der ihre Arbeit, Ihr Familienleben und sogar Ihre Gesundheit erheblich beeinträchtigt.

Bauarbeiten erfordern sorgfältige Planung und Beaufsichtigung. Ein Haus ist nicht bloß ein Haufen Ziegel oder Holz, sondern ein komplexes Gebilde, das ein kompliziertes Heizungs-, Rohr- und Stromversorgungssystem umschließt. Dieses System – und die Menschen, die darin leben – können schon durch geringfügige Veränderungen beeinflußt werden.

Eine sorgfältige Planung ist auch deshalb erforderlich, weil Veränderungen an einem Haus meist schwieriger und damit teurer sind als man zunächst denkt. So erscheint es auf den ersten Blick vielleicht vernünftig, das Badezimmer in ein anderes Zimmer zu verlegen; bei genaueren Überlegung kann sich das aber als undurchführbar herausstellen, oder es kann extrem teuer sein.

In China geht man an derartige Vorhaben mit einer sehr vernünftigen Einstellung heran. Bevor auch nur ein Ziegelstein angefaßt wird, befragt man einen *feng shui*-Philosophen, der nicht nur Ratschläge zur Raumaufteilung oder Lage der Zimmer erteilt, sondern auch dazu, wie, wann und wo etwas getan werden soll. *Feng shui* bedeutet, daß man sich zuallererst Gedanken über Grundlegendes macht – was für jede effektive Planung charakteristisch ist.

Die eigentliche Planung

Für uns ist es ungewöhlich, einen Philosophen hinzuzuziehen, aber gerade um Denken geht es bei der Planung, es geht darum, sich Gedanken zu machen über seine Bedürfnisse, über den Zustand des Hauses, über die Möglichkeiten, die sich bieten, und über Lösungen.

Die Planung ist sowohl etwas Präzises als auch etwas Flexibles. Sie müssen nicht unbedingt für jeden Schritt eine Blaupause anfertigen; das wäre wohl kaum angemessen. Ein von Anfang an festgelegter Plan hat auch immer etwas Inhumanes an sich. Ein Plan sollte anfangs noch offen sein und nach und nach verbessert und schließlich immer detaillierter und vollständiger werden.

Im vorhergehenden Kapitel wurde umrissen, wie Sie herausfinden, was Sie an Ihrem Haus verändern wollen. Sie wissen nun, was Sie brauchen, und sind sich über die funktionellen und ästhetischen Schwächen des Hauses klar geworden. Zusätzlich sollten Sie sich alle bei der Aufteilung des Hauses notwendigen Reparaturen notieren. Hier beginnen die Veränderungen, sie bilden die Grundvoraussetzungen für Ihren Arbeitsplan.

Die Möglichkeiten herausarbeiten

Sie verfügen jetzt über einen groben Grundriß Ihres Hauses. Machen Sie sich davon mehrere Kopien, auf denen Sie verschiedene Varianten, die Sie in Erwägung ziehen, einzeichnen können.

Zeichnen Sie in eine Kopie alle notwendigen Reparaturen und technischen Merkmale, wie z. B. Stützmauern, Leitungen und Rohre, ein, so daß Sie diese Kosten separat kalkulieren können.

Halten Sie sich immer mehrere Varianten offen, denn es könnte sein, daß sich die Variante Ihrer Wahl nicht verwirklichen läßt; dann haben Sie noch verschiedene andere, fertig ausgearbeitete Alternativen zur Verfügung.

Was ist machbar?

Jetzt müssen Sie die verschiedenen Alternativen daraufhin überprüfen, ob sie machbar sind. Stellen Sie sich dazu folgende Fragen:

Kann ich mir das Ganze finanziell leisten? Sie müssen nicht nur entscheiden, ob Sie genügend Mittel aufbringen können, sondern auch, ob die Investition überhaupt sinnvoll ist – möglicherweise erzielen Sie durch Ihre Veränderungen bei einem Verkauf keinen höheren Preis, oder vielleicht ist es vernünftiger, weniger Geld in das Haus zu stecken und statt dessen etwas für den Urlaub zu sparen.

Kann ich mir den Zeitaufwand und die Unannehmlichkeiten leisten? Es ist nicht ratsam, möglichst viele Arbeiten selbst erledigen zu wollen. Durch Handwerker können zwar einige Ihrer Wünsche zu teuer werden; aber es ist besser, Sie sehen das am Anfang ein, bevor in 18 Monaten Ihr Familienleben ruiniert ist, weil Sie z. B. immer noch vergeblich mit der Installation im Badezimmer kämpfen.

Es mag Ihnen unnötig erscheinen, komplizierte Arbeiten von einem Fachmann – einem Architekten oder einem Klempner – durchführen zu lassen, aber bedenken Sie auch, daß Sie sich dadurch viel Verantwortung und Mühe ersparen.

Ist es technisch und praktisch durchführbar? Viele, zuerst vernünftig erscheinende Veränderungen können sich bei genauerer Betrachtung als technisch unmöglich erweisen. Befragen Sie daher im Zweifelsfall immer einen Fachmann.

Vergewissern Sie sich, daß die geplanten Arbeiten erlaubt sind: für größere Veränderungen an Ihrem Haus, z. B. für den Ausbau des Dachbodens, müssen Sie Genehmigungen einholen. Das gilt u. U. auch für kleinere Veränderungen; es kann z. B. verboten sein, die Eingangstür eines denkmalgeschützten Hauses in einer anderen Farbe zu streichen.

Sobald Sie das Machbare mit Ihren Wünschen vergleichen, stoßen Sie auf Widersprüche, die sich aber meist schnell ausräumen lassen: hat z. B. Ihr Wunsch nach drei Schlafzimmern Vorrang vor Ihrem Wunsch nach einem zusätzlichen Arbeitszimmer, so müssen Sie auf dieses Arbeitszimmer verzichten.

ERLÄUTERUNG

Türen

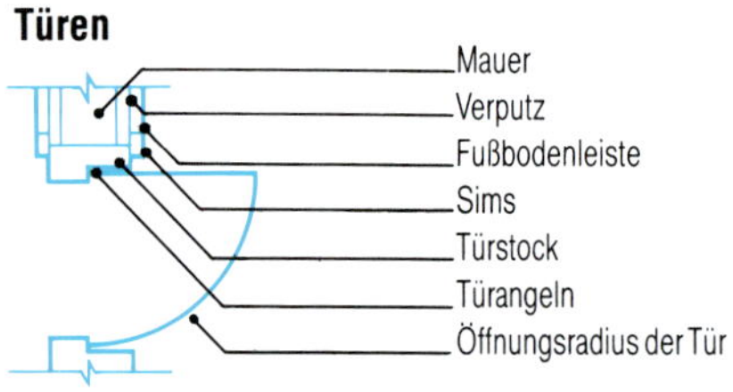

Fenster

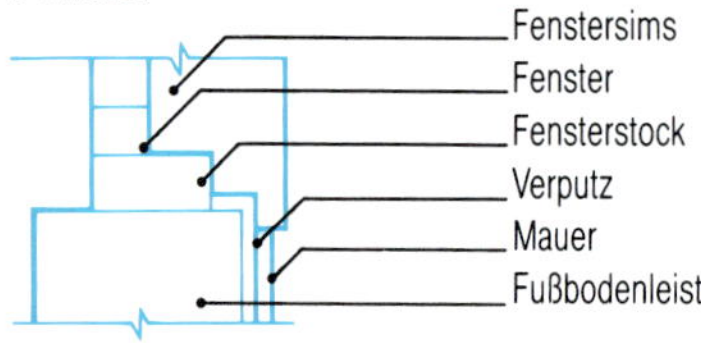

Treppen

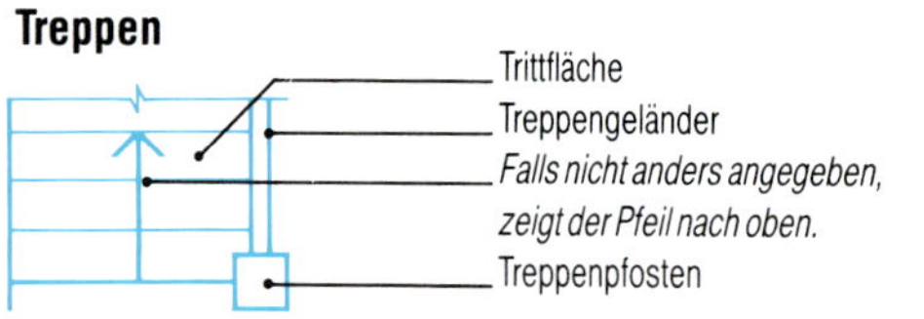

Hausanschlüsse und Installationen

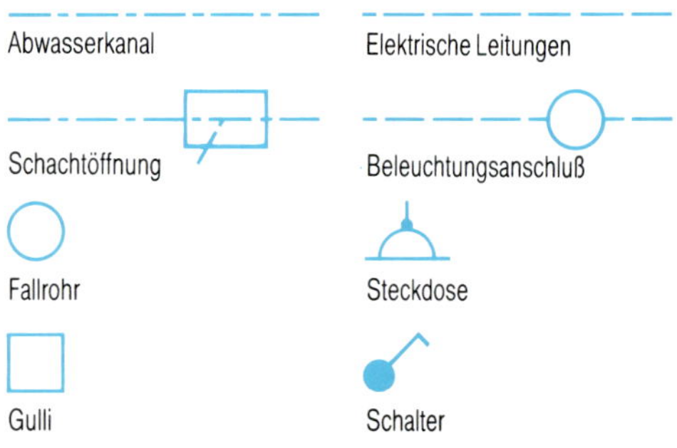

Mauermaterialien

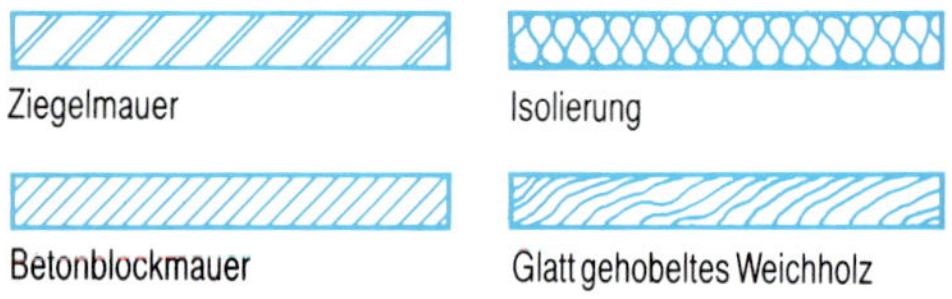

Allgemeine Symbole

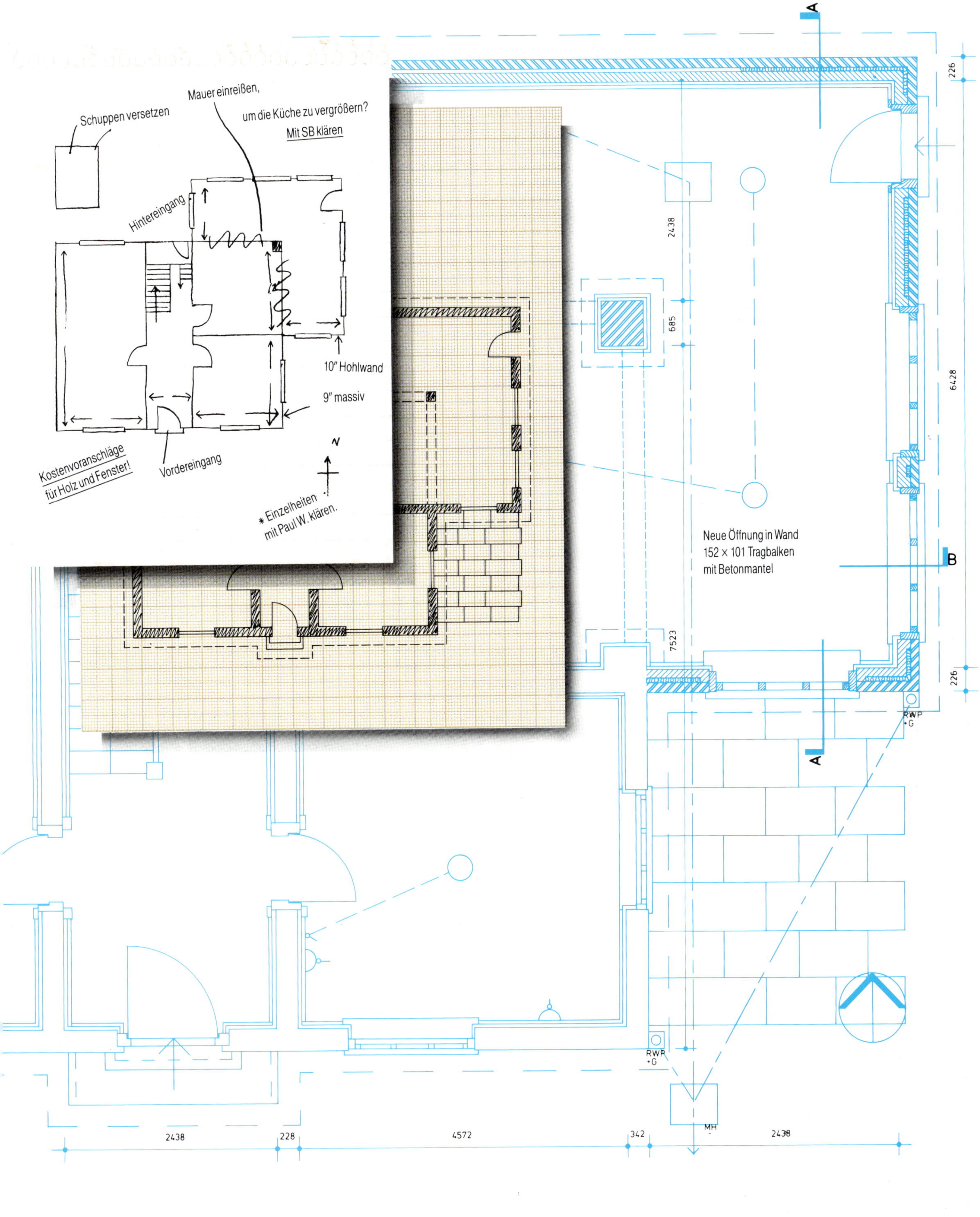
Schuppen versetzen
Mauer einreißen,
um die Küche zu vergrößern?
Mit SB klären
Hintereingang
10″ Hohlwand
9″ massiv
Kostenvoranschläge
für Holz und Fenster!
Vordereingang
N
* Einzelheiten
mit Paul W. klären.
A
B
A
226
2438
685
6428
7523
226
Neue Öffnung in Wand
152 × 101 Tragbalken
mit Betonmantel
RWP
+G
RWP
+G
MH
2438
228
4572
342
2438

Geld

In ein Haus können Sie unbegrenzt Geld stekken; darum ist es so wichtig, den Etat genau zu überwachen. Kalkulieren Sie die voraussichtlichen Kosten so genau wie möglich, überlegen Sie sich, woher Sie das Geld nehmen, und vergleichen Sie den Fortschritt der Arbeiten ständig mit Etat und Zeitplan.

Den Etat errechnen

Die Kosten für den Neubau eines Hauses oder einen Anbau sind leichter zu schätzen als die für einen Umbau. Oft stellt sich erst im Verlauf der Renovierung heraus, was noch alles getan werden muß: sobald Sie einige Wände entfernt haben, entdecken Sie vielleicht modrige Stellen oder andere Schäden, die behoben werden müssen. Aber auch die bloße Anwesenheit der Handwerker kann Bedürfnisse wecken: wenn der Klempner im Haus ist, fällt Ihnen vielleicht ein, noch ein oder zwei neue Waschbecken einbauen zu lassen. Der psychologische Drang, »dies und das auch noch erledigen zu lassen, wenn die Handwerker schon mal da sind«, ist stark – aber finanziell könnte er sich als gefährlich erweisen!

Indirekte Kosten

Dazu gehören Ausgaben für Genehmigungen, für Architekten und Fachleute auf den verschiedensten Sektoren, vom Elektriker oder Installateur bis zum Kunsttischler und Gartenarchitekten.

Auch wenn Ihnen Fachleute teuer erscheinen, Sie können durch deren Arbeit oft mehr einsparen als Sie ausgeben – schließlich erwerben Sie durch Fachleute deren Fachwissen und deren Erfahrung.

Direkte Kosten für Veränderungen

Sie sollten für jedes Ihrer Vorhaben präzise Voranschläge für Arbeits- und Materialkosten einholen. Planen Sie auch die Kosten für Inventar, Anschlüsse und andere Vorrichtungen ein: auch »kleinere« Kostenfaktoren wie Betten oder Lampen, mit denen Sie die Einrichtung Ihres Schlafzimmers abrunden, schlagen zu Buche.

Lassen Sie bei Ihren Berechnungen immer noch einen Spielraum von 10 bis 20 Prozent, so daß Sie Ihre Vorhaben auch trotz unvorhergesehener Ausgaben durchführen können.

Direkte Kosten für Reparaturen

Planen Sie für notwendige Reparaturen – z. B. Ausbesserungen der Mauern, Installationen oder Arbeiten, die durch behördliche Auflagen entstehen – einen eigenen Etat ein. Vielleicht stellt sich dann heraus, daß Sie sich andere Arbeiten gar nicht mehr leisten können. Vergleichen Sie die Liste der notwendigen Reparaturen mit Ihrer Aufstellung der gewünschten Veränderungen – dabei gibt es sicherlich einige Überschneidungen.

Die Kosten errechnen. Oft lohnt es sich, die verschiedenen Pläne einem Architekten zu zeigen und sich einen Überblick über die damit verbundenen Kosten geben zu lassen. Dadurch lassen sich völlig undurchführbare Pläne von vornherein ausschließen. Für die noch in Frage kommenden Projekte können Sie dann detailliertere Voranschläge einholen.

Lassen Sie von einem Bauunternehmer einen Kostenvoranschlag ausarbeiten – dazu brauchen Sie eine genaue Aufstellung der geplanten Arbeiten und eine vollständige Liste des Zubehörs. Sagen Sie ungeniert, daß Sie Angebote von anderen Firmen einholen.

Planung des Etats
ALLGEMEIN

- Haben Sie die nötigen Mittel für:
  - Fachleute?
  - Arbeitskräfte?
  - Materialien?
  - Tapeten und Farben?
  - neues Mobiliar?
  - einen Urlaub (nach dem ganzen Trubel)?
- Haben Sie die grundlegenden Arbeiten kalkuliert?
- Was kosten die entstehenden zusätzlichen Arbeiten?
- Haben Sie zusätzlich Geld einkalkuliert für unvorhergesehene Arbeiten (z. B. Beseitigung von nachträglich entdeckter Trockenfäule)?
- Wie finanzieren Sie die Arbeiten?
- Welchen Anteil Ihres Einkommens können Sie in die Arbeiten investieren, welchen in das Zurückzahlen von Krediten und über welchen Zeitraum?
- Nehmen Sie kurz- oder längerfristige Kredite auf? Wieviel müssen Sie pro Monat zurückzahlen?
- Können Sie etwas von den Steuern absetzen?
- Ist Ihr Arbeitsplatz sicher? Wie sicher sind Ihre langfristigen Pläne?
- Können Sie einige Arbeiten selbst erledigen?
- Oder ist es besser, Überstunden zu machen, um Fachkräfte bezahlen zu können?
- Haben Sie auch noch genügend Mittel für Möbel, Lampen, Tapeten usw.?
- Sind die Betriebskosten für das »neue« Haus höher?
- Glauben Sie, daß der Wert des Hauses durch die Veränderungen steigt?

Den Etat aufstellen
ZWEI BEISPIELE

Eine neue Beleuchtung im ganzen Haus

- Können Sie sich die Unterstützung durch einen Beleuchtungsdesigner leisten?
- Andernfalls sollten Sie erst das Kapitel *Beleuchtung* lesen und sich überlegen, was Sie wollen:
  - Hängelampen?
  - Deckenstrahler?
  - Dimmer?
  - Wand- oder Klemmspots?
  - Tischlampen?
  - Stehlampen?
- Wie erzielen Sie die gewünschte Beleuchtung:
  - normale?
  - besondere?
  - atmosphärische Beleuchtung?
- Wie beeinflußt die neue Beleuchtung bereits vorhandene Möbel und die Inneneinrichtung?
- Entstehen hohe zusätzliche Kosten?
- Müssen Sie das Zimmer dadurch bzw. anschließend:
  - neu verkabeln?
  - neu verputzen?
  - neu streichen?
  - neu tapezieren?
  - andere Arbeiten durchführen?
- Können Sie vorhandene Anschlüsse verwenden?
- Haben Sie Kostenvoranschläge von mehreren Elektrikern eingeholt?

Anbauen

- Warum wollen Sie anbauen?
- Wäre es finanziell günstiger, in ein neues Haus zu ziehen, als das alte auszubauen?
- Welche Besonderheiten brauchen Sie für den Anbau? (z. B. Schallisolierung)
- Wird durch den Anbau Ihr gesamter Platzbedarf gedeckt?
- Steigt dadurch der Marktwert Ihres Hauses nachweisbar?
- Benötigen Sie dazu:
  - Sachverständigengutachten?
  - Vorabbescheid?
  - Zustimmung der Nachbarn?
  - Baugenehmigung?
  - andere Genehmigungen?
  - einen besseren Plan?
- Welchen Vorschriften muß der Anbau entsprechen:
  - Landschaftsschutzauflagen?
  - Auflagen des Denkmalschutzes?
  - Gesundheit, Technik, Wasser?
- Brauchen Sie einen Architekten, oder sorgt der Bauunternehmer für die Bauzeichnungen?
- Haben Sie mehrere Kostenvoranschläge eingeholt, z. B. von:
  - Architekten?
  - Handwerkern?
  - Bauunternehmern?
  - Dekorateuren?
- Verstehen Sie alle Vertragsklauseln?
- Gilt der bisherige Versicherungsschutz auch für den Anbau?

Betriebskosten
Berücksichtigen Sie, bevor Sie einen Auftrag vergeben und mit der Arbeit beginnen, zusätzliche Kosten: die Kosten, die durch einen Kredit entstehen, und die Kosten für die Instandhaltung des Hauses nach den Arbeiten. Isolieren Sie z. B. Ihr Haus so gut wie möglich, um später die Heizkosten niedrig zu halten.

Meist läßt sich das, was Sie sich leisten können, und das, was Sie sich gerne leisten würden, nicht auf einen Nenner bringen. Durch umsichtige Vorausplanung und die Wahl alternativer Lösungen können Sie aber die Kosten niedrig halten. In diesem Buch finden Sie viele Tips, um Kosten zu sparen. Grundsätzlich gilt:

- Vermeiden Sie größere Veränderungen des Grundstücks – Erdbewegungen und das Beseitigen von Schutt sind teuer.
- Die Pläne sollten einfach sein: vermeiden Sie labyrinthartige Gänge, komplizierte Dachformen u. ä. Wenn Sie Wert auf außergewöhnliche Details legen, sollten Sie deren Kosten genau kalkulieren und sie nur da einsetzen, wo sie zum Stil des Hauses passen.
- Erwägen Sie, Fertigteile zu verwenden; oft sind diese billiger als individuell gefertigte. Vielleicht wollen Sie aber auch alte Teile wiederverwenden; deren Einbau kostet zwar mehr, aber Sie steigern damit den Wert des Hauses, wenn sie zu dem ursprünglichen Stil des Hauses passen.
- Einen großen Teil der Kosten machen die Baustoffe aus – überlegen Sie daher genau, was Sie verwenden. Bedenken Sie aber auch, daß hochwertige Baustoffe zwar in der Anschaffung teuer sind, aber auf lange Sicht eine gute Investition darstellen können.
- Auch die Bautechniken schlagen sich in den Kosten nieder – greifen Sie daher nur dann zu ungewöhnlichen oder besonderen Techniken, wenn diese sich nicht umgehen lassen.

Finanzierung
Das Geld, das Sie zur Verfügung haben, bestimmt die Grenzen Ihrer Arbeiten.

»Geld« bedeutet dabei nicht nur Bargeld – beziehen Sie in Ihre Berechnungen auch ein:

- kurzfristige Kredite – d. h. Kapital, das Ihnen durch Überziehen Ihres Kontos, durch Kreditkarten und geliehenes Geld zur Verfügung steht,
- den Betrag, den Sie pro Monat zum Zurückzahlen von Darlehen für Renovierungsarbeiten verwenden wollen,
- den Wert Ihres Hauses abzüglich der Hypothek, die Sie darauf aufgenommen haben.

Auch wenn Sie genügend Kapital haben, um z. B. den Dachboden auszubauen, sind Sie vielleicht besser beraten, wenn Sie Geld aufnehmen. Sprechen Sie darüber mit Ihrer Bank oder Ihrem Steuerberater.

Planung des Etats
Entscheiden Sie nun, welche Arbeiten sofort getan werden können und welche noch aufgeschoben werden müssen. Wenn Sie Prioritäten setzen, sollten Sie daran denken, daß widrige Umstände eintreten können, so daß Sie das Haus unerwartet verkaufen müssen. Vermeiden Sie es daher, Arbeiten halbfertig stehen zu lassen, bis die weitere Finanzierung geklärt ist. Lassen Sie lieber notwendige Arbeiten nacheinander erledigen.

Aufteilen des Geldes

VERTEILUNG AUF DIE PROJEKTE

Stellen Sie in jedem Fall zuerst den gesamten Etat auf, und errechnen Sie dann, welchen Betrag Sie den einzelnen Vorhaben zuteilen können.

Veranschlagen Sie für jeden Bereich eine höhere Summe, damit zusätzliche Kosten durch unvorhergesehene Schwierigkeiten und Entwicklungen abgedeckt sind.

Als allgemeine Richtlinien können folgende Beispiele dienen.

Umbau eines alten Bauernhauses
Stellen Sie sich darauf ein, für längere Zeit in zwei Wohnungen zu leben bzw. in schrecklicher Unordnung. Nur für Begüterte, Perfektionisten, Idealisten oder Besessene zu empfehlen.

Restaurierung eines Hauses im Zeitstil
Damit verleihen Sie Ihrem alten Haus, in dem Sie schon lange wohnen, neues Leben. Starke Beeinträchtigung des gewohnten Familienlebens und große finanzielle Belastung, dafür langfristige Investition.

Ein kleines, modernes Apartment
Für junge Wohnungseigentümer, die bald in eine größere Wohnung ziehen wollen. Verändern Sie möglichst wenig an der Einrichtung, und schaffen Sie nur Mobiliar an, das Sie beim Umzug mitnehmen können.

Ein Haus als Altersruhesitz
Hohe Anfangsinvestition; meist nur wenige Veränderungen und Neueinrichtungen nötig. Höhe der Unterhaltskosten wichtig.

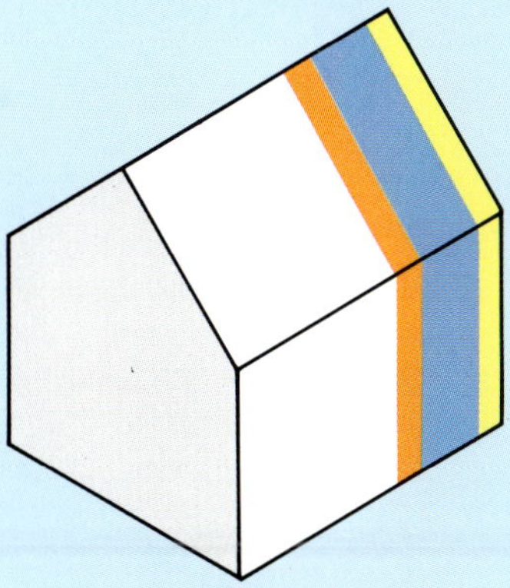
Umbau eines alten Bauernhauses

Restaurierung eines Hauses im Zeitstil

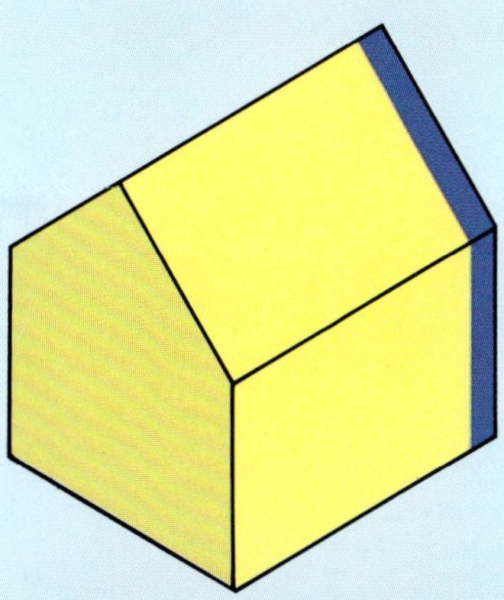
Ein kleines, modernes Apartment

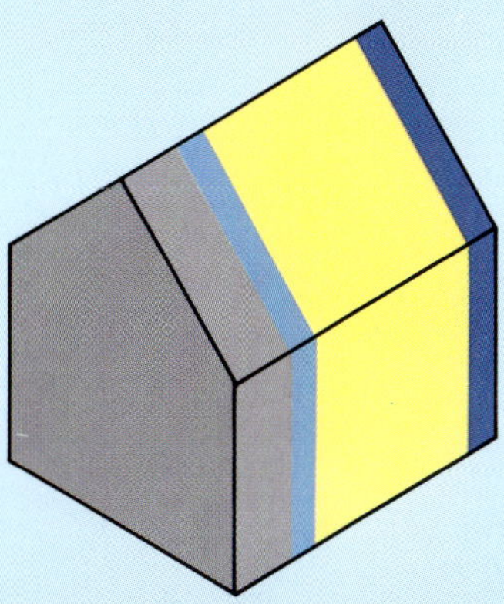
Ein Haus als Altersruhesitz

ERLÄUTERUNG

- (weiß) Größere, grundlegende Veränderungen/Reparaturen, z. B. neues Dach, größere Anbauten, vollständige Restaurierung, Installationen
- (orange) Veränderungen im Inneren, wie z. B. Entfernen von Wänden, Verlegen von Treppen, Einbau neuer Fenster und Türen
- (grau) Verbessern der Raumaufteilung, z. B. kleinere Anbauten, Neuanlage/Verlegen eines Badezimmers, Ausbau des Speichers, Vergrößern der Küche
- (hellblau) Modernisieren und Verschönern, z. B. Neuverkabelung, Gartengestaltung, Einbau einer Zentralheizung, neuer Verputz
- (gelb) Renovierung, Dekoration und Instandhaltung, z. B. neuer Anstrich, Restaurierung von Verzierungen, neuer Bodenbelag
- (dunkelblau) Neue Vermögenswerte schaffen, z. B. hochmoderne Kücheneinrichtung, Swimmingpool, Wintergarten, Tennisplatz

Wer macht was?

Mit Arbeiten, die größere Umbauten mit sich bringen, beauftragen die meisten Menschen Architekten und Bauunternehmer. Einige lassen sogar alle anfallenden Arbeiten von Fachleuten durchführen. Wenn Sie aber gut ausgerüstet und praktisch veranlagt sind, können Sie einige Arbeiten – wie z. B. das Auswechseln von Fußbodenleisten oder das Entfernen überflüssiger Trennwände – selbst erledigen; an das Neudecken des Daches z. B. sollten Sie sich allerdings nur wagen, wenn Sie darin bereits Erfahrung haben.

Möglicherweise können Sie es sich nicht leisten, andere zu beauftragen; auf lange Sicht gesehen ist es dann besser, die Vorhaben einzuschränken, anstatt sich selbst auf größere Arbeiten einzulassen, die sich für Sie als undurchführbar oder als gefährlich herausstellen.

Zu den Arbeiten, die Sie selbst erledigen können, gehört z. B. das Fliesen der Wände, das Ausbessern von Rissen, das Tapezieren und Streichen der Wände, das Einrichten der Zimmer u. ä.

Durch neue Techniken werden diese Arbeiten heute einfach gemacht. Nehmen wir z. B. Malerarbeiten: früher waren viel Geduld und Können notwendig, um z. B. beim Streichen von Türen eine sehr glatte Oberfläche zu erzielen. Mit Hilfe neuer Farben und Lacke ist das heute auch für Laien kein Problem mehr – vorausgesetzt, Sie befolgen die Anweisungen des Herstellers.

Wenn Sie sich an Installationen oder an das Stromnetz wagen, sollten sie die Ergebnisse von einem Fachmann überprüfen lassen, um sicherzugehen, daß sie den baulichen Vorschriften entsprechen. Durch Fehler in der Verkabelung können z. B. leicht Brände entstehen.

Das Wichtigste ist aber, daß Sie sich nicht mehr zutrauen als Sie bewältigen können. Veränderungen am Haus sind immer umfangreicher und zeitaufwendiger als man zuerst glaubt!

Bevor Sie eine Arbeit selbst in Angriff nehmen, sollten Sie sich fragen: Ist diese Arbeit notwendig? Kann ich sie bewältigen? Will ich sie wirklich erledigen? Habe ich die Zeit dazu? Wäre es – hinsichtlich der Kosten und des Zeitaufwands – günstiger, einen Fachmann damit zu betrauen?

Überlegen Sie, ob Sie eine bestimmte Arbeit erledigen können. Sie werden keinen Erfolg sehen, wenn Sie etwas anfangen, was zu langwierig, zu schwierig und zu umfangreich für Sie ist.

Halten Sie sich vor Augen, daß Sie Ihre Zeit besser damit nutzen können, Geld mit einer Tätigkeit zu verdienen, für die Sie besser qualifiziert sind. Lassen Sie lieber Fachleute an Ihrem Haus arbeiten.

BAUARBEITEN

einfache Arbeiten

- Risse um Fenster und Türen herum ausbessern
- Fenster und Türen abdichten
- den Dachboden isolieren

schwierigere Arbeiten

- Fundamente legen
- Ziegelmauerwerk neu verfugen
- beschädigte Ziegel auswechseln
- einfache Maurerarbeiten erledigen
- nichttragende Mauern herausreißen
- neue Trennwände einziehen und Anbauten anfügen
- kleinere Öffnungen in Wände einfügen (z. B. einen Ventilator)
- Wände isolieren
- Mauern mit Platten verkleiden
- offene Kamine einbauen oder schließen
- vorgefertigte Schornsteine einbauen
- den Dachboden renovieren

Arbeiten für Fachleute

- Feuchtigkeitsisolierschicht und Entlüftungsziegel einbauen oder ausbessern
- tragende Wände herausreißen
- durch Absenkung entstandene Risse ausbessern
- Betonböden anlegen
- kompliziertere Maurerarbeiten
- Schaumisolierung anlegen
- größere Öffnungen in Wände einfügen (z. B. für Türen oder Fenster)
- Fensterstürze einziehen oder entfernen
- Schornsteine und Abzüge ausbessern
- Schornsteine oder Rauchabzübe abbrechen oder errichten
- das Dach decken
- strukturelle Änderungen am Dachboden

Fachleute sind:

- Bauarbeiter
- Maurer
- Dachdecker
- Architekt

ARBEITEN AN INSTALLATION, HEIZUNG UND KLIMAANLAGE

einfache Arbeiten

- Dichtungsringe auswechseln
- verstopfte Waschbecken, Abflußrohre und Gullys frei machen
- Regenrinnen und Fallrohre aus Kunststoff installieren
- Wassertanks und -rohre isolieren

Alle Arbeiten am Gasnetz müssen von Fachleuten erledigt werden.

schwierigere Arbeiten

- einfachere Veränderungen an den Installationen (z. B. an den Rohren)
- undichte Stellen ausbessern
- Rückschlagventile auswechseln
- neue Wasserhähne oder Duschanschlüsse einbauen
- Anschlüsse für Waschmaschinen, Geschirrspüler o. ä. installieren
- Abflüsse für Waschbecken, Waschmaschine usw. einbauen
- Absperrhähne einbauen
- Regenrinnen aus Metall installieren
- betriebsfertige Zentralheizungsanlagen einbauen
- Zentralheizungsanlagen warten (Ausnahme: Kessel und Boiler)
- Thermostate und Zeitschalter für die Heizanlage einbauen
- Luftfilter reinigen und auswechseln

Arbeiten für Fachleute

- Abflußrohre verlegen
- den Anschluß an die Hauptwasserleitung installieren (wird nur von den Wasserwerken erledigt)
- Badewannen, Waschbecken, Toiletten,
- Duschvorrichtungen usw. einbauen
- Vorratstanks einbauen
- Heißwasserboiler anschließen
- Toilettenabflüsse installieren
- maßgeschneiderte Zentralheizung einbauen
- Heizkessel und Boiler einbauen und warten
- Ausdehnbehälter für die Heizanlage einbauen
- Klimaanlagen einbauen und warten

Fachleute sind:

- Installateure
- Techniker der Wasserwerke
- Heizungsbauer
- Lieferfirmen für Heizanlagen

ARBEITEN AN DER ELEKTRISCHEN ANLAGE

einfache Arbeiten

- Glühbirnen und Sicherungen wechseln
- Stecker auswechseln
- batteriebetriebene Glocken und Summer installieren

schwierigere Arbeiten

- Anschlußkabel auswechseln
- Schalter und Steckdosen einbauen oder auswechseln
- Erweiterungen der Leitungen vornehmen
- Stromanschlüsse für Lampen installieren
- elektrisch betriebene Glocken, Summer und Alarmanlagen installieren
- Batteriefeuermelder installieren
- Außenbeleuchtung installieren
- Radio- und Fernsehantennen installieren
- Abzugshauben und -ventilatoren einbauen
- Deckenventilatoren einbauen

Arbeiten für Fachleute

- Hauptleitungen verlegen
- Stromzähler einbauen (wird nur von den Elektrizitätswerken erledigt)
- Verteilerkästen entsprechend der Planung einbauen
- Versorgungsleitungen anschließen
- Verkabelungsleitungen durchführen
- Stromkreise anlegen
- Leitungen zu Neben- und Außengebäuden verlegen
- Telefonkabel verlegen und -anschlüsse installieren (wird von der Bundespost durchgeführt)
- einen Elektroherd einbauen
- elektrische Bodenheizung, Speicheröfen und andere Heizanlagen einbauen
- elektrische Alarmanlagen einbauen

Fachleute sind:

- Elektriker
- Techniker der Elektrizitätswerke
- Techniker der Bundespost
- Techniker von Alarmanlagenherstellern

ARBEITEN MIT HOLZ

einfache Arbeiten

- Regale aufstellen
- Fertigmöbel zusammenbauen
- leichten Befall durch Holzwürmer o. ä. behandeln

schwierigere Arbeiten

- Fensterläden und Jalousietüren anbringen
- Tür- und Fensterrahmen ausbessern
- Schränke, Regale, Stühle und Kindermöbel bauen
- Schränke aufstellen
- Türen einhängen
- Treppen ausbessern
- Simsprofile und Fußbodenleisten anbringen
- tragende Holzteile mit Befall durch Holzwürmer o. ä. behandeln
- Einbaumöbel einbauen
- Möbel aus Holz ausbessern

Arbeiten für Fachleute

- Dielenbretter verlegen
- Fenster und Türen einbauen
- Treppen oder Treppenteile auswechseln
- tragende Holzteile ausbessern
- Deckenbalken einziehen
- Befall durch Trockenfäule behandeln
- Möbel einbauen
- antike und wertvolle Möbel restaurieren

Fachleute sind:

- Zimmermänner für Umbauten
- Schreiner (für Einrichtungsteile)
- Fachleute für besondere Holzbehandlung
- Möbelrestauratoren

GLASARBEITEN

einfache Arbeiten

- einbaufertige Doppelglasfenster einbauen
- Spiegel anbringen
- Spiegel oder Glasschränkchen aufhängen bzw. aufstellen

schwierigere Arbeiten

- Fenster- und Türglasscheiben zuschneiden und einsetzen
- Glasscheiben auswechseln
- Farbglasfenster ausbessern
- besonders isolierte Doppelglasfenster einsetzen
- Doppelfenster einsetzen
- Spiegelkacheln einsetzen
- Spiegel zurechtschneiden
- Spiegelglasfenster und Spiegelkanten schleifen
- Glasbausteine einsetzen
- Arbeitsflächen mit Glas- oder Spiegelglasplatten abdecken

Arbeiten für Fachleute

- maßgeschneiderte Fenster einbauen
- Bleiglasfenster ausbessern
- Spiegelglasfenster zuschneiden
- Fenster und Spiegel neu verglasen
- große Spiegelflächen anbringen

Fachleute sind:

- Glaser

INNEN- UND AUSSENAUSSTATTUNG

einfache Arbeiten

- Wände streichen
- Wände tapezieren
- Wandfliesen verlegen
- Kork oder Vinyl verlegen
- Holzböden versiegeln
- Risse in Wänden und Decken ausbessern
- Vorhänge und Rollos anbringen
- Tür- und Fensterbeschläge anbringen

schwierigere Arbeiten

- die Oberfläche der Außenmauern behandeln (z. B. Maueranstrich)
- Wände mit Holztäfelung nach Plan verkleiden
- beschädigten Verputz sorgfältig ausbessern
- die Ecken zwischen Decke und Wand abrunden
- Teppiche verlegen
- Treppenläufer verlegen
- Betonböden sorgfältig auskleiden
- Böden mit Steinplatten auslegen
- Holzböden schmirgeln und für abschließende Behandlung vorbereiten

Arbeiten für Fachleute

- Decken und Wände sorgfältig verputzen
- Deckenoberflächen erneuern
- Teppichböden zuschneiden und verlegen
- Terrazzo- und Schieferböden verlegen
- Dielenbretter auswechseln
- Wellblechdächer streichen

Fachleute sind:

- Maler
- Putzmaurer und Stukkateure
- Bauarbeiter
- Innenausstatter
- Fliesenleger

Fachleute beschäftigen

Errechnen Sie zuerst, wieviel Fachleute Ihr Etat verkraften kann. Anstatt sich auf die gesamten Arbeiten auf einmal zu stürzen, sollten Sie sie nacheinander ausführen lassen – so verteilen Sie die Kosten über einen größeren Zeitraum.

Dadurch daß die Arbeiten von anderen erledigt werden, lösen sich nicht alle Probleme von alleine – schlimmstenfalls tritt sogar das Gegenteil ein. Wenn Sie aber Ihre Fachleute umsichtig einplanen, können Sie ausgezeichnete Ergebnisse erzielen und sich von vielen anfallenden Verpflichtungen befreien.

Denken Sie immer daran: Sie beschäftigen Fachleute, damit diese Ihre Vorstellungen in die Tat umsetzen, und nicht, damit diese Ihnen ihre Ideen aufdrängen und für Sie entscheiden. Stützen Sie sich bei Ihren Entscheidungen unbedingt auf Fachleute; sind Sie aber mit den vorgeschlagenen Lösungen nicht zufrieden – dann sehen Sie sich nach jemand anderem um.

Planung und Vorbereitung

Bevor die eigentlichen Bauarbeiten beginnen können, sind einige wichtige Vorbereitungen nötig: Vorüberlegungen und erste Planungen; eine Untersuchung darüber, was machbar ist; eine Aufstellung der Alternativen und deren Kosten; ausführliche Entwürfe, Bauzeichnungen und ein Arbeitsplan; das Einholen von Kostenvoranschlägen und Genehmigungen; das Aufstellen eines detaillierten Etats.

Diese Vorbereitungen können Sie zum Großteil selbst durchführen.

Erledigen der Arbeit

Spätestens wenn die Arbeiten beginnen, sollten Sie sich Gedanken machen, wie Sie mit dem Projekt am besten fertigwerden.

Haben Sie damit einen Architekten betraut, sollten Sie sicherstellen, daß Sie sich in allen Punkten über die Pläne, die Zeichnungen, den Etat und den Zeitplan einig sind. Danach brauchen Sie sich nicht mehr um die täglichen Arbeiten kümmern. Das heißt jedoch nicht, daß Sie nicht auch deren Fortgang im Auge behalten sollten, auch wenn der Architekt oder der Bauunternehmer das nicht gerne mögen – es ist Ihr Geld und Ihr Haus. Mischen Sie sich jedoch nicht unnötig ein – vor allem nicht in technische Fragen.

Haben Sie die Pläne und Entwürfe selbst erstellt oder von einem Architekten erstellen lassen, aber die Bauaufsicht selbst übernommen, müssen Sie einen Bauunternehmer oder die nötigen Handwerker suchen und mit ihnen zusammenarbeiten.

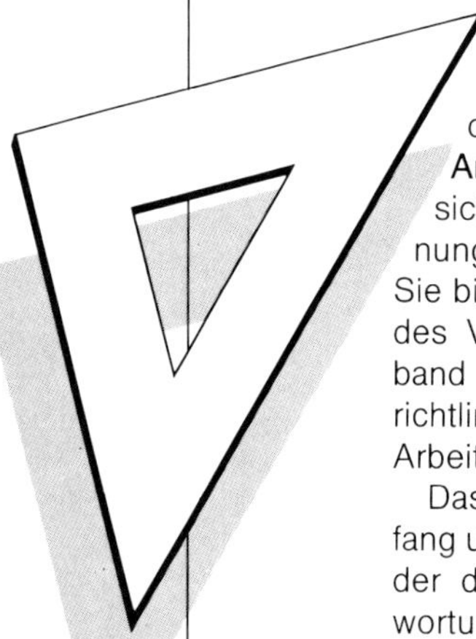

Planung/Vorbereitung

Architekten

Einen guten Architekten finden Sie am besten durch persönliche Empfehlung. In der Bundesrepublik erhalten Sie über den entsprechenden Berufsverband ein Verzeichnis der Mitglieder. Sie können sich aber auch, falls Sie irgendwo ein Haus sehen, das Ihnen gefällt, nach dem dafür planenden Architekten erkundigen.

Architektenhonorare richten sich nach der Verdingungsordnung für das Bauwesen (VBO). Sie bildet auch die Grundlage jedes Vertrages. Beim Berufsverband können Sie die Honorarrichtlinien für die verschiedenen Arbeiten erfragen.

Das Honorar hängt vom Umfang und der Art der Arbeiten und der damit verbundenen Verantwortung ab. Beim Umbau oder der Renovierung eines Hauses liegen die Honorare normalerweise höher als bei einem Neubau.

Bauamt/Gutachter

Ein behördlicher Bauinspektor überprüft die Grundelemente Ihres Hauses, die Strom- und Wasserversorgung, die Beschaffenheit der Wände usw. und schreibt vor, welche Änderungen nötig sind. Bauinspektoren sind für die Vorschriften am Bau zuständig. Sie schreiben dem Architekten und dem Bauunternehmer vor, welche rechtlichen Auflagen zu beachten sind.

Falls Sie ein Haus kaufen und darauf eine Hypothek aufnehmen wollen, muß in der Regel ein Gutachten erstellt werden; damit soll primär der Wert des Hauses und nicht so sehr dessen Zustand festgestellt werden. Ein Gutachten über den Zustand des Hauses kann beim Aushandeln des Kaufpreises nützlich sein. Die Höhe des Honorars richtet sich ebenfalls nach der Gebührenordnung.

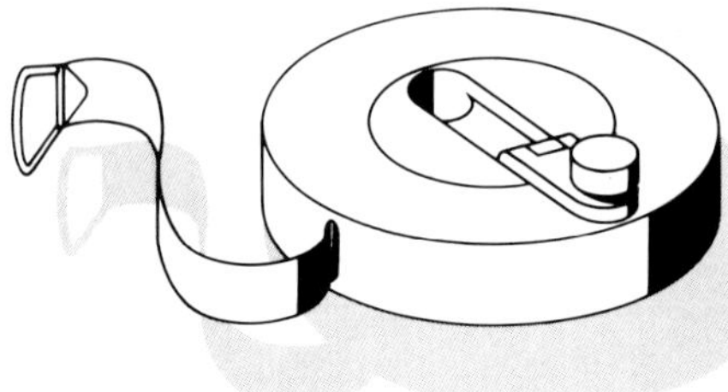

Rechtliches

Wenn Sie einem Architekten oder einen Bauunternehmer mit der Leitung des gesamten Projekts betrauen, kümmert er sich um die nötigen Genehmigungen.

Bevor Sie mit den baulichen Veränderungen beginnen können, benötigen Sie eventuell die

Zustimmung folgender Personen:

- des Hausbesitzers,
- der Mieter bzw. Pächter,
- des Versicherungsgebers oder des Hypothekars,
- der Eigentümer der angrenzenden Grundstücke,
- der zuständigen Baubehörden (z. B. Baugenehmigung),
- der Planungsbehörden,
- der Gewerbeaufsichtsämter,
- der Feuerwehr,
- der Gaswerke,
- der Stromwerke,
- der Wasserwerke,
- der Bundespost,
- des öffentlichen Verkehrsverbundes, der Hafenbehörde o. ä.,
- von Verbänden und Vereinen.

Erkundigen Sie sich, wessen Zustimmung für Ihr Vorhaben notwendig ist, und holen Sie diese unbedingt ein, bevor die Arbeiten beginnen. Manche Behörden reagieren allergisch auf Hauseigentümer, die mit den Arbeiten beginnen, bevor sie die nötigen Genehmigungen haben. Nehmen Sie sich daher die Zeit, diese einzuholen; betrachten Sie sie als absolut vorrangig.

Erledigen der Arbeiten

Bauunternehmer

Einen zuverlässigen Bauunternehmer finden Sie am besten durch persönliche Empfehlung; wenn jemand, den Sie kennen, mit einem Bauunternehmer zufrieden war, werden es auch Sie aller Wahrscheinlichkeit nach sein. Falls Sie niemand kennen, der Ihnen einen guten Bauunternehmer empfehlen kann, können sie auch im Branchenverzeichnis nachschlagen.

Lassen Sie sich von einem Bauunternehmer immer mindestens zwei ehemalige Auftraggeber nennen, und fragen Sie diese, wie sie mit seiner Arbeit zufrieden waren. Gibt ein Bauunternehmer keine Referenzen an, dann sollten Sie sich einen anderen suchen. Genauso gehen Sie bei den Nebenunternehmern vor.
Kostenvoranschläge sollten Sie immer gleich bei mehreren Bauunternehmern einholen. Lassen Sie sich neben den Gesamtkosten auch den möglichen Beginn und die Dauer der Arbeiten angeben.

Vergleichen Sie die Kostenvoranschläge der verschiedenen Unternehmen miteinander, bevor Sie sich entscheiden – achten Sie nicht nur auf den Preis, sondern auch auf eventuelle Einschränkungen.

Am Anfang geht die Arbeit meist recht zügig voran; sobald sie sich aber ihrem Ende nähert, könnte es sein, daß sie etwas schleppender erledigt wird – das Bauunternehmen ist vielleicht schon mit neuen Aufträgen beschäftigt. Vereinbaren Sie daher einen festen Termin, an dem die

Arbeiten beendet sein sollen. Richten Sie sich beim gesamten Bau nach der VBO!
Arbeitskonzept. Geben Sie, um Mißverständnissen vorzubeugen, einem Bauunternehmer, wenn Sie einen Kostenvoranschlag einholen, schriftlich an, was getan werden soll und wie. Diese Aufstellung und die Zeichnungen, die Sie der Baufirma geben, sind ein wichtiger Bestandteil Ihres gemeinsamen Vertrages. Sobald Sie der Baufirma bei wichtigeren Dingen, wie z. B. einer bestimmten Höhe oder einem Detail, freie Hand lassen, könnte es Probleme geben. Überlassen sie daher nichts dem Ermessen der Baufirma, wenn Sie alle Entwürfe selbst erstellen wollen. Das heißt nicht, daß Sie bestimmen müssen, wie welche Arbeiten erledigt werden sollen; Sie müssen nur ganz genau erklären, was am Ende herauskommen soll. Sagen Sie z. B. nur, daß eine bestimmte Trennwand entfernt werden soll, kann es sein, daß – wie sie schließlich feststellen – die umfangreichen erforderlichen Ausbesserungen nicht im Voranschlag enthalten waren.

Nachträgliche Änderungen an Vereinbarungen müssen immer schriftlich bestätigt werden – mündliche Anweisungen könnten falsch aufgefaßt werden.

Bauzeichnungen, die die Baufirma bei einigen Projekten vielleicht braucht, können Sie von einem Architekten oder einem Zeichner nach Ihren Angaben anfertigen lassen.
Bezahlung der Baufirma. Bei kleineren Aufträgen, die nicht länger als vier bis fünf Wochen dauern, brauchen Sie die Baufirma meist erst nach dem Ende der Arbeiten zu bezahlen. Bei größeren Aufträgen ist es üblich, nach vereinbarten Zeiträumen oder Bauphasen einen bestimmten Teil des Endbetrages zu entrichten.

Oft enthalten die Kostenvoranschläge auch sogenannte vorläufige Beträge; diese beziehen sich auf Arbeiten, die die Baufirma von anderen Firmen durchführen läßt und für die sie noch keine festen Voranschläge hat. Sorgen sie aber dafür, daß immer erst Sie gefragt werden, bevor vorläufige Kosten in feste Preise umgewandelt werden.

Sie können einen Teil der Gesamtsumme eine bestimmte Zeit zurückbehalten, zum Ausgleich für eventuelle fehlerhafte Arbeiten. Auch hier gilt wie in allen anderen Punkten die VBO.

Ein gutes Klima mit der Baufirma schaffen und erhalten. Räumen Sie Zimmer, die von den Arbeiten betroffen sind, bevor diese beginnen. Sorgen sie für ausreichend Platz, an dem Leitern, Gerüstteile, Werkzeug und Baustoffe untergebracht werden können. Vereinbaren Sie von vornherein, von wem was sauber gemacht wird, und daß niemand mit schmutzigen Schuhen durch die Wohnung laufen darf. Stellen Sie den Arbeitern einen Platz zur Verfügung,

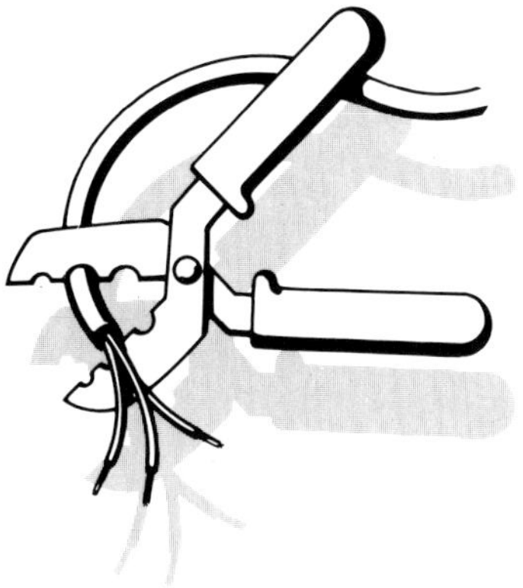

wo sie etwas Heißes kochen und essen und sie sich bei schlechtem Wetter unterstellen können.

Elektrikerarbeiten

Wie für alle anderen Arbeiten, die sie von anderen gegen Bezahlung durchführen lassen, gilt auch hier: Sie müssen wissen, was Sie für Ihr Geld bekommen, bevor Sie einen Preis vereinbaren. Der schnellste und billigste Weg ist nicht immer der beste – so entsprechen z. B. Kabel, die auf den Fußbodenleisten oder quer über die Wände verlegt wurden, sicher nicht dem, was Ihnen bei der Planung vorschwebte. Vergewissern Sie sich auch immer, daß die durchgeführten Arbeiten genau den Sicherheitsbestimmungen entsprechen.

Beauftragen Sie daher immer einen Fachmann mit solchen Arbeiten.

Installationsarbeiten

Klären Sie bei Veränderungen an den sanitären Installationen oder der Kanalisation immer, ob diese überhaupt zulässig sind.

Das Interesse der Behörden an Ihren Installationen beschränkt

sich zumeist darauf, Sie und Ihre Nachbarn vor unliebsamen Schäden zu bewahren, die durch fehlerhafte Installationen entstehen können.

Damit ein Installateur einen genauen Kostenvoranschlag liefern kann, muß er wissen, welche Anschlüsse er wo anbringen soll. Holen Sie auch hier bei verschiedenen Firmen Voranschläge ein und vergeben Sie den Auftrag – wenn möglich – an eine Firma, die Ihnen empfohlen wurde.

Innen- und Gartenarchitekten

Falls Sie einen Innen- oder einen Gartenarchitekten beschäftigen wollen, sollten Sie sich erst davon überzeugen, daß er über Talent und Können verfügt und Ihnen seine Arbeiten gefallen. Lassen Sie sich daher frühere Arbeiten zeigen, und sprechen Sie mit früheren Auftraggebern.

Vereinbaren Sie vor Beginn der Arbeit schriftlich das Honorar und die dafür zu erbringenden Leistungen. Erkundigen Sie sich vorher über die üblichen Sätze.

Reihenfolge der Arbeiten

VORBEREITUNGEN

Alles startklar machen

- Möbel, Teppiche usw. entfernen
- Nicht betroffene Bereiche vor Schmutz, Staub usw. schützen

Abbruch

- Böden, Trennwände und tragende Mauern in Bereichen, in denen tragende Elemente verändert werden, abstützen
- Störende Elemente, überflüssige Installationen, elektrische Leitungen und Anschlüsse, Anstriche und Tapeten und den entstehenden Schutt entfernen

Besonderes

- Den Verputz dort abschlagen, wo die Feuchtigkeitsisolierschicht angebracht werden soll
- Die Isolierschicht anbringen
- Zur Holzbodenbehandlung ca. jedes fünfte Dielenbrett hochheben
- Alle Holzteile (inclusive Dach, Böden und Treppen) vorbeugend zum Schutz gegen Schädlinge behandeln
- Alle Holzteile mit Naßfäulebefall herausschneiden und das umgebende Mauerwerk mit einem Schutzmittel besprühen
- Schornsteine und Rauchabzüge, die für neue Öfen gebraucht werden, fegen und neu auskleiden lassen

BAUARBEITEN UND INSTALLATIONEN

Vorbereitende Arbeiten

- Gräben für Kanalisation, Fundamente und Versorgungsleitungen ausheben
- Schachtöffnungen anlegen und neue Abflußrohre verlegen

Versorgungsleitungen

- Leitungen für Wasser-, Gas- und Stromversorgung und Telefonkabel verlegen

Weitere Arbeiten

- Mauern bis zum Boden hochziehen (Isolierschicht anbringen)
- Außenmauern aus Ziegel verfugen
- Betonbodenplatte verlegen (wasserdichte Membran und Isolierung anbringen)
- Gräben um das Gebäude herum auffüllen
- Mauern hochziehen und Fenster- und Türstürze und -rahmen und Isolierung anbringen (Anschlußöffnungen für Zähler, Abflußrohre, Lüftung usw. vorsehen)
- Neue Deckenbalken einziehen

Wasserinstallationen

- Kaltwassertank einbauen und an die Wasserversorgungsleitung anschließen
- Leitungen vom Wassertank zu den Bädern, Toiletten, Duschen, zu Geschirrspüler und Waschmaschine (mit Kaltwasser) usw. anlegen
- Wasserenthärter einbauen
- Wasserleitung zum Spülbecken in der Küche anlegen (Trinkwasser)
- Heißwasserboiler usw. einbauen und an den Kaltwassertank anschließen
- Leitungen vom Heißwasserboiler zur Küche, zum Bad und zur Waschküche (Waschmaschine mit Warmwasser) verlegen
- Fallrohre einbauen
- Abflußrohre für Bäder, Waschbecken und Toiletten an die Kanalisation anschließen

Zentralheizung

Warmwasserheizung
- Ausdehnbehälter einbauen und an die Wasserversorgungsleitung anschließen
- Boiler (der auch Warmwasser für die Küche liefern kann) an Ausdehnbehälter anschließen
- Rohre vom Boiler und vom Ausdehnbehälter zu den Heizkörpern verlegen

Warmluftheizung
- Heizgeräte einbauen und entsprechend der Planung an Energiequelle anschließen
- Warmluftkanäle für das Heizgerät einbauen
- Warmluftrückführleitungen einbauen

Gas

- Zähler einbauen
- Versorgungsleitungen für Gasbrenner (incl. Boiler, falls vorhanden) einbauen

Strom/Telefon

- Zähler, Verteiler- und Sicherungskasten einbauen
- Beleuchtungs- und Starkstromkreise und Versorgungsleitungen an Verteilerkasten und Zähler anschließen
- Telefonkabel installieren

INNEN- UND AUSSENAUSSTATTUNG

Böden und Dach

- Blindböden und Bodenbretter verlegen und Roste für Warmluftheizung einbauen
- Dachstuhl anlegen (mit Zugang)
- isolieren (falls bereits in diesem Stadium)
- Dachbelag anbringen
- Regenrinnen, Fall- und Abflußrohre anbringen

Oberflächenbehandlung

- Außenmauern ausbessern, verputzen, streichen usw.
- Fenster einsetzen
- Innenwände und Decken verputzen, mit Holz, Kacheln, Platten o. ä. verkleiden
- Türen einhängen, Fensterbretter, Bodenleisten, Simse usw. anbringen
- Fest eingebaute Bodenbeläge – Schieferplatten, Holzleisten usw. – verlegen, Bodenbretter mit Sand abschmirgeln usw.
  Die Bodenbeläge können Sie vor oder nach dem Einrichten verlegen – je nach Art des Belags

Einrichten

- Teppiche, Läufer usw. verlegen
- Vorhänge und Rollos anbringen
- Lampenschirme aufhängen, Stehlampen aufstellen usw.
- Möbel aufstellen
- Bilder und Spiegel aufhängen

Mit Einrichtungsgegenständen ausstatten

- Einbaumöbel für Küche, Bad, Wohn-, Schlafzimmer usw. einbauen
- Badewannen, Waschbecken, Toiletten und Duschen einbauen und an die Warm- und Kaltwasserleitungen und die Abflußrohre anschließen
- Heizkörper einbauen und an die Heizanlage anschließen
- Herde, Kühlschränke, Waschmaschinen usw. aufstellen und anschließen

Dekoration

- Den Untergrund für Tapeten und Farbanstriche anbringen – z. B. Makulatur, Zwischenanstrich, Leisten für Stretchgewebe usw.
- Farbanstriche an Decken, Wänden und Holz, Stoff, Tapeten, Schablonenmalerei o. ä. an Wänden oder Decken usw. anbringen
- Steckdosenabdeckungen, Türgriffe und Schlösser, Fensterriegel usw. anbringen
- Vorhangleisten anbringen

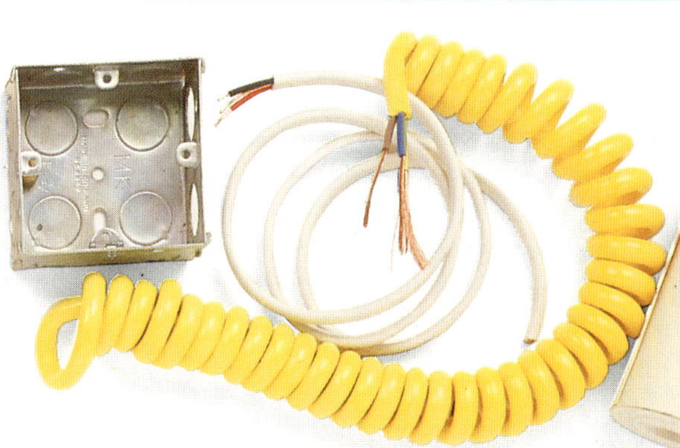

Umbauten

Schauergeschichten über zerstückelte Innenräume, die jeder »Persönlichkeit« beraubt sind, angestückelte Anbauten, schlechte Verarbeitung, monatelange Beeinträchtigung des Familienlebens und saftige Rechnungen – aus solchen Gründen schrecken viele vor Umbauarbeiten am Haus zurück.

Aber vielleicht sind Umbauten der *einzige* Weg, die Raumaufteilung zu verbessern oder Ihr Haus zu vergrößern. Umbauten können eine gute Investition darstellen und besser und billiger als ein Umzug sein, und sie können Ihr Leben stark beeinflussen.

Räumliche Aufteilung

Umbauten – z. B.das Entfernen einer Wand oder der Ausbau des Dachbodens – sind Maßnahmen, mit deren Hilfe die Aufteilung eines Hauses verbessert werden soll. Das erreichen Sie durch:

- Verbesserung des vorhandenen Raumes durch Entfernen oder Einziehen von Trennwänden, durch Verändern der Lage von Fenstern oder Türen, durch Verändern der Boden- oder Deckenhöhe.
- Umwandlung von kaum oder nicht genütztem Raum, z. B. von Dachböden, Kellergeschossen, Korridoren usw.
- Anbau von neuem Raum; z. B. Erweitern der Veranda, Anbau neuer Flügel oder Aufstocken neuer Geschosse.

Was sind Umbauten?

Wenn Sie eine Innenwand entfernen, so ist das nicht unbedingt eine Veränderung, die das Gefüge und die Stabilität des Hauses beeinflußt. Wenn Sie dagegen eine Außenmauer durchbrechen, um ein Fenster einzuziehen, beeinflussen Sie sicher die Stabilität. Je größer eine Veränderung ist, desto komplizierter und teurer wird sie.

Ein Haus besteht aus Außenmauern, Trennwänden im Inneren, Decken und einem Dach. Die Prinzipien sind dabei – unabhängig von den Baumaterialien – immer gleich: Das Dach ruht auf den Außenmauern, die zusammen mit einigen Innenwänden die Decken tragen; das Ganze wiederum ruht auf den Fundamenten. Die Decken der Stockwerke und das Dach sind wichtig; sie dienen als waagrechte Verbindungsglieder der Stabilisierung. Als Faustregel gilt, daß jede Innenwand, die Deckenbalken trägt, tragender Bestandteil des Hauses ist (zur besseren Identifizierung: Bei Holzböden verlaufen die Pfosten oder Stiele im rechten Winkel zu den Bodenbrettern). Aber auch, wenn eine Wand nicht die Deckenbalken trägt, ist es möglich, daß sie die darüberliegende Wand trägt.

Umbauten sind Veränderungen, die dieses Gefüge beeinflussen. Jede bauliche Veränderung an den Außenmauern, den tragenden Wänden im Inneren, an den Decken oder am Dach ist also ein Umbau. Da nach dem Wegfall z. B. einer Stützwand ein zusätzliches tragendes Element, etwa ein Balken, eingefügt werden muß, sind derartige Arbeiten arbeits- und kostenintensiver als Veränderungen, die nicht die Struktur beeinträchtigen.

Genehmigungen

Wenn auch diese Prinzipien allgemeingültig sind, ist doch in den verschiedenen Ländern unterschiedlich geregelt, was Sie tun dürfen. Das Ziel dieser Verordnungen ist es, Veränderungen zu verbieten, durch die die Stabilität eines Gebäudes, die Gesundheit oder die Umwelt gefährdet wird.

Struktur. Genehmigungen brauchen Sie in der Regel für Maßnahmen, durch die zusätzliche Belastungen für das Gefüge entstehen oder durch die die Verteilung der Belastungen verändert wird.

Planung. Veränderungen am Äußeren eines Hauses müssen in der Regel genehmigt werden, damit die Umgebung oder die Interessen der Nachbarn nicht beeinträchtigt werden und damit die erlaubte Bebauungsdichte nicht überschritten wird. Überzeugen Sie sich auch davon, daß die Veränderungen nicht gegen andere Einschränkungen verstoßen.

Gesundheit. Für Veränderungen im Inneren gelten Gesetze und Verordnungen, die die Größe und Höhe der Zimmer, den Aufbau von Treppen, Belüftung, Beleuchtung u. ä. regeln.

Brandgefahr. Brandschutzverordnungen regeln die baulichen Maßnahmen zur Brandvorsorge – z. B. Brandschutztüren o. ä.

Denkmalschutz. Veränderungen an Baudenkmälern und Gebäuden, die als erhaltenswert eingestuft wurden, unterliegen sehr strengen Regelungen.

Einige Vorsichtsmaßnahmen

Lassen Sie – möglichst von einem Architekten, Ingenieur oder Bauinspektor, aber nicht vom Bauunternehmer – feststellen, welches die tragenden Elemente in Ihrem Haus sind, und beginnen Sie erst dann mit den Arbeiten, wenn Sie sich darüber jede nur denkbare Klarheit verschafft haben.

Hilfe durch Fachleute ist bei allen Arbeiten von großem Wert, nicht zuletzt als vorbeugende Maßnahme. Denn schlechte Verarbeitung, Planung oder Ausführung können verheerende Folgen haben; derartige Fehler wieder in Ordnung zu bringen kann schwierig und teuer sein.

Bedenken Sie auch, daß größere Veränderungen den Wert Ihres Hauses stark beeinflussen können. Interessierte Käufer stoßen sich an eigenwilligen, fest eingebauten Details eher als etwa an haarsträubenden häßlichen Tapeten.

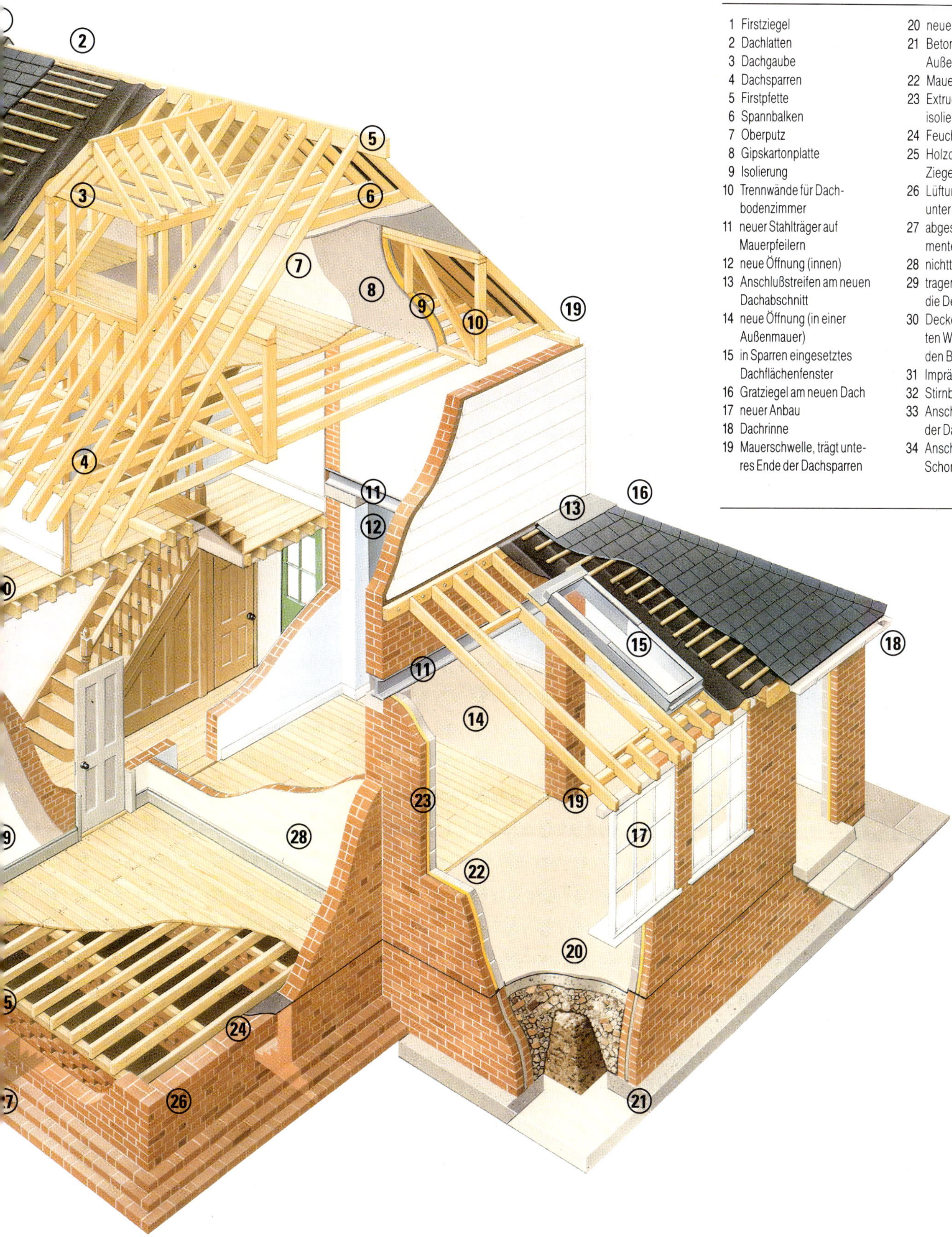

ERLÄUTERUNG

1 Firstziegel
2 Dachlatten
3 Dachgaube
4 Dachsparren
5 Firstpfette
6 Spannbalken
7 Oberputz
8 Gipskartonplatte
9 Isolierung
10 Trennwände für Dachbodenzimmer
11 neuer Stahlträger auf Mauerpfeilern
12 neue Öffnung (innen)
13 Anschlußstreifen am neuen Dachabschnitt
14 neue Öffnung (in einer Außenmauer)
15 in Sparren eingesetztes Dachflächenfenster
16 Gratziegel am neuen Dach
17 neuer Anbau
18 Dachrinne
19 Mauerschwelle, trägt unteres Ende der Dachsparren
20 neuer Betonboden
21 Betonfundament für die Außenmauern am Anbau
22 Mauerwerk mit Luftschicht
23 Extruderschaumstoffisolierung
24 Feuchtigkeitsisolierschicht
25 Holzdeckenbalken, die auf Ziegelwänden ruhen
26 Lüftungsziegelöffnungen unter dem Boden
27 abgestufte Ziegelfundamente
28 nichttragende Innenwand
29 tragende Innenwand, die die Deckenbalken trägt
30 Deckenbalken, mit im rechten Winkel dazu verlaufenden Bodenbrettern
31 Imprägnierte Holzschalung
32 Stirnbrett (Traufbrett)
33 Anschlußblechstreifen an der Dachgaube
34 Anschlußblechstreifen am Schornstein

Gestaltung der Innenräume

Einige einfache Veränderungen an den Innenräumen können eine ungeheure Wirkung haben. Durch eine neue Anordnung von Türen oder Wänden läßt sich der vorhandene Platz vielleicht besser nutzen, dunkle Räume können heller werden. Mit zusätzlichen Trennwänden können Sie neue Bereiche schaffen; durch neue Öffnungen verbinden Sie Zimmer und schaffen faszinierende Durchblicke.

Gehen Sie aber nicht sofort daran, alle Wände einzureißen. Die offene Bauweise der 60er und 70er Jahre, die eine Reaktion auf die eintönige Bauweise vieler alter und neuer Häuser war, wird heute durch umgrenzte Räume wieder etwas abgeschwächt. Es ist wichtig, ein Gleichgewicht zwischen Gemeinschafts- und Privatbereich zu schaffen: Eltern und Kinder brauchen ihre Privatsphäre; Räume mit besonderen Funktionen, z. B. Büroräume, Werkstätten, Spiel- oder Gästezimmer, sollten vom Wohnbereich abgetrennt sein.

Praktische Auswirkungen

Wie umfangreich die Arbeiten werden, hängt davon ab, ob eine tragende Wand verändert werden soll. Dann muß ein Stahlträger oder ein Balken aus Stahlbeton oder Holz eingesetzt werden, der an Stelle der entfernten Wand das Gewicht der Decke oder des Dachs trägt. In den unteren Stockwerken ist das zu tragende Gewicht größer, d. h. die Balken müssen stabiler sein als die in den oberen Stockwerken.

Einen Großteil der Arbeit nimmt die Ausbesserung der entsprechenden Schäden an Putz, Anstrich und Tapeten und die Anpassung der Heizung, Beleuchtung und Wasserleitungen an die neue Gestalt des Hauses ein. Haben sie das in den Voranschlägen berücksichtigt?

Neuaufteilung

Durch Neuaufteilung der Räume können Sie am einfachsten Ihr Haus verändern; dazu müssen Sie vielleicht nur eine nichttragende Wand entfernen, eine Tür versetzen oder zumauern oder einbauen. Falls dabei allerdings eine tragende Wand einbezogen wird, ist Vorsicht nötig.

Der Spielraum für derartige Veränderungen ist meist sehr groß. So wird z. B. in alten Häusern viel Platz verschwendet durch geräumige Gänge – diesen Raum können Sie anderweitig nutzen: etwa als Abstellplatz, kleines Eßzimmer oder Arbeitsecke.

Falls ein Bereich des Hauses bereits über eine eigene Küche und ein Badezimmer verfügt, können Sie eine kleine Wohnung abtrennen, wenn Sie eine Wand einsetzen und einen eigenen Hauseingang anlegen. (Möglicherweise muß aus feuerpolizeilichen Gründen zwischen den Wohneinheiten eine Feuertür eingebaut werden.)

Veränderungen an den elektrischen Leitungen oder an den Installationen sind oft arbeitsintensiv und teuer. Wenn Sie ein größeres Badezimmer wollen, ist es meist vernünftiger, das vorhandene auf Kosten des Raums eines Nachbarzimmers zu erweitern, anstatt es in ein anderes Zimmer zu verlegen. Falls es sich aber nicht vermeiden läßt, das Badezimmer ins Innere des Hauses zu verlegen, müssen Sie für ausreichende Belüftung sorgen. Überprüfen Sie, wenn Sie ein Badezimmer nach oben verlegen wollen, ob der Boden das Gewicht einer vollen Badewanne trägt.

Trennwände einfügen

Mit Hilfe einer Trennwand können Sie auf Kosten von etwas Bodenfläche aus einem Zimmer zwei machen, die sich für verschiedene Zwecke nutzen lassen; zudem schaffen Sie dadurch zusätzliche Wandfläche (z. B. für Regale) und Privatsphäre. Dabei sollten allerdings bewohnbare und gut geschnittene Zimmer entstehen – von zwei winzigen, halbdunklen Kämmerlein haben Sie wenig. Überlegen Sie genau, wo Sie Trennwände einfügen, damit Sie z. B. nicht Fenster oder Stuckdecken in zwei Hälften teilen. Achten Sie auch auf Details – die Simsprofile z. B. sollten zueinander passen, ebenso die Fußbodenleisten.

Wenn Sie eine Trennwand auf den Boden stützen, müssen Sie diesen eventuell verstärken. Bei einem Holzboden bedeutet das , daß Sie unterhalb der Trennwand einen zweiten Balken parallel zum ersten einziehen und die beiden miteinander verbinden müssen.

In individuellen Häusern und in Dachgeschossen sind die Böden meist stabil genug, um überall Trennwände tragen zu können. Neu eingebaute Trennwände müssen dann nicht unbedingt geradlinig verlaufen, wodurch sich Ihnen eine ungeheuere Vielfalt zur Gestaltung bietet. Lediglich in der Küche und im Badezimmer sind Sie an die Rohranschlüsse gebunden.

Auch bei einer konventionelleren Gestaltung müssen die Wände nicht unbedingt geradlinig angeordnet sein. Heutzutage ist es nicht schwierig, wenn auch kostspieliger, runde Wände anzulegen, die einen guten Kontrapunkt zu den Hauptmauern bilden. Sie können auch halbhohe Wände errichten; dadurch schaffen Sie eine gewisse Privatsphäre, ohne das Zimmer ganz teilen zu müssen. Diese Lösung eignet sich besonders für ein Kinderzimmer, das sich zwei Kinder teilen. Mit versetzt angeordneten Trennwänden können Sie in größeren Räumen Nischen anlegen, die sich für verschiedene Zwecke nutzen lassen.

Durch Trennwände können aber auch weitere Veränderungen nötig werden: so müssen Sie z. B. in neu geschaffenen Räumen – mit Ausnahme von Badezimmern – für Fenster sorgen, falls noch keine vorhanden sind. Achten Sie auch darauf, daß neu eingefügte Wände zum übrigen Haus passen.

Öffnungen einfügen

Durch Entfernen von Innenwänden, durch Einfügen neuer oder Verändern bestehender Wandöffnungen läßt sich ein Haus stark verändern; Sie müssen höchstens einen zusätzlichen Deckenbalken einfügen. So können Sie z. B. zwei Zimmer in eines verwandeln, einen Korridor in ein Zimmer integrieren, die Wand neben einer Treppe entfernen, Türöffnungen vergrößern u. ä. Bedenken Sie aber, daß Sie damit auch etwas Privatsphäre aufgeben.

Wenn Sie eine Wand nicht vollständig einreißen wollen, können Sie z. B. ein »Innenfenster« einfügen, um eine Sichtverbindung zwischen zwei Zimmern herzustellen. Diese Öffnungen müssen nicht rechteckig sein; oft brauchen Sie allerdings einen Fenstersturz, einen waagrechten Balken, der die Mauer über dem Fenster trägt.

Eine gewisse Zurückhaltung ist in der Regel empfehlenswert. Zerstören Sie durch Veränderungen nicht den Charakter der Räume, und erhalten Sie deren ursprüngliche Proportionen. Lassen Sie, wenn Sie die Tür zwischen zwei Zimmern erweitern, z. B. auf beiden Seiten der Öffnung noch ein Stück Wand als Abgrenzung und zur Abstützung des neuen Deckenbalkens stehen. Durch den Einbau von Schiebetüren z. B. erhalten Sie sich die Möglichkeit, die Zimmer wieder abzutrennen.

1 *Die Tiefe und Klarheit dieses Durchblicks rührt von der schwarzen Farbe und den an beiden Seiten symmetrisch angebrachten hüfthohen Schrank mit Ablagefläche her.*
2 *Die von je zwei Wänden gebildeten Nischen schaffen Privatsphäre, ohne die helle, luftige Atmosphäre des Dachateliers zu zerstören.*
3 *In diesem ca. 1910 erbauten Apartment in Chicago gelang es, die ursprüngliche Atmosphäre trotz umfangreicher Renovierungsarbeiten zu erhalten. Die bogenförmige Öffnung zwischen Küche und Eßzimmer harmonisiert mit dem Raum besser als eine rechteckige und wiederholt zudem die Form der Küchendecke.*
4 *Dieser Durchgang wird durch seine schlanke, hohe Form besonders betont; die Öffnung entstand durch das Durchbrechen eines Kaminvorsprungs.*

4

5 *Die verschiedenen Bodenebenen im Keller dieses umgebauten Bauernhauses in der Nähe von Florenz folgen dem Gefälle des Hügels, an dem das Haus angelegt wurde. Die Ebenen definieren die verschiedenen Funktionen des Raumes – Eß-, Wohn- und Arbeitsbereich. Die Balken des Kellergewölbes wurden farblich hervorgehoben.*

5

6

6 *Um einen offenen Küchen- und Wohnbereich zu schaffen, wurden in dieser Villa in Australien einige Innenwände herausgerissen. Die als Stütze eingesetzten Stahlträger und -balken blieben unverdeckt und stechen – passend zu einigen Möbeln – farblich hervor.*

Stockwerke

Veränderungen wie das Entfernen oder Einfügen von Decken und Böden sind relativ wenig üblich. Dadurch lassen sich jedoch eindrucksvolle Beleuchtungseffekte und ein völlig neues Raumgefühl erzielen. Wenn Sie in einem Teil eines großen Zimmers den Fußboden höher oder die Decke tiefer legen, können Sie dadurch einen Raum mitten im Raum schaffen. Entfernen Sie z. B. einen Teil des Bodens, so schaffen Sie damit eine Lichtquelle, eine Galerie oder einen hohen Raum, der sich über zwei Stockwerke erstreckt.

Solche Veränderungen findet man selten, weil in den meisten Häusern ein Verlust an Bodenfläche kaum zu verschmerzen ist.

Praktische Auswirkungen

Die Höhe einer Decke zu vermindern stellt keine grundlegende Veränderung dar; es werden lediglich an der Decke z. B. Holzbalken oder Bretter angebracht.

Böden bilden in jedem Gebäude wichtige stabilisierende Elemente. Wenn also ein Teil eines Bodens entfernt wird, muß dessen Fehlen ausgeglichen werden, z. B. durch zusätzliche Balken oder Verstrebungen. Möglicherweise müssen auch Fenster oder Türen verändert werden.

Decken und Böden

Decken sind ein rein kosmetisches Element, sie können daher z. B. ohne weiteres zum Kennzeichnen eines bestimmten Bereichs niedriger gelegt werden. Sie können der Dekke auch eine neue Form, z. B. die eines Gewölbes, geben; befestigen Sie dazu ein leichtes, entsprechend geformtes Gitter an der Decke und verkleiden Sie es mit Verputz oder Holz. Wenn Sie z. B. einen großen, hohen Raum in kleinere Zimmer aufteilen, läßt sich die Höhe der Zimmer durch eine niedrigere Decke an deren Größe anpassen, so daß die Proportionen wieder stimmen.

Zwischenstockwerke

Mit einem Zwischenstockwerk läßt sich in einem großen, offenen Raum leicht ein Bereich halb abtrennen, ohne daß der ursprüngliche Raum seine Offenheit verliert. Der Platz unterhalb des Zwischenstockwerks läßt sich als Abstellraum nutzen oder als intime Nische. Die Balken des neuen Bodens müssen entsprechend ausgelegt werden; eventuell müssen Sie auch die Wände verstärken, damit diese das zusätzliche Gewicht tragen können.

Einen Teil des Bodens entfernen

Durch Entfernen eines Teils des Bodens in einem oberen Stockwerk können Sie einen hohen Raum, der sich über zwei Stockwerke erstreckt, mit einer Galerie schaffen. Dadurch wird, vor allem durch ein darüberliegendes Dachfenster, eine besondere räumliche Dynamik erreicht; dafür eignen sich besonders Gebäude mit niedrigem Dach. Die Vorteile sind eher ästhetischer Natur; ob sie den Verlust an Bodenfläche aufwiegen, müssen Sie entscheiden.

Wie schwierig die Arbeiten sind, hängt von der Größe des entfernten Bodens ab. Bei einem kleinen Stück ist oft nur ein Deckenbalken erforderlich, um die Enden der Pfosten zu stützen; wird dagegen ein größeres Stück entfernt, ist meist ein Stahlträger nötig, der in die tragenden Mauern eingebaut wird. Um den »Lichtquelleneffekt«, der durch diese Veränderung entsteht, ausnützen zu können, müssen Sie vorhandene Fenster vergrößern oder neue Fenster oder Dachfenster einsetzen.

Treppen

Bei den meisten dieser Veränderungen brauchen Sie auch neue Treppen bzw. müssen die vorhandenen verändern. Da sich Treppen zwischen Boden und Decke erstrecken und von diesen getragen werden, sind neue einfach anzulegen. Treppen in alten Gebäuden verbrauchen meist zuviel Platz, so daß Sie durch Veränderungen am Treppenhaus zusätzlichen Raum gewinnen können. Dazu können Sie z. B. über der alten Treppe ein Bodenstück einfügen und an einer anderen Stelle eine Öffnung für die neue Treppe schaffen.

Zwar gelangen Sie auch über Leitern zu einer Galerie oder einer Plattform. Da Leitern aber unbequemer sind, sollten Leitern nur als Provisorium dienen – zumal da sie nicht so sicher sind wie Treppen. Zur optimalen Ausnützung des Raumes eignen sich Wendeltreppen besonders gut. Das Gewicht der Treppe lastet dabei allerdings auf einer Stelle; daher ist es oft erforderlich, darunter zusätzlich z. B. einen Balken einzubauen.

Kellerräume

Der Keller läßt sich in der Regel mit einigen kleineren Veränderungen in einen ansprechenden Wohnrauam verwandeln. Wenn Sie z. B. die Fensteröffnungen erweitern, gelangt mehr Licht in den Keller. Wenn Sie die Erde vor einem Mauerstück entfernen und dort eine Tür einsetzen, schaffen Sie einen direkten Zugang zum Garten.

Schwierig wird es, wenn die lichte Höhe zu niedrig ist. Dann muß der Keller ausgeschachtet werden, was teure Untermauerungsarbeiten notwendig macht. Dabei werden die Fundamente durch Mauern abgestützt, damit sie beim Ausschachten nicht unterhöhlt werden. Da diese Arbeiten sehr umfangreich sind und es meist zu Problemen mit der Kanalisation kommt, ist diese Lösung nur ein letzter Ausweg, wenn Sie den Platzbedarf in Ihrem Haus nicht anders decken können.

1

2

4

5

1 Einfallsreich wurde dieser hochaufragende Raum durch eine Plattform, die für die dringend benötigte zusätzliche Bodenfläche sorgt, auf die richtige Größe zurechtgeschnitten. Darunter befindet sich – hinter dem hellen Wandschirm verborgen – der Küchenbereich.

2 Ein Umbau, der sich über mehrere Ebenen erstreckt. Die freie Treppe und das Fehlen von Türen unterstreichen die großzügige offene Bauweise.

3 Mit dieser Wendeltreppe wurde ohne großen Verlust an Bodenfläche ein Zugang zur oberen Ebene und ein reizvoller Blickfang geschaffen.

4 Dieser Boden öffnet sich gleichsam – sind keine Kinder da, können die beiden Glasflügel hochgeklappt werden und bilden die Brüstung des Lichthofs.

5 Durch das Entfernen einiger Wände und Böden wurde aus einem kleinen Reihenhaus aus der Zeit Eduards VII. ein großer offener Raum.

Erweiterungen und Umbauten am Dach

In den meisten Häusern kann viel zusätzlicher Raum unter dem Dach genutzt werden. In der Stadt, in der bebaubarer Boden ja knapp ist, bietet der Ausbau des Dachbodens oder das Aufstocken oft die einzige Möglichkeit, den Wohnraum zu vergrößern. Sie können damit außergewöhnlichen Wohnraum, Dachgärten und -terrassen, aber auch verblüffende Ausblicke schaffen.

Praktische Auswirkungen

Derartige Veränderungen unterliegen allerdings einer Reihe praktischer und oft auch behördlicher Einschränkungen. Bedenken Sie daher zuerst, wie sich die Veränderungen auf das Haus auswirken; sie bedürfen meist der Zustimmung der Nachbarn und der Behörden. Zudem können diese Arbeiten Ihr Privatleben erheblich beeinträchtigen.

Wenn das Haus nicht stabil genug ist, muß es so verstärkt werden, daß es die zusätzlichen Bauten auch tragen kann. Unter Umständen müssen sie eine breitere Treppe einbauen, für ausreichend lichte Höhe, Beleuchtung und Belüftung sorgen und feuerpolizeiliche Auflagen erfüllen. Falls Sie ein zusätzliches Stockwerk errichten, müssen die bestehenden Außenmauern und Schornsteine erhöht und Regenrinnen verlegt werden.

Diese Arbeiten sind umfangreich und schwierig. Daher ist es ratsam, einen Fachmann hinzuzuziehen, der die Hürden ausräumt und eine Lösung erarbeitet, die mit Ihrem Haus in Einklang steht.

Ausbau des Dachbodens

Unter den meisten Satteldächern ist genügend Platz, um den Dachboden auszubauen. Das Hauptproblem dabei ist der Zugang; wenn die Treppe nicht breit genug ist und nicht erweitert werden kann, muß eine neue Treppe eingebaut werden. Dadurch werden eventuell auch andere Zimmer verändert.

Die Deckenbalken können oft die zusätzliche Belastung nicht aufnehmen; darum müssen zusätzliche Balken eingesetzt werden.

Verändern der Dachstruktur

Ein Satteldach stützt sich auf Dachsparren, Balken, Pfosten und Streben. Schon bei einfacheren Umbauten des Dachbodens müssen einige dieser tragenden Elemente entfernt werden, um Platz zu schaffen; die Dachsparren müssen dann anderweitig abgestützt werden, was kein nennenswertes Problem darstellt, da die Belastungen innerhalb des Daches vergleichsweise niedrig sind. Schlimmstenfalls müssen Stahlbalken zwischen den tragenden Außenmauern eingezogen werden.

Wenn Sie Dachfenster anlegen, erhalten Sie zwar mehr Licht, aber nicht mehr lichte Höhe. Um ein Schlafzimmer oder einen Wohnbereich zu schaffen, müssen sie eventuell Mansardenfenster einbauen.

Wenn Sie Dachsparren abschneiden, um eine Dachterrasse anzulegen, müssen sie für ausreichenden Wasserabfluß sorgen und natürlich die Öffnung ummauern. Sie können auch im darunterliegenden Zimmer einen Teil der Decke entfernen, so daß es sich bis zum Dach erstreckt. Das hat dieselbe Wirkung wie das Anlegen einer Galerie – mit dem Unterschied, daß dabei keine genutzte Bodenfläche verlorengeht.

Eine Etage aufstocken

Wenn Sie das Dach Ihres Hauses durch eins mit einem anderen Profil ersetzen oder eine Etage aufstocken, verändern Sie damit Ihr Haus und sein Verhältnis zu den Nachbarhäusern erheblich; dazu brauchen Sie mit Sicherheit eine baubehördliche Genehmigung. In der Regel müssen Sie die bestehende Dachform beibehalten oder das Dach zurücksetzen, damit auch weiterhin ausreichend Lichteinfall gewährleistet ist. Bewohnen Sie ein Reihenhaus oder eine Doppelhaushälfte, dann benötigen Sie auch die formelle Einwilligung der Nachbarn.

Die Außenmauern und die Trennwände zu Nachbarhäusern müssen erhöht werden; meist sind dadurch auch Schornsteine und Regenrinnen betroffen. Auch das Gewicht des neuen Stockwerks, das auf den Außenmauern, den inneren tragenden Wänden und dem Fundament lastet, muß berücksichtigt werden. Um die Tragkraft der Fundamente zu ermitteln, müssen notfalls »Probebohrungen« vorgenommen werden; sind sie nicht stabil genug, ist eine Untermauerung nötig.

1

1 *Hier wurde die Decke vollständig entfernt. Auf einer Seite wurde eine Plattform angebracht; der waagrechte Balken bildet jetzt ein nützliches Bord für Bücher und andere Gegenstände. Das Dach ist innen mit Nut- und Feder-Holzbrettern verkleidet. Vor den großen Dachfenstern hängen schwungvolle mit Holzstäben verstärkte Rouleaus aus Leinwand.*

2

3

2 *Ein Teil dieses Daches wurde entfernt; eine Verandatür führt zur dadurch entstandenen Dachterrasse. Die Dachbalken stechen dunkel* (3) *von der Glaswand ab.*

4

5

6

7

4 *Auf diesem Flachdach in London wurde ein zusätzliches Stockwerk angebaut. Da an zwei Seiten des neu entstandenen Raumes* (5) *Fenster angebracht sind, strömt natürliches Licht aus verschiedenen Richtungen ein.*
7 *Der Glasanbau im Dach fällt kaum auf. Innen* (6) *wurde ein neues Schlafzimmer mit Bad geschaffen.*

Außenmauern

Wenn Sie Innenwände oder Böden verändern, werden oft auch Veränderungen an den Außenmauern notwendig. So kann es z. B. sein, daß nach dem Versetzen einer Trennwand ein neues Fenster eingesetzt oder ein bestehendes zugemauert werden muß. Durch den Einbau eines neuen Fensters können Sie z. B. die Beleuchtung verbessern, eine schöne Aussicht eröffnen oder auch direkte Sonneneinstrahlung ermöglichen; durch eine neue Tür vereinfachen Sie z. B. den Zugang zum Garten oder zur Terrasse. Wenn Sie Form oder Größe einer Öffnung verändern, schaffen Sie damit vielleicht einen besonderen Blickfang. Legen Sie einen Balkon oder einen Wintergarten an, so müssen Sie an eine Tür in der Außenmauer denken.

Berücksichtigen Sie, wie sich eine solche Veränderung auf Ihr Haus auswirkt. Am sichersten ist es, die Größe, das Aussehen und die Lage einer neuen Tür- oder Fensteröffnung auf bereits vorhandene abzustimmen. Eine reizvolle Lösung kann jedoch auch der Kontrast von Alt und Neu bieten; dabei sollten aber zu krasse Gegensätze vermieden werden.

Praktische Auswirkungen

Derartige Veränderungen lassen sich einfach durchführen; da die Außenwände zu den tragenden Elementen des Hauses gehören, sollten Sie allerdings immer mit Umsicht an die Arbeit gehen. Wenn Sie eine neue Öffnung anlegen oder eine bestehende erweitern, muß meist ein Tür- oder Fenstersturz eingesetzt werden, der den Wegfall der tragenden Mauer ausgleicht.

Für Veränderungen der Stabilität des Hauses und der Frontansicht benötigen Sie in der Regel eine behördliche Genehmigung. Falls das Gebäude unter Denkmalschutz steht, dürfen Sie normalerweise keine Veränderungen an seinem Äußeren vornehmen.

Anlegen und Verändern von Öffnungen

Eine Tür oder ein Fenster zuzumauern ist nicht schwierig. Bei Ziegelwänden z. B. werden neue Steine auf beiden Seiten in den alten Ziegelverband integriert; beim Entfernen des Fenster- bzw. Türsturzes müssen allerdings Wand und Zimmerdecke abgestützt werden. Da ein Kontrast zwischen altem und neuem Mauerwerk meist nicht attraktiv wirkt, ist es ratsam, das Aussehen beider Teile einander anzugleichen. Dazu kann es nötig sein, den Verputz oder einen Teil der Ziegelsteine neu bzw. anders zu streichen.

Am einfachsten läßt sich ein Fenster in eine Tür bzw. eine Tür in ein Fenster umwandeln, wenn Breite und Höhe des Sturzes beibehalten werden; dann muß lediglich ein Stück Wand entfernt bzw. eingesetzt werden. Da dieses Wandstück kein tragendes Element ist, hat eine Veränderung auch keine Auswirkungen auf das Gebäude. Wandeln Sie im Erdgeschoß eine Tür in ein Fenster um, kann es ratsam sein, das Wandstück auf ein neues Stück Fundament zu bauen.

Wenn Sie ein Fenster oder eine Tür erweitern, da die vorhandene Öffnung nicht hoch oder breit genug ist, müssen Sie einen neuen Tür- bzw. Fenstersturz einsetzen. Dazu müssen Wand und Decke abgestützt werden, bis der alte Sturz durch den neuen ersetzt ist. Je breiter die Öffnung ist, desto stabiler und größer muß der Sturz sein; bei sehr breiten Öffnungen ist ein Sturz aus Stahl oder Stahlbeton notwendig. Wegen des erheblich höheren Gewichts, das dann auf den Wänden neben der Öffnung lastet, müssen unter Umständen die Fundamente durch eine Untermauerung verstärkt werden.

Bedenken Sie auch hier – wie beim Zumauern einer Öffnung – die Auswirkungen auf das Haus. Über den Fenstern und Türen älterer Häuser sind oft Bögen aus Gips u. ä. angebracht. Damit diese erhalten bleiben, können Sie den neuen Sturz nur innen einsetzen und außen den Bogen stehen lassen.

Sie können aber auch bewußt einen Kontrast zwischen den Veränderungen und Ihrem Haus herstellen; dazu brauchen Sie allerdings ein gutes Auge oder einen guten Architekten. Wenn das Haus stabil ist, können Sie Fenster einbauen, die sich über zwei oder mehr Stockwerke erstrecken, oder auch große Glasschiebetüren zur Veranda. Solche großflächigen Öffnungen können die räumlichen Veränderungen, die im Kapitel *Stockwerke* beschrieben wurden, auf ideale Weise ergänzen und die Beleuchtung und den Stil der Räume völlig verändern. Weniger extrem sind runde, halbrunde oder gar dreieckige Fenster. Aber auch mit schmalen, schießschartenähnlichen Fenstern können Sie für die ausreichende Beleuchtung eines Zimmers sorgen; diese Lösung ist aber nur ratsam, wenn die Aussicht nicht gut ist.

Erweiterungen

Sobald Sie eine Öffnung in eine Außenmauer gebrochen haben, können Sie Ihr Haus auf vielfältige Weise erweitern, z. B. durch einen Wintergarten. Ein derartiger Anbau muß sich nicht auf das Erdgeschoß beschränken – so können Sie z. B. einen Balkon oder einen Wintergarten auf einem Balkon einrichten. Dazu müssen längere Pfosten eingesetzt oder eine besondere Stahlkonstruktion angebracht werden. Diese Lösung eignet sich besonders für eine Wohnung in einem höheren Stockwerk ohne Garten, wo zusätzlicher Raum wünschenswert wäre.

1 *In den geräumigen Wintergarten aus Glas und Metall gelangt man vom Haus her durch eine verbreiterte Tür, vor der ein Vorhang hängt.*
2 *Diese stabile Glasschiebetür mit Pergola ersetzt einen Teil der Außenmauer und bildet einen an einer Seite offenen Raum mit direktem Zugang zum Garten.*

1

2

3

3 *Dieser in einem kräftigen Farbton gehaltene Anbau an einem Haus in Australien ist durch eine ungewöhnlich geformte Öffnung mit dem Haus verbunden, die vom Inneren des Hauses aus gesehen einen reizvollen Rahmen für die Landschaft bildet, auf die man hinausblickt.*

4 *Durch die Tür, die sich normal öffnen oder nach oben zur Decke klappen läßt, durch das Bäumchen und durch die Verwendung der gleichen Fliesen auf der Veranda und im Raum entsteht der Eindruck, der Garten beginne bereits im Haus.*

5

6

7

Einfache Anbauten:
5 *ein angebauter Wintergarten;*
6 *ein Glashäuschen im Stil Eduards VII.;*
7 *ein Eßzimmer, durch Erweitern und Überdachen geschaffen.*

Anbauten

Durch Anbauten können Sie die Qualität der Zimmer verbessern oder völlig neue schaffen. Durch den Anbau einer Küche z. B. sorgen Sie nicht nur für ein zusätzliches Zimmer, sondern auch für mehr Platz in der übrigen Wohnung. Ob Sie ein Studio einrichten wollen oder eine Einliegerwohnung für Großeltern oder erwachsene Kinder – Platz schaffen Sie durch Anbauten. Sie erhöhen dadurch auch den Wert Ihres Hauses – vorausgesetzt, der Anbau wurde gut durchgeführt.

Die Voraussetzung ist: genügend Bodenfläche. Unabhängig von der Größe des Grundstücks gilt, daß der Verlust an Außenfläche immer durch den Gewinn an Wohnfläche ausgeglichen werden sollte. Falls Sie z. B. einen schönen Garten haben, wäre es besser, ein zusätzliches Stockwerk zu errichten, eine Garage umzubauen oder auf die Garage aufzustocken.

Da bei Anbauten sorgfältige Standortwahl, Planung und Konstruktion erforderlich sind, sollte ein Architekt hinzugezogen werden.

1

2

3

1 *Durch einen Anbau aus Holz und Ziegeln entstanden in diesem Landhaus aus Stein ein zusätzliches Schlafzimmer, eine Werkstatt, ein Holzschuppen und ein weiterer Eingang.*
3 *Ein wichtiges Element dieses Anbaus, der ein Studierzimmer* (2) *beherbergt, ist das Fenster, das sich – mit zwei Metallstäben als Stütze für das Dach – über eine Ecke erstreckt.*

Praktische Auswirkungen

Ein Großteil der Arbeiten betrifft die Außenmauern. Vor allem wenn der Anbau mehrere Stockwerke umfaßt, werden die Mauern zusätzlich belastet. Sie können jedoch durch leichtes Holz oder Metall umfangreichere Verstärkungen der Fundamente vermeiden. Auf alle Fälle müssen neue Rohr- und Stromleitungen eingebaut oder zumindest die vorhandenen erweitert werden.

Vergewissern Sie sich, daß die geplanten Veränderungen nicht gegen irgendwelche Auflagen verstoßen. Diese können nicht nur

5 *Durch einen Anbau aus Glasziegeln wurde ein typisches Haus in Toronto völlig verwandelt. Auf dem Balkon dient ein leerer Fensterrahmen als Blickfang. Die Eiche sorgt im Sommer für Schatten und läßt im Winter ausreichend Licht und Wärme durch. Im Inneren wurde an der ursprünglichen Hintertür ein verschiebbarer Windschutz* **(4)** *angebracht, der die japanisch wirkende Atmosphäre des Raums mit dem durchscheinenden Licht und den glatten Oberflächen aus verschiedenen Stoffen unterstreicht.*

4

das Aussehen und die Art des Anbaus, sondern auch den Standort, die Größe, die Baustoffe und das Verhältnis zu den Nachbarhäusern regeln.

Direkt an das Haus anbauen

Diese Art des Anbaus reicht von der maßgeschneiderten Erweiterung eines Zimmers durch Materialien, die den ursprünglichen entsprechen, bis zum Anbau eines Fertigteils.

Durch einen Anbau wird auch eine Erweiterung der Heizung, der Wasserversorgung und der elektrischen Anlage nötig. Durch sorgfältige Planung können Sie eine Schädigung der vorhandenen Anlagen niedrig halten. Achten Sie auch darauf, daß nicht durch einen Anbau Teile des Hauses kein Sonnenlicht mehr erhalten. Anderenfalls können Sie mit Dachfenstern oder weit oben angebrachten Fenstern eine ausreichende Beleuchtung der betroffenen Zimmer erreichen.

Gebäude miteinander verbinden

Durch einen Anbau z. B. um einen Hof herum können Sie verhindern, daß durch den Anbau das Sonnenlicht von Teilen des Hauses abgehalten wird. Eine andere Lösung ist der Umbau einer Garage oder eines Nebengebäudes mit Anschluß an das Haus. Der Platz zwischen den Gebäuden kann in einen Hof umgewandelt und vielleicht sogar mit Glas überdacht werden. Dadurch wird die Struktur des Hauses kaum oder gar nicht beeinflußt, so daß Sie beim Umbau größere Freiheit haben. So können Sie den Kontrast zwischen Innenräumen und dem eventuell überdachten Innenhof für vielfältige Ideen nutzen.

Welche Art von Anbau?

Welcher Anbau zu Ihrem Haus paßt, hängt von der Größe, dem Stil, dem Standort und der unmittelbaren Umgebung des Hauses ab – und auch davon, was die Baubehörde genehmigt.

Versuchen Sie eine Einheit zwischen Alt und Neu zu stiften. Wenn z. B. ein Anbau in das bestehende Haus integriert wird, aber keinen eigenen Zugang oder eigene Korridore hat, muß er – unter bestmöglicher Raumausnutzung – so angelegt werden, daß die vorhandenen Gänge, Treppen und Eingänge benutzt werden können.

Bei der Gestaltung eines Anbaus gibt es zwei gegensätzliche Lösungen: zum einen können Sie einen neuen Flügel anbauen, der in allem dem Stil des Hauses so sehr gleicht, daß er schon immer da gewesen sein könnte; und zum anderen können Sie einen Anbau aus Glas und Aluminium so anlegen, daß er, obwohl er sich vom Charakter des Hauses unterscheidet, eine ideale Ergänzung darstellt.

ARCHITEKTONISCHER CHARAKTER

Fragen Sie sich, wie Ihr Haus ursprünglich ausgesehen hat, wenn Sie es dementsprechend restaurieren, verändern oder einrichten wollen.

Gebäude von historischer oder architektonischer Bedeutung sind heute meist gegen Abriß geschützt; auch Maßnahmen, durch die der ursprüngliche Stil und die Ausstattung verändert werden, sind verboten. Was als schützenswert eingestuft wird, ist von Land zu Land verschieden: es kann sich dabei um eine Gruppe von Gebäuden handeln, z. B. eine Reihe roter Sandsteinhäuser in New York oder ein mittelalterliches Dorf, oder um ein einzelnes Gebäude, z. B. ein englisches Haus im Kolonialstil, oder einen modernistischen Wohnblock.

Aber nicht nur unter Denkmalschutz stehende Gebäude sind wert, restauriert zu werden. Wenn Ihr Haus in den 50er Jahren erbaut wurde, heißt das noch lange nicht, daß es keine Vorzüge aufweisen kann.

Vielleicht ist Ihr Haus irgendwo dokumentiert – z. B. in alten Karten, die die Entwicklung der Gegend zeigen; vielleicht finden Sie noch detailliertere Informationen – z. B. in einer Bibliothek. Dort erhalten Sie meist auch Adressen von historischen Vereinigungen oder von staatlichen Archiven; außerdem finden Sie dort Nachschlagewerke über Baustile und Epochen. Eine nützliche Informationsquelle sind meist auch die Häuser in der Umgebung; anhand von ähnlichen Häusern können Sie das Baudatum Ihres Hauses ermitteln.

Am Äußeren eines Hauses finden Sie oft Hinweise auf sein Alter. Einzelheiten, z. B. die Form der Fenster und Türen, lassen sich bestimmten Epochen zuordnen. Gehen Sie immer um das Haus herum – manchmal wurde nur die Front geändert, um dem Haus ein modernes Aussehen zu geben, so daß sich das Baudatum z. B. anhand der Hinterfront bestimmen läßt.

Je älter ein Haus ist, desto wahrscheinlicher wurde es – oft sogar mehrfach – verändert. In vielen Fällen wurde dadurch das Haus verbessert, so daß es sinnlos ist, den alten Zustand wiederherzustellen; mit anderen Veränderungen müssen Sie sich vielleicht abfinden.

Wenn Sie sich für ein altes Haus entscheiden, wollen Sie dessen Merkmale sicher eher unterstreichen als verbergen. Verwenden Sie daher z. B. die ursprünglichen Baustoffe. Am besten suchen Sie sich einen Bauunternehmer oder einen Architekten, der sich auf die Renovierung alter Häuser spezialisiert hat. Tun Sie vor allem nie etwas, das sich nicht mehr rückgängig machen läßt, ohne einen Fachmann zu Rate zu ziehen, und verwenden Sie beim Renovieren niemals neue »Wundermittel«; diese haben sich – im Gegensatz zu Ihrem Haus – meist noch nicht bewährt.

Beim Entwurf dieses Hauses ließ sich der Architekt Paolo Farina von Battista Albertis These, Wohnhäuser sollten eine Stadt widerspiegeln, inspirieren. Dieser Raum ist das Abbild eines Gebäudes aus Stein und ein verhaltenes Beispiel für den Modetrend, architektonische Merkmale innen zu verwenden. Hier finden sich einige ironische Elemente, wie z. B. die Sockel der Holzsäulen vor den Bücherregalen, die das Aussehen von Ziegelsockeln nachahmen, oder auch die Schlußsteine der Türbogen, in denen Lautsprecher untergebracht sind. Mit seiner minimalen Einrichtung scheint dieser Raum eher ein Gebäude zu sein als ein Zimmer – klassische, moderne Stühle, der alte Teppich und ein einfacher, aber reizvoll verzierter Schreibtisch.

Die Fassade

Die Beschaffenheit und die Oberfläche der Mauern, die Anordnung und die Form der Fenster und Türen, die Form des Daches und der Schornsteine, der Zustand und das Aussehen der Verzierungen – all dies beeinflußt unseren Eindruck von einem Gebäude und damit das Vergnügen, das es uns bereitet.

Viele an sich schöne Häuser wurden dadurch verunziert, daß die Fensterrahmen aus Holz durch Aluminiumrahmen ersetzt wurden, oder dadurch, daß anstelle der Bleiglasfenster vom Anfang dieses Jahrhunderts moderne, große Fenster eingesetzt wurden. Auch wenn die ursprüngliche Verglasung und ihre Fassungen entfernt wurden, sind immer noch die Größe, die Proportionen und die Anordnung der Fenster typisch für den Baustil des Hauses.

Schiebefenster aus der Kolonialzeit, Erkerfenster aus der Regencyperiode, die gußeisernen Verzierungen an neugotischen Fenstern oder auch Buntglasfenster mit Bleirahmen aus späterer Zeit sind wertvolle Zeugen. Ziehen Sie, bevor Sie sie ersetzen, zuerst eine Renovierung in Betracht; das muß nicht notwendigerweise die teurere Lösung sein. Falls Sie Fenster auswechseln müssen – verwenden Sie solche, die den alten tatsächlich entsprechen, und nicht angebliche »Originalmodelle«.

Wenn sie Ihrem Haus das richtige Aussehen geben wollen, ist auch die Gestaltung des Eingangs und der Zufahrt wichtig. Der Eingang ist für den jeweiligen Baustil charakteristisch; so hatte z. B. ein schmales englisches Reihenhaus aus dem späten 18. Jahrhundert auf beiden Seiten der zur Vordertür führenden Treppe ein Geländer, und der Weg zur Tür wiederholte sich im Grundriß des Flurs. In einem, ein Jahrhundert später gebauten australischen Bungalow aus Holz war der Eingang durch breite, niedrige Stufen und eine tiefere Veranda gekennzeichnet, die bei heißem Wetter als Zimmer im Freien genutzt wurde. Bestimmte Details findet man fast immer – so waren z. B. in die Türen und Eingänge in der Regel Glasscheiben integriert, um die Eingangshalle zu erhellen.

Von Bedeutung sind auch die Beschaffenheit und das Aussehen der Außenmauern; als Baustoff werden meist Ziegelsteine, Natursteine und Holz verwendet. Sie werden entweder im Originalzustand belassen oder aber zur Verschönerung bzw. dem ursprünglichen Charakter entsprechend bemalt, verputzt oder mit Holz, Schiefer u. ä. verkleidet.

Lassen Sie sich vor »Schutzbelägen« warnen; dadurch zerstören Sie oft nicht nur das Aussehen, sondern vor allem auch das Eigenleben des Gebäudes, indem Sie die natürlichen Eigenschaften der Baustoffe – z. B. deren Porösität – beeinträchtigen.

1

2

3

4

1 *Das schlichte Äußere dieses Reihenhauses im Regencystil wird durch das kunstvolle, cremefarbene Eisengitter aufgewogen.*

2 *Hier wurden die Merkmale des georgianischen Stils bewahrt: die Anordnung der Fenster, das Ziegelwerk, die Eisengitter und die Türumrahmung.*

3 *Eine geschickte Farbgebung an diesen Häusern aus dem 19. Jahrhundert in San Francisco.*

4 *Voller Stolz erhalten – Elemente aus den 30er Jahren.*

5 *Der Reiz dieses französischen Landhauses aus dem 19. Jahrhundert rührt von der Balance zwischen Ziegel- und verputzter Oberfläche her.*
6 *Ein irisches Landhaus mit den traditionellen, weißgetünchten Mauern. Der dazu passende Kiesweg bildet mit seiner körnigen Oberfläche einen interessanten Kontrast.*

6

7

8

7 *Unverändert – ein schlichtes, malerisches Landhäuschen mit dem charakteristischen Strohdach und den Gitterfenstern.*
8 *Ein Haus vom Anfang dieses Jahrhunderts in einem Küstendorf in Suffolk.*

Fassadendetails

Wenn die Fassade Ihres Hauses wieder in ihrem alten Glanze erstrahlen soll, ist es wichtig, die kleinen Details richtig zu machen. Das Haus ist nicht tadellos, wenn die Verzierungen fehlen, das ursprüngliche Aussehen verändert wurde oder verschiedene Stile ohne Sinn durcheinandergemischt wurden. Sobald Sie sich erst einmal mit diesen Details beschäftigen, werden Sie von den alten Bauweisen und Stilen gefesselt sein. Die Gestaltung eines Hauses verrät viel über seine früheren Bewohner.

Zu den Details, die viele Menschen – oft gedankenlos – entfernen, gehören die für das späte 18. Jahrhundert charakteristischen Stuckornamente wie z. B. Konsolen, Brüstungen und Simse oder auch – bei Häusern des späten 19. Jahrhunderts – z. B. die Terracotta-Rosetten über Türstürzen.

Finden sich an Ihrem Haus noch ursprüngliche Verzierungen, so sollten Sie sie unbedingt erhalten. Ohne die für sie typischen Schnörkel – wie z. B. das schmiedeeiserne Flechtwerk an Häusern in New Orleans oder die Firstziegel und Kreuzblumen aus Terracotta an Reihenhäusern aus der Zeit Edwards VII. – verlieren viele Häuser ihre Ausstrahlung. Es lohnt sich daher, nach Ersatz zu suchen, wenn die ursprünglichen Details nicht mehr vorhanden sind. Eventuell finden Sie ihn in alten Abbruchhäusern; in einigen Fällen, z. B. bei Terracotta, lassen sich die Verzierungen nachbilden. Suchen Sie jemand, der sich darauf spezialisiert hat, solche Ornamente herzustellen und dabei – wenn möglich – von noch vorhandenen Bruchstücken ausgeht. Informieren Sie sich über die entsprechenden Stilmerkmale. Dieses Studium macht Spaß.

Auch andere, schon klassischere Details, wie z. B. Pilaster oder Schlußsteine, sind sehr reizvoll. Schwere Stuck-Konsolen unter Brüstungen oder Fenstersimsen, können ersetzt werden. Ist Ihr Haus Teil einer Reihe oder liegt es in einer Gegend, die als Einheit konzipiert wurde, können Sie anhand der übrigen Häuser Rückschlüsse auf Ihr Haus ziehen, falls einige Ornamente fehlen.

Wenig Beachtung schenkt man oft dem Dach. Versuchen Sie, wenn Sie den Dachboden ausbauen oder erweitern, die ursprüngliche Silhouette beizubehalten, indem Sie den Ausbau z. B. etwas zurücksetzen. Verwenden Sie beim Decken des Daches traditionelle Materialien (z. B. Biberschwänze, Schieferplatten, Holzschindeln oder Stroh). Andernfalls sollten Sie Materialien verwenden, die nicht völlig fehl am Platz sind. Das Neudecken eines Daches ist – unabhängig von den verwendeten Materialien – in der Regel teuer; mit Hilfe der ursprünglichen Materialien könnten Sie aber das Aussehen, den Wert und die Struktur Ihres Hauses sehr verbessern.

1

2

1 Die ägyptisch wirkenden Stuckelemente im Stil des frühen 19. Jahrhunderts sind an diesem Haus gut erhalten und geben ihm eine eigene Note.
2 Durch passende Ersatzstücke und durch Bewahren der alten Elemente wird das ursprüngliche Aussehen aufrechterhalten – dieses Gartentor fügt sich vollkommen in den Art-Deco-Stil des Hauses ein.

3

4

5

3 Die durch Alter und Benutzung entstandene Patina dieses französischen Bauernhauses – ein eindrucksvolles Argument gegen übermäßige Restaurierungsversuche.
4 Ein sorgsam gepflegter Vorbau aus dem 19. Jahrhundert, der dem Haus ein individuelles Gepräge gibt.
5 Ein Vorbau mit einem bleibeschichteten Dach; der rote Anstrich der Tür spiegelt das orientalische Aussehen des Eingangs wider.

7

6 *Ein Gebäude mit Seltenheitswert – dieses mit Holzschindeln verkleidete Haus im Kolonialstil blieb in seinem ursprünglichen Zustand und intakt erhalten.*
7 *Die Bedeutung der ursprünglichen Ziegel und Dachziegel sollte nicht unterschätzt werden.*
8 *Der Spitzenvorhang verleiht der Verandatür und dem Balkon den Anschein des Traditionellen.*

8

10

11

12

9 *Die kräftigen Linien dieses Wohnblocks aus den 30er Jahren sind ohne Verzierungen ausdrucksstark.*
10 *Die ideale Ergänzung für dieses New Yorker Sandsteinhaus ist sein Efeubewuchs.*
11 *Koloniale Bauweise in Australien: Veranda mit Wellblechdach und Holzpfeiler mit Schnitzwerk.*
12 *Wiederhergestellte Eisengitter vor einem mit Holzschindeln verkleideten Haus.*

Das Interieur

Falls die früheren Besitzer Ihres Hauses alle Spuren des ursprünglichen Baustils beseitigt haben – indem Sie z. B. aus kleinen Zimmern riesige machten oder die charakteristischen Ornamente entfernten –, hat es wohl kaum Sinn, das ursprüngliche Aussehen wieder herstellen zu wollen; da können Sie genausogut das jetzige beibehalten. Durch Unterstreichen der noch vorhandenen Merkmale und durch Verwenden von authentischen Farben und Möbeln können Sie allerdings Ihrem Haus das typische Aussehen wenigstens zum Teil wiedergeben.

Die ursprüngliche Verwendung der einzelnen Zimmer werden Sie wohl kaum nachahmen wollen. So essen wir heute meist in der Küche oder in einem benachbarten Zimmer; Diener und Serviermädchen gehören meistens der Vergangenheit an. Heute legen wir auch mehr Wert auf sonnenbeschienene Zimmer; daher sind vielleicht einige Veränderungen nötig, um dunkle Zimmer in hellere zu verwandeln (siehe dazu: Umbauten).

Auch wenn man sich sehr um Authentizität bemüht, kann es doch sein, daß irgend etwas nicht ganz stimmt. In einem nüchternen Raum, um dessen Wände Stühle mit steifer Rückenlehne gruppiert sind, oder in einem überladenen Wohnzimmer kann zwar jedes Detail stimmen, aber ein Wohnhaus ist kein Museum. Es wurde gebaut, damit Menschen darin leben, und daher ist es nur natürlich, daß es sich mit der Zeit zusammen mit den Bewohnern und deren Wünschen und Bedürfnissen verändert.

Das Wichtigste ist, den Rhythmus des Hauses zu bewahren und seinen Charakter nicht zu verfälschen: Versuchen Sie nicht, ein kleines Vorstadthaus in ein New Yorker Loft zu verwandeln – dann ist es besser, Sie ziehen um. Andererseits sollten Sie nicht jedes Teil stilgetreu wiedergeben müssen. Eine Lichtquelle, die durch zwei Stockwerke leuchtet, muß auch in einem viktorianischen Reihenhaus nicht fehl am Platze sein; ebenso ist nicht einzusehen, warum ein Bauhaus-Stuhl, ein Glastisch mit Chromgestell oder eine Espressomaschine nicht einen Platz in einem Haus aus der Kolonialzeit finden sollten. Der Schlüssel zum Erfolg liegt im Gleichgewicht zwischen verschiedenen Elementen, wozu Sie sich ergänzende und einander entsprechende Materialien verwenden können.

Machen Sie sich erst Gedanken, wie man etwas repariert, dekoriert und einrichtet, wenn Sie einige Zeit in Ihrem Haus gelebt haben. Erst dann begreifen Sie ein Haus und die Zeit, in der es gebaut wurde, wie es »funktioniert« und wie sich Ihre Bedürfnisse dazu verhalten. Dann wird Ihnen auch klar, was zu tun ist, was falsch und was richtig ist. Um ein Haus in Ordnung zu bringen, brauchen Sie Zeit und Geduld.

1

2

1 Durch die Ornamente an der Glastür und durch den Mosaikboden im Korridor dieses französischen Hauses aus dem 19. Jahrhundert wurde der Besitzer angeregt, die Decke und die Wände entsprechend mit Marmor zu verkleiden.

2 Einfache bauliche und dekorative Merkmale wurden hier stark betont: der einfache Fensterrahmen ohne jeden Schmuck, die eleganten Wandoberflächen, der eigens gefertigte Teppich und die moderne Möblierung verstärken die Wirkung dieses Raumes in einem Haus aus den 30er Jahren.

3 *Dieser Raum wurde sorgfältig in seinem ursprünglichen, georgianischen Stil restauriert und eingerichtet; die alten Fensterläden aus Holz wurden als gelungene Ergänzung des Bogenfensters beibehalten.*

4 *Im selben Haus findet man diese Stuckdecke und die Simse, an denen die zur damaligen Zeit recht beliebten ägyptischen Elemente zu erkennen sind. Stilistisch dazu passend – moderne Stehlampen und handgearbeitete Bücherschränke.*

5 *In einem Raum, in dem sich Elemente verschiedener Stile abwechseln, kann der Charakter der einzelnen Objekte deutlicher zur Geltung kommen als in einem durchgängig in einem Stil gehaltenen Raum. In diesem Beispiel ist dies gut gelungen, da die Merkmale der verschiedenen Perioden reizvolle Kontraste bilden.*

Details der Innenausstattung

Beim Renovieren oder Einrichten können Sie durch Treue zum Detail viel vom ursprünglichen Charakter eines Hauses erhalten. Lassen Sie sich Zeit und informieren Sie sich ausführlich. Lesen Sie in Büchern nach oder besuchen Sie Museen, wo Zimmer in ihrem ursprünglichen Zustand ausgestellt sind. Dann können sie entscheiden, was Sie übernehmen wollen. Berücksichtigen Sie vor allem die Stilfolge. Ein frühviktorianischer Kamin ist einem Haus aus der Kolonialzeit sicher nicht abträglich, schließlich bekommen Häuser von jeder nachfolgenden Generation etwas mit; ein georgianischer offener Kamin dagegen paßt wohl kaum in ein zeitlos späteres viktorianisches Haus.

In den meisten Häusern sieht man zuerst die Treppen. Deren Form und Ornamente, z. B. Balustersäulen oder Treppenpfosten, aber auch die Form der Stufen sind für den jeweiligen Baustil charakteristisch. Der Gesamteindruck, den ein Haus hinterläßt, hängt z. B. auch davon ab, ob das Geländer lackiert ist oder nicht, ob die Stufen mit Teppich belegt sind oder nur mit einem Läufer.

Nur zu oft werden die Fußböden wie arme Verwandte behandelt. Man findet darauf oft alte, fadenscheinige Teppiche, und in manchen Häusern sind sogar alle Zimmer mit dem gleichen Teppichboden ausgelegt, Teppichböden kamen erst ab der Mitte des 19. Jahrhunderts in Gebrauch; davor wurden Holzböden mit Teppich belegt, während die Gänge und die am meisten benutzten Bereiche mit Stein- oder Schieferplatten ausgelegt waren. Später wurden in den Gängen auch buntglasierte Fliesen verwendet und in den Küchen einfachere Bodenfliesen.

Überlegen Sie es sich zweimal, bevor Sie einen Stein- oder Schieferboden mit einem Schutzüberzug versehen. Dieser läßt sich meist schlecht wieder entfernen – außer durch Abschlagen; zudem kann sich dadurch die Oberfläche des Bodens verfärben. Auch bei Farbstoffen oder bei Mitteln zum Versiegeln von Holz ist Vorsicht geboten – am besten sieht immer noch gebeiztes und mit Wachs poliertes oder mit Salz und Wasser geschrubbtes Holz aus.

Glatte Wände sind in einem Landhäuschen, das früher unebene, rauh verputzte Wände hatte, fehl am Platz, Mattlacke ähneln den früheren Anstrichen eher als Glanzlacke. Angesichts der großen Auswahl an Anstrichen und Verfahren, wie z. B. Tupfen und Wischen, kann man heute recht nahe an der ursprünglichen Gestaltung der Wandoberflächen bleiben. Zudem gibt es heute auch Tapeten und Stoffe mit den Originalmustern.

Durch die Verwendung verschiedener Tapeten oder Materialien wurden früher die Wände gegliedert: oben findet man Zierstreifen und unten Paneele. Die Paneele aus Tapete oder Holztäfelung gehen bis zur Höhe der Fensterbretter, oberhalb der Hängeleiste werden andere Materialien verwendet. In den Häusern des frühen 18. Jahrhunderts findet man Holztäfelung; aber auch heute wird diese attraktive Art des Wandschmucks, die zudem der Isolierung dient, noch häufig verwendet.

Auch Deckensimse, d. h. Stuckbänder, die die Nahtstellen zwischen Wand und Decke verbergen und verstärken, und Deckenrosen, die ursprünglich Gaslampen faßten, findet man recht häufig. Falls sie beschädigt sind, können Sie sie in der Regel wieder ausbessern oder angemessen ersetzen lassen.

Möglicherweise sind in Ihrem Haus alle ursprünglichen Elemente erhalten mit Ausnahme der Türen, Deckenbalken und Fußleisten, die durch »modernere« ersetzt wurden. Auch hier lohnt es sich, den Originalen entsprechende Teile zu verwenden, auch wenn diese teurer sind als die heute erhältlichen Modelle.

Wenn Sie den offenen Kamin durch einen neuen »alten« ersetzen wollen, sollten Sie die Proportionen des Raumes und dessen Stil berücksichtigen und versuchen, einen dazu passenden Rost zu finden.

Es lohnt sich auf alle Fälle, auf Kleinigkeiten zu achten, denn das winzige Detail, das nicht stimmt, bemerken die meisten Menschen sofort.

1

2

1 Die eigenwillige Schnitzarbeit an diesem Geländer hebt sich gegenüber einer Geländersäule mit Farbanstrich besser ab als gegenüber einer abgebeizten.

2 Die Form und das Material des Geländers aus rostfreiem Stahl unterstreichen die Eleganz dieses im Art-Deco-Stil restaurierten Korridors.

5

5 *Passend zu den ausdrucksstarken Holzpaneelen aus dem 18. Jahrhundert: stabile Holzmöbel aus der gleichen Periode.*
6 *Selbst kleine Details können große Wirkung haben, wie die Originalfensterscheiben und -riegel in diesem alten englischen Landhaus zeigen.*

6

3 *Die Stuckverzierungen an der Decke im Stil der Zeit Eduards VII. werden ergänzt durch die Musterung des Linkrusta-Wandbelags entlang der Treppe.*
4 *Ein in den ursprünglichen Farben bemaltes Treppengeländer aus dem 18. Jahrhundert.*

7

8

7 *Brüssel 1912: die ursprünglichen Bleiglasfenster geben den Stil der damaligen Zeit wieder, der sich auch im Stuhl spiegelt.*
8 *Eine Tür mit Glaseinsatz, dekorativer Eisenvergitterung und hauchdünnen, zurückgebundenen Vorhängen.*

FASSADENGESTALTUNG

Denken Sie daran – durch die Gestaltung der Fassade Ihres Hauses können Sie dessen Wert stark beeinflußen. Durch einen schlechten Zustand oder unpassende Gestaltung werden häßliche Eigenheiten hervorgehoben und positive Eigenschaften verdeckt. So haben z. B. manche Meisterwerke der Architektur der 30er Jahre viel an Wirkung verloren, weil die Farben, durch die die Flächen und Leerräume akzentuiert werden sollten, im Lauf der Zeit vernachläßigt wurden.

Auch wenn Ihr Haus nicht besonders alt ist, ist es wichtig, zu wissen, wie es anfangs aussah. Dann können Sie es wieder entsprechend herrichten (siehe dazu: Architektonischer Charakter). Wenn Sie sich an das ursprüngliche Konzept halten, kann ein bisher wenig bemerkenswertes oder sogar unförmiges Haus beträchtlichen Charme und Charakter entwickeln.

Bedenken Sie bei der Gestaltung Ihres Hauses nicht nur die kosmetische Wirkung von Farben und anderen Materialien. Auch die schützenden Eigenschaften von Anstrichen und Konservierungsmitteln und die isolierende Wirkung z. B. von Verputz oder Schindeln sind von Bedeutung.

Jede Wohngegend vermittelt eine besondere Stimmung, die man bei der Gestaltung eines Hauses berücksichtigen sollte – es sei denn, die Gegend ist etwas heruntergekommen oder verschlafen und kann neuen Schwung gebrauchen.

Häuser ähnlichen Stils oder Doppel- und Reihenhäuser bieten sich zu einer einheitlichen Gestaltung geradezu an. Bei Doppelhäusern – vor allem solchen, die einander gleichen – ist es ratsam, sich mit den Nachbarn zusammenzutun und die Häuser gleichzeitig zu renovieren. Oder Sie gehen bei der Gestaltung ihrer Hälfte so geschickt vor, daß Ihr Nachbar angeregt wird, es Ihnen gleich zu tun. Verwenden Sie die gleichen Farben und Materialien, aber schaffen Sie eine eigene Identität, indem Sie z. B. die Vordertüren in verschiedenen Farben streichen.

Wenn die Hälften verschieden aussehen, kann man jede anders gestalten; auf einige Gemeinsamkeiten sollten Sie aber in jedem Fall Wert legen.

Der Reiz von Reihenhäusern liegt in ihrem Rhythmus, dieser kann aber leicht durch eine eigenwillige Gestaltung gestört werden. Es macht sich gut, wenn z. B. bei Reihenhäusern aus Ziegeln oder Natursteinen die Holz- und Metallteile in derselben Farbe und die Vordertüren und anderen Merkmale in verschiedenen Farbnuancen gestrichen werden. Falls die Mauern gestrichen sind, können Sie für alle Häuser dieselbe Farbe oder aber für jedes Haus eine eigene Farbe, aber in einem ähnlichen Ton verwenden.

George Woo, der Architekt dieses Hauses, machte sich den überwältigenden Blick über den Golf von Acumal in Mexiko zunutze und schuf vor dem Hintergrund einer prachtvollen, wilden Landschaft diese beeindruckende Konstruktion, deren Wirkung durch die Lichteinstrahlung noch verstärkt wird. Die unterschiedlich großen Fensterflächen, die das natürliche Licht widerspiegeln, wechseln mit den massiven Formen der Mauern ab, denen der schimmernd weiße Verputz gemeinsam ist.

Mauern

Für gewöhnlich werden die Außenmauern eines Hauses gestrichen oder verkleidet, um deren Aussehen zu verbessern und/oder einen besseren Schutz gegen Einflüsse von außen zu gewährleisten. Damit können Sie aber erst anfangen, wenn die Mauern in gutem Zustand sind (siehe dazu: Instandhaltung).

Es ist heutzutage leicht, ein Haus zu streichen; außerdem hält ein Anstrich heute wesentlich länger. Trotzdem ist etwa alle sieben Jahre ein neuer Anstrich notwendig; überlegen Sie sich daher Alternativen. Anstatt z. B. schäbig aussehende Mauern aus natürlichen Baustoffen mit Farbe aufzuhellen, können Sie sich beim Renovieren vielleicht auf die Fenster, Türen und andere Akzente konzentrieren und dadurch die Aufmerksamkeit von den Mauern ablenken. Falls das Mauerwerk zu auffallend oder sehr ungleichmäßig ist und sich das auch mit der Zeit nicht geben wird, können Sie es durch Kletterpflanzen kaschieren. Dazu eignen sich vor allem immergrüne Pflanzen wie z. B. *Lonicera halliana, Clematis armandii* oder auch *Hydrangea integerrima*. Sie können die Pflanzen entweder frei oder über Gitterwerk wachsen lassen. Durch Gitter erzielen Sie eine geordnete Wirkung oder setzen Akzente. Aber auch Gitterwerk ohne Pflanzen kann eine ausgezeichnete Verkleidung darstellen; diese Kunst wird vor allem in Frankreich erfolgreich gepflegt.

1

Ziegel- oder Natursteinmauern

Achten Sie darauf, daß der Mörtel in Farbe und Zusammensetzung zu den Steinen paßt, falls das Mauerwerk neu verfugt werden muß. In der Regel sollte die Oberfläche der Mauern einheitlich sein – es sei denn, Sie wollen einen in Ihrer Gegend üblichen Brauch, z. B. mit verschiedenfarbigen Ziegeln ein Muster zu bilden, aufrechterhalten. Im Ton des Mauerwerks gehaltener Mörtel ist meist das Beste. Probieren Sie den Mörtel an einer unauffälligen Stelle aus, und lassen Sie ihn trocken werden; und denken Sie daran: Mörtel wird mit der Zeit etwas grauer.

Manche Mauern sind in einem so schlechten Zustand, daß es mit neuen Fugen nicht getan ist. Falls z. B. größere Teile der Oberfläche abgeblättert sind, bleibt Ihnen nur, zumindest einen Teil der Mauern neu zu verputzen. In manchen Gegenden wird lediglich der untere Teil der Mauern, z. B. auf Höhe des Kellers, verputzt; dadurch erreicht man nicht nur, daß ein graues, dunkles Haus heller und ein schmales, hohes etwas breiter aussieht, sondern auch, daß – je nach Farbe – mehr Licht von den Mauern reflektiert wird. Außerdem ist der Verputz leichter zugänglich.

Sie können die Mauern entweder erst verputzen und dann streichen, oder getönten Verputz verwenden. Durch einen glatten Verputz werden Staub und Ruß abgehalten; rauher Verputz verbirgt dagegen leichter unebene Oberflächen – dabei sollte der Putz gleichmäßig und nicht wellen- oder spiralförmig aufgetragen werden.

Verwenden Sie einen durchlässigen Anstrich, damit die Feuchtigkeit aus den Mauern entweichen kann. Damit verhindern Sie, daß die Feuchtigkeit hinter einem undurchlässigen Anstrich Blasen bildet, wodurch der Anstrich platzen und schließlich abblättern kann.

Verkleidung

Andere Arten, die Fassade eines Hauses zu verschönern und zu schützen, wie z. B. Verkleiden mit Holzschindeln, Schiefer- oder anderen Platten, sind zwar anfangs teurer, halten aber länger. Sie bieten außerdem eine gewisse Isolierung und verbergen unansehnliche Fassaden. Durch eine Verkleidung werden die Horizontalen einer Fassade betont und die Fluchtlinien verlängert, so daß das Haus breiter und niedriger erscheint.

Je nach Art des verwendeten Holzes müssen Schindeln nicht gestrichen oder mit einem Konservierungsmittel behandelt werden. Einige Holzarten, wie z. B. Zeder oder Ulme, nehmen mit zunehmendem Alter eine reizvolle Farbe an. Durch einen Anstrich mit den heute erhältlichen transparenten und konservierenden Holzlasuren wird die Maserung nicht verdeckt. Falls Sie Schindeln streichen wollen, sind transparente Holzlasuren empfehlenswerter als herkömmliche Farben auf Ölbasis. Sie sehen zwar wie halbmatte Ölfarben aus; da sie jedoch in die Holzfasern eindringen, bekommt die Oberfläche später keine Risse und blättert nicht ab, sondern zerfällt ganz einfach zu Staub.

Sobald Platten angebracht sind, brauchen Sie sich kaum mehr darum zu kümmern. Doch eine schlecht ausgeführte Verkleidung kann das Aussehen eines Hauses erheblich beeinträchtigen. Die Platten sollten zu den Dachziegeln oder -platten passen. Welche Verkleidung man wählt, hängt meist von der Gegend ab – so sieht man z. B. Schiefer in bestimmten Gegenden sehr häufig, während sie woanders so gut wie nie vorkommen.

Farben

Berücksichtigen Sie bei der Wahl der Farben für den Anstrich Alter und Aussehen Ihres Hauses und die regionalen Traditionen. Auf vergrößerten Umrißzeichnungen der Vorderansicht, die Sie z. B. von einem Foto kopiert haben, können Sie verschiedene Farben ausprobieren. Für Hausmauern verwendet man gern auffälliges frisches Grün, strahlendes Blau, sattes Braun oder Gelb, leuchtend helles Rosa und Ocker oder cremefarbene oder rosa Tünche. Die Farbe sollte auch immer an die nähere Umgebung des Hauses anknüpfen. Falls Sie in einer dunklen oder abgelegenen Gegend wohnen oder Ihr Haus nur einfach herausstechen soll, dann sind leuchtende Farben zu empfehlen. An Orten mit starker Sonneneinstrahlung haben sich helle Farben gut bewährt. Farben, die zu einer Küste passen, müssen noch lange nicht zu einem Haus in einer grauen Stadt oder in einer saftig grünen Landschaft passen.

1 *Auch wenn in den meisten Fällen eine einheitliche Gestaltung von Fassaden ratsam sein mag, können doch auch kühne Verbindungen unterschiedlicher Geschmacksrichtungen beeindruckende Wirkung erzielen. So scheint jedes dieser Häuser aus dem Ende des 19. Jahrhunderts in Kalifornien eine unverwechselbare, eigene Persönlichkeit zu besitzen.*

2 *Diesem mit Holzschindeln verkleideten Haus auf der Prince-Edward-Insel in Kanada kommt der dort übliche helle und farbenfrohe Anstrich der Außenmauern zugute, mit dem das rauhe Winterklima aufgelockert werden soll.*

3 *Diesen preisgünstigen Häusern am Rand von Lille wurde durch eine unterschiedliche Farbgebung eine eigene Note verliehen – ein einfacher Weg, den Häusern in einer Wohnsiedlung ohne hohe Kosten individuellen Charakter und ein heiteres Aussehen zu verleihen.*

Fenster

Den Wert Ihres Hauses senken Sie am schnellsten dadurch, daß Sie die ursprünglichen Fenster durch moderne mit Metall-, Holz- oder Kunststoffrahmen ersetzen. Lassen Sie sich von Ihrem Glaser auch keine isolierverglasten »Terrassentüren« aufschwatzen, die die Heizkosten senken sollen. Falls sich die alten Fenster nicht mehr reparieren lassen, ersetzen Sie sie durch möglichst originalgetreue. Bei Gebäuden von beträchtlichem baulichen Wert wäre es ein unverzeihlicher Fehler, das Gleichgewicht der Fassade durch Fenster der falschen Größe, Form oder aus unpassenden Materialien durcheinanderzubringen. Aber auch bei weniger herausragenden Häusern ist Einheitlichkeit von Bedeutung, da das Haus dadurch eine gewisse Linie erhält.

Fensterrahmen

Bauen Sie anstelle von modernen Isolierglasfenstern Doppelfenster ein, die sich einzeln öffnen lassen; deren Rahmen sollte genau in die Fensterumrahmung passen (siehe dazu: Heizung).

Die Schönheit vieler Fenster wird durch einen Anstrich mit der falschen Farbe verborgen. Kleine Schiebefenster oder Fenster mit einer Musterung aus Gußeisen kommen am besten zur Geltung, wenn sie weiß oder in einer anderen hellen Farbe gestrichen werden; zu großen Atelierfenstern dagegen passen besser dunkelgrün, braun oder schwarz gestrichene Metallrahmen.

Konservierende Farbanstriche sind eine gute Lösung für neue Tür- und Fensterrahmen. Empfehlenswert sind auch Anstriche,die zwar ebenso dauerhaft sind, aber eher den ursprünglichen Ölfarben entsprechen.

Fenstersimse und -stürze

Falls die Fenstersimse und -stürze aus Stein oder Ziegel sind, sollten sie besser nicht gestrichen werden; falls sie aus Holz sind, sollten Sie sie mit derselben Farbe streichen wie die Fensterrahmen. Bei verputzten Fenstersimsen und -stürzen empfiehlt es sich, sie passend zu anderen verputzten Verzierungen am Haus zu streichen.

Eher traditionelle Metallarbeiten an Blumenkästen, Geländern oder Balkonen sollten in der Regel nur schwarz oder weiß gestrichen werden. Schwarz unterstreicht das Filigranmuster von Schmiedeeisenarbeiten, während Gußeisenarbeiten damit meist plump aussehen. Zu moderneren Metallarbeiten paßt sehr gut dunkles Blau oder dunkles Grün.

Probleme

Unpassende Farben

Von außen sehen Glasscheiben schwarz oder dunkelgrau aus, daher können Sie die Fensterrahmen und -streben weiß streichen und innen weiße Vorhänge oder Jalousien anbringen, auch wenn die Fenster in Ihrem Haus unterschiedlich groß und unterschiedlich geformt sind. Sie können die Umrahmung aber auch weiß und die mittleren Rahmen, also z. B. das Fensterkreuz, dunkelgrau oder schwarz streichen, damit sie praktisch nicht zu sehen sind. Sind die Mauern weiß, können Sie auch den ganzen Rahmen dunkelgrau oder schwarz streichen, sollten dann allerdings keine weißen Vorhänge oder Jalousien anbringen.

Zu kleine Fenster

Kleine Fenster wirken größer, wenn Sie den Rahmen und die Laibung (die Mauerfläche aus Naturstein oder Ziegeln, die das Fenster umgibt) weiß streichen; vorher sollten Sie die Laibung allerdings verputzen.

Schmale Fenster sehen breiter aus, wenn Sie davor Klappläden anbringen; die Läden sollten dabei genau halb so breit wie das Fenster sein und mit der selben Farbe gestrichen werden wie der Fensterrahmen und die Laibung.

Fenster werden durch helle Simse oder Profile aus Naturstein oder Verputz, die es umgeben, betont; in einigen Gegenden ist dies eine weitverbreitete Verzierung. Ein niedriges Fenster wirkt höher, wenn darüber eine Stuckverzierung angebracht wird. Den glei-

1

2

1 *Mit Hilfe von Bogenschablonen aus Holz wurden die neuen Fenster in den ursprünglich viereckigen Öffnungen an diesem Häuschen in Einklang mit den Fenstern der Kapelle gebracht, als man beide zusammen in ein Landhaus umwandelte.*
2 *Ein klassisches georgianisches Schiebefenster – belebt mit Geranien.*

chen Effekt erzielen Sie auch mit farblich zum Rahmen passenden Blumenkästen; stechen dagegen die Blumenkästen farblich vom Rahmen ab, dann erscheint das Fenster breiter.

Große Fenster

Bei den architektonischen Meisterwerken der 30er Jahre wurde großer Wert darauf gelegt, ein Gleichgewicht zwischen den tragenden Teilen und den Zwischenräumen, die für die damals bevorzugten großen Fenster verwendet wurden, herzustellen und der Struktur des Hauses Rhythmus zu verleihen. Später wurde diese ästhetische Geometrie verfälscht, und es wurde Mode, in fast jedes neue Haus große Aussichtsfenster und Terrassentüren einzubauen – meist ohne jeden Sinn für die Gesamtkomposition.

In der Regel lassen sich solche Fehlkonstruktionen aber wieder gutmachen. Durch eine Pergola, die über dem Fenster befestigt und nach vorn über die Terrasse gezogen wird, können Sie die Wirkung großer Fenster abschwächen. An der Vorderseite des Hauses können sich Aussichtsfenster hinter Gitterwerk, das bis zur Höhe der Türen reicht, verbergen und Kletterpflanzen darüberwachsen lassen (siehe dazu: Mauern).

Fenster einbauen und verändern

Benötigen Sie im Inneren des Hauses mehr Licht, so können Sie entweder vorhandene Fenster erweitern oder aber zusätzliche Fenster an der Rückseite oder an einer der beiden Seiten einbauen; die Vorderseite eignet sich weniger dafür. Versuchen Sie jedoch, das Gleichgewicht der Fassade nicht zu zerstören.

Die neuen Fenster sollten von der Größe und Form her möglichst genau zu den bereits vorhandenen passen. Nehmen Sie etwas größere, falls Sie keine genau passenden bekommen; zu kleine Fensterscheiben wirken leicht etwas verspielt. Wenn die neuen Fenster genauso groß sind wie die alten, sollten Sie darauf achten, daß die Fenstersimse und die Fensteroberkanten jeweils auf gleicher Höhe liegen; sind sie nicht gleich groß, sollten die Oberkanten eine Linie bilden.

Mansardenfenster

Die Mansardenfenster sollten von der Größe der Fensterscheibe und der Form des Rahmens her zu den übrigen Fenstern passen. Streichen Sie die Rahmen und Seitenteile von Mansardenfenstern farblich passend zum Dach und nicht zu den übrigen Fenstern, falls sie weniger hervorstechen sollen – eine einheitliche Farbe oberhalb der Dachrinne wirkt weniger auffällig. Bei kleinen, ursprünglichen Fenstern allerdings empfiehlt es sich, die Rahmen entsprechend den übrigen Fensterrahmen zu streichen.

3

4

5

6

3 Ein riesiger Anbau, der geschickt mit dem alten Haus verbunden wurde: die Fenster des ursprünglichen Hauses sieht man durch die großen neuen Fenster hindurch.
4 In den Fenstern dieses restaurierten Reihenhauses im Regencystil spiegeln sich die gegenüberliegenden Ebenbilder.
5 Die zusammenklappbaren, farbenprächtigen Fensterläden aus Metall spenden Schatten und gewährleisten ausreichende Belüftung und Schutz, ohne abweisend zu wirken.
6 Ein elegantes Fenster, das keiner weiteren Verschönerung mehr bedarf.

Türen

Wenn auch die Fenster das Gesicht einer Hausfassade bestimmen, zieht doch automatisch die Vordertür die Aufmerksamkeit des Betrachters auf sich. Je prachtvoller ein Haus ist, desto mehr wird der Eingang durch kunstvolle Verzierungen, Ziergiebel, Vordächer und Säulen betont. Es sollte immer auf Anhieb klar sein, wo der Eingang liegt – selbst wenn er an der Seite angebracht ist; in diesem Fall sollte der dahinführende Weg seine Lage sichtbar machen.

Sind alle Außentüren in derselben Farbe gestrichen, geht die Wirkung der Vordertür verloren – vor allem, wenn eine leuchtende oder kräftige Farbe verwendet wird. Garagentüren an der Vorderfront stellen ein besonderes Problem dar, da sie durch ihre Größe leicht dominant wirken. Sie sollten sie daher wie alle anderen Außentüren mit Ausnahme der Vordertür farblich den Mauern anpassen; verglaste Garten- und Verandatüren dagegen sollten den Fensterrahmen entsprechend gestrichen werden.

Vergewissern Sie sich, bevor Sie sich ans Streichen machen, ob die Türen überhaupt zum Haus passen (siehe dazu: Architektonischer Charakter). Auch die richtigen Beschläge, Türangeln, Schlösser, Griffe usw. sind wichtig; Sie sollten sie möglichst symmetrisch an bzw. auf der Tür anbringen.

Falls die Tür nicht aus witterungsbeständigem Holz, wie z. B. Eiche, Ulme oder Teak, ist oder geschützt unter einem tiefen Vordach angebracht ist, sollten Sie sie lieber streichen als lackieren. Streichen Sie Tür und Rahmen nicht in der gleichen Farbe; es sei denn, Sie verwenden Weiß, und die Fensterrahmen sind ebenfalls weiß. Türrahmen und Fensterrahmen sollten die gleiche Farbe haben, und die Tür farblich davon abstechen, da sie sonst wie ein leerer Fleck wirkt und ihr Schnitt und ihre Verzierungen nicht zur Geltung kommen. Die Farben sollten in einem Bezug zu den umgebenden Mauern stehen; das Verhältnis warm – kalt ist sehr empfehlenswert.

Vordächer

Ein Vordach können Sie entweder passend zur Vordertür oder zu den Fensterrahmen streichen. Ersteres macht sich besonders gut, wenn die Tür nicht sehr auffällig gestrichen wird und das Vordach vergleichsweise klein ist – der Eingang sieht dann bedeutender aus. Eine große Tür und ein großes Vordach wirken weniger riesig, wenn das Vordach und die Fensterrahmen farblich aufeinander abgestimmt sind.

Pflasterbelag

Zwischen dem Pflaster für Wege, Auffahrten, Veranden und Terrassen und dem Haus sollte eine Beziehung bestehen – so passen z. B. kaltwirkende graue oder cremefarbene Platten gut zu Ziegeln mit warmen Farben. Cremefarbene Platten sehen an nassen Wintertagen weniger kalt aus als graue. Falls das Haus aus Naturstein gebaut ist oder Verzierungen aus Stein besitzt, sollten Sie dazu passende Platten verwenden. Wenn Sie die Wege mit Ziegeln auslegen wollen, verwenden Sie am besten solche, die verwitterungs- und frostbeständig und ziemlich dunkel sind. Die Größe der Platten sollte immer in Relation zur Größe der Terrasse stehen.

3

1

2

4 *Durch die glänzend schwarzen Säulen und das entsprechende Balkongeländer wirkt dieses Stadthaus in Chelsea weltoffen. Die rote Farbe an den Säulen, am Geländer und in den großen Blumentöpfen verstärken diese Wirkung noch.*
5 *Bei Häusern an der Küste – wie hier in Cornwall – machen sich leuchtend helle Farben wegen des klaren Lichts besonders gut.*

4

1 *Durch Absprache der Farbzusammenstellung mit den Nachbarn können farbenprächtige und kontrastreiche Fassaden entstehen.*
2 *Vordächer und nahe am Haus angebrachte Zäune sollten am besten in einer Farbe gestrichen werden, da sonst das Äußere leicht verspielt und nicht geschlossen wirkt.*
3 *Die kräftigen Farben Rot und Grün ergänzen sich und wirken im hellen Sonnenlicht im Süden Frankreichs noch leuchtender.*

6

5

6 *Die Anlage dieses an den Seiten offenen Ganges, der in einem umgebauten Lagerhaus in Sidney das Schlafzimmer mit dem Wohnbereich verbindet, wurde von der Bauweise balinesischer Tempel beeinflußt.*

Dächer

Mit Stroh oder Schindeln gedeckte Dächer sind recht steil, so daß das Regenwasser schnell abläuft. Ziegel- oder Schieferdächer sind flacher, bei Blechdächern, z. B. Wellblech, ist die Dachneigung noch geringer. Flachdächer waren anfangs aus Blei oder Zink, heute dagegen sind sie aus Teer- oder Bitumendachpappe.

Wenn Ihr Dach immer durchlässiger wird, ist nicht unbedingt die beste oder gar einzige Lösung, es neu zu decken. Haben Sie z. B. ein gutaussehendes Dach aus alten Schieferplatten oder Dachziegeln mit einer reizvollen Patina, sollten Sie es von Innen her mit Kunststoff abdichten, so daß die Ziegel oder Platten zu einer wasserdichten, homogenen Einheit verbunden werden. Von Abdichtmaterial, das auf den Ziegeln oder Platten angebracht wird, ist abzuraten – dadurch wird die Musterung der Platten oder Ziegel verdeckt und deren Aussehen ruiniert, zudem läßt es sich nicht mehr entfernen.

Falls das Dach nicht mehr zu retten ist – versuchen Sie, passende alte Materialien zu finden und möglichst viele Ziegel oder Platten von Ihrem Dach wiederzuverwenden. Bringen Sie diese an den am meisten einsehbaren Stellen an und die Ersatzmaterialien an weniger auffälligen. Tragen Sie auf die neuen Ziegel oder Platten saure Milch oder flüssigen Pflanzendünger auf; innerhalb von sechs Monaten breiten sich aktive, lebende Organismen aus. Dadurch wird der Kontrast zwischen alten und neuen Materialien abgeschwächt. Die neuen Materialien werden auch dunkler, wenn Sie sie mit Ruß einreiben.

Anstelle von relativ teurem Blei können Sie auch Zink, Kupfer oder Aluminium verwenden. Da sie aber etwas anders aussehen als Blei, sollten Sie sie möglichst nur an Stellen verwenden, die nicht so leicht einsehbar sind. Holzschindeln lassen sich leichter auswechseln, Sie müssen nur auf die Färbung achten.

Defekte Wellblechplatten lassen sich recht einfach durch neue ersetzen. Falls Sie das ganze Dach neu decken wollen, können Sie auch emailliertes Metall verwenden, allerdings möglichst nur solches ohne Muster, da Sie sonst Ihr Haus verunstalten.

Regenrinnen und Abflußrohre

Ursprünglich wurden Regenrinnen und Abflußrohre schwarz gestrichen; dies sieht auch heute noch gut aus. Haben Sie allerdings eine Unzahl an Rohren, können Sie davon ablenken, indem Sie sie im Ton der Mauerfärbung halten, falls die Mauer nicht gestrichen wurde; ansonsten sollten Sie für die Rohre genau die Farbe des Anstrichs verwenden. Versuchen Sie, wenn Sie Regenrinnen oder Abflußrohre auswechseln, das Abflußsystem zu vereinfachen, und bringen Sie sie an den Ecken des Hauses an.

Verzierungen

Ein reizvolles Merkmal an vielen alten Häusern ist der verzierte First; Firstziegel finden Sie vielleicht noch bei Altwarenhändlern. Dies gilt auch für die mit Filigranarbeiten versehenen Ortgangziegel, die an den Firstenden und den Verbindungsstücken des Daches angebracht sind, und für die alten Schornsteinköpfe, die wie große Schachbrettfelder aussehen.

Bei Häusern mit weißen Mauern können Sie die Giebelverkleidung in der Farbe der Vordertür streichen, wenn diese in einem dunklen oder ruhigen Ton gehalten ist. Bei Ziegel- oder Steinmauern oder bei Mauern mit farbigem Anstrich sollten Sie die Giebelverkleidung wie die Fensterrahmen oder andere Holzteile streichen.

1

3

4

6

1 *Ein Beispiel aus Australien für gelungene Gestaltung von Sozialwohnungen. Die Wellblechdächer werden durch die Holzleisten und die verschiedenfarbigen Streifen hervorgehoben.*
2 *Durch Verwitterung erhielt dieses Haus in New York mit seinen verschiedenen Dachformen und den Holzschindeln am Giebel eine eigene, besondere Note.*
3 *Sorgsam bewahrte, bemerkenswerte Ortgang-Zierverbretterung an einem Haus in Somerset aus dem Jahre 1892. Neue Schieferplatten oder Dachziegel sehen wie alt aus, wenn sie mit Pflanzendünger oder Dung bestrichen werden.*
4 *Die ersetzten Dachpfannen geben diesem alten Häuschen in Südfrankreich eine interessante Oberfläche.*
5 *Der einfarbige, im dunklen Ton des Daches gehaltene Anstrich an diesem amerikanischen, mit Holzschindeln verkleideten Haus unterstreicht den »gotischen« Abglanz und das etwas unheimlich wirkende Aussehen.*
6 *Abgesehen von einer Region findet man in Holland kaum Schieferdächer. Die Besitzer dieses Schlößchens, das Elemente des 16., 17. und 18. Jahrhunderts aufweist, entschieden sich dafür, das Äußere möglichst genau in seinem ursprünglichen Aussehen zu erhalten, das Innere dafür aber in einem moderneren Stil einzurichten.*

HEIZUNG

Wenn Sie Ihr Haus in gutem Zustand und sich selbst bei guter Gesundheit halten und es im Winter warm und an heißen Sommertagen kühl haben wollen, müssen Sie einen Mittelweg finden zwischen Isolierung und Heizung bzw. Kühlung und für ausreichende Belüftung sorgen.

Ob eine Zentralheizung für Ihr Haus die ideale Lösung ist, hängt von einer Reihe von Faktoren ab: In was für einem Haus leben Sie? Wo befindet es sich? Wie gut ist es isoliert? Welche Brennstoffe stehen zur Verfügung und zu welchem Preis? So kann es z. B. günstiger sein, in einem Teil des Hauses eine Zentralheizung und in Zimmern, die Sie nicht ständig benutzen, von der Zentralheizung unabhängige Heizgeräte zu installieren. In wärmeren Regionen ist es sinnvoll, in die Heizanlage eine Klimaanlage zu integrieren. Sie können sich allerdings auch für eine Klimaanlage anstelle einer Zentralheizung entscheiden und offene Kamine oder unabhängige Heizgeräte in den verschiedenen Zimmern verwenden, wenn Sie sie brauchen.

Die Preisgünstigkeit und die Behaglichkeit sollten allerdings nicht zu Lasten des Aussehens gehen. Kamine und Öfen sind die optischen Mittelpunkte eines Zimmers und sollten dementsprechend ausgesucht werden. Ob Sie bei Ihrer Zentralheizung nun die plastischen Eigenschaften der Heizkörper hervorheben oder alle Spuren der Heiz- und Kühlanlage verbergen wollen, es ist in jedem Fall empfehlenswert, die Rohre in die Struktur des Hauses und das Inventar zu integrieren – z. B. in Wände und Fußböden, unter Schränke, Fußleisten oder hinter Roste.

Gehen Sie bei der Planung umsichtig vor, denn willkürlich angebrachte und unansehnliche Heizkörper oder schlecht proportionierte Kamine stören Sie auch noch lange nach dem Ende der Arbeiten. Bevor Sie eine teure Anlage einbauen lassen, sollten Sie sich gründlich über alle in Frage kommenden Möglichkeiten informieren. Sie können sich z. B. von einem Architekten beraten lassen, welche Anlage am besten zu Ihrem Haus und Ihren Lebensgewohnheiten paßt, wo die Heizgeräte oder Heizkörper angebracht werden sollen und wie groß der Kessel und der Brenner sein sollen.

Durch eine gute Isolierung wird bei kaltem Wetter die Wärme im Haus gehalten, während es bei heißem Wetter innen kühl bleibt. Es ist daher sinnvoll, das Haus möglichst effektiv zu isolieren. Eine teure Heizanlage einzubauen und dabei die Isolierung zu vernachlässigen, hieße, an den falschen Dingen sparen. Je besser Sie Ihr Haus isolieren, desto wirkungsvoller ist die Heizung – und umso behaglicher wird es im Haus.

1 *Der im Wohnzimmer deutlich sichtbar aufgestellte Ofen wirkt wie eine Skulptur und ist ein fester Bestandteil der Innenausstattung. Öfen sind in der Regel bessere Heizgeräte als offene Kamine; viele Öfen dienen nicht nur zum Heizen eines Raumes, sondern auch zum Aufheizen von Wasser für den Haushalt.*

2 In diesem Haus in offener Bauweise mit einer sehr hohen Decke wurden die schlanken Rohrradiatoren senkrecht zwischen je zwei Bücherregalhälften angebracht und durchziehen den Raum in seiner vollen Höhe. Dadurch kann sich die Wärme gut ausbreiten, ohne daß das ausdrucksstarke Design des Raumes zerstört wird. Zusätzlich verlaufen flache Plattenheizkörper den Wandsockel entlang.

Zentralheizung

Warmwasserheizung
Dabei wird Wasser in einem Heizkessel erhitzt, durch Rohre zu den Heizkörpern oder Wärmeabstrahlern und von dort zurück zum Kessel geleitet, um dort wieder erhitzt zu werden. In der Regel wird dieses System auch zur Warmwasserversorgung verwendet (siehe unten).

Dieses System arbeitet meist nach folgendem Prinzip: das heiße Wasser wird mit einer kleinen Wasserpumpe durch Rohre mit niedrigem Durchmesser und durch die Heizkörper gepumpt; der Rohrdurchmesser beträgt in der Regel ca. 15 mm. Die Temperatur, die durch die Rohre kommt, läßt sich mit Hilfe von Thermostaten an den einzelnen Heizkörpern sehr einfach einstellen und muß nicht zentral reguliert werden.

Warmwasserversorgung
In einem Boiler wird das Wasser für den Haushalt durch heiße Rohre erhitzt, die vom Heizkessel kommen. Das Wasser für die Heizung und das für den Haushalt werden durch zwei getrennte Leitungen gepumpt. Die Heizung für das Badezimmer sollte allerdings mit der Wasserversorgung des Badezimmers verbunden sein, damit das Bad im Sommer, wenn die Zentralheizung vielleicht abgeschaltet ist, trotzdem geheizt werden kann. Die Warmwasserversorgung wird durch ein Thermostat geregelt, das am Heißwasserboiler angebracht ist und ein elektrisch betriebenes Ventil im Rohr steuert.

Warmluftheizung
Dabei wird mit Hilfe eines Gebläses Luft durch eine Heizvorrichtung gesogen, dort aufgeheizt und durch Röhren zu den einzelnen Räumen geleitet, wo die Wärme über einen Rost abgestrahlt wird. Diese Roste können in den Boden, die Wand oder die Decke eingebaut sein. Sie sollten so angebracht werden und so geformt sein, daß das jeweilige Zimmer möglichst wirkungsvoll beheizt werden kann.

Durch eine Leitung wird ein Teil der Warmluft zur Heizvorrichtung zurückgeführt, dort nochmals erhitzt und wieder zu den Zimmern geleitet. Auch wenn die Luft durch elektrostatische Filter gereinigt wird, sollten Sie doch keine Rückführöffnungen in der Küche, im Bad oder in der Toilette installieren. Die Zu- und Rückführöffnungen sollten so angebracht werden, daß die Warmluft frei in den Zimmern zirkulieren kann, bevor sie wieder abgesaugt wird.

Warmluftheizungen haben allerdings einige Nachteile. Zum einen werden über Rohrleitungen, besonders über die Rückführleitungen, leicht Geräusche übertragen; zum anderen ist es wesentlich schwieriger, den Luftstrom durch die Leitungen zu regeln als etwa bei einer Warmwasserheizung den Wasserfluß an- oder abzudrehen. Bei Warmluftheizungen kann normalerweise nur die Heizvorrichtung gesteuert werden; dazu ist meist ein Thermostat eingebaut.

Klimaanlage
Der Vorteil bei einer Warmluftheizung ist, daß sie sich leicht in eine Klimaanlage verwandeln läßt. Durch eine in die Leitungen eingebaute Kühlspirale kann die zirkulierende Luft abgekühlt werden; die meisten Warmluftanlagen können aber auch ohne Kühlspirale zum Verteilen von Kaltluft verwendet werden, wenn die Heizvorrichtung abgeschaltet ist. Mit derartigen Anlagen läßt sich meist auch die Luftfeuchtigkeit regeln.

Elektrische Heizung
Da dabei die Heizöfen einzeln geregelt werden können, ist ein solches Heizsystem genaugenommen keine Zentralheizung, wird aber so bezeichnet, wenn es für das ganze Haus verwendet wird. Es gibt verschiedene Arten:

Speicheröfen werden in der Nacht mit billigem Strom aufgeheizt und geben ihre Wärme am nächsten Tag ab. Man muß aber am Vorabend genau einstellen, wieviel Strom in Form von Wärme gespeichert werden soll, ohne zu wissen, wieviel man am nächsten Tag heizen muß. Dabei kann man sich leicht verschätzen und braucht daher zusätzliche Heizgeräte, die meist mit teurem Spitzenstrom betrieben werden. Am besten bauen Sie in den Zimmern, die weniger benutzt werden, normale elektrische Heizgeräte ein und in den übrigen Nachtstromspeicheröfen.

Die heute erhältlichen Speicheröfen sind nicht mehr so sperrig wie früher; sie können entweder zentral oder einzeln über Thermostate geregelt werden.

Mit Öl gefüllte Heizkörper arbeiten recht unwirtschaftlich; daher werden sie in der Regel nur da eingesetzt, wo die Betriebskosten keine Rolle spielen oder andere Heizsysteme schlecht eingebaut werden können.

Bodenheizungen sind Systeme, bei denen im Boden Heizkabel verlaufen, die mit Nacht- oder Spitzenstrom betrieben werden. Falls die Leitungen in einem Betonboden verlegt wurden, reagiert die Heizung langsam auf Regelung und sollte am besten nur zum Erzeugen von Hintergrundwärme verwendet werden.

Brennstoff
Bei einer Warmwasser- oder einer Warmluftheizung gibt es immer eine zentrale Wärmequelle; bei der Warmluftheizung ist es ein Lufterhitzer, bei der Warmwasserheizung ein Heizkessel oder ein Warmwasserboiler. (Ein Warmwasserboiler ist an der Rückseite eines offenen Kamins oder eines Ofens angebracht und liefert Warmwasser für den Haushalt und/oder für die Heizung; der Boiler und der Ofen sollten miteinander und unabhängig voneinander betrieben werden können.

Gas
Für Warmwasser- und Warmluftheizung.
Gas ist ein billiger Brennstoff und eignet sich für automatischen Heizbetrieb. Gasbrenner arbeiten sehr wirtschaftlich und verbrauchen wenig Platz. Alle Installationen an Ihrer Gasheizanlage sollten Sie allerdings von einem Fachmann einbauen und warten lassen.

Rauchabzüge sind in der Regel für alle Gasöfen erforderlich. Sie können entweder an den Rauchabzug im Kamin angeschlossen werden oder vom Ofen aus direkt ins Freie geführt werden; ist in einen direkt nach außen führenden Rauchabzug ein Gebläse eingebaut, kann der Gasofen mehrere Meter von der Außenmauer entfernt stehen.

Feste Brennstoffe
Für Warmwasserheizung und Warmwasserboiler.
Bei mit Schwerkraft gespeisten Heizanlagen lassen sich diese Brennstoffe für halbautomatischen Heizbetrieb nutzen. In entsprechenden Öfen können Sie sogar die recht billige Fettkohle verwenden. Öfen für feste Brennstoffe sind im Betrieb sehr wirtschaftlich, müssen aber über gute Rauchabzüge verfügen und regelmäßig gründlich gereinigt werden.

Holz
Für Warmwasserheizung und Warmwasserboiler.
Holzöfen können zum Heizen einzelner Zimmer oder des gesamten Hauses, als Küchenherde oder als Warmwasserboiler dienen. Holz als Brennstoff ist nicht in allen Gegenden erhältlich; auch die zukünftige Versorgung und die Kosten sollten genau kalkuliert werden. In der Regel können Holzöfen nach kleineren Veränderungen auch zum Verbrennen anderer fester Brennstoffe verwendet werden.

Strom
Für Warmwasserheizung, in beschränktem Umfang auch für Warmluftheizung.
Mit Strom beheizte Warmwasserkessel können als Nachtstromspeicher arbeiten; verbrauchen aber sehr viel Platz. Achten Sie also genau darauf, daß die Speicherkapazität zum Heizen Ihres Hauses ausreicht. Derartige Anlagen haben gegenüber Gasöfen oder Brennern für Öl oder Holz den Vorteil, daß dabei kein Rauchabzug erforderlich ist. Dies gilt auch für die mit Spitzenstrom betriebenen Öfen, die zwar kleiner, dafür aber wesentlich teurer zu unterhalten sind. Elektrische Heiz-

geräte lassen sich auch in Warmluftheizanlagen verwenden, sie eignen sich aber meist nur zum Beheizen kleinerer Bereiche.

Mit Hilfe von Wärmepumpen können Sie z. B. dem Grundwasser Energie in Form von Wärme entziehen und damit Ihr Haus heizen; umgekehrt können Sie Wärmepumpen auch zum Kühlen verwenden. Auch hier müssen Sie die Größe der Anlage genau kalkulieren, da die erzeugte Wärme etwas niedriger ist als bei Warmwasser- und Warmluftanlagen. Die Investitionen sind recht hoch, die Unterhaltskosten hängen von den Strompreisen ab.

Alternative Energiequellen

In Gegenden mit ausreichend Sonneneinstrahlung läßt sich die Sonnenenergie sehr gut nutzen. Die Investitionskosten sind allerdings im Vergleich zur erzeugten Wärme noch relativ hoch. Sonnenenergie eignet sich in unseren Breitengraden weniger zum Heizen eines ganzen Hauses, sondern eher zum Decken eines Teils des Warmwasserbedarfes; so kann sie z. B. dazu dienen, den Swimmingpool zu heizen.

Öl

Für Warmwasser- und Warmluftheizung.
Ölbrenner sind recht zuverlässig im Betrieb, aber auch vergleichsweise laut. Ölbrenner für Warmluftanlagen etwa arbeiten ähnlich wie Gasbrenner, sind aber in der Regel teurer in der Anschaffung.

Flüssiggas

Viele Gasbrenner können auch mit Flüssiggas befeuert werden.

Regelung

Zimmerthermostate werden in den meisten Zentralheizanlagen verwendet. Dabei ist ein Thermostat, der in einem bestimmten Zimmer angebracht wird, an die Umwälzpumpe und den Brenner oder die Warmluftheizvorrichtung angeschlossen und schaltet diese zu vorprogrammierten Zeiten oder bei bestimmten Zimmertemperaturen ein bzw. aus. Derartige Regler sind kostengünstig und arbeiten zuverlässig.

Heizkörperthermostate an allen Heizkörpern anzubringen ist zwar teurer als ein einziges Zimmerthermostat einzubauen, das die Wärmezufuhr zu allen Heizkörpern regelt, aber die Betriebskosten lassen sich dadurch erheblich niedriger halten. Am besten wäre es, an allen Heizkörpern eigene Thermostate und zusätzlich einen zentralen Temperaturregler einzubauen.

Kältethermostate werden normalerweise an der kältesten Stelle des Hauses oder außerhalb des Hauses angebracht und schalten die Heizung automatisch an, wenn die Temperatur unter einen bestimmten Punkt, meist den Gefrierpunkt, sinkt.

Mit einem Elektromotor betriebene Ventile werden bei Warmwasserheizungen in Verbindung mit einem Zimmerthermostat und Zeitschaltern verwendet, so daß die Heizung nach Zeit oder Temperatur geregelt werden kann. Durch solche Ventile läßt sich die Heizung verschiedener Hausbereiche (z. B. Erdgeschoß oder erster Stock) mit eigenen Thermostaten vollkommen unabhängig voneinander regeln.

Außensensoren sind Thermostate, die außen an der Nordwand (in der südlichen Hemisphäre an der Südwand) angebracht werden. Durch ständigen Vergleich der Außen- und Innentemperaturen und automatische Anpassung der Innentemperatur wird ein konstantes Temperaturniveau gewährleistet; damit lassen sich die Unterhaltskosten niedrig halten.

ISOLIERUNG

Eine teure Heizanlage nützt wenig, wenn die erzeugte Wärme durch Mauern, undichte Fenster usw. entweicht. Sicher, eine gute Isolierung ist meist teuer, sorgt dafür aber bei kaltem Wetter für mehr Behaglichkeit im Haus. Außerdem bleibt das Haus im Sommer selbst bei brütender Hitze angenehm kühl.

Da warme Luft aufsteigt, ist es ratsam, den unteren Teil des Hauses warm zu halten, Mauern und Fenster zu isolieren und möglichst wenig Wärme durch das Dach entweichen zu lassen.

Begehen Sie aber nicht den Fehler, Ihr Haus zu sehr zu isolieren – ausreichende Frischluftzufuhr ist für Ihre Gesundheit und Ihre Sicherheit unerläßlich. In den meisten Häusern gibt es allerdings genügend undichte Stellen, durch die Frischluft ins Haus gelangt. Zur Verbrennung ist in Heizgeräten Sauerstoff erforderlich, dazu dient in der Regel ein Rauchabzug. Bei Fragen sollten Sie sich an einen Fachmann wenden.

Dachböden

Zur Isolierung des Dachbodens können Sie 100 bis 150 mm dicke Matten aus Steinwolle oder anderen Stoffen zwischen die Balken legen. Verwenden Sie zum Isolieren freiliegende Rohre, am besten eine 35 mm dicke Wärmedämmung. Isolieren Sie die Wasserbehälter (den Kaltwasserbehälter, damit das Wasser nicht gefriert), lassen Sie aber die Unterseiten frei, und verlegen Sie dafür die Dämmstoffe bis zur Isolierung des Speicherbodens.

Sorgen Sie für eine ausreichende Belüftung des Dachbodens, z. B. unter der Dachtraufe, da es sonst zu Kondensation kommt und der Dachstuhl zu faulen beginnen könnte.

Mauern

35 Prozent der Wärme geht durch die Mauern verloren, sorgen Sie daher für eine gute Isolierung der Mauern. Dazu sollten diese vor dem Isolieren vollkommen trocken sein – feuchte Mauern sind kalt, außerdem verringert Feuchtigkeit die Wirkung der Isolierung.

Eine Schaumisolierung für Hohlwände ist sehr wirkungsvoll, wenn sie richtig durchgeführt wird – wenden Sie sich daher an einen Fachmann. In älteren Häusern können die Mauern im Inneren auch mit einer Täfelung oder Holz verkleidet werden, falls dies zur Einrichtung des Hauses paßt.

Fenster und Türen

Dichtungsstreifen an Fenstern und Türen sind eine einfach anzubringende und wirkungsvolle Isolierung. Auch Vorhänge und Fensterläden tragen dazu bei, die Wärme im Haus zu halten.

Doppelt verglaste Fenster sind recht teuer, daher wäre es ratsamer, Doppelfenster einzubauen. Je größer der Abstand der zwei Fensterscheiben ist, desto geringer ist ihre wärmeisolierende Wirkung, dafür ist aber der Lärmschutz größer – durch einen Abstand von 200 mm bei 6 mm dicken Scheiben wird der Lärmpegel um 44 Dezibel gesenkt. Achten Sie bei Doppelglasfenster darauf, daß sie genau in den Fensterstock passen. Falls die Fenster so eingebaut werden, daß sie nicht geöffnet werden können, sollten Sie bedenken, daß sie sich auch bei einem Brand nicht öffnen lassen.

Fußböden

Falls sich der Boden im Erdgeschoß nicht von unten her isolieren läßt, können Sie immer noch mehrere Schichten Teppich, z. B. auf den Fußboden, legen.

Heißwasserboiler und -rohre

Isolieren Sie heißes Wasser führende Rohre, die im Keller oder in ungeheizten Bereichen verlaufen. Dazu können Sie vorgeformte, zusammensetzbare Verschalungen verwenden und diese um die Rohre, Rohrverkrümmungen und Ventile herum versiegeln. Isolieren Sie Heizungsrohre, in denen heißes Wasser vom Boiler kommt, auf ihrer ganzen Länge.

Wenn Sie den Heißwasserboiler durch eine dicke Ummantelung mit Dämmstoff isolieren, sparen Sie einen nicht unerheblichen Teil der Heizkosten.

Heizgeräte

Wärmestrahler

Heizgeräte arbeiten entweder nach dem Prinzip der Wärmestrahlung oder dem der Wärmekonvektion oder nach beiden. Bei der Wärmestrahlung wird die Wärme von der warmen Oberfläche des Heizgerätes abgegeben, bei der Wärmekonvektion dagegen wird vom Heizgerät Warmluft erzeugt.

Darüber, wo Heizkörper angebracht werden sollen, gehen die Meinungen auseinander. Die einen empfehlen, sie unter Fenstern anzubringen, um damit an der kältesten Stelle im Zimmer den Wärmeverlust durch Fenster und Wände auszugleichen. Andere dagegen meinen, sie sollten an Innenwänden angebracht werden, wo weniger Wärme verloren gehen kann; dadurch wären außerdem die Installationskosten niedriger, weil weniger Rohre gebraucht werden.

In jedem Fall sollten Sie Heizkörper und insbesondere auch Heizgeräte, die Warmluft abgeben, so aufstellen, daß sich die erzeugte Wärme gut ausbreiten kann. Sorgen Sie also z. B. dafür, daß sie nicht durch Möbel verstellt oder durch schwere Vorhänge verdeckt werden. Das bedeutet aber auch, daß z. B. durch lange Heizkörper, die an der Wand installiert werden, der Platz, an dem Sie Möbel aufstellen können, beträchtlich eingeschränkt wird. Außerdem sollten Sie an Fenstern, unter denen Heizkörper angebracht sind, möglichst keine langen Vorhänge aufhängen.

Lassen Sie sich immer von mehreren Seiten beraten, welche Heizgeräte Sie verwenden sollen, wie groß diese sein und wo sie aufgestellt werden sollen. Wenn Sie verschiedene Arten von Heizgeräten verwenden, benötigen Sie für jede Art eigene Thermostate.

Heizkörper sind meist aus Stahl; andere, allerdings teurere Materialien, aus denen Heizkörper gefertigt werden, sind Gußeisen und Aluminium. Gerippte Heizkörper sind leistungsfähiger als solche mit glatter Oberfläche, da dabei die Oberfläche, von der die Wärme abgegeben wird, größer ist. Wie viele, wie große und wie geformte Heizkörper Sie benötigen, hängt von der Größe des jeweiligen Zimmers ab.

Fußbodenleistenheizungen, die in die Fußbodenleisten integriert sind, erzeugen sehr gleichmäßige Wärme im Zimmer; durch sie wird der Platz für Möbel in der Regel kaum eingeschränkt.

Heizlüfter dienen zum Erwärmen von Luft. Dabei wird Luft von einem Gebläse durch einen Wärmetauscher geblasen, in dem heißes Wasser fließt. Heizlüfter erzeugen viel Wärme, verbrauchen dabei aber sehr wenig Platz; sie eignen sich daher gut für Küchen, wo meist wenig freie Wandfläche vorhanden ist; außerdem können sie auch unter Küchenmöbeln angebracht werden.

1

2

Versuchen Sie, bevor Sie sich für Heizkörper entscheiden, erst einen möglichst umfassenden Überblick über die verschiedenen Arten und Formen von Heizkörpern zu gewinnen und solche zu finden, die zum Stil des jeweiligen Raumes passen.
1 *In dieser Küche ist der Heizkörper unter dem Fenster unterhalb des Bords angebracht.*
2 *In diesem mit älteren Möbeln eingerichteten Raum dient der Heizkörper mit seinem rosa Anstrich zusätzlich als markante Abgrenzung zwischen Bad und Schlafzimmer.*

3

4

3 *Mit senkrecht im Raum angebrachten Rohrradiatoren läßt sich der Raum gut heizen, ohne daß Wandfläche für Möbel verloren geht. Durch die langen Rohre wirkt der Raum höher als bei niedrigen, waagrecht angebrachten.*
4 *Eine unauffällige und stilvolle Alternative sind schlanke Sockelheizkörper. Hier wurden sie – passend zum chromfarbenen Tisch und den mattschwarzen Lautsprecherboxen – durch einen schwarzen Anstrich betont.*

5

6

5 *Der Heizkörper in der Nische ist geschickt hinter Holzleisten verborgen, durch die sich die Wärme gut ausbreiten kann und die das Gerüst für eine gemütliche Sitzbank bilden.*
6 *In diesem aluminiumfarbenen Boden bilden die Warmluftschlitze neben den Bodensteckdosen zusätzlich zu ihrer Eigenschaft als Wärmespender ein reizvolles optisches Element.*

7

8

7 Im Stil der 30er Jahre – ein altes elektrisches Heizgerät aus Chrom und als Gegengewicht die Abdeckplatte aus Metall vor dem früher offenen Kamin.
8 Die moderne Version eines alten Holzofens paßt gut in dieses stilvolle und hochmoderne Apartment.

9

10

9 Eine beheizbare Handtuchstange, die zum Trocknen der Handtücher und zum Aufrechterhalten der Zimmertemperatur dient.
10 Dieser bezaubernde Raum voller eigenwilliger Einzelstücke eignet sich vorzüglich für den Holzofen im alten Stil.

11

12

11 Dieser traditionelle Ofen in seinem Kachelzylinder unterstreicht den Charakter des Raumes.
12 Dieser Raum wurde auf diesen Holzofen mit seinem Rauchfang hin angelegt, der von zwei Fenstern umrahmt wird.

Raumheizgeräte

Raumheizgeräte findet man oft in Häusern oder Wohnungen, die zwar über eine Zentralheizung verfügen, in denen aber einige Zimmer nicht ständig benutzt werden und nicht die ganze Zeit beheizt werden sollen.

Feste Brennstoffe

Offene Kamine müssen immer über einen genügend großen Schornstein verfügen. Außerdem sollte ausreichende Luftzufuhr – am besten von außen – gewährleistet sein, da sonst ein großer Teil der warmen Luft durch den Schornstein abzieht.
Öfen gibt es in allen möglichen Größen und Formen. Dabei geht durch den Rauchabzug wesentlich weniger Wärme verloren als durch einen Schornstein; außerdem ist die Wärmeleistung in der Regel größer als bei offenen Kaminen.

Gas

Gasöfen sehen in der Regel weniger anheimelnd aus als offene Kamine oder Holz- oder Kohleöfen; allerdings müssen Sie das Feuer nicht laufend unterhalten, da das Gas automatisch zugeführt wird. Es gibt heute schon Gasöfen mit Holzfeuerattrappe, die sich von einem echten Feuer kaum mehr unterscheiden lassen; sie sind aber im Betrieb sehr teuer, da wie bei einem offenen Kamin Wärme durch den Schornstein entweicht.

Gasöfen müssen nicht unbedingt an einen normalen Rauchabzug angeschlossen werden; Sie können sie auch an ein Abzugsrohr mit einem Durchmesser von ca. 50 mm anschließen, das auf Höhe der Fußbodenleiste nach außen führt.

Gasöfen arbeiten entweder auf der Basis von Wärmestrahlung oder von Wärmekonvektion oder beidem. Wärmeabstrahlende Gasöfen eignen sich gut zum Heizen großer Räume oder Korridore. Wenn sie über einen Zeitschalter geregelt werden und in allen Zimmern Anschlüsse vorhanden sind, arbeiten Gasöfen wie eine normale Zentralheizung.

Strom

Es gibt eine große Anzahl verschiedener elektrischer Heizgeräte. Sie sind zwar sehr leistungsfähig, aber in der Regel im Betrieb sehr teuer.

Flüssiggas

Tragbare Butan- oder Propangasöfen sind weit verbreitet; sie sind aber meist recht groß und können in den Räumen, die damit beheizt werden, leicht Kondensation verursachen. In der Regel haben sie keinen Rauchabzug, so daß Sie für eine ausreichende Belüftung der Räume, in denen sie verwendet werden, sorgen müssen.

AUFBEWAHRUNGSORTE

Die Traumhäuser, die wir in Illustrierten immer so bewundern, zeichnen sich nicht nur durch Stil aus, sondern auch durch Einfachheit, Gepflegtheit und meist durch offensichtlich völliges Fehlen von Gegenständen. Im wirklichen Leben ist dies ganz anders – in jedem Haushalt gibt es Gegenstände und meist liegen sie sehr gut sichtbar herum.

In Ihrem Haus läuft dann alles zu Ihrer Zufriedenheit, wenn Sie dafür sorgen, daß nur das sichtbar ist, was gesehen und benutzt werden soll. Wenn Sie in Ihrem Haus alles mit System aufbewahren, verhindern Sie, daß Durcheinander entstehen kann. Das heißt jedoch nicht, daß nun alles irgendwo verstaut werden soll, sondern, daß alles in Ihrem Haus seinen festen Platz haben soll, an dem Sie es leicht finden.

Die Vorteile liegen auf der Hand: Sie vermeiden viel Streß, wenn Sie nicht andauernd mit einem fürchterlichen Durcheinander kämpfen müssen und die Dinge, die Sie suchen, finden, ohne sich durch einen fürchterlichen Wust hindurchwühlen zu müssen. Die meisten von uns haben Schubladen oder an-

Aufbewahrungsorte
CHECKLISTE

- Wollen Sie eingebaute oder freistehende Schränke?
- Wollen Sie diese Möbel bei einem Umzug mitnehmen können?
- Läßt sich ein Zimmer in eine Abstellkammer umwandeln?
- Wo können Sie noch etwas aufbewahren?
- Welche Dinge müssen untergebracht werden?
- Müssen bestimmte Dinge an besonderen Orten aufbewahrt werden?
- Wo bewahren Sie Sport-, Spiel- und Hobbysachen auf?
- Welche Dinge brauchen Sie häufig, können sie aber nie finden?
- Besitzen Sie Dinge oder auch Kostbarkeiten, die Sie aufbewahren, aber nicht unbedingt dauernd sehen wollen (Urlaubssouvenire, Briefe, Sammlungen usw.)?
- Welche Dinge benutzen Sie öfter im Sommer bzw. im Winter? Kann man sie dementsprechend aufbewahren?
- Stellen bestimmte Dinge besondere Anforderungen an den Aufbewahrungsort? z. B.:
  - Werkzeuge, die rosten können?
  - Kleidungsstücke, die verknittert werden?
  - Gegenstände, die zerbrechen können?
  - Papiere, die durcheinanderkommen können?
- Wieviel können Sie für Schränke ausgeben?
- Steigt durch geplante Stauräume der Wert Ihres Hauses?

dere Behälter voll mit allen möglichen Dingen, die nirgendwo hin gehören. Wer kennt das nicht: man sucht den Autoschlüssel und muß ihn erst mühsam unter einem Haufen Kleingeld, einer Rolle Garn, Urlaubskarten vom letzten Sommer, dem verschütteten Inhalt einer Streichholzschachtel und einigen rostigen Nägeln hervorkramen. Kommt es noch schlimmer, dann finden Sie größere Dinge vor, die nicht auf ihrem angestammten Platz sind: die Eingangshalle ist vielleicht ein Hindernisparcours aus Fahrrädern, einzelnen Schuhen und zerknüllten Postwurfsendungen, im Wohnzimmer stapeln sich Platten, Zeitungen, Schulsachen usw.

Dadurch, daß Sie Ihre Besitztümer leicht zugänglich an festen Plätzen aufbewahren, bleiben diese in besserem Zustand und halten länger; außerdem schaffen Sie sich dadurch mehr Platz. Räume, die von herumliegenden Gegenständen befreit wurden, enthüllen Vorzüge, die Sie vorher vielleicht gar nicht wahrgenommen haben: klare Linien, schöne Details und viel Platz.

2

1 Ursprünglich von einem Rechtsanwalt zum Aufbewahren von Akten benutzt, bildet dieser Schrank nun einen ungewöhnlichen, aber dennoch idealen Rahmen für eine Sammlung antiker Gläser. Auf dem breiten Bord und in den tiefen, schmalen Schubladen ist genug Platz für viele reizvolle Dinge.

2 Die Kiste mit der Aufschrift »Miscellanea« (»Verschiedenes«) wurde so angefertigt, daß sie genau in die Mauerrundung paßt und das Aussehen dieses an ein englisches Landhaus grenzenden Raumes ergänzt, in dem früher Pferdegeschirr untergebracht wurde.

Aufbewahrungsmöglichkeiten

Zum Aufbewahren Ihrer Besitztümer stehen Ihnen mehrere Möglichkeiten offen; diese lassen sich in drei Kategorien einteilen:

Freistehende Möbelstücke sind z. B. Bücherregale, Schränke, Kisten oder Garderoben. Sie können sie gebraucht kaufen oder haben vielleicht welche geerbt, und – was sehr wichtig ist – Sie können sie beim Umzug meist leicht mitnehmen. Diese Möbelstücke haben aber den Nachteil, daß sie verhältnismäßig viel Platz verbrauchen.

Einbauelemente sind dauerhafte, aber nicht billige Aufbewahrungsorte und sparen viel Platz. Sie können damit auch ungenutzte Räume, z. B. unter Treppen, ausnutzen.

Anbauelemente wie z. B. Regale oder Schränke, können nach Bedarf erweitert werden. Sie können sie in der Regel selbst zuhause zusammenbauen.

Um Aufbewahrungsmöglichkeiten zu schaffen können Sie auch wie folgt vorgehen:

- vorgefertigte Produkte kaufen;
- Aufbewahrungselemente selbst entwerfen und bauen;
- einen Fachmann beauftragen, nach Ihren Wünschen Aufbewahrungselemente zu bauen.

Bei von eigener Hand gebauten Elementen haben Sie eine größere Auswahl an Materialien als bei gekauften. Außerdem sind Sie sicher, daß sie nicht zu groß oder zu klein sind und zu Ihrem Haus und seiner Einrichtung passen und Ihren Anforderungen genau entsprechen. Elemente von einem Fachmann bauen zu lassen, kann recht teuer sein.

Flexible Regalsysteme

Regale sind die grundlegenden Ablageelemente; sie sind in allen Größen, Formen und Varianten erhältlich. Überlegen Sie, aus welchem Material Ihre Regale sein sollen – Holz, Stahl, Aluminium – und wie sie aufgestellt oder an der Wand angebracht werden. So kann es vielleicht günstiger sein, ein Regal mit eigener Rückwand aufzustellen als eines an der Wand zu befestigen oder aufzuhängen.

Speicherideen

In Büros, Läden oder Fabriken finden Sie eine Vielzahl an Ideen, wie und wo Sie Ihre Besitztümer aufbewahren können. Stahlspinde, Einkaufswägen, Aktenschränke oder drehbare Warenständer findet man heute auch schon in Wohnungen. Falls etwas derartiges in Ihr Haus passen würde, kann es sich für Sie lohnen, sich die Ausstattungsgegenstände für Industrie und Handel anzusehen. Wie wäre es etwa mit einer Kleiderstange aus einer Boutique für Ihre Kleidung oder mit einem verstrebten Stahlregal für Ihre Heimwerkstatt? Die auf den ersten Blick unpassendsten Gegenstände können zum Aufbewahren Ihrer Besitztümer dienen – Fahrradständer, Kohlenkästen, Plastikgestelle oder Einkaufskörbe aus Draht. Auch Konstruktionen aus Stahlrohren, die mit Rouleaus abgedeckt werden, können als platzsparende Elemente dienen.

Innenausstattung

Die Innenausstattung eines Aufbewahrungselements hängt von dessen Aufbau und dessen Verwendungszweck ab. Vorgefertigte Elemente sind meist bereits mit Trennwänden und Zubehörteilen ausgestattet; die Alternativen zu Schubladen und Ablagebrettern reichen dabei von Drahtgittern bis Weidenkörben und von Stahlhaken bis zu Leinen.

Richten Sie das Innere eines Speicherelements immer auch passend zu den Gegenständen ein, die darin aufbewahrt werden sollen; damit schaffen Sie für Ihre Besitztümer nicht bloß einen Aufbewahrungsort, sondern auch einen dem Zweck entsprechenden Ort. Sie können z. B. Schuhständer aus Draht in einem Schrank anbringen oder Haken, Halterungen und Schienen, auf denen Sie Krawatten, Nähzeug u. ä. unterbringen können.

1

2

1 Verschiedenfarbige Aufschriften zur Auflockerung der aufeinandergestapelten Kartons.

2 Die zum Aufbewahren verschiedener Gegenstände verwendeten Behälter aus Holz, Karton, Metall, Kunststoff und Korbwaren geben ein lebendiges Bild; zudem lassen sich die Gegenstände leichter dem jeweiligen Behälter zuordnen.

4

3 *Dieser freistehende Schrank wurde passend zur übrigen Einrichtung angefertigt und paßt genau unter die Dachschräge im Mansardenzimmer. Er wurde so gebaut, daß oben Musikkassetten, in der Mitte Videokassetten und unten Langspielplatten eingeordnet werden können.*
4 *Der Raum unter der Treppe wird zum Aufbewahren von Schuhen und Stiefeln aller Art genutzt; zwei Fächer sind für Schuhcreme und Bürsten vorgesehen. Beim Bau von Einbauschränken und -kästchen sollte sowohl auf das Aussehen als auch auf die Zweckmäßigkeit für die darin aufbewahrten Gegenstände geachtet werden. Unter Treppen einen Schrank einzubauen, ohne genau zu wissen wofür, führt selten zu so praktischen und systematisch eingerichteten Stauräumen wie hier.*

6

5 *Im Schlafzimmer, das in diesem phantasievoll umgebauten Apartment auf einem Zwischenstockwerk angelegt wurde, findet man einen kleinen Kleiderschrank mit einem Kunststoffrouleau an der Vorderfront.*
6 *Kleiderspinde, wie sie in der Industrie verwendet werden, bieten in diesem Raum, der über einer zugemauerten Treppe angelegt wurde, viel Platz zum Unterbringen der verschiedensten Gegenstände. Das ursprüngliche Treppengeländer wurde als ironisches Element stehengelassen.*

Planung der Aufbewahrungsorte

Gehen Sie beim Einrichten von Aufbewahrungselementen in Ihrem Haus systematisch vor und beziehen Sie in Ihre Planung gleich das ganze Haus ein. Stellen Sie zuerst eine Liste aller Gegenstände auf, die weggeräumt werden sollen. Gehen Sie diese Liste noch einmal durch – manche Dinge, die man automatisch wegräumen würde, werden häufig gebraucht; andererseits entsteht durch nicht aufgeräumte Gegenstände nur wieder Durcheinander. Manche Dinge sollten Sie am besten gleich wegwerfen; unterscheiden Sie zwischen Dingen, die Sie wirklich aufheben wollen, und solchen, die Sie nur aufbewahrt haben, weil Sie sich an sie gewöhnt haben. Wenn Sie z. B. nicht mehr wissen, was Sie in einem bestimmten Schrank oder auf dem Dachboden verwahrt haben, dann liegt das wahrscheinlich daran, daß Sie diese Gegenstände nie benutzen oder brauchen.

Vergessen Sie auch nicht die naheliegenden Dinge, die viel Platz verbrauchen, wie z. B. Koffer, sondern berücksichtigen Sie sie bei der Planung zuallererst.

Wo in Ihrem Haus ist noch Platz, um etwas unterzubringen? Platz ist ein Luxus, vor allem in kleinen Wohnungen; je kleiner Ihr Haus oder Ihre Wohnung ist, desto mehr Ordnung ist nötig. Um Ihre Besitztümer unterzubringen müssen Sie vielleicht eine Ecke oder einen Teil eines Zimmers opfern, aber was Sie dabei gewinnen, überwiegt dieses Opfer.

Teilen Sie das, was Sie aufheben wollen, danach ein, wie oft Sie es benutzen, und bewahren Sie die Gegenstände so auf, daß diejenigen, die Sie öfter brauchen, leichter erreichbar sind. So dürften z. B. Lebensmittel, Schuhe oder die Telefonbücher weiter vorn, Christbaumschmuck oder die Campingausrüstung etwa dagegen wohl weiter hinten in einem Schrank oder Raum untergebracht werden. Berücksichtigen Sie auch, daß z. B. Dinge, die leicht rosten, trocken aufbewahrt werden oder gefährliche Dinge außerhalb der Reichweite von Kindern.

Jetzt können Sie einteilen, was in welchen Räumen untergebracht werden soll. Überlegen Sie aber erst, welche Schwierigkeiten eventuell auftreten können und berücksichtigen Sie diese gleich von Anfang an.

Ist der Platz knapp, sollten Sie z. B. Schränke verwenden, deren Türen nicht nach außen geöffnet werden, sondern nach innen oder solche mit Schiebetüren oder zwei kleinen Türen anstelle einer großen. Sie können Schränke auch unter Treppen, in Nischen, neben Kaminvorsprüngen oder unter einem Bett unterbringen. Sehr hoch oben aufbewahrte Gegenstände sind meist schwer zu erreichen; auch an Dinge, die auf sehr breiten Regalbrettern abgestellt sind, kommt man schwer heran, vor allem, wenn mehrere Dinge hintereinander angeordnet sind, so daß man die Hälfte davon gar nicht sieht.

Versperren Sie durch Aufbewahrungselemente auch keine Steckdosen, Lichtschalter, Wasserhähne oder Gasanschlüsse. Berücksichtigen Sie immer auch das Gewicht der Elemente.

Vor allem bei Abstellräumen oder begehbaren Wandschränken sollten Sie für ausreichende Beleuchtung sorgen. Warum im Dunkeln nach den Tennisschuhen tasten, wenn es heute schon kleine, aber leistungsfähige Lampen selbst für kleine Schränkchen gibt.

Für dieses geräumige, am Ende des 19. Jahrhunderts in London erbaute Apartment hat der Architekt ein raffiniert angelegtes System aus Schränken, Truhen usw. entworfen. Dieses beeindruckende System ist als fester Bestandteil des Hauses konzipiert und so gut wie nur möglich an die Bedürfnisse der Bewohner angepaßt. Das Ergebnis ist eine optimale Raumausnutzung in einer geordneten und ruhigen Umgebung.

1 *Eine gut proportionierte und hübsch verzierte Bücherschrankwand in der Bibliothek mit verstellbaren Einlegeborden und schmalen Schubladen.*

1

3

5

7

8

2 Die Falttüren dieses Einbauschrankes verbrauchen wenig Platz und sind im Stil der Fensterläden gehalten. In diesem kleinen Schlafzimmer (3) *werden die Bettwäsche und andere größere Dinge im oberen Fach des Schrankes aufbewahrt.*
4 Das alte Sideboard und das kleine Kästchen, in denen verhältnismäßig viel Platz ist, stehen frei im Wohnzimmer.
5 In der Bibliothek reichen die Bücherschränke bis zum Erkerfenster; hinter der Paneelverkleidung sind Heizkörper verborgen. Der Stuhl vor dem alten Sekretär wurde etwas erhöht auf einen Sockel gestellt, um bequem arbeiten zu können.

6 Die Einbauschrankwände auf beiden Seiten des Flurs sind durchgehend mit Paneelen in der Art von Steinmauern verkleidet. Die geradlinige Verkleidung wird durch diese halbrunde Nische (7) *unterbrochen. Die Form der Nische wird in der Badezimmertür* (8) *wiederholt, deren Acrylpaneele das Aussehen des Flurs vervollständigt.*

Stilvolle Aufbewahrungsorte

Wenn Sie Aufbewahrungsorte für Ihre Utensilien schaffen, brauchen Sie ebensoviel Einfallsreichtum und Gespür wie bei anderen, offensichtlich Kreativität erfordernden Aktivitäten in Ihrem Haus. Mit Experimentierfreude, Vorstellungsvermögen und gesundem Menschenverstand erzielen Sie oft befriedigendere Ergebnisse, als wenn Sie an Konventionen festhalten.

Bei der Einrichtung ihrer Häuser haben die Menschen immer wieder mit Konventionen gebrochen. Alte Schränke aus Kiefer wurden unter der Treppe hervorgeholt, wo sie zum Aufbewahren von Geschirr und Haushaltsgeräten dienten, und fanden ihren Platz im Wohnzimmer. Heute werden sogar Nachbauten der alten Küchenschränke als Wohnzimmermöbel angeboten. Auch Materialien und Einrichtungsgegenstände, die zuerst in der Industrie genutzt wurden, finden heute Eingang in Küchen und andere Zimmer. Denken Sie einmal nicht an herkömmliche Möglichkeiten, wenn Sie einen geeigneten Ort für einen bestimmten Gegenstand suchen, und vielleicht haben Sie schon die Lösung.

Der Eindruck auf den Betrachter

Versuchen Sie mit neuen Aufbewahrungselementen Eindruck zu machen, ohne jedoch die Wirkung der übrigen Einrichtung zu überdekken. Ein gut ausgesuchtes Element fügt sich in den Raum ein oder aber es verschwindet vollkommen, z. B. hinter Farbe oder auch hinter anderen Möbelstücken.

Mit Möbelstücken können Sie aber auch Wandunebenheiten verbergen oder unansehnliche Nischen füllen, Sie können damit Räume teilen, die Raumaufteilung verändern, häßliche Rohre verdecken oder Türen verstellen. Ja es gibt sogar Möbelstücke, die sozusagen zum Aufbewahren ihrer selbst dienen: Schrankbetten, Klapptische oder auch Werkbänke, die Sie zusammengeklappt als »Objekte« an die Wand hängen können.

Überlegen Sie, bevor Sie ein neues Möbelstück anschaffen, wie es sich zur übrigen Einrichtung verhält. So kann ein Schrank zwar von der Größe und Farbe her ideal sein, aber z. B. Griffe haben, die absolut nicht zu den übrigen Möbeln passen; die einfachste Lösung wäre dann wohl, andere Griffe anzubringen. Achten Sie auch darauf, daß z. B. die Bemalung und die Verzierungen einer neuen Kommode zu denen an den übrigen Möbeln passen oder daß Ornamente, die über mehrere Möbelstücke hinweg fortgesetzt werden, nicht durch neue Einrichtungsgegenstände unterbrochen werden.

Für die Oberfläche von Möbelstücken eignen sich verschiedene Materialien, z. B. Kunststoff, Furnier oder Farbe. Ein riesiger Schrank läßt sich durch Verwenden eines Materials, das mit den anderen Möbeln harmonisiert, in einen weniger auffälligen verwandeln. Vermeiden Sie voneinander abstechende Materialien, unnötige, überladene Verzierungen und eine übergroße Anzahl von Griffen.

Am falschen Platz aufgestellte Möbelstücke zerstören das visuelle Gleichgewicht eines Raumes, an der passenden Stelle aufgestellte dagegen erhöhen den Reiz enorm. Manche Möbel dienen auch dazu, andere Gegenstände reizvoll darzustellen. Wählen Sie sie so, daß sie diese Gegenstände nicht nur von ihrer besten Seite zeigen, sondern deren Wirkung sogar noch verstärken.

1 *Venus im Holzstoß: an einer Wand eines kleinen Hinterhofs in Amsterdam findet sich inmitten von aufeinandergestapelten Holzkisten diese Skulptur. Das Nebeneinander von groben Holzstükken und der glatten Oberfläche der Statue ergibt einen reizvollen Gegensatz und bildet einen interessanten Blickpunkt.*

1

2

2 *Dieser Schrank aus rostfreiem Stahl wäre sicher selbst in außergewöhnlich eleganten Apartments selten fehl am Platze. Hier birgt er unter anderem auch die Rohre für die Toilette und den Wasserspender.*

3

4

3 *Die tiefen Regale im Haus einer Musikerfamilie nehmen deren Noten und Nachschlagwerke auf. Nachdem einige Trennwände herausgerissen wurden, blieben zwei Träger übrig, die zum Aufbewahren von Tonbändern genutzt werden.*

4 *Preisgünstig und stilvoll sind diese selbst zusammengebauten Elemente. Die würfelförmigen Grundelemente sind ausbaufähig und können je nach Bedarf verändert und mit Türen, Einlegeböden usw. versehen werden. Damit lassen sich unansehnliche Ekken und Gegenstände verbergen, und reizvollere offen ausstellen.*

Abstellräume

Ideal wäre ein eigener Abstellraum in Ihrem Haus. Dafür eignen sich besonders kleine Zimmer, die sich kaum anderweitig nutzen lassen, weil sie z. B. keine Fenster haben oder ungünstig geschnitten sind. Falls Sie größere bauliche Veränderungen vornehmen und z. B. den Keller oder den Dachboden ausbauen oder einige Zimmer anbauen, sollten Sie gleich einen Abstellraum mit einplanen.

Einen Abstellraum werden Sie kaum dazu nutzen, Gäste zu bewirten oder sich darin auszuruhen. Legen Sie daher beim Einrichten nicht so sehr Wert auf sein Aussehen, sondern vielmehr darauf, daß der Raum möglichst gut ausgenutzt wird und die Gegenstände gut zugänglich untergebracht werden können. Achten Sie auch darauf, daß die abgestellten Gegenstände in gutem Zustand erhalten bleiben – der Raum sollte wasserdicht und gut durchlüftet sein; denken Sie auch an ausreichende Beleuchtung. Kaum etwas ist so frustrierend wie mit einer Kerze in der Hand in einen eiskalten Speicher zu klettern, vorsichtig von einem Balken auf den nächsten zu treten aus Angst, die Decke könnte einbrechen, und eine Ewigkeit nach der Bedienungsanleitung für den Mixer zu suchen, nur um am Ende eine durchweichte Masse Papier zu finden, die während des letzten Gewitters durch eindringendes Wasser ruiniert wurde.

Der Keller oder der Dachboden muß erst umgebaut werden, damit er als Abstellraum dienen kann; richten Sie ihn dabei den Gegenständen, die darin aufbewahrt werden sollen, entsprechend ein. Verwenden Sie z. B. Regale, die Sie nach Belieben verändern und ausbauen können, und Drahtkörbe und andere Behälter, die, auch wenn sie voll sind, nicht zu schwer zu tragen sind. Markieren Sie auf den Behältern, was Sie in ihnen aufbewahren, und ordnen Sie sie so an, daß Sie an häufiger gebrauchte Gegenstände leichter herankommen.

Decken Sie abgestellte Möbel ab, damit sie nicht beschädigt werden können, und verpakken Sie Geschirr genau wie bei einem Umzug.

Falls Sie genügend Platz haben, können Sie in Ihrem Abstellraum auch größere Dinge, z. B. die Tiefkühltruhe, Holzleisten oder Farbeimer aufbewahren. Ist die Temperatur im Abstellraum konstant, können Sie darin sogar Wein lagern; anstelle von Regalen lassen sich zum Stapeln der Flaschen z. B. feste Holzkisten verwenden. Außerdem könnnen Sie im Abstellraum z. B. auch Großpackungen Toilettenpapier, Waschpulver o. ä. aufbewahren.

Stopfen Sie den Raum aber nicht zu voll, da Sie sonst die einzelnen Dinge nicht wiederfinden. Achten Sie darauf, daß kein Durcheinander entsteht und notieren Sie sich, was wo zu finden ist, und hängen Sie den Zettel vielleicht innen an die Tür des Raums.

Aufbewahrungsmöglichkeiten

SICHER UND BEQUEM

Oft wird bei der Planung ohne gesunden Menschenverstand vorgegangen. So sind in vielen Küchen hohe Borde so breit, daß durchschnittlich große Menschen auch auf Zehenspitzen nicht sehen können, was ganz hinten steht.

Hohe Borde sollten so schmal sein, daß die Dinge nur nebeneinander darauf passen, damit Sie nicht herumsuchen müssen und nichts herunterstoßen. Ist das nicht möglich, stellen Sie die kleineren Sachen vorne auf.

Niedrigere Borde, auf denen Sie ohne weiteres alles sehen, können ruhig breiter sein; ordnen Sie darauf die Gegenstände in Reihen an. Die ideale Höhe des Bordes hängt von der Größe der Benutzer ab.

Seltener benutzte Dinge können Sie auf ein Bord stellen, das Sie ausgestreckt erreichen. Dies eignet sich aber nur für leichte Dinge wie Bettlaken, leere Koffer usw., da sonst die Gefahr von Unfällen zu groß ist.

Auf Bodenhöhe abgestellte Dinge sollten leicht ereichbar sein, ohne daß Sie herumkrabbeln müssen. Fahrbare Untersätze an einem langen Gurt sind empfehlenswert, vor allem bei schweren und unhandlichen Dingen.

Stellen Sie schwere Dinge in Hüfthöhe auf stabilen Borden ab und nicht am Boden. Sie können dann zum Heben alle Muskeln nutzen und das Gewicht gleichmäßiger verteilen; zudem überanstrengen Sie so nicht den Rücken.

2

1 *Beim Umbau dieses Hauses* (2) *wurde die Treppe entfernt und durch eine Wendeltreppe ersetzt. Der dadurch gesparte Platz wird nun für eine umfangreiche Büchersammlung genutzt. Die Bibliothek erstreckt sich über drei Stockwerke; den Boden bilden einfache Holzlatten. In jedem Stockwerk ist durch eine große Öffnung zur Wendeltreppe und ein großes Fenster nach außen für ausreichende Beleuchtung gesorgt. Im Erdgeschoß befindet sich im früheren Flur ein kleines Arbeitszimmer.*

3

5

3 *In alten ehemaligen Fabriken oder Warenlagern finden sich oft nützliche Gegenstände, wie z. B. diese Spindwand aus Holz, die einmal in einer australischen Tabakwarenfabrik verwendet wurde.*

4 *Mit Hilfe einiger stabiler Möbelstücke und Einrichtungsgegenstände aus Kleiderläden wurde diese Abstellkammer zum Ankleidezimmer.*

5 *Im eigenen Garten gezogenes Gemüse und Obst werden neben Weinflaschen, Zwiebelsäcken und anderen sperrigen Gegenständen in dieser gut durchlüfteten und kühlen Speisekammer unter dem Dach aufbewahrt.*

Verborgene Vorzüge

1 *Ein vorgefertigtes, vielseitiges Einrichtungsstück mit eingebauten Lampen und Steckdosen. Die schmalen Borde können kleine Behälter aufnehmen; das große Bord in der Mitte läßt sich herausklappen, so daß es eine geräumige Arbeitsfläche bildet. Durch das hochklappbare Bügelbrett und die Falttüren wird zusätzlich Platz gespart.*

2 *Diese geräumigen Schrankelemente auf Rädern sind für ein Haus in offener Bauweise gedacht. Sie können zusammen als Gruppe, in einer Reihe nebeneinander oder einzeln aufgestellt werden. Diese Schränke eignen sich z. B. auch für ein Großraumbüro, in dem mehrere Leute arbeiten, die die verschiedensten Dinge aufbewahren.*

3 *Dieser neue, eher traditionell aussehende Wäscheschrank ist ein schönes Beispiel für speziell gefertigte Möbel. Die Tischwäsche wird auf ausziehbaren Glasplatten aufbewahrt.*

4 *Dieser Wandschrank in einem frühviktorianischen Haus wurde versteckt hinter getünchten Eichenpaneelen angelegt. Die Wandverkleidung wird auch auf der Schranktür fortgesetzt, so daß kein Bruch im Stil und den Proportionen des Raums entsteht. Durch die Tünche wirkt das Holz heller und nicht so schwer.*

5 *Die Seitenwände dieser Schränke bilden eine tiefe Türleibung und werden als Bücherregale genutzt. Die Schränke und der Türrahmen sind in derselben Farbe gestrichen wie die Fußbodenleisten, wodurch sie ein fester Bestandteil der Wände zu sein scheinen.*

Teil 2

INNEN-DEKORATION

Schablonenmalerei mit Feldblumenmotiven ziert ein altes Bauernhaus in der englischen Grafschaft Cornwall. Beim Entfernen alter Anstriche kamen kräftige Rosa- und Blautöne zum Vorschein, die mit weißer Emulsionsfarbe aufgehellt wurden. Die Tischlerarbeiten sind in verschiedenen Farbtönen abgestuft und der Holzboden ist mit einem Karomuster bemalt.

GUTES STILGEFÜHL

Das Entwerfen von Mustern scheint zunächst wenig mit der Dekoration eines Hauses zu tun zu haben, doch beides beruht auf komplizierten abstrakten Entscheidungen über Farbgebung, Ausgewogenheit, Harmonie und Stil. Ich selbst verbringe seit 20 Jahren gemeinsam mit anderen Mitgliedern unseres Teams viel Zeit mit der Auswahl und Gestaltung von Mustern. Muster zu zeichnen und Farbkombinationen auszuarbeiten erfordert Zeit und Konzentration. Durch Experimente über längere Zeiträume hinweg entwickeln sich neue Ideen und nehmen Gestalt an. Fällt schließlich die Entscheidung, scheint sie instinktiv und einfach, und wir sind sicher, das Richtige getroffen zu haben. Nehmen Sie sich die Zeit, in der Phantasie zu stöbern, am Detail zu arbeiten, »darüber zu schlafen« – sonst wird nichts Überzeugendes und Persönliches dabei herauskommen.

Das gilt für schöpferische Prozesse allgemein und nirgends mehr, als bei der Dekoration des eigenen Heims.

Vermutlich werden Sie Zweifel überkommen, sobald Sie sich für einen Raumdekor entscheiden müssen. Womöglich fühlen Sie sich wie gelähmt und denken: »Ich kann mich nicht entscheiden.« Selbst wenn Sie voller Zuversicht und mit einem klaren Konzept begannen, können später äußere Einflüsse die ursprüngliche Vorstellung trüben, etwa wenn Sie sich durch Meinungen oder Kritik der andern verunsichern lassen oder von inneren Zweifeln geplagt werden. Die spontane Reaktion auf solche Unentschiedenheit ist meist, woanders Bestätigung zu suchen, sich anzusehen, was andere gemacht haben, was Bücher und Zeitschriften anbieten. Allerdings können Sie dadurch Ihren anfänglichen Elan und das Zutrauen in Ihre eigenen Ideen unterminieren.

Um herauszufinden, was Ihnen selber gefällt, brauchen Sie ein gutes Gespür für Ihre Umgebung ebenso wie die Fähigkeit zur Selbstbeobachtung. Machen Sie gleich jetzt, während des Lesens, die Probe aufs Exempel – schauen Sie sich im Zimmer um und nennen Sie fünf positive Züge daran – ein Fenster, eine Truhe, ein Farbton? Halten Sie dann dagegen, was Ihnen spontan nicht gefällt – eine feuchte Stelle, ein Türgriff, die Anordnung der Bücher, eine Farbe oder Textur? Indem Sie sich Ihrer eigenen Reaktion bewußt werden, schlagen Sie die Brücke von Ihren abstrakten Vorstellungen über Inneneinrichtung zur praktischen Durchführung dieser Ideen.

Machen Sie sich zur Gewohnheit, sich jedesmal beim Betreten eines Raumes zu fragen: »Gefällt mir das oder nicht?« Schreiben Sie auf, was Sie mögen und was Sie abstößt oder kalt läßt. Entdecken Sie Räume, die Ihren persönlichen Vorstellungen über Inneneinrichtung nahekommen? Versuchen Sie jeweils, den Charakter eines Zimmers und das Wesentliche seiner Stimmung oder Atmosphäre näher zu definieren. Nur zu sagen, etwas ist »stilvoll« oder »freundlich«, hilft wenig, solange man sich nicht im klaren ist, was genau man damit meint. Wenn Sie auf einen Raum positiv reagieren und sich durch seinen Stil angesprochen fühlen – sei er »einladend«, »elegant«, »folkloristisch« oder »mediterran« –, sollten Sie Ihre Notizen zur Hilfe nehmen und die Elemente definieren, die Ihr Urteil angeregt haben und Grundlage Ihrer eigenen Räume werden könnten.

Weitere Inspirationsquellen sind Bücher, Zeitschriften, Schaufensterauslagen oder Fernsehsendungen, die gewöhnlich die gerade gängigen Modetrends widerspiegeln. Moden kommen und gehen, sie stimulieren und führen auch zu bleibenden Veränderungen – denken wir an den Wandel bei Bau- und Dekorstoffen, Möbeln, im Lebensstil oder an die neuen Schwerpunkte in der Innenarchitektur. Wir stehen heute vor unzähligen Möglichkeiten, die uns gestatten, praktisch alles in die Tat umsetzen zu können, was wir nur möchten. Paradoxerweise fällt die *Entscheidung* jedoch schwerer als je zuvor. Wichtig ist, daß wir unsere persönliche Wahl treffen und nicht den raffinierten Methoden der Massenmedien zum Opfer fallen. Machen Sie sich bewußt, wozu man Sie überreden will und was dagegen Ihren eigenen Wünschen entspricht – wählen Sie aus dem Angebot die Elemente aus, die Ihnen zusagen, um sie dann nach Ihrem Geschmack zu erweitern und einzusetzen. Dekorieren Sie Ihre Wohnung auf Grund klarer Vorstellungen darüber, wie einzelne Texturen, Muster, Farben und Objekte im Raum auf Sie wirken.

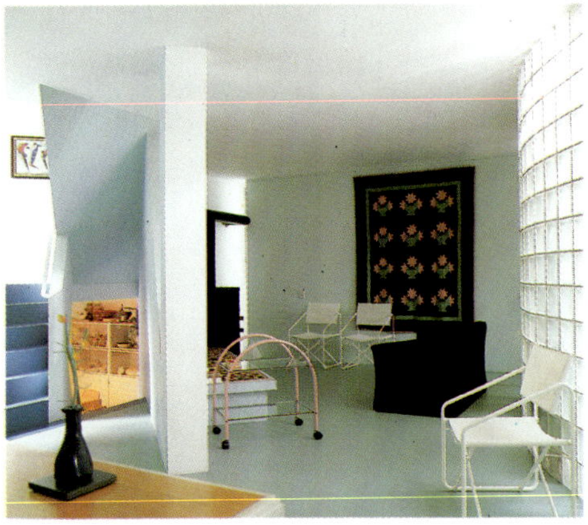

1

1 *Tageslicht fällt durch eine Glaswand in ein sparsam eingerichtetes Zimmer, das zwar »kühl«, mit seinem gewebten Wandvorhang und dem ausgefallenen rosa Servierwagen, aber nicht »kalt« wirkt.*

2

2 *Ein Raum voller persönlicher Schätze: handgearbeitete Steppdecken, bestickte Kissen, ein alter Läufer und angenehme Proportionen, die Wärme ausstrahlen.*

3 *Tiefgeschoß in einem Londoner »Queen Anne«-Haus, dessen Einrichtung von Aufenthalten in südlichen Ländern beeinflußt wurde. Kühle Fliesen, weißgetünchte Wände und schlicht-rustikales Intérieur prägen den »mediterranen« Eindruck.*

5

4 *Mit seiner feingearbeiteten Stuckverzierung, in Gold abgesetzt, und der starken Symmetrie wirkt der Raum »elegant«, aber nicht protzig. Gelungen ist die Kombination der Matisse-Muschelstühle mit Schlangentisch, Segeltuchboden und stromlinienförmigem Glastisch.*

5 *»Minimalistische« Räume wie dieser überlassen nichts dem Zufall. Alle Farben, Formen und Proportionen wurden sorgfältig aufeinander abgestimmt und kein überflüssiger Gegenstand ist im Blickfeld – was auf den disziplinierten Lebensstil der Bewohner schließen läßt.*

Umgang mit Farben

1

1 *Das in Blau gehaltene Schlafzimmer wirkt freundlich und warm im sanften Morgenlicht, obwohl die Farbe allgemein als »kalt« gilt. Der weiche und warme Ausdruck wurde durch die Wahl des Farbtons, das gedämpfte Licht, ergänzende Rosa- oder Grüntöne und die weiße Spitzenwäsche erzielt.*

2 *Monet beweist mit seinem Haus in Giverny, daß Gelb entgegen der üblichen Auffassung sehr wohl eine harmonische Raumfarbe sein kann. Der Tendenz von Gelb, hervorzutreten und zu dominieren, wurde durch eine genau strukturierte Raumordnung entgegengewirkt: starke Konturen in den geschwungenen Lehnen der Stühle, klare Linien der schwarzen Bilderrahmen sowie das regelmäßige Muster des Fliesenbodens bilden zusammen mit dem gelben Grundton ein Höchstmaß an Ausgewogenheit von Farbe und Form.*

Da Farben eine starke Wirkung haben, suchen wir oft nach Regeln für den Umgang mit ihnen. »Blau und grün nicht zusammen blühn« – so lautete ein alter Spruch in unserer Kindheit, aber im Grunde gibt es *keine* starren Regeln. Allerdings setzt ein souveräner Umgang mit Farben viel Übung und Erfahrung voraus. Zur Wahl einer Farbe gehört auch, die passende Nuance zu finden und zu verstehen, wie und wo sie am besten zur Geltung kommt.

Farben stehen mit ihrer Umgebung, besonders mit Licht und Schatten und anderen Farben, in Wechselwirkung. Licht beeinflußt die Tönung, Wärmewirkung und Leuchtkraft von Farben. In einer dunklen Ecke wirkt ein tiefer Farbton schwarz, während derselbe Ton an einem hell erleuchteten Fleck vielleicht nicht auffällt.

Auch der Einfluß einer Farbe auf eine andere ist nicht zu unterschätzen. Während manche Farben andere völlig verschlucken, treten andere so stark hervor, daß sie alles dominieren. Bestimmte Farbnuancen, besonders die mit Grau abgetönten, sind äußerst kooperativ und passen fast immer.

Wenn Ihnen die Wechselwirkung zwischen Farben noch neu ist, können Sie folgendes Experiment machen: nehmen Sie buntes Papier, z. B. rot, blau, gelb und grau, und legen Sie je ein kleineres Quadrat von ca. 7 cm in die Mitte eines größeren von 21 cm und beobachten Sie die Veränderung. Versuchen Sie dasselbe auch mit mehreren Farben gleichzeitig. (Die Veränderung ist übrigens schwerer festzustellen, wenn das kleinere Blatt andere Konturen, z. B. eine Herzform hat.) Bevor Sie einen Raum dekorieren, sollten Sie die Farbe an einem Stück Wand ausprobieren: wie wirkt sie zu verschiedenen Tageszeiten, unter anderen Lichtverhältnissen? Wie verhält sich ein Farbfleck, ein Stoff, eine Tapete zu den anderen Gegenständen und Farbtönen im Raum?

Ein weiß getünchtes Zimmer wirkt mit beigen Bodenfliesen anders als mit einem beigen Teppich oder gar einem bunten Linoleumboden. Zur Wirkung des jeweiligen Farbtons tritt als weiteres Element die unterschiedliche Textur hinzu. Die weiche Färbung des Teppichs kommt anders zur Geltung als die spiegelnde Fläche des Keramikbodens.

Gebrochenes Weiß ist ein gutes Beispiel, weil es so einfach scheint, in der Praxis jedoch sehr verschieden ausfällt. Wie finden Sie die richtige Abstufung für Ihre Zwecke, die passende Nuance? Treffen Sie Ihre Wahl nicht anhand von Farbtafeln, sondern nehmen Sie konkrete Objekte, ein Stück Stoff, einen Buchumschlag, eine Keramik zur Hilfe. Sie sehen nicht einfach nur ein gebrochenes Weiß, die Farbe kann rötlich, gelblich, grünlich oder bläulich abgetönt sein, warm oder kalt, klar, stumpf oder brillant wirken. Machen Sie sich zur Gewohnheit, die übrigen »Grundfarben«

ebenso differenziert zu betrachten. Auch wird Ihnen eine Liste persönlicher Gegenstände, deren Farben Ihnen gefallen und die Sie in die Raumgestaltung miteinbeziehen möchten, weit bessere Dienste leisten als jede Farbskala.

Vielleicht haben Sie eine Lieblingsfarbe, die Sie aber nicht für große Flächen oder ganze Wände einsetzen wollen? Ebensogut können Sie ja einen entsprechend gefärbten Gegenstand – ein Tongefäß, einen blaßgrünen Weidenkorb, eine farbenfrohe Stola, eine glänzend rote Lampe – an einer günstigen Stelle in den Raum integrieren.

Der bevorzugte Farbton wird ja keineswegs abgewertet, wenn Sie ihn nicht gleich großflächig überall zur Schau stellen – das zarte Grün des Weidenkorbs in der Ecke kann eine ebenso große Wirkung ausstrahlen wie die Farbe an den Wänden.

Farben können das Wesen eines Raumes verwandeln, können Harmonie und Atmosphäre erzeugen. Überlegen Sie aber nicht nur, welche Farben in Frage kommen und wie sie am günstigsten aufzuteilen sind; berücksichtigen Sie auch die Tageszeit, die Sie in dem Zimmer zubringen und was Sie dort tun möchten.

Die richtige Farbnuance ist immer die, mit der man sich wohlfühlt. Manche Farbtöne wirken bedrückend, andere aufmunternd. Kaufen Sie Wandfarben oder Dekorstoffe erst ein, wenn Sie genau wissen, welchen Farbton Sie brauchen und ob Sie mit ihm leben können. Harmlos anmutende Weißtöne können ungemütlich wirken, Rosa vielleicht zu kalt. Blau kann warm sein und das Wohlbefinden steigern, während Beige womöglich die Gesundheit beeinträchtigt. Ein in Schwarz gehaltenes Schlafzimmer mag abends zum Herumtollen oder Abschalten genau das richtige sein, doch wer möchte an einem sonnigen Morgen dort aufwachen und den Tag begrüßen? Kräftige reine Farben wie Rot und Schwarz eignen sich bestens für repräsentative Räume, etwa für ein stilvolles Eßzimmer. Im allgemeinen sind jedoch die weniger dominanten Farben angenehmer, besonders für Aufenthaltsräume, wo man viel Zeit verbringt. Und wenn Sie ein Zimmer in Flamingorosa einrichten wollen – auch das läßt sich machen.

Suchen Sie aus einem vielfarbigen Stoff genau den Farbton, der Ihnen vorschwebt. Gleichzeitig kann Ihnen das Stoffmuster weitere Anregungen für mögliche Farbkombinationen liefern. Vielleicht wählen Sie gerade diesen Stoff für die Vorhänge, dazu einen türkisfarbenen Boden und graulackierte Möbel? Einen völlig anderen Effekt erzielt eine lavendelblaue Wand auf gelbem Boden.

Wie gesagt, starre Regeln gibt es nicht – was zählt, ist das eigene, persönliche Farbempfinden.

Weiß ist eine Farbe

1 Weiß hat wie jede Farbe viele Schattierungen, und es ist nicht leicht, genau die richtige zu treffen. Die Texturen des Raumes beeinflussen die Farbwirkung, und Spiegelflächen lassen Farbtöne ganz anders erscheinen als gedämpfte und absorbierende Flächen. Hier dient Weiß als Ausdruck von Schlichtheit, unterstützt von den feinen Moskitonetzen und Bodenmatten, vor dem warmen Hintergrund von Holzboden und irdenen Tongefäßen.
2 Das präraffaelitische Bild hängt am richtigen Platz in dieser »gotischen« Ecke mit ihrer Betonung der architektonischen Linien in Fenstern und Möbeln.
3 In der bezaubernden Fensterbucht taucht Weiß in verschiedenen Texturen auf: gekälkte Eichentäfelung, Leinenpolsterbezüge und Spitzendecke leiten über zu der herrlichen Aussicht.

1

2

3

4 *Gedämpftes Weiß, gelb abgetönte Wände und graue Polster lassen die türkise Keramiksammlung zum Hauptthema des Raumes werden.*

5 *Reines, klares, strahlendes Weiß dient in diesem Haus am Hafen als spartanischer Hintergrund, gegen den sich jedes Teil überdeutlich abzeichnet. Der weiße Glanz entsteht durch die Beleuchtung, die chromstählernen Sockelleisten und reflektierenden Wand- und Bodenflächen.*

Umgang mit Mustern

Muster sind aus unserem Leben nicht wegzudenken; wir tragen, benutzen, brauchen sie. Seit frühester Zeit schmückt der Mensch sich und seine Umgebung mit Mustern, die mit der Nachahmung der Zeichnungen von Käfern, Schlangen, Schmetterlingen ihren Anfang nahmen. Das Fehlen jeglicher Dekoration ist interessanterweise seit jeher ein Zeichen der Trauer gewesen. Vielfach verraten Muster uns etwas über Herkunft oder Status – Karomuster sprechen von Schottland, blumiger Chintz vom Glanz des englischen Adels. Daneben haben bestimmte Muster rituelle Funktion – kunstvoll gewirkte weiße Spitzen gehören als Symbol der Reinheit traditionell zur Hochzeit, ungarische Volkstänze werden in reich bestickten Kostümen aufgeführt, und in Indien bemalt man die Hände der Braut mit zierlichen Hennaornamenten. Früher, als noch viele Dinge in Heimarbeit hergestellt wurden, entwarf fast jeder seine Muster selber. Durch die industrielle Produktion ist heute das Angebot wesentlich vielfältiger, dafür fehlt aber häufig der persönliche Bezug zu den Erzeugnissen.

Das Wiederaufleben der Schablonen- und Wandmalerei, der Marmorier- und Tüpfeltechnik weist auf das zunehmende Interesse an eigener Gestaltung hin. Andere mögen das fertige Produkt bevorzugen – die Wahl hängt davon ab, was uns angeboten und wie es uns verkauft wird.

Die Massenfertigung von Stoffmustern begann gegen Ende des 18ten Jahrhunderts, als Kupferwalzen und Modeldruck die Vervielfältigung einer Vorlage in Endlosmustern ermöglichten. Die unbekannten Künstler, die diese Mustervorlagen schufen, nahmen ihre Motive meist aus dem Orient. Sie imitierten Kaschmirschals, indische oder türkische Stickereien ebenso wie die Kupferstiche oder Gemälde jener Zeit.

Heute wie damals besteht ein Großteil aller gedruckten Muster aus Adaptationen früherer Zeit – Chintzstoffe sind ein gutes Beispiel. Die meisten Hersteller greifen für ihr Angebot regelmäßig auf Archiventwürfe zurück. Zeitgemäße moderne Muster für Möbel und Einrichtungsstoffe verdanken wir in erster Linie den innovativen Nachkriegstendenzen, als eine neue Generation von Textildesignern die Führung übernahm und die Werke zeitgenössischer Maler miteinbezog. Seither ist Stoffdesign nicht mehr auf die Funktion schmückenden Beiwerks in den Vorhangfalten beschränkt, sondern hat vielfach eigenständige Geltung erlangt.

Das Angebot an Textilien ist heute riesig, aber immer noch abhängig von der Vorentscheidung der Hersteller, die durch Übernahme oder Bearbeitung vorhandener Muster bereits die Auswahl für uns treffen. Der Trend geht zu Mustern, die Wohlstand, Ruhe, Rhythmus und Ordnung ausstrahlen – mit stilisierten Naturmotiven, wo keine Eidechse kriecht, keine Biene summt, kein Blatt herunterfällt. Man geht davon aus, daß wir keine Insekten oder Schmetterlinge auf unserer Bettwäsche möchten, aber vielleicht würden wir sie gern in ungewöhnlicher Form auf unseren Vorhängen sehen. Frühere Blumenmuster stellten solche Naturmotive oft viel realistischer dar.

Die Kombination verschiedener Elemente wird uns heute zu leicht gemacht, da die ganze Palette an Haushaltsprodukten von der Bettwäsche über Handtücher, Tapeten, Duschvorhänge, Tischdecken bis hin zum Teeservice, Bilderrahmen und Briefpapier bereits im gleichen Design auf den Markt gebracht wird. Damit will man dem Bedürfnis nach Stil entgegenkommen, erweckt aber gleichzeitig die Vorstellung, daß die Abstimmung vieler Flächen und Gegenstände auf ein und dasselbe Muster der einzig richtige Weg sei. Ganz im Gegenteil kann er aber auch zu Eintönigkeit und Leblosigkeit führen.

Die Kraft von Mustern in der Dekoration ist nicht zu unterschätzen. Mit Gefühl und in harmonischen Farben entworfene Muster füllen den Raum mit Wärme und Harmonie, erzeugen Bewegung, Rhythmus, Behaglichkeit und Freude am Leben, während harte und grelle Muster ebenso zermürbend wirken können wie bestimmte Farben.

1

2

1 *Treppenstufen der Wasserstelle in Tonk bei Jaipur in Indien.*
2 *Dasselbe Muster als Motiv eines Seidengewebes dieser Gegend. Der Architekt Charles Jencks arbeitet in der Innenausstattung sehr stark mit symbolischen Motiven, die seinen Stil prägen. Dieses kalifornische Haus entstand aus einer ehemaligen Ranch mit Haupthaus und angrenzenden »Pavillons« und ist in ein privates kleines Dorf umgewandelt worden. Das Thema der Gebäude wie der Dekoration stellt die Grundelemente Erde, Wasser, Feuer, Luft dar.*

3

3 *»Gotische« Holzschnitzereien betonen die spirituelle Atmosphäre in dem Schlafzimmer des Gästehauses »Hermitage«. Für sein Heim in Kalifornien schuf Jencks die Los Angeles-Säule, deren Motiv auch hier an der Bettstatt zu sehen ist.*

4 *Ein Detail der Schablonenmalerei im Aer Pavillon, in dem sich der Hauptschlafraum befindet – im Motiv sind Symbole der vier Elemente und die kalifornische Palme wiederzufinden.*

Stoffdesign

1 *Traditionelle Spitzmedaillons auf einer Altardecke aus Seidensamt; spanisch, Mitte des 16. Jahrhunderts*
2 *Isfahan-Gewebe von William Morris, 1888, handgewebter Jacquard*
3 *Indischer Stoff, ca. 1820 – Modeldruck mit pflanzlichen Farbstoffen*
4 *Jacquard-Muster aus der schottischen Stadt Paisley, 1880 – als phantasievolle Interpretation importierter indischer Muster.*
5 *Gemaltes türkisches Muster – Collier Campbell, 1983*

1

2

3

4

5

6

7

8

6 *Plattstichstickerei – Detail aus einem Möbelstoff des 16. Jahrhunderts*
7 *Englischer Modeldruck, um 1780*
8 *Modernes Chintzmuster von Colefax und Fowler*
9 *Blümchenmuster in Walzendrucktechnik, Manchester, um 1820*
10 *Modernes Blümchenmuster von Laura Ashley.*

9

10

12

1 Endlosmuster, ibernommen von May Gibbs Kinderbuch-Illu-strationen – Baumwoll-druck von Turnbull und Stockdale, 1929
2 Textilmuster der Nachkriegszeit, ent-vorfen vom Maler John Piper
3 Als »Warpdruck« gewebter Ikat aus Afghanistan; 18. Jahr-hundert
4 »Beduinenstrei-fen« – Collier Camp-bell, 1983
5 Abstraktes Muster betitelt »Foxtrot« – Collier Campbell, 1984
6 Motiv aus gefalte-ten Bändern – »Havan-nah«, Collier Campbell, 1982

13

14

15

16

18

17 »Côte d'Azure«, gemaltes Muster – Collier Campbell, 1982
»Barge Roses« – gemaltes Muster nach einem Schablonenmotiv zur Verzierung von Flußkähnen, Collier Campbell, 1979.

Muster im Raum

Muster im Raum – das sind nicht nur die ins Auge fallenden Stoff- und Tapetenmuster, Teppiche und Stuckdekor, sondern auch Oberflächen und Texturen. Sisal, Prägetapeten, Spitzendecken haben ebenso ein Muster wie Holzfurniere und einfarbig gewebte Polsterbezüge. Betrachten wir einmal die verschiedenen Funktionen von Texturen, Ornamenten und dekorativen Mustern. Die meisten Dekorelemente erfüllen gleichzeitig eine nützliche Aufgabe – etwa indem sie vor Zugluft schützen, schadhafte Stellen oder Flecken unsichtbar machen oder eintönige Flächen auflockern. Geschichtlich spielten Dekormuster eine große Rolle beim Verdecken minderwertiger Grundmaterialien.

Wenn Sie die Dekorelemente des Raumes, in dem Sie sich gerade befinden, auf ihre Funktion hin prüfen, zeigt sich, daß sie entweder praktisch oder unpraktisch sein können, ihre Aufgabe besser oder schlechter erfüllen. Stellen Sie sich auch Fragen wie: Stammt das Muster aus einer fremden Kultur? Ist es in einer anderen als der ursprünglichen Technik ausgeführt – etwa als Druck eines Webmusters? Wurde es maschinell oder in Handarbeit gefertigt? Erfüllt ein dekorativer Gegenstand noch die ihm zugedachte Aufgabe oder wurde er zweckentfremdet – ein antiker Schal, der als Wandbehang dient, ein Nachttopf als Blumenbehälter?

Muster lassen sich in verschiedenen Räumen auf ganz unterschiedliche Weise einsetzen. In einer kleinen Eßecke wird ein kühn gemusterter Stoff zum zentralen Blickfang, in einem lebhaft dekorierten Zimmer zum integralen Bestandteil des Gesamtbildes. In einem ruhigen, gedämpften Raum bringen Muster die notwendige Ergänzung und Belebung. Dabei hängt die Wirkung des Musters im Raum weniger von einem bestimmten Design ab als davon, welche Art von Muster in welcher Größenordnung verwendet wird und wie die Farbtöne sich zu den übrigen Texturen und Objekten verhalten.

Jedes Muster tritt mit den anderen Raumkomponenten in Wechselwirkung, und die richtige Entscheidung ist nicht leicht, wenn man es isoliert betrachtet. Finden wir ein attraktives Design, das uns in Stil und Farbkomposition anspricht, sollten wir bei der Entscheidung die Wirkung auf den Raum nicht vergessen. Der wichtigste Aspekt ist die Ausgewogenheit. Das beste Beispiel hierfür liefern uns die Blumengemälde der holländischen Meister, wo Blumenmuster gegen die geometrischen Linien von Flechtkörben oder schlichten Vasen abgesetzt sind, während der wieder anders strukturierte Hintergrund die verschiedenen Elemente verbindet. Aufeinander abgestimmt können Texturen und Farben für Harmonie und Gleichgewicht sorgen.

1

2

3

4

1 Von dem Hintergrund eines schlichten, strengen Raums heben sich dekorative Texturen ab: mit Blumenmustern bestickte Teppiche, Kelims als Kissenbezüge, schwere weiße Stickerei auf dem gleichfarbigen Grund des Armsessels sowie reich verzierte Tischbeine. Die Vielfalt der Flächenmuster wird zusammengehalten von den starken Konturen der Stuhlbeine, der Keramiken und der Tischplatte aus Glas.

2 Die schlichte Zickzacklinie der Treppe bildet einen geistreichen Kontrapunkt zur dramatisch farbkräftigen Musterung der Bettwäsche.

3 Nahezu alle Flächen sind texturiert. Der Bambusvorhang bricht das Licht, den »glatten« Tisch überzieht die Patina der Jahre, Schrank und Schreibtisch zieren Schnitzereien, und selbst die Blumen scheinen wolkig betupft.

4 Der üppige, liebevolle Gebrauch zahlreicher Muster und Texturen in der Tradition englischer Intérieurs. Schwere Polsterstoffe, ein reich gemusterter Teppich, geschnitztes Holz, handgearbeitete Steppdecken – durch den roten Wandsockel wird der Dekor auf harmonische und einfache Weise zusammengehalten.

Ideen sammeln

Wer könnte schon beim ersten Anblick eines leeren Raumes sagen, wie er voll eingerichtet aussehen wird? Am Anfang ist es sicher sinnvoll, sich nach Anregungen für die Dekoration umzusehen. Das bedeutet nicht, daß man sich beeinflussen lassen soll von den Ideen anderer – man kann solche Ideen jedoch aufgreifen und sich durch den Kopf gehen lassen, um daraus eigene Vorstellungen zu entwickeln. Die naheliegendsten Quellen sind Bücher, Zeitschriften und Schaufenster. Sie können hilfreich sein, bleiben aber immer die Schöpfung anderer.

Sie können damit beginnen, sich auf Gegenstände zu konzentrieren, deren Anblick Sie stimulierend finden – nichts ist zu klein oder zu gering. Vielleicht haben Sie noch alte Dinge aus der Kindheit, die Ihnen lieb und teuer sind, oder ein Kleidungsstück, das Ihnen besonders gut steht? Nehmen Sie sich die Zeit, sich einmal näher mit solchen persönlichen Objekten zu befassen. Ein Gefäß, das auf einem Regal stand, könnten Sie putzen oder polieren, um es noch besser kennenzulernen. Haben Sie es selbst gewählt oder geriet es durch Zufall in Ihren Haushalt? Im Lauf der Zeit hat sich gewiß einiges angesammelt, was Ihnen Freude macht – ein Stück Stoff, das als Vorhang dienen sollte, aber immer noch den Tisch ziert, oder ein Kissen, das als Geschenk von Freunden ins Haus kam und dem Sofa neues Leben gab.

Betrachten Sie solche Dinge im Hinblick auf den Raum, der neu eingerichtet werden soll – inwieweit regen deren Farben und Texturen Ihre Phantasie an? Läßt sich mit ihrer Hilfe ein Einrichtungskonzept entwickeln? Sammeln Sie anregendes Material wie Stoffreste, eine Perlenkette, Stickgarne, Nüsse, buntes Glas, Geschenkpapier, Korken, Muscheln, Wollknäuel usw. in einem Behälter, etwa einem Weidenkorb oder auf einem großen Tablett. Manches davon werden Sie später entfernen und durch etwas anderes ersetzen. Probieren Sie kleine Arrangements aus, gruppieren Sie die Objekte zu Stilleben, um zu sehen, wie Farben, Texturen und Muster im Zusammenhang wirken.

Ebenso können Bilder, Photos, Zeitungsausschnitte ober Postkarten als Inspirationsquelle dienen, ob für sich genommen oder in Kombination mit anderem Material. Allerdings hat ein Bild stets Illusionscharakter, weshalb es wenig sinnvoll wäre, einen Raum genauso rekonstruieren zu wollen, wie er auf dem Papier abgebildet ist. Es kann aber wertvolle Anregungen liefern in Bezug auf Farbgebung und Komposition, Kontrast und Harmonie. Ein Stilleben etwa, das einen olivfarbenen Teller mit Zitronen und Orangen vor einer grünen Wand zeigt, kann, wenn es Ihnen gefällt, den Ausgangspunkt für ähnliche Farbkombinationen liefern.

Ordnen Sie das angesammelte Material, indem Sie es nach bestimmten Eigenschaften gruppieren. Etwas ist vielleicht »glänzend« wegen seiner Textur, »dramatisch« in der Farbgebung, »natürlich« oder »weich« in seiner Wirkung usw. – je nachdem was Ihnen am wichtigsten erscheint. So gewinnen Sie mit der Zeit Klarheit über Ihre Wünsche und Vorstellungen, bis Sie schließlich konkret entscheiden können, wie der Raum endgültig aussehen soll.

Wir nehmen auch viele Anregungen aus der Umwelt auf, deren wir uns gar nicht bewußt sind. Achten wir einmal darauf, was für Eindrücke uns optisch stimulieren und – sozusagen im Vorbeigehen – beeinflussen, um sie dann bewußt verwerten zu können. Eine Theaterbühne kann eine ausgezeichnete Inspirationsquelle sein, ebenso wie ein Restaurant, wo wir Ausstattung, Dekoration, Beleuchtung und ähnliches in Muße studieren und auf uns wirken lassen können. Reisen sind natürlich besonders geeignet, neue Eindrücke und Wahrnehmungen zu sammeln. Eine Fahrt durch eine indische Stadt, vorbei an grauen Rindern, rotem Staub, bunt schillernden Saris und weißen Turbanen ist in jeder Hinsicht ein Erlebnis und öffnet unsere Augen für Neues und Fremdes.

Gleichzeitig sehen wir Bekanntes und Altvertrautes in einem neuen Licht – Anregungen finden wir überall dort, wo wir wach sind für neue Eindrücke.

1

2

1, 2 *Afghanische Wandbehänge, ein bunter Bastuntersatz, alte, ledergebundene Bücher und gelbe Keramik formen ein Stilleben, das die Anregungen zu dem vielseitig dekorierten Zimmer lieferte. Freundlich und einladend hat es Raum für alle möglichen Aktivitäten eines bunten Familienlebens. Selbst weiterer Dekor könnte mühelos integriert werden. Die Fülle des kunsthandwerklichen Zierats erzeugt einen humanen und entspannten Rhythmus.*

3

3, 4 *Der Flur eines Hauses aus dem 18. Jahrhundert mit rustikaler Queen-Anne-Holztäfelung wurde zunächst von etlichen Farbschichten befreit, um den Grund für einen neuen Anstrich vorzubereiten. Hartnäckige alte Farbreste erschwerten die Arbeit, bis sie schließlich aufgegeben wurde und man sich an das Aussehen des alten, huckeligen Holzes gewöhnte und sich sogar soweit damit anfreundete, daß es beibehalten wurde.*

Die Wände bekamen einen weißen Anstrich, um den Flur aufzuhellen. Die Komposition des Stillebens begann, als in einem Zimmer neben dem Flur die braun und gelb engobierte Schale auf einer weißen Tischdecke abgestellt wurde. Muscheln, Samenkapseln, eine Halskette gesellten sich hinzu. Ein Foto aus einer Zeitschrift, das eine amerikanische Einrichtung mit braunen Tüpfeln auf weißem Grund zeigte, vervollständigte die Sammlung, ergänzte es doch treffend die Thematik brauner Objekte auf weißem Grund. Die Punkte wurden auf die Flurwand übertragen, und mit Wellenlinien entlang dem Geländer war die Dekoration vollendet – ohne daß man sich der ursprünglichen Anregung der braunen Keramikschale so recht bewußt war.

Ideen in der Praxis

Stellen Sie alle Gegenstände zusammen, die Sie wirklich mögen und auch in Zukunft nicht missen möchten – Teppiche, Gemälde, Keramiken usw. – und verteilen Sie diese nach Ihrem Farb- und Texturplan auf die entsprechenden Räume. Wenn Sie sich nicht leisten können, bereits vorhandene Möbel, die Ihnen nicht gefallen, durch neue zu ersetzen, gibt es vielleicht noch andere Möglichkeiten, sie zu verschönern oder zu verändern: einen teuren, aber häßlichen Teppich könnten Sie neu einfärben, geschmacklose Kacheln im Bad durch farbenfrohe Akzente wieder wettmachen.

Beim Einkauf muß man meist feststellen, daß man um Kompromisse nicht herumkommt. Einer meiner Freunde, der eine Kücheneinrichtung kaufen wollte, kam enttäuscht von seinem ersten Einkaufsgang zurück, ohne das gefunden zu haben, was er suchte. Die Küchenmöbel in seiner Preisklasse fand er »allesamt schäbig – lieblose Massenware aus Spanplatten«. Nun galt es genau zu überlegen, was er eigentlich wollte. Am liebsten hätte er etwas aus Eiche, massiv, handgearbeitet, strukturiert, rustikal. Da er es sich aber nicht leisten konnte, einen Schreiner zu beauftragen, entschloß er sich dann doch für die billige Massenware, die er mit Farbe und Craquelé-Technik seinen eigenen Vorstellungen anpaßte.

Der Einkauf braucht Zeit, Geduld, Ausdauer und gelegentlich auch eine gehörige Portion Optimismus. Je genauer Sie Ihren eigenen Geschmack kennen, umso leichter werden Sie das, was Ihnen auf dem Markt angeboten wird, verwenden und Ihren Wünschen und Erfordernissen anpassen können. Viel Zeit wird auch die Farbwahl in Anspruch nehmen, wenn Sie mehrere Zimmer einrichten wollen. Es gilt zu entscheiden, ob alle Räume oder Bereiche die gleiche Farbintensität erhalten sollen, etwa mittelblau, mittelgrün usw., oder ob Sie scharfe Kontraste oder Dekorationsmuster bevorzugen, oder ob das ganze Haus in verschiedenen Abstufungen einer Farbe gestaltet werden soll. Vielleicht möchten Sie alle nach Osten gehenden Zimmer in kühlen Blautönen einrichten, und die westlichen in warmem Gelb – das wirft allerdings die Frage nach geeigneten Übergängen auf.

Am besten beginnen Sie mit dem Raum, der Ihnen am meisten am Herzen liegt. Halten Sie sich zu verschiedenen Tageszeiten in ihm auf und malen Sie sich aus, wie er in Gebrauch aussehen könnte. Besprechen Sie sich auch mit den übrigen Personen, die den Raum benutzen werden. Der Ideenaustausch mit allen Beteiligten kann sehr fruchtbar sein. Ein wichtiger Gesichtspunkt ist natürlich die zukünftige Funktion des Raumes, der zur Verfügung stehende Platz und der Bewegungsspielraum. Ausschlaggebend ist nicht zuletzt natürlich auch die Kostenfrage. Machen Sie eine Aufstellung, wieviel Sie für die Dekoration ausgeben wollen oder können – allerdings könnte die Entscheidung für eine preiswertere Lösung anstelle der ursprünglichen teuren später zu Enttäuschung und eventuell zu weiteren Ausgaben führen, wenn Sie feststellen, daß Sie mit dem Ergebnis nicht glücklich werden.

Prüfen Sie anhand der vorhandenen Möbel und anderen Gegenstände, Farben und Texturen, ob Ihr anfängliches Konzept noch paßt. Machen Sie eine Liste der größeren Posten – Möbel- und Dekorstoffe: bedruckt oder gewebt; Böden: Holz, Stein oder Teppich, gemustert oder bemalt; Wände: Putz, Farbanstrich oder Tapeten. Womit Sie am besten beginnen, können nur Sie selbst entscheiden. Was mich betrifft, muß ich im allgemeinen erst wissen, wie der Boden aussehen wird, bevor ich mich an die Auswahl passender Stoffe begebe. Andererseits kann eine gemusterte Stoffprobe den Schlüssel zur Farbkomposition wie auch zum gesamten Dekorationskonzept liefern.

Es empfiehlt sich, Farbtöne vorher auszuprobieren, damit Sie die Veränderungen von natürlichem zu künstlichem Licht und von Licht zu Schatten kennenlernen. Die kleinste handelsübliche Farbdose oder auch eine Probe ist eine gute Investition – streichen Sie soviel Fläche wie möglich, am besten in einer Zimmerecke. Eine Zeitlang mit einem Farbfleck an der Wand zu leben, ist kein großes Opfer, wenn Sie hinterher die Sicherheit haben, das richtige zu tun.

Es ist nicht ganz leicht, von einer kleinen Fläche auf die Wirkung im ganzen Raum zu schließen – aber mit einem Streifen auf einer Farbtafel ist es praktisch unmöglich. Versuchen Sie es ruhig mit mehreren Farben – die Ergebnisse werden Sie überraschen.

Wenn Sie sich für Tapete entscheiden, können Sie genauso vorgehen – holen Sie sich zunächst eine Probe oder eine einzelne Rolle, um die Wirkung unter verschiedenen Lichtverhältnissen beobachten zu können. Nehmen Sie, falls möglich, Gegenstände aus dem Raum beim Einkauf mit – beispielsweise einen Kissenbezug oder ähnliches, aus dem die Farben und Stilmerkmale des Zimmers ersichtlich werden.

In vielen Läden sind die Stoffe unvernünftig ausgelegt; oft sind sie verknittert oder schmutzig und hängen viel zu dicht beieinander. Dabei ist es so wichtig, jedes Muster für sich zu betrachten, damit es richtig zur Geltung kommt. Kaufen Sie sich ein paar Meter der Stoffe, die Sie in die engere Wahl ziehen, und nehmen Sie vielleicht noch weitere Reststükke mit, um im Zweifelsfall alles in Ruhe zu Hause zu entscheiden.

Halten Sie auch im Verlauf der Dekorationsarbeiten immer wieder inne, um sich umzusehen, zu prüfen und zu vergleichen. Von einigen Details mögen Sie angenehm überrascht sein, etwa von Türeinfassungen, Fußleisten, Lichteffekten oder der Form des Kamins. Andere Elemente, die Sie sich zuvor als Höhepunkte des Raums gedacht hatten, werden womöglich zur Enttäuschung – doch wenn Sie es rechtzeitig merken, können Sie vielleicht noch etwas unternehmen.

Am Ende der Arbeit steht ein frisches, makelloses Zimmer, das ironischerweise zu sauber, zu adrett, zu perfekt wirkt. Doch keine Sorge – die Zeit wird das ihre dazutun, den Gesamteindruck zu mildern und abzurunden. Oberflächen bekommen Kratzer, Schrammen, Flecken – gewöhnlich sogar viel früher, als Ihnen lieb ist. Und das führt uns zu einem weiteren Punkt bei der Dekoration, nämlich wie schnell oder langsam die Dinge sich abnutzen und verschleißen. Das wiederum hängt in erster Linie davon ab, was Sie in dem Raum tun und wie Sie dort leben möchten.

2

1 *In dem friedlichen, mit Überzeugung und Stil eingerichteten Raum dominieren stark gemusterte Gewebe in kräftigen Farben – Sitzpolster und Teppich verbinden sich zur zentralen Aussage.*

2, 3 *Hier bestand die Aufgabe darin, einen umgebauten Raum, der durch die neuen Stahlträger zunächst hart und gesichtslos wirkte, als Eßzimmer einzurichten. Die Ideen zur Raumgestaltung lieferte der glänzende schwarzbemalte Teller und der gemusterte malaiische Tisch.*

Wie das Stilleben zeigt, wurde Glanz zum wiederkehrenden Thema, als ein Stück Alufolie, ein glänzendes Kalenderblatt und funkelndes Besteck dazukamen.

Bei der Übertragung auf den Raum war vorrangig das Problem der kantigen, harten Konturen zu lösen, die man durch einen weichen Teppichboden abmildern wollte. Zwar paßte der gewählte Farbton, aber irgendwie schien ein Teppich hier nicht angebracht; eher mußte etwas festes, klar definiertes her. Den Ausschlag gab eine Tapete mit präzisem geometrischem Muster, die, in verschiedenen Farben gegeneinander abgesetzt, zur Strukturierung der Wandflächen benutzt wurde. Wie sich herausstellte, gab das Tapetenmuster dem Raum nicht nur den gewünschten Zusammenhalt, sondern milderte auch den harten, kantigen Effekt. Die farbenfrohe Komponente des Stillebens taucht in dem Matisse-Bild wieder auf, das das Schwarz des Bodens und des Tisches durch seine Buntheit bereichert und in der Form den Übergang zum Tapetenmuster schafft.

FUSSBÖDEN

Der Boden bildet im wahrsten Sinne des Wortes die Grundlage jedes Hauses, in praktischer wie ästhetischer Hinsicht. Er dient uns zum Laufen, Sitzen, Stehen und Liegen, nimmt Belastungen, Vergossenes und Umgekipptes auf, verdeckt darunter verlaufende Wasserleitungen oder Elektrokabel. Oft muß der Boden auch Wärme- oder Schallisolierung bieten und strapazierfähig sein; jede Änderung des Bodens ist mit größeren Investitionen verbunden.

Was ebenso wichtig ist, der Boden steckt den Rahmen für Ihre Möbel und anderen Gegenstände ab. Mit seinem großen Anteil an Zimmerfläche dominiert er das gesamte Dekorationskonzept. Große Musterungen, dunkle Töne oder Sockel lassen den Raum kleiner wirken, während kleine Muster, helle Farben und glatte, einfarbige Flächen den Eindruck räumlicher Weite erzeugen. Ähnlich prägt der Bodentyp, für den Sie sich entscheiden, auch den Gesamtcharakter Ihres Hauses – ganz gleich, ob Sie ihn im Stil einer bestimmten Epoche gestalten oder eine eigene, zeitlose Aussage treffen.

Es spricht also alles dafür, sich zuerst mit dem Boden zu beschäftigen. Auf jeden Fall sollte die Wahl des Bodens wohlüberlegt sein, und Details wie Übergänge zwischen verschiedenen Belagarten oder von Boden und Wand verdienen nicht weniger Beachtung als der Gesamteindruck.

Die nachstehende Checkliste soll Ihnen helfen, Ihre Vorlieben wie auch Ihre praktischen Erfordernisse herauszufinden. Wenn Sie beides gleich gründlich in Betracht ziehen, stellt sich die Wahl des geeigneten Fußbodens meist ganz von selbst ein.

Fußböden
CHECKLISTE

- Was passiert in diesem Bereich:
  - wohnen?
  - essen?
  - schlafen?
  - waschen?
  - baden?
  - kochen?
  - spielen?
  - arbeiten?
  - Verschiedenes?
- Was passiert auf dem Boden:
  - sitzen?
  - liegen?
  - spielen?
  - tanzen?
  - Gymnastik?
  - anderes?
- Welche Stellen werden voraussichtlich besonders beansprucht?
- Gibt es eine direkte Verbindung nach draußen?
- Könnte Wasser überlaufen von:
  - Badewanne?
  - Waschbecken?
  - Waschmaschinen?
  - Spülmaschine?
  - Blumengießen?
- Muß der Boden Kinderwagen, Fahrräder o. ä. aushalten?
- Sind Haustiere da, die Haare verlieren oder Dreck hinterlassen?
- Soll der Boden passen zu:
  - vorhandenem Dekor?
  - der Architektur des Hauses?
  - dem Mobiliar?
- Läßt sich die Innendekoration vom Boden ausgehend planen?
- Ist ein Ausblick auf Bereiche mit anders gemusterten Böden gegeben?
- Wie lange soll der Boden halten?
- Braucht der Belag eine Spezialbehandlung?
- Wieviel Putz und Pflege braucht der Boden?
- Soll der Boden gegen Wärme- und/oder Schall isolieren?
- Kann der Unterbau das Gewicht des geplanten Belages tragen?
- Sind an den Holzbalken Fäulnis, Ungeziefer oder Feuchtigkeit zu bemerken?
- Feuchtigkeitsisolierung oder Ventilation vorhanden?
- Müssen Sie an die unter dem Boden befindlichen Installationen herankommen?
- Sind vor dem Verlegen größere Arbeiten erforderlich?
  - Kabelverlegung?
  - Rohrleitungen?
  - Heizungs- oder Lüftungseinbau?
  - Bauarbeiten?
  - Verputz?
- Ist der Einbau des Bodens sehr umständlich?
- Bei Fußbodenheizung: ist der ausgewählte Boden geeignet?
- Haben Sie sich nach preiswerteren Alternativen umgesehen?

Der traditionelle Stein- und Schieferboden eines alten Hauses in Oxfordshire wurde vor dem Verfall bewahrt. Seine Besitzer zogen es vor, ihn so zu belassen, anstatt ihn zu renovieren, da sie gerade an den alten Flächen ihre Freude haben. Der Boden sowie die marmorierte Wand sind als die besten Aspekte des alten Gebäudes in ihrer ursprünglichen Form erhalten worden.

Harte Böden

Ziegel

Ziegelböden sind anheimelnd rustikal (in Rot-, Leder- und Brauntönen) oder kühl und elegant (in Blau, Violett oder Gelb). Flint- und Kalkziegel in grünlichen Tönen sind eine stilvolle, aber seltenere Alternative. Die rutschfesten, wasser- und schmutzabweisenden Ziegel wirken wärmer als Marmor- oder Keramikplatten, sind aber nur für Böden zu ebener Erde geeignet. Keine Mauer-, sondern nur Boden- bzw. Pflasterziegel verwenden, sonst nutzen sie zu schnell ab. Dünne Ziegelplatten sind ebenfalls geeignet. Ziegel lassen sich in vielen Mustern oder kombiniert mit anderen Materialien, z. B. Stein, setzen und bringen Teppichläufer gut zur Geltung. Frostbeständige Ziegelarten sind sehr zweckdienlich als Verbindung vom Erdgeschoß zum Garten, Hof o. ä.; ferner sind Ziegel auch praktisch für Wandsockel (leicht zu putzende Kanten) und als Auskleidung einer robusten Küche.

Legen. In Mörtelbett auf Feuchtigkeitsisolierschicht setzen, mit Mörtel verfugen. Manche Ziegelplatten werden auch geklebt – fragen Sie Ihren Händler.

Behandlung. Versiegeln kann schwierig sein – je nach Ziegelsorte. Von porösen Ziegeln läßt sich einmal absorbierte Siegelmasse kaum entfernen – fragen Sie beim Kauf nach. Ansonsten bohnern.

Keramikfliesen

Fliesen und Kacheln, aus trockengepreßtem Ton bei hohen Temperaturen gebrannt, gibt es in reicher Auswahl in verschiedensten Größen und Formen, von quadratisch über sechseckig bis rhomboid. (Ganz zu schweigen von den vielfältigen Legmustern.) Zu den Standardfarben gesellen sich neuerdings weitere, durch Sintern erzielte wolkige Blau-, Grün- und Grautöne. Handgearbeitete Kacheln sind besonders reizvoll wegen ihrer Unregelmäßigkeit, während die Serienprodukte durch ihre ästhetische Präzision bestechen; daneben gibt es auch maschinell gefertigte Fliesen mit handgemaltem Dekor oder mit reliefartiger Oberfläche für bessere Trittsicherheit. Häufig sind auch Wandfliesen im gleichen Muster erhältlich, die für gute Übergänge zwischen Boden und Wand sorgen. Spezielle Sokkelfliesen haben abgeschrägte Kanten, die einen sauberen Anschluß gewährleisten und das Wischen erleichtern. Fliesen sind gewöhnlich sehr dauerhaft, aber Fabrikate mit Unterglasdekor und dünner Glasierung können relativ schnell abgewetzt werden. Wenn Porzellan oder Glas auf Fliesenboden fällt, geht es zu Bruch, wie die Erfahrung lehrt; weniger bekannt ist, daß auch die Fliesen selbst durch schwere, harte Gegenstände beschädigt werden, springen oder splittern können. Keramikfliesen sind ein kalter Belag (weswegen man sie in südlichen Ländern so häufig antrifft), aber ideal in Verbindung mit Fußbodenheizung.

Verlegen. Auf ebenen, tragfähigen Untergrund, z. B. Beton, mit Zement- oder Sandestrich, oder andere glatte Unterböden mit Dünnbettkleber. Fliesen sind schwer und belasten Holzstrukturen stark, was allerdings in einem kleinen Bad nicht allzu sehr ins Gewicht fällt. Lassen Sie im Zweifelsfall die Tragfähigkeit des Unterbodens prüfen, sobald Anzahl und Gewicht der Fliesen feststehen. Holzböden vorher mit Preßplatten abdecken.

Eine gut geplante Verlegung ist wichtig, damit möglichst wenig Fliesen zu schneiden sind, was nicht einfach ist. Schlecht verlegte Fliesen sehen nicht nur unschön aus, sondern bergen auch die Gefahr, sich später zu heben oder Wasser eindringen zu lassen, was zu Beschädigungen des Untergrundes und erheblichen Reparaturkosten führen kann.

Behandlung. Versiegeln ist meist nicht erforderlich. Dicke Politurschichten führen zu starker Glätte, deshalb nicht bohnern. Meist sind Wasser und Seife ausreichend, aggressive Schmutzlöser schaden der Glasur. Wenn glasierte Fliesen naß werden, besteht Rutschgefahr – daher nicht in Räumen verwenden, wo Wasser verspritzt wird.

Kiesel/Kopfstein

Interessant für Einfassungen, Vorhallen oder Flure, in erster Linie in Wochenend- oder Landhäusern. Die Auswahl an Farben und Formen ist groß; Sie können die Steine selber sammeln oder im Handel beziehen. In Kauf zu nehmen sind allerdings Unebenheiten und schnelle Verschmutzung des Bodens.

Verlegen. Vorsortieren und in Mörtel oder Estrich auf Dämmschicht setzen. Abstehende Zakken und Kanten vermeiden.

Behandlung. Kopfstein kann versiegelt oder mit einer Mischung aus Wachs und Leinöl behandelt werden.

Marmor

Ein luxuriöses, haltbares Naturmaterial in vielen Farbtönen und Maserungen, aber auch teuer, kalt und schalleitend. Von Nachteil ist das große Gewicht, aber es sind heute auch dünne Platten im Handel, die für leichteres Verlegen auf der Unterseite mit Epoxidharz und Glasfaser oder Polyurethan und Stahl verstärkt sind. Erhältlich in Weiß mit grauer Maserung oder weißer Maserung auf Schwarz und zahlreichen Rot-, Ocker- und Grüntönen.

Verlegen. In Zementbett auf Beton.

Behandlung. Vorgeschliffener Marmor ohne weitere Behandlung. Stark säure- oder alkalihaltige Putzmittel vermeiden.

Ausgetretener Ziegelboden

Klassische Keramikfliesen

Kopfsteinboden

Marmorfliesen mit Schieferrauten

Mosaikstein

Mosaik zählt wohl zu den ältesten und elegantesten Bodenbelägen. Ob aus Quarzglas, Marmor oder Ton mit oder ohne Überglasur, Mosaikstein ergibt äußerst haltbare, harte, kalte, aber auch geräuschvolle Böden – die teuer, aber in ihren interessanten Farben und Mustern auch ihr Geld wert sind.

Verlegen. Mit Abziehfolie ausgestattete Ware erleichtert das Verlegen. Ränder können zum Problem werden – meist ist es am günstigsten, einen Sockel an der Wand hochzuziehen. Verlegen Sie irreguläres Mosaik auf jeden Fall so, daß am Rand möglichst wenig Mörtel bloßliegt. Am besten ist natürlich ein gradkantiger Abschluß. Mosaik kann in Küchen oder Bädern auch für schmale Sockelleisten verwendet werden. Für unebene Mosaiksorten ist ein glatter, ebener Untergrund mit Estrichschicht besonders wichtig. Achten Sie auch darauf, daß die Fugen glatt sind, damit sie nicht zum Staubfänger werden.

Behandlung. Nur wischen, nicht bohnern.

Klinkerplatten

Die meist mit rustikalem Stil in Verbindung gebrachten Bodenplatten sind quadratisch oder rechteckig und haben die typische Ziegelfärbung. Sie werden hergestellt aus gepreßten stark silikathaltigen Tönen und sind sehr haltbar, wenn auch etwas weniger hart als Keramikfliesen.

Klinkerplatten sind mitunter erstaunlich preiswert; ausschlaggebend ist die Dicke der Ausführung. Sie sind für Fußbodenheizung geeignet. Als nachteilig werden Kälte und Härte empfunden.

Verlegen. In Estrich auf Betonuntergrund legen.

Behandlung. In der Regel ist keine weitere Behandlung nötig. Erkundigen Sie sich beim Hersteller. Eventuell ist zur Versiegelung eine Mischung aus Leinölfirnis und Terpentin (1:4) geeignet; anschließend mit Packpapier abdecken und zwei Tage einwirken lassen. Hinterher wischen, schrubben und bohnern, wenn Sie wollen. Aber Vorsicht, daß der Boden nicht zu glatt wird. Alte, abgewetzte Beläge erst reinigen, dann mit wasserlöslicher Siegelmasse beschichten und auf gleichmäßigen Auftrag achten, da alte Beläge unregelmäßig abgenutzt sind. Imprägnierte, wasserdichte Platten nicht mit Polyurethansiegler behandeln, da dieser sich wieder ablöst.

Schiefer

Schiefer mit seiner schönen, oft leicht geriffelten Oberfläche wird für Böden meist in großen Platten verwendet, in Grau, Graublau bis Graugrün – je nach Ursprungsgegend. Schiefer läßt sich gut mit anderen Stoffen wie z. B. Holz kombinieren, wirkt dann allerdings nur gut in regelmäßiger rechtwinkliger Anordnung. Gibt einen herrlichen Grund für Teppiche und Läufer ab. Gut geschnittener Schiefer ist sehr haltbar und völlig wasserundurchlässig, aber auch kalt, schalleitend und hart. Kann im nassen Zustand sehr glatt sein, aber es gibt auch rutschfeste Arten.

Verlegen. Mitunter brüchig und schwer zu handhaben. In Zementbett auf Beton legen.

Behandlung. Leinöl-Terpentin-Mischung (1:4) wie für Klinker. Wischen, eventuell bohnern oder auch versiegeln, mit wasserbindendem Siegler.

Stein

Da Stein oft einen mittelalterlichen, rustikalen oder gar klerikalen Beigeschmack hat, ist auf eine passende Umgebung zu achten. In Frage kommen am ehesten Flure, Eingänge und Vorzimmer alter Gebäude, aber auch mancher neuen. Die Auswahl reicht von Sandstein über Granit bis Kalkstein; daneben als preiswertere Alternative auch die aus Steinsplitt in Zement gegossenen Kunststeinplatten. Ein äußerst robuster, dauerhafter Belag, aber auch kalt und hart.

Verlegen. Sehr schwer allein zu bewältigen. In Zementbett auf Betonuntergrund und Dämmschicht legen. Kann wie Marmor glattgeschliffen werden.

Behandlung. Manche Natursteine sind sehr porös; solche Arten sind zu versiegeln – fragen Sie bei Ihrem Lieferanten nach. Siegler könnten die Farbe verändern oder abblättern. Wischen, schrubben, bohnern.

Terrazzo

Für glatte, elegante und widerstandsfähige Beläge, wie man sie aus den Empfangshallen zahlloser Hotels kennt. Echter Terrazzo besteht aus einfarbigem oder buntem Marmorsplitt, der zusammen mit Beton oder Zement zu Platten vergossen und anschließend feingeschliffen wird. Alternativ hierzu wird auch Granit verwendet; ähnliche, neuartige Produkte sind aus eingefärbtem Kieselbruch in Harzbindung erhältlich.

Wegen seiner außergewöhnlichen Härte kann Terrazzo sehr dünn sein – 9 mm – und ist in Fliesen- oder Plattenform erhältlich, kann aber auch vor Ort vergossen werden. Im Aussehen leicht scheckig, in braunen, roten und graugelben Schattierungen.

Verlegen. Vergießen vor Ort muß fachmännisch ausgeführt werden; Platten auf Estrichschicht verlegen und Fugen mit Silikonmasse abdichten.

Behandlung. Keine besondere Behandlung erforderlich. Schrubben oder wischen. Keine stark säure- oder alkalihaltigen Lösungen verwenden.

Mosaikfliesen

Subtil abgestufter Kunststeinboden

Schieferplatten

Terrazzoflur

Zweckmäßige und ausdrucksvolle Böden

1 *Ziegelböden sind ideal für nach draußen führende Flure und Gänge ebenso wie für Innenhöfe. Pflasterziegel (für Böden) sind heute meist wasserdicht, rutschfest und schmutzbeständig.*

1

2 *Ein ungewöhnlicher und zugleich äußerst strapazierfähiger und dauerhafter Boden findet sich in der Studiowohnung eines deutschen Künstlers. Große Lederstücke wurden für einen dauerhaften Bodenbelag zusammengenäht, der nach zwanzig Jahren immer noch genauso gut aussieht.*

2

3

4

3 *Kork ist robust und vielseitig, aber nur in einigen Naturfarbtönen erhältlich. Für Böden sind schwere Platten zu wählen, die entweder vorbehandelt sind oder nach dem Legen versiegelt werden können (z. B. mit Polyurethan). In diesem weitläufigen Baderaum wurde eine kleine Fläche neben der Wanne unbehandelt belassen, damit sich eine eingepaßte Badematte ergibt.*

4 *Neue Produkte bereichern das Spektrum der Möglichkeiten: hier wurden schwere Holzfaserplatten im Stil venezianischer Kirchenböden marmoriert und lackiert; gleichzeitig ist der Boden wärmer als echter Marmor.*

Mittelharte Böden

Holzfaserplatten

Faserplatten werden aus dem Zellstoff verschiedener (meist minderwertiger) Nadelhölzer hergestellt; sie eignen sich aber nicht nur als glatter Unterboden für andere Beläge, sondern sind, versiegelt oder lackiert, selbst ein praktischer und preiswerter Bodenbelag. In diversen Brauntönen erhältlich. Auf lange Sicht aber nicht sehr haltbar, besonders wenn Wasser eindringt oder die Schutzschicht sich abnutzt.

Verlegen. Als Endbelag mit der glatten Fläche nach oben verlegen; zur Vorbehandlung vor Gebrauch die gewebeartige Unterseite mit Wasser bestreichen, dann die Platten Rücken an Rükken stapeln und ein bis zwei Tage (nicht länger) stehen lassen. Werden sie dann mit Stiften oder Schraubnägeln am Untergrund befestigt, schrumpfen sie auf eng passenden Sitz nach.

Beim Verlegen ist stets in der Zimmermitte zu beginnen. Unebenheiten im Unterboden durch dicke Zwischenlage ausgleichen.

Sollen die Platten als Unterboden dienen, verlegt man sie vom Rand des Zimmers zur Mitte hin, mit der rauhen Seite nach oben; das gibt Stiften oder Nägeln guten Halt und bietet zugleich eine haftfähige Grundlage bei der Verwendung von Klebern. Bei unebenem Boden in kleinen Abständen (alle 10 cm) Stifte bzw. Nägel anbringen.

Behandlung. Sofort versiegeln oder lackieren, wenn die Faserplatten als Endbelag dienen. Anschließend fegen und eventuell wischen, aber nur mit einem feuchten Lappen, nicht zuviel Wasser und keine aggressiven Putzmittel verwenden.

Spanplatten

Spanplatten sind meist dicker als Faserplatten und bestehen aus mit Bindemitteln (Karbamid- bzw. Harnstoff-Formaldehyd-Harz) unter Druck zusammengepreßten Holzspänen.

Für Böden sind profilierte (mit Nut- und Federverbindung) Platten oder Bahnen erhältlich, im Aussehen einem Korkboden ähnlich. Spanplatten ergeben einen relativ haltbaren Belag, isolierend, warm und elastisch, der in Neubauten häufig anstelle von Holzdielen verwendet wird, Wasser allerdings nicht gut verträgt.

Verlegen. Große Platten sind relativ problemlos. Falzverbindung mit Holzleim kleben. Leimreste sofort entfernen, um Flecken zu vermeiden. Spanplatten lassen sich, anders als Holzdielen, nicht wieder abdecken. Für Zugang zu Installationen unter dem Boden an Klappe/Luke denken.

Behandlung. Spanplatten sofort versiegeln; einmal entstandene Flecken sind irreparabel. Versiegeln wie bei Holzdielen und Pflege wie bei Sperrholz (siehe dazu: Holzböden).

Ein sanfter goldgelber Glanz läßt sich durch mehrfachen Auftrag von Öl erzielen; das chinesische Tungöl ist hierfür ausgezeichnet.

Kork

Trotz der relativ begrenzten Auswahl an Farben (von gelblich bis braun) ist Kork ein ausgezeichneter Belag, äußerst vielseitig und haltbar, warm und elastisch, schallschluckend, mit hervorragenden Isoliereigenschaften. Je nach Herstellungsart wird der Naturkork in verschiedener Musterung mit Bindestoffen unter Hitze verpreßt. Nur eine Fußbodenqualität verwenden – in verschiedenen Dicken erhältlich; die preiswerteren Wandfliesen sind nicht geeignet. Je dicker die Platte, desto besser die Elastizität und Isolierung; dünnere Arten lassen sich ganz gut auf Faserplatten verlegen. Besonders strapazierfähige Ausführungen sind mit einer undurchlässigen PVC-Schicht versehen. Kork kann jedoch nicht mit Fußbodenheizung verwendet werden.

Verlegen. Leicht und einfach zu schneiden, ohne Mühe zu verlegen. Wichtig ist ebener, glatter Untergrund. Verwenden Sie den empfohlenen Kleber und geeigneten Spachtel, um die richtige Schichtdicke zu erzielen.

Behandlung. Unbehandelter Kork ist gut für Badezimmer, wo Saugfähigkeit gefragt ist. Ansonsten ist Versiegeln angebracht; direkt nach dem Verlegen mehrere Schichten Polyurethan auftragen (matter Belag wirkt meist besser als Glanzauftrag), oder einen säurehärtenden Siegel (Schwedensiegel), der mit Schutzmaske aufzutragen ist.

Vorgesiegelte Fliesen genau auf Kante legen, damit kein Wasser eindringen kann. Wischen und gelegentlich leicht einbohnern (mit Flüssigwachs). Alkoholhaltige Chemikalien vermeiden.

Linoleum

Ein äußerst strapazierfähiger Belag, der aus einer Mischung natürlicher Stoffe wie Leinöl, Kork- oder Holzmehl und Harz unter hohen Temperaturen hergestellt und auf ein Jutegewebe aufgepreßt wird. Heutiges Linoleum ist lange nicht mehr so brüchig wie in den ersten Nachkriegsjahren, sondern ein höchst haltbares, elastisches Material in vielen ansprechenden Mustern und Farben. In Bahnen oder Fliesen erhältlich ergibt Linoleum einen warmen, federnden, leicht zu pflegenden Bodenbelag.

Verlegen. Relativ leicht zu schneiden, aber wie bei PVC sind breite Bahnen nicht einfach zu legen. Mit dem vom Hersteller empfohlenen Kleber auf glatten, trockenen Untergrund legen; im Erdgeschoß muß eine Dämmschicht vorhanden sein. Komplizierte Muster am besten von

Korkfliesen

Korkparkett

Kontrastvoll gelegter Linolboden

Vinyl-Bodenplatten

einem ausgewiesenen Fachmann verlegen lassen.
Behandlung. Fegen, wischen und leicht einbohnern (mit Flüssigwachs). Ätzende Putzmittel vermeiden. Ausgetretene Linoleumbeläge mit spezieller Linolfarbe wieder aufpolieren, nachdem die Oberfläche gründlich gereinigt und abgeschliffen wurde.

Kunststoff

Kunststoffbeläge sind in Form gewebter Matten oder Wabenmuster erhältlich und erstaunlich angenehm für bloße Füße.

Vorteile sind Strapazierfähigkeit und Elastizität; als Nachteil ist die Gefahr der Verformung/des Schmelzens zu erwähnen, daher ist Vorsicht mit Feuer und Alkohollösungen geboten. Bei Einwirkung ständigen Sonnenlichts können die Farben verblassen. Da Wasser in Beläge mit Lochmuster eindringt, eignen sie sich nur für undurchlässige Untergründe. Kunststoffmatten sind preiswert, einige der strukturierten Wabenmuster sind aber teuer.
Verlegen. Matten oder Fliesen passend zurechtschneiden; ein scharfes Messer ist als Schneidwerkzeug ausreichend.
Behandlung. Einfach mit heißem Wasser wischen. Beläge mit Lochmuster sind Staubfänger, daher ist ein kräftiger Staubsauger erforderlich, ebenso wie gelegentliches Anheben und Säubern unter dem Belag.

PVC/Vinyl

Die Gruppe der PVC-Beläge gehört zu den vielseitigsten und robustesten Bodenarten mit verschiedenen Elastizitäts- bzw. Weichheitsgraden und einer Riesenauswahl an Mustern, Farben und Texturen. Manche Industrieausführungen werden auch mit Quarzkristallen oder Steinschotter versetzt, was eine ungewöhnlich gesprenkelte Struktur ergibt. Mehrschichtige PVC-Beläge haben vielfach erhabene Muster und Strukturen.

PVC/Vinyl ist wasserdicht und fettabweisend, nicht aber unempfindlich gegen Brandeinwirkung. Dickschichtige und gepolsterte Arten sind schalldämpfend, weich und fußwarm. Erhältlich in Bahnen und Fliesen, wobei breite Bahnen das Verfugen ersparen.

Kann mit Fußbodenheizung verwendet werden.
Verlegen. Leichtes Gewicht und leicht zu schneiden, riesige Bahnen sind jedoch nicht einfach zu handhaben. Daher empfiehlt es sich, überlappend zu arbeiten und erst nach dem Verlegen auf Maß zu schneiden. Kann lose verlegt oder auf vorbereitete Klebschicht aufgebracht werden. PVC/Vinyl bei Zimmertemperatur (nicht unter 15°) verlegen; vorher etwa einen Tag akklimatisieren lassen. Wenn Installationen unter dem Boden zugänglich sein müssen, ist es ratsam, vor dem Kleben eine Luke anzubringen. Komplizierte Muster vom Fachmann ausführen lassen.
Behandlung. Wischen und abspülen. Achten Sie darauf, daß sich durch Bohnern kein Wachsbelag bildet.

Gummi/Kunstgummi

Die viel in öffentlichen Gebäuden zu findenden Gummiböden werden immer beliebter fürs eigene Heim. Echter Kautschuk ist ebenso wie synthetisches Gummi strapazierfähig, fußwarm, in vielen modischen Designs und Farben erhältlich, auch marmoriert und mit erhabenen Noppenmustern für bessere Trittsicherheit; unempfindlich gegen Pfennigabsätze – aber alkoholische Lösungen können echtem Kautschuk etwas anhaben.
Verlegen. Auf Betonestrich oder sonstigen glatten Unterböden. Kunstgummi kann auch lose verlegt werden, ist aber kälter in der Wirkung. Ränder sorgfältig zurechtschneiden.
Behandlung. Für optische Effekte kann ein metallischer Überzug aufgetragen werden. Kautschuk oder Kunstgummi mit warmem Wasser und milden Schmutzlösern wischen; Reliefstrukturen erfordern gründliches Reinigen.

Kokosfaser

Die dicken borstigen Fasern der Kokosnuß werden zu Matten, Läufern und Teppichen verarbeitet. Kokosfaser ist robust, billig, goldgelb und bei schmalem Geldbeutel der ideale Belag.

Die Auswahl an Kokosbelägen ist vielfältig und interessant; manche Arten haben Beimischungen von schön gefärbtem Sisal, andere sind auf der Unterseite mit Latex oder Vinyl beschichtet, was ein Durchsickern von Schmutz und Staub verhindert. Kokosfaser ist recht haltbar, beginnt jedoch mit der Zeit zu stauben und abzufasern. Für manche zu rauh fürs Barfußlaufen.
Verlegen. Leicht zu verlegen und in Form zu schneiden. Für Auslegware die Bahnen zusammenheften und Ränder mit Juteklebeband verbinden.
Behandlung. Staubsaugen. Lose Matten gelegentlich ausklopfen und mit nichtbasischem Waschmittel abschrubben.

Bast, Seegras und Mais

Diese Naturmaterialien sind unterschiedlich in der Textur – Maisfaser ist am feinsten und hellsten im Farbton. Die geflochtenen Vierecke lassen sich zu Matten beliebiger Größe zusammennähen. Idealer Belag für vorübergehende Einrichtung mit zwanglosem Charme. Passen auf viele Böden, verursachen aber einigen Staub.
Behandlung. Werden bei trockener Luft bröckelig, deshalb von Zeit zu Zeit mit Blumensprüher befeuchten; Untergrund öfter ausfegen.

Vinyl-Auslegware

Genoppter Gummibelag und Holz

Kokosfaserteppich

Bastmatten

Holzböden

Neues Holz

Ein glatter, warmer, polierter Holzfußboden ist als Belag für Küche, Schlaf- oder Wohnzimmer gleichermaßen geeignet. Die Liste möglicher Bodenhölzer ist lang und reicht von heimischen Nadelhölzern wie Tanne, Fichte, Kiefer über Laubhölzer wie Eiche, Ahorn, Buche bis zu den exotischeren Arten wie Paduk, Sapan oder Amarant. Über die vielen Möglichkeiten kann Sie Ihr Holzhändler fachmännisch informieren, ebenso was die Vielzahl der Formen angeht, ob Dielen, vorbehandelte Holzplatten (meist furniertes Weichholz) oder Parkett (aus Hartholz, in diversen geometrischen Anordnungen zu Mustern verlegt).

Im allgemeinen ist Holz sehr strapazierfähig, aber Pfennigabsätze und Zigarettenglut hinterlassen ihre Spuren, besonders wenn das Furnier nicht dick oder hart genug ist. Holz ist recht elastisch und gibt nach, so daß nicht gleich alles in Scherben geht, was herunterfällt. Auch verliert Holz durch Alterung nichts von seiner Attraktivität, im Gegenteil – es kann mit der Zeit immer interessanter aussehen, gealtertes Holz ist sehr reizvoll. Trockene, heiße Luft könnte nachträglich zu Schwund und Verziehen führen, besonders bei stumpfer Stoßverbindung der Bretter, daher auf genügend Luftfeuchtigkeit achten. Häufiges Naßwerden kann andererseits Aufquellen oder Fäule verursachen.

Verlegen. Ein verbreiteter Fehler von Amateuren ist die Fehleinschätzung der Lage der Deckenbalken, was dazu führt, daß Nägel in Elektrokabeln oder Rohrleitungen landen. Es ist also nötig, über alle Installationen genau Bescheid zu wissen. Profilbretter mit Nut- und Federverbindung lassen sich leicht ineinanderfügen, sobald man den Bogen einmal heraus hat. Holzmosaik kann auf Betonestrich, Sperrholz oder Spanplatten verlegt werden (im Erdgeschoß auf einer Dämmschicht). Parkett auf ebenem Untergrund aus Holz, Sperrholz oder Faserplatten anbringen. Daneben gibt es noch Systeme mit Befestigungsklammern und Leim, die das Nageln überflüssig machen.

Behandlung. Staubsaugen und/oder wischen; wenig Wasser verwenden. Versiegeln mit Polyurethan-, säurehärtendem oder Öl-Kunstharzsiegel. Gründlich, satt und regelmäßig polieren.

Altes Holz

Vor jeder Neubearbeitung sind rohe Bodendielen in einen einwandfreien Zustand zu bringen, was mit viel Arbeit verbunden ist. Wo der Boden Lücken zwischen den Brettern aufweist, wird Zug entstehen. Andererseits können mit Dichtmasse (Holzkitt o.ä.) ausgebesserte Stellen sich beim Auftrag von Beize oder Siegelmasse anders verfärben. Trotzdem darf die Unterstruktur nicht so weit abgedichtet sein, daß kein Luftaustausch mehr möglich ist, weil das zu Feuchtigkeit und Fäulnis führt. Naturbelassene Holzböden sind vielleicht lauter und in der Pflege kostspieliger, als Sie meinen – die Mietung einer Schleifmaschine z. B. ist nicht billig. Bei Farben und Lacken auf keinen Fall billige Qualitäten verwenden.

Verlegen. Lücken und Stellen, wo schadhafte Dielen entfernt wurden, mit alten Brettern schließen. Bei stumpfem Stoß darauf achten, daß Dielen so eng wie möglich anliegen. Alle Nägel so tief einschlagen, daß Köpfe nicht überstehen und beim Schleifen das Sandpapier zerreißen.

Behandlung. Gründlich mit starkem Schmutzlöser und heißem Wasser abschrubben (Handschuhe tragen). War der Boden stets bedeckt, ist Glattschleifen vielleicht unnötig, bis auf ein leichtes Schmirgeln an hartnäckig verschmutzten Stellen. Bei starker Verschmutzung oder vorheriger Beschichtung empfiehlt sich, das Schleifen, insbesondere an den Kanten, von einem Fachmann ausführen zu lassen. Schadhafte Dielen zuvor ersetzen.

Schleifmaschinen mit Staubfänger ausrüsten, der regelmäßig zu leeren ist. Am besten mit Schutzmaske arbeiten und stets in Längsrichtung schleifen, nie quer, um unschöne Kratzer zu vermeiden. Restlichen Holzstaub sorgfältig mit einem feuchten Lappen abputzen, mit Spiritus nachwischen und gründlich durchtrocknen lassen. Anschließend kann direkt die Siegelmasse aufgetragen oder, wenn Sie wünschen, das Holz gebleicht und mit Polyurethan oder weißem Bohnerwachs beschichtet werden.

Daneben steht als weitere Behandlungsmöglichkeit noch das Beizen zur Wahl. Jegliche Beize ist sehr gleichmäßig aufzutragen, wenn sie nicht unschön oder fleckig aussehen soll. Denken Sie aber daran, daß Holz sich nur dunkler, aber nie heller einfärben läßt. Viele interessante Farbtöne sind im Handel erhältlich. Nach dem Beizen mit Klarlack oder Siegelmasse überziehen oder Dielen regelmäßig mit einer Leinöl-Wachs-Mischung polieren. Behandlung mit Holzöl wirkt auch sehr gut, mehrmals satt auftragen und gut einwirken lassen.

Farbige Lackierung von Holzböden ist eine weitere Alternative. Gewöhnliche Lackfarben, glänzend oder seidenmatt, sind brauchbar; spezielle Bodenlacke erzielen jedoch ein besseres Ergebnis und sind wegen ihrer Kombination mit Polyurethan, Acryl- oder Epoxidharz besonders hart. Bootsfarben sind ebenfalls sehr beständig, trocknen allerdings sehr langsam.

Abgebeiztes Kiefernholz

Neues Eichenparkett

Lackierte Kiefernholzdielen

Alter Parkettboden

Sperrholz

In entsprechender Dicke sind Sperrholzplatten* ebensogut geeignet wie ein Dielenbelag. Sogenannte Tischlerplatten lassen sich quadratisch zuschneiden und sind auch profiliert (mit Nut- und Federverbindung) im Handel. Sie können auf Holzuntergrund oder direkt auf die Deckenbalken gelegt werden. Bei entsprechender Oberflächenbehandlung wirkt Sperrholz recht elegant; auch kann es gebeizt oder lackiert werden. Nicht besonders geeignet bei sehr starker Beanspruchung, dafür relativ preisgünstig.

Verlegen. Präzises Schneiden ist manchmal schwierig, ebenso die Befestigung mit Nägeln. Am besten mit Nägeln für Faserplatten arbeiten und fertig zuschneiden lassen. Auf Balken oder in Bitumenmastix auf Betonestrich legen.

Behandlung. Versiegeln, lackieren oder beizen und versiegeln. Bohnern nach Belieben. Beiz- und Siegelpräparat müssen aufeinander abgestimmt sein. Fegen und leicht Wischen ist dem Schrubben vorzuziehen.

Ein Boden aus Ahornholz bietet eine gediegene Grundlage für dieses moderne Apartment in einem ehemaligen Büroraum über einem Geschäft. Der neue Ahornboden wurde über den alten Kieferndielen verlegt.

Gekälktes Eichenparkett

Farbig gestrichener Holzboden

Glanzlack auf Holz

Schablonenmalerei auf Holzdielen

Teppiche

Teppichböden

Wer sich für einen weichen Bodenbelag entscheidet, sieht sich einem verwirrenden Warenangebot gegenüber, so daß er wenigstens einige der wichtigsten Kategorien kennenlernen muß.

Eine ungefähre Vorstellung von Haltbarkeit und Güte eines Teppichs läßt sich anhand seiner Dichte, Elastizität und Florstärke ableiten. Drücken Sie die Florschicht mit dem Daumen ein und beobachten Sie, in welcher Zeit der Flor sich wieder aufrichtet. Je schneller, desto dichter und elastischer ist der Teppich. Dies gilt aber nicht für langflorige Ware. Das Gewicht ist gewöhnlich auf dem Warenetikett angegeben. Teppiche mit kurzem, dichtem Flor sind die haltbarsten; lange Fäden und Schlingen sehen zwar voluminöser aus, wiegen aber meist weniger.

Überlegen Sie zunächst, welche Art von Teppich und Teppichqualität für Ihre Zwecke in Frage kommt – sicher wäre es wenig sinnvoll, eine empfindliche Ware ins Wohnzimmer oder Treppenhaus zu legen. Andererseits braucht ein selten benutztes Zimmer nicht mit einem besonders strapazierfähigen Teppich ausgestattet zu sein. Für einen Allzweckteppich, der jeder Beanspruchung gewachsen ist, kommt am ehesten eine Ware aus 80% Wolle und 20% Nylon in Betracht, daneben haben aber auch andere Synthetikwaren in den letzten Jahren erheblich an Qualität gewonnen. Messen Sie die benötigte Fläche (in Quadratmetern) vor dem Teppichkauf aus, damit Sie eine Grundlage für den Preisvergleich haben.

Bei vielen Mustern ist es ratsam, ein wenig zuzugeben. Im Zweifelsfall kann Ihnen der Kundendienst Ihres Teppichhändlers die Maße ermitteln.

Einfarbige Teppiche lassen Flecken und Schmutzstellen deutlich sichtbar werden, während gemusterte Ware in dieser Hinsicht viel problemloser ist.

Trägerschichten. Manche Teppiche sind auf der Unterseite schaumstoffbeschichtet; wo das nicht der Fall ist, ist eine separate Unterlegschicht erforderlich. Eine gute Trägerschicht sollte pro Quadratmeter etwa 1 kg wiegen. Tierische Fasern zeichnen sich durch gute Elastizität aus. Bei Schaumstoffträgern sollten Sie die Qualität prüfen, indem Sie das Material mit dem Daumen bei einem mittleren Druck reiben. Falls sich der Schaumstoff abreiben läßt, ist er minderwertig. Damit Schaumstoff nicht anklebt, ist er auf Papier, Filz oder Faserplatten zu legen. Auf Treppen empfiehlt sich als Unterlage mit rauhem Gummi beschichtete Jute.

Verlegen. Leichte, schaumstoffunterlegte Ware können Sie selbst verlegen; alle übrigen Teppichböden sollten Sie von einem ausgewiesenen Fachmann verlegen lassen.

Teppichpflege. Neue Teppiche neigen zur Flusenbildung. Fegen Sie den Teppich daher in den ersten Wochen nur leicht mit dem Handfeger ab. Danach reicht als gewöhnliche Behandlung regelmäßiges Staubsaugen (mindestens einmal pro Woche), damit der Staub nicht ins Grundgewede eindringt und sich dort festsetzt. Flecken sind sofort zu entfernen. Bei Verwendung von Teppichschaum sind die Herstellerangaben genau zu befolgen. Eine Vollreinigung läßt man von einer Teppichreinigungsfirma ausführen, die mit speziellen Sprüh-Absaug-Geräten arbeitet.

Teppiche, Brücken, Läufer

Nahezu jedes Land hat seine eigenen Teppiche hervorgebracht, mit typischen Mustern und Web- oder Knüpftechniken, doch die modernen, maschinell gefertigten Teppiche können mitunter genauso attraktiv sein.

Bei jeder Art von lose aufgelegtem Teppich ist eine gute Unterlage wichtig. Auf glatten Böden, etwa Holzdielen, empfiehlt sich eine Unterlage aus Maschenfolie oder Nylonhaftstreifen, um ein Verrutschen zu verhindern.

Kleines Teppich-ABC

Axminster. Nach der Art des Webstuhls benannt. Die Schußfäden werden von oben in die Bindung eingeführt, aber nicht um die Polfäden geschlungen, was die Verwendung vieler verschiedener Farben zuläßt. Nutzschicht plüschartig mit unregelmäßigem Flor, entweder lang und zottelig oder kurz und weich, bei Verwendung hochgedrehten Garns auch leicht stoppelig.

Belgier. Imitationen von Perser- und anderen Orientteppichen, daneben auch von zeitgenössischer Ware.

Berber. Ursprünglich Schlingenteppich aus natürlicher, ungefärbter Wolle, wie sie die Berber in Nordafrika benutzen. Dient heute als Sammelbezeichnung für ähnliche Ware dieses Stils.

Bouclé. Bezeichnung für Oberflächenstruktur mit geschlossenen Schlingen unterschiedlicher Höhe.

Brüssel-Teppich. Ripsartiger, nicht aufgeschnittener Teppich, mit dichten Schlingen.

Chinesischer Teppich. Dick und weich, meist in sattem Schwarz, Gelb-, Rosa-, Aprikosen- und Blautönen und den vertrauten chinesischen Motiven.

Cord. Sehr strapazierfähiges Material aus Wolle oder Baumwolle, oft auch mit synthetischen Fasern, in kräftiger Längsrippung und großer Farbauswahl.

Dhurry. Handgewebter indischer Baumwollteppich mit beigem Grund. Erfreut sich in Europa zunehmender Beliebtheit, in vielen

Abgestimmte Farbtöne

Plüschteppich

Strapazierfähiger Kord

Streifenmuster

Farbtönen erhältlich. Echte Dhurries können mitunter abfärben, daher empfiehlt sich eine schützende Unterlage.
Flickenteppich. Schon seit dem 17. Jahrhundert bekannt. Handgewebt in rustikal munteren Farben.
Flokati. Stammt aus Griechenland. Schwerer Langflor in Weiß oder Hellbeige in verschiedenen Größen. Preisgünstig.
Flor. Obere Fadenschicht (Nutzschicht) bei Web- oder Knüpfteppichen. Man unterscheidet je nach Fadenlänge zwischen Lang- und Kurzflor, ferner nach Art der Schlinge zwischen geschlossenem Flor (Schlingenware) und offenem, aufgeschnittenem Flor (Velours).
Kaukasier. Typisch sind leuchtende Farben, besonders Rot, Blau, Grün und Beige. Mit stilisierten figuralen Elementen und reich gemusterter Bordüre.
Kelim. Flachgewebe aus starker Wollfaser, hauptsächlich aus der Türkei, aber auch aus dem Iran und angrenzenden Ländern. Kurdische Kelims sind meist farbenfroher, stärker verziert und etwas preiswerter.
Klebpolteppich. Besteht aus auf einer Strukturschicht aufgeklebten Garnen oder Fasern. Kann sehr strapazierfähig sein.
Numdah. Überwiegend indischen Ursprungs; hübsche, einfache, weiche und farbenfrohe Ware; nicht allzu strapazierfähig.
Orientteppich. Sammelbegriff für eine Vielzahl unterschiedlicher orientalischer Knüpfteppiche aus verschiedenen asiatischen Ländern. Zur genaueren Bezeichnung bedient man sich meist des Ursprungsortes, z. B. Täbris usw., der Bezeichnung des Stammes, z. B. Turkoman, oder der jeweiligen Motive und Zeichnungen, z. B. Medaillonteppich, Jagdteppich usw.
Perser. Wird volkstümlich gleichbedeutend für Orientteppich benutzt; im engeren Sinne die aus Persien stammenden Teppiche, die in Europa schon früh wegen ihrer großen Kunstfertigkeit berühmt waren. Wird hauptsächlich in Rechteckform, häufig als Läufer, hergestellt, aus Wolle in feiner Knüpfarbeit, mit verschiedenen stilisierten Motiven, in kräftigen harmonischen Farben auf rotem oder blauem Grund.
Rya. Teppichware aus Finnland, zeichnet sich aus durch langen, manchmal zotteligen Flor, mit abstrakter Musterung.
Serape. Stammt aus Mexiko. Grobes Gewebe mit fransengesäumten Rändern.
Teppichfliese. Moderne Auslegware in Form quadratischer Platten bzw. Fliesen; kann gewebt, getuftet oder gewirkt sein, überwiegend aus synthetischen Fasern, meist einfarbig. Bei billigeren Qualitäten prüfen, ob Maßhaltigkeit garantiert werden kann.
Tufting. Relativ neuartiges Verfahren, bei dem der Polfaden in das Grundgewebe aus Jute oder Baumwolle eingestochen und nach Schlaufenbildung zurückgeführt wird. Die Rückseite ist mit Latex beschichtet, der Flor kann geschlossen oder aufgeschnitten sein.
Türkischer Teppich. Überwiegend aus Anatolien, weist häufig die Motive des Gebetsteppichs auf, daneben auch andere regionale Motive; Ushak-Teppiche z. B. sind für Sternmuster mit stilisierten Blumen bekannt.
Wilton. Wie der Axminster nach Webstuhlart benannt. Wird mit durchgehender Polkette gewebt, daher gewöhnlich nur in wenigen Farben gearbeitet. Die Florschicht ist glatt und samtartig.

Moderne Chemiefasern

Acryl. In der Textur und Aussehen der Wolle ähnlich. Gut haltbar, aber nicht so elastisch wie Wolle. Schmutz bleibt leicht sichtbar, nicht so gut mit Teppichschaum zu reinigen. Heute manchmal schmutzabweisend vorbehandelt.
Modacryl. Teurer als Acryl, dafür schwerer entflammbar. Nicht einfach zu färben, daher nur in begrenzter Auswahl an Farbtönen erhältlich.
Nylon/Polyamid. Sehr strapazierfähig, was von manchen Herstellern ausgenutzt wird, um sehr dünne Teppiche zu produzieren, die aber bald häßlich aussehen. Ein Nylonteppich sollte mindestens 560 g/m^2 wiegen. Fasern sind gekräuselt, manchmal zu stark, um eine Masse vorzutäuschen. Heute meist mit schmutzabweisender Beschichtung imprägniert, doch wenn die Wirkung nachläßt, leidet das Aussehen meist stärker als bei unbehandelter Ware. Bereits verlegte Ware kann nach Abnutzung jedoch wieder neu imprägniert werden.

Der statischen Aufladung läßt sich entgegenwirken, indem man metall- oder karbonbeschichtete Fasern mit einwebt – oder durch gute Luftfeuchtigkeit. Nylon brennt nicht, läßt aber Schmorflecken oder Löcher zurück. Etwa von derselben Elastizität wie Wolle.
Polyester. Weiches Material, daher häufig für langen oder halblangen Flor verwendet. Haltbarkeit und Schmutzbeständigkeit wie bei Acryl, aber weniger elastisch.
Polypropylen. Sehr beständig und strapazierfähig, preiswert, oft mit anderen Fasern gemischt. Ein Nachteil ist die leichte Entflammbarkeit. Wegen seiner geringen Saugfähigkeit oft mit Kunststoffgrund für Küchen- und Badezimmerteppiche verwendet.
Viskose/Reyon. Billige, nicht sehr haltbare Ware. Meist mit anderen Fasern versetzt. Nicht sehr elastisch und leicht entflammbar, abgesehen von einigen flammbeständigen Sorten.

Heller Dhurry auf Holzboden

Französischer Gobelinteppich

Turkoman-Läufer

Ungewöhnliche Kelims

Dekorative Teppiche

1

2

2 *Die Eigentümer dieses harmonisch proportionierten französischen Zimmers haben die gesamte Einrichtung sorgfältig auf die architektonischen Linien abgestimmt. Der spezialangefertigte Teppich nimmt den Stil der Gitterstühle auf, während die durchgängig gedämpften Farbtöne den Eindruck ruhiger Eleganz erzeugen. Der Raum eignet sich wunderbar als Hintergrund für wertvolle Kunstschätze, ohne übertrieben formell zu wirken – die weichen Eileen-Gray-Sofas sorgen für die richtige Balance.*

3 *Ein kunstvoller Orientteppich bereichert den ansonsten sehr nüchtern wirkenden Treppenaufgang.*

3

1 *Zwei Wollteppiche auf einem Boden aus Sperrholzplatten, der stark lackiert wurde, um dem Raum eine reflektierende Wirkung zu verleihen. Die Teppiche heben sich dagegen stumpf ab und bilden thematisch mit den leicht glänzenden Ledersesseln eine Einheit im Stil der dreißiger Jahre.*

WÄNDE UND DECKEN

Wand- und Deckenflächen bieten ebenso viele Möglichkeiten, Charakter und Aussehen eines Raums zu prägen wie das Mobiliar. Und es steht Ihnen eine Vielfalt verschiedenster Techniken und Verfahren zur Auswahl – von »gebrochenen« Farbeffekten bis zu Fertigprodukten wie Filz, Folie oder Kork. Auch Leinwand und Jute werden heute komplett mit unterlegtem Papier als fertige Tapeten angeboten. Welche Stimmung Sie auch wünschen, ob leicht und luftig, warm und gemütlich, seriös oder aufregend, entsprechende Farben, Texturen und Muster sind vorhanden. Sie können die architektonischen Merkmale eines Raums besonders unterstreichen oder aber kaschieren; und warum sollten Sie nicht auch optische Täuschungen zur Hilfe nehmen und eventuell die Proportionen verändern, wie etwa die Decke höher oder niedriger erscheinen lassen? Die passende Wand kann einen langweiligen Raum beleben, einen neutralen Hintergrund für eine Kunstsammlung abgeben oder als Bindeglied zwischen verschiedenen Elementen fungieren.

Vergewissern Sie sich, ob Ihnen die getroffene Wahl auch wirklich gefällt. Probieren Sie, um sicher zu gehen, Tapetenstücke, Stoffreste, Farben vorher an der Wand selbst aus, möglichst auch unter verschiedenen Lichtverhältnissen.

Vorbereitung der Flächen

Die neu zu gestaltenden Flächen sollten im bestmöglichen Zustand sein; kümmern Sie sich daher zunächst um Stockflecken u. ä.

Wand- und Deckenputz können im allgemeinen überstrichen und wiederbeschichtet werden, solange sie nicht gar zu alt sind. Wölbungen im Putz, bröckelige oder hohl klingende Stellen müssen herausgeschnitten und neu verputzt werden. Haarrisse und kleinere Löcher können mit Füllmasse ausgebessert werden. Nach dem Antrocknen noch glattschmirgeln. Wenn Sie eine schadhafte Wand nicht neu verputzen wollen, ist die Auskleidung mit Platten, z. B. mit Gipsplatten, eine praktische Alternative.

Nackter Putz ist eine gute Grundlage für Tapeten oder Wandfarben, sofern er nicht zu fettig, verstaubt oder feucht ist. Alte Tapeten oder Farbreste können mechanisch oder mit chemischen Mitteln entfernt werden. Zum Abwaschen reicht eine Lösung aus Wasser, etwas Waschmittel und einem Schuß Ammoniak. Für Lackfarben sind verschiedene Farblöser im Handel. Abblätternde Farbschichten nicht überstreichen oder übertapezieren, sondern sauber entfernen. Bevor Sie neuen Putz anstreichen oder tapezieren, muß er völlig trocken sein. Ein Grundanstrich mit Emulsionsfarbe (mit Wasser verdünnt) ist vor dem Hauptanstrich unbedingt zu empfehlen.

Die gute Vorbereitung des Untergrundes wirkt sich stets positiv auf die fertige Wandverkleidung aus. Wenn Sie Wände tapezieren, sollten Sie die Makulaturtapete am besten quer, also in waagrechten Bahnen anbringen. Das gibt den Tapeten tadellosen Sitz und lange Beständigkeit. Neue Farbaufträge auf alte Tapeten, etwa bei Rauhfasertapeten, sind nur zu empfehlen, wenn die Tapete noch einwandfrei klebt.

Ziegelwände sind anspruchslos und kommen am besten so, wie sie sind, zur Geltung. Versiegeln ist allerdings angebracht, damit sie nicht zu sehr verstauben.

Holzwände und Decken sind heute auch sehr beliebt. Neues Holz möchten Sie vielleicht beizen, wachsen oder lackieren, alte, bereits gestrichene Holztäfelungen hingegen lieber von alter Farbe befreien, ob mit chemischen Abbeizern oder der Heißluftpistole.

1 Beim Entfernen alter Anstriche kamen Risse und ausgebesserte Putzstellen zum Vorschein, die durch farbiges Auswaschen besonders hervorgehoben wurden.

2 Die Kombination andersartiger Oberflächen verleiht diesem Bad stilvolle Dramatik. Vom glänzenden Schwarz heben sich elegant das weiße Sanitärporzellan und die Marmortäfelung ab. Die Spiegeldecke verstärkt den Glanz, während der Teppich Farbe in den Raum bringt.

1

2

Optische Tricks

Die Zusammenstellung der passenden Farbtöne, Muster und Texturen ist keine einfache Aufgabe, kann aber dennoch viel Freude machen (siehe dazu: Sinn für Stil).

Weist der Raum selbst keine ausdrucksvollen Züge auf, kann ein kräftiges Muster Abhilfe schaffen. Es heißt zwar: »Ein starkes Muster ist genug«, aber wenn Sie ein gutes Auge und gesundes Selbstvertrauen haben, brauchen Sie sich keineswegs daran zu halten. Die Hauptsache ist, Sie konzentrieren sich auf die positiven Elemente des Raumes, so daß die weniger erfreulichen Aspekte im Hintergrund verschwinden.

Wenn das Zimmer zu unruhig oder überladen wirkt – Wandnischen oder Vorsprünge, schräge Decken, Treppenstufen – kann ein einheitliches Muster oft als Bindeglied zwischen Gegensätzen fungieren. Manchmal wirkt es sich positiv aus, wenn die Unregelmäßigkeiten noch unterstrichen werden, entweder mit verschiedenen Schattierungen desselben Farbtons oder auch mit Komplementärfarben – lassen Sie sich von den Meisterwerken großer Maler wie Matisse oder Bonnard inspirieren.

Bild- oder Tapetenleisten können gut als Trennlinie zwischen verschiedenen Anstrichen dienen; sind keine vorhanden, kann ein einfacher Farbstreifen die gleiche Wirkung erzielen.

Ein Farb- oder Musterstreifen an der Wand, etwa von der Decke bis zur Tapetenleiste, läßt eine hohe Decke niedriger erscheinen, besonders wenn er etwas dunkler ist als die untere Wand. Umgekehrt läßt ein hellerer Absatz zur Decke hin den Raum höher wirken. Ausgezeichnet ist auch eine stufenlose Dunklertönung der Wand von unten nach oben zur dunklen Decke – es erfordert jedoch einiges an Geschick.

Senkrechte Streifen ziehen den Raum in die Höhe (waagrechte Streifen machen ihn breiter), sind aber nicht zu empfehlen, wenn die Wand gekrümmt ist. Gestreifte Decken sind auch nicht zu empfehlen, es sei denn, Sie möchten das Gefühl haben, in einem Zelt zu wohnen.

Simse eignen sich gut zum Hervorheben in Kontrastfarben, besonders wenn Wände und Decke im gleichen Farbton gehalten sind.

Ferner können verschiedene Auftragtechniken – Tüpfeln, Auswaschen, Verlaufen lassen usw. – interessante Effekte erzeugen. Flache Wände gewinnen an Tiefe, unebene Oberflächen und schadhafter Putz werden unsichtbar. Spiegel erweitern den Raum, machen ihn größer und heller, besonders, wenn zwei Spiegel gegenüberliegen oder das Licht vom Fenster reflektieren. Wenn Sie Tapeten vorziehen, gilt: große Muster brauchen große Wände, während kleine, zierliche Muster von nah bezaubernd sind, von weitem jedoch verschwinden.

1

2

3

1 *Auf Seite 146 war ein Teil der Wand dieser Küche abgebildet. Der fleckige, abgestumpfte Effekt ist das Ergebnis mühevoller Prozeduren des Abwaschens, Marmorierens und Betupfens mit satten Goldtönen, die man vorsichtig nach unten über den Grünspansockel verlaufen ließ.*

2 *Bräunliche Farbtupfer und fein in Schwarz gezeichnete »Haarrisse« lassen die stumpfen Wände sonnenverbrannt erscheinen. Irdene Tonkrüge verstärkten das Motiv, zu dem der dunkle Teppich im interessanten Kontrast steht.*

3 *Mit sparsamen Mitteln wurde der optische Reiz dieses ansonsten neutralen Raumes erzeugt: ein schwarzweißer Baldachin über dem Bett gleicher Musterung wird zum Mittelpunkt des Interesses.*

4 *Das Eßzimmer in einem New Yorker Apartment. Zurückhaltender Gebrauch von Farbe und lineare Ornamentik ergeben ein freundliches Gesamtbild. Oberhalb der in den Wänden eingesetzten Messingleiste sind die Wände farbig getüncht, und falsche gesellen sich zu echten Deckenbalken.*

Farben und Lacke

Strategisches

Achten Sie beim Kauf von vornherein auf die richtige Menge und nehmen Sie nur Dosen mit derselben Seriennummer, sonst könnte der Farbton leicht abweichen. Notieren Sie sich bei Fertigfarben die Seriennummer – für den Fall, daß Sie doch nachbestellen müssen.

Die Decke ist stets als erstes zu streichen, damit die frischen Wände nicht wieder verkleckert werden. Wenn Sie Tapeten überstreichen, kommt es mitunter zu Blasenbildung, die meist mit dem Trocknen wieder zurückgeht. In sehr warmen Räumen könnte es allerdings geschehen, daß die Farbe eher trocknet als das Papier der Tapete, was zu bleibenden Blasen führen würde. Deshalb möglichst in ungeheizten Räumen und bei geöffnetem Fenster streichen.

Farbsorten

Öllack. In erster Linie für Anstriche auf Holz und Metall. Ergibt eine feste, hochglänzende Oberfläche. Berufsmäßige Anstreicher bevorzugen die nichttropfenden Arten (siehe weiter unten), die sich gleichmäßiger auftragen lassen und eine glattere Fläche ergeben. Die besten Resultate erreicht man mit einem Grundanstrich und ein oder zwei Zwischenaufträgen vor dem endgültigen Anstrich. Je dunkler der zu streichende Grund ist, desto mehr Deckschichten sind erforderlich.

Mattlack/Seidenglanzlack. Seidenmatte Farben erzeugen leicht offenporige Oberflächen und eignen sich gut für Innenwände, aber auch für Holz und Metall. Für einen gutaussehenden, eleganten Anstrich ist saubere Pinselführung wichtig. Beim Erstanstrich einer Fläche vorher grundieren, bei bereits gestrichenen Flächen reicht ein gründlicher Voranstrich als solide Grundlage für die Deckschicht aus.

Nichttropfender Lack. Farbstoff auf Polyurethanbasis von gelartiger Konsistenz (Polyurethanlack oder DD-Lack genannt), der nicht oder nur sehr schwer verläuft bzw. tropft. Glanzlacke dieser Art können dicker als die herkömmlichen Öllacke aufgetragen werden, wobei meist ein Anstrich reicht. Polyurethanfarben sind hart, aber nicht unelastisch, abrieb- und schlagfest sowie chemikalienbeständig.

Dispersionsfarbe. Wasserlösliche Farbe für Wand- und Deckenanstriche. Nicht so widerstandsfähig wie Ölfarben, dafür aber leicht zu handhaben, bei relativ kurzen Trocknungszeiten. Außerdem werden keine besonderen Verdünnungsmittel oder Pinselreiniger benötigt. Um einen guten Anstrich zu erzielen, müssen allerdings meist mehrere Schichten aufgetragen werden. Bei saugfähigen Untergründen empfiehlt sich als »Vorbehandlung« das Einstreichen mit stark verdünnter Farbe. Zwei Schichten sind gewöhnlich ausreichend, es sei denn, der Untergrund ist sehr dunkel. Ferner sind Mischungen erhältlich, die Fäule und Schimmelbildung verhindern.

Dispersionsfarbe ist in matt oder seidenmatt erhältlich. Die leicht glänzenden Anstriche sind leichter zu reinigen.

Acryllack. Acrylharzlacke glänzen nicht so kräftig wie ein Öllack, haben aber kürzere Trocknungszeiten und einen viel weniger starken Farbgeruch. Daneben gibt es auch schnelltrocknende Grundierer auf Acrylbasis, die ermöglichen, drei Schichten an einem Tag aufzutragen.

Suspensionsfarbe. Sehr dickflüssig, zusammengesetzt aus feinverteilten Feststoffen, die in einer Flüssigkeit gelöst sind. Tropft nicht, kann also sauber verarbeitet werden und ist für Deckenanstriche bestens geeignet.

Faserstoffarbe. In Form dickflüssiger Emulsion, mit Faserstoffzusätzen, sehr dick im Auftrag. Kann auf schlechtem Grund und zum Überdecken von Haarrissen aufgetragen werden. Aufgerauhte Textur wird durch Auftragen mit Lammfellrollen erzielt, doch hier ist Vorsicht geboten – wenn die Musterung nicht gut gelingt, kann der strukturierte Auftrag leicht billig und schäbig wirken.

Grundiermittel. Verschiedene Sorten je nach Untergrund. Universalgrundierer lassen sich für Holz, Metall oder Wandputz verwenden; sie haben die Funktion, poröse Flächen zu versiegeln und Pulverteilchen zu binden, so daß eine haftfähige Grundlage für den Farbanstrich entsteht. Frischer Putz wird grundiert, um Salzausblühungen zu verhindern. Frische und harzige Hölzer sind entweder vorzubehandeln oder mit einem Spezialgrundiermittel zu streichen.

Beize. Zur Behandlung von Holz, gleichzeitig als Schutz und Farbauftrag. Oberflächentextur und Maserung des Holzes bleiben erhalten. Beizlösungen sind nur angebracht, wenn das Holz nicht stark beansprucht wird; sonst ist ein Klarlack vorzuziehen.

Kunstharzlack. Synthetische Lacke (DD-, Epoxidharz- oder Polyesterlacke) in Matt-, Seidenmatt- und Hochglanzausführung sind vielseitig einsetzbar und verleihen Holzgründen einen klaren festen Überzug. Ferner als Schutzlackierung bei Tapeten oder anderen Farbanstrichen geeignet.

Wandtafelfarbe. Kinder malen gern, doch sollte sich dies Vergnügen auf dafür vorgesehene Flächen beschränken. Wandtafelfarbe kann auf Metallflächen, Faserplatten oder Wandputz aufgetragen werden, doch der beste Untergrund ist eine glatte Holzflä-

Glanzlackanstrich für Türen

Eierschalfarben im Stil der fünfziger

Emulsionsfarben auf rohem Wandputz

Sprenkeltechnik Blau auf Weiß

che, etwa ein Sperrholzbrett. Vor dem Auftrag grundieren.

Farbeffekte

Mit speziellen Auftragstechniken können viele verschiedene Effekte erzielt werden, die die Farben völlig anders zur Geltung bringen und unterschiedliche Texturen erzeugen. Früher war das Mischen oder Verlaufenlassen von Farben den Fachleuten vorbehalten, doch heute wagen sich immer mehr Privatpersonen daran, mit Farben zu experimentieren, um einen ungewöhnlichen und individuellen Anstrich zu erzielen.

Im wesentlichen beruhen die besonderen Effekte auf zwei entgegengesetzten Methoden: bei der einen wird dem Anstrich weitere Farbe hinzugefügt, etwa durch Betupfen mit dem Schwamm oder Aufspritzen, während bei der anderen Teile des bereits aufgetragenen Anstrichs wieder entfernt werden – mit Lappen, Kämmen, Zackenpinseln oder ähnlichem.

Die verschiedenen Utensilien ergeben die unterschiedlichsten Wirkungen, und durch die Kombination verschiedener Farben wird jedes Muster zur individuellen Schöpfung. Manchem mag so etwas zu aufwendig oder extravagant erscheinen, aber es kostet nicht mehr als die Farbe.

All diese Techniken lassen sich ebensogut auf Holz wie auf Wänden einsetzen. Wichtig ist jedoch, den Raum nicht mit solchen Effektwirkungen zu überladen. Eine Schildpattmusterung am Türrahmen oder Kaminsims kann sich von einer ansonsten neutralen Wand sehr vorteilhaft abheben; über die gesamte Fläche verteilt, würde sie wahrscheinlich das Gegenteil bewirken.

Schwamm. Wäßrige Farblösungen mit einem weichen Naturschwamm auf den Farbauftrag getupft, ergeben einen verschwommenen, wolkigen Effekt. Ähnlich läßt sich der noch nasse Anstrich mit dem Schwamm ungleichmäßig abtupfen.

Lappen. Mit einem alten Lappen lassen sich Effekte erzielen, die zerknittertem Samt ähneln. Der Lappen oder Lumpen wird wurstartig gewickelt und über die frisch gestrichene Fläche gerollt. Die Textur des Stoffetzens spielt hierbei eine Rolle; je nach Textilart, z. B. Kräuselkrepp, Sackleinen, Spitze, Jute, ergeben sich verschiedene Muster. Effekte vorher ausprobieren.

Eine etwas andere Wirkung ergibt sich, wenn der Lappen einfach zusammengeknüllt und hier und da in verschiedenen Richtungen auf die nasse Farbe gedrückt wird, was ein gesprenkeltes Aussehen erzeugt.

Waschen. Eine wäßrige, leicht gefärbte Tünche – aus mit Wasser verdünnter Wandfarbe z. B. – wird mit einem großen Pinsel und kühnen, ausladenden Bewegungen auf einen Emulsionsgrund aufgetragen und ergibt eine helle, strahlende Wirkung (ähnlich wie früher in der Leimfarbentechnik mit Farbpulver und Kleister). Eine Technik, die durch ihre Einfachheit besticht.

Strichziehen. Mit einem harten Pinsel oder einer Bürste lassen sich feine Strichmuster in eine Lackschicht zeichnen, die wie eine natürliche Maserung wirken können. Man kann noch einen Schritt weitergehen und eine weitere Lackschicht auftragen, in die man horizontal dazu wiederum die gleichen Strichlinien zieht, was einen Effekt wie von Changeant-Seide erzeugt.

Tüpfeln. Die Wirkung zarter Punkt- oder Tüpfelmuster auf einem gleichmäßigen Grund läßt sich auf ganz verschiedene Arten erzielen. Eine der bewährten Methoden besteht darin, eine hartborstige Stupfbürste in den feuchten Lack zu drücken, so daß kleine Lackpartikel beim Abheben der Bürste mit abgehoben werden. Ein trockener Lappen erzielt eine ähnliche Wirkung, ebenso eine Farbrolle.

Spritzen. Fast dreidimensionale Wirkungen können sich ergeben, wenn man Farbkleckse an Wände oder auf Holzflächen spritzt, am besten mit einem hartborstigen Pinsel. (Es versteht sich, daß die Spritzer auch einigen Schmutz verursachen werden). Das vollendete Werk sollte anschließend zum Schutz mit einer Klarlackschicht überzogen werden.

Fortgeschrittene Techniken

Hierbei wird versucht, das Aussehen bestimmter Materialien durch die folgenden Techniken nachzuahmen:

Marmorierung. Mit verdünnter Farbe melierte Flächen und einem spitzen Pinsel feine Maserungen auftragen. Eine zweite wäßrige Farbe hinzufügen, bevor die erste trocken ist, damit die Grenzen ineinanderlaufen.

Maserung. Das Aussehen einer Holzmaserung kann mit Kamm oder trockenem Pinsel auf frischem Lack nachgeahmt werden. Astknoten mit einem Korken und Jahresringe mit einem Stück Kordel eindrücken.

Bambusmuster. Die typische Zeichnung kann bei echtem Bambus durch Verstärken der Ränder, Ringe und Knoten besonders hervorgehoben oder auf ähnlich gerundetem Holz vorgetäuscht werden. Der Gesamteindruck kann raffiniert realistisch oder absichtlich unecht wirken.

Schildpattmuster. Die Imitation eines gesprenkelten, wolkigen Schildkrötenpanzers ist eine asiatische Technik, die nicht einfach ist und sich auf kleine Flächen beschränken sollte. Das Muster wird in den frischen Lack eingearbeitet und mit einem weichen Pinsel sanft überzogen.

Farben auf grauen Grund gesprüht

Marmoriert und gesprenkelt

Weiße Wände, marmorierte Möbel

Auf Gelb gemalter »Bambus«

Farbe und Gestalt

1 *Dunkel gedämpfte Wandfarbe auf rohem Putz*
2 *Starke Farbabstufungen betonen die architektonischen Linien in diesem Flur. Der auffällige rote Lackstreifen hebt die Kurvenform der Türeinfassung hervor.*

3 *Die weich gelb getünchten Wände eignen sich als Hintergrund für die Ansammlung verschiedener Stile von Möbeln und Dekor.*
4 *In diesem Badezimmer wurde der Putz leicht grau getüncht, um einen neutralen Hintergrund zu schaffen, von dem sich die andern Objekte im Raum, der gemusterte Boden und die weiße Handtuchstange abheben können.*

2

5

4

6

5 *Hier wurde besonderer Wert auf die Qualität jeder einzelnen Fläche gelegt. Weiß lackierte Türen und Holzteile ergeben zusammen mit den leicht marmorierten Wänden eine subtil elegante Wirkung.*
6 *Tiefes Rot muß nicht immer über alles andere dominieren, wenn wie hier hereinflutendes Tageslicht von der Fensterfront dem entgegenwirkt. Die Innenfenster der Trennwand sind markant in Blau eingefaßt.*

Wände: Tapeten und Anstriche

Das Sortiment der Wandbekleidungen, die heute möglich und üblich sind, reicht von der einfachen, bedruckten Papiertapete über Kunststoff- und Metalltapeten bis hin zur exklusiven Textiltapete. Auch was die Haltbarkeit, Dicke und Qualität betrifft, ist eine reiche Auswahl vorhanden, wobei die jeweilige Funktion wohl den Ausschlag gibt. Eine Tapete, die als Grundlage für einen Farbanstrich dient, belastet den Geldbeutel erheblich weniger als z. B. eine im Handdruck ausgeführte Dekortapete – die teurer kommen kann als Ihre Zentralheizung.

Bevor Sie sich entscheiden, sollten Sie eine Probe des Musters genau betrachten, vielleicht sogar einige Zeit an die Wand heften, um sicher zu gehen, daß es Ihnen wirklich gefällt. Halten Sie das Probestück auch an Böden, Vorhänge u. ä., um zu prüfen, ob Farben und Strukturen miteinander harmonieren.

Strategisches

Kaufen Sie Ihre Tapete in ausreichender Menge und notieren Sie vorsichtshalber die Seriennummer, falls Sie dennoch nachbestellen müssen. Kalkulieren Sie für die benötigte Menge auch den Kantenbeschnitt und ein gewisses Maß an Ausschuß ein.

Im allgemeinen lassen sich schwerere Tapeten leichter anbringen als dünne, leichte Arten. Verwenden Sie den vom Hersteller empfohlenen Kleister, wobei als Faustregel gilt, daß dicke Tapeten auch dicken Kleister brauchen. Die meisten Tapeten sollten nicht unmittelbar nach dem Einkleistern an die Wand geklebt werden; geben Sie ca. 5 Min. zu, weil sie sich noch etwas ausdehnen. Gewöhnlich wird der Kleister sowohl auf die Tapetenbahn als auch auf die Wand aufgetragen.

Tapetensorten

Bedruckte Tapeten. Ware der billigen Preisklasse ist dünn, schwierig zu handhaben, neigt zu Schwund oder Dehnung und ist insgesamt nicht besonders haltbar. Zu den besseren Qualitäten gehören Fondtapeten, die auch mit Musteraufdruck erhältlich sind, sowie mehrschichtige Tapeten, die aus mindestens zwei zusammengeklebten Lagen bestehen. Handbedruckte Tapeten jeder Art sind ausgesprochen teuer und sollten nur vom Fachmann aufgebracht werden.

Drucktapeten gibt es im wesentlichen in drei Ausführungen, nämlich wasser-, wasch- und scheuerbeständig. Wasserbeständige Tapeten können mit Seifenwasser vorsichtig abgewaschen werden. Waschbeständige Arten sind mit einem dünnen Plastikfilm überzogen und lassen sich abwaschen, vertragen aber keine Wasch- und Scheuermittel. Zu den scheuerbeständigen Tapeten zählen in erster Linie Vinyltapeten, die mit einer dicken PVC-Schicht überzogen sind und sich besonders für Küchen und Bäder eignen.

Reliefdrucktapeten. Schwere Tapetenart mit Isolierwirkung, die einen fehlerhaften Untergrund verdecken kann. Sie läßt sich aber nur schwer wieder entfernen und sollte daher eine langfristige Lösung darstellen.

Hochgeprägte Tapeten. Prägetapeten sind in vielen Ausführungen erhältlich. Sie bestehen aus mehrschichtigem schwerem Papier und haben ein aufgedrucktes Prägemuster, das im einfachen, regelmäßigen oder unregelmäßigen Rapport gehalten sein oder auch komplizierte Strukturen wie Korbgeflecht oder Stuckverzierung imitieren kann. Prägetapeten lassen sich farbig überstreichen und eignen sich zum Überdecken schlechter Untergründe – sind aber nicht jedermanns Geschmack.

Zu den verschiedenen Macharten gehören auch Tapeten aus reiner Baumwollfaser, die sich besonders für Hochrelief eignen, sowie ferner die mit PVC oder anderen Kunststoffen beschichteten und geprägten Tapeten. Zur Endbehandlung entweder farbig streichen oder klarlackieren.

Bei duplierten Prägetapeten werden Holzspäne oder andere Fasermaterialien zwischen zwei Papierlagen gepreßt, was eine unregelmäßige Strukturierung ergibt. Widerstandsfähig und zum Überdecken von Wandfehlern verwendbar und mit Musteraufdruck erhältlich.

Als Tapetenabschluß können Tapetenleisten oder selbstklebende Tapetenborten verwendet werden, die meist einfarbig sind und praktisch zu jedem beliebigen Farbton und Muster passen.

Naturfasern. Die Auswahl an Wandbekleidungen aus Naturmaterialien ist sehr groß; hierzu zählen Tapeten aus Holzfurnier, Seide, Schilfrohr, Textilgewebe und sogar Gras, die heute meist zur leichteren Handhabung bereits auf Trägerpapier aufkaschiert sind. Besonders beliebt sind Kork- und Jutetapeten; erstere bestehen aus einer hauchdünnen Korkschicht auf farbigem Grund, der durchscheint und für einen interessanten, leicht marmorierten Effekt sorgt.

Viele dieser Fasertapeten, beispielsweise die Japangrastapeten, sind äußerst empfindlich und deshalb nicht für Wände geeignet, die starker Beanspruchung ausgesetzt sind. Verschmutzung kann nur schwer wieder entfernt werden.

Sonstige. Es gibt noch zahlreiche weitere Tapetensorten, z. B. für Imitationen bestimmter Oberflächen, wie Holztäfelung, Naturstein, Marmor, Textilgewebe, Wildleder, Schlangenhaut u. ä.; ferner die Metalltapeten, die mit Bronze-, Gold- oder Silberfolie

Wandfries in Schablonenmalererei

Gemalte Eckenverzierung

Vorsatzblätter als Tapete

Wandmalerei in Acrylfarben

überzogen sind und sehr exklusiv wirken, ebenso wie die Seidenglanztapeten. Solche Folientapeten brauchen sehr glatte Untergründe und sind mit einem Spezialkleber anzubringen.

Wandmalerei

Schablonen. Von Hand aufgetragene Schablonen bestechen durch ihren naiven Charme. Sie sind einfach auszuführen und können langweilige oder verbaute Räume bedeutend verbessern. Eine gemalte Umrandung kann auch dazu dienen, architektonische Besonderheiten hervorzuheben oder an die Stelle einer Bilderleiste treten, wenn ein Raum mit hoher Decke niedriger wirken soll. Vertikale Muster erzeugen den entgegengesetzten Effekt. Schablonen gibt es in fertigen Sätzen zu kaufen, wenn Sie sich nicht die Mühe machen wollen, Ihre eigenen Schablonen anzufertigen, etwa indem Sie traditionelle Motive kopieren. Einfache Muster sind nicht nur leichter herzustellen, sondern kommen auch besser zur Geltung als allzu komplizierte, unruhige Muster.

Die Schablone wird aus glattem und schnittfestem Schablonenpapier ausgeschnitten und an den vorgezeichneten Markierungspunkten an der Wand jeweils mit Klebeband befestigt, um genaue Übergänge zu erzielen. Am besten läßt sich mit schnelltrocknenden Farben arbeiten, besonders wenn mehrere Farbtöne aufgetragen werden. Eine gute Kombination wäre verdünnte Acrylfarbe auf einem Dispersionsanstrich, aber Plakat- und Ölfarben oder Harzlacke sind ebenfalls geeignet. Das wichtigste ist, daß die Farbtöne mit dem Untergrund harmonieren.

Wandgemälde. Als Vorlage für ein Wandgemälde können Postkarten oder Fotos dienen, die im vergrößerten Maßstab auf die Wand übertragen werden. Flächige Bilder in guter Ausführung wirken auf jeden Fall besser als ein mißratener Versuch perspektivischer Darstellung. Die Auftragstechniken können beliebig sein und z. B. auch Schablonenornamente integrieren oder mit verlaufenden Farben arbeiten, solange dies in Maßen geschieht.

Trompe l'œil. Dieser französische Ausdruck bedeutet wörtlich »das Auge täuschen« und bezeichnet eine optische Täuschung oder ein Illusionsbild, das den Betrachter bewußt in die Irre führen will. Ein einfaches Beispiel wäre die auf die Wand gemalte Tür oder eine auf eine glatte Tür gemalte erhabene Täfelung. Komplizierte Bilder sollte man den Experten überlassen.

Die geschwungene Holztür wird umrankt von aufgemalten Farnmustern; die Steineinfassung ist ebenfalls gemalt.

Trompe l'œil *als Wandgemälde*

Harmonie von Tapete, Fries, Stoffen

Mit Matratzenstoff bespannte Wand

Imitierter Handauftrag von Pinsellinien

Gemalte Muster

1 *Ein Wandgemälde nach Entwürfen von Le Corbusier für seine Villa Savoie.*
2 *Ein geniales Illusionsgemälde*
3 *Reich bemalte Holztäfelung in einem französischen Schloß des 18. Jahrhunderts*

1

2

4 *Ein bezaubernd eingerichtetes ägyptisches Zimmer, nach einer Bühnenkulisse für ein Pariser Haus rekonstruiert. Als Bettdecke dient ein Kaschmirstoff, farblich ebenso wie der moderne Teppichboden auf das übrige Intérieur abgestimmt.*

3

MARCEL PROUST

Sonstige Wandbeläge

1 Für die Wände wurden hier metallene Preßplatten mit Korbflechtmuster verwandt.
2 Die Spiegeltüren des Einbauschrankes als genaue Entsprechung zu dem großzügigen Deckenfenster.
3 Die mit Granulat gefüllte Lattenwand sorgt neben der interessanten Textur auch für gute Schallisolierung.

1

2

3

Holz ist von attraktivem Aussehen bei guter Wärme- und Geräuschisolierung. Die gängigste Art der Holzverkleidung ist die Nut- und Federverbindung, daneben wird noch die Verblendtechnik angewandt. Wie fast alle Wandbeläge werden die Holzplatten oder -stäbe an Querlatten befestigt, ob senkrecht, waagrecht oder diagonal, und können anschließend gebeizt oder farbig lackiert werden.

Andere Holzwerkstoffe, etwa Sperrholz oder Spanplatten einer höheren Preisklasse, die mit gutem Furnier beschichtet sind, ergeben ebenfalls eine gediegene Wandbekleidung. Schichtpreßplatten mit einer Isolierschicht in der Mitte, sind mit Sperrholz- oder Kunststoffurnier erhältlich. Faserplatten erfüllen den gleichen Zweck, wenn sie gebeizt oder lackiert sind.

Textilien. Verschiedene Gewebe einschließlich Jute, Filz, Wolle oder auch Seide sind auf Trägerpapier erhältlich und können wie Tapeten auf die Wand geklebt werden. Bei zarteren Geweben muß man allerdings Vorsicht walten lassen, damit sie nicht verzogen oder verkratzt werden. Die Anbringung hängt von der jeweiligen Gewebeart ab; Hinweise des Herstellers beachten.

Textilien ohne Trägerschicht sind nicht einfach aufzuhängen; meist ist es ratsam, sie erst auf Leisten aufzuspannen. Der Vorteil besteht dann darin, daß nahezu jedes Material verwendet werden kann, von preiswertem Kattun oder Musselin bis zu kostbarsten Seiden oder Samtstoffen. Textile Wandbekleidungen tragen häufig zu einer verbesserten Raumakustik bei.

Keramikfliesen. Ob von Hand oder maschinell gefertigt, einfarbig oder gemustert, mit oder ohne Glasur, glatt oder mit Oberflächenstruktur – Keramikfliesen sind sehr dauerhaft, leicht zu reinigen und somit der ideale Wandbelag für Bad, Dusche und Arbeitsflächen. Viele Fliesen lassen sich kleben, so daß der schwierige Umgang mit Mörtel entfällt.

Als Untergrund kommt praktisch jede beliebige Fläche in Frage, solange sie sauber, trocken und fest ist – selbst ein bereits vorhandener älterer Fliesenbelag. Mit farbigen Fliesen lassen sich interessante Muster und Effekte erzielen, etwa indem Sie eine Umrandung mit andersfarbigen Fliesen gestalten, aus kontrastierenden Farben ein Schachbrettmuster legen oder auch völlig irreguläre Anordnungen vornehmen.

Kork. Kork ist ein ausgezeichneter Werkstoff mit hervorragender Schall- und Wärmeisolationswirkung, der zudem sehr ansprechend und warm aussieht. In seiner natürlichen Musterung und

4 Aluminiumleisten zur Befestigung der Plastikbespannung.
5 Gespundete Holzvertäfelung verzaubert diese aufs beste genutzte Dachwohnung.
6 Der Metallschirm begrenzt den Treppenaufgang und lenkt den Blick nach oben zu dem Mackintosh »Hill House«-Stuhl.

6

gelblich bis braunen Tönung ist Kork in Form von Platten und Streifen verschiedener Stärke erhältlich, wobei für Wände gewöhnlich 2 mm bis 3 mm Dicke ausreichend sind. Kork ist entweder naturbelassen oder mit einer Schutzschicht aus PVC oder Polyurethan versiegelt. Staub und Schmutz sind auf Kork kaum sichtbar, außerdem läßt er sich abwaschen.

Vinyl/PVC. Vinyl- oder PVC-Beläge sind in Form von Platten oder Bahnen erhältlich und dienen in erster Linie als Bodenmaterial. Da Vinyl wasserfest und abwaschbar ist, stellt es besonders in Badezimmern und Küchen einen zweckmäßigen Belag für Wände dar – solange es nicht in der Nähe direkter Wärmequellen angebracht wird, da es weich werden und schmelzen kann.

Kunstgummi. Kunstgummibeläge sind abwaschbar und strapazierfähig. In verschiedenen Farbtönen und Oberflächenstrukturierungen erhältlich.

Edelstahl und Aluminium gehören zur gehobenen Preisklasse. Beide Werkstoffe sind in Form von Platten oder großflächigen Folien erhältlich und können besonders in Küchen eingesetzt werden, entweder als Spritzschutz hinter einer Stahlspüle oder zur Verbindung verschiedener Küchenelemente. Die Platten sind einfach zu verlegen, biegsam und lassen sich mit einer gewöhnlichen Schere passend zuschneiden.

Laminat. Laminate oder Kunststoffpreßplatten sind zwar kein neuartiger Werkstoff, aber Verbesserungen der Preß- und Strukturierungsverfahren haben Laminate zu einem zeitgemäßen und dekorativen Oberflächenbelag gemacht, den es lohnt, näher in Erwägung zu ziehen. Hergestellt werden Laminate durch Verpressen mehrerer Schichten von harzgetränkten Papierlagen, die anschließend mit Kunststoff überzogen werden und eine dauerhafte, pflegeleichte und hitzebeständige Fläche ergeben.

Spiegel. Spiegel helfen dabei, eine Illusion räumlicher Weite zu erzeugen, die Helligkeit zu erhöhen und Perspektiven zu verändern. Spiegelfolie ist sehr teuer; je größer die Fläche, desto dicker sollte sie sein und um so sorgfältiger und fachmännischer muß sie befestigt werden.

Spiegelkacheln sind bedeutend billiger, erfordern aber einen absolut glatten Untergrund, wenn das Spiegelbild nicht verzerrend wirken soll (was man aber auch gezielt als besonderen Effekt einsetzen könnte). Plastikspiegel und farbiges Acrylglas wären eine billigere Alternative, bei der man allerdings auch eine geringere Tiefenwirkung in Kauf nehmen muß.

FEUERSTELLEN UND KAMINE

Vor einiger Zeit schien es noch so, als ob der Kamin keine Zukunft mehr hätte, während die Zentralheizung überall ihren Siegeszug antrat. Vielfach wurden alte Kamine einfach zugemauert, ungeachtet ihrer architektonischen Schönheit. Doch gegenwärtig erlebt die offene Feuerstelle einen neuen Aufschwung, und in vielen Häusern ist zumindest ein Zimmer mit einem offenen Kamin ausgerüstet. Abgesehen von der anheimelnden Atmosphäre ist es auch beruhigend, einen Ersatz zu haben, wenn die Heizung einmal ausfallen sollte.

Auch die Heizleistung offener Feuer ist inzwischen wesentlich verbessert worden. Luftkanäle unter dem Feuerrost sorgen für die nötige Luftzufuhr und verhindern, daß die warme Luft aus dem Zimmer zur Verbrennung abgezogen wird. Außerdem sind die elektrischen Heizeinsätze für Kamine heute attraktiver geworden (siehe dazu: Heizung).

Feuerattrappen. Inzwischen gibt es eine Auswahl an Heizkörpern mit Gas-, Kohle- und Holzfeuereffekten, die ein Zimmer mittlerer Größe bequem heizen können.

Daneben findet man auch Gasöfen mit Keramikverkleidung, die Kohle oder Holz naturgetreu nachbilden und munter flackernde Flammen erzeugen. Diese passen in die meisten Kaminnischen.

Brennöfen. Holz- oder Kohleöfen sind durchaus in der Lage, ein Haus gleichmäßig warm zu heizen. Sie können dabei zwischen den verschiedensten Stilen und Ausführungen wählen, angefangen von Nachbildungen antiker Öfen, über gußeiserne Gehäuse und Kachelöfen bis hin zu schlichtem modernen Design. Gas- und Ölbrenner gehören auch hierher, bei denen man die züngelnden Flammen hinter der Ofentür sieht; einige Modelle heizen gleichzeitig das Wasser der Warmwasserboiler oder Zentralheizung auf.

Der Kamin

Aus verschiedenen Gründen erfreut sich der Kamin zunehmender Beliebtheit. Das offene Feuer übt nach wie vor eine große Anziehungskraft aus, gleichzeitig aber spielt der Kamin auch als architektonisches Element eine große Rolle. Von daher ist es wichtig, daß Sie sich über den baulichen Charakter Ihres Hauses im Klaren sein müssen, und ganz besonders natürlich über den Stil des in Frage kommenden Raumes, bevor Sie sich endgültig für einen bestimmten Kamin entscheiden (siehe dazu: Architektonischer Charakter).

Lassen Sie sich, sofern er nicht gänzlich fehlt, vom bestehenden Charakter Ihres Hauses oder Ihrer Wohnung leiten. Bei neuen wie älteren Gebäuden sind Maßstab und Proportion der wesentlichste Gesichtspunkt: überladen Sie kleine Zimmer nicht mit wuchtigen Kaminen. Der »Inglenook«, eine zurückgesetzte Feuerstelle mit eingebautem Steinsockel, bildet eine Ausnahme, da er optisch wie de facto den Raum vergrößert. Ähnliches gilt für große Küchenherde, die so gebaut wurden, daß man dort die Kochtöpfe unterbringen und sogar die Wäsche trocknen konnte. Andererseits kann aber auch ein großes Zimmer durch einen zu klein gewählten Kamin an Charakter verlieren.

Simse

Die Höhe des Kaminsimses muß auf die Raumproportionen abgestimmt sein. In älteren Häusern sind die Zimmerdecken sehr hoch und damit auch der Schwerpunkt des Raumes. Decken und auch Mobiliar in Neubauten sind niedriger, und der Kaminsims sollte sich entsprechend tief befinden. Achten Sie darauf, daß der Kamin nicht zur Nebensache wird und unbedeutend aussieht; integrieren Sie ihn in die übrige Raumausstattung.

»Inglenooks«

Die englischen Kamine des 18ten Jahrhunderts sind meist sehr schmal gebaut, mit Betonung der senkrechten Linien, während ältere Cottages häufig noch Inglenooks, also vertiefte Feuernischen, hinter nachträglich eingebauten Kaminen aufweisen. Sie sind meist nicht mehr intakt, aber ein Restaurator könnte sie wieder funktionsfähig machen. Die Unterseite des Tragsturzes muß etwa 1 m vom Feuer entfernt sein. Diese Feuerecken erzielen ein Gefühl räumlicher Weite und gestatten, verschiedene Öfen in der Nische aufzustellen.

Herde

Wenn Sie den Anblick eines schönen Kamins nicht missen wollen, der Feuerrost aber häßlich oder nicht intakt ist, bietet sich neben dem Einsatz eines neuen Rostes die Gelegenheit zu folgendem Umbau: der alte Rost wird zusammen mit der feuerfesten Auskleidung 90 × 90 × 38 cm tief herausgerissen und neu ausgekleidet, z. B. mit Schiefer, Marmor, Ziegeln oder Kacheln, die der Hitze eines freistehenden Herds oder Feuers standhalten. So können Sie einen Herd in die Nische stellen, der im Aussehen auf die Kaminauskleidung abgestimmt sein kann, etwa durch die Wahl der gleichen Kacheln.

Inbetriebnahme der Feuerstelle

Wenn Sie einen alten Kamin wieder benutzen wollen, ist der Abzugsschacht sorgfältig zu prüfen: Ist die Auskleidung feuerfest? Sind Risse vorhanden? Hat das Mauerwerk lose Steine und ausgebröckelte Stellen? Risse sind eine ernste Gefahr, denn giftige Rauchgase könnten entweichen. Vor der Inbetriebnahme ist der Kaminschacht gründlich auszufegen und darf nirgends verstopft sein.

2

3

4

1 *Ein moderner Eichenkamin paßt in seiner gediegenen, schlichten Form zu einem klassischen Intérieur.*
2 *Für diesen Kamin wurden Fensterzargen verwendet, die Marmorierung mittels Farbanstrich erzielt.*
3 *Kaminattrappe – der Betonrahmen bildet einen abstrakten Blickpunkt in einem kleinen Schlafzimmer.*
4 *Die attraktive Asymmetrie ist hier das Ergebnis früherer Baumethoden, als die Feuerstelle oft an der einen Seite des den Rauch unterer Stockwerke führenden Schachtes angebracht wurde. Durch bewußte Betonung der Asymmetrie ist das Problem gut gelöst.*

Kamine als Blickfang

1

3

6 *Phantasievolles modernes Design, das die Konvention durchbrich und den Kamin von einem Fenster einrahmen läßt. Dieser Kamin wurde in ein Sommerhaus bei Zürich eingebaut.*

4

1 *Gußteile aus Beton einschließlich der Stükke auf dem Sims werden zur Raumskulptur.*
2 *Die Pracht des europäischen Rokoko ist in diesem Kamin eingefangen, der erfolgreich zu den Steinfliesen in Kontrast gesetzt wurde.*
3 *Schlichte Kacheln bilden den Hintergrund für eine wohlüberlegte Plazierung verschiedener Kunstobjekte.*
4 *Ein New Yorker Dachboden – die Feuerstelle ist platzsparend, funktional und dekorativ zugleich.*
5 *Eckige Schlichtheit aus Mauersteinen und einem Eisenofen.*

2

5

6

8

9

7 Ein formschöner Kamin aus Travertin, dessen aufstrebende Linien von Wandleuchten aus den Dreißigern akzentuiert werden.
8 Der eingepaßte Ofenschirm aus Messing bildet einen gelungenen Kontrast zur schwarzen Marmorumrandung.
9 Ein amerikanischer Architekt übernahm die traditionelle mexikanische Feuerstelle für seinen in Beton ausgeführten Raum.

10

11

10 Die alte Feuerstelle wurde entfernt, um den Kaminvorsprung mit Metall zu verkleiden. Weitere reflektierende Oberflächen finden sich an Decke und Sesseln.
11 Hier wurde der Kamin nicht nur zum Mittelpunkt, sondern zum Kunstwerk. Die Umgebung aus verstärktem Glas und durchscheinendem Onyx sorgt tagsüber für raffinierte Lichtspiele, während am Abend die Glut des Feuers den Raum beherrscht. Der Rauchabzug ist außen angebracht.

FENSTER UND TÜREN

Fenster haben die Aufgabe, Licht und Luft hereinzulassen und Kälte abzuhalten, eine simple Tatsache, die in der Praxis aber mitunter vernachlässigt wird. Daneben sind Fenster und Türen natürlich ganz wesentliche architektonische Elemente, die seit Hunderten von Jahren stets mit besonderer Sorgfalt und Raffinesse gestaltet wurden.

Es gibt so viele Möglichkeiten, daß die Entscheidung oft schwerfällt. Nehmen wir beispielsweise Vorhänge. Da gibt es die vielfältigsten Materialien, mit oder ohne Futter, mit Fransen und Rüschen, entweder glatt aufzuhängen oder in Falten drapiert. Die Wahl reicht von leichten, luftigen Gardinenstoffen bis zu reich gemusterten, schwer fallenden Vorhanggeweben; von bodenlangen Spitzengardinen unter kunstvoller V-förmiger Blende über Chintz mit rosarotem Blumenmuster bis zu feinem Baumwollstoff in Verbindung mit zart drapierten Volants.

Dabei sind Gardinen und Vorhänge bei weitem nicht die einzige Art der Fensterdekoration. Rollos oder Jalousien, ob aus Stoff, aus Bambus, Metall, Holz, Plastik oder Papier, sind eine weitere Alternative.

Vielleicht ziehen Sie es vor, farbige Hinterglasbilder am Fensterrahmen aufzuhängen. Oder Sie spannen ein feines Netzgewebe vor das Fenster, das die Sicht verschleiert und das Licht filtert. Und wer eine Hand für Pflanzen hat, mag sich dafür entscheiden, einen Dschungel aus Geranien am Fenster hochwuchern zu lassen, der Schatten spendet und das Gefühl intimer Abgeschlossenheit vermittelt.

Handelt es sich um ein besonders schönes und von außen nicht einsehbares Fenster, ist es meist am besten, es zu lassen wie es ist, oder eventuell die Aufmerksamkeit auf den Rahmen oder den Ausblick zu richten.

Türen und Türeingänge werden dagegen meist stiefmütterlich behandelt. Gewiß sind die einfachsten Lösungen oft die besten, aber auch hier gibt es vielfältige attraktive Möglichkeiten: eine einfache Methode, die Spannung zwischen Rahmen und Tür auszunutzen, ist das Absetzen des Rahmens in einer anderen Farbe bzw. mehreren Farbstreifen. Etwas kunstvollere Arbeiten, geschickt ausgeführt, können das Aussehen einer Tür völlig verändern – hierzu bietet sich Schablonenmalerei an, aber auch spezielle Effekte aus Spritz- oder Schildpattmustern.

Denken Sie daran, daß die Behandlung und Dekoration der Innenseite von Türen und Fenstern sich auch auf deren Eindruck nach außen hin auswirkt.

Im Haus selber geben Türen den Blick frei von einem Zimmer ins nächste und sollten von daher stets als zentrales Element im Raum behandelt werden.

Ein Urlaubsort auf einem Hügel mit Blick über Melbourne, Australien. Die Fenster wurden renoviert und erhielten einen neuen Anstrich, der ganz in Weiß gehalten ist und die einzige Dekoration darstellt – im ganzen Haus findet sich kein einziger Vorhang oder Jalousie. Auch die übrige Einrichtung ist sehr schlicht gehalten, wie hier im Eßzimmer mit seinem massiven Holztisch und Schieferboden. Das Interesse wendet sich der phantastischen Aussicht zu, die wie ein Kunstwerk von den Fenstern eingerahmt wird.

Fenster

Gardinen mögen die naheliegendste Art des Fensterdekors sein, aber nicht unbedingt die beste. Manche Fenster sehen besser aus mit Läden aus Metall oder mit Jalousien.

Zusammengehörige Fenstergruppen sollten, auch wenn sie aus verschiedenen Fenstern wie z. B. Eck- oder Erkerfenstern bestehen, stets als Einheit behandelt und mit dem gleichen Behang ausgestattet werden. Bodenlange Gardinen oder Jalousetten machen sich gut an Aussichtsfenstern. Ist eine Fensterfläche in viele kleine Scheiben unterteilt, brauchen nicht alle aus klarem Glas zu sein; es reicht, wenn ein paar Scheiben in der Mitte durchsichtig sind, die restlichen könnten aus Milchglas bestehen. So entsteht ein weich gedämpfter Effekt, grelles Licht wird herausgefiltert.

Wunderschöne Bogenfenster können problematisch sein, wenn es darum geht, den passenden Dekor zu finden. Vielleicht entschließen Sie sich, nur die geraden Fensterflächen mit einer leichten Gardine oder Jalousie zu behängen und den Bogen frei zu lassen; oder Sie befestigen die Vorhänge hoch über dem geschwungenen Bogen, möglichst an der Decke und lassen Sie bis auf den Boden fallen. Wenn Sie in der Breite genug Spielraum haben, können Sie die Vorhänge ganz zurückziehen, so daß auch der Rahmen zur Geltung kommt.

Hohe Fenster und Oberlichter sollten ganz frei bleiben; tagsüber überfluten sie den Raum mit Licht, und nachts geben sie den Blick auf den Sternenhimmel frei.

Sind die Fenster vertieft, lassen sie nicht allzuviel Licht herein. Statt sie zu verhängen, könnte man hier den Schwerpunkt auf die Wandnische oder Fensterbank legen, ob durch kühne Farbgebung oder Aufstellen faszinierender Objekte.

Auch ohne Gardinen und Vorhänge bleiben noch viele phantasievolle Möglichkeiten, die Fenster attraktiv zu gestalten. Flache Innenrahmen könnte man mit fein gebördelten Rändern versehen. Bei gärtnerischem Geschick wäre auch das Hochziehen von Ranken zu beiden Seiten des Rahmens eine wunderbare Lösung. Wenn eine Wand eine Reihe hoher Fenster aufweist, ließen sich die Zwischenräume mit deckenhohen Säulen besonders strukturieren. Ein identischer Anstrich von Rahmen und Säulen hält die Elemente zusammen.

Einen ausgefallenen dreidimensionalen Effekt erzielt ein zweiter offener Rahmen, der etwa 15 cm weit im Raum vor dem eigentlichen Fenster aufgehängt wird und im Nichts zu schweben scheint. Diese optische Illusionswirkung läßt sich noch weiter ausschlachten, wenn Sie das Fenster hinter dem Rahmen mit Jalousien versehen. Für diejenigen, die eine ruhige und schlichte Ausstattung bevorzugen, bieten sich japanische Jalousien oder Fensterschirme aus Papier und Holzleisten an, die grelles Licht dämpfen, aber nicht die Helligkeit im Raum beeinträchtigen.

Nicht zuletzt haben auch Fenstergitter ihren Platz in der Dekoration, wenn sie auch in erster Linie aus Sicherheitsgründen gewählt werden. Der Schutz vor Einbrechern braucht ja nicht aus einfachen »Gitterstäben vor dem Fenster« zu bestehen – ob Sie sie durch passende Farbanstriche auflockern oder kunstvolle schmiedeiserene Arbeiten vorziehen, die Auswahl an Möglichkeiten ist groß.

Wenn Sie eine Veranda oder Terrasse vor allzuviel Sonne schützen möchten, stehen strahlend weiße Vorhänge aus Segeltuch, Bambusrolläden und bunt gestreifte Markisen zur Auswahl.

Dunkle Innenräume können durch den Einbau weiterer Fenster oder einer Glaswand aufgehellt werden. Wandstarke Glasbausteine bieten gleichzeitig guten Wärmeschutz. Und vergessen Sie bei allem nicht: Fenster sind zum Hinausschauen da – lassen Sie den Blick ab und zu ins Weite schweifen.

1

2

1 *Zierliche weiße Rosenranken auf der Fensterscheibe filtern das Licht und bereichern die ansonsten schmucklosen Fenster um eine herrlich altmodische Note.*
2 *Ungewöhnliche Fensterläden verwandeln ein nichtssagendes Fenster durch ihre moderne asymmetrische Form.*

3 *Stühle und Fenster des eleganten Pariser Apartments sind mit weißem Baumwollstoff drapiert. In Verbindung mit dem schmiedeeisernen Stellschirm erzeugen sie eine geradezu gespenstische Atmosphäre.*

4 *In einem ehemaligen Uhrenturm wurde eine Küche eingerichtet – über der Spüle befindet sich das Zifferblatt, das dieses ungewöhnliche Fenster schmückt.*

5 *Das hübsche ovale Fenster im Winkel einer Pariser Mansarde bringt eine romantische Atmosphäre in das Arbeitszimmer eines Architekten.*

6 *Dicke Milchglasbausteine formen kleine Lichtvierecke entlang des Treppenaufgangs.*

5

6

Gardinen und Vorhänge

Gardinen und Vorhänge haben viele Funktionen – sie schirmen von der Außenwelt ab, dämpfen das Licht, halten die Wärme im Raum und sind geräuschdämpfend. Diese praktischen Gesichtspunkte spielen mitunter eine ebenso große Rolle wie ihre Dekorfunktion, die sich in der Auswahl der Farbtöne, Muster und Texturen niederschlägt.

In der Regel sollten Gardinen und Vorhänge bis zum Fensterbrett oder Boden reichen, um die Fensterproportionen nicht zu ruinieren.

Blenden und Volants

Blenden oder Volants dienen zum Abdecken der Vorhangschienen, Befestigungsbänder, Röllchen usw. Blenden sind meist aus Holz oder einem ähnlichen Material, mitunter bemalt oder auch mit Stoff bezogen und unterstreichen die architektonischen Linien des Fensters. Volants sind in der Aussage weicher als Blenden, ob als zarte Plissées oder in weichen Falten, und bilden einen Abschluß oben quer zur Vorhangrichtung oder auch in geschwungenem Bogen an den Fensterseiten.

Vorhangeinfassung

Am oberen Vorhang- oder Gardinensaum werden die Falten oder Plissées gebildet, indem auf der Rückseite des Vorhangs ein Band aufgenäht wird, das Form und Tiefe der Falten bestimmt. Das Vorhangband kann auch von Hand aufgenäht werden. Sehr beliebt sind Smok- und Reihenfalten. Bei Smokfalten wird der Stoff mehrmals übereinandergekräuselt und zusammengeheftet; diese Faltung eignet sich für schwere Vorhänge, die bis auf den Boden fallen. Reihenfalten verlaufen in gleichen Abständen parallel über die gesamte Vorhangbreite und werden oft bei zarten, durchscheinenden Geweben angewandt.

Quetschfalten sind eine Mischung aus Smok- und Reihenfalten und werden breit nach außen gelegt. Gut für kurze, leichte Vorhänge, möglichst mit Blendenabschluß oder Querbehang zusammen.

Schlaufenbänder, die oft für Caféhausvorhänge verwendet werden, müssen von Hand genäht werden. Die Falten können leicht glockenförmig fallen, was den Vorteil hat, daß die Wärme eines hinter dem Vorhang befindlichen Heizkörpers auch in den Raum strömen kann.

Raffbänder

Raffbänder erfüllen den praktischen Zweck, die Gardinen oder Vorhänge zusammenzufassen und zu befestigen, damit Licht einfallen kann – gleichzeitig sind sie eine hübsche Dekoration. In der einfachen Ausführung bestehen sie aus einem doppelt genähten Stoffband und werden mit Ringen in einen Haken am Fensterrahmen oder in der Wand eingehängt; kunstvoller gestaltete Bänder weisen weitere Verzierungen auf, wie Troddeln oder Quasten, sind gekräuselt oder mit Spitzen versehen. Zierkordeln oder Seiden- und Samtbänder wirken auch sehr gut.

Oft sind die Raffbänder im gleichen Stoff wie die Vorhänge ausgeführt, müssen es aber keineswegs sein – im Gegenteil, ein kontrastierendes Material ist vielfach vorteilhafter. Früher wurden statt der Stoffbänder häufig auch Messingrosetten und Bügel verwandt, in die man die Vorhänge hineinsteckt, was sich vor allem gut bei Doppelgardinen macht.

Vorhangschienen

Angefangen von der einfachen Flachschiene aus Kunststoff bis hin zu komplizierten Metallprofilen mit Seilzugmechanismus sind die verschiedensten Ausführungen von Stangen und Schienen erhältlich, für Eckfenster auch rundlaufend gebogen.

Die Vorhangschiene sollte grundsätzlich über die Länge des Fensterrahmens hinausragen, damit die Vorhänge ganz zurückgezogen werden können. Bei dikkeren Vorhangstoffen kann die Schiene bis zu 60 cm auf jeder Seite überstehen.

Schienen, die an der Decke montiert werden, sind bei hohen Fenstern und schweren Stoffen nötig und geben einen stärkeren Halt als Wandschienen. Prüfen Sie vor dem Aufhängen, ob die Schiene fest verankert ist und das Gewicht auch trägt.

Vorhangstangen

Als Alternative zu Schienen sind recht hübsch aussehende Vorhangstangen, ob aus Messing, Holz oder Bambus, keine schlechte Wahl. Je nach Behang sind sie in verschiedenen Längen und Durchmessern erhältlich. Holzstangen gibt es aus Mahagoni- oder Kiefernholz auch unbehandelt zu kaufen, wenn Sie sie selbst beizen oder lackieren wollen. Schöne alte Messingstangen findet man gelegentlich auf Trödelmärkten, wenn man Glück hat, komplett mit den Originalringen und anderen Verschnörkelungen. Die beste optische Wirkung wird erzielt, wenn Stoff und Stange deutlich in Kontrast zueinander gesetzt sind, beispielsweise weißer Musselin und eine Mahagoni-Stange.

Vorhangstoffe

Bei dem überreichen Angebot an Vorhangstoffen weiß man kaum, wo man beginnen soll. Entscheiden Sie zunächst, ob Sie einen einfarbigen Stoff – von schwerem Leinen und strukturierten Geweben über Moiré, Samt bis zu bauschigem Batist – oder etwas gemustertes – von den traditionel-

Antike Spitzen

Strenge Eleganz der Drapierung

Gingham mit Raffbändern

Außenvorhänge als Sonnenschutz

en Blumenmustern über glänzenden Chintz bis zu geometrischer Musterung oder kräftigen Streifen – vorziehen. Für die Wahl eines geeigneten Stoffes sind auch die Zimmerproportionen zu berücksichtigen. Im allgemeinen passen großgemusterte Vorhänge schlecht zu einem schmalen Fenster in einem kleinen Raum, wenn auch eine einfarbige Bordüre oder ein Rollo die Wirkung etwas abmildert.

Ebenso sind kleingemusterte Stoffe an eleganten, hohen Fenstern meist fehl am Platz, und waagrechte Streifen wirken verzerrend. Schwere Gewebe wie Samt eignen sich nicht sonderlich als kurze Vorhänge – sie kommen am besten in bodenlanger Ausführung zur Geltung.

Alte Vorhänge, die Sie vielleicht bei einem Antiquitätenhändler entdecken, können sehr reizvoll sein. Chintz, Brokat oder Samt gewinnen häufig noch an Ausstrahlung, wenn sie alt und verblaßt sind und können sich neben ihren neuen Gegenstücken – die ja übrigens auch sehr teuer sein können – durchaus sehen lassen. Falls solche alten Vorhänge zu lang für Ihre Fenster sind, wäre es das beste und einfachste, sie einfach über den Boden zu breiten, mit dem zusätzlichen Vorteil, daß Zugluft abgehalten wird.

Auch lohnt sich, nach Textilien Ausschau zu halten, die nicht unbedingt als Fensterstoff gedacht sind, aber manchmal erstaunlich gut wirken – etwa ein Paisley-Schal, der diagonal über das Fenster drapiert und an einer Seite zusammengerafft wird. Dazu würde ein einfaches Rollo passen. Oder wie wär's mit einem weichen, dünnen Läufer oder Kelim, der für den Boden zu schade ist?

Wieviel Stoff?

Sparen Sie nicht am Material, denn ein voller Vorhang sieht immer besser aus; wenn Sie mit dem Pfennig rechnen müssen, sollten Sie lieber einen billigeren Stoff kaufen, aber in genügender Menge. Die benötigte Stoffmenge errechnet sich, indem die Länge des fertigen Vorhangs plus Zugabe für Saum und Einfassung mit der Anzahl der Stoffbahnen multipliziert wird. Zunächst müssen die Position und Länge der Schiene oder Stange feststehen, um die Entfernung zwischen Schiene und Fensterbrett bzw. Fußboden abmessen zu können. Rechnen Sie für leichte Gewebe und Stores dann insgesamt 15–20 cm Saumlänge dazu (bei schweren Stoffen etwa 25 cm) sowie noch eine extra Rapportlänge pro Vorhang.

Die Anzahl der Stoffbahnen hängt von der Art der Faltung ab: für Smok- oder Reihenfalten können Sie die doppelte Schienenlänge rechnen, für Stores gewöhnlich die dreifache. Hinzu kommen noch 3,5 cm pro Saum und Naht.

Ganz wichtig ist zu wissen, ob der Stoff vorbehandelt ist oder noch einläuft. Ist letzteres der Fall, sollten Sie ihn unbedingt waschen oder chemisch reinigen, bevor Sie mit dem Nähen beginnen.

Futter. Vorhänge und Gardinen, die zum Verdunkeln dienen, sollten gefüttert sein. Darüber hinaus fallen gefütterte Vorhänge auch besser. Zu hellen Vorhängen wird am besten ein weißer oder hellbeiger Futterstoff passen, während graue Töne mit dunklen Vorhängen harmonieren.

Stores

Wenn Fenster zur Straße gehen oder Sie mit Ihrer Nachbarschaft eng aufeinanderwohnen, sind Stores oder Tüllgardinen ein Muß, entweder als Garnitur mit passenden Übergardinen, oder auch für sich allein, etwa auf eine Stange gespannt, die lediglich die untere Fensterhälfte abdeckt oder im Caféhaus-Look aufgehängt wird.

Zur Wahl stehen mannigfaltige Gewebe – glänzend oder matt, Gaze, Tüll, zarter Krepp, mit Streifenstruktur, abstrakten Webmustern oder farbiger Musterung.

Der Reiz von Stores ergibt sich zum großen Teil aus der Art, wie sie das Licht filtern und verändern. Auch in Ländern der nördlichen Klimazonen, die von der Sonne nicht verwöhnt werden, kann das Tageslicht mitunter sehr grell sein. Stores wirken dem entgegen, indem sie das Licht brechen und diffus verteilen. Die weiche Wirkung werden Sie besonders schätzen, wenn Sie in einem Schlafzimmer aufwachen, das direkt von der Morgensonne beschienen wird.

Spitzen. Viele moderne Spitzen beruhen noch auf den alten Mustern aus dem vorigen Jahrhundert und sind heute beliebter als je. Man denke nur an die Biedermeierspitzen, die als Scheibenvorhänge dienen (also nicht über den Rahmen gehen), und an die schmalen Spitzenstreifen für Küchen- oder Badezimmerfenster. Manche Spitzenstoffe sind robust genug, um aus ihnen auch ein Rollo anzufertigen, etwa Nottingham- oder Madrasspitze. Eine weitere Möglichkeit besteht darin, auf einfarbige Vorhänge Spitze aufzunähen, so daß das Spitzenmuster besonders betont wird.

Wenn Sie eine Vorliebe für Spitzen haben, aber keine Massenware wünschen, sollten Sie in Trödel- oder Antiquitätenläden herumstöbern. Dort werden Sie am ehesten finden, was Sie suchen. Die Muster brauchen nicht unbedingt zueinander zu passen; die Fenster sehen sehr hübsch aus, wenn jedes ein anderes Muster aufweist – besonders gilt dies für schmale Spitzenstreifen.

Klassisch moderne Einrichtung

Dichter Faltenwurf

Gestärkte weiße Gardinen

Bewegte Muster und Farben

Fensterdekor

1

4

1 *Hübsche Schleifen halten wogende Gaze an Eisenstangen in einem harmonisch eingerichteten Flurgang.*
2 *Einfacher Baumwollstoff mit breiter Falbel, befestigt mit großen Messingringen; die gleiche Schlichtheit findet sich an den Bettvorhängen fortgeführt.*
3 *Ein kühles Zimmer in gedämpften Tönen mit glatt gespannten Stoffvorhängen, die am Tag zurückgeschlagen werden.*

6

4 *Ein Stoffrollo als raffinierter Fensterbehang in einem eleganten Raum.*
5 *Das in weichen Tönen gehaltene Schlafzimmer mit zierlichen Schablonenmustern an der Wand und Tudor-Täfelung hinter dem Bett lenkt den Blick auf das hell durch den durchsichtigen Vorhang strömende Licht.*
6 *Das glatte Rollo vor einem attraktiven Bogenfenster wurde mit einem Muster verziert, das in der Nischenwölbung wiederkehrt.*

Vorhänge, Jalousien, Rollos, Läden

Wie Vorhänge dienen auch Jalousien und Rollos als Sonnen- bzw. Lichtschutz, sorgen für Intimität und bieten Wärmeschutz. Von den Vorhängen unterscheidet sie das schlichtere Aussehen, das die Fenster selbst mehr zur Geltung kommen läßt.

Sie sind relativ preiswert, und da sie den Raum nicht so stark beherrschen, sind sie eine gute Lösung für kleine Fenster und kleine Räume. Auf die Proportionen ist aber dennoch zu achten; Rollos sollten stets länger als breit sein, und wenn Sie eine große Fensterfront bekleiden wollen, wirken mehrere schmale Rollos nebeneinander entschieden besser als ein breites. Abgesehen von der optischen Flächenaufteilung sind Sie dann auch flexibler beim Lichteinlaß.

Rollvorhänge
Rollvorhänge erfreuen sich bereits seit dem 18. Jahrhundert großer Beliebtheit. Sie können allein oder in Verbindung mit Gardinen aufgehängt werden.

Rollvorhänge können Sie auf recht einfache Weise selber anfertigen – im Handel werden fertige Bastelsätze für diesen Zweck angeboten. Bei der Auswahl des Materials ist darauf zu achten, daß es sich gleichmäßig rollen läßt. Mit enggewebter Baumwolle sind Sie gut beraten, für Küche und Bad könnte ein wasserfester Stoff ratsam sein.

Einfarbige Rollgardinen lassen sich durch Borten und Litzen verzieren, während gemusterte Stoffe besser ohne weitere Umrandung auskommen. Eine ruhige Note kann erzielt werden, wenn der Fensterrahmen in einem der Rollofarbtöne gestrichen wird.

Faltrollos
Heruntergelassen sehen sie fast wie Rollvorhänge aus, während sie im hochgezogenen Zustand eher einer raffinierten Blende ähneln. Sie bieten zwar für sich allein genommen einen vollständigen Fensterschmuck, lassen sich aber auch gut mit anderen schlichten Vorhängen kombinieren. Faltrollos wirken gut in Eß- oder Wohnzimmern oder bei einem Ausblick auf den Balkon. Faltrollos bestehen aus Vorhangstoff und sind in der Regel gefüttert bzw. doppelseitig genäht, weil die Querfalten besser liegen und das Licht besser gedämpft werden kann.

Auch Faltrollos können selbst gefertigt werden, sind aber nicht ganz so einfach wie Rollgardinen. Am ehesten geeignet sind Materialien wie einfacher Kattun oder andere dünne Gewebe, aber auch hübsche Streifenmuster.

Raffrollos
Raffrollos hängen glatt herunter, wenn sie ausgerollt sind. Wenn sie hochgezogen werden, was mit Raffschnüren geschieht, die durch die Schlaufen des Rollobandes auf der Rückseite führen, wirken sie sehr apart mit ihrem bauschigen, girlandenartig hängenden Saum.

Holz- und Papierrollos
Diesen praktischen und gleichzeitig dekorativen Fensterschmuck gibt es in verschiedenen Ausführungen und Stärken. Die Papierrollos werden aus zähem und gesteiftem Papier hergestellt und in schmalen Querfalten angeordnet, die sich beim Hochziehen harmonikaartig zusammenlegen.

Nach dem gleichen Prinzip funktionieren Holzrollos, die aus dünnen Holzplättchen oder häufig auch aus Schilfrohr bestehen. Bei dieser Art Rollo sind die transparenten Typen am reizvollsten; die Verwendung der Holz- oder holzähnlichen Materialien, etwa auch von Bambus, verleiht dem Raum eine exotische Note, besonders an einem lichten, sonnigen Fenster.

Jalousien
Jalousien aller Art erfreuen sich in neuerer Zeit recht großer Beliebtheit (obwohl viele der frühen Modelle eher abschreckend wirkten), was in erster Linie auf verbesserte, neue Werkstoffe wie Acryl oder hauchdünnes Aluminium zurückzuführen ist, die auch zu einer erheblichen Gewichtsverminderung beigetragen haben. Auch kann man heute zwischen vielen ansprechenden Farbtönen wählen, was der Fenstergestaltung neue Möglichkeiten bietet. Ein nichtssagendes Fenster kann durch eine Jalousie angenehm strukturiert werden, eine Verandatür aus Glas ihre Härte verlieren. Beliebt sind Jalousien in erster Linie auch wegen der nahezu unbegrenzten Variationsmöglichkeiten des Lichteinfalls, der durch Verstellen der mitunter hauchdünnen Lamellenplättchen reguliert werden kann. Ihr Nachteil liegt darin, daß sie leicht verstauben und schwer zu reinigen sind.

Vertikallamellen
Hier verlaufen die Lamellen senkrecht, was sich am besten bei einem vom Boden bis zur Decke reichenden Fenster macht. Sie können wählen zwischen Holz, Leinwand, Seide usw.

Fensterläden

Fensterläden aus Holz oder anderen Materialien sind immer noch die beste Möglichkeit, den Raum wirksam abzudunkeln. Eine Hausfassade kann durch zurückgeklappte Holzläden ihr typisches Gepräge gewinnen. Rolläden sind eine Variante, wenn Sie die Vorteile des Verdunkelns, der Geräuschminderung und erhöhten Sicherheit genießen wollen, tagsüber jedoch eine unauffällige Front vorziehen.

1 *Verbindende Jalousien*

2 *Raffgardinen aus weißem Brokat*

3 *Weiße Vertikallamellen*

4 *Preiswertes Papierfaltrollo*

5 Weiße Stoffjalousien filtern das Tageslicht und schirmen die unschöne Aussicht ab.
Die viktorianischen Fensterläden wurden abgebeizt und nachgeschliffen und bilden zusammen mit den Bodendielen das dominierende Element in diesem nüchternen Raum.

7

9

6 Hier wurde in die Wand des Schlafzimmers ein weiteres Fenster mit Blick auf die Terrasse eingebaut und dadurch eine ehemals dunkle Ecke in einen freundlichen Schreibplatz verwandelt.
7 Rollos zum Hochziehen an einer schrägen Glasfront bringen Farbe in eine betont gedämpft gehaltene Küche, in der die Arbeitsplatte aus Marmor und der melierte Holzanstrich dominieren.
8 Die riesigen Atelierfenster sind auf einfache, aber höchst wirkungsvolle Art mit Faltrollos aus Stoff abgedeckt.
9 Holzklappläden in einem holzgetäfelten Raum. Ein leichtes Rollo filtert sanft das Licht.

Schlichte Rahmen

1 *Die kahlen Fenster wirken wie rohe Wanddurchbrüche, da praktisch nichts vom Rahmen zu sehen ist. Das Muster der Gymnastik-Sprossenwand wird in der Holztreppe draußen wiederholt.*

2 *Die ursprünglichen Fenster eines alten Bauernhauses wurden ersetzt durch neue, handgearbeitete Rahmen in dunkel gebeiztem Holz, deren rustikaler Stil harmonisch auf das alte Gebäude abgestimmt wurde.*

3 *Die Holzverkleidung rund um das Fenster bietet hier gleichzeitig ein dekoratives Regal- und Fächersystem – eine geniale Lösung für ein Schlafzimmer, das mehr als nur einen Raum zum Schlafen bietet.*

4 Ein Blick über die Dächer von Manhattan, eingefaßt in einen glatten Metallrahmen – jeder weitere Dekor wäre hier fehl am Platz.
5 Ein ambitionierter Lichthof in einem Reihenhaus in Nordlondon. Für weitere Dramatik sorgen die Klappböden – der Entwurf stammt von dem Eigentümer, der zugleich Architekt ist.

5

6 Die schräge Wand des Badezimmers im Dachgeschoß wurde mit Spiegeln ausgekleidet, die das Licht vom Fenster reflektieren und den Raum optisch erweitern; durch das durchgängige Weiß wird diese Wirkung noch unterstützt.

6

7

7 Die geschwungenen Bögen der Leinenfalbeln vor den tiefen Fensternischen verleihen dem Raum ein nahezu klösterliches Aussehen. Die Umrandung wurde gemalt, um eine Steineinfassung vorzutäuschen.

Türen

Die Funktion jeder Tür ist eine doppelte, nämlich die Verbindung zur Außenwelt herzustellen oder eben diese Außenwelt auszuschließen. Innenarchitektonisch kommt der Tür als Teil der Wand eine Bedeutung zu, die nicht zu gering veranschlagt werden sollte.

Ein naheliegender Ausgangspunkt ist der Türrahmen, den Sie z. B. schwarz oder in einer anderen dunklen Farbe streichen könnten, um ihn von einer hellen Wand abzusetzen. Besondere Aufmerksamkeit lenken Schablonenmuster oder farbige Streifen auf den Rahmen. Für eine klassische Einrichtung bietet sich eine Stuckumrandung der Tür an. Wenn Sie optische Spielereien lieben, ist gerade die Tür ein geeignetes Objekt.

In vielen Fällen scheint es am sinnvollsten, Tür und Wände als Einheit zu behandeln, beispielsweise wenn Wandsockel und Tür die gleiche Holztäfelung aufweisen. Ein Büchernarr wird vielleicht eine Regalwand haben, die bis zur Decke und über der Tür weitergeführt ist. Damit der Eindruck nicht zu unruhig wird, könnte man Regale, Wand und Tür im gleichen Farbton streichen.

Mit etwas künstlerischem Geschick lassen Türen sich äußerst prunkvoll verzieren, ob Sie geometrische Muster entwerfen oder traditionelle orientalische Ornamente kopieren.

Glastüren spielen eine besondere Rolle, sie erweitern den Raum, ganz abgesehen davon, daß sie mehr Licht ins Zimmer lassen. Die Struktur der Glasscheiben reicht meist schon als dekoratives Element aus, zusammen mit den so erzeugten Lichtmustern. Wenn Sie einen dunklen, ungemütlichen Raum haben, wäre zu überlegen, ob Sie eventuell einige Holzfelder der Tür durch Glas- oder Spiegelflächen ersetzen wollen oder ein Oberlicht über der Tür einbauen. Wer einen besonders ruhigen Raum benötigt und Abgeschiedenheit liebt, kann die Tür mit Filz auskleiden und z. B. mit grünem Billardtuch überziehen.

Falttüren oder »Ziehharmonikatüren« lösen nicht nur Platzprobleme, sie geben sich auch für originelle optische Effekte her – etwa wenn Sie die Falten in zwei kontrastierenden Farben streichen. Wundervolle Farbkombinationen wären etwa: azurblau und orange, oder rosa und apfelgrün.

Wenn Ihnen das zu gewagt ist, können Sie mit verschiedenen Grautönen auf Nummer sicher gehen. Hier gilt, wie so oft: Probieren geht über studieren.

Bei begrenztem Platz können Sie die Tür auch ganz weglassen; zur Abtrennung zwischen Räumen kann ebensogut ein Vorhang dienen. Schwere Samtvorhänge schützen vor Zugluft und Kälte, während die in heißen Ländern sehr verbreiteten Bambusvorhänge nicht nur luftig sind, sondern auch die Fliegen abhalten. Nach demselben Prinzip gibt es auch Vorhänge aus bunten Stoffstreifen oder Perlschnüren. Eine erfreuliche Nebenwirkung ist das helle Klingeln der Glas- oder Perlmuttplättchen, sobald sie vom Wind bewegt werden.

Wer weite, offene Räume liebt, mag Türen überhaupt als überflüssig ansehen. Zur Raumaufteilung dienen dann eventuell freistehende Wandschirme, die in den viefältigsten Formen und Stilen angeboten werden, von wundervoll dekorierten chinesischen Stellschirmen bis hin zum modernsten stromlinienförmigen Design.

1 Chinoiserie-Intérieur einer englischen Villa des 18. Jahrhunderts mit der ursprünglichen Tapete und einer kunstvoll verzierten handgemalten Tür.
2 Das von Le Corbusier entworfene Clarté-Haus in Genf hat seine Originalzüge weitgehend bewahrt, beispielsweise diese Glas- und Stahl-Schiebetüren, die den Raum zwischen Wohn- und Studierzimmer aufteilen.
3 Eine geschnitzte alte Holztür, zur Betonung der Maserung gewachst und poliert.

1

2

3

Eine wunderbare
aumaufteilung durch
lastüren und Fenster;
esonders eindrucks-
oll an diesem lichter-
illten Innenraum des
ntwerpener Hauses
nd die bunten
chmuckfenster der
berlichter.
Glatte Flächen – ge-
inchte Wände, lackier-
Türen und einfarbiger
oden. In dieser beton-
n Schlichtheit ist Far-
e das einzige Mittel
ur Strukturierung und
kzentuierung des
aumes.

4

5

7

6 *Eine herrliche alte Holztür gewinnt noch an Charme durch die geniale Glaseinfassung.*
7 *Ein umgebautes Londoner Lagerhaus im Hafenviertel – die geöffnete Doppeltür führt auf einen Landesteg und gibt eine fantastische Aussicht über die Themse frei.*

VERKLEIDUNGEN

1

2

3

1 *Häßliche Rohrleitungen verschwanden hier in einer antiken Kommode, die dem Raum einen eigenen Charakter verleiht.*
2 *Stoffbahnen, an der Decke mit Holzstangen befestigt, transformieren ohne viel Aufwand ein bescheidenes Eßzimmer.*
3 *Verglaste Holztüren prägen das Gesicht dieses Flures. Die Leinenvorhänge an der einen Tür verdecken Zähler- und Sicherungskästen.*
4 *Ein riesiger Seidenfallschirm öffnet sich in Verbindung mit alten in Plastik gehüllten Kisten und Sesseln zum stilvollen Raumdekor.*

4

7

8

9

5 Hinter Schiebetüren ist in dieser New Yorker Dachwohnung das Büro verborgen. Die geöffneten Türen (6) geben den Blick frei auf den geschützt in einer Nische gelegenen Arbeitsplatz.
7 Küchenrohre und Leitungen werden von der auf die Einbauschränke abgestimmten Wandverkleidung auf gelungene Art verdeckt.
8 Der Heizkörper wurde im gleichen Farbton wie die Wand angestrichen.
9 Ein gelungener Einfall für eine Ziegelwand – der Heizkörper ist mit einer Ziegelattrappe umkleidet.

BELEUCHTUNG

Die Beleuchtung ist ein ganz wesentlicher Punkt jeder Inneneinrichtung. Mit der richtigen Beleuchtung kann sozusagen jedes Zimmer verbessert werden. Ebenso läßt sich seine Funktionsweise effektiver und häufig auch wirtschaftlicher gestalten. Trotzdem werden Beleuchtungsfragen zunächst meist zurückgestellt und erst in Angriff genommen, wenn die Wohnung soweit eingerichtet ist.

Dabei ist die Raumbeleuchtung ein komplexes Gebiet. Wenn wir einmal das natürliche Licht betrachten, können wir vielfältige Unterschiede in Eigenschaft und Wirkung feststellen: der strahlende Sonnenschein eines Sommermittags ist von ganz anderer Lichtqualität als ein dunstiger Herbstmorgen; der grau verhangene Regentag unterscheidet sich von einer klaren Vollmondnacht hinsichtlich Intensität und Tiefenwirkung der Schatten.

Mit den heutzutage entwickelten technischen Hilfsmitteln lassen sich viele der natürlichen Lichteffekte täuschend nachahmen, wenn wir sie richtig einsetzen und daran denken, daß die Wirkung des Schattens untrennbar mit der Wirkung des Lichts zusammenhängt.

Da das meiste künstliche Licht mit Strom erzeugt wird, sollte die Beleuchtung zusammen mit den Elektroinstallationen geplant werden. Die Wahl der Lichtquellen und ihre Verteilung kann ebenso ausschlaggebend für die Wohnung sein wie die Planung des Hauses selbst (siehe dazu: Planung).

Berücksichtigen Sie bei der Beleuchtungsplanung stets folgendes: die Qualität des jeweils benötigten Lichts, welche Art Zubehör (Elektroanschlüsse) die gewünschte Leistung am besten erbringt und was für Installationen stilistisch am ehesten mit der Einrichtung harmonieren. Entscheidungen dieser Art können jeden Aspekt eines Raumes verwandeln. Möbel und Innendekoration kommen optimal zur Geltung oder leiden, Licht kann anregen oder entspannen, und im ungünstigsten Fall am falschen Platz die falsche Wirkung erzeugen.

Vergessen Sie nicht die Kostenfrage. Es bedarf einiger Kalkulation, die Ausgaben für Neuinstallationen auf Ihr Budget abzustimmen. Planen Sie auch genügend Spielraum für Änderungen – und Irrtümer – mit ein. Je mehr Lichtquellen, Kombinationsmöglichkeiten, Schalter und Dimmer Sie veranschlagen, desto flexibler sind Sie in der praktischen Durchführung.

Sicherheit wie auch Komfort sollten bei allen Überlegungen mitspielen. Schlechte Beleuchtung kann ernsthafte Unfälle verursachen. Kabel dürfen nicht im Weg liegen. Lampen in Kopfhöhe sind zu vermeiden. Und das Licht selbst muß stets hell genug sein, besonders an Plätzen, wo gearbeitet wird, etwa in der Küche oder in der Werkstatt.

Ein Raum, wie geschaffen als Bühne – mit Ein- und Ausgängen an allen Seiten, einer Galerie sowie einer Batterie von Leuchtkörpern für wechselnde Szenen und Stimmungen. Eine Vielzahl von Fenstern, Glastüren und Oberlichtern sorgt dafür, daß derselbe Raum am Tag optimal von natürlichem Licht erhellt wird.

Beleuchtungsarten

Die Beleuchtung von Innenräumen läßt sich in Hinblick auf die verschiedenen optischen Erfordernisse in drei Hauptgruppen einteilen.

Allgemein
Grundsätzlich dient eine Lichtquelle zur Beleuchtung eines Raumes in der Dunkelheit. Im allgemeinen soll ein großer Bereich erhellt werden, was man auf zwei Arten erreichen kann, entweder mit einer zentralen Lichtquelle, von der sich das Licht ausbreitet, oder durch eine Vielzahl kleinerer Lichtquellen.

In den meisten Häusern sind die Leitungen so verlegt, daß ein Leuchtkörper in der Mitte der Zimmerdecke angebracht werden kann, um für allgemeine Beleuchtung zu sorgen. Dabei ist ein solches Licht meist nicht besonders attraktiv oder schmeichelhaft für den Raum. Ein weiterer Nachteil ist mangelnde Flexibilität. Mehrere Lichtquellen an verschiedenen Standorten – Decken- und Wandstrahler etwa, zusammen mit Tisch- oder Stehlampen, lassen sich viel effektiver einsetzen. Auch Neonröhren liefern brauchbares Licht, doch sie werden oft als grell und unangenehm empfunden. Um Schatten zu vermeiden, beleuchtet man Arbeitsbereiche am besten mit mehreren Punktstrahlern.

Funktional
Funktionales Licht hat die Aufgabe, eine begrenzte Fläche, etwa einen Arbeitstisch oder eine Leseecke – hell zu erleuchten, was meist mit einem gebündelten Lichtkegel erreicht wird. Ebenso können Sie den Lichtschein auf bestimmte Gegenstände, Bilder, Pflanzen usw. richten. Punktstrahler, ob an der Decke oder Wand, erfüllen diese Aufgabe neben Tisch- oder Stehlampen wohl am besten. Leuchtstoffröhren eignen sich hervorragend für indirektes Licht, hinter Blenden und Leisten, im Küchenbereich, an Regalen. Obwohl sie relativ preiswert sind, werden Punktstrahler vielfach vorgezogen. Besonders die Art von Punktstrahlern, die einen schmalen, engen Lichtstrahl erzeugt, erfreut sich neuerdings großer Beliebtheit.

Atmosphärisch
Mit Licht will man Effekte erzielen, Helligkeit und Schatten erzeugen. Lampen, die ziemlich weit unten im Raum angebracht sind, etwa Tisch- und Bodenlampen, können für effektvolle Stimmungen sorgen. Subtile Wirkungen gehen auch von aufwärts gerichteten Strahlern aus, deren Lichtschein von der Decke reflektiert wird.

Punktstrahler, die Arbeitsflächen, Gemälde oder architektonische Elemente anstrahlen, können, ähnlich wie Deckenlampen, in Verbindung mit Dimmerschaltern die Atmosphäre verzaubern.

Dimmer

Flexibilität ist das wesentliche Merkmal einer guten Beleuchtung. Sicher möchten Sie nicht in allen Räumen zu jeder Zeit die gleiche Lichtintensität haben. Die stufenlos regelbaren Dimmer-Schalter sind in dieser Hinsicht von unschätzbarem Wert, denn mit ihnen können Sie auf Knopfdruck (bzw. durch Drehen des Schalters) jederzeit die gewünschte Lichtstärke einstellen.

Dimmer sind leicht zu installieren und passen zu allen Arten von Anschlüssen. Vielfach haben kleine Tischlampen heute bereits den entsprechenden Dimmerschalter eingebaut.

Die Wirkung des Dimmer-Mechanismus beruht darauf, daß den Glühbirnen verschieden starke Spannung bzw. verschieden hohe Stromstärke zugeführt wird. Somit haben sie neben der optimalen Regulierbarkeit auch die erwünschte Möglichkeit, Strom zu sparen und die Lebensdauer der Birnen erheblich zu verlängern.

1 *Allgemeines Raumlicht aus einer Vielzahl von Quellen – jede nach dem Aussehen sowie nach der Lichtqualität ausgewählt. Verdecktes Licht fällt an die Decke, während die 30er Wandleuchten und eine Stehlampe im modernen Design für die übrige Beleuchtung sorgen. Aus dem überdimensionalen Stecker ragen zwei Leuchtröhren und eine weitere moderne Stehlampe aus Chrom und Glas befindet sich außerhalb des Wandbogens.*

1

3

2 *Die klassische Tischlampe auf dem Bücherbord erfüllt zwei gleichermaßen wichtige Beleuchtungsfunktionen mit einem Minimum an Aufwand. Auf den Stuhl gerichtet, bietet sie das perfekte Licht zum Lesen, während sie wie hier zur Wand gewendet eine nicht zu helle, weiche Raumbeleuchtung mit intimer Atmosphäre erzeugt.*
3 *Sorgfältig durchdachte, subtile und stimmungsvolle Beleuchtung für Geselligkeit oder geruhsame Entspannung. Die Raumausstattung bietet sich geradezu für spezielle Lichteffekte an, wie z. B. für die Bodenbeleuchtung unter der erhöhten Plattform und dem eingebauten Sofa.*

Farbiges Licht in Grün und Violett sorgt für spektakuläre Effekte in diesem minimal ausgestatteten Haus mit seinen fast leeren Räumen. Allerdings dienen die Lichtanlagen, dio übrigens sehr diskret oder gänzlich unsichtbar angebracht sind, weniger der Raumbeleuchtung als zur Erzeugung der ungewöhnlichen Wirkung.

Die Ausstattung mit Licht

Glühlampen

Wolframlampen. Die gängigen Haushaltsglühbirnen haben einen Glühfaden aus Wolfram, der eine um so höhere Temperatur und damit Helligkeit entwickelt, je höher die Wattzahl ist. Diese Glühbirnen erzeugen ein warmes, gelbliches Licht, das sich für Wohnräume eignet und Farben angenehm beleuchtet. Um die optimale Lichtwirkung herauszufinden, ist es ratsam, die jeweils stärkste Glühbirne in die Lampe zu schrauben und dann mittels Dimmerschalter die Lichtintensität langsam zu reduzieren, bis man die passende Helligkeit gefunden hat. Die normalen Haushaltsglühbirnen streuen das Licht, d. h. sie scheinen in alle Richtungen, es sei denn, man lenkt das Licht durch Lampenform und -schirm in bestimmte Richtungen. Reflektierende Birnen, die einen gerichteten Lichtkegel aussenden, sind innen versilbert und werden in den beliebten Punktstrahlern verwandt. Kopfverspiegelte Birnen werfen das Licht zunächst in die Fassung zurück, wodurch die Blendwirkung vermindert wird. Diese Birnen ergeben mit Parabolreflektoren einen schmalen, dirigierbaren Lichtstrahl.

Halogenlampen. Die als Halogenlampen bezeichneten Birnen sind ebenfalls mit einem Wolframdraht ausgestattet, doch der Glaskolben ist mit Halogengas gefüllt, was ein weißeres Licht ergibt. Die Lichtstärke liegt um 20% höher als bei normalen Wolfram-Birnen. Halogenlampen sind besonders effektiv für aufwärtsgerichtetes Licht, etwa um die Dekke anzustrahlen und diffus in den Raum zurückzuscheinen.

Niedervoltlampen. Niedervolt-Halogenlampen sind bedeutend kleiner als normale Glühbirnen und geben ein konzentriertes, strahlend weißes Licht ab. Sie werden mit Niederspannungen von 12 Volt oder weniger betrieben, können am üblichen Haushaltsstrom also nur in Verbindung mit einem Adapter verwendet werden, der die Netzspannung heruntertransformiert.

Diese kleinen Lampen erzeugen einen präzisen Punktstrahl, der je nach Leuchtkörper in der Breite und Intensität variiert und sich vorzüglich als Akzent- oder Arbeitslicht (besonders für Tätigkeiten wie Sticken oder Lesen) eignet, aber auch zur Allgemeinbeleuchtung, wenn mehrere Lichtquellen vorhanden sind und ein Dimmerschalter die Helligkeit regeln kann.

Leuchtkörper für normale Glühbirnen lassen sich auch mit Niedervoltbirnen betreiben, wenn man entsprechende Adapterteile verwendet, die in die Bayonett- oder Schraubfassung passen.

Leuchtstofflampen. Leuchtstofflampen sind Gasentladungsröhren, die in unterschiedlichen Längen erhältlich sind und entweder kaltes, weißes oder auch wärmeres Licht verbreiten, je nachdem mit welcher Leuchtschicht die Innenwand der Röhre ausgekleidet ist. Da die Bezeichnungen der im Handel angebotenen Lampen irreführend sein können, sollten Sie das Licht beim Kauf prüfen. Kaltes weißes Licht wirkt grell und reduziert die Schatten, nimmt Texturen die Tiefenwirkung und kann für die Augen ermüdend sein. Allerdings läßt sich die unangenehme Wirkung durch Vorsatzfilter oder Blenden erheblich verringern. Runde und gebogene Miniröhren sind vielseitiger als die geraden Röhrenlampen und passen in die verschiedensten Leuchten. Sie haben eine erstaunlich lange Lebendauer, sind sparsamer im Stromverbrauch als Wolframlampen (dies trifft für alle Leuchtstofflampen zu), und die Wärmeentwicklung ist äußerst gering, weshalb sie für eine breite Palette von Leuchtkörpern verwendbar sind und im Haushalt immer mehr Verbreitung finden. Leuchtkörper aus Keramik, Glas, Papier, Stahl und Textilgewebe in den verschiedensten Designs bereichern heute das Angebot der zur Wahl stehenden Lichtquellen. Allerdings können Leuchtstoffröhren nicht in Verbindung mit Dimmern verwendet werden.

Neon. Neon- oder Leuchtröhren assoziiert man in erster Linie mit der uns überall umgebenden Neonreklame in strahlend bunten Farben, doch sie bieten auch im Haus einige Möglichkeiten und verleihen dem Licht eine ganz besondere – meist eher dekorative – als funktionale – Note.

Leuchten

Geben Sie bei der Auswahl stets der Lichtqualität den Vorrang vor dem Aussehen und Design.

Deckenstrahler. Deckenstrahler dienen dazu, das Licht von der Decke herunterzuwerfen, in der Regel direkt senkrecht auf den Boden. Sie sind entweder an der Decke angeschraubt oder versenkt in die Decke eingelassen. Je nach Art der Birne und Lampenfassung reicht das Spektrum von schmalen, dicht gebündelten Lichtstrahl (besonders mit Niedervolt-Halogenlampen) bis zum weiten, diffusen Kegel (etwa mit verspiegelter Wolframbirne in drehbarer Kugellampe).

Deckenstrahler sind sehr vielseitig einsetzbar, ob für Allgemein- oder Platzbeleuchtung oder als atmosphärisches Licht auch in Verbindung mit Dimmern. Das Licht blendet nicht, die Leuchten können klein sein und im Raum oft gar nicht bemerkt werden – ein großer Vorteil, wenn Sie klare Konturen, aber keine Lampenschirme lieben. Versenkt angebrachte Deckenleuchten sind besonders unauffällig, und wenn die elektrischen Anschlüs

1 Normales Wolframlicht
2 Weißeres Licht erzeugen Halogen-Lampen
3 Bodenstrahler mit Halogenlicht
4 Standard-Hängelampe für Wolframbirnen
5 Wolfram-Deckenstrahler
6 Stehlampe mit Halogenbirne
7 Wolfram-Parabolstrahler
8 Standardstrahler mit Bodenständer
9, 10 Hänge- und Deckenlampe mit Wolfram-Kugellicht

se an der richtigen Stelle liegen, gibt es keine größeren Probleme bei der Anbringung. Kein Deckenputz muß entfernt, kein Boden aufgerissen werden; alles, was erforderlich ist, ist eine Vertiefung in der Größe einer üblichen Rosettenverkleidung. (Mit dem Anschluß einer Niedervoltlampe sollte man jedoch einen Elektriker beauftragen, da die Installation des Spannungsumwandlers möglichst vom Fußboden darüber vorzunehmen ist.)

Hängelampen. Bei dieser traditionsreichen Beleuchtungsmethode werden die Leuchtkörper von der Decke hängend installiert. In der Regel reichen die üblichen Wolframbirnen, wobei Intensität und Verteilung des Lichts von Form und Art des Lampenschirms abhängen. Wenn das Licht gleichmäßig in alle Richtungen ausstrahlen soll, nimmt man meist kugelförmige Lampenschirme aus Glas oder Papierballons, die die Glühbirne an allen Seiten umgeben. Will man den Lichtschein mehr nach unten lenken, hat man die Wahl zwischen verschiedenen flachen, tellerähnlichen Schirmen, die oben geschlossen und nur nach unten geöffnet sind. Derartige Lampenschirme sind am zweckmäßigsten, wenn sie über Tischen aufgehängt sind. Manche können in der Höhe verstellt werden. Daneben gibt es auch interessante Lampenschirme, die nach oben wie nach unten geöffnet sind und das Licht in zwei Richtungen abstrahlen.

In fast allen Zimmern ist – meist in der Raummitte – ein Anschluß für eine zentrale Deckenlampe vorgesehen. Wenn Sie die Lampe jedoch an einer anderen Stelle brauchen, ist die einfachste Lösung, das Kabel von dort aus in geschwungenem Bogen an der Decke entlangzuleiten. An der Stelle, wo Sie die Hängelampe brauchen, muß dann nur noch ein Kronenhaken angebracht werden. Hängelampen sind bestens für die stufenlose Regelung mit einem Dimmer geeignet, um das jeweils gewünschte Raumlicht zu erzielen.

Punktstrahler. Eine Vielzahl von Punktstrahlern befindet sich im Handel, die ganz unterschiedlichen Anforderungen gerecht werden. Bei den meisten Typen ist die Glühbirne verdeckt eingeschraubt, aber es gibt auch Modelle, die die Birne deutlich sichtbar angebracht haben. Wählen Sie für die Installationen einen Standort, wo der Lichtschein möglichst wenig blenden kann. Die meisten Punktstrahler eignen sich als Deckenstrahler und lassen mit ihrem ziemlich genau ausgerichteten Lichtkegel Texturen und Farben besser zur Geltung kommen als Hängelampen oder Leuchtstoffröhren es vermögen.

Minipunktstrahler werfen ein besonders stark gebündeltes Licht mit engem Kegel direkt auf die gewünschte Fläche und sind ein gutes Akzentlicht. Mit Parabolreflektoren und versilberten Glühbirnen ergibt sich ein sehr klares und intensives Licht.

Ein einzelner Strahler ist nur dann sinnvoll, wenn er eine begrenzte Fläche beleuchten soll; für eine vielseitigere und flexibler gestaltbare Beleuchtung empfiehlt sich die Kombination mehrerer solcher Strahlerlampen, die das Licht jeweils in verschiedene Richtungen abgeben. Diesen Zweck erfüllen z. B. die Lampenschienen mit drei oder mehr Strahlern, die sich zunehmender Beliebtheit erfreuen. Punktstrahler können auch an Wänden angebracht sein oder an Ständern frei im Raum stehen.

Deckenfluter. Aufwärtsgerichtetes Licht kann eine weiche, gleichmäßige Raumbeleuchtung erzielen, ohne daß die Gefahr der Blendung gegeben ist, da es zunächst an die Decke strahlt und von dort diffus den Raum erfüllt. Als indirektes Licht ist es aber nicht als Arbeits- oder funktionales Licht geeignet, sondern in erster Linie als hervorragende Hintergrundbeleuchtung. Vorsicht bei Aufwärtsstrahlern, wenn Sie zufällig eine unansehnliche Decke haben, die nicht noch durch Licht betont werden sollte – diese Art der Beleuchtung ist in erster Linie besonders schönen oder z. B. auch stuckverzierten Decken vorbehalten, wie sie nur selten zur Verfügung stehen.

Tischlampen. Die breite Palette möglicher Tischlampen läßt sich nach der Funktion grob in zwei Kategorien einteilen: in Arbeitslampen für funktionales Licht, z. B. Schreibtischlampen, und Platzlampen zur Beleuchtung eines begrenzten Bereichs bzw. Zimmerausschnitts.

Tischlampen fallen optisch ins Auge und sollten daher in Form und Design dem Einrichtungsstil angepaßt sein. Daneben ist natürlich auch auf die Lichtqualität zu achten. Tischlampen mit milchigem oder durchscheinendem Lampenschirm ergeben weich gedämpftes Licht, eignen sich also gut für eine stimmungsvolle Raumbeleuchtung, während am Arbeitsplatz oder Schreibtisch eine klare Lampe vorzuziehen ist.

Stehlampen. Viele Stehlampen haben ein sehr attraktives Design. Je nach Höhe des Ständers bzw. der Lampe können sie die verschiedensten Funktionen erfüllen. Im Gegensatz zur traditionellen Wohnzimmerstehlampe mit Lampenschirm, die hauptsächlich nach unten leuchtet, sind heute Modelle für nahezu jeden Zweck und jede Beleuchtungsart erhältlich. Was die Höhe der Lichtquelle angeht, ist man viel experimentierfreudiger geworden; besonders die bodennahen Lampen verdienen Beachtung.

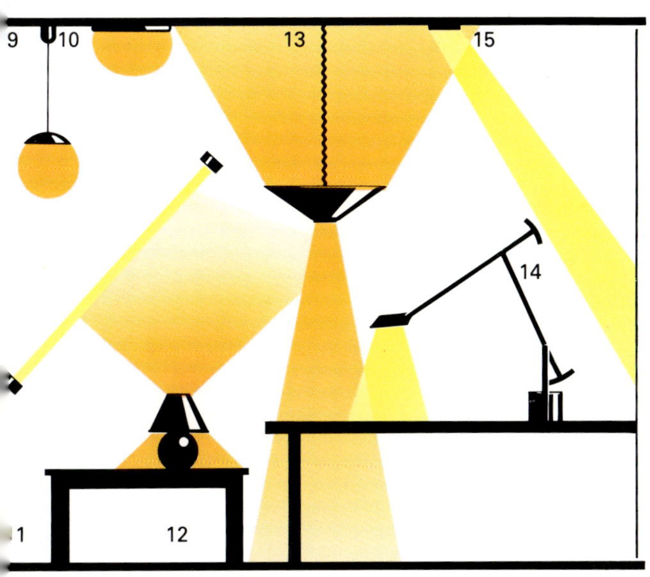

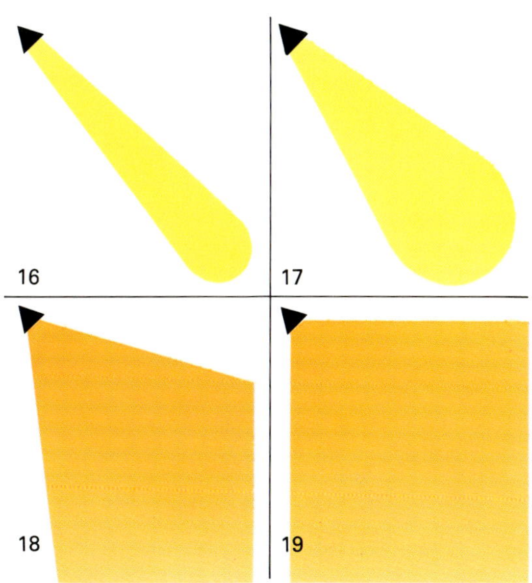

11 *Leuchtstoffröhre*
12 *Tischlampe*
13 *Hängelampe mit auf- und abwärts gerichtetem Kegel.*
14 *Niedervolt-Halogentischlampe*
15 *Niedervolt-Deckenstrahler.*
16 *Niedervolt-Halogenstrahler erzeugen präzise, schmale Kegel;*
17 *Halogen-Glühbirnen geben klar weißes Licht;*
18 *Kegel des normalen Wolframstrahlers;*
19 *Kegel der Wolfram-Hänge- oder Kugellampe.*

Lichtquellen

1 *Eine Außenlampe dient hier in diesem »minimalistischen« Schlafraum als einzige, aber wirkungsvolle künstliche Lichtquelle.*
2 *Halogen erzeugt ein klares weißes Licht, was besonders gut bei Deckenflutern wirkt. Dieses Lampenpaar läßt jedes Detail der Stuckarbeiten deutlich hervortreten.*

1

2

3

3 *Halogenröhrenlampen erzeugen ein schmeichelhafteres Licht als die herkömmlichen Leuchtstofflampen und sind die ideale Beleuchtung für Badezimmer wie dieses.*
4 *Parabolstrahler mit versilberten Wolframbirnen ergeben klar begrenzte Lichtkegel. Hier sind die Lampen in einem Wintergarten installiert, um die Gewächse anzustrahlen und gleichzeitig das Innere durch die Glaswand zu erhellen.*

4

6

7

5 *In diesem stilvollen Eßzimmer sind Kerzen mit ihrem milden weichen Schein die einzige Lichtquelle. Im Mittelpunkt prangt ein Genueser Kerzenleuchter aus dem 18. Jahrhundert.*
6 *Niedervolt-Halogenbirnen, viel kleiner als vergleichbare andere Glühbirnen, können für winzige Leuchtkörper verwendet werden. Die kleinen Lampen am Rahmen der Verandatür werden ergänzt von einem Paar Tischlampen als Arbeitslicht.*
7 *Hängelampen eignen sich am besten als Beleuchtung über einem Eßtisch.*

Planung

Das erste und wichtigste Kriterium für die Beleuchtung ist die Funktion – Kochen, Baden, Lesen oder Essen erfordern ganz unterschiedliche Lichtqualitäten. Hinzu kommen bauliche Gegebenheiten, Mobiliar oder Atmosphäre eines Raumes. Licht kann Farben und Texturen von Vorhängen oder Dekostoffen vorteilhaft verändern, es kann Gemälde und andere Kunstobjekte in den Mittelpunkt rükken oder ein geschäftiges Wohnzimmer in einen festlichen Speiseraum verwandeln. Und ganz entscheidend trägt auch der Schatten zur Gesamtwirkung des Lichtes bei. Mehrere regulierbare Lichtquellen sind für Mehrzweckzimmer ein »Muß«, doch grundsätzlich profitieren alle Räume davon, wenn Sie verschiedene Beleuchtungsarten miteinander kombinieren.

Elektrische Leitungen

Im Idealfall haben Sie schon vor Beginn der Einrichtungsarbeiten einen fertigen Entwurf für die Beleuchtung. Dann können die Installationen zusammen mit anderen baulichen Maßnahmen ausgeführt und die meisten Leitungen verdeckt gelegt werden. In der Praxis wird diese Gelegenheit selten genutzt – offenbar ist die Planung der Beleuchtung in diesem frühen Stadium recht frustrierend. Auf jeden Fall sollten alle elektrischen Anlagen möglichst flexibel und vielseitig sein. Der nachträgliche Einbau weiterer Steckdosen verursacht oft mehr Arbeit und Kosten als die Sache wert ist. Bevor Sie Wände oder Böden aufreißen, sollten Sie die erzielbaren Verbesserungen sorgfältig gegeneinander abwägen (siehe dazu: Elektrizität).

Es macht sich bezahlt, wenn Sie sich noch vor der Raumausstattung Gedanken über Ihre Lichtwünsche machen, etwa wenn Sie wissen, wieviele Anschlüsse für Deckenlampen Sie brauchen, bevor die Decke fertiggestellt ist.

Bei Tisch- und Stehlampen könnte es ratsam sein, im vorhinein von bestimmten Steckdosen Leitungen zum Hauptlichtschalter zu legen, damit Sie alle Lichter von demselben Platz an der Tür ein- und ausschalten und gegebenenfalls auch stufenlos regeln können.

Wie Ihre Pläne auch aussehen – wenn Arbeiten an den elektrischen Leitungen erforderlich sind, lohnt es sich, einen Elektriker zu Rate zu ziehen.

Die einzelnen Räume

Wohnzimmer. Allgemeines diffuses Licht, von Decken- und Hängelampen, sollte mit Platzleuchten an Tischen und Sitzecken und Punktstrahlern kombiniert sein. Dimmerschalter sind die beste und einfachste Lösung, um die Helligkeit Ihren jeweiligen Stimmungen und Aktivitäten anzupassen. Ist in dem Raum ein Schreibplatz vorhanden, sorgt eine Schreibtischlampe für geeignete Beleuchtung. In Sitzecken oder am Sofa sollte eine ausreichend helle Leselampe nicht fehlen. Ferner möchten Sie vielleicht einen wertvollen Gegenstand, ein Bild o. ä., durch besondere Lichtakzente hervorheben.

Ausschlaggebend ist die Flexibilität, deshalb sollten Sie Ihr Wohnzimmer mit sovielen Lichtquellen wie möglich ausstatten. Sie brauchen ja nicht alle gleichzeitig zu benutzen. Leuchtkörper und Zubehör sollten passend zum Stil und Charakter des Raumes gewählt werden. Oft kommen aber selbst in klassischen, eleganten Räumen moderne, schlichte Lampen besser zur Geltung als dekorative Prunkleuchten.

Schlafzimmer. Eingebaute Deckenlampen sind unauffällig und erhellen den Raum auf angenehme Weise, doch vielleicht ziehen Sie für eine gedämpftere Raumbeleuchtung mehrere niedrige Stehlampen vor. Lampenschienen für Punktstrahler lassen sich an Decken oder Wänden anbringen. Anstelle von Nachttischlampen mit Ständern, die Dingen wie Weckern, Radios, Büchern usw. ins Gehege kommen, empfehlen sich am Bett kleine Wandleuchten oder -strahler. Besonders wichtig ist die richtige Beleuchtungsart bei Spiegeln. In Wand- und begehbaren Einbauschränken können kleine Röhrenlampen angebracht werden, die sich mit Kordeln oder automatisch durch Öffnen der Tür (wie beim Kühlschrank) betätigen lassen.

Badezimmer. Die meisten Länder haben ziemlich strikte Sicherheitsvorschriften für Feuchträume. Alle elektrischen Installationen sind hinreichend vor Nässe zu schützen, um Kurzschlüsse oder Elektroschocks zu vermeiden. Dimmerschalter z. B. bringt man besser außen an der Tür an. Neonlicht ist recht unschmeichelhaft, glasumschlossene Deckenlampen hingegen verbreiten ein angenehmes Licht. Der Spiegel- und Waschbeckenbereich läßt sich am besten von einer kombinierten Rasier- und Lichtsteckdose aus mit Strom versorgen.

Küchen. Die Raumbeleuchtung einer Küche sollte, was Intensität und Richtung des Lichts betrifft, möglichst anpassungsfähig sein, um den verschiedenen Aktivitäten gerecht zu werden. Drehbare Kugellampen eignen sich, den Lichtkegel nach Bedarf zu verstellen. Eine gute Lösung sind auch hier Lampenschienen (besonders die erweiterungsfähigen), denn so können Sie beliebig viele Punktstrahler auf Herd, Spülbecken, Arbeitsfläche oder in einen Schrank richten.

Das wichtigste ist wohl die Beleuchtung der Arbeitsflächen, die eine sichere und effektive Essenzubereitung gewährleisten soll. Zurückgesetzte Neonröhren, etwa an Hängeschrän-

1

2

3

en, sorgen dafür, daß der Koch oder die öchin nicht im eigenen Schatten arbeitet. Venn Sie Schienensysteme bevorzugen, ollte jede Lampe separat zu schalten sein. benso sind dreh- oder schwenkbare Lampen m Arbeitsbereich sehr nützlich. Handelt es ich um eine Wohnküche, in der Sie auch die Mahlzeiten einnehmen, mag es manchmal vünschenswert sein, das Durcheinander von öpfen und Pfannen anschließend wieder im Dunkeln verschwinden zu lassen.

reppen, Gänge, Flure. Die Wandbeleuchung für Treppen sollte so plaziert sein, daß die Stufen gut zu sehen sind, schon aus Gründen der Sicherheit. Auch Treppenabsätze sollten ell erleuchtet sein. Ein eingebauter Zeitschaler kann dafür sorgen, das Treppenhaus autonatisch mit Einbruch der Dunkelheit zu beeuchten, und eventuell möchten Sie auch die anze Nacht über ein Licht brennen lassen. Für diesen Fall gibt es z. B. kleine Neonlampen, die sehr langlebig sind und wenig Strom verbrauchen. Die scheinwerferähnlichen Punktstrahler sind für Flure und Treppen weniger geeignet, da sie je nach Einfallswinkel leicht blenden.

Arbeitszimmer. Ob Schreibmaschine, Computertastatur oder Blatt Papier – zur guten Beleuchtung des Arbeitsplatzes gehört auch die Wahl des angenehmsten Lichtes. Niedervolt-Halogenlampen ermüden die Augen weniger als Neon- oder Wolframlampen. Grundsätzlich mildern auch Reflektoren in Birne oder Lampe den Lichtschein, und heutige Schreibtischlampen nehmen zudem weniger Platz weg als früher. Für die Arbeit am Computer ist gutes Allgemeinlicht unerläßlich, das in der Qualität zum Bildschirm paßt. Nicht zuletzt sollten auch Regale und Ablageflächen beleuchtbar sein.

5

6

1 *Hier wurde eine Wandlampe über dem Kamin in ein Detail der interessanten Stuckverzierung integriert.*
2 *In der Decke installierte Lampen sind eine ausgezeichnete Lösung für Badezimmer, wo es besonders auf Schutz vor Nässe und Feuchtigkeit ankommt.*
3 *Gutes Arbeitslicht und interessante Effekte bieten die in dieser Küche hinter Einbauschränken verdeckt installierten Lampen.*
4 *Eine intime Atmosphäre läßt sich auch in großen Räumen erzeugen – wie hier mit niedriger Akzentbeleuchtung, die sich auf den Sitzbereich konzentriert, während die Raumbeleuchtung durch Dimmer abgedunkelt wurde.*
5 *Eine Schiene mit mehreren Strahlern dient der allgemeinen Beleuchtung wie zur Akzentuierung des Gemäldes; weitere Lampen in Bodennähe sorgen für punktuelle Auflockerung.*
6 *Eine einfache Krankenhauslampe am Bett, praktisch und formschön zugleich, lenkt den Blick auf die kunstvolle indische Bettdecke.*

Beleuchtungsdesign

Beleuchtungsdesigner können Ihnen helfen, eine maßgeschneiderte Lösung für Ihre Inneneinrichtung zu finden. Sie sind heute aus dem Einrichtungsgewerbe ebensowenig wegzudenken wie die Innenarchitekten selbst.

John Cullen, der mit dem ersten Preis der Internationalen Vereinigung der Beleuchtungsdesigner ausgezeichnet wurde, hat ein System entwickelt, welches mit Hilfe von optischen Linsen und einer Halogen-Lampe die verschiedensten Effekte, u. a. dünne Lichtbündel, Flutlicht und gespaltene Lichtkegel, erzeugt. Daneben entwarf er auch ein Beleuchtungssystem mit niedrigem Stromverbrauch, bei dem das Licht mehrerer Glühbirnen von der Decke zurückgeworfen wird und sich angenehm im Raum verteilt.

Bei jedem Beleuchtungskonzept untersucht John Cullen zunächst, wie der Lichtschein in Bezug auf Möbel und Innendekoration am günstigsten zu wählen ist. Hinzu kommen Faktoren wie Tiefe, Höhe und Größe des Raumes. »Licht ist die Darstellung des Raumes. Entscheidend ist die Wirkung, nicht die Form. Die meisten Menschen verstehen es, den Raum mit architektonischen Formen darzustellen und die Dekoration mit passenden Objekten zu ergänzen, aber bei der Beleuchtung verlieren sie dann die Übersicht.« Für gleichmäßig verteiltes diffuses Licht wählt Cullen meist freistehende Bodenlampen oder Wandstrahler. Auf Reihenstrahler verzichtet er meist: »Für mich sind sie ein Behelf bei fehlender Planung – ich würde sie nur einsetzen, wenn ich keine Alternative sehe.« Bei normalen Lampen, die nach unten strahlen, sollten zusätzlich Platzleuchten benutzt werden. Statt der lichtdurchlässigen Lampenschirme empfiehlt er mit Reflektoren ausgestattete Niedervolt-Lampen, die einen präzisen Lichtstrahl aussenden und zur genauen Akzentuierung dienen können.

David Hersey, einer der führenden Bühnenbeleuchter Europas, überträgt seine Erfahrungen aus den Theaterkulissen auch auf das häusliche Wohnen. »Oberstes Gebot ist das Gleichgewicht zwischen Licht und Schatten. Ein gleichmäßig erhellter Raum wirkt langweilig. Manchmal wird das Licht gar nicht wahrgenommen, dennoch erzeugt es eine bestimmte Atmosphäre. Im Theater ist es manchmal sogar das verbindende Element der Aufführung.«

Eines seiner ehrgeizigsten Projekte bestand aus einer mobilen Schiene, die mit »intelligenten«, computergesteuerten Lampenreihen ausgestattet war. Sie ließen sich hoch- und herunterfahren, veränderten die Farbe, konnten drehen und wenden und so die spektakulärsten Effekte erzielen. Nach Meinung Herseys sind auf Schienen montierte Lampen ein ausgezeichnetes Hilfsmittel für den Amateur, mit Licht zu experimentieren und es besser verstehen zu lernen, ohne großartige elektrische Anlagen aufbauen zu müssen. Er empfiehlt, solche Schienen entweder quer über die Decke oder entlang der Wand zu befestigen und alle Schalter mit Dimmern auszustatten, um größeren Spielraum zu haben.

Die Probleme bei der Deckenbeleuchtung sind nach Herseys Erfahrung hauptsächlich: »Wenn der Kegel steil nach unten gerichtet ist, entstehen häßliche Schatten. Auf der Bühne wirkt sich das häufig so aus, daß man die Augen der Schauspieler nicht sieht – nur dunkle Höhlen.« Für den Hausgebrauch empfiehlt Hersey Minischeinwerfer, die mit Klappen ausgestattet sind und verschiedene Effekte erzeugen, vom hellen Flutlicht, das eine ganze Wand in weißes Licht taucht, bis zum dünnen, genau definierten Lichtschlitz. Ferner gehört zur Wohnungsbeleuchtung auch der Deckenanstrich: matte Farben mildern das Licht. Einen harten senkrechten Lichtschein kann man auch dämpfen, indem man zwei Lichtkegel miteinander kreuzt. Viele Leuchtkörper sind bereits mit Blendschutz, entweder als Umrandung oder in Form von Reflektoren, versehen. Besonders warmes Licht entsteht bei Verwendung von golden gefärbten reflektierenden Flächen.

David Hersey schlägt eine ausgewogene Mischung aus aufwärtsgerichteten Strahlern und nach unten leuchtenden Deckenlampen vor. Schmale, intensive Lichtkegel eignen sich zur Betonung stark strukturierter Flächen, etwa unverputzter Ziegelwände. Mit Phantasie lassen sich noch viele weitere Effekte oder auch Lichtspielereien gestalten.

1 Die Glasregale lassen das hinter einer Blende angebrachte Licht angenehm gefiltert auf die Arbeitsplatte scheinen.
2 Im Bad derselben Wohnung sendet eine Niedervolt-Halogenlampe über dem Rundspiegel einen konzentrierten Lichtstrahl in den Raum.

1

2

4

3 *Die übergroße Tischlampe überflutet den Boden mit Licht und dient gleichzeitig als hervorragendes Arbeitslicht.*
4 *Der Bildschirm eines Computers darf nicht direkt angeleuchtet sein, da das die Sicht erschwert. Der aufwärts gerichtete Lichtschein wird von der Decke reflektiert und läßt den Bildschim deutlich hervortreten, ohne zu blenden.*
5 *Ein Drachenmodell wird zur attraktiven Lichtquollo in diesem in japanischer Schlichtheit eingerichteten Zimmer.*

Teil 3

RAUM-GESTALTUNG

Die farbliche Komposition der von Architekt Charles Jencks neugestalteten alten Ranch reflektiert den Himmel, das Meer und den Sand Kaliforniens; gleichzeitig werden die Räume zur kühlen Oase in der Sommerhitze.

EINGÄNGE, FLURE, TREPPEN

Eingänge, Flure und Treppenaufgänge kommen bei der Inneneinrichtung oft zu kurz, da sich fast jeder in erster Linie auf die verschiedenen Zimmer konzentriert – Schlaf-, Wohn-, Kinderzimmer, Küchen und Bäder. Dielen und Flure werden am Ende oft zur Abstellfläche für alles mögliche Gerümpel. Dabei haben sie als Durchgangsbereiche eine überaus wichtige Aufgabe und werden am meisten benutzt. Außerdem bestimmen sie den Gesamteindruck, den Bewohner und Gäste vom Haus oder der Wohnung haben. Der Ausblick von der Eingangstür ins Haus, in helle oder dunkle Winkel, auf offene oder geschlossene Türen, trägt entscheidend dazu bei, wie die Räumlichkeiten auf uns wirken.

Bei der Planung von Eingängen, Dielen und Korridoren sollte der praktische Aspekt an erster Stelle stehen. Trotz der Vielfalt der Gestaltungsmöglichkeiten sind all diesen Bereichen zwei Faktoren gemeinsam, die auf jeden Fall berücksichtigt werden sollten. Das eine ist, daß es sich stets um Durchgänge handelt, die ein reibungsloses Auf und Ab bzw. Hin und Her gewährleisten müssen. Das wichtigste ist also die Bewegungsfreiheit für alle Beteiligten, ob Erwachsene, rennende Kinder, Haustiere, Besucher, Handwerker. Enge Winkel, rutschige Böden und vollgestopfte Ecken sind zu vermeiden. Die ständige Beanspruchung führt zu schnellem Verschleiß, weshalb eine strapazierfähige und leicht zu pflegende Ausstattung sicher vorzuziehen ist. Um Unfällen vorzubeugen, sollte auch für gute Beleuchtung, besonders auf Treppen, gesorgt sein.

Der zweite Faktor ist nicht so einfach zu definieren, da er mehr als nur die physikalische Beschaffenheit betrifft. Die Art, wie man sich von einem Raum zum anderen bewegen muß, beeinflußt das Wohngefühl ebenso wie das räumliche Empfinden. Plötzliche, abrupte Übergänge sollten vermieden bzw. durch überlegte Abstufungen des Lichts, der Oberflächen und Farbgebung ersetzt werden. Gute Architekten haben seit jeher ein instinktives Gespür dafür bewiesen: ein Portal oder ein paar Treppenstufen vor der Haupteingangstür schaffen einen Übergang von der Straße in die Privatsphäre des eigenen Heims, oder ein Holzfußboden im Vorzimmer leitet gemächlich zu dem wärmeren und weicheren Teppichboden des Wohnzimmers über.

Das weitläufige Eingangszimmer eines Gebäudes aus dem 18. Jahrhundert wurde von den jetzigen Besitzern neu mit Eichenholz vertäfelt und mit einem imposanten Kamin aus Stein ausgestattet. Der Gefahr eines düsteren Gesamteindrucks beugte man durch Bleichen und Kälken des Holzes vor; einen besonderen Blickfang bietet auch die handbedruckte viktorianische Tapete über dem Kamin.

Eingänge

Der erste Eindruck ist meist entscheidend, und der Eingangsraum ist für den Besucher ein Hinweis auf den Gesamtcharakter des Hauses. Die Tür kennzeichnet die Grenze zwischen drinnen und draußen, und damit auch zwischen Regen, Nässe und Kälte und Wärme und Gemütlichkeit. Idealerweise sollte der Schutz schon vor der Tür anfangen, etwa in Form eines Vordaches. Ein Vorsprung zur Ablage schwerer Einkaufstaschen ist ebenfalls willkommen, während man noch nach dem Schlüssel sucht.

Die Bedeutung der Tür selbst liegt auf der Hand: eine massive Holztür zeugt von Stabilität, während eine Glastür Offenheit und Licht verspricht. Neben dem Eindruck, den die Tür erzielen soll, ist natürlich auch ihre Sicherheitsfunktion zu berücksichtigen. Türgriff, Klingel oder Klopfer sollten im Stil auf die Tür wie auf das übrige Haus abgestimmt sein.

Auf der Innenseite muß genügend Platz für die Begrüßung der Gäste sein. Wenn der Eingang eng ist, empfiehlt es sich, Garderobenständer, Hut- und Schirmablagen weiter ins Hausinnere zu verlagern. Auf keinen Fall aber darf der Lichtschalter fehlen, er sollte sich möglichst direkt an der Tür befinden. Ein kleines Tischchen in Türnähe bietet eine praktische Ablage für Post, Notizzettel, Zeitungen oder Schlüssel. Wenn reichlich Platz vorhanden ist, werden Sie ihn sicher für Schuhe, zum Unterstellen von Fahrrädern, Rollschuhen und ähnlichem nutzen wollen.

Ein Fenster neben der Tür, das den Eingang mit natürlichem Licht erhellt und einen Blick nach draußen gestattet, ist wünschenswert. Wenn Sie den Eingangsflur künstlich erhellen müssen, sind mehrere Lichtquellen am günstigsten, damit dunkle Winkel vermieden werden können. Berücksichtigen Sie auch, daß der Flur öffentlicheren Charakter hat als die übrigen Räume. Die geöffnete Tür sollte nicht mehr Sicht ins Innere freigeben als nötig, sonst wird die Privatsphäre durch jeden Ankömmling gestört.

Denken Sie bei der Planung auch an Wind und Wetter: Regen, Schmutz und Schnee werden unweigerlich ins Haus getragen. Eine große Fußmatte hält das Gröbste ab, und Steinfliesen, versiegelter Holzboden oder ein unempfindlicher Teppich sind strapazierfähig und leicht zu reinigen. Neben dem Boden werden auch die unteren Partien der Wände einiges abbekommen: Kratzer vom Möbeltransport, von Stiefeln oder Fahrrädern. Vielleicht lösen Sie dieses Problem durch Kachelung oder Täfelung des Wandsockels, was neben der praktischen Funktion auch interessante Dekormöglichkeiten bietet. Oder Sie ziehen es vor, auf das moderne Angebot strapazierfähiger und abwaschbarer Tapeten zurückzugreifen.

1

2

Hauseingänge sind oft ungünstig geformt und verwinkelt, was durch klare Strukturierung wieder wettgemacht werden kann. Architektonische Elemente sollten hervorgehoben und in den Dekor integriert werden, wie in den Beispielen auf diesen Seiten auf verschiedene Weise.
1 Die ursprüngliche Tür ist durch eine Glastür ersetzt worden, deren Stil an frühere Holz- und Eisentüren erinnert und damit den Charakter dieses ehemaligen Klosters aus dem 16. Jahrhundert wahrt.
2 Der Eingangsflur eines Bauernhauses in Südspanien ist mit Ziegelplatten gefliest; die Kollektion von Strohhüten dient ebenso als Dekor wie das Bild von Gibraltar und die traditionellen spanischen Keramiken.
3 Klare Nüchternheit in einem Haus aus den 30ern. Der Terrazzoboden kommt durch das helle Tageslicht besonders zur Geltung; eine glatte Holztür und das geschwungene Treppengeländer betonen auf schlichte Weise die architektonischen Linien und kommen ohne weiteren Dekor aus.

3

5

4 Ein sehr gepflegt renovierter Treppenaufgang, dessen Wände marmoriert gestrichen sind. Das Holz wurde aufgehellt und teilweise weißlackiert abgesetzt. Der grüne Teppichboden ergänzt das Parkett ebenso harmonisch, wie auch alle anderen Elemente in Beziehung zueinander gesetzt wurden.
5 Der Blick auf den äußeren Eingang eines holländischen Hauses aus dem 17. Jahrhundert enthüllt eine kühl gepflegte Atmosphäre, die durch Verwendung sorgfältig ausgewählter Materialien erzielt wurde.

Flure

Flure und Dielen werden häufig vernachlässigt, obwohl man sie durchaus als Räume betrachten und behandeln könnte. Gewiß, meist verbringt man nicht allzuviel Zeit in einem Flur oder einer Diele, man benutzt sie eher als Durchgang von einem Raum zum anderen. Dennoch kann der Flur unter gewissen Bedingungen zu einem zentralen Bestandteil des Hauses werden.

Der Schlüssel zur Belebung eines Flurs ist das Licht – wenn möglich, das natürliche Tageslicht. Ist der Flur im Innern des Hauses gelegen, wäre zu prüfen, ob man durch den Einbau weiterer Türen oder Innenfenster genug Licht hineinbringen könnte. Wenn Sie auf künstliche Beleuchtung angewiesen sind, hängt viel davon ab, wie Sie sie einsetzen. Ein langgestreckter Flur, der gleichmäßig hell erleuchtet ist, ist ebensowenig eine Lösung wie ein trüber Flur im Halbdunkel. Sorgen Sie für Kontraste, betonen Sie Charakteristika wie Sitzgelegenheiten, Regale, den Telefonständer oder ein Gemälde an der Wand.

Das gibt Ihnen auch das Gefühl, daß der Flur mehr sein kann als eine Durchgangsstation: Sie können sich die Zeit nehmen, dort zu verweilen, ein Buch aus dem Regal zu holen, ein Gemälde zu betrachten, ein Telefongespräch zu führen. Allerdings sollten Sie einen Flur auch nicht überladen, denn er dient nun einmal vorrangig zum Hindurchgehen. Verstellen Sie sich oder anderen nicht den Weg mit schönem, aber hinderlichem Zierat.

Wenn Ihnen Ihr Haus zu eng wird, kann die Einrichtung des Flurs oder der Diele als weiteres Zimmer oftmals eine akzeptable Lösung bieten. Vielleicht entdecken Sie auch zusätzlichen Platz unter einer Treppe, in einer Wandnische oder einem toten Winkel – je nach Bedarf kann er einen Schreibtisch, eine Werkbank oder Kochecke beherbergen oder aber zum Verstauen von Büchern, Werkzeugen oder Kleidung und Schuhen dienen.

Wie beim Haupteingang sollte auch bei allen Fluren und Korridoren das Schwergewicht auf der Strapazierfähigkeit liegen. Boden und Wände prägen den Flur und setzen ihn in Beziehung zum restlichen Haus: ein durchgehender Bodenbelag, z. B. Teppichboden oder Parkett, verbindet die Zimmer mit dem Flur, sie wirken als Einheit; wollen Sie den Flur von der übrigen Wohnfläche absetzen, erzielt ein anderer Fußboden den gewünschten Effekt.

In vielen Häusern wurde ein Flur erst durch Unterteilung des Vorzimmers geschaffen. Umgekehrt können Sie auch zu dem Schluß kommen, daß Sie gar keinen Flur benötigen und ihn stattdessen lieber als Wohnraum einrichten. Wenn Sie den Eingang mit Hilfe einer Glastür und verglasten Wanddurchbrüchen abtrennen, haben Sie ein freundliches, helles Zimmer gewonnen.

1

2

1 *Das antike Möbelstück in diesem kleinen Hausflur wirkt heimelig einladend, während es gleichzeitig ebenso zweckmäßig wie dekorativ ist.*

2 *In einem Neubau sind traditionelle Materialien und Formen auf geradlinig-elegante Weise eingesetzt worden. Die Geometrie der Steinfliesen wird mit der Holztür am Treppenaufsatz fortgeführt, und der helle Lichtstrahl von der Decke läßt an lichtdurchflutete Mittelmeerhäuser denken, die den Architekten zu diesem Entwurf anregten.*

3 *Der Eingangsflur läßt sich vielseitig nutzen, wie hier als Eßbereich. Abgesehen davon, daß der Platz gut genutzt wurde, ist hier der herrliche Blick das besondere Plus.*

4

5

4 *Die wunderbare Architektur dieses Hausflurs bedurfte keiner weiteren Veränderung, nachdem die sorgfältige Renovierung abgeschlossen war. Wenige moderne Gemälde ergänzen die Dekoration.*
5 *Im selben Flur nimmt nun ein Holzpferd die Stelle ein, wo vorher ein Einbauschrank unter der Treppe stand.*

Treppen

Treppen gehören zu den ausdrucksstärksten Elementen eines Hauses. Sie führen herein und hinaus, nach oben oder nach unten, und enthüllen auf jedem Absatz eine neue Perspektive. Ihre Wirkung ist dynamisch, sie erzeugen Bewegtheit und Lebendigkeit. Ihre architektonische Gestaltung kann jedoch oft problematisch sein, nicht zuletzt weil der Aspekt der Sicherheit berücksichtigt werden muß.

Ähnlich wie Flure dienen Treppen vorrangig der Aufgabe, ungehinderten Durchgang zu schaffen, von einer Ebene oder Etage zur nächsten. Je großzügiger und offener eine Treppe gestaltet ist, umso größere Bewegungsfreiheit kann sie bieten. Gleichzeitig ist ein freier Blick – auf andere Räume, in Dielen und Korridore – nicht zu unterschätzen. Am besten kommen Treppen in hohen Räumen zur Geltung, in die auch von oben Licht einfällt. Meist ist jedoch weniger Platz in einem Haus vorhanden als man sich wünschen könnte. Bei engen Treppenaufgängen läßt sich vielleicht durch Öffnen zur Seite hin der Eindruck von Geräumigkeit erzielen. Helle Farbtöne sind ein weiteres Mittel, bedrückender Enge entgegenzuwirken.

Wofür Sie sich auch entscheiden, die Art der Beleuchtung wird auf jeden Fall eine wichtige Rolle spielen. Besonders helles Licht ist nicht erforderlich, solange Stufe und Tritt deutlich zu unterscheiden sind. Am unvorteilhaftesten ist für einen Treppenaufgang gleichförmiges Licht ohne Schatten. Die Wahl des Standorts für die Lampen ist keineswegs leicht: Achten Sie darauf, daß der Lichtstrahl niemandem direkt ins Gesicht scheint und nicht blendet, wenn man die Treppe hinauf oder herunter läuft.

Neben ihrer eigentlichen Funktion können Treppen auch für andere Aufgaben »zweckenfremdet« werden. Ein paar breite, flache Stufen am Treppenansatz bieten einen Treffpunkt, wo man sich zusammensetzen und plaudern oder auch nur den ringsherum vorgehenden Aktivitäten zuschauen kann.

Bei der Wahl des Baumaterials sollte der Aspekt der Sicherheit den Ausschlag geben. Polierte Holzstufen sind ein wundervoller Anblick, aber für kleine Kinder oder auch ältere Leute und alle diejenigen, die gern in Socken herumlaufen, bedeuten sie eine ständige Rutschgefahr. Die verbreitetste Lösung ist wohl ein Teppich oder Teppichboden. Hier gilt natürlich dasselbe wie für alle viel begangenen Bereiche: der Belag sollte hinsichtlich Farbe und Material unempfindlich und leicht zu pflegen sein. Wer einen Treppenläufer bevorzugt, hat die Möglichkeit, ihn mit Hilfe von Teppichstangen – etwa im viktorianischen Stil – zu befestigen oder sonst auf eine der verschiedenen rutschfesten Unterlagen zurückzugreifen.

Je nach Baustil gibt es natürlich noch viele andere Materialien für die Treppe. Manche modernen Häuser haben auch Betontreppen, die aber ohne zusätzlichen Belag kalt und ungemütlich sind. Die traditionelle Lösung vieler Mittelmeerländer besteht darin, den Stein- oder neuerdings auch Betonunterbau mit Keramikfliesen auszukleiden. Seitliche Einfassung und Geländer sind dabei meist aus Holz. In warmen Klimazonen weiß man die angenehme Kühle der Fliesen natürlich besonders zu schätzen. Auch lassen sie sich mühelos reinigen. Verzichtet man auf die Setzstufen oder verkleidet sie mit Spiegelflächen, erweckt man den Eindruck, als ob die Stufen schwerelos im Raum schweben. Ferner stehen noch Stahl- und gußeiserne Treppen, besonders die im 19. Jahrhundert beliebten Wendeltreppen zur Wahl, sind aber nicht zu empfehlen, wenn Sie kleine Kinder haben.

Fenster im Treppenhaus sorgen für Helligkeit und eventuell auch eine schöne Aussicht. Vielleicht haben Sie aber noch ganz andere Ideen, wie Sie die Umgebung der Treppe auflockern und beleben können, z. B. durch Aufstellen von Tischen, Grünpflanzen usw. Der Platz unter der Treppe bietet sich als Lagerraum für die verschiedensten Gegenstände an. Wände entlang des Treppenaufgangs sollten nicht mit hervorstehenden Objekten oder Regalen geschmückt werden, da sie leicht störend wirken. Hier sind Bilder und Photos das Ideale.

1

2

1 *Die Weite des offenen Himmels inspirierte diesen Entwurf, in dem die geraden Linien der Treppe durch das Wandgemälde und ein paar weitere Objekte durchbrochen wurden.*
2 *Die sparsamen Linien der Treppe werden mit wenigen Dekorgegenständen aus Glas und Holz ergänzt.*

3 *Die ungewöhnliche Treppe aus gegossenem Metall reduziert die übliche Treppenmasse auf dramatische Weise.*
4 *Ein schmiedeeisernes Gartentor aus Frankreich fand hier als Abschluß des Absatzes einer Wendeltreppe Verwendung.*

4

6

5 *Fertighäuser bieten oft interessante Winkel mit ihrem raumsparenden Design. Farbige Flächen lockern die neutral gehaltene Wand auf.*
6 *Eine hölzerne Treppe wurde dunkel lackiert als Kontrast zum unbehandelten Beton weiter unten.*

WOHNZIMMER

Salon, Raucherzimmer, gute Stube, Empfangszimmer, Gesellschaftsraum . . . verschiedene Bezeichnungen, die unterschiedliche Einstellungen widerspiegeln. Im wesentlichen lassen sich die Assoziationen, die mit dem Begriff »Wohnzimmer« verknüpft sind, in zwei Gruppen unterteilen: die einen betonen den formellen Aspekt und sehen das Wohnzimmer als repräsentativen Raum für Gäste und Besucher, während bei den anderen das zwanglose, gemütliche Familienleben im Vordergrund steht.

Wenn Sie einen Raum für Besucherempfänge brauchen, sollten Sie überlegen, ob Sie dafür das beste Zimmer des Hauses opfern wollen, denn es wird ja einen Großteil der Zeit unbenutzt sein. Andererseits wäre es von Ihrer Familie sicher zuviel verlangt, in einem formell eingerichteten Raum ständig so zu leben, daß dessen Festtagscharakter gewahrt bleibt.

Zahlreiche Möglichkeiten bieten sich an, den Wohnbereich so zu gestalten, daß er den Erfordernissen des täglichen Lebens gerecht wird und gleichzeitig den Rahmen für Ihre Parties und Gesellschaften abgeben kann. Am besten werfen Sie alle bisherigen Vorstellungen von »richtig« und »falsch« über Bord, um die Planung des Wohnraums völlig unbefangen anzugehen:

Aktivitäten. Die Mehrzahl der Wohnzimmer sind reinste Bienenkörbe, weil zuviel Unvereinbares darin stattfindet. Wenn ein Teil davon in andere Teile des Hauses verlagert werden kann, und sei es auch nur zeitweilig, ist schon viel gewonnen. Ließen sich z. B. Stereoanlage oder Fernseher in einem anderen Raum unterbringen?

Was immer sich im Wohnbereich abspielt, bequeme Sitzgelegenheiten sollten ebensowenig fehlen wie gute Beleuchtung und Aufbewahrungssysteme. Wenn Sie oft Gäste haben, brauchen Sie genügend Stellfläche für Erfrischungen und Getränke. Kleine Stapeltischchen oder Regale in Sitznähe sind sehr zweckmäßig, da sie kaum Platz beanspruchen.

Bewegungsfluß. Ein wesentlicher Gesichtspunkt ist der leichte Zugang zu Türen, Schaltern, zum Telefon, Fernseh- oder Stereogerät. Das Mobiliar, also Sofa, Tische, Stühle, sollten kleine Enklaven außerhalb der Hauptbewegungsrichtung bilden. Anstatt die Möbel hier und da im Raum zu verstreuen, ist es besser, sie zu Gruppen zusammenzufassen – und wenn Sie sich von Möbelstücken, die Sie nicht brauchen oder nicht mögen, trennen können – umso besser.

Im Gegensatz zu Abbildungen und Fotos ist der wirkliche Wohnraum nie statisch, sondern ständiger Bewegung unterworfen; er wandelt sich mit den wandelnden Bedürfnissen seiner Bewohner. Durch Umstellen von Möbeln oder sonstigen Einrichtungsgegenständen werden auch die Bewegungsmuster verändert. Denken Sie deshalb stets daran, die Bewegungsfreiheit im Raum und durch ihn hindurch nicht einzuschränken.

Aufteilung. Wohnzimmer mit nur einer einzigen Funktion sind wohl die seltene Ausnahme – in den meisten Fällen geben sie den Schauplatz für eine Vielzahl von Tätigkeiten ab, die von den verschiedensten Personen zu verschiedenen Zeiten ausgeführt werden. Deshalb ist es angebracht, den Raum entsprechend aufzuteilen. Gemütliche Ecken und Winkel, ganz gleich wie klein, weiß jeder zu schätzen – ob man sich dort eine Weile zusammensetzt oder allein die Ruhe genießt. Manche Möbel eignen sich gut als Raumaufteiler, und in besonders großen Wohnräumen sind vielleicht Trennwände oder Wandschirme das richtige, um kleine, interessante Nischen zu schaffen. Wichtig ist auch die Wahl der Sitzmöbel, die zweckmäßig und bequem sein sollten.

Häuser, die in viele kleine miteinander verbundene Zimmer aufgeteilt sind, können mitunter bedrückend und eng wirken. Wenn Sie das Gefühl haben, es wimmelt bei Ihnen wie in einer Kaninchenhöhle, sollten Sie prüfen, ob sich das eine oder andere Zimmer nicht vergrößern läßt – etwa indem Sie eine Wand ausbrechen und aus zwei kleinen ein großes Zimmer machen, den Durchgang zwischen zwei Räumen erweitern, Türen entfernen oder Glastüren einsetzen, die für Licht und Weite sorgen.

Charakter und Stil. Ähnlich wie man einige wenige zeitlose, erstklassige Kleidungsstücke zu einer umfangreichen und modischen Garderobe ausbauen kann, wird auch die Gestaltung eines Raumes gelingen, sobald die Grundzüge stimmen. Es ist auf jeden Fall besser, sein Geld in eine gute Grundlage zu investieren, als hinterher einen schlechten Allgemeinzustand oder Mangel an Stil durch allerlei Accessoires wettmachen zu wollen.

Ist z. B. ein Erkerfenster vohanden, das dem Raum sein typisches Gepräge gibt? Machen Sie es zum Mittelpunkt, etwa durch die Anordnung der Stühle, durch entsprechende Beleuchtung oder Farbgebung. Ähnlich können Sie mit anderen architektonischen Details verfahren, die für den Raum charakteristisch sind. Es ist aber auch kein Unglück, wenn einem Zimmer jegliche Züge fehlen. Wie bei einer leeren Leinwand können Sie ganz von vorn beginnen und eigene Ideen verwirklichen. Ob Sie einen schönen Holzboden oder einen reich gemusterten Teppich vorziehen, ob Sie eine riesige Regal- oder Schrankwand das Bild beherrschen lassen, bleibt letzten Endes allein Ihnen überlassen.

1

1 Ein Pariser Dachboden verwandelt sich in einen lichterfüllten Wohnraum, in dem jedes Möbelstück und jeder Dekorgegenstand sorgfältig auf die Gesamtwirkung abgestimmt ist. Die ungewöhnliche Zimmerform wird durch die Holzbalken besonders betont.
2 Die offenen Balken einer umgebauten englischen Scheune prägen diesen Raum stark, während die übrige Einrichtung auf ein Minimum begrenzt wurde. Ursprünglich wirkten die Balken schwer und bedrückend, weil zu wenig Licht in den Raum fiel. Durch Öffnung eines Giebels und Einbau einer Fenstertür wurde dieses Problem erfolgreich behoben.

Repräsentative Räume

1

2

3

Repräsentative Räume dienen gepflegter Unterhaltung ebenso wie entspannter Erholung. Der Komfort ist genauso entscheidend wie die stilvolle Einrichtung, in der man sich wohlfühlen und den Dekor genießen kann.

1 *Englischer Landhausstil in Paris – das Zimmer bietet das ganze Jahr über die leicht beschwingte Atmosphäre des Gartens.*

2 *Weiß auf Weiß – in dieser Komposition sind die Proportionen des Raumes besonders akzentuiert und alle Details harmonisch aufeinander abgestimmt.*

3 *Die formelle Atmosphäre dieses Londoner Empfangszimmers wurde aufgelockert durch im Stil unterschiedliche Möbel und einen unerwarteten französischen Kamin. Durch die sparsam eingesetzte Dekoration und die helle Wand rükken die orientalischen Gemälde mit ihren kräftigen Farben in den Vordergrund.*

4 *Die strenge Anordnung in diesem Raum ist durchaus flexibel. Sessel, Beistelltische und auch die verschiedenen Kunstobjekte lassen sich je nach Anlaß und Gästezahl problemlos umgruppieren.*

Lage

In letzter Zeit werden Wohnzimmer wieder mehr zum eigentlichen Wohnen benutzt, d. h. zur Erholung oder Unterhaltung, zum Spielen mit den Kindern, zum Essen oder gelegentlich sogar zum Kochen. All dies kann sich harmonisch, wenn auch nicht unbedingt gleichzeitig in ein und demselben Raum abspielen. Und als Herzstück des Hauses verdient der Wohnraum sicher ganz besondere Beachtung.

Die Lage des Wohnzimmers innerhalb des Hauses ist zwar traditionell festgelegt, und jeder Architekt weiß auf Anhieb, wo in einem Grundriß das Wohnzimmer zu suchen ist, aber das sollte Sie keineswegs davon abhalten, zu einem anderen Schluß zu kommen.

Jeder Umbau bietet die Möglichkeit, die Anordung der Zimmer noch einmal neu zu überdenken.

Jedes Haus, jede Wohnung hat einen Platz, der einen instinktiv anzieht und wo man sich mit Vorliebe aufhält – allerdings ist das nicht immer dort, wo Sie oder Ihr Architekt es vorgesehen haben. Vielleicht ist es das Zimmer mit dem besten Licht oder mit der schönsten Aussicht. Häufig ist es sogar die Küche, besonders wenn sie geräumig und hell ist und Sie kleine Kinder haben.

Diesen natürlichen Selektionsprozeß sollten Sie nicht ignorieren, sondern im Gegenteil die Einrichtung, falls erforderlich, den Gegebenheiten anpassen.

Warum nicht einen Sessel in die Küche holen (vorausgesetzt, es ist genügend Platz da), ein paar Bilder an die Wand hängen und für Variationsmöglichkeiten der Beleuchtung sorgen?

Vielleicht stellen Sie auch fest, daß Ihr derzeitiges Wohnzimmer sich eher als Arbeits- oder Schlaf- oder Spielzimmer für die Kinder eignen würde? Und falls der Ausblick von Ihrem Wohnzimmer im Erdgeschoß zu wünschen übrig läßt – was spricht dagegen, es in den ersten Stock zu verlegen, wo Sie vom Fenster aus grüne Baumkronen statt vorbeiflitzende Autos sehen können?

Bei der traditionellen Raumordnung ist das Wohnzimmer an der Vorderseite des Hauses gelegen, wo es bequem und schnell zugänglich ist. Doch wenn so ein Vorderzimmer nach Norden geht und wenig Licht hat, mag das Grund genug sein, es nach hinten zu verlegen und den längeren Weg in Kauf zu nehmen. Vielfach wird es auch als vorteilhaft empfunden, vom Wohnzimmer gleich in den Garten gehen zu können – besonders in der Großstadt, wo die Straßenseite ständigem Lärm ausgesetzt ist. Dagegen kann die Rückseite zur reinsten Oase werden – die Kinder haben Platz zum Spielen, und bei schönem Wetter verlagert sich das Wohnen ins Freie, auf die Terrasse und in den Garten.

Natürlich gibt es auch sehr gelungene Wohnzimmer mit Straßenlage, denn man kann das geschäftige Lärmen und Treiben draußen ja weitgehend ausschließen. Fensterläden oder schwere Vorhänge schirmen die Außenwelt ab, während der Raumdekor, etwa farbenfrohe Bilder, Landschaftsposter u. ä. dennoch für Licht und Weite sorgen.

Nicht zuletzt kommt auch der Zeitfaktor ins Spiel. Der idealste Wohnraum mag nach einem Jahrzehnt, wenn die Kinder herangewachsen sind, ausgedient haben – achten Sie auf sich wandelnde Strukturen, um Ihr Leben diesen anzupassen.

1

1 *Zwillingssofas sind eine einfache Antwort auf die Frage nach der Sitzordnung; die hellen Überdecken reflektieren die Stimmung der Feuerstelle.*
2 *Offene Raumgestaltung mit einer u-förmigen Sitzecke für müßige oder gesellige Stunden.*
3 *Studio und Wohnbereich sind elegant voneinander abgegrenzt – die Raumteilerelemente bieten zusätzlichen Aufbewahrungsplatz.*
4 *Eine einladende Sitzecke in einem abseits gelegenen Winkel des Eingangszimmers in einem griechischen Haus.*

3

Planung

Jedes Wohnzimmer hat bestimmte Elemente, die besonders attraktiv und einladend sind. Je nach Größe und Grundriß des Raumes wie auch nach den Vorlieben seiner Bewohner sind manche Elemente oder Kombinationen natürlich besser oder schlechter geeignet, das Wohnen behaglich zu machen. Allerdings lassen sich hierüber keine starren Regeln aufstellen, denn das Erfolgsrezept des einen funktioniert noch lange nicht für einen anderen – dafür sind die Geschmäcker zu verschieden. Viel hängt ja auch davon ab, für welche Zwekke der Wohnraum dienen soll.

Bei aller Verschiedenartigkeit ist den meisten Wohnräumen jedoch einiges gemeinsam, und im folgenden finden Sie einige allgemeingültige Anhaltspunkte für die erfolgreiche Raumplanung. An erster Stelle steht die Sitzplanung – Stühle oder Sessel sollen ganz verschiedene Aufgaben erfüllen, sie werden für die Arbeit, zum Ausruhen oder als Eßplätze gebraucht. Gemütliche Sitzgruppen sind meist mehr oder weniger im Kreis angeordnet, was einem instinktiven Bedürfnis zu entsprechen scheint, wie etwa bei der geselligen Runde am Kamin. Wichtig ist auch, daß man Sitzgelegenheiten nach Bedarf umgruppieren kann. Kleine Zweisitzer sind weit angebrachter als eine große, sperrige Couch, die sich kaum von der Stelle bewegen läßt und außerdem jede Dynamik unterbindet, wenn man so nebeneinander aufgereiht sitzen muß.

Tische sollten nicht fehlen – am besten kleine Beistelltische, die einerseits stabil genug sind, daß sie nicht beim leisesten Anstoß umkippen, und sich andererseits aber auch leicht stapeln oder aus dem Weg räumen lassen. Bei Wohnküchen oder Wohnzimmern mit integrierter Kochecke wird meist ein großer Eßtisch zum Mittelpunkt des Geschehens. Je größer so ein Tisch ist, umso besser – dann kann jeder seinen Beschäftigungen nachgehen, während man gemütlich beisammensitzt.

Schränke werden in dieser oder jener Form meist unerläßlich sein, denn irgendwo müssen Bücher, Schallplatten, Getränke, Gläser und die vielen kleinen Dinge des täglichen Lebens ja aufbewahrt werden. Am besten, Sie beziehen das entsprechende Mobiliar als integratives Element in die Raumgestaltung mit ein, um später keine Probleme zu haben. Regale passen im Grunde überall hin. Niedrige Wandborde bieten Platz zum Abstellen, aber auch für Dekor. Hohe Regal- oder Schrankeinheiten sollten nicht nur nach ihrer Zweckmäßigkeit aufgestellt werden, denn sie können ein wichtiges Stil- und Dekorelement darstellen. Wenn Sie in Ihrem Wohnzimmer auch fernsehen möchten, empfiehlt sich die Einrichtung einer flexiblen Fernsehecke, in der entweder das Gerät selbst oder die Sitzmöbel beweglich sind, so daß einer allein oder mehrere Personen zusammen das Programm genießen können. Lassen Sie sich auf keinen Fall vom Fernseher tyrannisieren. An der falschen Stelle dominiert er den ganzen Raum und vergiftet die Atmosphäre, ob er gerade läuft oder nicht, und wird womöglich zum ständigen Zankapfel, weil jeder ein anderes Programm sehen möchte. Idealerweise läßt das Wohnzimmer die verschiedensten Tätigkeiten zu, ob Fernsehen, Gesellschaftsspiele, Musizieren oder nette Unterhaltungen in kleiner oder größerer Runde.

Ist der Wohnraum beschränkt, bieten Mehrzweck- oder Umbaumöbel oft die passende Lösung – ob Bettcouch, Sitzelement oder Klapptisch. Zusätzliche Klappstühle helfen schnell mal aus der Verlegenheit und lassen sich leicht wieder verstauen.

Was Erbstücke angeht, sollten Sie grundsätzlich eine klare Haltung einnehmen. Wenn sie zu wuchtig für Ihre Wohnung sind oder Ihnen aus anderen Gründen nicht gefallen, kann es wohl niemand verübeln, wenn Sie sie verkaufen oder an Freunde weggeben, die den Platz und den Sinn dafür haben. Andererseits sollten Sie, bevor Sie etwas wegwerfen, was Ihnen lieb und teuer ist, alle anderen Möglichkeiten ausschöpfen – meist läßt sich durch geschicktes Arrangieren der Möbel Platz gewinnen. Vielleicht stellen Sie das Sofa um oder kürzen einen Eßtisch auf Couchhöhe?

Eine Skizze des Wohnzimmers, maßstabgerecht auf Millimeterpapier gezeichnet, ist eine große Hilfe bei der Planung. Zeichnen Sie alles ein, was bereits feststeht, z. B. Lage der Fenster und Türen, Einbauschränke oder Wandvorsprünge. Dann schneiden Sie die Einrichtungsgegenstände im gleichen Maßstab aus Papier zurecht, um so in Ruhe die verschiedenen Möglichkeiten durchzuspielen, bevor Sie sich auf die endgültige Fassung festlegen. So können Sie sich umständliches Hin- und Herschieben schwerer Möbel ersparen, wenn Ihnen die erste Lösung nicht gleich zusagt. Das gleiche Verfahren ist angebracht, wenn Sie neue Möbel kaufen. Lassen Sie sich Kataloge und genaue Maße geben, um alles erst einmal auf dem Papier auszuprobieren.

Markieren Sie auch die Hauptbewegungsrichtungen, also den Weg von einer Tür zur andern, von der Tür zum Fenster, zu den Möbeln und Geräten, die Sie häufig benutzen. Auf dem Zeichentisch lassen sich Irrtümer oder Fehlplanungen noch korrigieren.

Daneben ist es natürlich ein Vorteil, einige der professionellen »Kunstgriffe« zu kennen, will man bestimmte, häufig vorkommende Einrichtungsprobleme vermeiden. Beispielsweise sind Sitzgruppen meist frontal auf den Punkt des Interesses gerichtet, was eine naheliegende, aber keineswegs die wirkungsvollste Anordnung ist. Oft ist es viel günstiger, die Sitzgruppe leicht schräg zum Blickpunkt aufzustellen. Oder nehmen Sie den Kamin: wenn man ihn zum Mittelpunkt macht, bedeutet es in den allermeisten Fällen, daß man den Fenstern den Rücken kehrt. Hier hilft ein großer Wandspiegel, beides unter einen Hut zu bringen. Überhaupt tun Spiegel gute Dienste. Im rechten Winkel zum Fenster angebracht, läßt ein Spiegel das Fenster doppelt so groß erscheinen, gleichzeitig wirkt der Raum heller und weiter. Ebenfalls sehr günstig für die Lichtverhältnisse sind zwei oder mehr Fenster an verschiedenen Wänden statt eines einzigen großen Fensters, das alles silhouettenhaft verschwimmen läßt.

Nicht zuletzt kann sich auch die Lage der Tür positiv oder negativ auswirken. Aufregender als eine Tür in der Mitte der Wand ist die Tür in einer Ecke, von wo aus man das ganze Zimmer überblicken kann.

Wenn Sie das Gesicht Ihres Wohnzimmers spürbar verändern wollen, ist die Senkung der Fensterbänke meist ein probates Mittel. Ähnlich in der Wirkung, jedoch schneller und praktisch ohne Unkosten durchführbar ist die »Senkung« der Sichthöhe durch Niedrigerhängen sämtlicher Bilder, Poster und anderen Wandschmucks. Zu hoch aufgehängte Bilder erzeugen eine steife, formelle Atmosphäre, die nicht zum häuslichen Wohncharakter paßt. Mehrere kleinere Bilder gruppiert man am besten nahe zusammen; das wirkt optisch viel besser als sie gleichmäßig über die Wand zu verteilen. Und es muß auch nicht immer die symmetrische Mitte sein, wenn Sie ein Bild aufhängen – probieren Sie es mal seitlich vom Kamin, Schrank oder Wandbord statt zentral darüber.

Neben den mehr grundsätzlichen Fragen, die zum Teil auch bauliche Veränderungen betreffen, gehören natürlich auch Faktoren wie Gestaltung von Wänden und Decken, Farbgebung und Beleuchtung (die in anderen Kapiteln näher behandelt sind) zu einer erfolgreichen Wohnraumplanung.

Da nur die wenigsten von uns Gelegenheit und Mittel haben, das Wohnzimmer von Grund auf neu einrichten zu können, geht es in der Praxis eher darum, mit dem zu arbeiten, was bereits vorhanden ist. Neue Elemente kommen hinzu, wie man sie braucht oder sich leisten kann, und was nicht mehr gefällt, wird ausrangiert oder verändert, je nachdem, wieviel Zeit und Geld zur Verfügung stehen.

Ganz wichtig ist, das Wohnzimmer nicht isoliert zu betrachten – vielleicht lassen sich bestimmte Tätigkeiten wie Arbeiten, Fernsehen, Basteln oder Essen in andere Zimmer verlagern, damit der Wohnraum nicht überlastet wird und seine Aufgaben zweckmäßig und harmonisch erfüllt.

»Jeder Winkel des Hauses ist eine potentielle Sitzecke. Aber je nach Lage und Funktion muß sie anders gestaltet werden . . . Intimität und Begrenzung sind vorrangig – wer liebt nicht den Platz am Fenster, den Erker oder ein großes Fenster mit niedrigen Simsen und bequemen Sesseln davor . . .«

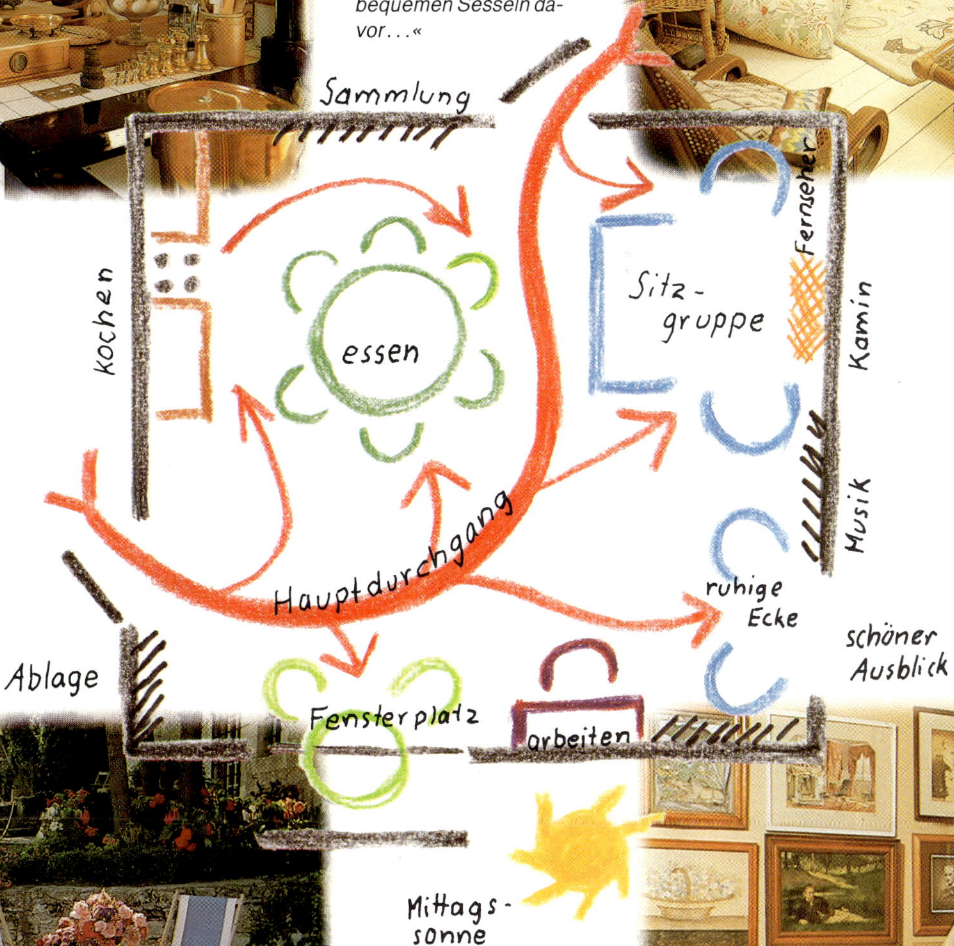

Küchen sind meist alb abgetrennt vom amilienraum . . . darin egt die stillschweigene Unterstellung, daß Kochen mühsame Areit ist im Gegensatz um Vergnügen des Essens . . . in der Baurnstube waren Küche, Küchenarbeiten und amilienleben in einem inzigen großen Raum ereinigt.« Anregungen und Zitate us »A Pattern Language«

»Wer längere Zeit in einem Raum ist, braucht Erfrischung durch den Anblick neuer Umgebungen . . . Wenn der Arbeitsplatz zu beengt oder zu offen ist, leidet die Arbeit darunter – die beste Lösung liegt in der Ausgewogenheit beider Elemente.«

»Die wichtigsten sonnigen Plätze sind direkt an Außenwänden . . . wo man sie von innen bereits sehen kann und mit ein paar Schritten erreicht . . . der Platz im Freien wird zum Wohnraum, wenn er deutlich begrenzt ist – durch Hauswände, Säulen, Büsche oder Ranken und den Himmel . . .«

Gruppierung

1 *Lebhafte Kontraste zwischen Mobiliar und Dekor können sehr ansprechend sein, solange das Maß nicht überschritten wird. In diesem Zimmer vereinen sich Kühle und Helligkeit zu einer munteren Atmosphäre.*

2 *Ein Untergeschoß wurde in einen hellen, offenen Wohnraum verwandelt.*

3 *Die Treppe bringt Weite, einen interessanten Blickpunkt und Bewegung in das Zimmer – in der Anordnung der Möbel wird einem leichten Zugang zur Treppe Rechnung getragen.*

4 Ein traditioneller Lehmbau in New Mexico, dessen modernes Dach durch Holzbalken kaschiert ist.
5 Kurven und Schwünge von Möbeln der fünfziger Jahre prägen die natürliche Anordnung dieser Sitzecke.

5

6

8

6 Bewußt eingesetzte Stilmittel prägen den Raum – im Vordergrund der Stuhl von Le Corbusier an der sonst recht schmucklos gehaltenen Wand.
7 Ein Lese- und Studierzimmer mit besinnlicher Atmosphäre. Der steile Stuhl und der Tisch bilden mit dem geradlinigen Sofa das Zentrum, das keineswegs nur dem Kaffeeklatsch dient.
8 Wohnecke einer Dachwohnung – definiert durch die Gruppierung der Möbel.

Kostenfrage

Knappe Geldmittel können sich, wenn die Prioritäten richtig gesetzt sind, durchaus positiv auf das Raumdesign auswirken. Seien Sie stark genug, das zur Verfügung stehende Geld für die Grundausstattung anzulegen, also für notwendige Reparaturen, Installationen, neuen Verputz oder Bodenbelag und Heizung – dann kann der Raum auch ohne Möbel jederzeit bestehen. Ein sparsam, aber durchdacht eingerichtetes Zimmer, dessen Wände und Böden erstklassig verarbeitet sind, wird stets wohnlich sein. Da die Anschaffung von Möbeln in jedem Fall eine Belastung des Geldbeutels darstellt, sollten Sie sorgfältig auswählen. (Den Statistiken zufolge erwartet man heute von Möbeln eine Nutzungsdauer von etwa 10 Jahren.)

Gute Einrichtung muß nicht notwendigerweise teuer sein. Oft sind alte, abgewetzte Möbel einem billigen Kompromiß und neuem Ramsch vorzuziehen. Der häßliche Bezug eines alten, aber herrlich bequemen Sofas ist schnell unter einer schönen Decke verschwunden – wenn Sie sich nicht die Mühe machen wollen, es neu zu beziehen. Nichtssagende Holzmöbel bekommen oft ein ganz neues Aussehen, wenn man sie abbeizt oder in geschmackvollen Farbtönen lackiert.

Wenn Sie Sinn für Unkonventionelles haben, könnten Sie auch Gartenmöbel, z. B. Klappstühle aus Naturholz, oder die mitunter durchaus formschönen Serienmöbel für Schule, Fabrik oder Büro in Betracht ziehen.

Sie können sich keine echten Gemälde leisten? Warum nicht einmal, als Alternative zu den üblichen Postern und Farbdrucken, interessante Gegenstände an die Wand hängen – ein Paar ausgediente Skier, einen Tennisschläger oder ausgefallene Küchenutensilien? Und solange Ihre Finanzen Ihnen nicht die Vorhänge Ihrer Wahl erlauben, könnten einfache Papierrollos oder Nesselvorhänge die Wartezeit angenehm überbrücken.

Wenn Sie wissen, was Sie wollen, sind Schlußverkäufe ein Segen. Haben Sie etwas Passendes gefunden, brauchen Sie nur geduldig zu warten, bis es im Ausverkauf erscheint. Aber lassen Sie sich nicht von der allgemeinen »Kaufwut« anstecken – impulsive Gelegenheitskäufe führen meist zu später Reue.

Manche Materialien sind sehr reizvoll und viel mehr wert, als ihr Preis vermuten ließe. Holzartikel, grobe Baumwollstoffe, Glas- und Töpferwaren können oft preiswert erstanden werden und verleihen, liebevoll zusammengestellt, einem Raum Atmosphäre und Zusammenhalt.

Ähnlich lassen sich bestimmte Farben und Farbkombinationen, die nur ein Minimum an Kosten verursachen, sehr wirkungsvoll einsetzen. Der großzügige Gebrauch von Weiß zusammen mit ein paar frischen, lebhaften Farbtupfern wäre eine Lösung; eine andere sind fein aufeinander abgestimmte, neutrale Töne, z. B. Grau, Crème- und Pastellfarben. Das übrige besorgen dann kleine Dekorgegenstände, ein bunter Blumenstrauß und vor allem – die Personen, die das Zimmer mit Leben erfüllen.

Wenn Sie sich nur vorübergehend einrichten und der kostbare Teppich noch in weiter Ferne liegt, tut's inzwischen vielleicht ein farbiger Lackanstrich auf dem Boden mit ein paar Läufern dazu. Im übrigen sorgen gerade die kleinen Dinge für die persönliche Note – Kerzen, Kissen, Souvenirs – und grüne Zimmerpflanzen, die mit Ihnen leben und wachsen.

1

1 *Überraschend bequeme, preiswerte Möbel, ein schlichtes Regalsystem und eine einheitliche Farbgebung fügen sich zu einem gelungenen Raum mit Flair. Sorgfältig wurden die einzelnen Elemente abgestimmt – das kräftige Muster der Jalousie, das Dekor und die Stühle, die gute Beleuchtung und ein erstklassig gepflegter Fußboden.*

2 *Die Anschaffung einer einzigen Grünpflanze und eines kühn gemusterten Stoffes verleihen der Sitzecke Ausdruck und Leben.*

4

3 *Ein renoviertes englisches Haus der Jahrhundertwende mit grau als elegantem verbindenden Element. Diffuses Tageslicht dringt durch die schlichten Jalousien und betont den Effekt der weich melierten Wände.*

4 *Vinylboden in leuchtenden Farben wurde hier nicht nur wegen des modischen Aussehens gewählt, sondern aus ganz praktischen Erwägungen. Vor diesem Hintergrund kann sich die übrige Einrichtung auf einfache Möbel und wenige Dekorgegenstände beschränken.*

Familienräume

Kleine Kinder wollen stets da sein, wo die Erwachsenen sind, das ist nun einmal so. Deshalb sollten Sie, wenn Sie Kinder haben, Ihre Einrichtung darauf einstellen und versuchen, Stilvolles mit Praktischem zu vereinbaren. Ein Zimmer für alle zu schaffen, es gemütlich zu haben, ohne daß der Raum in einen Abenteuerspielplatz entartet, ist weniger eine Frage des Geldes als des gesunden Menschenverstandes. Mit Kindern kommen eigentlich nur abwaschbare Oberflächen in Frage, alles andere hat keinen Sinn. (Mit Tapeten- oder Acryllack läßt sich jede Tapete versiegeln, Sie brauchen sich also nicht auf das Angebot waschbarer Tapeten zu beschränken, um den schmutzigen Fingerabdrücken den Kampf anzusagen.)

Für einen gemütlichen Aufenthaltsraum sind ausreichende und gut organisierte Möglichkeiten zur Aufbewahrung aller möglichen Sachen unerläßlich. Herumliegendes Spielzeug kann z. B. schnell in einem großen Wäschekorb verstaut werden oder in einer alten Seemannskiste, wobei Sie allerdings darauf achten müssen, daß die kleinen Finger nicht im Deckel eingeklemmt werden. Solide Regale mit großen Fächern für Bilderbücher und rollbare Kisten machen das Aufräumen zum Kinderspiel. Mit zunehmendem Alter der Kinder kommen immer neue Dinge hinzu, Puzzlespiele, Malstifte, Baukästen usw. – wenn ein Ordnungssystem da ist, werden die Kleinen schnell lernen, ihre Sachen selber wegzuräumen, und Sie haben wieder Zeit für Ihre anderen Aufgaben.

Rutschfeste Böden sind wichtig, ebenso wie sichere und für Kleinkinder nicht zugängliche elektrische Anlagen; kostbare oder zerbrechliche Gegenstände dürfen nicht so aufgestellt sein, daß die Kinder sie umwerfen können, wenn Sie nicht ständig aufpassen und alles im Auge behalten wollen.

Das bedeutet aber nicht, daß ein Familienraum kahl und leer sein muß wie ein Wartesaal. Auf hohen Regalen oder Wandvorsprüngen sind Ihre wertvollen Objekte in Sicherheit. Und wenn Sie genauer hinschauen, eignet sich auch so manches Spielzeug zum Aufstellen – warum dann nicht ein paar hübsche Sachen als Dekor im Zimmer integrieren?

Die Sitzmöbel sollten nicht nur bequem, sondern auch tragbar und beweglich sein. Mit Klappstühlen oder Polsterkissen können Sie sich bei Bedarf in einen ruhigen Winkel zurückziehen, während die lieben Kleinen sie auch schon mal zu Höhlen und Burgen umfunktionieren.

Die Anschaffung von speziellen Kinderstühlen lohnt nur selten, denn die meisten Kinder wollen lieber so sitzen wie die Erwachsenen auch. Schwere Couchtische mit Glasplatten sind für Familienräume mit Kindern denkbar ungeeignet; abgesehen davon, daß Glas gefährlich sein kann, sind jegliche Fingerspuren kristallklar zu sehen.

Da das Familienleben immer Trubel mit sich bringt, werden Sie vielleicht irgendwo ein ruhiges Plätzchen brauchen. Wenn Sie einen Sessel ins Schlafzimmer stellen oder auch in den Flur, können Sie für Momente allem entfliehen, um dann erholt wieder ins Geschehen einzugreifen.

1 *Ein Raum, wie geschaffen für eine große Familie, wo man zusammenkommt zum Essen, Reden, Fernsehen, Kochen und vieles mehr. Ein offener Küchen-/Eßzimmerbereich muß praktisch eingerichtet sein, d. h. leicht zu putzen z. B., darf daneben aber die gemütliche Atmosphäre nicht vernachlässigen – die hier mit bequemen Stühlen um einen langen Tisch und der warmen Glut des offenen Feuers erzielt wird.*

1

2 *Das südspanische Landhaus entbehrt nichts, was für ein zwangloses, gemütliches Wohnen nötig wäre. Warme Farbtöne in Holzbalken und Teppichen, traditionelle Keramikteller, persönliche Objekte hier und da aufgestellt, verbinden sich zum freundlichen und liebevollen Gesamteindruck eines nicht zu aufgeräumten Zimmers für die ganze Familie.*

Inspirationsquellen

Die Entwicklung des persönlichen Stils ist ein allmählicher Prozeß, der eigene Erfahrungen, Umwelteinflüsse, Interessen und Geschmack miteinander verbindet. Einen Stil sklavisch imitieren kann im besten Falle dazu führen, daß man eine historisch korrekte Nachbildung schafft.

Aber wo beginnen? Ein Haus, das in einem bestimmten Zeitstil gebaut wurde, kann Anregungen für die Einrichtung liefern. Die Architektur, ob klassisch oder modern, gibt den ersten Anhaltspunkt für die Innenausstattung, wobei man die Wahl hat, das Mobiliar im gleichen oder einem gänzlich kontrastierenden Stil zu gestalten. Oft eignen sich gerade alte Häuser, mit ihrer großzügigen Raumplanung, ihren Proportionen und feinen Stuckornamenten für eine sehr moderne Einrichtung.

Häuser, die im Baustil neutral sind, lassen alle Möglichkeiten offen, so daß Sie einen völlig eigenen Wohnstil entwickeln können.

Historische Einrichtungsstile verlieren ihren Einfluß nie, wenn sie auch schon mal in Vergessenheit geraten, um dann wieder stärker hervorzutreten. So erleben wir nostalgische Wellen, die den Glanz vergangener Zeiten wieder aufleben lassen, ob im Nachempfinden einer gemütlichen alten Bauernstube oder der klassischen Eleganz eines georgianischen Salons.

Gerade der britische Stil ist letzten Endes immer eklektisch, denn Großbritannien war mit seinem geschichtlichen Hintergrund der Eroberungen, Kolonialisation und des weltweiten Seehandels stets Einflüssen fremder Kulturen ausgesetzt. Das Ergebnis ist eine Mischung der verschiedensten Stile, die die besten Elemente aller möglichen Kulturbereiche entlehnen. Es ist sicher keine schlechte Philosophie, Bewährtes und Schönes aus anderen Traditionen zu übernehmen, ob aus historischen oder geographischen Abschnitten, ob aus Indien, China, Japan oder Skandinavien; oder denken wir an das Bauhaus, das die moderne Architektur entscheidend geprägt hat, ebenso wie an mediterrane, orientalische und afrikanische Einflüsse, die weltweit Verbreitung fanden.

In kleinerem Maßstab ist die Übernahme des »Fremdländischen« in den eigenen Haushalt heute zur Regel geworden. Türkische, persische und chinesische Teppiche sind seit langem ein fester Bestandteil europäischer Einrichtung. Nordafrikanische Formen und Muster zieren so manchen Haushalt, und wo ein schöner Holzboden vorhanden ist, bieten schlichte Möbel im skandinavischen Stil die sinnvolle Ergänzung. Ein japanisches Vasenpaar mag die Inspiration für die Farbkombination des Wohnzimmers liefern, während eine Sammlung blauweißen Ming-Porzellans sich perfekt in ein englisches Chintz-Intérieur integrieren läßt.

Je unerwarteter die Mischung, desto individueller wirkt sie. Doch vergessen Sie nicht die Gesamtwirkung, die thematisch und optisch einen zusammenhängenden Eindruck vermitteln soll. Bastmatten, Strohkörbe und Bambusrollos bilden z. B. eine texturale Einheit. Oft kann auch der Hintergrund divergierende Elemente verbinden; rauhe Wände und Naturböden verleihen einem Zimmer mit schlichten Baumwollstoffen und lackiertem Holz kontrastvollen Zusammenhalt.

Achten Sie jedoch darauf, daß Ihr persönlicher Stil vor lauter fremden Elementen nicht zu kurz kommt. Hierfür ist es wichtig, den Unterschied zwischen Nachahmung und Beherrschung eines Stils zu spüren. Ersteres ist meist eine sterile Übung, bei der man es unbedingt »richtig« machen will, während die Entwicklung des eigenen Stils eher ein allmähliches Sichvortasten ist, das am Ende aber mehr befriedigt.

1

1 *Die Klarheit architektonischer Linien, eine gute Holzqualität und natürliche Farbtöne ergeben einen modernistischen Raum, der Funktionalität an die erste Stelle setzt. Die Möbel sind integraler Bestandteil der Raumstruktur, deren geometrisches Konzept durch kein überflüssiges Beiwerk gestört wird.*

3

2 *Ruhm und Glanz der Kolonialzeit rufen haushohe Palmen vor riesigen Bogenfenstern wach, zusammen mit einer Einrichtung, die das Gefühl gibt, man befinde sich auf einer großzügigen schattigen Veranda.*

3 *Ultramodernes Mobiliar in Verbindung mit nostalgischen Stücken aus den fünfziger Jahren in einer Wohnung in Memphis. Kakteen, geometrische Teppichmuster, Spiegelwände und primitive Skulpturen ergänzen das Bild der Gegensätze.*

4 *Ein Raum in der Provence spiegelt in jedem Zug die Landschaft wider – Naturholz, getrocknete Kräuter, ein Kiesboden und das hereinströmende Sonnenlicht machen die mediterrane Atmosphäre perfekt.*

Wohnräume

1 *Monochrome Eleganz – Teppich und Stühle sind Eileen-Gray-Modelle; der Druck einer Hockney-Zeichnung wird von Stahl umrahmt; im Vordergrund eine Fortuny-Schirmlampe.*

2 *Eine Vielfalt an Stilrichtungen in einem Raum; jedes der Teile trägt auf seine Art zur Gesamtwirkung bei, während der Hintergrund möglichst einfach gehalten wurde – einfarbige, glatte Wände, der polierte Fußboden, selbst der Kamin wurde auf eine Metalleinfassung reduziert.*

1

2

4

3 *Ein Beispiel für die Kombination von Rot und Schwarz. Die Muschellehne des Armsessels, der schwarze Flügel und eine moderne Chaiselongue (von Rob Eckardt) sind gezielt zu dem abstrakten Wandbild in Beziehung gesetzt.*
4 *Weiche Farben und Texturen vor einem offenen Kamin ergeben zusammen mit diversen Kunstgegenständen einen distinguierten und zugleich sehr wohnlichen Raum.*

5 *Klassizismus in großem Stil. Wände mit kräftiger Marmorierung, in weißen Stoff gehüllte Sessel mit starkem Faltenwurf und Büsten auf Marmorsockeln sprechen eine deutliche Spache, während die Läufer eine farbige Komponente hinzufügen.*

KOLLEKTIONEN

Geborene Sammler werden kaum Schwierigkeiten haben, ihre Wohnung mit Dekor auszufüllen. Wer sein Hobby mit Ausdauer, Disziplin und Sachkenntnis verfolgt, hat bald mehr als genug Material, das er repräsentativ zur Schau stellen kann. Kollektionen, die optisch eine Einheit bilden, können jeden Raum bereichern. Es brauchen dabei keineswegs besonders teure oder seltene Dinge zu sein, mit denen man einen Eindruck von Gelehrsamkeit erwecken oder dem »Designer-Look« vieler Magazine nacheifern will. In dem Maße, wie die Preise für echte Antiken in immer astronomischere Höhen klettern, verlagert sich das Betätigungsfeld des Sammlers auf das »nicht so Antike«. Tröstlich zu wissen, daß die Zeit auch die Einstellungen verändert und Dinge, auf die man einst abschätzig herabsah, eines Tages als sehr wertvoll angesehen werden können.

Wie die Edwardianer den Geschmack ihrer viktorianischen Vorgänger verurteilten oder das Porzellan der dreißiger Jahre erst als das Höchste an Kitsch galt, inzwischen aber in Antiquitätenläden und Auktionshäuser von Rang Eingang gefunden hat, so wird auch manches vom heutigen »Plunder« morgen bereits heiß begehrt sein. Beispielsweise kommen frühe Plastikwaren immer mehr in Mode, sind aber noch erschwinglich.

Ein waches Auge, Geduld und Interesse machen einen schwachen Geldbeutel wieder wett und können zu Sammlungen führen, die einzig in ihrer Art und zugleich bewundernswert stilvoll sind. Das Flair, mit dem Sie eine Sammlung zur Schau stellen, ist fast noch wichtiger als die einzelnen Stücke. Porzellan der 30er Jahre kommt wirkungsvoll auf einer Kiefernkommode zur Geltung, während es auf dem Glasregal eines modernen Intérieurs eher fehl am Platz scheint. Nehmen Sie die Beleuchtung zur Hilfe, um Akzente zu setzen – Lichteffekte können den Reiz einer Sammlung um einiges erhöhen, besonders wenn Glas im Spiel ist. Ins rechte Licht gerückt, werden auch ganz profane Dinge zu interessanten Schaustücken; etwa eine Sammlung von Bierdeckeln oder Streichholzetiketten, die von einem kunstvollen Rahmen umgeben ist.

Eine Kollektion braucht auch nicht immer »nutzlos« zu sein. Werkzeuge und Gebrauchsutensilien lassen sich ebenso dekorativ arrangieren, ganz gleich ob es sich um die farbenfrohen Wollknäuel einer begeisterten Strickerin oder Pinsel und Palette eines Sonntagsmalers handelt.

Einer der wichtigsten Aspekte beim Sammeln – wenn Sie Ihre Sammlung gleichzeitig als Raumdekoration einsetzen – ist zu wissen, wann man aufhören muß.

Achten Sie darauf, daß das eigentliche Wohnen nicht beeinträchtigt wird – sobald eine Kollektion sich zu sehr auszudehnen droht und Tische und Arbeitsflächen in Beschlag nimmt, sollten Sie die Situation neu überdenken. Ließe sich ein Teil in anderen Räumen, vielleicht auch im Flur, unterbringen? Oder liegt die Lösung eher darin, daß andere Dinge die Unordung verursachen und besser verstaut werden sollten?

Wenn der Platz wirklich erschöpft ist, Sie aber weiterhin Ihrer Sammelleidenschaft frönen möchten, gibt es noch die Möglichkeit, den Schwerpunkt von Quantität auf Qualität zu verlagern und zwei, drei kleinere Stücke jeweils gegen ein besonders wertvolles Exemplar einzutauschen.

Als Sammler tragen Sie natürlich auch die Verantwortung für Ihre Schätze. Aquarelle z. B. oder feine Stoffe dürfen kein direktes Sonnenlicht abbekommen, sonst verblassen sie. Was zerbrechen kann, sollte vor Kinderhänden sicher sein, und Aufbewahrung hinter Glas schützt Ihre Sammlung auch vor Staub.

1

2

1 *Eine tiefe Nische mit geschwungenen Regalborden wurde farbig gelb und rosa getüncht, als kräftiger Hintergrund für eine Sammlung englischen Porzellans aus dem 19. Jahrhundert.*

2 *Jedes der zwölf Fächer enthält eine unabhängige Komposition von Objekten, die zusammen eine sehr persönliche Kollektion ergeben.*

4

5

3 *Leuchtende Farbglasuren und handgemalte Polsterstühle.*
4 *Automobilia – eine umfangreiche Sammlung alter Spielzeugautos.*
5 *Unter der Treppe eingepaßte Glasregale beherbergen antike Keramikstücke und alte Holzkästen.*
6 *Eine stilvolle Sammlung fein gearbeiteter Holzschatullen.*
7 *Der orientalische Wandschirm liefert einen ausgezeichneten Hintergrund für das Handwerkszeug eines Künstlers.*
8 *Eine Porzellansammlung aus unserem Jahrhundert, zusammen mit anderen modernen Kunstwerken.*
9 *Kollektion von rustikaler Irdenware aus dem 19. Jahrhundert.*

8

9

Sammlungen ausstellen

1

1 *Verschieden geschnittene Spiegel kommen erst in dieser stattlichen Sammlung durch vielfältige Reflektionen richtig zur Geltung.*
2 *Eine Serie von Bildern, die in ihrer Kombination eine gelungene Gesamtaussage erzielen – die Drucke hier stammen von Richard Smith.*
3 *Eine Kollektion ansprechender Handspiegel zusammen mit alten Kupferstichen in monochromer Harmonie.*

2

3

6

4 Die bewußte Sammlung verschiedenartiger Objekte wird durch deren interessante Muster und Texturen zusammengehalten.
5 Kupferrahmen der Jahrhundertwende bilden eine reiche Verzierung der weißlackierten Bretterwand.
6 Eine Sammlung von Graphiken in kunstvoller Anordnung verschönert die leere Fläche an und um eine uninteressante Tür.

KÜCHEN

Die Küche, das Herzstück jedes Haushalts, ist nicht einfach nur ein Ort, wo man viele Stunden mit Arbeit zubringt, sondern ebensosehr Aufenthaltsraum für die Familie wie für Gäste. In den letzten 200 Jahren wurde die Küche mehr und mehr zu einem beengten und vollgestopften Arbeitsplatz degradiert, doch allmählich besinnt man sich wieder auf den Wert der traditionellen Küche, wo der Herd den Mittelpunkt des häuslichen Lebens bildet. Dank der zunehmend offenen Bauweise und der vielen technischen Errungenschaften haben wir es heute relativ leicht, eine Küche nach unseren Wünschen zu gestalten.

Als erstes werden Sie entscheiden müssen, welche Art von Raum und Ausstattung Sie wollen, um diese dann zum übrigen Haus in Beziehung zu setzen. Oft lohnt es den Zeit- und Geldaufwand, die Küche zu vergrößern, um mehr Platz und Helligkeit zu schaffen, selbst wenn man dafür die Küche verlegen oder einen angrenzenden Zweckraum, etwa eine Kammer o. ä., opfern muß. Auch wäre zu überlegen, ob Sie wirklich ein separates Eßzimmer wünschen und brauchen, denn ist es nicht viel netter, dem Koch bei der Arbeit zuschauen zu können oder, wenn Sie selbst am Herd stehen, gleichzeitig an der Unterhaltung teilzunehmen?

Die eigentliche Kücheneinrichtung dient dazu, das Kochen praktischer und erfreulicher zu gestalten. Heutige Küchen basieren meist auf einem »Arbeitsdreieck«, bestehend aus den drei Hauptzonen Wasserversorgung, Kochstelle und Lebensmittellagerung. Jede Zone sollte in sich geschlossen sein und eigene Abstellmöglichkeiten haben, und der Weg innerhalb des Dreiecks, besonders zwischen Herd und Spüle, sollte kurz und unverstellt sein. Gutes Licht und Lüftung sind wichtig, damit die Arbeit nicht unangenehm und lästig wird.

Mit der Entwicklung elektrischer Haushaltsgeräte, die in den dreißiger Jahren begann, hat sich das Aussehen der Küche gewaltig verändert. Doch so verlockend viele Elektrogeräte auch sein mögen, sollten Sie nur solche Gerätschaften in die Küche stellen, die Sie wirklich brauchen und die zu Ihrem Lebensstil passen. Wenn Sie Ihre Küche mit Automaten überladen, fehlt Ihnen vielleicht der Platz für andere Dinge. Auch will die Anordnung technischer Geräte samt Leitungsverlegung usw. gut geplant sein, wenn sie Ihnen tatsächlich von Nutzen sein sollen.

Die geräumige alte Wohnküche wurde mit einem neuen Keramikboden und einfach gehaltenen Schränken versehen, der alte Kohleherd wurde wieder funktionsfähig gemacht und im Zentrum stehen ein robuster alter Holztisch und die riesige Bahnhofsuhr.

1

Küchen
CHECKLISTE

- Was soll in Ihrer Küche passieren? Kreuzen Sie Ihre Wünsche an:
  - tägliche Essenszubereitung und Kochen?
  - Lebensmittellagerung?
  - Wäsche waschen?
  - die täglichen Mahlzeiten?
  - Gästebewirtung?
  - professionell kochen?
- Für wie viele Personen müssen Sie planen?
- Ist die Küche:
  - zum übrigen Haus gut gelegen oder wäre ein anderer Platz praktischer?
  - geräumig genug für alle geplanten Tätigkeiten, Geräte und Vorrat oder können Sie sie noch ausbauen?
- Wo liegen Ihre Prioritäten:
  - Essenszubereitung soll möglichst schnell, praktisch und effizient sein?
  - Kochen mit Gas, Strom oder Festbrennstoffen?
  - Küche muß beengten oder komplizierten Raumverhältnissen angepaßt werden?
  - Küche soll farblich schön gemustert und gut gestylt sein?
  - klare Trennung zwischen Koch- und Eßbereich?
  - Küche soll als gemütliches Familienzentrum fungieren?
  - Sicherheit für die Kinder?
  - gute Benutzbarkeit für ältere o. behind. Personen?
  - hygienisch für Haustiere?
- Wie groß ist Ihr Etat?
- Soll die Arbeit auf einmal oder schrittweise durchgeführt werden?
- Haben Sie die Auswirkungen auf den Gesamtwert des Hauses zu berücksichtigen?
- Wie lange soll die Küche voraussichtlich halten?
- Welche der folgenden Geräte möchten Sie sofort oder später haben:
  - Herd?
  - Waschmaschine?
  - freistehender Herd (Kochen obenan)?
  - Kohle- oder Holzherd?
  - Mikrowellenherd?
  - Grill?
  - Kühlschrank?
  - Tiefkühltruhe?
  - Spülmaschine?
  - Wandofen?
  - Wäschetrockner?
  - Müllverdichter, Müllschlucker?
  - Fernsehgerät?
  - Radio?
  - Stereoanlage?
- Wieviel Lagerraum brauchen Sie für:
  - frische Lebensmittel und Gemüse?
  - Tiefkühlkost?
  - Wein?
  - tragbare Küchenmaschinen und -utensilien?
  - Porzellan und Besteck?
  - Putzmittel?
  - Wäsche, Waschmaschine und Zubehör?
- Haben Sie eine eindeutige Vorliebe für entweder:
  - offene Regal- oder Lagersysteme?
  - Einbauschränke?

Kücheneinrichtung

Zeitgemäße Küchenplanung beginnt mit praktischen Erwägungen. Alle Oberflächen und Materialien sind Wasser, Feuchtigkeit, Fett und Dunst ausgesetzt und sollten leicht zu säubern sein. Der Extremfall, die klinisch sterile Küche, wird allerdings in den letzten Jahren wieder mehr von anderen Elementen verdrängt: Gemütlichkeit und warme Atmosphäre rücken in den Vordergrund, wobei die ideale Küche Funktionalität und Wohnlichkeit in sich vereinigt.

Ganz gleich wie zweckmäßig die Küche sein soll, es bleibt genügend Spielraum für Ihre persönliche Note. Bestehende Elemente lassen sich verändern: im Kaminschacht einer alten Feuerstelle ist beispielsweise Platz für einen modernen Ofen, Holzkohlegrill, Einbauschrank oder auch eine Hi-Fi-Anlage. In hohe Räume könnten Sie eine zweite Decke einziehen, um Rohre, Kabel oder Lüftungsleitungen zu verdecken. Entscheiden Sie, welche Utensilien offen sichtbar und ausgestellt und welche hinter Schranktüren verschwinden sollen.

Wände

Viele Bodenmaterialien, etwa Kork, Holz, Keramik- oder Vinylplatten, eignen sich ebensogut für die Wände, da sie wasserdicht und wärmeisolierend sind. Vinyl oder abwaschbare Tapeten sollten am besten mit einem Fungizid-Kleber angebracht werden, der Pilz- und Schimmelbefall verhütet. Wenn Sie die Wände anstreichen wollen, muß der Untergrund gut vorbereitet sein. Nehmen Sie nur abwaschbare Farben und verzichten Sie nicht auf den zweiten Anstrich, der bessere Haltbarkeit gewährleistet.

Böden

Wenn Sie eine Vorliebe für weiche Böden haben, sind Kork und Vinyl angebracht, da sie leicht zu säubern und obendrein lärmschlukkend sind. Gummi hat den Vorteil, praktisch unverwüstlich zu sein. Harte Böden, etwa aus Stein, Keramik, Marmor oder Schiefer, sind zwar äußerst beständig, ermüden aber leicht die Beine und sind kalt. Holzböden dagegen sind warm, müssen jedoch je nach Beanspruchung öfters neu versiegelt werden und können glatt und rutschig sein. Bei Teppichböden stellt sich die Frage nach der Reinigung; für Küchen kommt am ehesten Synthetikware in Betracht.

Arbeitsflächen

Die gängigste, für alle Zwecke geeignete Lösung sind Melaminplatten, die in vielen Ausführungen erhältlich sind und sich passend zurechtschneiden lassen. Kostspieligere Möglichkeiten wären künstlicher Marmor, Kacheln oder Mosaik auf einem Grund aus Mastixharz. Gut versiegeltes Hartholz, Marmor, Schiefer, Granit und Terrazzo sehen sehr ansprechend aus, brauchen aber mehr Pflege. Rostfreier Chromstahl braucht nicht auf die Spüle beschränkt zu sein und ist, als hygienischer und robuster Werkstoff, in vielen Groß- und Berufsküchen zu finden, oft in Verbindung mit soliden Hackbrettern aus Holz.

1

Beleuchtung

Die Lichtverhältnisse sind von vorrangiger Bedeutung, besonders wenn die Küche gleichzeitig als Eß- und Wohnküche dient. Eingelassene und verstellbare Lampen können hier sehr zweckdienlich sein. Je mehr natürliches Tageslicht einfällt, umso besser. Oft ist es sinnvoll, eine Tür, die nach draußen, z. B. in den Garten führt, zu verglasen; trotzdem bleibt gutes künstliches Licht unerläßlich.

Fenster

Lamellenfenster sind ausgezeichnet für Küchen, da sie gute Lüftung erlauben und sich starken Temperaturschwankungen anpassen. Wer Vorhänge möchte, sollte möglichst ein nichtentzündliches Material wählen und die Vorhänge nicht zu nah an der Kochstelle anbringen. Rollos oder Jalousien sind allerdings praktischer, da sie nicht so saugfähig sind und

2

3

den Lichteinfall regulieren lassen. Bei einer schönen Aussicht könnten Sie auf Vorhänge ganz verzichten, müßten dann aber im Winter mit mehr Wärmeverlust rechnen. Prüfen Sie auch, ob der Anblick des kahlen Fensters Sie nicht stört.

Heizung

Die üblichen Rippen- oder Nachtspeicherheizkörper nehmen meist viel Platz in Anspruch. Ideal wäre eine thermostatisch regulierbare Wand-, Decken- oder Fußbodenheizung. Recht nützlich sind auch kleine Elektro- oder Gasheizer.

1 *Naturfarben – Weiß- und Brauntöne erzeugen zusammen mit dem Steinboden eine anheimelnde Atmosphäre. Der Ölofen wurde unter dem hellen Fenster installiert, während der freigewordene Kamin für eine Kommode Platz bietet.*

2 *Hier wird die farbliche Komposition zur Hauptaussage – verschieden schattierte Tonfliesen über dem grau abgestuften Schranktrakt vor einem grau mit gelb gemusterten Keramikboden. Der massive Wandvorsprung wird nicht nur als dekorative Stellfläche, sondern auch für Beleuchtung und Lüftung genutzt.*

3 *Chromblitzender Stahl wird meist mit Restaurantküchen assoziiert, bietet aber auch hier in diesem kleinen Apartment eine keineswegs billig wirkende, glatte und praktische Lösung.*

Küchenstil

1 *Um einen großen alten Eichentisch als Mittelpunkt wurde die übrige Einrichtung entlang der Wände gruppiert. Der alte Kamin wurde zum praktischen Dunstabzug umfunktioniert.*

1

2

3

2 *Eine ähnliche Anordnung in betont moderner Ausführung mit weißen Fliesen und Einbauelementen. Die Insel im Mittelpunkt bietet Arbeitsfläche, Bartheke und Schrank in einem.*

3 *Die Kreation eines Meisterkoches in der Tradition französischer Kücheneleganz mit modernen Hilfsmitteln wie Melamintischplatte, Regalfertigteilen und einem Luxusherd, der mit Kohle, Holz, Gas und Strom betrieben werden kann. Das Stillleben stammt aus dem 18. Jahrhundert.*

4 *Schwarze Melaminbeschichtung für dunkle Arbeitsflächen und Türen wurde hier als besonderer Kontrast zu den alten Kiefernschränken und Metallutensilien gewählt, bei den Kannen usw. handelt es sich um gebraucht erstandene versilberte Restaurantware.*
5 *Diese ungewöhnliche Kücheninsel wurde von einem Designer in Beverley Hills entworfen. Die Terrazzo-Oberflächen können nach individuellem Bedarf verschieden gestaltet werden. Der kompakte Herd ist ein Restaurantmodell.*

5

7

6 *Eine Alternative zu den modernen Einbauelementen mit ihren glatten Flächen – preiswerte, freistehende Teile im persönlichen Stil.*
7 *Weniger ist mehr – die schlichte Form der Kücheninsel vor großzügig leerem Hintergrund verrät Charakter.*

Küchengrundrisse

Die Küchenanordnung wird sich ebensosehr nach den räumlichen Gegebenheiten wie Ihren speziellen Bedürfnissen und Vorlieben richten. Doch grundsätzlich lassen sich fünf Haupttypen unterscheiden, und einer von diesen wird wahrscheinlich auch den Grundriß für Ihre Küche abgeben.

Lineare Küchenzeile. Alle Küchengeräte und Schränke sind entlang einer Wand aufgereiht; auch für kleine Räume geeignet. Das Spülbekken ist möglichst in der Mitte, Kühlschrank und Herd befinden sich an den äußeren Enden, verbunden von einer durchgehenden Arbeitsplatte, unter der weitere Schränke und Geräte Platz haben.

Zweizeilige oder Korridor-Küche. An zwei gegenüberliegenden Wänden angeordnet, wobei Herd und Spüle möglichst auf derselben Seite sein sollten. Der dazwischenliegende »Korridor« muß so breit sein, daß die Türen sich problemlos öffnen lassen.

L-förmige Küche. Die L-Form eignet sich für offene Bauweise und kleine, quadratische Räume. Die Spüle in der Mitte sorgt für gute Beweglichkeit und leichtes Arbeiten.

U-förmige Küche. Eine der besten Lösungen mit durchgehender Fläche für ungestörtes Arbeiten. Die Spüle ist meist im Zentrum, Kühlschrank und Herd zu beiden Seiten.

Freistehende Kücheninsel. Diese Anordnung braucht viel Platz und muß sorgfältig geplant sein, um unnötiges Hin und Her bei der Arbeit zu vermeiden.

Professionelle Köche schätzen die Anpassungsfähigkeit an verschiedene Arbeitsabläufe. Kücheninseln eignen sich auch als Raumaufteiler.

Grundausstattung

Welchen Grundriß Sie auch vorziehen, er sollte unbedingt die folgenden Elemente einschließen:

Arbeitsflächen. Geeignete Arbeitsflächen erfordern gründliche Planung (siehe dazu: Arbeitsbereich Kochen). Der Platz für die Essenszubereitung, meist zwischen Spüle und Herd, sollte für die Menge einer kompletten Mahlzeit reichen.

Kochgerät. Die Herdfläche mit den Kochplatten und sonstigem Zubehör wie Grill und Backofen sollte stets so liegen, daß Töpfe und Pfannen mühelos zwischen Spüle und Herd hin- und herwandern können. Stellen Sie den Herd um der eigenen Bequemlichkeit willen weder in die äußerste Ecke noch unter einen Hängeschrank oder vor ein Fenster mit Gardinen.

Spültisch. Die Spüle sollte möglichst nah am Geschirrschrank sein, um Teller, Tassen und Besteck des täglichen Bedarfs ohne Mühe ein- und ausräumen zu können. Die Spülmaschine steht am besten direkt daneben, und der Abfalleimer oder Müllschlucker gehört auch hierher.

Aufbewahrungsplatz. Die Küchenzeile sollte nicht von hohen Schrankelementen unterbrochen werden, damit die Arbeitsfläche durchgängig frei bleibt. Wandregale und Hängeschränke sind leichter zugänglich als niedrige Schränke und Kommoden; achten Sie aber auf bequeme Griffhöhe.

Bei sorgfältiger Planung lassen sich auch ungünstige Winkel und Ecken zur Unterbringung nutzen, etwa durch eingepaßte Einbauschränke.

1

2

1 *Diese Insel inmitten einer geräumigen Küche illustriert eine hervorragende Raumnutzung mit Hängeplatz oberhalb und Regalen unterhalb der zentralen Theke.*

2 *Ein schmaler Korridor läßt sich erfolgreich als Küche gestalten, wenn die Anordnung linear bleibt – die Tischplatte läßt sich herunterklappen, um den Zugang zu Fenster und Aussicht zu nutzen.*

3 *Die beliebte U-Form bietet Arbeitsflächen an allen Fronten.*

4 *Die Küche eines viktorianischen Hauses bewahrt den Charakter der Zeit – besonders auf engem Raum ist die sorgfältige Ausführung und Qualität jeden Details von entscheidender Bedeutung.*

KÜCHENGRUNDRISSE

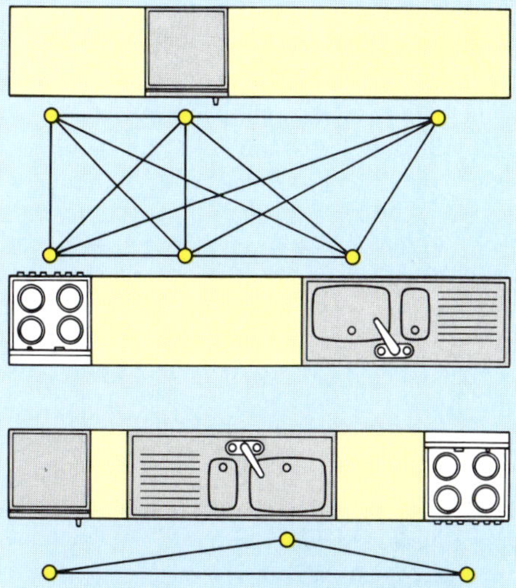

Das traditionelle Küchenkonzept basiert auf einem Dreieck, das die drei Arbeitszentren Spüle, Herd und Kühlschrank verbindet – und nicht als Durchgangsbereich dienen sollte. Keines der Zentren sollte mehr als zwei Armlängen entfernt liegen, um vorschneller Ermüdung vorzubeugen, aber auch nicht störend nah am andern sein.

Lineare Küchenzeile
Die lineare Form ist angebracht, wenn die Rückwand lang genug ist und die Küche als Durchgangsraum fungiert. Ideal ist die Anordnung unter einem Fenster.

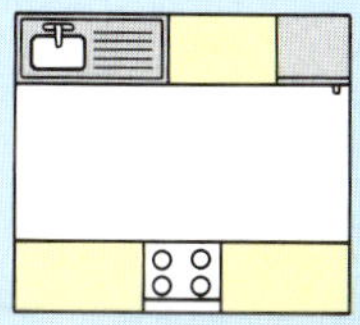

Korridorküche
Am ehesten zu empfehlen für ein Flurende oder eine Fensternische; praktisch für Ein- oder Zwei-Personen-Haushalte bzw. Appartements.

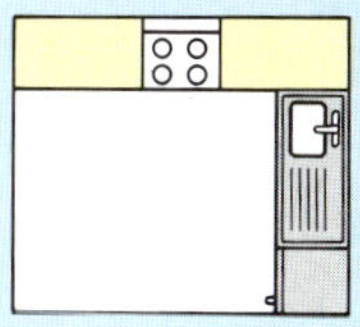

L-förmige Küche
Diese Form ist beliebt, da sie sich gut mit einem Wohn- oder Eßbereich kombinieren läßt und nicht auf lange Wände angewiesen ist.

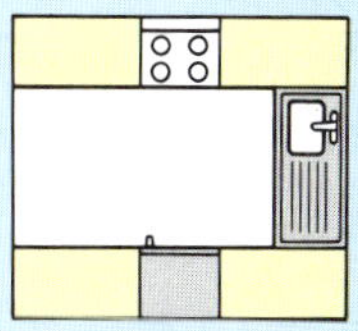

U-förmige Küche
Die U-Form ist ideal für kleine Räume oder Nischen, in denen man nach Belieben walten kann; oder als Küchenbereich bei offener Bauweise.

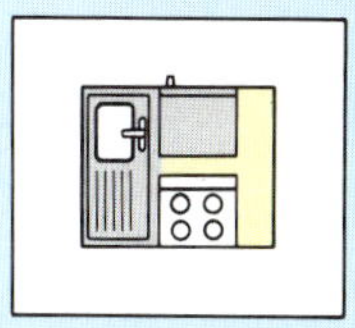

Kücheninsel
Die Inselform wird von Leuten bevorzugt, die gern mit Stil kochen und den Kochbereich in den Mittelpunkt stellen. Sorgfältige Planung ist nötig.

Arbeitsbereich Kochen

Sinn und Zweck jeder Küche ist die Essensvorbereitung und das Kochen. Widmen Sie diesem Arbeitsbereich daher die größtmögliche Sorgfalt und wägen Sie Vor- und Nachteile der verschiedenen Möglichkeiten gründlich gegeneinander ab.

In den letzten Jahren geht der Trend von den freistehenden Küchenherden, die Backofen und Kochplatten vereinigen, mehr zu separaten Einbauelementen, die im allgemeinen teurer sind, sich den individuellen Bedürfnissen aber besser anpassen und Platz sparen. Ob der Backofen unter den Kochplatten oder in Augenhöhe plaziert wird, ist zum einen eine Platzfrage, zum anderen eine Frage Ihrer persönlichen Arbeitsgewohnheiten. Viele Leute bleiben auch heute noch dem traditionellen Küchenherd mit Kohle- oder Holzfeuerung treu, der gleichzeitig den Raum beheizen und für heißes Wasser sorgen kann.

Gas- und Elektro-Öfen gibt es heute in den verschiedensten Ausführungen, mit Heißluft- oder Mikrowellenofen, mit automatischem Bratenspieß, Dunstabzug und ähnlichem. Bei Heißluft- oder Gebläseöfen sind die Heizelemente zwischen dem Ofenfach und der Außenwand angeordnet und erzeugen eine gleichförmige Hitze, die auch großes Brat- oder Backgut von allen Seiten gleichmäßig gart (ohne daß es gewendet werden muß).

Mikrowellenherde haben eine bedeutend kürzere Garzeit als normale Öfen und eignen sich besonders, wenn Sie große Mengen vorkochen und einfrieren wollen. Das Essen ist allerdings nicht ganz von derselben Qualität, wie Sie sie durch langsames Garen und Bräunen erreichen können, weshalb ein Mikrowellenofen in erster Linie als Zusatzgerät betrachtet werden sollte.

In der Lebensmittelindustrie wird schon seit langem mit Induktionsherden gearbeitet, die inzwischen auch für normale Haushalte erhältlich sind. Der Kochtopf, der aus Stahl oder Gußeisen sein muß, wird elektro-magnetisch aufgeheizt, d. h. die Heizelemente der Kochmulden arbeiten nur, wenn sie in Kontakt mit dem Topf sind – ein energiesparendes und gleichzeitig sicheres System.

Die meisten Kochplatten lassen sich in die Arbeitsfläche einsetzen, wobei der Platz darunter zusätzliche Abstellmöglichkeiten bietet. Die Auswahl der Kocher reicht von der einzelnen Platte für den kleinen Haushalt bis zum kombinierten Gas- und Elektrokocher mit integriertem Rauchabzug und zusätzlichen Elementen wie Holzkohlegrill und Brateinsatz, die sich nach dem Baukastensystem erweitern lassen. Wenn Kinder da sind, sollte die Frage der Sicherheit an erster Stelle stehen, d. h. die Kochplatten sollten für die Kleinen möglichst unerreichbar sein. Und denken Sie bei Dunsthauben auch daran, daß diese unterschiedlich hoch sein müssen, je nachdem ob Sie mit Gas oder Strom kochen.

Herde mit einer glatten Kochfläche aus keramischer Glasmasse erleichtern das Putzen und Reinigen. Sichtbare Wolfram-Halogen-Heizspiralen lassen sich schnell und genau regulieren, und wie bei der Gasflamme können Sie die Heizleistung optisch erkennen.

Arbeitsflächen

Welche Arbeitsfläche Sie auch wählen (siehe dazu: Kücheneinrichtung), der an Herd und Kochstellen angrenzende Bereich muß möglichst hitzebeständig sein. Wenn Sie die Möglichkeit haben, die Arbeitsfläche zu variieren, könnte ein eingebautes massives Hackbrett aus Holz oder eine Marmor- oder Schieferplatte zum Teigausrollen gute Dienste tun.

Die Hauptflächen sollten 50 bis 60 cm tief sein, während kleinere Bereiche mindestens 30 cm haben sollten, wenn möglich jedoch mehr.

Die übliche Höhe schwankt zwischen 85 und 90 cm, doch sollten Sie sich eher danach richten, was für Sie die ideale Höhe zum Rühren, Hacken oder Kneten ist. Für diesen Zweck gibt es Elemente mit verstellbaren Füßen, oder aber Sie gestalten die Arbeitsfläche von vornherein unterschiedlich hoch, um für jede Arbeit die angenehmste Höhe zu haben. Zwischen Arbeitsplatte und Wandelementen sollte genug Platz sein, etwa 40 bis 50 cm, damit dort Kleingeräte wie Mixer usw. abgestellt werden können.

HERDPOSITION

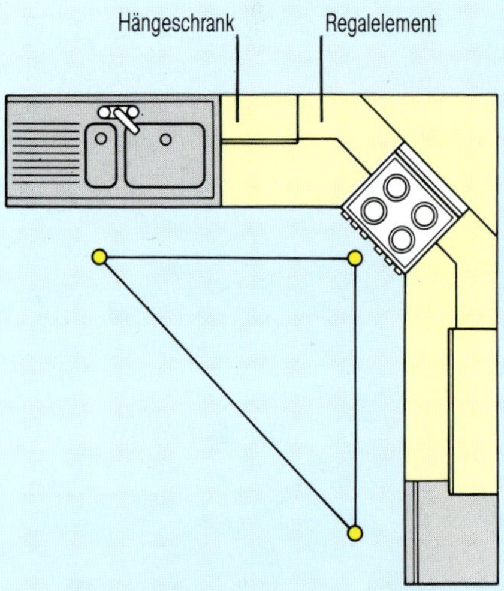

Eine gute Alternative wäre die Anordnung des Herdes (der Kochmulde) schräg in einer Raumecke. Die Platzverschwendung ist dabei geringer als es auf den ersten Blick erscheint, während der Hauptvorteil in der besseren Erreichbarkeit der beidseitigen Arbeitsflächen – und größeren Sicherheit – besteht.

ARBEITSHÖHE

Es erweist sich oft als Fehler, wenn alle Küchenelemente dieselbe Höhe haben. Bestimmte Tätigkeiten, wie etwa Torten glasieren oder heiße Getränke zubereiten, erfordern eine höhere als die meist übliche Arbeitshöhe von 90 cm. Andere Arbeiten – Brotkneten, Kohl hacken, Teigausrollen – belasten die Oberarm- und Rückenmuskeln und lassen sich leichter auf niedrigeren Flächen ausführen.
Selbst bei fertigen Einrichtungsteilen, die nur in der Standardhöhe erhältlich sind, läßt sich etwas machen – indem Sie jeweils die Sockelhöhe verändern.
Eine weitere Möglichkeit wäre, die Arbeitsfläche durch Auflegen einer dicken Holzplatte (als Hackbrett u. ä. geeignet) zu erhöhen. Bei niedrigeren Arbeitsplatten ist besonders darauf zu achten, daß der Raum in Kopfhöhe freibleibt und Ihre Beweglichkeit nicht durch Hängeschränke oder Regale beeinträchtigt wird.

1 Neue Herdmodelle bieten vielfältige Gestaltungsmöglichkeiten – hier sind zwei Kochstellen mit keramischer Glasplatte neben zwei Schnellkochplatten und einer Grillschlange angeordnet; dazwischen befindet sich außerdem ein Dunstabsauggebläse. Andere Modelle bieten Gas- und Elektroplatten nebeneinander, mit oder ohne zusätzlichem Grill.
2 Die marmorne Ladentheke aus dem 19ten Jahrhundert wird hier zur Arbeitsfläche mit weiterem Platz in geräumigen Schubfächern.

1

3

4

3 Eine wunderschöne und nicht billige Kücheninsel mit Arbeitsplatten aus Marmor. Die tiefer gesetzte Kochstelle ist ein Beispiel dafür, daß verschiedene Arbeitshöhen nicht nur praktisch, sondern auch sehr attraktiv sind.
4 Eine kleine Küche in einheitlicher Kachelung von Boden und Wänden setzt platzsparende Mittel wie schmale Regalborde und einen herunterklappbaren Tisch sehr vorteilhaft ein.

Arbeitsbereich Abwasch und Müll

Da jede Änderung der Installationen mit Kosten und Zeitaufwand verbunden ist, ist der Standort des Spülbereichs durch die Wasserleitungen und Abflußrohre weitgehend vorgegeben. Standardausführungen für Spülbekken sind in nichtrostendem Stahl und Email erhältlich. Wo Geld keine Rolle spielt, wäre auch ein maßgeschneidertes Teakholzbecken eine mögliche Alternative. Neuentwicklungen haben Kunststoffbeschichtungen hervorgebracht, die angeblich verschmutzungssicher und kratzfest sind und eine dauerhafte Alternative zu Emailüberzügen darstellen.

Formen und Größen werden in reicher Auswahl angeboten; treffen Sie die Entscheidung nach Ihren Erfordernissen; dem einen reicht ein einziges Becken, ein anderer braucht eine Doppelspüle mit Zwischenbecken, Siebeinsatz und großer Geschirrstellfläche. Ein Ablaufbecken, in dem man das gewaschene Geschirr ohne Abtrocknen hygienisch trockenwerden lassen kann, ist meist eine sinnvolle Investition. Im wesentlichen lassen sich drei Arten von Spülen unterscheiden:

Spültisch. Becken und Abtropffläche kombiniert, als Auflage auf Standardküchenelemente; in verschiedenen Ausführungen mit einem oder mehreren Becken erhältlich, meist aus Edelstahl.

Spüleinsatz. Separate Elemente, die in die Arbeitsplatte eingelassen werden und oben bündig abschließen. Manche Becken haben einen erhöhten Rand, der etwas problematisch ist, weil übergelaufenes Wasser nicht zurückfließen kann.

Einbauspüle/Spülzentrum. Nimmt wenig Platz in Anspruch und ist meist mit einem zweiten Becken, weitem Abfluß und eingepaßten Armaturen ausgestattet. Als weiteres Zubehör sind Drahtkörbe und passende Siebeinsätze erhältlich. Wenn es sich nicht vermeiden läßt, daß die Waschmaschine ebenfalls in der Küche untergebracht ist, sollte sie zumindest von den Lebensmitteln getrennt und im Idealfall auch mit separatem Waschbassin ausgerüstet sein.

Wasserhähne (Armaturen)

Am zweckmäßigsten sind Mischbatterien, die Durchflußmengen und Temperaturen gleichzeitig regulieren. Keramische Tellerventile mit Teflon-Sitz oder Kugelventile aus Stahl beugen lästigem Tropfen vor und brauchen keine Dichtungen, die verschleißen und ausgewechselt werden müßten. Nützliche Extras sind ein Perlator und Brause-/Sprühvorsatz. Wenn der Platz beschränkt ist, installieren Sie die Armaturen am besten an der Wand. Beachten Sie aber, die Hähne so zu positionieren, daß Sie auch mit großen Töpfen, Pfannen und hohen Eimern mühelos hantieren können.

Spülmaschinen

Spülmaschinen erledigen den Abwasch sehr gründlich, da sie mit hohen Wassertemperaturen arbeiten; sie bieten eine sinnvolle Erleichterung, wenn genug Geschirr anfällt. Empfindliches Porzellan, Glas oder Bestecke könnten allerdings leiden. Wenn Sie viel und gern kochen, wäre eine Maschine mit Extraprogramm für Töpfe und Pfannen sicher sinnvoll.

Müllbeseitigung

Das Problem der Müllbeseitigung läßt sich verringern, wenn Sie anfallenden Abfall sortieren: nach Material, das sich für Recycling eignet und, wenn Sie einen Garten haben, nach Abfällen für den Komposthaufen. Auf jeden Fall aber werden Sie einen großen Mülleimer brauchen, am besten unter oder direkt neben der Spüle; praktisch ist ein Eimer innen an der Schranktür. Wenn Sie einen Ausguß für Abfälle benutzen, denken Sie daran, daß er sich nicht für künstliche Stoffe, sondern höchstens für Lebensmittelabfälle eignet. Ein solcher Abfluß ist nur in Verbindung mit einem zweiten Becken sinnvoll, und das Abflußrohr darf keine engen Biegungen haben. Um Verstopfungen vorzubeugen oder zu beseitigen, wäre dann

1

1 Doppelspüle mit kleinem Becken in der Mitte zum Gemüsewaschen. Der Raum am Fenster wurde sehr zweckmäßig mit einer Stahlschiene zum Anbringen diverser Töpfe und Kellen genutzt.

2 Ein Tellerbord über einem Keramikbecken – eine praktische und zugleich dekorative Lösung.

3 Moderne Spülbekken sind oft mit diversem Zubehör ausgestattet – ein kleines Becken zum Gemüsewaschen und ein Siebeinsatz erfüllen auf weniger Raum den gleichen Zweck wie ein Doppelbecken.

auch ein Müllzerkleinerer angebracht, und ein guter Wasserverschluß gegen unangenehme Gerüche dürfte auch nicht fehlen. Für große Haushalte, in denen viel Müll anfällt, aber kein Garten da ist, käme noch ein Müllverdichter in Frage, der in einem Schrank Platz hat.

Dunstabzüge

Die zunehmende Beliebtheit offener Raumplanung und großzügiger Wohnküchen macht gute Lüftung und einen wirkungsvollen Dampfabzug zum unerläßlichen Faktor in der Kücheneinrichtung, was mitunter erst spät erkannt wird. Die Mehrzahl aller Gerüche entsteht an der Kochstelle, während Dämpfe auch im Spülbereich und an Waschmaschinen zum Problem werden können. Für allgemeine Luftumwälzung kann ein in die Außenwand oder ein Fenster eingesetztes Sauggebläse sorgen, wenn Sie nicht eine integrierte Dunstabzugsanlage direkt über dem Herd bevorzugen. Viele der modernen Abzugshauben sind im Design auf die übrige Einrichtung abgestimmt. In der Funktionsweise variieren Dunsthauben vom einfachen Abzug nach draußen bis zum komplizierten Filter- und Rezirkulierungssystem. Eine neuere Entwicklung sind Rauchabzüge, die in die Kochmulde integriert sind und die Kochdünste durch Luftkanäle nach unten abziehen.

SPÜLHÖHE

Oft übersehen bei der Wahl des Spülbeckens wird die richtige Höhe, die dann gegeben ist, wenn Sie den Grund des Beckens ohne Vorbeugen bequem berühren können. Viele neue Spülen haben relativ kleine Becken und Ablaufflächen, da sie in erster Linie als Ergänzung zur Spülmaschine gedacht sind.

4 *Manche modernen Dunstabzugshauben sind schmal genug, um unter einem Hängeschrank Platz zu finden. Dieses Modell schaltet sich bei Herausziehen der Haube ein, das Gebläse befindet sich in dem geschlossenen Kasten.*

4

5

6

5 *Dampfabzüge können Funktionalität mit Eleganz kombinieren; der Abzug aus Glas ist wie geschaffen für die Rauminsel und bietet gleichzeitig noch Beleuchtung sowie eine Schiene zum Anhängen diverser Utensilien.*

6 *Eine kühne Lösung des Lüftungsproblems bietet diese Haube aus rostfreiem Stahl.*

Lagerung

Lagerungs- und Speichermöglichkeiten sollten den übrigen Einrichtungen angepaßt sein. Zunächst gilt es, die häufig benutzten Geräte des täglichen Lebens sinnvoll aufzubewahren. Töpfe und Pfannen, Küchenmesser u. ä. gehören in erreichbare Nähe der Essenszubereitung; Putzmittel und Geschirrtücher sollten von der Spüle aus erreichbar sein. Viele Utensilien, Einmachgläser und ähnliches brauchen nicht hinter verschlossenen Türen versteckt zu werden, sondern machen sich gut auf offenen Regalen oder an Haken und Leisten an der Wand, wo sie auch schnell zur Hand sind. (Allerdings ist hierfür saubere Luft eine Vorbedingung, die schnelle Verschmutzung durch Großstadtdreck würde Ihnen einen Strich durch die Rechnung machen.) Manche baulichen Besonderheiten oder große Platzprobleme in der Unterbringung lohnen den Mehraufwand für maßgeschneiderten Einbau.

Lebensmittellagerung

Die gute alte Speisekammer hat trotz Kühlschrank und Gefriertruhe nichts an Zweckmäßigkeit eingebüßt. Eine bestehende Kammer könnten Sie in eine neue Küche integrieren. Wenn Sie eine Speisekammer neu bauen wollen, sollte eine kühle Lage oberstes Kriterium sein. Verschiedene Nahrungsmittel brauchen verschiedene Bedingungen: getrocknete Kräuter, Plätzchen und Zucker müssen warm und trocken gelagert werden, während Obst und Gemüse und andere verderbliche Waren, ebenso Wein, möglichst kühl, luftig und dunkel aufzubewahren sind.

Kühlschränke können entweder in die Arbeitsplatte integriert werden oder sonst frei aufgestellt werden, z. B. wenn Sie ein höheres Modell mit Gefrierfach vorziehen. Die Wahl hängt davon ab, was Sie für Ihre Verhältnisse am ehesten brauchen können. Schenken Sie den Türen genügend Beachtung – ist genügend Spielraum zum Öffnen vorhanden? Sollen sie links- oder rechtsöffnend sein? Kühl- und Gefrierschränke gibt es passend, so daß sie sich neben- oder übereinander zu einer kompakten Einheit aufstellen lassen. Gefriertruhen mit Deckelklappe sind meist sperriger, jedoch sehr nützlich für einen größeren Haushalt. Sie brauchen ja nicht in der Küche selbst untergebracht zu sein.

Regale und Schränke

Hohe Regale, die sich über Augenhöhe an der Wand befinden, sollten nach oben in der Tiefe abnehmen, damit Sie überall bis hinten hin reichen können. In Schränken untergebrachte schwenkbare Gestelle sind oft nützlich, ebenso schmale Borde an den Schrankinnenwänden. Ein Regal entlang der Wand über der Arbeitsfläche ermöglicht Ihnen, alle Küchenutensilien des täglichen Bedarfs schnell zur Hand zu haben. Niedrige Schrankelemente können ebenfalls sehr vielseitig gestaltet werden, etwa mit Schubladen, ausziehbaren Tabletts und Abfalleimer. Drehbare Schrank- und Gestelleinheiten helfen Ihnen, ansonsten vergeudete Ecken und Winkel sinnvoll anzufüllen.

An Angeln aufgehängte Klapptüren haben sich als praktisch erwiesen, während Schiebetüren zwar weniger Platz, aber mehr Kraft brauchen und nicht länger als 80 cm sein sollten. Rolltüren erfordern ebenfalls einen ziemlichen Kraftaufwand, weshalb sie sich nicht für hochhängende Schrankteile eignen.

Standardelemente

Grundsätzlich stehen drei Arten von Standardeinrichtungen zur Verfügung; Sockel-, Wand- und Hängeteile. Hinzu kommen natürlich Einheiten, die Einbaugeräte und Küchenmaschinen aufnehmen können und die in der Front einheitliche Türen oder Paneele aufweisen. Die Abmessungen sind heute meist international genormt, so daß es nicht allzu schwierig ist, verschiedene Modelle miteinander zu kombinieren. Die Länge solcher Elemente reicht von 30 cm bis 120 cm, mit Abstufungen in 10cm-Schritten. Manche Hersteller fertigen auch Zwischengrößen an, z. B. in 35 oder 45 cm Länge, die sich vielseitig einsetzen lassen. Wichtig ist natürlich auch die Tiefe – übliche Maße für Sockelelemente und hohe Stellschränke sind 60 cm (Außenmaß) und für Wandhängeschränke in der Regel 30 cm oder 35 cm.

1 *Nichts geht über die traditionelle Speisekammer, wenn es um den Vorrat geht. Dunkel und kühl, mit Regalen, Haken und Schränken ausgestattet bietet sie Platz für frisches Gemüse ebenso wie für Wein, Konserven oder Räucherschinken.*

1

3

2 *Neue Schränke sind oft mit praktischen Drahteinsätzen und herausziehbaren Korbgestellen versehen, um den Platz optimal zu nutzen.*
3 *Schmale offene Holzregale eignen sich besonders zur Unterbringung solcher Dinge, die man mit einem Blick wiederfinden möchte.*

5

4 *Ein kombiniertes System ist häufig die beste Lösung – offene Regale für dekorative Gegenstände, geschlossene Schrankteile für weniger Attraktives. Die eine Seite ist mit einer Lamellentür versehen, während die andere Seite zur Aufbewahrung von Flaschen und Konserven mit einer Massivtür geschlossen ist. Die Schubladen wurden für verschiedene Tiefen maßangefertigt.*
5 *Kostbare Kristallgläser, die auf Glasregalen aufgereiht sind, werden durch die als Tür dienende Glasscheibe vor dem Verstauben geschützt. Das Leitergestell erleichtert es, die hohen Regale zu erreichen.*

Kreative Küchen

1 *Eine Antiquitätenhändlerin in Sydney bewahrt ihr Selbsteingemachtes in diesem hübschen Küchenschrank auf, den die Einweckgläser auf diese Weise nicht nur optisch bereichern.*

1

2

2 *Eine französische Version eines umgebauten Dachgeschosses. Die weißen Melaminregale über dem Spülstein sind von hinten beleuchtet, die L-förmige Küchenzeile rahmt den Eßplatz ein und das Metallgestell bietet Platz zum Aufstellen praktischer wie schöner Gegenstände.*

3

3 *In diesem Landhaus bei Florenz hat sich wenig verändert, abgesehen von der Ausstattung mit Doppelfenstern und der Dachisolierung. Die Kücheneinrichtung in Form einer Insel und einiger Glaselemente fügt sich harmonisch in die räumlichen Proportionen dieses schönen Raumes ein.*

4 *Eine Küche in Spanien, einladend in ihrer üppigen Fülle. Der Charme solcher individuell zusammengestellten Einrichtungen ist mit modernen Einbauküchen wohl kaum nachzuahmen.*
5 *Die hier an der Wand befestigte Stufenleiter wurde zur originellen Stellage für Töpfe und Pfannen zweckentfremdet.*

5

7

6 *Ein schwebender Geschirrständer – eine praktische und optisch gelungene Lösung.*
7 *Die charmante Sammlung alter Küchenutensilien ist nicht nur zum Anschauen gedacht; vieles ist täglich im Gebrauch.*

Die Küche der Conrans

Das wesentliche Merkmal einer erfolgreichen Küche ist weniger, daß sie reinlich ist, modern oder bequem möbliert, sondern vor allem andern, daß sie ein Ort ist, wo man sich einfach gern aufhält. Ist die Küche freundlich, wird der Koch oder die Köchin über Gesellschaft nicht zu klagen haben.

Von alters her war die Küche der Mittelpunkt des Haushalts, und die frühen menschlichen Behausungen bestanden praktisch aus nichts anderem. Hier fühlte man sich geborgen, buk, kochte, aß, schwatzte, schlief; hier wuchsen die Kinder heran und wärmten sich die Alten am Feuer.

In jüngerer Vergangenheit wurde das Küchengeschehen immer mehr aus dem Gesichtsfeld verdrängt, bis man sich heute allmählich auf die alten Werte zurückbesinnt. Die Küche ist der wichtigste Raum; Kinder und Haustiere werden instinktiv angezogen, Freunde und Bekannte fühlen sich hier am wohlsten. Wenn die Einrichtung stimmt, kann jeder ein- und ausgehen, sich dazusetzen oder mitanfassen; die Kinder machen die Hausaufgaben, während die Mutter daneben die Mahlzeit zubereitet.

Unsere Familie verbringt die meiste Zeit in Küchen, ob im Landhaus oder unserem kleinen Londoner Reihenhaus. Derzeit begeistern wir uns für ein Projekt in der Provence, wo wir ein ehemaliges Bauernhaus umbauen und die ideale Küche entwerfen wollen.

Das Leben in der Küche kann vielseitige Freuden bringen. Schüsseln voller Tomaten oder Auberginen, duftende Kräuter oder Blumen sind mindestens so wichtig wie die Kacheln an der Wand. Nicht die teure Ausstattung, sondern ein Gespür für Details und liebevolle Aufmerksamkeit erwecken die Küche zum Leben.

Caroline Conran

3

1, 2 *Unsere Küche auf dem Lande entstand in einem Billardsaal. Das eine Ende des Raumes wird beherrscht von dem herrlichen alten Ölofen, der immer einsatzbereit ist – zum Kochen, zum Aufwärmen nach einem Spaziergang in der Kälte und zum Trocknen der Geschirrtücher.*
Am anderen Ende ist das Wohnzimmer mit offenem Kamin, Armsesseln und Fernsehgerät – es ist am schönsten, wenn der Raum erfüllt ist mit blühenden Blumen und die Mahlzeiten bereitet werden.

1

2

4

6

3 *Unsere Küche in der Provence hat zwei Tische – der eine dient als Eßtisch, der andere für Küchenarbeiten. Ofen, Herd und Grill sind in eine Arbeitsplatte integriert, an der zwei oder drei Personen bequem zugleich hantieren können. Gegenüber befindet sich ein Marmorbord mit Spiegelwand* **(4)**, *für Obst und Gemüse. Darüber noch eigens entworfene Ständer für Porzellan.*

5, 6 *Das Tempo des Stadtlebens erlaubt selten gemütliches Kochen in Muße, deshalb bin ich in London mit mehr Maschinen eingerichtet. Die kleine Küche ist wie eine Schiffskombüse angeordnet, mit Schränken und Geschirr auf der einen und Kochstelle auf der anderen Seite. Anfangs vermißte ich etwas Atmosphäre, doch mit der Zeit fanden sich einige Kochbücher mit Lieblingsrezepten ein, ein Tablett für Getränke wurde aufgestellt, Telefon und Bilder kamen hinzu, außerdem ein paar Topfblumen, so daß ich mich auf die Zeit in dieser makellosen Küche freuen kann.*

ESSZIMMER

Der Ort, wo die Mahlzeiten eingenommen werden, bildet den Mittelpunkt des Familienlebens, mit dem Tisch als Zentrum für die verschiedensten Aktivitäten – Gespräche, Brett- oder Puzzlespiele, Hausaufgaben und natürlich das Essen – alles dreht sich um den Tisch, ob Sie allein oder in Gesellschaft sind.

Es liegt auf der Hand, daß die Möbel entsprechend bequem und zweckdienlich sein sollten, doch die Umgebung spielt eine ebenso wichtige Rolle. Zum Genuß der Mahlzeit gehört eine entspannte Atmosphäre, die auch nach dem Essen zum Verweilen einlädt. Niemand wird jedoch länger als nötig am Tisch sitzen bleiben, wenn das Licht zu grell, der Stuhl zu hart oder der Raum insgesamt bedrückend ist. Herauszufinden, was zu einem gelungenen Eßzimmer gehört, erfordert Umsicht und Gespür; natürlich sollte der Raum den jeweiligen Bedürfnissen und auch dem Haus in seiner Gesamtheit angepaßt sein.

Küche und Eßplatz gehören so nah wie möglich zusammen, schon aus praktischen Gründen. Wenn Sie mit Grauen daran denken müssen, wie Sie das Essen von der Küche zum Tisch balancieren oder hinterher das Geschirr abräumen, überträgt sich das auf die gesamte Stimmung.

Das Rezept für ein erfolgreiches Eßzimmer ist weniger in einem bestimmten Stil oder einem besonderen Grundriß zu finden, sondern hängt vielmehr von Faktoren wie Größe der Familie, Altersgruppen und Anzahl und Häufigkeit der Gäste ab. Prüfen Sie zunächst auch, ob ein separates Eßzimmer für Ihren Haushalt überhaupt angebracht und nicht überflüssig ist. Oft kann der Eßbereich in einen anderen Raum integriert werden; oder richten Sie gleich mehrere Eßplätze ein. Platz dafür ist meist in der Küche, im Wohnzimmer, in der Diele und – für den Sommer – eventuell auf dem Balkon oder im Garten. Der Ersatz für ein abgeschlossenes Eßzimmer braucht durchaus keine Notlösung zu sein, im Gegenteil, es gibt recht geniale Alternativen.

Lassen Sie sich nicht von überkommenen Konventionen in der Freiheit Ihrer Wahl einschränken. Die nachstehende Checkliste soll Ihnen helfen, herauszufinden, wo potentielle Eßplätze sind, wie Sie ein neues Eßzimmer gestalten oder ein bestehendes ändern und verbessern können. Ein ideales Eßzimmer könnte auch als Spiel- oder Studierzimmer fungieren, kleine Galerien und Kunstsammlungen enthalten oder zu einer Oase für Grünpflanzen werden. Die funktionalen Aspekte schließen andere Elemente ja nicht aus; lassen Sie Ihrer Kreativität und Ihrem Einfallsreichtum freien Lauf, sowohl was das Essen als auch was das Intérieur betrifft.

Eßzimmer
CHECKLISTE

- Warum essen Sie an Ihrem derzeitigen Eßplatz?
- Können Sie auch woanders essen?
- Können Sie gemütlich draußen essen?
- Was gefällt/mißfällt Ihnen am jetzigen Eßbereich?
- Wieviel Personen benutzen in der Regel den Eßplatz?
- Läßt sich der Bereich erweitern, so daß mehr Personen Platz haben?
- Wie oft und wie lange brauchen Sie Ihren Eßbereich?
- Wann wird er am meisten benutzt:
  - zum Frühstück?
  - mittags?
  - tagsüber?
  - abends?
- Ist der Eßbereich in sich geschlossen?
- Wird er auch für andere Zwecke genutzt?
- Möchten Sie Küche und Eßzimmer als Einheit oder getrennt?
- Möchten Sie den Eßbereich vom Rest des Zimmers abtrennen oder in diesen integrieren?
- Haben Sie leichten Zugang zur Küche?
- Wie einfach/kompliziert ist der Transport von Speisen, Geschirr usw. zwischen Tisch und Küche?
- Ist der Eßbereich einfach zu pflegen?
- Ist er ständig in Sicht oder Gebrauch?
- Wird er sehr strapaziert?
- Welchen Stellenwert hat Ihr Eßbereich im Vergleich zu den übrigen Zimmern?
- Wieviel darf die Einrichtung kosten?
- Wie stellen Sie sich den idealen Eßplatz vor?

Ein formeller Rahmen für die Gästebewirtung; helles Tageslicht betont die blassen Züge des Zimmers und läßt die Schmuckmalve (Abutilon) *bestens gedeihen. Hier wird die Einnahme der Mahlzeiten zum ungestörten Genuß.*

Lage

Heutige Eßzimmer, oder besser Eßbereiche, sind vielfach integraler Bestandteil des Wohnzimmers oder einer großen Küche. Bei einem L-förmigen Wohnzimmergrundriß bietet sich der kürzere Balken für die Eßecke an; in der Küche wird ein freies Stück Wand schnell zum »Frühstücksraum«, es bedarf lediglich eines schmalen Tisches oder Bordes und einiger Hocker oder Stühle.

Ältere Häuser haben ursprünglich meist ein separates Eßzimmer vorgesehen, doch der Trend geht zu zunehmender Öffnung der Räume. Es gibt viele Beispiele, wo angrenzende Wohn- und Eßzimmer erfolgreich in einen weitläufigen Wohnraum verwandelt wurden. Aber getrennte Eßzimmer können durchaus sehr sinnvoll sein und bei Bedarf auch für andere Funktionen herhalten, etwa als zweites Wohnzimmer oder ruhiges Nebenzimmer, wohin man sich schon einmal zurückziehen kann, um zu schreiben, zu arbeiten oder zu lesen. Besonders bei großen Familien kann das zusätzliche Eßzimmer den allgemeinen Wohnraum entlasten, der sonst oft widersprüchlichste Interessen miteinander vereinbaren muß. Es besteht kein Grund, ein Prachtzimmer ungenutzt und isoliert auf Kosten des übrigen Hauses zu bewahren, wenn Sie es nicht tatsächlich häufig für Abendgesellschaften und festliche Diners brauchen.

Die Nähe zur Küche ist zwar von vorrangiger Bedeutung, aber ignorieren Sie deshalb nicht ein ideales Plätzchen, das sich wunderbar zum Essen eignen könnte. In älteren Häusern gibt es oft schöne Flure, die breit genug sind, einen Klapp- oder Ausziehtisch und ein paar Stühle zu beherbergen. Auch ist mancher Treppeneingang so geräumig und sonnig, daß er das eigentliche Eßzimmer in den Schatten stellt. Zugluft könnten Sie durch einen hübschen Wandschirm abhalten. Und haben Sie schon einmal daran gedacht, ob Sie nicht einen kleinen Tisch und bequeme Stühle ins Schlafzimmer stellen sollten, für den Frühstücks- oder Abendimbiß?

Die Mahlzeiten in einem Wintergarten einzunehmen ist ein ganz besonderes Vergnügen. Im Frühjahr oder Spätherbst können Sie das Gefühl genießen, im Garten zu sitzen und sind doch vor Wind und Wetter geschützt.

Wie die Vielfalt der Möglichkeiten zeigt, gehören Eßzimmer ähnlich wie Wohnzimmer zu den flexibelsten Räumen des Hauses und können nach Bedarf den Standort und das Aussehen verändern. Solange Sie kleine Kinder haben, werden Sie das Eßzimmer vielleicht als Spielzimmer mitbenutzen, um es später, wenn die Kinder älter sind, in ein Studierzimmer zu verwandeln. Wenn Sie mit der Zeit gehen und sich den veränderten Verhältnissen anpassen wollen, bietet gerade das Eßzimmer sinnvolle Möglichkeiten.

1

2

3

4

1 *Tisch und Stühle definieren den Eßbereich, der nah bei der Küche liegt und mit einem praktischen Boden ausgestattet wurde.*
2 *In der Küche essen – im wörtlichsten Sinne.*
3 *Ein französisches Eßzimmer auf dem Lande.*
4 *Einfach und modisch – schwarzweiße Kacheln mit einem weißen Tisch neben der Kochecke.*

5 Ein winziger Tisch am Fenster dieses ländlichen Schlafzimmers wird zum herrlichen Frühstückseck für Zwei. Es muß nicht immer das Eßzimmer oder die Küche sein, wo man die Mahlzeiten zu sich nimmt. Eine angenehme Abwechslung bietet das Frühstück im Schlafzimmer, das hier genüßlich am Tisch eingenommen werden kann (und nicht nur mit einem Tablett auf den Knien). Die Ecke kann außerdem noch als Schreibplatz dienen.

6 Der schwarze Wandschirm teilt Wohn- und Eßbereich etwas voneinander ab und ergänzt das Schwarzweiß der sparsam eingerichteten Wohnung. Der Tisch mit Glasplatte von Le Corbusier steht auf einem Eileen-Gray-Teppich; an der Wand darüber, die die Küche abtrennt, hängt der Druck eines Gemäldes von Jim Dine.

Planung

Jeder Eßbereich baut sich um einen Tisch herum auf. Manchmal ist es die beste Lösung, den Tisch mit einer Seite an die Wand zu stellen. Wenn mehr Personen an der Mahlzeit teilnehmen, kann man ihn entsprechend ausziehen oder auseinanderklappen, je nach Modell.

An runden Tischen finden in der Regel mehr Personen Platz als an rechteckigen. Daneben wirkt die Anordnung im Kreis auch geselliger als das starre Gegenüber. Steht die Platzfrage im Vordergrund, kommen auch Ecktische, ein Tisch für die Erkernische oder thekenähnliche Wandborde in Betracht.

Die Wahl des passenden Tisches sollten Sie nicht nur als Stil- und Geschmacksfrage betrachten; lassen Sie Nützlichkeitsaspekte mitentscheiden. Schließlich kann der schlichteste Alltagstisch unter einer eleganten und kostbaren Tischdecke verschwinden, wenn der Anlaß es verlangt.

Früher war die komplette Eßzimmereinrichtung – bestehend aus Tisch, Stühlen und Sideboard – die Norm, während man heute viel freier geworden ist und sich nicht scheut, viktorianische Stühle mit einem weißen Melamintisch zu kombinieren oder italienische Stahlrohrstühle mit Lederbezug an einen hellen Eichentisch zu stellen. Auch die Stühle brauchen nicht gleich zu sein, solange sie optisch miteinander harmonieren.

Viel wichtiger ist die bequeme Form und genügend Beinfreiheit. Stühle mit Armlehnen sind gemütlich, machen aber Schwierigkeiten, wenn Sie sie näher an oder unter den Tisch rücken wollen. Ist wenig Platz vorhanden, sind Stühle, die sich leicht stapeln oder zusammenklappen lassen, vorzuziehen, auch wenn sie vielleicht nicht so bequem sind. Sitzbänke, Banktruhen und Hocker sind weitere Antworten auf die Platzfrage. Wenn der Eßplatz im Wohnzimmer liegt und die Stühle mehrere Funktionen erfüllen sollen, sind stabile Lehnen und gute Tragbarkeit auf jeden Fall ein Plus.

Sofern der Platz es erlaubt, ist ein Sideboard oder Büfett ebenfalls wünschenswert und nützlich, um Geschirr, Gläser und Bestecke unterzubringen; aber auch um Speisen und Getränke aufzustellen, den Braten anzuschneiden, Gewürze, Salate und den Käse für den letzten Gang bereitzuhalten.

Schmale Einbauschränke sind dagegen die praktischere Lösung, wenn Sie Platz sparen und vor allem das Zimmer auch für andere Zwecke benutzen wollen. Reichliche Unterbringungsmöglichkeiten helfen Ihnen, den Tisch im Nu von Näh- oder Strickzeug und Schulheften zu befreien, wenn es Zeit ist, das Essen aufzutragen.

Offene Regale sind immer Sichtflächen, ob Sie es so geplant haben oder nicht. Deshalb erfordert die Unterbringung etwas mehr Aufmerksamkeit und Liebe. Alltagsgegenstände sollten zumindest ordentlich gestapelt oder aufgereiht sein, während schöne Stücke natürlich einen Ehrenplatz im Vordergrund erhalten. Schränke mit Glastüren sind sehr schön und schützen ihren Inhalt vor Staub und unbedachtem Umstoßen, allerdings braucht das Glas selbst sorgfältige und regelmäßige Pflege.

Die Beleuchtung im Eßzimmer wird auf jeden Fall auf den Tisch gerichtet sein, während zusätzliche Lampen interessante Punkte im Raum und an den Wänden hervorheben. Das Hauptlicht muß hell genug sein, damit Sie sehen, was Sie essen, es sollte aber nicht zu hart oder grell sein. Dimmerschalter sind ein einfaches und ausgezeichnetes Mittel, für jede Stimmung die passende Helligkeit zu finden. Wenn sich die Lampe direkt über dem Eßtisch befindet und eine Birne mit hoher Wattzahl enthält, kann das Licht leicht blenden, es sei denn, Sie verwenden spezielle Glühbirnen, deren untere Hälften als Blendschutz versilbert sind. Ist der Weg zwischen Küche und Eßzimmer durch eine Tür getrennt, möchten Sie vielleicht eine Pendeltür, die in beide Richtungen schwingt. Um Zusammenstöße zu vermeiden, sollte aber ein Sichtfenster nicht fehlen. Kostbarer Platz läßt sich mit Harmonika- und Schiebetüren einsparen.

Tee- und Servierwagen haben sich seit langem bewährt, wenn Speisen und Getränke in ein entlegenes Zimmer transportiert werden müssen. In Häusern, wo das Eßzimmer oberhalb der Küche gelegen ist, ist der Einbau eines Speiseaufzugs sicher keine Fehlinvestition. Und wer den Eßbereich in der Küche oder im Wohnzimmer eingerichtet hat, möchte vielleicht doch ab und zu eine dezente Trennwand nicht missen, entweder in Form eines dekorativen Wandschirms oder einer freistehenden Regalwand, die außerdem praktische Abstellmöglichkeiten bietet.

2

3

1 *Der speziell entworfene Getränkewagen hat seinen Platz im Flur, von wo er mühelos zwischen Wohn- und Eßzimmer hin- und hergefahren werden kann.*
2 *Ein modernes Modell der traditionellen Anrichte mit Platz für Speise und Getränke sowie Geschirr als Bestandteil eines großzügigen Eßzimmers.*
3 *Der Umbau einer Kellerwohnung schuf freien Platz für diesen Eßtisch. Der Platz unter der Treppe* (4) *wurde mit Regalen und Weinständern und einem Servierbord in attraktiver Weise genutzt.*

4

5

5 *Wunderschöne Schwünge einer Terrazzoküche leiten über zu den kühlen Grau- und Silbertönen des Eßplatzes dahinter.*
6 *Amerikanischer Farmhaus-Stil des 19ten Jahrhunderts, nachempfunden im Eßzimmer eines Wochenendhauses auf Long Island. Die rustikale Atmosphäre des Naturholzes wird ergänzt durch alte Tongefäße und verwandte Gegenstände auf der Regalwand.*

6

Eßzimmerstile

Den besten Anhaltspunkt für den passenden Stil bietet die Funktion des Eßzimmers. Es soll geräumig sein und einen geeigneten Rahmen für Mahlzeiten und gesellige Unterhaltung abgeben. Lassen Sie sich davon anregen, wie der zur Verfügung stehende Platz in verschiedenen Gesellschaften und Kulturen genutzt wird, und suchen Sie sich die Stilelemente heraus, die Sie besonders ansprechen und gleichzeitig den gewünschten Zweck erfüllen. Nichts spricht dagegen, verschiedene Stile miteinander zu kombinieren, solange es mit Überzeugung geschieht und für sanfte Übergänge gesorgt ist.

Die japanischen Teeräume beispielsweise sind bewundernswert in ihrer Strenge und Einfachheit: helles Holz, neutrale Matten oder Teppiche, blasse Farbtöne oder Weiß, dazu papier- oder stoffbespannte Stellschirme oder Fensterwände, die ein einheitlich sanftes Licht verbreiten. Das Mobiliar bleibt auf ein absolutes Minimum beschränkt, damit der Raum und seine Proportionen voll zur Geltung kommen.

Einen interessanten Kontrast hierzu bildet die Verwendung von »High-Tech«-Elementen, mit ihren sauberen Konturen und modernen Materialien wie Glas, Stahl oder Plastik, nach dem Motto »Weniger ist mehr«. Wird das technologische Design zu weit getrieben, wirkt es allerdings kalt und unbarmherzig, sobald der Reiz des Neuen einmal verflogen ist. Als Gegengewicht könnten weiche Teppiche, warme Farben oder Stoffvorhänge das Bild ergänzen und »entschärfen«.

Ähnlich sind Bauernstuben meist in robuster Einfachheit und Direktheit eingerichtet, vermitteln dabei aber Wärme und Gemütlichkeit. Bauernmöbel sind manchem zu groß und wuchtig, aber der rustikale Stil läßt sich ja auch im Kleinen nachempfinden: hölzerne Wandborde statt der schweren Kommode, ein kleines, aber perfektes Kachelbecken, leichte Stühle mit Weidengeflecht anstelle allzu massiver Holzstühle; dazu ein weiches, diffuses Licht, so daß der Gesamteindruck nicht gezwungen oder gekünstelt wirkt, sondern das Gefühl natürlichen Gewachsenseins vermittelt.

Wenn Sie ein besonders helles Eßzimmer haben, sollten Sie dieses Element unbedingt nutzen. Weiße oder ziegelfarbene Wände im mediterranen Stil, mit in Kontrastfarben angestrichenen Holzbalken, einfache Holzmöbel, blauweiße Kacheln, Stein- oder Fliesenboden mit farbenfrohen Läufern, Flechtkörbe voller Obst oder Gemüse und feine Musselin- oder Baumwollvorhänge, die das Sonnenlicht filtern – solche und ähnliche Elemente erzeugen die heitere Atmosphäre warmer Mittelmeerländer. Fast unweigerlich wird man Blumen und Grünpflanzen in solch einen Raum stellen wollen – kleine Sträucher, Kletterpflanzen und Bäume, deren Blattwerk das Licht filtert und zarte Muster in den Raum wirft.

Von kleinen Restaurants können wir eine Menge lernen, was Komfort, Zweckmäßigkeit und Stabilität betrifft. Die französischen Brasserien und Bistros z. B. sind oft Musterbeispiele für Effektivität auf engstem Raum, ohne dabei an Atmosphäre einzubüßen. Kleine runde Holztische verbinden Robustheit mit Charme – Züge, die im häuslichen Wohnen nicht minder wünschenswert sind. Spiegelwände vergrößern den Raum optisch, und Tischdecken, Servietten und Fenstervorhänge aus demselben Stoff schaffen ein einheitliches, verbindendes Motiv. Gerade die kleinsten Betriebe zeigen oft, wie Zweckmäßigkeit mit einladender Atmosphäre vereinbar ist.

Wenn Ihnen genügend Platz für ein separates Eßzimmer zur Verfügung steht, denken Sie daran, daß es in jedem Fall einen eher repräsentativen Charakter annehmen wird, ob Sie es so planen oder nicht – einfach deshalb, weil die Zubereitung und das Kochen ausgeklammert sind, und damit auch die vielen Küchenutensilien, die die zwanglose Atmosphäre des Koch- und Eßbereichs prägen.

Wie so ein repräsentatives Speisezimmer auch eingerichtet ist, ob hell und freundlich oder dunkel und mit künstlicher Beleuchtung, stets wird die Einnahme der Mahlzeiten im Mittelpunkt stehen.

1 *Der Eßtisch in diesem umgebauten Lagerhaus ist so gestellt, daß der Blick zur angrenzenden Küche teilweise verdeckt ist – Spülstein und Herd sind außerhalb des Blickfelds. Die offenen Rohre und Kabelleitungen sind zum Teil geblieben und verleihen dem Raum seinen klaren, »minimalistischen« Stil. Die hohen Fenster lassen viel Licht herein, was den glänzend polierten Holzboden als wichtigstes Raumelement umso stärker hervortreten läßt.*

2 *Jedes Teil dieses geräumigen Zimmers ist ein Beitrag zu seiner antiken Eleganz.*
3 *Hübsche Details erzeugen eine charmante Atmosphäre. Ein Tapeziertisch wird durch eine feine Leinendekke mit Zierrändern in eine festliche Tafel verwandelt. Der Blumenfries stammt von einem Entwurf des frühen 20ten Jahrhunderts, dessen Stil im Lampenschirm fortgeführt wird.*

3

5

4 *Die Bauernstube eines kleinen englischen Landhauses – komplett mit Hirschgeweih-Hutständer, Tierbildern und robusten Holzmöbeln.*
5 *Ein Japan-Liebhaber hat sich sein Eßzimmer originalgetreu eingerichtet – bis auf eine Kleinigkeit, die Stereolautsprecher an der Decke.*

Familieneßzimmer

Die eigentliche Funktion der Mahlzeit ist zwar stets die Nahrungaufnahme, doch das Familienessen dient meist gleichzeitig dem geselligen Beisammensein und ist vielleicht die einzige Zeit am Tag, wo Eltern und Kinder gemütlich zusammensitzen und sich unterhalten können. Eine zwanglose, harmonische Umgebung ist hierfür unerläßlich. Außerdem muß der Eßbereich einerseits robust und pflegeleicht, andererseits aber auch attraktiv genug sein, um Kindern wie Erwachsenen gerecht zu werden. Wenn Sie mehrere Eßplätze in Ihrem Haus einrichten können, löst sich das Problem von selbst; dann kann eine Ecke »kinderfreundlich« gestaltet werden, während die andere den Erwachsenen »vorbehalten« bleibt. In den meisten Fällen aber werden Sie um den Kompromiß, einen gemeinsamen Eßbereich für alle, nicht herumkommen. Oberstes Gebot sind dann wischfeste Flächen – in einer Eßküche beispielsweise sind gekachelte Wände, ob in Ziegel-, Rost- und Brauntönen oder strahlend weiß, ebenso attraktiv wie zweckmäßig. Kindersicher sind auch die mitunter recht elegant aussehenden Vinyltapeten – Kunststoffe sind oft praktisch.

Ein Teppichboden ist selten unbedingt nötig, obwohl er meist als wesentlicher Bestandteil heutigen Wohnkomforts angesehen wird. Schöne Holzböden sind ebenso wohnlich wie stilvoll, und Kork- oder Kunststeinböden haben ihren eigenen Charme. Wenn Sie trotzdem auf einem Teppichboden bestehen, sollte er wenigstens gemustert oder flockig gewebt sein, damit nicht jeder kleinste Fleck zu sehen ist, wie es auf hellen, einfarbigen Teppichen der Fall ist. Eine Plastikunterlage unter dem Stuhl des jüngsten Sprößlings (den Wurfbereich miteingerechnet) sieht zwar nicht sonderlich professionell aus, schützt dafür aber einen kostbaren Teppich vor dem Schlimmsten.

Doch nicht nur Essen landet auf dem Boden. Das gleiche Schicksal kann Besteck, Geschirr und Glas ereilen, deshalb wäre kostbares Porzellan in diesem Stadium eine Quelle ständigen Stresses und Ärgers. Es gibt ja recht hübsche Tafelservices, die nicht die Welt kosten, so daß nicht gleich die Katastrophe hereinbricht, wenn es mal Scherben gibt. Eine andere Möglichkeit wäre ein zusätzliches Kinderservice, das sich etwa aus bunt bemalten Billigtellern und Plastikbechern zusammensetzen könnte.

Der Tisch selbst muß natürlich sorgfältig geschützt werden, wenn es sich um ein »gutes Stück« handelt. Manche Kunststofftische, z. B. mit weißer Melaminbeschichtung, halten nicht nur den Strapazen des Alltags stand, sondern lassen sich mit Hilfe des geeigneten Services auch mühelos in eine festliche Tafel verwandeln. Alte Kiefern- oder Eichenholztische sind ebenso unanfällig, und gegen die schlimmsten Flecken – durch Rotwein usw. – schützt eine transparente Beschichtung.

Wenn Sie auf ein wenig Eßkultur nicht verzichten wollen, können karierte Plastikdecken oder unaufdringlich gemusterte Wachstücher für einen gepflegt gedeckten Tisch sorgen, so daß Sie nicht endlose Stunden mit Waschen und Bügeln verbringen müssen. Pflegeleichte Polyesterservietten ersetzen das feine Leinen, das am besten nur zu besonderen Anlässen hervorgeholt wird. Schränke und Sideboards im Eßbereich, die zerbrechliche und kostbare Gegenstände enthalten, sollten dem Forschungsdrang kleiner Hände durch gemäße Verschlüsse entzogen sein.

1

1 *Der Keller dieses Reihenhauses wurde zum Wohnraum ausgebaut – und gut genutzt. Durch die U-förmige Anordnung wird der Raum in eine zentral gelegene Küche mit Eßplätzen an beiden Seiten aufgeteilt; so hat man die Wahl zwischen dem runden Familientisch und der genialen Frühstücksbar, die bei Bedarf unter der Arbeitsfläche herausgezogen und durch das nahe Fenster vom Morgenlicht beschienen wird.*

3

5

2 *Praktisch und stimmungsvoll – der lange Holztisch ist Arbeitsfläche und Mittelpunkt des Familienlebens zugleich, in dieser Wohnküche eines französischen Landhauses.*

3 *Die Höhlenatmosphäre der niedrigen gewölbten Decke wird abgemildert durch weiße Wände und hereinflutenden Sonnenschein. An der langen Tafel kann der gesamte Familienclan Platz finden.*

4 *Eine kleine Küchenecke abseits der kompakten Eßecke mit interessantem Eckfenster.*

5 *Wischfeste Flächen – wichtig für jedes Familienzimmer und hier ganz besonders, wo kühne schwarze Flächen als Kontrast zu strahlend weißen Wänden und einer Kartensammlung eingesetzt wurden.*

Essen im Freien

Wo Sie auch leben und wie das Klima auch sein mag, überall gibt es perfekte Sommertage, die man nur im Freien richtig genießen kann. Je wärmer und sonniger die Klimaverhältnisse sind, um so mehr lohnt sich natürlich die gründliche Vorausplanung von Garten, Veranda, Balkon oder Dachterrasse, damit Sie jederzeit die Möglichkeit haben, draußen zu essen. Was Sie brauchen, sind ein gewisses Maß an Privatheit, einen relativ ebenen Boden, Sitzmöglichkeiten und Schutz vor Wind und zu starker Sonne. Wände, Hecken, Zäune oder Sträucher halten den Wind ab und sorgen gleichzeitig für die nötige Intimität.

Von Vorteil ist, wenn die Küche nicht allzu weit entfernt ist; so ersparen Sie sich umständliches Hin und Her. Und damit Sie mit der kostbaren Fracht nicht ins Stolpern geraten, sollte der Weg von der Küche auch möglichst keine winkligen Ecken und Stufen haben. Sie können natürlich auch gleich draußen kochen – etwa für die Grillparty. Für einen guten Grillplatz sind Aussehen und Funktion gleichermaßen wichtig. Mit ein paar feuerfesten Steinen oder Ziegeln können Sie eine Feuerstelle schnell selber anlegen. Vielleicht bauen Sie sogar einen Backofen in den Garten, wo Sie außer frischem Brot auch herrliche Pizzas backen können.

Die Aussicht spielt natürlich eine maßgebliche Rolle – falls sie nicht so berauschend ist, wäre ein abgeschirmter, mehr nach innen gerichteter Bereich wohl angebrachter – etwa eine Gartenlaube oder rankenumwucherte Pergola. Wer die Möglichkeit dazu hat, wird mit der Sonne und den Jahreszeiten gehen und vielleicht gleich mehrere »luftige« Eßplätze einrichten: nach Osten eine geschützte Ecke für ein Frühstück in der Morgensonne, einen nach Süden gelegenen Platz für den Nachmittag, wo Baumkronen oder Büsche und Ranken die schlimmste Hitze abhalten, und einen Winkel auf der Westseite, wo man die letzten Strahlen der Abendsonne bei einer Tasse Tee oder beim Abendessen genießen kann. Die meisten von uns werden sich allerdings wohl oder übel mit weniger zufrieden geben müssen, weshalb die Wahl der günstigsten Stelle umso wichtiger ist.

Das Mobiliar muß entweder besonders robust und wetterfest oder aber leicht und tragbar sein. Eiche und Teakholz z. B. eignen sich ausgezeichnet als permanente Einrichtung (besonders Lattenmöbel, an denen das Regenwasser ablaufen kann), während leichte Camping-Möbel und Regiestühle ideal für flexible Gestaltung sind. Weißlackierte Gartenmöbel sind sehr schön in grüner Umgebung, brauchen aber öfters einen neuen Anstrich. Für mehr Komfort können Sie ein paar bunte Kissen hinzufügen, doch die Kinder fühlen sich meist auf einer Decke auf dem Rasen am wohlsten. Zusätzliche Sitzgelegenheiten bieten vielleicht Gartenbänke, ein Mauervorsprung oder ein paar bequeme Treppenstufen. Es gibt kaum etwas Zauberhafteres als einen Hochsommerabend im Freien. Wer auch nach der Mahlzeit noch draußen verweilen und elektrisches Licht installieren möchte, sollte sich von einem Fachmann beraten lassen. Ansonsten sorgen Kerzen, Fackeln und Lampions für eine stimmungsvolle, romantische Beleuchtung.

Was das Geschirr betrifft, gibt es ganz verschiedene Ansichten. Der eine hält leichte und unzerbrechliche Melaminware für das einzig richtige, während ein anderer vielleicht Terrakotta, z. B. mit den für Mittelmeergebiete typischen gelben und grünen Glasuren, vorzieht. Wenn es einen besonders festlichen Anlaß gibt, spricht natürlich nichts dagegen, den Gartentisch mit dem besten Tafelsilber und -service zu decken. Dann sollten aber, trotz aller Blütenpracht und Düfte des Gartens, ein paar Vasen mit Schnittblumen oder frischen, würzigen Kräutern als Krönung der Festtafel nicht fehlen.

1

1 *Ein überdachter Raum im Freien; Jalousien und Lattenboden, aber auch Stühle und Bank bilden eine stilistische Einheit, die im sanft gefilterten Sonnenlicht jederzeit für einen angenehmen Aufenthalt sorgt.*

4

2 *Ein wunderbarer Eßplatz im Grünen in einer inspirierenden Umgebung.*
3 *Hier kann man die herrliche Aussicht genießen, sobald man von dem verlockenden Büffet aufsieht.*
4 *Ein kleiner, aber kompletter Balkon – mit Holzkohlegrill und Hängekörben für die Zutaten.*

6

5 *Der festlich gedeckte Tisch für eine Mahlzeit in herrlicher Umgebung.*
6 *Kerzenlicht sorgt für die richtige Stimmung eines intimen Abendessens im Freien.*

SCHLAFZIMMER

Mehr als jeder andere Raum im Haus ist das Schlafzimmer der Ort, wo Sie der Welt den Rücken kehren, die Tür hinter sich zumachen und einmal von allem Trubel abschalten können, um sich ganz persönlichen Dingen zu widmen. Es sollte eine Zufluchtsstätte sein – vielleicht auch Liebesnest, Arbeitszimmer oder Ausweichwohnzimmer – und Behaglichkeit und Erholung bieten.

Denken Sie bei der Einrichtung daran, daß das Schlafzimmer der privateste Ort des ganzen Hauses sein kann und nur Ihnen selbst gefallen muß.

In erster Linie dient das Schlafzimmer natürlich zum Schlafen, so daß das Bett die Hauptsache ist. Für viele muß der Raum aber noch weitere Funktionen erfüllen, die mitunter genauso wichtig sind. Wenn Sie ihn hauptsächlich zum Schlafen brauchen, ist die Einrichtung recht einfach. Das Bett – ob Luxusausführung oder schlichtes Matratzenlager – kann den Raum dominieren, während weiteres Mobiliar und Dekor auf ein Minimum beschränkt bleiben, schon weil das Zimmer überwiegend nachts und bei künstlicher Beleuchtung benutzt wird.

Soll das Schlafzimmer hingegen gleichzeitig als Studier- und Wohnzimmer dienen, verlagert sich der Schwerpunkt vom Bett auf die übrige Einrichtung; vielleicht möchten Sie das Bett tagsüber sogar ganz aus dem Gesichtsfeld verschwinden lassen. Ein Raum, der sowohl tagsüber als auch des Nachts einladend sein soll, erfordert gründliche Planung, besonders was Farbgebung und Möblierung, aber auch die Beleuchtung betrifft. Das Bett sollten Sie, auch wenn es nicht im Mittelpunkt des Zimmers steht, auf keinen Fall vernachlässigen. Denken Sie in erster Linie an Ihre Bequemlichkeit und wählen Sie sich eine Schlafstatt aus, die Ihren gesunden Schlaf gewährleistet, auch wenn Sie ein Umbaumöbel oder ähnliches brauchen, das tagsüber nicht nach Bett aussehen soll.

Je weniger Platz Ihnen zur Verfügung steht, desto sorgfältiger sollten Sie vorausplanen. Komfort und genügend Aufbewahrungsmöglichkeiten sollten an erster Stelle stehen, dekorative Elemente lassen sich auch später noch hinzufügen.

Nicht zuletzt ist für ein Schlafzimmer – ganz gleich, wie Sie es einrichten und welche Aufgaben es erfüllt – immer wichtig, daß die Atmosphäre stimmt. Wie Sie sich fühlen, wenn Sie zu Bett gehen und sich schlafen legen – oder am Morgen aufwachen, hängt von Ihrer unmittelbaren Umgebung ab. Und da das Schlafzimmer auch für die Liebe da ist, möchten Sie es vielleicht besonders stimmungsvoll einrichten, mit weichen Teppichen, mit Ihren Lieblingsfarben und -mustern sowie romantischer Beleuchtung.

1

1 *Das Gästeschlafzimmer einer umgebauten Kapelle in Südfrankreich. Die ländliche Schlichtheit wurde durch das alte Eisenbett, rohen Putz der Wände, Holzfußboden und wenige sorgfältig ausgewählte Dekorobjekte aufs beste gewahrt.*
2 *Nüchterne Einfachheit bringt kleine Räume am besten zur Geltung – ansprechende Grundfarben, zweckmäßiges Mobiliar und wenig Beiwerk.*

2

Schlafzimmer
CHECKLISTE

- Wie viele Personen sollen darin schlafen?
- Wie weit ist es zum Bad/WC?
- Können Sie eine Suite mit angrenzendem Bad/ Dusche einrichten?
- Erfüllt das Schlafzimmer noch weitere Funktionen?
- Wieviel Schrankfläche brauchen Sie?
- Ziehen Sie Wand- oder freistehende Schränke vor?
- Möchten Sie ein separates Ankleidezimmer?
- Hat Ihr Schlafzimmer Morgen- oder Abendsonne oder keines von beiden?
- Wachen Sie lieber im Dunkeln oder Hellen auf?
- Ist der Raum Geräuschen und Lärm ausgesetzt, den Sie dämpfen sollten?
- Haben Sie Platz für Gäste und Freunde Ihrer Kinder zum Übernachten?
- Welche Art Boden ist Ihnen am liebsten?
- Sind genug Steckdosen in Bettnähe vorhanden?
- Läßt sich die Beleuchtung vom Bett aus kontrollieren?
- Was möchten Sie möglichst vom Bett aus erreichen:
  - Telefon?
  - Wecker?
  - Fernseher/Video?
  - Radio?
  - Stereoanlage?
  - Tee-/Kaffeemaschine?

Betten und Bettzeug

Das Bett

Das Bett ist zweifellos eines der wichtigsten Möbelstücke. Wir verbringen etwa ein Drittel unseres Lebens im Bett, und wenn es von schlechter Qualität ist, wird sich das auf die Zeit außerhalb des Betts auswirken. Alte Betten, die ausgelegen sind und durchhängen, zu weich oder zu hart sind, schaden der Wirbelsäule und beeinträchtigen die erholsame, regenerierende Wirkung des Schlafes, der für unsere Gesundheit so wichtig ist.

In einem guten Bett fühlt man sich wohl. Ob Sie lieber weich oder hart liegen, es sollte sich Ihrer Körperform anpassen. Wer an Rückenschmerzen leidet, sollte möglichst hart liegen. Weiche Betten fühlen sich zwar anfangs sehr bequem an, sind aber nicht unbedingt die beste Art zu schlafen. Bei Doppelbetten sind zwei einzelne Matratzen sinnvoll, damit jeder seinen individuellen Schlafkomfort haben kann.

Durchschnittlich hat ein Bett, auch ein gutes, eine Lebensdauer von zehn bis maximal fünfzehn Jahren. Eine Ausnahme bilden gediegene Holzgestelle, die unbegrenzt lange halten – die Matratzen sollten allerdings in gewissen Abständen erneuert werden.

Nehmen Sie sich Zeit beim Bettenkauf und scheuen Sie sich nicht, jedes Modell, das Ihnen gefällt, erst einmal durch »Probeliegen« zu testen. Erst wenn Sie etwa zehn Minuten in Ihrer natürlichen Liegehaltung auf dem Bett gelegen haben, können Sie es richtig beurteilen. Was die Abmessungen betrifft, gilt als Faustregel, daß jedes Bett mindestens 15 cm länger sein muß als die Person, die darin schläft, und breit genug, die Arme hinter dem Kopf zu verschränken, ohne daß die Ellbogen überstehen.

Das Gestell

Im wesentlichen lassen sich drei Arten von Bettgestell oder -rahmen unterscheiden:

Springrahmen. Fester Rahmen aus Holz mit quergespannten Metallfedern. Ideal für Betten, die auch als Sitzmöbel dienen, da die Belastung am Matratzenrand geringer ist.

Federkernbett. Die Sprungfedern sind über die ganze Fläche der Holzunterlage verteilt, so daß sich bis zum Rand eine gleichmäßige Federung ergibt. Etwas teurer, dafür aber auch haltbarer.

Lattenrost. Eine preiswertere, aber sehr brauchbare Alternative, besonders in Verbindung mit einer guten Matratze. Die Latten bestehen meist aus lackiertem Sperrholz, und breite Betten, besonders Doppelbetten, sollten in der Mitte noch zusätzlich abgestützt sein, damit sie nicht durchbiegen. Es gibt auch Lattenroste mit verstellbarem Kopfteil. Wenn Bettgestelle als »orthopädisch« bezeichnet werden, ist dies keine streng medizinische Definition – darunter versteht man meist besonders harte Unterlagen.

Die Matratze

Verallgemeinernd könnte man sagen: je mehr Sie für eine Matratze ausgeben, desto besser wird sie auch sein. Bei den Federmatratzen wird der Preis von Art und Anzahl der vorhandenen Federn, vom Füllmaterial und Bezugsstoff bestimmt.

Auch bei den Schaumstoffmatratzen gibt es deutliche Qualitätsunterschiede.

Für welche Matratzenart Sie sich auch entscheiden, der Matratzenbezug sollte möglichst aus Naturfasern bestehen, damit die Matratze atmen kann. Synthetische Materialien sind außerdem häufig zu glatt, so daß das Bettzeug leicht verrutscht.

Die folgenden Arten von Matratzen können unterschieden werden:

Offene Sprungfedermatratze. Die häufigste Art der Federmatratze, bei der alle Sprungfedern miteinander in Verbindung stehen und zusammen eine Einheit bilden, damit sich der Druck möglichst gleichmäßig verteilt. Bei Doppelbettmatratzen ist aber damit zu rechnen, daß der schwerere Partner eine Kuhle bildet – der sogenannte Hängematteneffekt.

Federkernmatratze. Hier sind die Federn einzeln in Kattuntaschen abgesetzt und können sich relativ unabhängig voneinander bewegen, was bedeutet, daß die Matratze nur dort nachgibt, wo tatsächlich Druck ausgeübt wird. Damit sind diese Matratzen ideal für Doppelbetten; wenn sich der eine Partner bewegt, bleibt der andere relativ ungestört, auch bei unterschiedlichem Gewicht beider Personen. Dementsprechend kosten Federkernmatratzen auch am meisten von allen Matratzenarten.

Schaumstoff. Schaumstoff ist die erste Wahl für Leute, die gegen Staub allergisch sind; dafür müssen sie in Kauf nehmen, daß der Schaumstoff im Sommer ziemlich warm sein kann. Billigere Sorten stellen keine Dauerlösung dar, aber gute Qualitäten können ebensoviel kosten wie eine Federkernmatratze.

Das Bettzeug

Neben der herkömmlichen Art, das Bett mit frischgestärkten Laken und bunten Decken zu beziehen, steht Ihnen ein reichhaltiges Angebot von Bettdecken mit verschiedenen Füllungen zur Auswahl, unter denen die Federfüllung wohl an erster Stelle rangiert. Wägen Sie ab zwischen dem Aussehen des Bettes – besonders wenn es tagsüber exponiert ist und stets gemacht sein muß – und praktischen Gesichtspunkten wie einfacher Pflege und bequemer Handhabung.

Amerikanische Steppdecke

Feine Konturen in Schwarz

Muntere Farben einer Wolldecke

Kunstvolle Stickerei, Messingbett

Steppdecken
Steppdecken, die ein Füllmaterial enthalten und nur noch in einen auswechselbaren Überzug gesteckt werden müssen, sind praktisch und halten bei leichtem Gewicht gut warm. Die in regelmäßigen Abständen eingearbeiteten Steppnähte sorgen dafür, daß die Füllmasse gleichmäßig verteilt bleibt. Steppdecken sind nicht nur wegen ihrer guten Isolierung und des geringen Gewichts so beliebt, sondern weil sie das Bettenmachen so vereinfachen. Sie sollten etwa 45 cm breiter sein als das Bett. Im Gegensatz zu Wolldecken produzieren Steppdecken keinen Staub; für Allergiker gibt es außerdem Spezialfüllungen.

Daunen. Reine Daunenfüllungen sind die besten und natürlich auch am teuersten. Daunen sind die zarten, flaumigen Brustfedern von Enten und Gänsen und isolieren ausgesprochen gut. Die beste Qualität sind Eiderdaunen (die Federn der Eiderente), gefolgt von den Daunen der Weißgans und anderer Gänse- und Entenarten. Daunen sind besonders leicht und haben im Gegensatz zu normalen Federn keinen Kiel, der sich unangenehm bemerkbar machen könnte.

Daunen-Feder-Mischung. Die Mehrzahl der Füllungen besteht aus einem Daunen- und Feder-Gemisch. Normale Federn sind schwerer und weniger wärmeisolierend. Die Qualität der Federfüllung wird also von dem Mischungsverhältnis von Daunen und Federn bestimmt, das auf der Ware angegeben sein sollte.

Wolle. Füllungen aus gekämmter Wolle halten sehr warm, sind aber bedeutend schwerer als Federn oder Synthetik. Sie dürfen nicht gewaschen, sondern nur chemisch gereinigt werden.

Synthetikfasern. Synthetische Materialien sind viel preiswerter als Naturstoffe. In der Wärmewirkung stehen sie etwas hinter den anderen Füllstoffen zurück, sind aber oft die einzige Lösung für Leute mit Federallergien.

Decken
Trotz aller Vorzüge einer gefüllten Steppdecke bleiben viele der traditionellen Bettdecke treu, die mit ihren bunten Mustern und Farben dem Bett sein charakteristisches Gepräge gibt.

Wolle. Zu den Luxusausführungen unter den Wolldecken gehören Decken aus Merino- und Kaschmirwolle oder Mohair, die leicht, warm und weich sind. Billigere Qualitäten sind meist auch schwerer im Gewicht.

Baumwolle. Baumwollbettdekken sind meist in Wabenmustern gewebt. Sie sind sehr leicht und warm, sollten aber zusammen mit einer Überdecke benutzt werden.

Synthetikfasern. Synthetische Decken sind besonders pflegeleicht und strapazierfähig. Sie isolieren gut, stauen aber auch die Wärme, da sie nicht atmen wie natürliche Fasern.

Bettwäsche
Laken, Kissen- und Deckenbezüge werden meist passend im selben Muster als komplette Garnitur angeboten. Steppdecken sollten gewöhnlich nicht mit Bettspreiten bedeckt werden; daher spielt die Wahl eines dekorativen Bezugs, der zum Raum paßt, eine entscheidende Rolle. Im Zweifelsfall können Sie mit neutralen Farbtönen auf Nummer sicher gehen. Bettwäsche ist heute überwiegend in folgenden Materialien erhältlich:

Leinen. Leinenwäsche ist teuer, dafür aber unbegrenzt haltbar. Selbst häufiges Waschen kann ihr nichts anhaben. Allerdings muß Leinen stets gebügelt werden.

Baumwolle. Hier kommen verschiedene Qualitäten in Betracht, unter denen Perkal, ein feinfädiges Gewebe in Leinwandbindung, wohl die hochwertigste ist. Wie Leinen muß Baumwollwäsche gebügelt werden.

Baumwoll-Synthetik-Gemisch. Baumwollstoffe werden heute meist mit synthetischen Fasern versetzt, was sie pflegeleichter macht.

Synthetikfasern. Rein synthetische Fasern, z. B. Nylon, sind besonders pflegeleicht, stauen aber die Wärme und laden sich leicht statisch auf.

Kissen
Legen Sie es auf Ihre Handfläche, um zu sehen, ob es die Form behält; wenn es herunterhängt, ist es zu weich oder zu alt. Eine Ausnahme bilden Schaumstoffkissen, die nicht herunterhängen, aber trotzdem unbequem sind.

Daunen. Daunenkopfkissen werden gewöhnlich mit Enten- oder Gänsedaunen gefüllt. Wie bei den Bettdecken, sind Daunen die teuerste, aber auch die beste Füllung. Sie sind sehr weich, geschmeidig und leicht.

Daunen-Feder-Mischung. Federkissen sind mit einer Mischung aus Federn und einem mehr oder weniger großen Anteil an Daunen gefüllt. Durch die Federn wird das Kissen etwas fester. Daunen- wie Federfüllungen bekommt es gut, wenn sie ab und zu an der frischen Luft durchgelüftet werden. Ansonsten reicht ein leichtes Aufschütteln, um sie wieder in die gewünschte Form zu bringen.

Polyester. Unter den synthetischen Füllmaterialien rangiert Polyester an erster Stelle, da es absolut keimfrei und fast ebenso weich und elastisch ist wie eine Federfüllung.

Als waschbares Material ist Polyester besonders für Kinderkissen zu empfehlen; daneben auch für Allergiker die beste Lösung.

Latex. Latex ist ebenfalls keimfrei und waschbar. Für manchen Geschmack sind Latexfüllungen jedoch zu elastisch und federnd.

Elegante Hochbettnische

Farbenfroher Baldachin

Luxuriöses Himmelbett

Bequem und modern

1

2

1 *Ein Schuppen in Mailand verwandelte sich in ein prächtiges Haus mit offener Raumstruktur. Die weiße Trennwand unter dem Giebel ist der passende Hintergrund für das gleichfalls weiße Bett. Dahinter liegt das Bad* (2) *mit einem wunderschönen alten Zwillingswaschbecken, das von einer Müllkippe gerettet wurde.*
3 *Zurückhaltende Harmonie mit dezent eingesetzten Mustern in traditionellem Stil geschwungener Ornamentik.*

3

4

5

4 *Das Feldbett eines Forschungsreisenden ist die Hauptausstattung dieses Horstes hoch auf dem Dach eines australischen Hauses. Ein Holzstuhl wurde passend zur Decke blau angestrichen.*
5 *Die gar nicht teuere Einrichtung mit Gebraucht-möbeln zeugt von Sinn für vornehme Eleganz. Der Stellschirm mit Glasfenstern läßt das Licht von dem herrlichen Erkerfenster ein. Das Mobiliar kommt vor dem schlicht gehaltenen Hintergrund voll zur Geltung.*

Schlafzimmerstile

Für viele ist die Morgenstimmung im Schlafzimmer das Allerwichtigste. Es wirkt sich auf unser Gemüt aus, ob wir den Tag mit Sonnenschein beginnen können oder nicht. Durch entsprechende Farbgestaltung lassen sich die Lichtverhältnisse manchmal günstig beeinflussen, so daß auch die schwachen Sonnenstrahlen eines Wintermorgens ihre Wirkung nicht verfehlen. Zarte Rosa- und Gelbtöne machen den Raum hell und warm, während Grün oder Blau eine frische, kühle Stimmung verbreiten. Reines Weiß reflektiert das Licht am besten und eignet sich besonders als Hintergrund für bunte, stark gemusterte Stoffe. Ruhe und Erholung strahlen weiche Gelb- und Brauntöne aus, z. B. Honig-, Terrakotta- oder Tabakfarbtöne.

Die auf das Schlafzimmer abgestimmten Farben und Muster können allerdings unpassend wirken, sobald Sie den Raum für andere Zwecke benutzen; eine zu lebhafte Farbkomposition würde hingegen die Bett- oder Krankenruhe stören. Soll Ihr Schlafzimmer mehr als einer Aufgabe gerecht werden, werden Sie wahrscheinlich um einen Kompromiß nicht herumkommen.

Zimmerdecken

Die Zimmerdecke befindet sich viel häufiger im Blickfeld als die Wände – warum sich also nicht einmal etwas Besonderes einfallen lassen? Vorhandenen Stuck könnten Sie in Komplementärfarben absetzen, während glatte Decken sich neben der einfarbigen Gestaltung auch für Malereien eignen, die je nach künstlerischem Geschick von geometrischen Schablonenmustern als Umrandung bis zum kompletten Fresko reichen können. Spiegel an der Decke beschwören immer die Gefahr einer Bordellatmosphäre.

Musterwahl

Das Bett, ohnehin ein sehr großes Möbelstück, könnte den Raum übermäßig dominieren, wenn es mit starken, ins Auge springenden Mustern bedeckt ist, die zum übrigen Dekor nicht in Beziehung stehen. Darauf ist besonders zu achten, bevor Sie sich für ein geblümtes, abstraktes oder türkisches Muster entscheiden. Kombinieren Sie indonesische Batik mit feinem Musselin, eine unifarbene Baumwolldecke mit bunten Kissen, weiche Erdtöne mit kunstvollen Ornamenten. Rot-, Gold- und Brauntöne passen gut zu Holzfußböden und Orientteppichen.

In der Vergangenheit waren Steppdecken sehr verbreitet, meist wunderschön bestickt oder in Flickentechnik gearbeitet, die sich heute wieder zunehmender Beliebtheit erfreuen. Doch Sie können Ihrer Phantasie freien Lauf lassen und beispielsweise eine alte Stola, einen feinen Teppich oder auch einen Stoffrest, zum Dreieck gefaltet, am Fußende über eine einfarbige Bettdecke drapieren.

Böden

In einem Zimmer, wo Sie vermutlich viel barfuß laufen werden, ist ein Teppichboden sicher das Angenehmste. Da er im Schlafzimmer nicht sehr strapaziert wird, braucht er nicht unbedingt von bester Qualität zu sein. Viel wichtiger ist, daß der Bodenbelag entsprechend warm und weich ist. Holzdielen oder Kork fühlen sich sehr angenehm an, ebenso ein weich unterlegter Vinyl- oder PVC-Belag. Wenn Sie sich gegen einen Teppichbelag entscheiden, können Bettvorleger und Läufer jedem Boden die nötige Wärme und Weichheit verleihen.

1 *Dies extravagant drapierte Baldachinbett steht auf einer erhöhten Plattform, von der aus man das Eßzimmer dieses Landhauses in Wiltshire überblicken kann. Die rostbraunen Wände sind zart in traditionellen Mustern bemalt. Als Bettpfosten dienen ehemalige Straßenlaternen, die mit indischer Applikationsstickerei und Seidentroddeln reich geschmückt sind; die warme Tönung in Rot und Schwarz wird ferner ergänzt mit Teppichen, Decken und Samtkissen.*

2 *Die rote Umrandung des Bettes dominiert diesen »minimalistischen« Raum farblich zusammen mit einigen weiteren sorgfältig ausgewählten farbigen Objekten, vor einem weiß mit Glanzlack gestrichenen Boden.*

4

3 *Meterweise fällt der Tüll von Bambusstangen in diesem einfachen Speicherraum, der durch die Blautöne von Teppich und dunkler abgesetzten Jalousien eine romantische Note bekommt.*

4 *Englischer Landhausstil – jeder Gegenstand in diesem elegant ausgestatteten Schlafzimmer ist ein Beispiel feinsten Kunsthandwerks. Der Dekor wird von Arabesken bestimmt, die sich harmonisch von dem indischen Teppich über die Plattstickerei der Bettdecke und der schön geschnitzten Holzbank fortsetzen.*

Schlafzimmermöbel

Schlafzimmer können relativ schnell in Unordnung geraten, deshalb ist es besonders in kleineren Räumen wesentlich, den Platz optimal auszunutzen. Beispielsweise läßt sich vieles, was nicht täglich gebraucht wird, unter dem Bett verstauen.

Einbauschränke und -kommoden sorgen für klare Fronten und können den räumlichen Gegebenheiten entsprechend nach Maß angefertigt werden. Billiger sind die in großer Auswahl erhältlichen Fertigelemente, die sich vielseitig kombinieren lassen, mit Schubladenteilen, verstellbaren Kleidergestellen, Haken und Schuhregalen. Nicht so tiefe Schubfächer erleichtern ebenso wie Acrylglas- und Gitterregale die Suche nach Hemden oder Socken.

Im übrigen lassen sich Serienmöbel einfach »individualisieren« – ändern Sie die Griffe, lackieren Sie Türen farbig oder ersetzen Sie sie durch Spiegel, um gleichzeitig mehr Licht und optische Weiträumigkeit zu erzeugen.

Doch Einbauelemente passen nicht in jedes Schlafzimmer. Vielleicht sagen Ihnen die gediegenen alten Möbel wie Wäsche- oder Frisierkommode mehr zu. Es gibt andere Möglichkeiten, den vorhandenen Platz besser zu nutzen: verdoppeln Sie die Kapazität Ihres Garderobenschrankes, indem Sie für kurz zu hängende Teile in der unteren Hälfte eine zweite Schiene oder zusätzliche Fächer anbringen. Falls Sie dazu neigen, Ihre Kleidungsstücke auf dem Boden zu verstreuen, sollten Sie wenigstens einen Stuhl hinstellen, damit es nicht ganz so wild aussieht.

Am Bett

Planen Sie zweckmäßig: wahrscheinlich können Sie am Bett Leselampe, Telefon, Bücher und Wassergläser gut brauchen. Wenn Sie gern Musik hören, sollten Radio- oder Stereoanlage vom Bett aus ein- bzw. auszuschalten sein. Fernseher haben heute meist ohnehin Fernbedienung. Ob Sie Romane im Bett schreiben, wie Marcel Proust es zu tun pflegte, oder ob Sie nur gern ein gemütliches Frühstück genießen – ein stabiler Tisch wird Ihnen bessere Dienste leisten als ein Tablett. Die in Krankenhäusern üblichen fahrbaren Schwenktische sind sehr praktisch, wenn sie auch nicht sonderlich attraktiv aussehen.

Ankleidezimmer

Wo der Platz es zuläßt, ist die Einrichtung eines Ankleideraumes sicher nicht verkehrt. Irgendeine kleine, leerstehende Kammer genügt, die nicht einmal mit dem Schlafzimmer verbunden zu sein braucht. Auch brauchen Schränke und Regale keine großen Ansprüche zu erfüllen; einfache Metallgestelle und offene Regale für gefaltete Sachen reichen völlig aus.

2

1 *Modernes Garderobengestell aus Drahtelementen mit betont zwanglos praktischem Charakter. Die einzelnen Teile lassen sich verschieden kombinieren und entweder offen oder nach Wahl auch als Schrankeinbau aufstellen.*

1

5

4

2 Ein schmaler Verbindungsflur zwischen Bad und Schlafzimmer (3) wird zur kompakten Garderobe, die Platz für Kleidung und weitere Accessoires bietet. Maßgefertigte Schubfächer und Regale sind raumsparend angeordnet, so daß ein praktischer Ankleideraum entsteht.
4 Ein Bett für Leseratten – mit zugehörigem Bücherregal in unmittelbarer Nähe.

6

5 Japanischer Stil auch im Schlafzimmer – eine sorgfältige Ausstattung in Holz und Papier läßt die riesige Schrankwand als einen leichten Sichtschirm erscheinen.
6 Eine Nische desselben Zimmers wurde mit Mehrzweckregalen und Schubfächern versehen, während der Schieberahmen am Fenster das Thema der Schrankverkleidung fortsetzt.

Schlafzimmeratmosphäre

Manchmal genügt ein Antippen des Lichtschalters – und die gesamte Stimmung im Raum verändert sich. Die passende Beleuchtung zu finden ist allerdings besonders bei Schlafzimmern, die auch tagsüber genutzt werden, nicht einfach. Die Beleuchtung muß flexibel und vielseitig sein, mit regulierbaren und leicht erreichbaren Schaltern; die Spanne sollte vom sanft romantischen Schummerlicht bis zum hellen Lichtschein für Lesen, Frisieren, Make-up usw. reichen. Es wird zum Ärgernis, wenn man aus dem Bett aufstehen muß, um das Licht auszuknipsen. Deshalb gehören Schalter auf jeden Fall ebenso ans Bett wie an die Tür.

Bei Doppelbetten sind zwei kleine Leselampen an den Außenseiten besser als nur ein Licht, damit jeder lesen kann, ohne den andern im Schlaf zu stören.

Indirekte Beleuchtung, z. B. hinter einer Blendleiste in der Zimmerecke, erzeugt ein angenehmes Allgemeinlicht, das mit Nachttischlampen oder Wandstrahlern ergänzt werden kann. Die meisten Spotlights oder Strahler sind verstellbar und können den Lichtkegel auf jede gewünschte Stelle richten. Eine Lampenschiene an der Decke ist ebenfalls sehr vielseitig anwendbar.

Kleiderschränke sollten von innen beleuchtbar sein, damit Sie nicht im Dunkeln suchen müssen. Ebenso sollten Frisierkommoden und Handwaschbecken, Rasiertische usw. mit einer eigenen Lampe ausgestattet sein. Für Spiegel sind kleine Neonröhren das Richtige, die das Licht gleichmäßig ohne Schattenwinkel verteilen.

Natürliches Licht

Mindestens so wichtig wie die künstliche Beleuchtung ist die Behandlung des Tageslichts. Wer gern in einem hellen, lichterfüllten Raum aufwacht, wird das Licht vielleicht durch leichte Jalousien, feine Musselin- oder Baumwollvorhänge einfallen lassen oder auch ganz auf Vorhänge verzichten, beispielsweise wenn das Schlafzimmer direkt auf einen Balkon hinausführt. Das Bett sollte allerdings so stehen, daß der Blick nicht frontal auf die Fensterfront fällt, denn zu starkes Sonnenlicht kann Kopfschmerzen verursachen. Mit dem Verzicht auf schwere Vorhänge entgehen Ihnen dann allerdings auch Vorteile wie gute Wärmeisolierung oder Abdunkelungsmöglichkeit.

Für diejenigen, die ein dunkles Schlafzimmer lieben, sind wahrscheinlich Fensterläden genau das richtige, da sie auch bei weit geöffnetem Fenster auf Wunsch das Licht abhalten können.

Völlig zu Unrecht wird der Schlafzimmerkamin vernachlässigt, dabei kann er sowohl romantisches Licht als auch knisternde Wärme verbreiten.

1

2

3

1 *Die Beleuchtung des Schlafzimmers soll praktisch sein, so daß man z. B. bequem im Bett lesen kann, daneben möchte man aber auch eine geruhsame Stimmung nicht missen. Hier sind zwei Stehlampen als Bettbeleuchtung gewählt, während eine kleine Tischlampe gegenüber für Licht sorgt.*
2 *Halogenröhren strahlen ein mildes Licht aus, das hier in diesem durchstrukturierten Schlafzimmer genau das richtige zu sein scheint. Als Kopfende des Bettes dient eine schöne alte Kamineinfassung.*
3 *Eine Schlafzimmerhöhle unter dem Dach – die Atmosphäre wird verstärkt durch ein Spotlight an der Decke, das interessante Schatten wirft. Eine weitere Lampe, deren geschwungener Ständer im Bild sichtbar ist, sorgt für adäquates Leselicht.*

5

4 *Rustikal und alpenländisch präsentiert sich dieses Schlafzimmer, mit echtem Kerzenschein, der die Stimmung perfekt macht.*
5 *Tizio-Lampen schmücken das Wandbord, das eine ideale Stellfläche in einem beengten Raum bietet.*
6 *Der majestätische Eindruck eines alten Himmelbettes kann durch kaum etwas übertroffen werden. Die zarte Gazedrapierung ist in ihren Blautönen abgestimmt auf den Bettbezug. Der Kippspiegel am Fenster ist von derselben Machart wie das Bett. Und schließlich darf in der tropischen Atmosphäre dieses Hauses in Indien auch der stabile Deckenventilator nicht fehlen.*

BADEZIMMER

Wohl am schwierigsten auszustatten von allen Räumen ist das Badezimmer; schon von der Größe her erfordert es eine streng durchdachte Planung. Da die sanitären Anlagen einerseits praktisch und zweckmäßig, andererseits aber nicht kalt und steril sein sollen, wird man in den meisten Fällen um eine Kompromißlösung nicht herumkommen.

Eine Verlegung des Badezimmers ist zwar mit erheblichen Kosten verbunden, kann aber im Einzelfall den Aufwand durchaus lohnen. Entscheiden Sie selbst, ob das gegenwärtige Bad den richtigen Standort hat. Es sollte vom Schlafzimmer aus leicht erreichbar – oder was noch besser wäre – direkt damit verbunden sein. Ein separates WC in der Nähe des Wohnbereiches ist auf jeden Fall ein Plus, während für einen größeren Haushalt ein zweites Bad oder ein Duschraum unerläßlich ist. Oft läßt sich noch in der kleinsten Kammer eine Sitzwanne, Schrankdusche oder ähnliches einbauen. Wenn Sie Ihr Bad von Grund auf neugestalten, wäre zu erwägen, ob die Toilette nicht besser in einem Extraraum untergebracht wäre, sofern Sie nicht zusätzlich zum Hauptbadezimmer noch einen WC-Raum mit kleiner Dusche einbauen.

Bei der Neuplanung eines Bades werden Sie sicher einen Architekten oder Klempner zu Rate ziehen, der sich mit den örtlichen Bau- und Wasserbestimmungen auskennt. Bestehende Wasserleitungen, Abflußrohre und Lüftungswege müssen berücksichtigt werden, nicht zuletzt schon deswegen, weil jede Änderung an vorhandenen Installationen den Geldbeutel spürbar belastet (siehe dazu: Installationen). Verwenden Sie im Badezimmer nur feuchtigkeitsbeständige Materialien, keine unbeschichteten Tapeten, Mattlacke, korrodierbare Metalle oder Juteteppiche.

Der eine liebt sein Bad geräumig und luxuriös, während es für einen anderen gleichzeitig Waschmaschine, Trockner und Wäscheständer beherbergen muß. Für einen dritten ist das Bad vielleicht der ideale Ort für die Morgengymnastik.

Neben den vielen Zwecken und Funktionen, die das Bad erfüllen soll und kann, sollten wir seinen therapeutischen Wert nicht übersehen. Jeder kennt die heilsame Wirkung eines erfrischenden Bades. Richten Sie das Badezimmer auch unter diesem Gesichtspunkt ein, damit es Ihnen nach einem arbeitsreichen Tag die nötige Erholung und Entspannung ermöglicht – vielleicht möchten Sie einen bequemen Stuhl zum Ausruhen nach einem heißen Bad; Wärme und gute Beheizbarkeit sind wichtig für einen allmählichen Übergang vom heißen Badewasser zur normalen Temperatur; und nicht zuletzt sollten alle Salben, Schwämme und Crèmes für Ihre Toilette stets in erreichbarer Nähe sein.

1

1 Graue Marmorstreifen zwischen weißen Keramikfliesen betonen die räumliche Struktur dieses schönen Badezimmers. Spiegel und Handtuchstange stammen ursprünglich aus dem Londoner Savoy Hotel.

2 Ein Haus der Jahrhundertwende in Mailand wurde im Originalstil renoviert. Das Gebäude selbst ist farblich wenig aufgelockert, und den Verzicht auf Farbe charakterisiert auch dieses eindrucksvoll in schwarz-weiß gekachelte Bad.

2

Badezimmer

CHECKLISTE

- Wie viele Bäder, Duschen und Toiletten brauchen Sie insgesamt?
- Ist die jetzige Lage von Bad/Bädern zweckmäßig?
- Soll die Toilette im Badezimmer oder getrennt sein?
- Sind größere Installationsarbeiten erforderlich?
- Wie groß ist Ihr Heißwasserverbrauch? Reicht Ihr derzeitiges System aus?
- Wollen Sie neue Armaturen usw. einbauen?
- Was für Armaturen/Hähne usw. brauchen Sie?
- Ziehen Sie Wanne oder Dusche vor oder möchten Sie beides?
- Wollen Sie die sanitären Anlagen neu einbauen?
- Wieviel Schrankraum brauchen Sie und wofür im einzelnen?
- Sind besondere Sicherheitsvorkehrungen für ältere Menschen oder kleine Kinder nötig?
- Sind Wand- und Bodenflächen für die feuchtwarme Atmosphäre geeignet?
- Wird das Bad zentral beheizt oder braucht es eine eigene Raumheizung?
- Welche Art Beleuchtung brauchen Sie?
- Brauchen Sie Rasierstecker?
- Was für weiteres Zubehör möchten Sie im Bad?

Badezimmereinrichtung

Badezimmereinrichtungen sind ähnlich wie Küchen teuer im Vergleich zu den anderen Räumen. Da die sanitären Anlagen und Installationen auf Dauer angelegt werden, ist es wichtig, von vornherein die geeignetste Anordnung zu finden. Der Raum soll funktional, leicht sauberzuhalten und korrosionsfest sein, gleichzeitig aber auch ansprechend und behaglich.

Bei der Planung eines Badezimmers helfen maßstabgerechte Zeichnungen des Raumes und der Installationen, die zweckmäßigste und effektivste Anordnung zu finden. Berücksichtigen Sie den Öffnungsradius von Türen und Fenstern und kalkulieren Sie genügend Ellbogen- und Kniefreiheit an WC, Bidet und Waschbecken ein. Wichtig ist die Position der Armaturen, Lampen und Thermostate, und wenn Sie auch die Waschmaschine im Bad unterbringen, brauchen Sie gute Entlüftung und Abflußmöglichkeiten. Sorgen Sie dafür, daß Handtücher, Haushaltswäsche, Haarfön, Rasierer und Kosmetikartikel gut unterzubringen und schnell zur Hand sind. Neuere Bäder und Waschbecken sind meist mit eigener Seifen- und Shampooablage ausgestattet. Weitere Abstellflächen lassen sich entlang den Wänden einrichten.

Je kleiner der Raum ist, desto mehr fällt eine strategisch durchdachte Planung ins Gewicht. In einem Spiegelschrank über dem Waschtisch läßt sich einiges unterbringen, und eine Verkleidung um Spülkasten und Leitungsrohre sorgt nicht nur für sauberes Aussehen, sondern auch für zusätzliche Regale und Ablagen. Waschbecken, Toilette und Bidet nehmen natürlich weniger Platz ein, wenn sie an der Wand montiert sind, und kleine Winkel und Ecken lassen sich mit Einbauelementen sinnvoll nutzen. Wenn der Platz nicht für eine ganze Badewanne ausreicht, hilft vielleicht eine Eck- oder Sitzwanne. Weiteren Platz sparen Schiebetüren oder bei Regalschränken, die Sie nicht offen lassen wollen, auch Stoffrollos. Für den Effekt räumlicher Weite sind Spiegel natürlich wunderbar – eine mit Spiegelfolie oder -kacheln ausgekleidete Wand kann Wunder wirken. Vergessen Sie auch nicht die Innenseite der Zimmertür, an der Kleiderhaken und Handtuchstangen angebracht werden können.

Ein größeres Bad läßt natürlich mehr Spielraum, die gewünschte entspannende Atmosphäre zu schaffen – wobei eine optische Trennung zwischen Bad und WC- oder Bidetbecken gar nicht unbedingt die ideale Lösung ist. Stellen Sie das Bad in die Nähe des Fensters, wenn die Aussicht freundlich (und ungestört) ist. Gußeiserne oder Stahlwannen können frei im Raum stehend sehr attraktiv sein. Wer Platz hat, möchte vielleicht noch einen Liegestuhl – oder Gymnastikgerät – im Bad unterbringen. Zusätzliche Duschkabinen oder WCs können oft noch irgendwo auf dem Speicher, im Keller oder unter einer Treppe eingebaut werden.

Sicherheit

Wasser und Elektrizität im selben Raum sind eine gefahrenreiche Kombination. Die Sicherheitsbestimmungen sind zwar von Land zu Land unterschiedlich, aber elektrische Steckdosen sind – wo nicht ohnehin verboten – auf jeden Fall entsprechend vor Feuchtigkeit und Nässe zu schützen. Halten Sie den Sicherheitsabstand zu Wasserhähnen ein (für Rasierapparate gibt es spezielle Stecker), wählen Sie geschlossene Lampenschirme und bringen Sie Licht- und Lüftungsschalter möglichst außen an, damit die Feuchtigkeit nicht zu Kurzschlüssen und ähnlichem führen kann.

Allzu glatte Flächen sind eine weitere Unfallgefahr. Rutschfeste Wanneneinlagen und Bodenmatten, aber auch robuste Haltegriffe schützen vor dem Ausrutschen. Vergessen Sie nicht, alle Putzmittel, Chemikalien und Medizin kindersicher aufzubewahren.

1 *Präzision und Charme strahlt dieses Bad einer französischen Familie aus. Bis auf den Schachbrettrand ganz in Weiß gekachelt bietet der großzügige Raum zwei Handwaschbekken mit raffinierter Beleuchtung; dagegen abgesetzt ist die übrige Einrichtung mit dunklen Materialien wie Holz, Rohr und Kork.*

1

2 Der Eindruck eines Bades im Freien wurde gezielt durch Design und grüne Umgebung geschaffen.
3 Die frei im Raum stehende Dusch- und Toiletteneinheit ist den beengten Gegebenheiten optimal angepaßt.

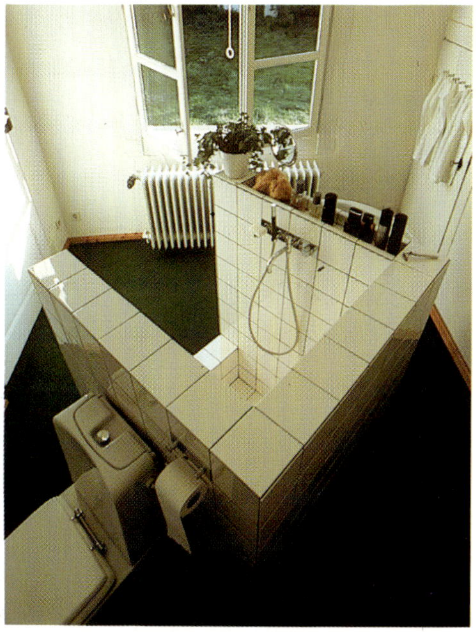

3

5

4 Kleine Räume müssen gut durchstrukturiert sein; hier gelang die Aufteilung von Bad, Dusche und Waschbecken mit stilvoller Eleganz.
5 Rundbogenfenster und plastische Decke machen diesen engen Raum zu etwas ganz Besonderem; die individuelle Note ist auch in der übrigen Anordnung gewahrt.

Sanitäre Anlagen

Die sanitären Einrichtungen für Toiletten und Bäder sind heute weitgehend koordiniert und auch im Zubehör aufeinander abgestimmt. Es gibt die unterschiedlichsten Modelle und Größenausführungen, die auch komplizierten Raumverhältnissen gerecht werden können. Falls Sie sich keine neue Einrichtung erlauben können oder wollen, gibt es noch die Möglichkeit, mit relativ bescheidenen Mitteln etwas zu tun, etwa Risse und Sprünge ausbessern, abblätternden Kalk entfernen und neu glasieren – es gibt Spezialisten für Oberflächensanierung, die Ihr Bad professionell überholen können.

Badewannen

Die herkömmlichen Wannen aus Gußeisen oder Stahl mit Emailleüberzug sind robust und haltbar, im Preis erschwinglich. Sie sind in verschiedenen Standardformen und Farbausführungen erhältlich. Nicht ganz so gediegen und dafür preiswerter sind Wannen auf Acrylbasis, die nicht splittern und relativ warm sind, aber mit der Zeit verkratzen können und ein stumpfes Aussehen bekommen. Ähnliche Kunststoffwannen werden aus glasfaserverstärktem Polyester hergestellt und sind etwas härter als die Acrylwannen. Die meisten Designs sind allerdings wenig ansprechend, wenn auch einige Modelle im Stil der altmodischen Wannen mit freistehenden Klauenfüßen recht dekorativ aussehen. Eine weitere Alternative sind Wannen aus Edelstahl, die aber nicht überall erhältlich sind. Eventuell könnte man sie von Krankenhauseinrichtern beziehen. Etwas kostspieliger wäre Marmor; dann lohnt es, sich die Wanne den Raumverhältnissen entsprechend nach Maß fertigen zu lassen.

Die Standardlänge einer Wanne bewegt sich zwischen 1,7 m und 1,85 m. Falls der Platz nicht reicht und Sie sich dennoch nicht mit einer Dusche zufriedengeben wollen, könnten Sie eines der halblangen Modelle, etwa eine Sitzwanne, wählen, die bedeutend kürzer und tiefer geformt ist und eine Sitzstufe hat. Wer eine besonders lange Wanne vorzieht, sollte auch die höheren Kosten jeder Füllung bedenken. In den Fußboden eingelassene Wannen sind für obere Stockwerke meist nicht ratsam. Holen Sie sich im Zweifelsfall bei einem Baustatiker Rat darüber ein, welche Belastung Ihr Boden aushalten kann. Tiefe Wannen sind mühsam zu reinigen und unpraktisch für das Baden von Kindern, kommen aber niedrigen Raumverhältnissen entgegen.

Duschen

Duschen sind in der Benutzung kostensparender als Wannen. Eine geschlossene Duschkabine scheint die beste Lösung zu sein, wenn möglich, mit außen installierten Armaturen, die man vor dem Betreten der Kabine reguliert. Die Auswahl kompletter Duschkabinen ist groß, von Glas bis Acryl, mit installierten Sitzen, beheiztem Handtuchhalter und Seifenablage. Die Integration solcher kompletten Modelle in ein bestehendes Bad kann allerdings problematisch sein. Eine Alternative dazu ist eine den Raummaßen entsprechende ausgekachelte Nische. Wenn Sie Wanne und Dusche miteinander kombinieren, ist darauf zu achten, daß der Wannenboden rutschfest ist und angrenzende Wände, Decke und Boden entsprechend wasserdicht ausgekleidet sind. Hinzu kommen sollte auf jeden Fall ein Spritzschutz, entweder in Form einer Glas- oder Acrylwand, oder sonst ein Duschvorhang aus Plastik.

Die Brausearmaturen sind von einem Fachmann zu installieren. Neben den manuell regulierten Armaturen gibt es auch automatische, entweder separat oder kombiniert mit der Wannenarmatur. Neuere Modelle sind vielfach mit Thermostatreglern ausgestattet, die für konstante Wassertemperaturen sorgen, auch wenn gleichzeitig weitere Hähne im Haus aufgedreht werden.

Mit fortgeschritteneren Reglern läßt sich sowohl die Temperatur als auch der Wasserfluß wie gewünscht einstellen.

Bei den Brauseköpfen besteht die Wahl zwischen einer einfachen Handbrause, die eventuell an einer Schiene in der Höhe verstellbar angebracht werden kann, und einer fest installierten Brauseeinheit, die sehr sauber aussehen kann, weil alle Zuleitungen hinter der Wand verborgen sein können. Sie sind aber trotz des drehbaren Kopfes nicht so flexibel wie Handbrausen. Daneben gibt es noch Massageduschen, die verschieden einstellbare Wasserstrahle erzeugen.

Als weitere Neuheit der Luxusklasse gibt es noch elektronisch per Impuls gesteuerte Duschen, die aus senkrecht stehenden Rohren mit Düsen und einstellbarer Sprühvorrichtung bestehen und unter hohem Druck abwechselnd heißes und kaltes Wasser aussprühen, über die ganze Körperlänge, was einer intensiven Wassermassage gleichkommt. Die Heißwassertemperatur ist ebenso wie Dauer und Druck der Wasserstöße thermostatisch regulierbar; daneben können solche Modelle natürlich auch ganz normal zum Duschen verwendet werden.

Waschbecken

Das Waschbecken sollte so groß gewählt sein, wie es der verfügbare Platz nur erlaubt – in der Tiefe (also von der Wand nach vorne) reichlich bemessen für bequemes Waschen des Haares

Eine gelungene Badezimmerkapsel

Maßgefertigter Marmorluxus

Modernes freistehendes Becken

Komplette Duschkabine aus Plastik

und in der Breite mit ausreichend Platz für tropfende Ellbogen. Ein großzügiger Rand ist nicht zu unterschätzen, für Haarshampoo, Kosmetikartikel und ähnliches. Bei Modellen mit Löchern für die Wasserarmaturen wäre zu prüfen, ob diese an der richtigen Stelle sind; sonst wäre es sinnvoll, ein Becken ohne Aussparungen zu kaufen und sie dann selber wie benötigt zu bohren. Neben den wandmontierten gibt es auch Becken auf Ständern; wichtig ist eine angenehme Höhe und bei an der Wand angebrachten Becken auch ein fester Halt.

WC-Becken

WC-Becken sind in der Regel aus Porzellan gefertigt, in diversen Designs und Farbtönen. In der Funktionsweise sind Flach- und Tiefspülklosetts zu unterscheiden. Während beim Flachspülbecken der Inhalt erst mit Betätigung der Wasserspülung weggespült wird, sinkt er beim Tiefspülmodell direkt in das Wasser, das gleichzeitig einen Geruchsverschluß bildet. Daneben gibt es noch die in den Boden eingesetzten Niedrigklosetts, die in natürlicher Hockstellung benutzt werden und sich zunehmender Beliebtheit erfreuen.

Bidets

Bidets gehören in vielen europäischen Ländern mit zur Standardeinrichtung des Badezimmers. Das Becken ist meist aus Porzellan und in der Form passend zu den übrigen Sanitärbekken. Ein Bidet sollte mit separaten Leitungen für Heiß- und Kaltwasser ausgestattet sein, wobei das Wasser über den Hahn oder unter dem Rand her einläuft. Planen Sie den Standort so, daß genügend Platz für Beine und Knie bleibt; in der Regel bedeutet das 10 cm zwischen Wand und Bidet.

Armaturen

Die Wasserarmaturen werden entweder direkt an Wanne und Becken angebracht oder sonst an der Wandfläche darüber. Es gibt heute viele technisch ausgefeilte Arten von Mischbatterien, mit oder ohne Thermostatregler, mit Hebel oder Drehknopf sowie schwenkbarem Zapfhahn. Lassen Sie sich bei Ihrer Entscheidung davon leiten, wie einfach und praktisch die Armaturen zu bedienen sind, insbesondere mit seifigen Händen; wie leicht oder kompliziert sie zu reinigen sind.

Gotischer Abglanz in einem Landhaus der Camargue. Die Marmorwanne wird links und rechts von kunstvollen schmiedeeisernen Stühlen und Lampenhaltern eingerahmt, während die Armaturen in eine genial entworfene Schrankwand integriert sind, die mit Spitzbogennische und Spiegeltüren eine wunderbare gotische Fensterfront vortäuscht.

Versenktes Bad und Dusche in einem

Gußeiserne Wanne auf Marmor

Sauna und Kaltwasserbottich

Badewanne von Wand zu Wand

Badezimmerelemente

Badezimmer sind starker Beanspruchung bei großen Temperaturschwankungen ausgesetzt; hinzu kommen Wasserdämpfe und ständige Feuchtigkeit. Alle Flächen und Ausstattungsgegenstände müssen also widerstandsfähig, wasserfest und leicht zu reinigen sein.

Doch eine praktische und zweckmäßige Einrichtung braucht nicht steril und kalt zu wirken – im Gegenteil, moderne Badezimmer sind häufig sehr einladend und komfortabel.

Wände

Ein Farbanstrich ist die einfachste und preiswerteste Möglichkeit. Allerdings ist ein Matt- oder Seidenglanzanstrich einem Glanzlack vorzuziehen, weil letzterer zu stärkerer Kondensationsbildung führt. Abwaschbare oder wischfeste Tapeten kommen ebenfalls in Frage; für normale Tapeten gibt es Tapetenlacke auf Polyurethan- oder Acrylbasis. Im Duschbereich können Acrylglas, Schichtkunststoffe und natürlich Kacheln verwendet werden. Keramik-, Glas- oder Mosaikfliesen ergeben ansprechende und leicht zu säubernde Flächen. Wenn Sie nicht den ganzen Raum kacheln wollen, reicht auch ein gekachelter Spritzrand an Wanne und Waschbecken. Eine andere, wärmere Möglichkeit wäre eine Holzverkleidung (mit gespundeten Fugen), die mit Polyurethanlack wasserfest gemacht werden kann. Phantasie macht vieles möglich.

Böden

Für Böden gilt dasselbe wie für Wände, sie müssen wasserbeständig und leicht zu reinigen sein. Elastische Vinyl- bzw. PVC-Beläge sind praktisch und bequem. PVC-Fliesen sind allerdings nur zu empfehlen, wenn viele Ecken und Winkel das Legen erschweren. Ansonsten sind Vinyl und PVC auch in großen Bahnen erhältlich, so daß Sie die Zahl der Fugen und damit die Gefahr undichter Stellen möglichst gering halten können. Korkböden sind sehr strapazierfähig und warm und lassen sich gut mit Naturholz kombinieren. Lattenrostböden mögen weniger bequem sein, sind dafür aber um so praktischer.

Einige synthetische Erzeugnisse sind eigens für den Gebrauch im Bad empfohlen: flauschige Bodematten und Teppiche auf Schaumstoffgrund zum Beispiel, die sich aber nicht als festangebrachte Auslegware eignen, da sie hin und wieder zum Trocknen aufgehängt werden sollten.

Die robusteste Lösung sind Stein- oder Keramikfliesen, die jedoch hart und kalt sind, wenn nicht gleichzeitig eine Bodenheizung vorhanden ist. Marmor ist zu glatt, aber Schiefer, Quarz und Terrazzo gibt es in rutschfester Ausführung.

Beleuchtung

Gutes Licht ist für Rasieren, Waschen, Kämmen, Make-up usw. unerläßlich, während ein wohliges Wannenbad auch oder gerade bei schwächerer, indirekter Beleuchtung ein Genuß sein kann. In der Decke versenkte Lampen oder Strahler sind sicherer als Hängelampen, verbreiten aber mitunter ein hartes, unschmeichelhaftes Licht. Am Spiegel sind neben Schränken mit eingebauter Lampe auch Neonröhren zu empfehlen, sofern Sie auf ein deutliches und akkurates Licht Wert legen. Schalter sollten gut vor Feuchtigkeit geschützt sein; am sichersten sind Zugleinen.

Fenster

Als Sichtblende, die Sie wahrscheinlich brauchen werden, eignen sich verschiedene Glasarten, z. B. mattiertes oder Milchglas oder, ansprechender im Aussehen, buntes opakes oder geätztes Glas. Falls Ihnen das für große Fenster weniger praktisch scheint, kann ein weicher Filtereffekt auch gut mit Jalousien, Fensterläden oder Kühlschlitzen erreicht werden. Abwaschbare Schnapprollos sind eine sinnvolle Lösung für Badezimmer, während Stoffvorhänge eigentlich nur in große Räume passen und nicht allzuviel Feuchtigkeit und Dampf ausgesetzt sein sollten. Die Fensterscheibe durch Spiegelglas zu ersetzen, ist besonders in kleinen, beengten Bädern eine ausgezeichnete Alternative zu Jalousien oder Vorhängen.

Heizung

Eine zentrale Heizungsanlage fürs ganze Haus ist in Neubauten die Regel. Im Bad könnte sie sogar genutzt werden, um Handtuchständer und -stangen zu beheizen. Sonst sind für diesen Zweck auch elektrisch beheizbare Modelle erhältlich. Zur Raumheizung können ferner Heizlüfter verwandt werden, in sicherer Entfernung zur Badewanne, vielleicht fest an der Wand installiert und – ebenfalls aus Sicherheitsgründen – mit Zugleinen zu betätigen. Daneben kann auch der Heißwasserboiler den Raum erwärmen und, wenn er in einem Schrank angebracht ist, Handtücher und Wäsche warmhalten.

Kondensation

Gute Lüftung ist besonders im Bad wegen des ständigen Dampfes und Kondensationsniederschlags unerläßlich. Lüftungsschacht und Absauggebläse sind in Innenräumen ohne Fenster die einzige Möglichkeit für einen adäquaten Luftaustausch. Dazu sollte der Raum stets möglichst warm gehalten werden. Im übrigen sind manche Materialien, etwa Kork, gegenüber Feuchtigkeit unanfälliger als Fliesen oder Lackfarbe.

1

2

3

1 Von weißem Grund
hebt sich ein schlichtes
Muster in schwarzen
Kacheln ab, das vom
schwarzen Boden un-
terstützt wird.
2 Der holzgetäfelte
Sockel wurde passend
zur Wand darüber in ei-
nem hellen Beigeton
lackiert. Den sonnigen
Eindruck ergänzen ge-
flochtene Bastmatten.
3 In diesem geräumi-
gen Bad ist neben den
Installationen noch
Platz für Möbel. Die
schwarze Holzeinfas-
sung am Fenster sowie
der herrliche Holzfuß-
boden sind die prägen-
den Merkmale dieses
renovierten Dach-
raums.

4

5

4 Lackierte Preßplatten liefern eine preisgünstige und dabei stilvolle Vertäfelung von Waschbecken und Wanne – komplett mit Brausevorrichtung und Spritzschutz aus Glas.
5 Ein luxuriöses Bad auf erhöhtem Sockel neben dem nur teilweise abgetrennten Schlafzimmer bekommt sein charakteristisches, an römische Badehäuser erinnerndes Gepräge durch die Farbkomposition in Türkis, die vom Florteppich über die Mosaikkachelung bis zu den Accessoires weitergeführt wird.
6 Ein deutscher Künstler wählte den größten Raum seines Hauses für das Bad, das mit rosa und grauem Granit getäfelt ist. Beachtenswert ist auch, daß alle Spiegel aus diesem Raum verbannt wurden.

Ablagen und Zubehör

Alles Drum und Dran für die Körperpflege sollte möglichst leicht vom Bad aus zu erreichen sein. Es gibt keinen Grund, irgendetwas zu verstecken.

Holz- und melaninbeschichtete Spanplattenregale sind praktischer als die herkömmlichen Glas- oder Porzellanborde, die zwar sehr gefällig sind, aber ständig geputzt werden müssen. Ein Regalsystem aus kunststoffbeschichteten Drahtgestellen und -körben ist besonders in kleinen Räumen eine gute Lösung, wo geschlossene Schränke wuchtig und bedrückend wirken.

Wenn Sie Ihre Toilettenartikel aber lieber aus dem Gesichtsfeld verschwinden lassen, könnten Rollos oder Jalousien vor den Regalen diese Aufgabe mit einer dekorativen Funktion verbinden. Es gibt für Badezimmer auch speziell dampfgeschützte Schränke, mit einer Reihe von eingebauten Extras und passend für jeden Stil, von der praktischen Kunststoff- bis zur vorbehandelten Mahagoni-Ausführung.

Es gibt kaum etwas Schlimmeres, als nicht genügend Ablagen eingeplant zu haben und im Bad nicht zu wissen, wohin mit all den Flaschen und Tuben, die Sie täglich benutzen. Der Wannen- und Duschrand sollte ebenso wie das Waschbecken reichliche Ablagen und Stellflächen aufweisen, wo Zahnpasta, Bürsten, Rasierer und Kosmetikartikel jederzeit griffbereit sind. Desinfektions- und Putzmittel, Haushaltsbleiche und schädliche Chemikalien hingegen sind, besonders in einem Haushalt mit Kindern, gut verschlossen aufzubewahren. Das gleiche gilt für Medikamente, die meist ebenfalls im Badezimmer ihren Platz haben. Praktisch sind auch komplette Spiegelschränke, die mit Steckdose, Leuchtröhren und ähnlichem Zubehör ausgestattet sind; zu den neueren Errungenschaften zählen auch aufheizbare Elemente, die verhindern, daß die Spiegel beschlagen.

Die Wahl der Accessoires, ob Chrom, Porzellan, Holz oder Plastik, ist eine Frage des persönlichen Geschmacks. Die elementare Ausrüstung liegt auf der Hand: Handtuchständer, Seifenschalen, Zahnputzbecher, Toilettenpapierhalter, Papier- und Wäschekörbe. Handtücher und Bademattten lassen sich farblich geschmackvoll auf die Raumausstattung abstimmen.

Wenn der zur Verfügung stehende Platz es zuläßt, warum nicht auch einen Liegestuhl aufstellen – zum entspannten Ausruhen nach einem belebenden Bad? Pflanzenliebhaber richten sich gern mit viel Grün ein, doch nehmen Sie nur Sorten, die im Warmen und Feuchten gut gedeihen – Philodendron, Anthurien und Spathifloren sind mit weniger Licht zufrieden als z. B. Begonien, Coleus oder andere buntblättrige Arten.

1

2

1 Ein wunderschönes Bad, das durch die Spiegelwand hinter der Wanne und die über die ganze Wandlänge führende Handtuchschiene seine großzügige Linie bekommt.

2 Eine gelungene Mischung aus alt und neu. Das moderne Waschbecken mit Marmorspritzplatte ist harmonisch auf den antiken Eisenständer und die Bodendielen aus Naturholz abgestimmt.

3

4

3 Eine Waschbeckeneinheit in glänzend schwarzem italienischem Design.

4 Zweckmäßige und zugleich ansprechende Kunststoffplatten, die nach Granit aussehen, passen gut zu den Chromstahlarmaturen.

5 Ein stilvolles Doppelbecken mit chromblitzenden Armaturen und einem ovalen Wandspiegel darüber brauchen keinen anderen Hintergrund als schlichte weiße Kacheln.

6

7

9

10

6 *Ein winziges Badezimmer ist mit Witz und Stil eingerichtet, wobei auf Zweckmäßigkeit ebenso Wert gelegt wurde wie auf interessante Extras.*

7 *Ein antikes Waschbecken bestimmt die Atmosphäre dieses weiten Badezimmers, zusammen mit dem hübschen Eckschrank als weiterem Blickfang in dem schlicht weiß gehaltenen Raum mit dunkler abgesetzten Bodenfliesen.*

8 *Liebevoll wurden hier alte Möbelstücke und Trödel zu einem überraschend freundlichen Badezimmer kombiniert, vor einer weißgestrichenen Mauerwand. Auch ein hübscher Teppich wurde nicht vergessen.*

9 *Eine Sammlung antiker Kämme wird hier an einer mit frottiertem Stoff bespannten Wand zur Schau gestellt. Hinzu gesellen sich Apothekerflaschen auf einem Kiefernregal; die Balkendecke ist ebenfalls aus Holz.*

10 *Eine abgeschlossene Einheit mit zwei Waschbecken, Rasierstecker und in die Rundspiegel eingelassenen Lampen.*

Luxusbäder

Beim Badezimmerdesign arbeiten Sie innerhalb bestimmter Grenzen – die Installationen, die langlebigsten Bestandteile des Raumes, müssen in erster Linie ihre Funktion erfüllen, obwohl Sie sie auch nach ihrem Aussehen aussuchen werden, und die verwendeten Materialien müssen haltbar und leicht zu pflegen sein. Doch im Rahmen dieser Bedingungen bleibt noch genügend Spielraum für Sie, Ihren persönlichen Stil zu entwickeln. Kombinieren Sie bestimmte Texturen und Farben, beispielsweise einen weichen Boden mit Chrom und spiegelnden Glaspaneelen, oder bleiben Sie bei einem einzigen Material, z. B. bei Mosaikfliesen für Boden und Wände. Kräftige Farben wie Schwarz und Weiß oder leuchtendes Rot und Rosa können in einem Badezimmer durchaus gelungene Kombinationen ergeben, während sie in einem Wohn- oder Schlafzimmer eher verheerend wirken.

Selbst die zweckmäßigste Einrichtung kann, wenn sie mit Geschick und Präzision ausgewählt wurde, komfortabel und luxuriös sein. Aber Sie brauchen sich nicht unbedingt an konventionelle Anlagen zu halten. Der größte Luxus ist wahrscheinlich ein Riesenbecken, in dem Sie völlig untertauchen können. Es gibt auch Sprudelbäder, die unter Hochdruck Massagewirbel erzeugen und den ganzen Körper angenehm stimulieren.

Dampfbäder fördern die Blutzirkulation und reinigen die Poren. Für den Hausgebrauch gibt es kleine Dampfanlagen, die in Verbindung mit jedem beliebigen Wannen- oder Duschbad benutzt werden können. Einzige Voraussetzung ist ein geschlossener Raum, damit der Dampf nicht entweicht.

1

Schwitzbäder

Obwohl sie im strengen Sinne nicht zum Badezimmer gehören, sollen Sauna oder Schwitzbad hier nicht ausgeklammert sein. Die Sauna, das aus Finnland stammende Badehaus, erzeugt eine trockene Hitze, die die Schweißproduktion anregt, den Körper reinigt und besonders bei Rheuma und Gelenkbeschwerden wohltuend wirkt. Heimsaunen, die als Bausatz zum Selbsteinbau erhältlich sind, komplett mit Wand- und Deckenverkleidung aus Fichtenholz, mit Steinwollisolierung, Tür mit Doppelglasfenster und regulierbarer Luftzufuhr, können schon auf engstem Raum untergebracht werden. Die Beheizung erfolgt meist durch einen Elektro-Ofen mit Thermostatregelung, auf dem vulkanische Gesteinsbrocken erhitzt werden, die eine intensive trockene Hitze abgeben.

Nach demselben Prinzip arbeiten auch »Schwitzkästen« und »Heißluftbecken«, die man draußen z. B. am Swimmingpool aufstellen kann, um sich allein oder in geselliger Runde gesundzuschwitzen.

2

5

1 *Ein Sprudelbad auf einem Hausdach in Kalifornien – dreieckige Wände, strahlend weiße, gelbe und blaue Flächen erzeugen eine Stimmung von Strand und Meer.*
2 *Was kann luxuriöser sein als ein riesiger Baderaum? Hier wurden Bad und privates Studierzimmer miteinander kombiniert zu einem Raum, der zum Baden, Lesen, Schreiben, Denken oder sehnsüchtigem Träumen die geeignete Umgebung bietet.*
3 *Luxus durch Einfachheit – zwei Serienwaschbecken, eingebaute Doppelwanne und ganz in Weiß ausgeführte Kachelung.*
4 *Teuere Materialien und stromlinienglatter Effekt – Chromstahl und Marmor verbinden sich zweckvoll zu einer ansprechenden Einheit.*
5 *Eine Aussicht wie von diesem Haus in Bengalen ist ein Luxus für sich. Das Bad ist kühl, einfach und friedlich. Zur sorgfältig ausgewählten Dekoration gehören Kanne und Schüssel, zwei Messingeimer und ein blühender Blumenstrauß.*

Grundlagen des Kinderzimmers

Bei der Einrichtung des Kinderzimmers macht es sich bezahlt, wenn die Vorüberlegungen stimmen. Vielleicht sind bauliche Veränderungen, neue Heizkörper oder Sicherheitssteckdosen angebracht? Danach haben Sie Zeit für die erfreulicheren Entscheidungen wie Farben, Stoffe oder Kindermöbel aussuchen. Spielzeug, Kleidung und Plüschtiere werden den Raum optisch beleben; denken Sie auch daran, Bilder, Mobiles und ähnlichen Zimmerschmuck häufiger zu wechseln. Bei Tapeten eignen sich einfache, nicht allzu große Muster, die dem Kind nicht so leicht langweilig werden. Wenn Ihnen aber eine großgemusterte Tapete besonders gefällt, sollten Sie auch bereit sein, sie nach einer gewissen Zeit durch eine neue zu ersetzen – was Arbeit und Kosten bedeutet. Auf jeden Fall sind abwaschbare Tapeten, am besten Vinyl, vorzuziehen.

Es ist gewöhnlich einfacher, den Raum neu zu streichen als neu zu tapezieren – das sollten Sie rechtzeitig berücksichtigen. Farbige Wandanstriche sind, bei Verwendung geeigneter Farben, gut zu reinigen (siehe dazu: Wände und Decken).

Handgemalte Wandbilder können phantastisch aussehen, kosten aber einiges, wenn sie von einem Kunstmaler angefertigt werden. Auch wird jedes Kind nach einer gewissen Zeit das Interesse daran verlieren. Etwas anderes ist es, wenn Sie, bei entsprechender künstlerischer Veranlagung, eigene Wandgemälde entwerfen. Motive können Sie Büchern entnehmen – oder das Buch selbst wird zum Wandschmuck, indem Sie es Seite für Seite an die Wand kleben und mit einer Lackschicht versiegeln.

Der Bodenbelag im Kinderzimmer sollte möglichst warm sein, daneben natürlich auch pflegeleicht und strapazierfähig. Teppichböden sind bald mit Flecken übersät, wenn die Kinder noch klein sind. PVC- oder Korkbeläge sind leicht zu reinigen und bestens für Kinder im Krabbelalter geeignet. Ein kleiner Flickenteppich oder Baumwolläufer – mit Haftstreifen befestigt – kann für die nötige Buntheit und Auflockerung sorgen.

Für kleine Kinder sind Gardinen oder Vorhänge ratsam, die den Raum zur Schlafenszeit gut verdunkeln. Es brauchen aber keineswegs dunkle oder triste Stoffe zu sein – helle, farbenfrohe Vorhänge können mit einem lichtundurchlässigen Material gefüttert oder in Verbindung mit dunklen Rollos verwendet werden. An der Decke oder Wand montierte Lampen sind sinnvoller als z. B. Stehlampen, und ein Dimmerschalter hilft Ihnen, die gewünschte Helligkeit einzustellen.

Die Möbel sollten stabil sein, den Sicherheitsbestimmungen entsprechen und hübsch aussehen. Krippen und Wiegen sind sehr schön für die ersten Monate; ein Kinderbett, das von Anfang an benutzt werden kann, bedeutet dagegen schon eine längerfristige Anschaffung. Die meisten Modelle haben in der Höhe verstellbare Matratzen; die unterste Position wird ja erst nötig, wenn das Baby sich bewegen kann und erste Kletterversuche unternimmt.

Bei Schränken und ähnlichen Möbeln zur Aufbewahrung gehen Sie am besten, jedenfalls solange die Kinder noch klein sind, von Ihren eigenen Bedürfnissen aus. Schubladen sind zur Aufbewahrung der Babykleidung zweckmäßiger als ein Schrank, da Sie die Teile eher zusammenfalten als aufhängen werden. Geben Sie aber nicht der Versuchung nach, eine auf kindlichen Maßstab verkleinerte Kommode zu kaufen, die zwar niedlich, aber nicht sonderlich praktisch ist. Um einem größeren Möbelstück das wuchtige Aussehen zu nehmen, reicht es meist schon, es weiß oder pastellfarben zu lackieren. Eine weiche Gummiunterlage auf der Kommode schafft gleichzeitig den Wickeltisch, neben dem ein Regal oder ähnliches alle Salben und Puder bereithalten sollte. Es gibt auch Wickelkommoden mit vielen Extras, z. B. fahrbare Modelle mit diversen Fächern und Schubladen – nur fragt sich, ob eine solche Anschaffung für die kurze Zeit lohnt. Stellen Sie Spielzeug oder Plüschtiere so auf, daß das Baby alles vom Bett aus sehen kann.

Und für den eigenen Komfort könnten Sie einen bequemen Sessel ins Kinderzimmer stellen.

1 Farbenfrohe Motive und Figuren ergänzen das bunte und zugleich praktische ABC-Regal.
2 Ein entzückender Kleiderschrank in Kindergröße, der eigens für dies Kinderzimmer entworfen wurde und die gedämpfte Farbgebung harmonisch ergänzt.

1

2

3 Mobiliar für Babys und Kleinkinder sollte sich sinnvollerweise an die Wachstumsstadien des Kindes anpassen können. Bei diesem hübschen Modell mit fahrbarem Spielzeugkasten und Gitterrahmen für Dekorationen ist die Platte in der Höhe mehrfach verstellbar und kann im Schulalter als Schreibtisch dienen.
4 Ein stabiles Kinderbett, der hohe Stuhl und Wickeltisch gehören zu jeder Grundausstattung. Das robuste Holzgestell mit blauweißer Baumwollbespannung wirkt hübsch ohne übertriebene Niedlichkeit; gleichzeitig bot es die Anregung für das Farbkonzept des übrigen Raumes.

Übergangsalter

Im Unterschied zum hilflosen Säugling bleiben Kinder im Krabbelalter nicht mehr dort, wo sie abgesetzt werden, sondern beginnen, die Welt um sich herum mit jedem Tag mehr zu erforschen und ihre neuerworbenen Fähigkeiten in der Praxis auszuprobieren. Wenn dies auch ein ebenso notwendiges wie wünschenswertes Entwicklungsstadium ist, kann es doch schon einmal die Nerven der Eltern belasten. Um so wichtiger, die Wohnung kindgerecht einzurichten, was auch den Eltern die Aufgabe erleichtert. Für das Vorschulkind ist sein Schlafzimmer gleichzeitig Spielzimmer, obwohl es sich meist lieber in Gegenwart der Erwachsenen aufhält. Ein freundliches und praktisches Kinderzimmer wird aber dazu führen, daß das Kind sich dort auch gern allein beschäftigt. Wenn das Kind seinem ersten Bettchen entwachsen ist, könnte bereits ein Erwachsenenbett her, das anfangs mit einer Sicherheitsleiste versehen wird. Sonderwünsche der Kinder können Sie erfüllen, indem Sie z. B. eine aus Sperrholz gefertigte Schiffs- oder Eisenbahnform am Kopf- oder Fußende des Bettes aufstellen. Etagenbetten sind für Vorschulkinder noch zu gefährlich – der Anschaffung steht jedoch nichts im Wege, wenn Sie vorerst die Leiter entfernen; das obere Bett läßt sich zunächst zum Verstauen aller möglichen Sachen nutzen.

Vieles spricht für Kindertische und -stühle, an denen die Kleinen malen, kneten oder Puzzles legen können. Der Tisch hat die richtige Höhe, wenn er dem Kind im Sitzen bis zu den Ellbogen reicht. Die Stühle dürfen nur so hoch sein, daß das Kind mit den Füßen auf den Boden kommt. Weniger kostspielig wäre eine einfache, aufgeständerte Platte, die mit zunehmender Größe des Kindes verstellt werden kann. Vergewissern Sie sich, daß die Platte wirklich fest sitzt, da die Kinder mit Sicherheit darauf herumklettern werden. Weggeräumte Kindersachen sollten sich in erreichbarer Höhe und hinter einfach zu öffnenden Klappen oder Türen befinden. Spiele und Bücher können auf niedrigen Regalen stehen; rollbare Kisten sind sehr praktisch und lassen sich in vielen Winkeln verstauen. Mit einem Deckel versehen, dienen sie auch als Sitz oder, je nach Phantasie, als Auto oder Boot.

Grundsätzlich brauchen Kinder im Vorschulalter reichlich Platz am Boden – erst zum Krabbeln und Laufen, später zum Spielen mit Bauklötzen, Autos und vielen ähnlichen Dingen. Für den Boden, der warm und möglichst zuggeschützt sein soll, kommen an erster Stelle PVC, Kork oder weiches Linoleum infrage, schon weil diese leicht zu wischen und später, wenn das Kind älter wird, durch Teppichboden zu ersetzen sind. Gemütliche Sitzgelegenheiten bieten auch die mit Schaumstoff gefüllten Riesensäcke, ob zum Schmökern, Herumlümmeln oder Träumen.

Für den Zimmerschmuck entwickeln die Kinder bald eigene Ideen. Tiere, Feen und Märchengestalten sind immer faszinierend – eine Kork- oder Filzleiste in Augenhöhe an der Zimmerwand ermöglicht Ihnen, die Lieblingsbilder Ihrer Kinder mühelos anzubringen wie auch auszuwechseln. Eine Tafel in derselben Höhe ist ebenso sinnvoll, für Mal- oder auch Schreibübungen. Die Wandflächen selbst sollten unempfindlich und möglichst auch abwaschbar sein. Waschbare Lacke oder Korkfliesen sind geeignet, Tapeten nur, solange sie festsitzen – die kleinste abstehende Ecke führt jedes Kind in Versuchung, der Sache »auf den Grund zu gehen«. Harmonische Farben bieten die beste Voraussetzung, um spätere Vorhang- oder Wäschemuster und Bilder auszuwechseln.

1

2

1, 2 *Diese Möbel lassen sich mit zunehmendem Alter des Kindes umbauen. Kinderbett und Wickelkommode werden in Bett und Schreibtisch umgewandelt, während der Kleiderschrank seine ursprüngliche Form beibehalten kann. Muntere Farben sind eine gute Alternative zu den weithin üblichen Baby-Pastelltönen. Die Wände des Babyzimmers sind abwaschbar gestrichen, und die spätere Kunstharztapete ist im Schulalter nicht weniger praktisch. Der robuste Kordteppich wird noch etliche Jahre gut überstehen.*

3 Umbaufähige Schrankelemente sind für Kinderzimmer unerläßlich. Der Kinderstuhl ist hier das einzige Möbelstück, das bald überflüssig wird – in der Zwischenzeit erfüllt es jedoch voll und ganz seinen Zweck.

4 Ein netter Raum, der dem Kind viel Freude bereitet und zugleich sehr praktisch ist. Das Holzbrett ist außer mit nützlichen Schubladen auch mit einem Baldachin ausgestattet, der für Geborgenheit sorgt. Dem Maltrieb kommt die große Papierrolle entgegen; hinzu kommen waschbarer Boden und Teppich sowie ein Heizkörperschutz passend zu Vorhang- und Bettstoffen.

Kindermöbel

1 *Praktische Kindermöbel können viel Spaß bereiten, wie diese bunten Stühle hier, die unter dem Polster jeweils eine Schublade haben und mit ihren starken Primärfarben und interessanten Form jedes Kind faszinieren werden.*

2 *Wer in diesen hübschen finnischen Holzbetten schlafen darf, kann sich wirklich glücklich schätzen. Der Rahmen läßt sich ausziehen, wenn das Kind größer wird. Der Holzboden wurde weißlackiert, passend zu den ebenfalls in Weiß gehaltenen Wänden – insgesamt eine nette und freundliche Umgebung, in der das Aufwachsen Freude machen muß.*

1

2

3 *Schlafsäcke in Tierform sind leicht selber zu machen und sorgen für ein aufregendes Schlaferlebnis. Besonders praktisch zum Campieren bei Spielkameraden oder auch einmal in der eigenen Wohnung zuhause.*

4

4 *Möglichst einfache Dekoration und wischfeste Oberflächen an den Möbeln sind für Kinderzimmer besonders wichtig. Farbe und optische Blickpunkte fügen die Kinder normalerweise selbst hinzu, mit ihren Spielsachen oder Plüschtieren.*

5

5 *Wer Wandbilder liebt, aber nicht talentiert genug ist, sie selbst zu malen, könnte auf mit Schablonenmalerei verzierte Möbel zurückgreifen. Die riesige Spielzeugkiste ist außerdem eine gute Lösung, die überall liegenbleibenden Kindersachen aufzuräumen. Wenn die Kiste in Bodenhöhe steht, so daß die Kleinen sie erreichen können, werden sie sich bald selber begeistert am Aufräumen beteiligen.*

Das Schulkind

Mit dem Eintritt in die Schule beginnt ein wichtiger Lebensabschnitt – dem die Einrichtung des Kinderzimmers Rechnung tragen sollte, auch wenn sich die Veränderung stufenweise vollzieht. Der Raum, in dem das Kind die ersten Jahre zugebracht hat, wird Schritt für Schritt ein anderes Gesicht bekommen; beispielsweise muß mehr Platz geschaffen werden, um neue Sachen unterzubringen. In diesem Alter wenden die Kinder ihr Interesse meist kleinen, detaillierten Dingen zu – Briefmarken, Miniaturfiguren, Chemiebaukästen usw. – die in Dosen, Pappschachteln, Gläsern und Körben verwahrt werden können. Entsprechende Regalfächer und Borde sollten sich in Greifhöhe an der Wand befinden, damit die kostbaren Sammlungen jederzeit erreichbar sind.

Für Kleidung ist nun auch Platz zum Aufhängen erforderlich, d. h. für Kleiderstangen und -haken in kindgemäßer Höhe. Bettmöbel eignen sich zum Verstauen aller möglichen Sachen, etwa Kastenbetten mit Schubladen oder doppelstöckige Betten mit Anbautisch und Schrankteilen. Bei Platzmangel kann ein Wand- bzw. Klappbett die Lösung sein.

Stellen Sie dem Kind beizeiten einen eigenen – stabilen und standfesten – Tisch und Stuhl ins Zimmer, auch wenn es in den ersten Schuljahren die Hausaufgaben lieber in Ihrer Nähe erledigt. Mit zunehmendem Alter wird jedes Kind den eigenen Tisch dem Küchentisch immer häufiger vorziehen. Der Tisch muß gut beleuchtbar sein, am besten mit einer separaten Tischlampe.

Lassen Sie Sohn oder Tochter bei der Wahl von Wandfarben und Tapeten mitbestimmen; allzu bunte Wünsche können Sie ja behutsam ausreden. So wird er/sie mehr Verantwortung empfinden und die Einrichtung schonender behandeln.

Gemeinsame Zimmer

Wo mehrere Kinder sind, wird es sich meist nicht vermeiden lassen, daß sie den gleichen Raum miteinander teilen müssen, ob sie wollen oder nicht. Am besten weisen Sie jedem Geschwisterteil einen abgegrenzten Bereich zu, entsprechend dem jeweiligen Alter und der Interessenlage. Wenn Sie Zank und Streit vermeiden wollen, sorgen Sie von vornherein für klare Fronten – falls nötig, mit Hilfe von Vorhängen, Faltwand oder Bücherregal.

Wichtig ist, daß jedes der Geschwister einen eigenen Tisch, genug Platz für seine Sachen und ein gewisses Maß an Privatsphäre bekommt. Stellen Sie die Möbel daher so, daß die Kinder sich nicht ständig gegenseitig im Blickfeld haben. Separate Lampen tragen ebenfalls dazu bei, unnötige Streitereien, etwa wenn eines lesen und das andere schlafen will, gar nicht erst aufkommen zu lassen.

1

2

1 Das Bett befindet sich auf einer eingezogenen Ebene und ist über die Sprossenleiter zu erreichen. Darunter ein Badezimmer, die Waschbecken in kindgemäßer Höhe; daneben das Spielzimmer in Form einer kleinen Turnhalle – mit schwarzen Feldlinien und Korbballnetz.

2 Kinder im Schulalter entpuppen sich als begeisterte Sammler – und brauchen entsprechend viel Platz, ihre kostbaren Schätze unterzubringen. Ein praktisch eingerichteter Raum kann auch die Freude am Lernen fördern, wie hier das mit kräftigen Farben aufgelockerte Zimmer. Die alte Schulbank ist nur zur Dekoration gedacht.

3 *Eine herrliche Umgebung für Kinder bietet dieser Dachboden, der mit Hängematten, einem Hochbett auf dem Schrank und viel Platz ausgerüstet ist.*

4 *Unordnung läßt sich beseitigen, wie hier auf attraktive Art geschehen. Die bunten Körbe regen dazu an, alles wieder an seinen Platz zu legen, und dennoch bleibt es in erreichbarer Nähe.*

5 *Gute Raumplanung macht das beste aus kleinen Zimmern, wie hier mit robusten und raffiniert dekorierten Einbaumöbeln. Hochbett, glattes und farbenfrohes Design und große Tischplatte sind genau das, was ein Kind braucht.*

5

Zimmer für Teenager

Das eigene Zimmer kann den Prozeß des Heranwachsens um vieles erleichtern. Die meisten Teenager haben das Gefühl, den Kinderschuhen entwachsen zu sein, und wünschen sich ein Zimmer, das am Stil der Erwachsenen orientiert ist – etwa ein Wohn-Schlaf-und-Studierzimmer. Sie brauchen mehr Unabhängigkeit, d. h. einen Raum, in dem sie arbeiten, Freunde zu Besuch haben, schlafen und lärmen können, ohne daß sich die Erwachsenen einmischen.

Ihre Haltung gegenüber dem Zimmer spielt eine wichtige Rolle, besonders was die Ordnung angeht. Wenn Sie für genügend Stellflächen, Regale und Schränke gesorgt haben, haben Sie das Ihrige getan. Besser, Sie schließen einfach die Tür, sobald Ihnen das Durcheinander auf die Nerven geht, als ungebeten hereinzuplatzen und womöglich selber aufzuräumen.

Vielleicht erwägen Sie in diesem Stadium einen größeren Umbau – einen Zimmeranbau mit eigenem Bad oder Ausbau von Dachboden, Untergeschoß oder Garage? Auch ein Arbeits- oder Werkraum ließe sich umfunktionieren.

Bei der Möblierung gilt wohl die Hauptsorge dem Bett, das möglichst wenig nach Bett aussehen soll. Eine Liege oder Schlafcouch ist hier nicht schlecht, die gleichzeitig Sitzgelegenheiten und zusätzlichen Stauraum in Form eines Bettkastens bietet. Ein Hochbett kann sehr schön sein und bedeutet mehr freie Bodenfläche; allerdings ist es nur sinnvoll bei hohen Decken und entsprechender Lüftungsmöglichkeit.

Um Lautstärke kein Problem werden zu lassen, sollten Sie an weiche, geräuschdämpfende Teppiche und schwere Vorhänge denken. Regale mit verschiedener Tiefe bieten diverse Möglichkeiten zur Unterbringung; in den größeren Fächern können Schallplatten und Stereoanlage stehen, während auf schmalen Borden Platz für Kassetten oder Taschenbücher bleibt.

Für Teenager wird das Interesse an Kleidung zeitweilig zur Manie, deshalb ist ein geräumiger Einbauschrank nicht fehl am Platz. In Nischen wirkt auch eine einfache Kleiderstange oder Garderobengestell, wie es in Kaufhäusern verwendet wird, nicht schlecht, und einen großen Spiegel weiß wohl jeder Jugendliche zu schätzen. Die Aufgaben für Schule und Hobby erfordern eine große Arbeitsfläche. Statt des kompletten Schreibtisches erfüllt eine Holzplatte ihren Zweck, sofern Ablagekästen und Stifthalter nicht fehlen. Schreibplatz und Bett brauchen separate Beleuchtung, während ein Dimmer zusätzliche Flexibilität bringt. Für Elektrogeräte – vom Fernseher bis zum Haarfön – müssen genügend Steckdosen vorhanden sein; Zwischenstecker sind nicht ganz ungefährlich. Und nicht zuletzt ist für jeden Heranwachsenden wichtig, in seinem Zimmer weitgehend freie Hand zu haben.

1

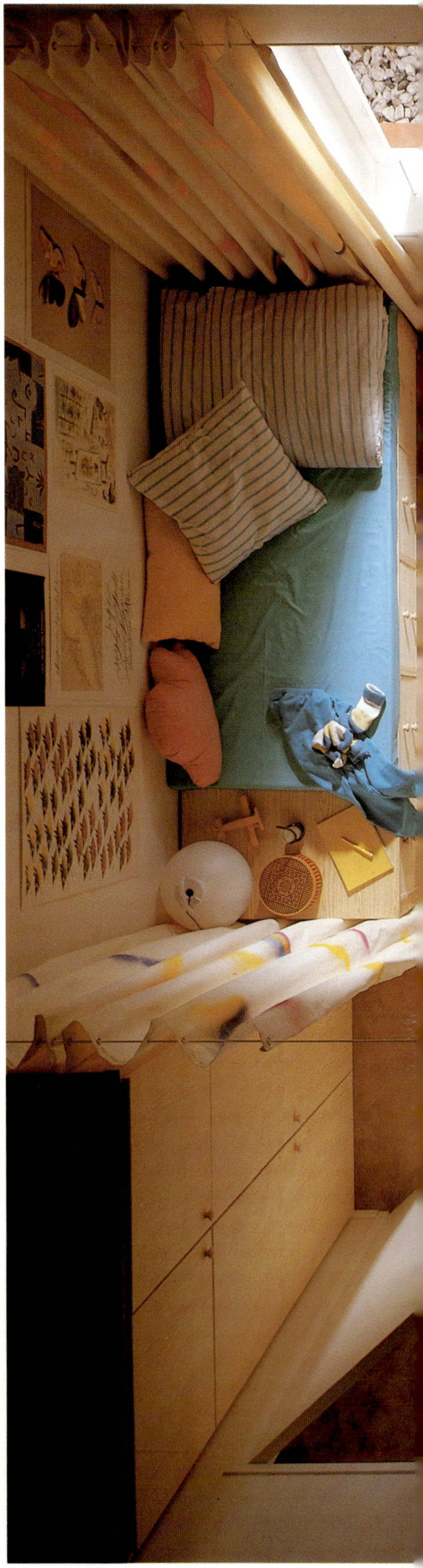

2

3

1 *Ein Hochbett ganz besonderer Art, das wunderbar dekorativ gestaltet wurde. Unter dem Bett befinden sich Schrankelemente, die als Griffpartien simple, aber höchst wirkungsvolle Lochschnitte aufweisen. Die übrigen Details wurden ebenso sorgfältig ausgewählt – Beleuchtung, Rundfenster und Oberlicht, Bilder als Bettumrandung sowie ein Vorhang hinter der Leiter.*

2 *Wenn Räume gemeinsam benutzt werden, können geeignete Raumteiler unnötigen Zwist vermeiden. Hier dienen neutrale Vorhänge zur Abtrennung der verschiedenen Bereiche, so daß jedes Geschwisterteil sich in seine eigene Welt zurückziehen kann.*

3 *Ein idealer Raum für Teenager mit separatem Eingang im Erdgeschoß eines Hauses in Mailand. Die Plattform des Hochbettes ruht auf einem ehemaligen Drainagerohr, das ebenso wie die Regalteile leuchtend gelb gestrichen wurde. Die Arbeitsplatte erstreckt sich über die ganze Wandlänge und wird in erster Linie als Schreibtisch genutzt.*

ARBEIT, HOBBY UND WERKEN

Werk- und Arbeitsräume müssen gut geplant sein – schließlich wollen Sie eine Umgebung schaffen, in der sich nicht nur praktisch und sicher, sondern auch angenehm arbeiten läßt. Folgende Bereiche werden näher behandelt:

Das Büro im Haus befaßt sich mit diversen Schreibtischtätigkeiten, einschließlich der Arbeit am Computer und der Berufsausübung im eigenen Heim.

Studios und Ateliers beschreibt Gestaltungsmöglichkeiten für Bereiche, in denen kreative Arbeiten wie Musizieren, Malen, Töpfern, Fotografieren oder Entwickeln ausgeführt werden.

Zweckräume bringt Anhaltspunkte zur Einrichtung praktischer Haushaltsbereiche für Waschen und Bügeln, Putzen oder Nähen.

Werkstätten gibt Anregungen für Räume zur Holz- oder Metallverarbeitung, für Reparatur und Heimwerken.

Vielleicht glauben Sie, weder Platz noch Bedarf für einen Werkraum zu haben, doch bei näherer Betrachtung werden Sie zu einem anderen Ergebnis kommen. Für bestimmte Tätigkeiten einen eigenen Bereich zu haben, der planvoll eingerichtet ist, ist weniger ein Luxus als eine Notwendigkeit. Werkräume dienen nicht nur dem Vergnügen oder Hobby, sondern ebenso allerlei nützlichen oder notwendigen Arbeiten. Je nach den räumlichen Gegebenheiten können Dachboden, Kellerräume oder leerstehende Nebengebäude, Garagen oder Anbauten in einen funktionierenden Werkraum umgewandelt werden. Daneben gibt es noch die Möglichkeit, Teile des Wohnbereichs, etwa eine Ecke des Schlafzimmers oder der Küche, dem Hobby und Werken vorzubehalten. Denken Sie bei der Ausstattung vorrangig an die Sicherheit; für bestimmte Tätigkeiten empfiehlt sich eine gute Schallisolierung, damit Sie nicht ständig auf die übrigen Familienmitglieder Rücksicht nehmen müssen. Ein zweckmäßig eingerichteter und gut organisierter Bereich wird die Arbeit auf jeden Fall leichter und angenehmer machen.

Arbeit, Hobby und Werken

CHECKLISTE

- Was wollen Sie zu Hause machen:
  - Buchführung und Verwaltung?
  - lernen für Schule und Studium?
  - Kleiderreinigung?
  - malen?
  - musizieren?
  - Gymnastik?
  - Tischlerarbeiten?
  - Metallarbeiten?
  - photographieren, entwickeln, vergrößern?
  - Autowerkstatt? Autolackiererei?
  - töpfern?
  - nähen?
  - schreiben?
  - sonstige?
- Soll der Raum für mehrere Tätigkeiten dienen?
- Würde die Tätigkeit woanders im Haus Schmutz oder Unordnung bereiten?
- Welche Arbeitsflächen sind erforderlich?
- Werden Sie die Arbeit im Stehen verrichten?
- Welche Ausrüstung/Gerät brauchen Sie?
- Welche Geräte brauchen viel Lagerraum?
- Welche Installationen sind unbedingt erforderlich:
  - Elektrizität?
  - Wasser?
  - Ventilation?
  - Heizung?
  - Gas?
  - Telefon?
- Brauchen Sie spezielle Beleuchtung?
- Muß der Bereich ruhig und geschützt sein?
- Muß der Raum schalldicht sein?
- Soll der Bereich getrennt oder verbunden sein mit:
  - Küche?
  - Wohnzimmer?
  - Kinderzimmer?
  - Telefon?
  - Bad?
  - Garten?
  - Schlafzimmer?
  - Türglocke?
- Haben Sie ein freies Zimmer übrig, das Sie in einen Werkraum umwandeln können?
- Können Sie anbauen oder auf einen zur Zeit für andere Zwecke benutzten Raum verzichten?
- Wo würden Sie dem Hobby/der Arbeit nachgehen, wenn kein eigener Raum/Bereich vorhanden wäre?
- Wo liegen mögliche Gefahrenquellen:
  - Strom?
  - gefährl. Werkzeug?
  - giftige Substanzen?
  - Feuergefahr?
- Werden Kinder den Raum benutzen?
  Berücksichtigen Sie in dem Fall Alter und Größe der Kinder, um ggf. Sicherheitsvorkehrungen zu treffen.
- Können Sie sich einen Arbeitsbereich leisten?
- Haben Sie auch an verdeckte Kosten gedacht, z. B. Heizungsrechnungen?

Die monotone Farbkomposition in diesem Arbeitszimmer eines Modedesigners trägt zusammen mit dem gedämpften Licht dazu bei, das durch die Arbeit verursachte Durcheinander abzumildern. Moderne Stilelemente sind harmonisch zu der klassischen Raumausstattung in Kontrast gesetzt.

Das Büro im Haus

Ein Arbeitsplatz, der für konzentrierte Schreibtischarbeit gedacht ist, sollte in einem möglichst ruhigen Teil des Hauses liegen. Wenn Sie den Schreibplatz als Teil eines größeren Raumes einrichten wollen, sollten Sie die folgenden beiden Punkte reiflich überlegen: Werden Sie dort ohne Störungen arbeiten können? Werden Sie den Bereich so organisieren können, daß Sie die Arbeit auch aus dem Blickfeld verschwinden lassen können?

Der Schreibtisch. Der Schreibtisch ist das Kernstück jedes Büros und sollte als erstes geplant werden. Ein Standort am Fenster ist am besten, da er Licht und Ausblick gewährt. Der Weg zum Schreibtisch sollte unverstellt sein; um Tisch und Stuhl muß ebenfalls genug Platz sein, damit Sie sich nicht eingeengt fühlen oder bei jeder Bewegung irgendwo anstoßen.

Organisation. Machen Sie eine Liste von allem, was Sie regelmäßig bei der Arbeit brauchen. Dazu gehören wahrscheinlich Kugelschreiber, Bleistift, Papier, Telefon, Lampe, Ablagekörbe, Taschenrechner, Schreibmaschine und – vielleicht auch Bildschirm und Computer – sowie Papierkorb, Notizblock, Kalender und Nachschlagewerke. Für gute Organisation ist wichtig, daß alles seinen festen Platz hat und vom Stuhl aus mühelos erreichbar ist.

Geschlossenes System. Das Ordnungssystem muß zu Ihnen passen. Wenn Sie gern aufräumen und »klar Schiff« machen, ist ein geschlossenes System das Beste, damit Sie alles wegräumen können, wenn es nicht gebraucht wird. Beachten Sie dabei folgendes:

- ein einheitliches Schranksystem mit aufeinander abgestimmten Elementen wirkt besser als unzusammenhängende Teile.
- Achten Sie darauf, daß Klappen, Türen und Schubfächer leicht auf- und zugehen.
- Bringen Sie alles so unter, daß Sie es schnell finden und zur Hand haben.

Offenes System. Wer seine Sachen lieber offen und jederzeit sichtbar aufbewahrt, sollte sich besonders um die zahllosen kleinen Dinge kümmern, die über kurz oder lang ein wüstes Durcheinander verursachen können:

- Alles muß seinen festen Platz haben.
- Offene Lagersysteme werden vielfach in Geschäften benutzt – holen Sie sich dort Anregungen.
- Pinwände oder Lochbretter sind nützlich, um vieles in Ihrer Nähe aufzuhängen.
- Stellen Sie nicht den Tisch voll – schließlich brauchen Sie die Fläche zum Arbeiten.

1

Bürokomfort

SCHREIBTISCH UND COMPUTER

Geben Sie nicht der Versuchung nach, den erstbesten alten Tisch und Stuhl als Schreibplatz zu verwenden. Die durch schlechte Haltung verursachte Belastung, besonders bei der Arbeit an Schreibmaschine oder Heimcomputer, wirkt sich auf die Dauer schädlicher aus als Sie zunächst merken. Ratsam ist ein Bürostuhl, der eine geschwungene, der Rückenform angepaßte Lehne hat, die die Wirbelsäule stützt. Stellen Sie die Höhe so ein, daß die Oberschenkel auf dem Sitz und die Füße flach auf dem Boden aufliegen. Falls nötig, hilft eine Fußstütze. Die Tastatur der Schreibmaschine/des Computers darf nicht so hoch liegen, daß Sie die Unterarme heben müssen. Der Bildschirm steht richtig, wenn Sie den Kopf weder verdrehen noch schräg halten müssen. Manuskripthalter sind ebenfalls sinnvoll, um unnötiges Beugen und Drehen des Rumpfes und Kopfes zu vermeiden. Das Licht sollte so angebracht sein, daß es nicht direkt auf den Bildschirm scheint oder auf dem Schreibtisch Schatten wirft; Schreibtischlampen mit gelenkigem, verstellbarem Ständer sind recht praktisch. Unter dem Tisch muß genügend Raum für Ihre Beine sein. Büromaterial des täglichen Bedarfs sollte sich in Reichweite des Stuhles befinden. Da Sie wahrscheinlich nicht ständig kerzengerade an der Schreibmaschine sitzen werden, sondern sich zwischendurch auch einmal zurücklehnen und lesen wollen, sollten Sie auch dafür entsprechend eingerichtet sein.

4

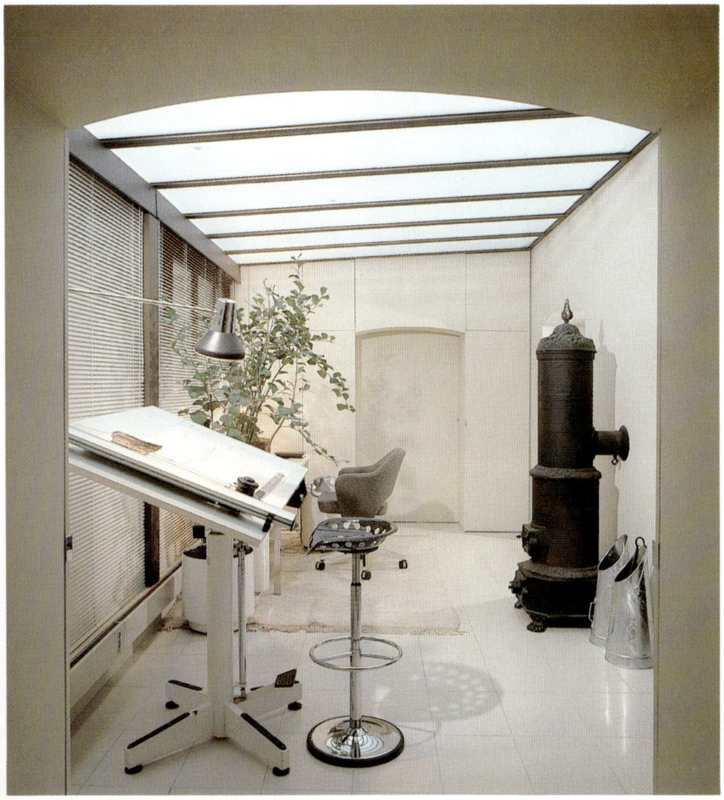

1 *Die Drapierung über dem Arbeitsplatz bietet Schatten und Dekoration in einem.*
2 *Milchglasscheiben erzeugen ein diffuses, weiches Allgemeinlicht. Der Ofen ist nicht nur Dekoration, sondern dient bei Bedarf als preiswerte Wärmequelle.*

3

3 *Eine einfache, zweckmäßige und sehr gelungene Anordnung. Die Schreibmaschine sollte nicht den ganzen Tisch in Anspruch nehmen; der Stuhl auf Rollen sorgt für Beweglichkeit entlang der gesamten Arbeitfläche, ähnlich wie auch die benötigten Requisiten auf einem fahrbaren Gestell jederzeit erreichbar sind. Verstellbare Jalousien bieten einen ausgezeichneten und für alle Lichtverhältnisse gleich praktischen Fensterschmuck.*

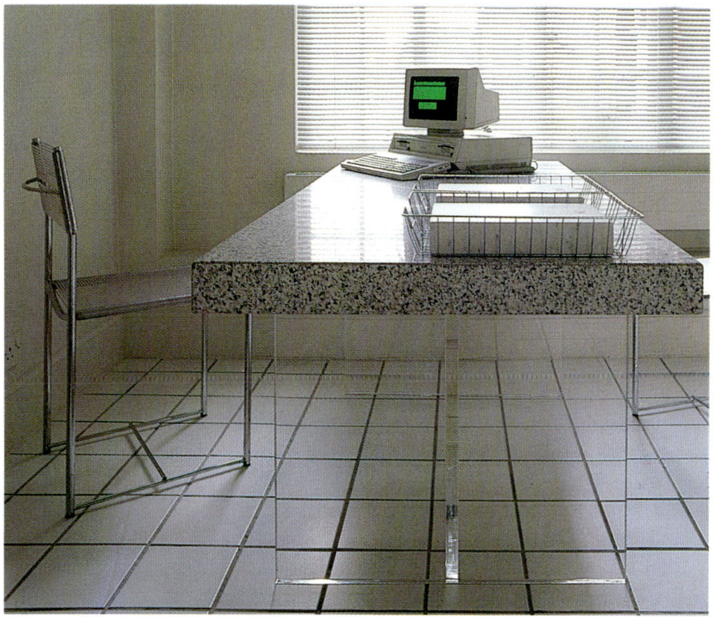

5

4 *Ein geschäftiger offener Bürobereich, wo jedes Teil an seinem Platz ist. Der Tisch steht an einer Fensterfront mit Blick auf den Innenhof eines modernen Wohngebäudes.*
5 *Im Gegensatz hierzu wählte ein amerikanischer Computerexperte eine Granitplatte mit Acrylglasständer für den Schreibtisch. In den Ablagekörben liegen Marmorblöcke.*

Bürostile

Was früher als Bücher-, Herren- oder Studierzimmer galt, diente im Grunde nichts anderem als das heutige Wohnbüro, nämlich dem konzentrierten Lesen und Lernen, zur Erledigung der Korrespondenz, Haushaltsbuchführung oder von Geschäften. Allerdings spiegeln die verschiedenen Bezeichnungen auch unterschiedliche Auffassungen und Wohnstile wider. Das traditionelle Studierzimmer war mit massiven, dunklen Möbeln ausgestattet und von Bücherschränken umsäumt, während man im heutigen »Büro« eine moderne, stromlinienförmige Einrichtung erwartet, betont kühl und professionell.

Details. Die Gegenstände im Raum erzeugen oder beeinflussen die jeweilige Atmosphäre; Art des Schreibtisches, Lampen, Regale, der Stil der Büroartikel und des Telefons – sie alle tragen zum Gesamteindruck bei. Das ist jedoch kein Grund, allzu starr vorzugehen. Vielleicht finden Sie, daß eine moderne italienische Tischlampe gut zu Ihrem Jugendstil-Dekor und Ihrer charmant altertümlichen Schreibmaschine paßt.

Koordination. Falls das Büro nur einen Teil des Raumes einnimmt, ist es wichtig, auch das übrige Interieur miteinzubeziehen und die verschiedenen Funktionen auf optisch harmonische Weise miteinander zu koordinieren.

Persönlicher Stil. Wird der Raum nur von einer Person genutzt, ist eine gute Gelegenheit gegeben, persönliche Vorlieben auszudrücken, etwa indem Sie eine eigene Sammlung oder Lieblingsobjekte zur Schau stellen. Doch beginnen Sie zunächst mit Elementarem, die persönliche Note wird sich nach und nach entwickeln, wenn Sie den Raum in Ihrem Sinne benutzen. Eine einfach gehaltene Grundausstattung ist ein besserer Hintergrund für weiteren Dekor als gemusterte Tapeten, Teppiche oder Polstermöbel.

Beleuchtung. Daß Sie einen Platz für Büro- oder Schreibarbeiten einrichten, muß nicht erbarmungsloses grelles Licht bedeuten. Eine weiche Atmosphäre wird erzeugt, wenn Sie auf zentrale Zimmerbeleuchtung verzichten und stattdessen verschiedene Akzente setzen – außer dem Schreibtisch, der natürlich im Mittelpunkt stehen und gut beleuchtet sein sollte, hat der Raum gewiß noch andere Blickpunkte, die durch Lichtkegel hervorgehoben werden können. Am Schreibtisch selbst kommt in erster Linie eine gute Tischlampe, daneben aber auch ein gut positionierter Deckenstrahler in Betracht.

Extras. Wie immer Sie den Raum benennen, kann er gleichzeitig auch Stätte der Zuflucht und Ruhe sein, ohne daß sein ernsthafter Charakter geschmälert würde. Wenn der Platz es erlaubt, braucht ein Sessel oder Sofa nicht zu fehlen – zum Ausruhen, wenn Ihnen die Arbeit einmal über den Kopf wächst.

1

2

1 *Ein ruhiger, ausgewogener Raum, der eher nach kreativem Schaffen als nach betriebsamer Bürotätigkeit aussieht, mit minimaler, aber erstklassiger Ausstattung.*

2 *In den Wohnraum integrierter Arbeitsplatz in einer Nische, die zugleich ein äußerst dekoratives Element des Wohnzimmers bildet. Das schmale Fenster bietet einen angenehmen Ausblick, während die Nische wie geschaffen ist für konzentrierte Arbeit.*

3

3 *Ein Arbeitszimmer individuellen Geschmacks und Stils. Die »auf alt« getrimmten Wände und die Fahrzeugelemente passen zur modernen Beleuchtung und dem einfach gehaltenen Mobiliar.*

4 *Die Tizio-Lampe wird zum prägenden Bestandteil des schlichten, geordneten Büroplatzes, der sich durch klare Linien und Funktionalität auszeichnet.*

Zu Hause arbeiten

Traditionell war die Heimarbeit dem Journalisten oder Schriftsteller und dem auch am Wochenende unermüdlich tätigen Manager vorbehalten. Heutzutage richten sich jedoch immer mehr Menschen für selbständige oder freiberufliche Tätigkeiten im eigenen Heim ein. Allerdings sieht ein Acht-Stunden-Tag – der konzentriertes Arbeiten erfordert – anders aus als das gelegentliche Abfassen eines Briefes, bei dem man mit einem Auge nach dem Fernseher und mit dem anderem nach den Kindern schielt. Ablenkungen können ein gravierendes Problem darstellen. Bei einem Arbeitsplatz außerhalb der Wohnung kann man mit dem Schließen der Tür eine deutliche Trennlinie ziehen. Der Arbeitsplatz zu Hause ist jedoch eine Gefahr für das Privatleben, wenn Sie sich nicht richtig organisieren. Beruflicher Arbeit sollten Sie von Anfang an einen abgetrennten Bereich einräumen (nicht den Küchentisch!), den Sie professionell ausstatten können. Unerledigtes oder Angefangenes muß nach Feierabend unbedingt aus dem Gesichtsfeld verschwinden (am besten hinter verschlossenen Türen)

Und damit Freunde oder Bekannte nicht zur ständigen Störquelle werden, sollten Sie feste Arbeitszeiten einrichten und sich auch daran halten. Wo zweckmäßig, bewährt sich auch ein separater Geschäftsanschluß oder eine zweite Türklingel. Wenn Sie im Rahmen Ihrer Tätigkeit Kundenbesuche empfangen, ist die Lage des Arbeitsraums besonders wichtig – um einen professionellen Eindruck zu erzeugen, sollten Sie Besucher nicht erst durch Küchen oder Schlafzimmer führen.

Lassen Sie sich nicht verlocken, Beruf und Hausarbeit miteinander verbinden zu wollen, die Kinder gleichzeitig zu hüten oder zwischendurch ein Sonnenbad zu nehmen, denn meist sind diese Dinge nicht miteinander vereinbar. Um Arbeit wie Privatleben gut in den Griff zu bekommen, brauchen Sie Organisationstalent und eine gehörige Portion Selbstdisziplin. Die Belohnung ist größere Unabhängigkeit und Flexibilität und die Möglichkeit, in einer Umgebung Ihrer Wahl zu arbeiten – dem selbst entworfenen und eingerichteten Büro zu Hause.

Studios und Ateliers

Nichts wird Sie mehr in Ihrem Hobby oder Ihrer schöpferischen Tätigkeit beflügeln als ein adäquat eingerichteter Studioraum. Ob Sie ein Maler- oder Bildhaueratelier, eine Töpferei oder eine Dunkelkammer zum Entwickeln von Photos einrichten, der Grundriß wird von der Größenordnung der Arbeit und jeweiligen Ausrüstung abhängen. Wände und Böden müssen abwaschbar und schmutzbeständig sein, wenn sie nicht über kurz oer lang durch Farb-, Ton-, Tinten- oder Chemikalienreste ruiniert werden sollen.

Aufbewahrung. Sie werden viel Platz brauchen – und da Ihr Studioraum stets einsatzbereit sein soll, werden Sie Ihre Utensilien nicht jedesmal wegräumen wollen. Farbtuben könnten auf einem fahrbaren Gestell abgelegt, Bilder und Gemälde senkrecht an die Wand gestellt werden; vielleicht brauchen Sie einen Schrank für Werkzeug und Material; Chemikalien und farbgetränkte Lumpen sind leicht entzündlich und entsprechend sicher zu lagern.

Wasserversorgung. Für Töpferei oder Fotografie ist ein großes Waschbecken erforderlich, am besten mit Rückstandfilter oder Sieb.

Arbeitsflächen. Organisieren Sie den Raum in der Reihenfolge der Arbeitsabläufe. Auch brauchen Sie genügend Platz, um während des Schaffensprozesses von Ihrem Werk zurücktreten und es mit Abstand betrachten zu können.

Beleuchtung. Natürliches Nordlicht ist das beste für kreatives Schaffen. Es gibt aber auch Neonröhren mit künstlichem »Tageslicht«. Dunkelkammern müssen lichtgeschützt sein und eine Notlampe haben. Plazieren Sie die Lichtquellen so, daß Sie Ihre Augen nicht überanstrengen.

Sicherheit. Für Kinder ist es ein ungeheures Vergnügen, sich in einem Studio nach Herzenslust zu betätigen. Das läßt sich einrichten, indem Sie alle toxischen Stoffe unter Verschluß halten und die Lichtschalter gegen Feuchtigkeit sichern.

Lärm. Bei Räumen zum Musizieren ist gute Schallisolierung vorrangig – es sei denn, Sie praktizieren weitab von jeglicher menschlichen Behausung. Füllen Sie Hohlräume in den Wänden auf, installieren Sie Doppelfenster und/oder kleiden Sie den Raum mit schallschluckenden bzw. schalldämpfenden Materialien aus.

Gymnastik. Für sportliche Betätigung brauchen Sie Bewegungsfreiheit. Vermeiden Sie scharfe Ecken und Kanten. Gut versiegelte Holzböden, Kork- oder Gummibeläge sind rutschfest. Für Bodenübungen werden Sie eine Turnmatte brauchen. Frische Luft ist unerläßlich, d. h. der Raum muß eine gute Lüftungsanlage oder zu öffnende Fenster haben (gegen ungebetene Einblicke schützt ein Vorhang oder eine Jalousie).

1

1 *Arbeitsbereich eines alten Wohnhauses, das mit seinen hohen Decken ideale Atelierräume abgibt. Das Haus gehört einem italienischen Möbeldesigner, der hier mit seinen Studenten und Lehrlingen arbeitet. In dem ehemaligen Badezimmer werden Polsterbezüge gefärbt und genäht.*

2 *Der Wohn-Arbeitsraum eines englischen Bildhauers, mit Platz für angefangene Arbeiten ebenso wie zum Aufstellen der fertigen Kunstwerke.*

2

3

4

3 *Ein Werkraum für jemand, der mit etlichen verschiedenen Materialien umgehen muß. Der kleine Anbau hat überall Haken, Ständer und Borde für Requisiten und Werkzeuge, die jederzeit erreichbar sein müssen.*

4 *Ein französischer Journalist und Rundfunksprecher nutzt sein Büro gleichzeitig als Freizeitraum und zum Training, da ihm keine Zeit bleibt, Sportzentren aufzusuchen. Die flexible Einrichtung bringt Bibliothek, Sportgerät, Musik- und Videoausrüstung unter einen Hut.*

5 *Die Benutzerin einer Handpresse hat sich ihr Studio so eingerichtet, daß Licht und Blick aufs Meer zu entscheidenden Merkmalen des Raumes werden. Der Terrazzoboden ist elegant und stabil zugleich, während die Regale mit Lieblingsobjekten dekoriert wurden und als Inspirationsquelle dienen können. Die zur Arbeit erforderlichen Utensilien sind gut erreichbar aufgestellt.*

Zweckräume

Den Wert eines guten Zweckraumes weiß man am besten zu schätzen, wenn man ihn am eigenen Leibe erfährt. Wenn Sie einen eigenen Bereich für Arbeiten wie Wäschewaschen, Trocknen, Bügeln, zur Unterbringung von Haushaltsreinigern und -geräten oder zum Nähen und Flicken haben, werden Sie ihn bald nicht mehr missen wollen. Dort läßt sich so manches planvoll und in Ruhe erledigen, ohne daß die Wohnräume ständig in Mitleidenschaft gezogen werden.

Platzfrage. Waschmaschinen, Trockner und Schleudern sind sperrig und brauchen viel Platz, sollten aber möglichst von allen Seiten zugänglich sein. Hinzu kommen Trockenständer, Bügelbretter – vielleicht zum Herunterklappen an der Wand montiert – und andere Geräte wie Staubsauger, Besen und der Waschpulvervorrat.

Installationen. Rohre und Wasserhähne müssen zugänglich sein. Bei Elektro-Anschlüssen und Steckdosen ist auf sichere Entfernung vom Wasser (einschließlich des Fußbodens) zu achten. Kabel dürfen nicht locker herumhängen oder im Weg liegen. Für das Bügeleisen empfiehlt sich eine eigene Steckdose (in gleicher Höhe wie das Bügelbrett), damit Sie nach getaner Arbeit prüfen können, ob der Stecker auch gezogen ist. Lassen Sie alle Rohr- und Elektroleitungen von einem Fachmann ausführen, der auch für eventuelle Reparaturen zuständig ist. Gefährliche und schädliche Materialien sind außerhalb der Reichweite von Kindern aufzubewahren, möglichst in Schränken mit kindersicherem Verschluß.

Wäsche. Ein Doppelbecken ist sinnvoll für Handwäsche, Einweichen und Bleichen. Ferner brauchen Sie Behälter für schmutzige Wäsche sowie Körbe für den Transport von der Waschmaschine zu Wäscheleine oder Trockner. Eine freie Fläche hilft beim Sortieren von Kleidung. Wäscheständer sind auf jeden Fall erforderlich, selbst wenn Sie meist mit Trokkenschleuder arbeiten, und können an der Wand oder Decke angebracht sein.

Böden. Da beim Wäschewaschen jede Menge Wasser fließt, sollte im Boden ein Abfluß eingebaut sein. Als Belag kommen dauerhafte, abwaschbare Materialien infrage.

Sonstiger Gebrauch

Zweckräume eignen sich bestens zur Unterbringung von Boilern, Tiefkühltruhen, Wasserenthärtern und -zählern, wie auch zur Aufbewahrung von Schuhputzzeug, Fleckenmitteln und dergleichen.

Nähen. Richten Sie eine Ecke für Näh- und Stopfarbeiten ein, wo die Nähmaschine ihren Platz hat und alles weitere Zubehör wie Schnittmuster, Schere, Garne usw. stets greifbar ist.

1

2

1 *Zweckmäßige moderne und traditionelle Möbelstücke wurden in diesem Zweckraum glücklich vereint.*
2 *Glatte, maßgefertigte Einbauteile im gleichen Design wie die Kücheneinrichtung dienen zur Aufnahme von Putzmitteln und Wäschereiutensilien.*
3 *Bei sorgfältiger Planung kann auch ein kleiner Platz für mehrere Zwecke genutzt werden. Der Wasch- und Bügelraum ist gleichzeitig Werkstatt mit zweckmäßigen Arbeitslampen.*

3

Werkstätten

Wenn Sie zu den Leuten gehören, die selber Möbel bauen, heimwerken oder technisches Gerät oder Autos reparieren, ist die eigene Werkstatt unumgänglich.

Standort. Werkstätten sind am besten abseits des Hauptwohnbereichs gelegen, da mit Lärm und Vibrationen der Maschinen, aber auch mit Schmutz (von Schmieröl, Sägespänen und dergleichen) zu rechnen ist. Wenn kein abgetrennter Bereich gegeben ist, mag der Teil eines anderen Raums – etwa eines Zweckraums oder der Garage – genügen, vorausgesetzt, Ihre Ausrüstung ist nicht allzu umfangreich. Eine tragbare Werkbank schließlich läßt sich überall aufstellen, aber versuchen Sie nicht, Ihr Motorrad im Wohnzimmer zu reparieren, wenn Ihnen an Teppichen, Polstermöbeln und den übrigen Familienmitgliedern etwas liegt.

Besonders während der Renovierung eines Hauses macht sich ein Werkraum bezahlt, der möglichst früh eingerichtet werden sollte – zur Not könnte der Raum herhalten, der zuletzt renoviert wird.

Lärm. Um die Lärmentwicklung in Grenzen zu halten, sind Doppelfenster und schallisolierte Wände sowie Schalldämpfer an Maschinen ratsam. Achten Sie auf gute Belüftung – wahrscheinlich brauchen Sie einen Ventilator oder Luftaustauscher. Legen Sie zusätzliche Leitungen, wenn Sie darauf angewiesen sind, Türklingel oder Telefon hier hören zu müssen.

Böden. Ein robuster und – wenn mit Maschinen gearbeitet wird – möglichst ebener Boden ist wesentlich. Wenn er gut zu reinigen ist, um so besser. Schließen Sie alle Ritzen und Spalten, denn sonst geht so manches wichtige Schräubchen verloren. Betonböden sind kalt, verwenden Sie daher bei längerem Stehen an der Werkbank einen kleinen Lattenrost.

Ordnung. Große und stabile Abfallbehälter sind wichtig, um den Raum möglichst sauber und aufgeräumt zu halten. Ein Schrank für Besen und anderes Putzzeug sollte nicht fehlen. Holzspäne sind ebenso wie Chemikalienreste und ähnlicher Abfall eine Feuergefahr.

Lagersystem. Es ist ärgerlich, wenn mitten in der Arbeit ein wichtiges Werkzeug fehlt, ohne das Sie nicht weiterkommen. Schaffen Sie für jedes Werkzeug einen festen Platz. Geräte, die häufiger benutzt werden, können gut sichtbar an Wandleisten (Loch- und Hakenbrettern oder Magnethaltern) verwahrt werden. Für Dinge, die Sie hin- und hertragen müssen, sind Plastikkörbe verschiedener Größen recht sinnvoll. Kleine Artikel sind am besten in herausnehmbaren Schubfächern untergebracht. Denken Sie daran, Utensilien, die rosten, möglichst trocken aufzubewahren und regelmäßig zu ölen.

Werkbank. Für angenehmes Arbeiten ist die richtige Höhe wesentlich. Die Werkbank sollte Ihnen, wenn Sie davorstehen, etwa bis zu den Ellbogen reichen. Ferner muß sie sich zum Anbringen diverser Spann- und Schraubvorrichtungen eignen. Steckdosen in der Nähe erleichtern das Arbeiten mit Elektrowerkzeugen.

Beleuchtung. Sorgen Sie für gutes Arbeitslicht an der Werkbank und plazieren Sie die Lichtquelle so, daß kein Schatten auf die Arbeitsfläche fällt.

Tragbare Handlampen sind sehr zweckmäßig, besonders für Autoreparaturen, müssen aber auf jeden Fall mit einem Schutzgitter versehen sein – ein Zerbrechen der Lampe könnte lebensgefährlich sein.

Sicherheit. Die Sicherheit aller Einrichtungen muß unbedingten Vorrang haben. Gefährliche Maschinen müssen mit Schutzblechen ausgestattet sein. Elektrische Leitungen und Anschlüsse sind in sicherer Entfernung von Wasser anzubringen, und für alle Geräte ist Schutzerdung nötig. Bringen Sie einen Feuerlöscher im Werkraum an und sorgen Sie dafür, daß ein Erste-Hilfe-Kasten vorhanden ist. Der Hauptstromschalter muß deutlich markiert und schnell erreichbar sein, und bei Nichtbenutzung ist der Raum stets kindersicher abzuschließen.

1 *Eine Schreinerei, die die Grundregeln zweckmäßiger Einrichtung beherzigt. Es wurde soviel wie möglich für gute Werkbänke, Beleuchtung und Boden ausgegeben. Gute Ausrüstung kann man auch gebraucht erstehen – das Aussehen ist hier weniger entscheidend als die Funktion. Der Fliesenboden ist leicht zu säubern und die in der Decke installierten Lampen ergeben zusammen mit weiteren beweglichen Arbeitslampen eine Beleuchtung, die allen anfallenden Aufgaben gerecht wird. Die Elektroinstallationen für Werkstätten sollten stets besonders auf Sicherheit ausgerichtet sein.*

2 *Die Werkstatt einer Modedesignerin braucht Platz für Pinwände, auswechselbare Arbeitsflächen, gutes Licht und zahllose Utensilien, Papier und fertige Skizzen.*
3 *Dieser gut organisierte Werkraum wurde vorübergehend für die Zeit der Renovierung eines Hauses eingerichtet.*

3

5

4 *Die Werkstatt eines Modellbauers mit Werkbank und praktischen Werkzeughaltern an der Wand.*
5 *Hier sind die Werkbänke und Regalsysteme an die Mauerwand geschraubt, wobei ein Spalt an der Werkbank ein geordnetes Aufreihen der Werkzeuge zuläßt.*

DAS EINZIMMER-APARTMENT

Nur einen einzigen Raum sein eigen zu nennen, ist in unserer heutigen Zeit für viele nichts Ungewöhnliches mehr und aus dem Leben in der Großstadt kaum noch wegzudenken. Traditionell wurde das kombinierte »Wohnschlafzimmer« allerdings als Notlösung angesehen und war mit Vorstellungen von Armut und Schäbigkeit assoziiert. In den Vereinigten Staaten gelten Studio- und Einzimmerwohnungen immer noch als zweite Wahl gegenüber dem »richtigen« Apartment mit getrenntem Schlafzimmer. Daß die Großstädte in aller Welt ihren Prozentsatz dieser ungeliebten, aber oft lebensnotwendigen »Einzimmerbehausungen« aufzuweisen haben, für die, die ein unstetes, nomadenhaftes Leben führen oder sich nichts anderes leisten können, hat dazu geführt, daß Einraumwohnungen aller Art mit einem äußerst negativen Beigeschmack behaftet sind.

Bis vor gar nicht langer Zeit gehörten Einzimmerwohnungen zu den Dingen des Lebens, die man nicht freiwillig wählte – vielmehr fand man sich damit ab, wenn man keine Alternative hatte. In jüngster Zeit haben einige Neuentwicklungen den Status des Einzimmer-Apartments jedoch grundlegend verändert. Überall in größeren Städten finden sich Innenarchitekten und Designer, die das Problem des Wohnens auf begrenztem Raum einfallsreich und mit Phantasie gelöst haben.

Neben der verräterischen Bettcouch, die gemeinhin auf das fehlende Schlafzimmer hinwies, gibt es heute andere Möglichkeiten, einen Schlafplatz einzurichten, dem man seine Funktion tagsüber keineswegs ansieht. Hinzu kommen vielfältige Klapp- und Umbaumöbel, bewegliche oder fahrbare Schrank- und Regalelemente und interessante Steh- oder Wandlampen, die das Wohnen auf engem Raum komfortabler gestalten.

Nur einen Raum zu haben, bedeutet aber noch lange nicht immer, daß man mit wenig Platz auskommen muß. Im Gegenteil, umgebaute Fabrik- und Lagerhallen illustrieren die Bandbreite der Möglichkeiten. Die offene, großzügige Planung und Vorliebe für ungewöhnliche Gebäude oder Gebäudeteile ist als originelle Variation des Einzimmmer-Apartments für viele zum Inbegriff modernen Wohnens geworden.

Natürlich kann dies nicht jedem zusagen. Wer gern das Gefühl hat, seinen gesamten Wohnbereich von einem Punkt aus überblikken zu können, wird einräumen, daß die Größe nicht unbedingt Maßstab für Zufriedenheit und Wohlbefinden sein muß. Und so mancher, der auf der Suche nach mehr Geräumigkeit aus dem kleinen Apartment in einen riesigen Dachboden umzieht, merkt erst hinterher, daß gerade die gemütliche Enge des winzigen Raums das Wohnen so angenehm machte.

Die Dachwohnung eines japanischen Schuhdesigners. Alle Flächen – Wände, Regale, Sofa usw. – sind weiß, wodurch die engen Raumdimensionen weiter wirken. Die Dekoration beschränkt sich auf wenige ausgesuchte Gegenstände. Gute Organisation und Ordnungsliebe sind vorrangige Bedingung für das Leben in einem Einzimmer-Apartment.

Raumgestaltung

In den vergangenen Jahrzehnten, als die Wohnungsknappheit weniger spürbar war, war die Einzimmerwohnung meist eine vorübergehende Bleibe. Der Berufsanfänger rechnete mit seinem baldigen Aufstieg und damit auch mit dem Umzug in eine Zwei- oder Mehrzimmerwohnung. Wer eine Familie gründete, fand leicht etwas Passendes am Stadtrand in nicht allzu weiter Entfernung vom Arbeitsplatz.

Moderne Städter messen einer zentralen Lage große Bedeutung bei. Auch ist jeder Umzug heute viel schwieriger und kostspieliger geworden. Nach Abwägen aller Vor- und Nachteile kommen die meisten zu dem Schluß, daß es am sinnvollsten ist, zu bleiben, wo sie sind, und das Beste daraus zu machen.

Zur gleichen Zeit wächst eine neue Generation von Raumplanern heran, die willens und fähig sind, ihren Klienten bei der optimalen Lösung für ihre beengten Wohnverhältnisse zu helfen.

»Die Leute brauchen das Gefühl, nicht um wertvollen Platz betrogen zu werden. Das bedeutet, wir müssen das, was sie haben, bestmöglich für sie nutzen«, meint Designerin Jean Weiner – und sie sollte es wissen, denn sie entwirft in einem New Yorker Team zusammen mit ihrem Partner Paul Shafer Lösungen für scheinbar unmögliche Raumverhältnisse.

Die Designer bzw. Raumgestalter, die auf dem Gebiet der »Subarchitektur«, wie sie es nennen, tätig sind, suchen erfolgreich nach Konzepten, die optischen Reiz und Funktionalität vereinen, unter Einbeziehung der Raumbeleuchtung, Ablagen und anderer praktischer Belange. »Oft kommen Leute zu uns, die eine Wohnung brauchen, die tagsüber ihr Gesicht verwandeln kann. Morgens wollen sie effektiv arbeiten und abends Gäste unterhalten und sich amüsieren können«, erklärt Jean Weiner.

Zu den Ideen der Designer gehören vielfältige bewegliche Einrichtungen – dreh- und schwenkbare Bücherstellagen, Schiebewände, Kastenmöbel auf Rollen, Betten zum Hochziehen. Ein bewährtes Mittel sind auch verschiedene Ebenen, um mehr Sitz-, Boden- oder Mehrzweckflächen zu schaffen. »Eine weitere Ebene einziehen bedeutet z. B., einen Übergang vom Tisch zum Schrank oder Wandkabinett herzustellen. In unserem Beruf dreht sich vieles um die Frage, welche Tür wo aufgeklappt, beiseitegeschoben, umgedreht wird. Ebenso versuchen wir das Licht miteinzubeziehen. Ein Druck auf den Lichtschalter kann mitunter die vielfältigsten Variationen erzeugen.«

Jean Weiners Einstellung zu den Bewohnern derartiger Apartments kommt in folgenden Worten zum Ausdruck: »Das Einzimmer-Wohnen ist eine echte Leistung. Es wird nicht so sehr als Opfer oder Zwangslage empfunden, sondern eher als Situation, die man mit Einfallsreichtum und Freude an der Sache bewältigen kann.«

Doug Frank, ein junger amerikanischer Innenarchitekt, hat in den letzten Jahren so viele Einzimmer-Apartments entworfen, daß er nun befürchtet, ein für alle Mal auf diese Sparte festgelegt zu sein. Frank, der viele Anregungen von so erfolgreichen Minimalisten wie Joseph Paul D'Urso, Michael Schaible und Robert Bray übernahm, vertritt die Ansicht, daß es nicht genügt, die Möbel umzustellen – es handele sich vielmehr darum, unsere räumlichen Vorstellungen völlig umzumodeln.

Dementsprechend gestaltete Frank eine Reihe von Einzimmer-Apartments um, indem er den Schlafbereich verlegte, Schränke hinter dramatischen Bogenwänden verschwinden ließ, Küchen in den Wohnbereich integrierte oder Sitzecken entwarf, in denen man ebensogut die Mahlzeiten einnehmen wie gemütlich »herumsitzen« kann.

Wie vielen verschiedenen Ansprüchen solche Wohnungen mitunter gerecht werden müssen, zeigt das Beispiel des New Yorker Architekten Henri Gueron, der in einem Einraum-Studio wohnt und arbeitet und eines Tages seinen kleinen Sohn Ivan zu sich nahm. Vorher, als der Junge ihn nur an den Wochenenden besuchte, war es relativ einfach gewesen, aber nun hieß es, in denselben vier Wänden, die bereits als Wohnung und Büro dienten, für ein Kind und seine Bedürfnisse Platz zu schaffen.

Gueron fand eine Lösung, die vielleicht nicht jedermanns Sache ist, für seinen Sohn und ihn jedoch das richtige war. Das Wichtigste war dabei, daß jeder einen eigenen, privaten Bereich hatte – für Ivan wurde ein kleiner Teil des Raumes abgeteilt, in dem er ungestört für sich sein konnte, während verschiedene mit Teppich ausgelegte Ebenen das Zimmer strukturierten und den erforderlichen Platz herstellten. Gueron nennt das Hauptproblem zahlloser Einzimmerbewohner: »Was zählt, ist absolute Ordnung. Ich bin ständig hinter Ivan her – wer so lebt wie wir, kann seine Sachen nicht einfach herumliegen lassen.«

1

2

1 Jean Weiner und Paul Shafer entwarfen diesen Raum. Jedes Detail wurde sorgfältig so geplant, daß es sich harmonisch in den ursprünglichen Baustil einfügt.

2 Ein Einzimmer-Apartment im typischen Doug-Frank-Stil. Der zur Verfügung stehende Platz wird mit vielfältigen Einbauelementen kreativ genutzt.

3 *Ein origineller Plan für Split-Level-Wohnen macht sich die großen Fenster für eine erhöhte Sitzecke zunutze. Der Eßtisch verschwindet bei Nichtbenutzung aus dem Gesichtsfeld, und der Bürobereich befindet sich auf einer Ebene darüber.*

4 *Die Bettnische kann durch die Rollos vom übrigen Raum abgetrennt werden. Unter der Plattform und seitlich vom Bett sind Schrankelemente eingebaut, und die Fläche neben dem Bett kann tagsüber als Schreibplatte dienen.*

4

6

5 *Fantastische Raumaufteilung und originelle Ideen nutzen den Platz optimal aus. Ein Laufsteg aus Stahl verbindet zwei erhöhte Alkoven miteinander, die einen zweiten Schlafraum und einen kompakten Wintergarten ergeben. Die Kombination natürlichen und künstlichen Lichts erzeugt das Gefühl relativer Weite.*

6 *Der New Yorker Architekt Henri Gueron baute seine Einraum-Studiowohnung so um, daß sein Sohn bei ihm wohnen konnte. Ein kleiner Bereich wurde abgetrennt, und der Hauptteil ist Wohn-, Arbeits- und Schlafstätte für den Vater.*

Raumaufteilung

Für viele reicht die Phantasie nicht aus, sich vorzustellen, wie man sich auf sechs mal sechs Metern wohnlich und organisiert einrichten kann – aber ein Zuviel an Platz kann nicht weniger problematisch sein. Allerdings wird die Einrichtung großer Flächen durch den Trend zu einem zwangloseren Lebensstil erleichtert, der den Umgang in der Familie, aber auch mit anderen Hausbewohnern und Gästen heutzutage stark vereinfacht und auflokkert.

Die Glücklichen, die eine großzügig geplante offene Wohnfläche zur Verfügung haben, wissen das Gefühl der Freiheit und Beweglichkeit zu schätzen, wenn sie nicht ständig an Wände, Ecken und Mauern stoßen. Die verlockende Weite eines riesigen Dachbodens oder kirchenhoher Decken hat viele Haus- und Wohnungsbesitzer zu Schritten verleitet, die noch wenige Jahre vorher kaum denkbar gewesen wären, nämlich vorhandene Wände einzureißen und viele kleine Zimmer zu einem einzigen weitläufigen Raum zu vereinen.

Verschwunden sind Eingangsflure und Dielen, ebenso die separaten Wohn- und Eßzimmer, der Küchenbereich ist für jedermann einsehbar und zugänglich geworden, und das Schlafzimmer ist nicht mehr ins Dunkel hinter verschlossenen Türen verbannt. Als einziger abgeschlossener, privater Bereich ist oft nur noch das Badezimmer übrig geblieben. Doch das macht nichts. Schließlich ist es beim Einzimmer-Wohnen, insbesondere bei der Einrichtung geräumiger Dachspeicher, oft das erklärte Ziel, auf eine dramatische Aussage hinzuarbeiten.

Ein solcher Lebensstil ist in erster Linie für Leute geeignet, die es vorziehen, allein zu wohnen. Wo ganze Familien sich den zur Verfügung stehenden Raum teilen müssen, wird selbst bei großzügigsten Raummaßen das Gefühl, »nicht auch einmal allem entfliehen zu können«, irgendwann überhand nehmen und den Frieden und das harmonische Zusammenleben zerstören. Und selbst die eifrigsten Verfechter des offenen Wohnens kann man neuerdings wieder von »Privatsphäre«, »eigenem Territorium« oder »Raum für mich allein« reden hören.

»Bitte erst anklopfen« – so oder ähnlich lautet die Botschaft an der Tür so manches Teenagerzimmers, die vielen Eltern als Warnung dient. Und selbst wo die Geschwister – gleich welchen Geschlechts – sich lange Jahre ihrer Kinderzeit einen Raum teilen mußten, kommt irgendwann der Zeitpunkt, wo der Anspruch auf einen eigenen Bereich unüberhörbar wird – einen Platz sein eigen zu nennen, in den kein anderer ohne Erlaubnis eindringen darf, ist letzten Endes ein universeller und allzu verständlicher Wunsch.

Die Definition genauer Grenzen hat für die meisten von uns etwas ungemein Tröstliches – ganz gleich, ob es sich um ein winziges Büro oder eine ruhige Leseecke handelt, solange man das Baby nebenan noch hören kann.

Oft sind es gerade diese scheinbar unvereinbaren Ziele, die den Raumgestalter besonders herausfordern. Dafür muß man die Dinge gründlich durchdenken – eine Spezialität der New Yorker Agentur für Raumplanung und Design, die von Barbara Ross und Barbara Schwartz geleitet wird. Ihre Stärke sind Entwürfe, die Einbauschränke, Umbausofas und Mehrzweckflächen am Ende wie in einem Puzzlespiel zu einer funktionalen Einheit zusammenfügen.

»Daß ein Raum den Anforderungen nicht genügt, weil er zu klein ist, gilt bei uns nicht als Entschuldigung«, meint Barbara Ross, die einen ihrer Klienten überzeugte, sein L-förmiges Studio in Manhattan so umzugestalten, daß es nun gleichzeitig Geschäftsbüro und Wochenendwohnung ist. Eine mit Spiegeln versehene Einbaufront begrenzt den Schlafalkoven, ein Sofa wird zum Bett für die Tochter und der unregelmäßige Tisch ist Eß- und Konferenztisch in einem. Die Wahl der Materialien – Marmor und Spiegelflächen – und die Farbkomposition in sanften Grüntönen trugen zu dem luxuriösen Gesamteindruck des kleinen, aber höchst flexiblen Intérieurs bei.

Anregungen für kompakte Raumausstattung bieten beispielsweise auch Boote und Jachten. Der Einfallsreichtum mancher Schiffsarchitekten, der sich in Ozeandampfern und in Unterseebooten niederschlägt, kann ebenso zur Nachahmung anregen wie die erfolgreiche Planung von Flugzeugen oder sogar Raumfähren, liefern sie doch zahlreiche originelle Lösungen, um engste Räume optimal zu nutzen.

3

2

1 *Barbara Ross und Barbara Schwartz haben sich auf Einzimmer-Wohnungen spezialisiert. Der blaßgrüne Grundton zusammen mit dem einfallsreichen Einsatz von Spiegelflächen schaffen hier eine luftig-leichte Atmosphäre.*

2 *Oft sind großflächige Räume mit hohen Fenstern ausgestattet, die genügend Licht für eine Planung mit mehreren Ebenen einfallen lassen. Hier wurde der Schlafplatz erhöht über einem Raum im Raum angebracht, der als Küche dient.*

4

5

3 *Eine Fabrik in Sydney aus den zwanziger Jahren wurde in ein Wohn-Arbeitszimmer umgebaut. Die Struktur ließ sich als dekoratives Element in die Wohnung integrieren.*

4 *Die Eisenträger des Mansardendaches blieben als plastisches Element bestehen – ein Apartment in Mailand.*

5 *Kontraste sorgen für Dramatik in dieser Lagerhalle im Londoner Hafenviertel.*

Klare Gliederung

1 *Eine New Yorker Fotografin braucht ihr weites, offenes Apartment zur Schaffung freier Flächen und bringt dafür die Grundausstattung auf kleinem Raum unter. Die Bettnische* (2) *befindet sich auf einer erhöhten Plattform, unterhalb der ein kompakter Arbeitsbereich eingerichtet ist – in dem weder Aktenschränke noch Dia-Projektor fehlen. Der übrige Wohnbereich zeichnet sich durch leicht bewegliche Gegenstände aus, die die Bewohnerin beliebig umgruppieren kann.*

1

3 *Designer Jan Kaplicki und David Nixon verwandelten eine in den 50er Jahren recht ungünstig umgebaute Londoner Wohnung radikal, indem sie alle nichttragenden Wände entfernten und eine offene Wohnfläche schufen. Der Schlafbereich ist definiert durch die erhöhte Plattform und besteht aus einem Metallbett, einer ungewöhnlichen Stehlampe und einem Rietveld »Rot-und-Blau«-Stuhl. Der Boden besteht aus auf Spanplatten geleimten Aluminiumbahnen.*

2

3

4 *In diesem Badezimmer sind sämtliche Rohre, aber auch die Kosmetikartikel des täglichen Bedarfs hinter einer leicht vorstehenden Aluminiumverkleidung verborgen, und der gummierte Boden dient einer leichten Pflege.*

5

5 *Eine Kücheninsel mit allem notwendigen Zubehör wie Spüle, Arbeitsfläche, Herdplatten, Backofen und Spülmaschine. Die Einheit ist eine Spezialanfertigung für dieses Apartment und legt besonderen Wert auf klare, saubere Linien und Flächen mit einem Minimum an optischer Ablenkung, ganz im Stil des übrigen »minimalistischen« Intérieurs.*

AUSSENRÄUME

Das meiste Geld wird für die Innenausstattung ausgegeben, an erster Stelle für die Küche. Verbesserungen außen an Haus und Garten werden meist erst im Nachhinein erwogen, wenn die Kasse bereits durch Anschaffungen wie neue Teppichböden und Gardinen erschöpft ist. Dabei ist der Garten ein Ort, auf den Sie Tag für Tag hinausschauen werden, wo Sie im Sommer viele Stunden verbringen, ob in der Sonne oder im Schatten, und der Ihnen immer aufs neue Erholung und Freude bereitet. Selbst das kleinste Fleckchen läßt sich sinnvoll nutzen, ob für Arbeit, Geselligkeit oder einfach als Platz, um auszuruhen und die Natur zu genießen. Während die Kinder draußen toben und spielen, brauchen die Erwachsenen vielleicht einen Platz für Gymnastik. Für viele Hobbyköche bedeutet ein Garten die lebende Kräuter- und Speisekammer. Es stehen so viele Möglichkeiten offen, daß es sich lohnt, sie bei der Finanzplanung von vornherein zu berücksichtigen.

Am Anfang steht die Entscheidung, ob, wie und wofür Sie den Raum draußen im Freien nutzen wollen. Bei der Planung können Sie im Grunde genauso vorgehen wie bei den Innenräumen. Was für eine Atmosphäre möchten Sie schaffen? Soll der Garten den Stil Ihrer Inneneinrichtung widerspiegeln, oder soll er etwas völlig anderes darstellen? Brauchen Sie den Außenraum nur zu einer bestimmten Jahreszeit oder soll er das ganze Jahr über Freude bereiten? Wenn nicht allzuviel Platz zur Verfügung steht, ist es sinnvoll, sich auf einen Aspekt zu beschränken und ihn mit umso größerer Sorgfalt zu gestalten. Einige ausgewählte Sommerblumen können schon genügen, wenn Sie mit einem Hintergrund immergrüner Büsche dafür sorgen, daß der Garten im Winter nicht tot und kahl ist. Denken Sie aber daran, daß das, was Sie durchs Fenster sehen, das beherrschende Bild des ganzen Zimmers sein kann – und Sie brauchen es nicht dem Zufall zu überlassen.

Die Art des Bodens wird die Auswahl an Pflanzen ebenso beeinflussen wie eine sonnige oder schattige Lage. Berücksichtigen Sie aber, daß die Sonne im Verlauf des Jahres erheblich wandert – ein Garten, der den Winter über völlig im Schatten liegt, kann in den Sommermonaten relativ sonnenbeschienen sein. Gegen zuviel Sonne könnten Sie künstlichen Schatten schaffen. Gegen die hohen Bäume im Nachbargarten oder den Schatten, den Ihr eigenes Haus wirft, läßt sich allerdings wenig ausrichten – in dem Fall sollten Sie versuchen, die dunkle, schattige Atmosphäre zu Ihrem Vorteil zu nutzen.

Nicht zuletzt wird Geld eine entscheidende Rolle spielen – die Pflanzen selbst, Zubehör, das Pflastern von Wegen, Gartenmöbel usw. werden einiges kosten.

Ein kleiner Ort für Sonnenanbeter auf dem Westplateau in New Mexico, 1969 entworfen von dem Architekten Antoine Predock. Eine Reihe von Apartments, die auf ihrer gekrümmten Westwand fensterlos sind, wurden auf ihrer Ostseite mit individuellen Terrassen ausgestattet. Den Besitzer dieses Raumes faszinierten die außergewöhnlichen Effekte der Höhenlage und der Sonne, die hier ihren starken Ausdruck finden. Ein Wandsockel ist als eingebautes Sofa gestaltet. Die Ausstrahlung friedvoller Stille entspricht der Stimmung dieser einsamen Wüstengegend.

Zimmerpflanzen

Selbst wenn Sie überhaupt keinen Garten haben, brauchen Sie deshalb nicht ohne Pflanzen auszukommen. Die Auswahl an Haus- und Zimmerpflanzen ist heutzutage sehr groß, angefangen von robusten Grünpflanzen, die auch ohne viel Pflege überall gedeihen, bis hin zu den außergewöhnlichsten und mitunter recht empfindlichen Züchtungen. Berücksichtigen Sie daher bereits beim Kauf das Ausmaß an Pflege, das die Pflanzen jeweils brauchen – gerade in Innenräumen ist es wichtig, gut gedeihende, gesunde Pflanzen zu haben. Es lohnt gewöhnlich mehr, eine große ausgewachsene Pflanze zu kaufen als komplizierte Arrangements aus völlig verschiedenen Arten zu versuchen, die leicht mißraten können, wenn Sie nicht ausgesprochen sorgfältig sind und es verstehen, alle gleich gut zu pflegen.

Wer einen Garten hat, könnte die Pflanzen für einen Teil des Jahres nach draußen stellen, um sie nur für die kalten oder frostigen Wintermonate ins Zimmer zu holen, wenn der Garten ohnehin wenig einladend wirkt. Große Töpfe mit nach Zitronen duftenden Blattgeranien können das Fenster zu einer grünen Barriere zwischen drinnen und draußen werden lassen, während sie gleichzeitig nach Sommer und Sonnenschein duften. Sommerblumen, z. B. Kornblumen und Levkojen, können im Freien heranwachsen, bis die Blüte beginnt. Große Kübel mit Flieder, *Philadelphus* oder Winterjasmin können draußen stehen, bis man sie bei beginnender Blüte mit ihrer duftenden Pracht ins Haus holt.

Allerdings müssen alle diese Pflanzen regelmäßig gegossen und gedüngt werden; bei manchen muß man auch einmal im Jahr die Erde erneuern, damit sie besser blühen. Myrte oder Rosmarin lassen sich auch hochstämmig züchten, vielleicht um sie dann, schön rund zurechtgestutzt, als besonderen Schmuck zu feierlichen Anlässen ins Haus zu holen.

Wichtig ist, Pflanzen auszusuchen, die tatsächlich die Atmosphäre des Gartens – und nicht der Schalterhalle einer Bank oder des Flughafens – ins Haus bringen.

Zwiebelpflanzen können Sie auf einfache und billige Art selber züchten, auch seltenere Arten, die man nicht in jedem Haushalt antrifft. Sie können die Zwiebeln bei Platz- oder Zeitmangel auch im Blumenhandel oder in der Gärtnerei fertig kaufen, um sie dann nur noch in große Porzellanschalen zu setzen. Wenn drei Hyazinthen im Plastiktopf auch ein abgedroschenes Klischee sind, mit einem Dutzend in einer alten Wanne können Sie gewiß Furore machen. Einzelne Blumen wirken meist überraschend gut. Ein Topf mit einem Tabakstrauch, einem Zierkohl oder einer einzigen Lilie kann zur Attraktion des Raumes werden.

Da Grünpflanzen im Zimmer grundsätzlich mehr Beachtung und Würdigung finden als draußen im Garten, lohnt sich die Anschaffung einiger besonderer Exemplare. Mit einem gut gewachsenen Bonsai oder einer riesigen Orchidee werden Sie gewiß Eindruck machen, doch denken Sie daran, daß Bonsais eigentlich – jedenfalls die größte Zeit des Jahres – besser im Freien stehen. Die winterblühende *Cymbidium* ist wohl die spektakulärste unter den Orchideen; ebenso wie manche *Cattleya*-Sorten könnten Sie sie bei guter Pflege in einem Süd- oder Westfenster auch selber ziehen. Im allgemeinen können Orchideen weder Gasheizung noch Zugluft vertragen, aber manche Arten gedeihen auch im Schatten. Sollten ausgefallene Pflanzen bei Ihnen fehl am Platz sein – nichts geht über ein sonniges Fensterbrett voller Geranien, und helle Küchen sind ideal für ein Kräutergärtchen, das jederzeit geerntet werden kann.

1 *Eine französische Modeschöpferin hat sich diesen Raum ganz in Weiß- und Goldtönen eingerichtet. Auf diesem Hintergrund erzielt die große Kamelie einen satten, dunklen Kontrast. Eine einzige gutgewachsene Pflanze wirkt stets viel stilvoller als eine Ansammlung verschiedener Arten, die miteinander in Konkurrenz treten. Hier läßt sie sogar noch das Totem aus Zaire in den Hintergrund rücken.*

1

2 Ein mit Blumen geschmücktes Zimmer wirkt immer einladend. Im Mittelpunkt des Tisches blühen zartblaue Frühlingszwiebeln – Traubenhyazinthen und kleine Iris. Ein Feigenbaum füllt die eine Zimmerecke, eine große Palme die andere aus; am Fenster sprießt Zyperngras in die Höhe.
3 Ein hübscher Fensterschmuck im Frühling: weiße Amaryllis, Narzissen, Hyazinthen und Krokus.

3

5

4 Eine Palme und eine Orchidee ergänzen die Sammlung exotischer Schätze – ägyptische Skulpturen, klassische Urnen und ein Marmortisch in Einlegearbeit.
5 Primeln in Hülle und Fülle – kräftige Farben auf reich gemustertem Gewebe.

Blumenkästen und -töpfe

Überall in der Welt zeugen Blumen in Töpfen oder Kästen davon, wie leicht sich auf diese Art Fenstersimse, trübe Ecken und verbaute Winkel verschönern lassen. An erster Stelle tauchen wohl Bilder aus Mittelmeerländern auf, wo Nelken aus leeren Olivenkanistern sprießen, Basilikum und üppige Geranien an Fensterbrettern, auf Balkonen oder Innenhöfen wuchern. Blumenkästen oder Blumentöpfe wirken erst gut, wenn sie in voller Blüte stehen, d. h. daß die Pflanzen Ihrer täglichen Pflege sicher sein müssen. Regelmäßiges Gießen ist ebenso erforderlich wie Entfernen welker und abgefallener Blüten; während der Wachstumszeit ist auch wöchentliches Düngen erforderlich. Wer diese Routinepflichten nicht auf sich nehmen möchte, sollte sich lieber auf ein paar pflegeleichte Buchsbaum- oder Efeugewächse beschränken.

Ebenso wichtig ist die Auswahl der richtigen Behälter und Pflanzen, die zum Charakter und Stil des Gebäudes passen sollten. Klassische Urnen, Kübel und Ständer wie auch einige moderne Gefäße kommen an Hausfassaden am besten in geometrischer Anordnung zur Geltung. Achten Sie darauf, daß besondere architektonische Züge und die Symmetrie des Hauses nicht durch allzu wuchernde Gewächse gestört werden; romantische Kletterpflanzen könnten eine schöne Fassade ruinieren. Rosen nehmen leicht überhand, wenn sie nicht fachmännisch beschnitten werden. Ausgefallene Formen und dichte Kletterpflanzen sind am ehesten für gesichtslose Fassaden zu empfehlen; sie können auch ein geeignetes Mittel sein, häßliche Züge eines Gebäudes zu verdecken. Fragen Sie sich zunächst, was Sie betonen und was Sie an Ihrem Haus am liebsten vertuschen oder ungeschehen machen wollen. Stellen Sie sich vor das Haus, um es einmal in Ruhe zu betrachten – malen Sie sich aus, wie Besucher und Gäste oder auch zufällig Vorübergehende es sehen und welche Blumen und Gewächse den Gesamteindruck verschönern könnten.

Blumenkästen müssen stabil und sicher befestigt sein. Am besten sind leichte Materialien wie Holz oder Fiberglas in schlichter Rechteckform. Geschwungene Formen mit dekorativen Bogenrändern wirken meist zu unruhig; außerdem werden sie mit der Zeit ohnehin vom grünen Blattwerk verdeckt. Wenn Sie sich allerdings für einfache immergrüne Gewächse entscheiden, sollten Sie auch etwas Wert auf einen schön geformten Kasten legen.

Auf Balkonen spielt die Architektur des Hauses weniger eine Rolle, und Sie können sich bei der Wahl der Pflanzen ganz nach Ihren persönlichen Vorlieben richten. Was Sie auf dem Balkon anbringen, werden Sie wahrscheinlich weniger von der Straße als vielmehr von innen im Blickfeld haben. Bevor Sie den Balkon mit riesigen Pflanzen beladen, ist es ratsam, die Tragfähigkeit zu prüfen; in der Regel sollten Kästen nicht viel länger als 40 Zentimeter sein, aber es kommt natürlich auf die jeweilige Beschaffenheit des Balkons an.

Ranken rund um Balkonfenster oder -türen schaffen den Eindruck herrlichen Grüns, ohne allzuviel Platz in Anspruch zu nehmen. Auf zurückgesetzten Balkonen sind schattenliebende Gewächse wie Geißblatt oder Efeuarten angebracht. Für schöne schmiedeeiserne Brüstungen eignen sich schlichte Pflanzen, die nicht alle baulichen Details überwuchern. Stangenbohnen z. B. sind nicht schlecht und bieten noch den zusätzlichen Vorteil, eßbar zu sein. Große Balkone lassen sich in richtige Gärten verwandeln, mit Pflanzen unterschiedlicher Größen und Höhen.

Wenn Ihnen Ihre Ansammlung von Gewächsen allzu bunt gemischt erscheint, können Sie durch Streichen aller Behälter im selben Farbton ein verbindendes Element schaffen. Bunte Töpfe sind manchmal sehr effektvoll, z. B. in kräftigem Blau mit grau- und weißblättrigen Pflanzen.

1

2

1 *Dachgärten in der Großstadt brauchen viel Pflege, wenn sie etwas hergeben sollen. Das Entfernen welker Blüten ist ebenso wichtig wie häufiges Begießen. Fuchsien, Begonien, Petunien und Hortensien belohnen Sie dafür mit üppiger Blütenpracht. Auf diesem Londoner Dachgarten gesellen sich außerdem noch kleine Töpfe mit Tagetes hinzu.*

2 *Auf diesem kleinen Balkon mit Blick über London bedecken Bohnen- und Wickenranken die Außenwand, während silberblättriges Aschenkraut einen zarten Kontrast zu dem dichten Grün bietet. Weiter unten sind noch Küchenkräuter und einige robuste Gartenblumen.*

3 *Die südliche Sonne begünstigt zwar eine üppige Blütenpracht, doch auch in unseren härteren Klimazonen brauchen wir nicht ganz darauf zu verzichten. Ein einfacher Fensterkasten wird gefüllt von rot- und rosablühenden Geranien.*

4 *Fleißiges Lieschen (eine Begonienart) gedeiht zum Glück auch in kälterem Klima recht gut, besonders wenn man die Spitzen öfter abknipst, um das Wachstum zu fördern. Blumenkästen bedeuten allerdings immer ein wenig Arbeit; tägliches Gießen ist unerläßlich.*

4

5

5 *Gewöhnlich sind Behälter für Pflanzen in Naturfarben gehalten; hier dagegen ist ein einzelner Topf kühn in unerwartetem Blau gestrichen, der einen interessanten Kontrast darstellt.*

Wintergärten

Wintergärten oder Glasveranden bieten einen wunderbaren Übergang vom Haus in den Garten. Sie sind nicht nur attraktiv, sondern auch nützlich. Die Wärme des Hauses wird hier aufgefangen, so daß wenig zusätzliche Energie gebraucht wird. Die Glasterrasse bildet stets eine Pufferzone zwischen dem Hausinneren und den Außenelementen. Zu Beginn des Frühjahrs, wenn es draußen noch unangenehm kalt ist, kann man sich im Wintergarten bereits aufhalten und zwischen blühenden Blumen sitzen.

Für Gärtner und Gartenfreunde ist der Wintergarten eine gute Möglichkeit, die Saison zu verlängern oder exotische Arten zu züchten. Wintergärten gibt es heute in vielen Varianten bereits komplett »von der Stange« zu kaufen, wenn Sie nicht lieber einen Architekten beauftragen wollen, der ihn nach Ihren Wünschen gestaltet. Auf jeden Fall aber sollte genügend Platz vorhanden sein, um einen Tisch und ein paar Stühle aufstellen zu können.

Die Wahl des Bodens wird darüber entscheiden, ob der Wintergarten eher als Teil des Hauses oder des Gartens gelten soll. Beläge, die nach Wohnung aussehen und dennoch häufiges Naßwerden bestens vertragen, wären etwa Kunststein, Schiefer, Marmor oder Holzböden mit oder ohne Farbanstrich. Ziegel hingegen, oder Steinplatten, Pflastersteine und Granit erzeugen eher eine Gartenatmosphäre. Kopfsteinpflaster ist unbequem für die Füße, deshalb nur in Maßen zu empfehlen. Welchen Boden Sie auch verwenden, achten Sie darauf, daß das Wasser nicht zur Hausseite hin abfließt, sondern entweder durch die Verandatür oder durch ein Abflußloch in der äußeren Wand.

Der Bau einer Glasveranda ist recht teuer, und wenn er sich wirklich lohnen soll, müssen Sie für später noch weitere Ausgaben mit einplanen, etwa für große Blumentöpfe und gute Pflanzen. Es wird sich bezahlt machen, wenn Sie sich aufs Gärtnern verstehen. Sie werden große Töpfe oder Kübel für ein paar Kletterpflanzen und großwüchsige Strukturpflanzen brauchen, daneben könnten Sie am Rand, jedoch nicht zur Hausseite hin, auch ein paar Beete anlegen. Wichtig ist, stets nur guten Kompost zu verwenden.

Auf dem relativ beschränkten Platz des Wintergartens kommt es darauf an, eine einheitliche Stimmung zu erzeugen. Die Kombination üppiger Dschungelgewächse mit zarten Blumen wird ebenso mißlingen wie der Versuch, aus großen Strukturpflanzen mit spitzigen Blättern eine romantische Laube zu schaffen. Ein paar immergrüne Gewächse sind aber auf jeden Fall eine gute Basis. Mit Töpfen haben Sie natürlich mehr Gestaltungsspielraum als mit Beeten; zu kümmerlich geratene Pflanzen lassen sich beiseite schieben, während die Prachtexemplare in den Vordergrund kommen.

Für kleine Töpfe sind Blumenbänke eine gute Lösung, die allerdings heute nur noch selten in Holz erhältlich sind. Aber manche Draht- oder Aluminiumgestelle sind auch sehr dekorativ, etwa für kleine Töpfe mit Aschenkraut oder Aurikel, wenn Sie etwas Anspruchsvolles wünschen, oder sonst für weniger empfindliche Arten wie Walderdbeeren oder Kapuzinerkresse.

Ferner wollen Beleuchtung, Bewässerung und Beheizung geplant sein. Wenn Sie auf komplizierte Systeme verzichten wollen, reicht auch die normale Wasserleitung und ein Hahn. In schattigen dunklen Wintergärten lohnt vielleicht die Installation von Lampen zur Erzeugung künstlichen Sonnenlichts. Im allgemeinen aber bieten richtige Beleuchtung und Beheizung der Pflanzen den Winter über weniger Probleme als deren Schutz vor zuviel Sonne im Sommer. Handelt es sich um eine Südveranda, können zusätzliche Ventilatoren oder Jalousien gute Dienste tun.

Wer nicht viel Geld ausgeben will, könnte das Glas während der Sommerzeit auch mit Farbe, am besten mit Grün, verdunkeln oder innen oder außen ein dünnes grünes Plastiknetz spannen. Schöner sind natürlich die lebenden Schattenspender – strategisch gepflanzte Bäume, Sträucher und Ranken mit dichtem Blattwerk.

Die Beheizung kann Nebensache sein, wenn sie keine tropischen Pflanzen züchten und den Raum nicht für den Aufenthalt im Winter nutzen wollen. Wer aber eine Heizanlage einbaut, sollte darauf achten, daß sie vom übrigen Heizsystem unabhängig betrieben werden kann, mit eigenem Thermostat und getrenntem motorisch einstellbarem Ventil für einen 24-Stunden-Betrieb in den Wintermonaten.

Wie schlicht oder raffiniert Sie den Wintergarten auch einrichten, am Ende wartet immer die Aufgabe, die Pflanzen sorgfältig zu pflegen und ihnen genug Zeit zu widmen. Zuviel Wasser bekommt den Pflanzen ebensowenig wie zu wenig Wasser; in den Sommermonaten sollten Sie den Wasserstand täglich überprüfen. Es gibt Apparaturen, die anzeigen, wann gegossen werden muß; oder Sie lassen sich die Verantwortung von einer der im Handel erhältlichen automatischen Bewässerungsanlagen abnehmen. Topfuntersetzer, in denen sich das Wasser sammelt, sind ungünstig, wenn es plötzlich kalt wird – das bekommt den wenigsten Pflanzen. Weitere wiederkehrende Pflichten sind regelmäßiges Düngen und Entfernen welker Blätter und Blüten; reservieren Sie im Frühjahr und Herbst auch ein paar Tage für anfallende Sonderaufgaben wie Zurückschneiden, Umtopfen und Kompost erneuern.

1

1 Marmorplatten rufen die optische Täuschung eines Wasserbeckens unter einem Dach aus Grün hervor.

2

3

2 Bei diesem herrlichen Wintergarten mit Mosaikboden und wunderschönem Glasdach haben die Pflanzen nur noch eine untergeordnete Funktion.
3 Im Gegensatz dazu lebt der moderne, schlichte Fertigbau in erster Linie von den herrlichen Blüten. Die Wirkung der Fülle wird erreicht durch Kombination von Ranken mit Topfpflanzen in verschiedener Höhe.

Terrasse und Patio

Eine Terrasse oder Veranda läßt sich sehr persönlich gestalten. Sie kann Ihren Geschmack und Lebensstil ebenso widerspiegeln wie eine Wohnzimmereinrichtung. Ein gewisses Maß an Abgeschiedenheit wirkt sich auf jeden Fall vorteilhaft aus und läßt sich auf verschiedene Arten erzielen, sei es durch ein niedriges Gemäuer, eine Hecke aromatischer Kräuter wie Rosmarin oder Lavendel oder ein Spalier – wichtig ist nur, daß der Bereich vom übrigen Garten deutlich abgesetzt wird.

Wenn Sie bei der Planung die Fläche großzügig bemessen, kann dies nicht halb so schlimm sein wie eine zu kleine Fläche – nichts wirkt lächerlicher als ein Haus, das auf einem allzu schmalen Absatz thront.

Der beste Platz, um draußen zu sitzen, ist eine sonnige Stelle, die nah genug am Haus ist, um in das häusliche Leben miteinbezogen zu werden. Wenn Sie draußen die Mahlzeiten einnehmen wollen, ist Schatten wichtig – der nicht unbedingt von Bäumen stammen muß, denn Bäume sollten nicht zu nah am Haus stehen, da ihre Wurzeln die Fundamente angreifen können. Markise, Pergola oder Sonnenschirm können ebensogut vor direkter Sonne schützen.

Pflanzen mit schönem Duft und herrlichen Blüten (Lilien können nie verkehrt sein) sollten auf keiner Terrasse fehlen, entweder in Blumentöpfen oder direkt in den Boden gepflanzt, und immergrüne Sträucher sorgen dafür, daß der Platz auch im Winter nicht verödet – *Choisya, Ceanothus* und *Cistus* (mit harzähnlich duftenden Blättern) wären eine gute und nicht alltägliche Wahl. Auf schattigen Innenhöfen können Pflanzen mit interessantem Blattwerk, wie z. B. *Fatsia,* Funkien, Farne oder Maiglöckchen zu ihrem Recht kommen, zusammen mit süß duftenden Tabaksträuchern und Efeu. Ein kleiner Brunnen an der Wand, der nicht mehr sein muß als ein dünnes Rinnsal, das in ein Steinbecken oder eine Muschelschale mündet, wird dazu beitragen, die schattig-kühle Atmosphäre zu untermalen.

Auf Terrassen und Patios kommen Töpfe und Kübel am besten zur Geltung, wenn Sie sie an einem Eingang oder in einer Mauerecke gruppieren. Stimmen Sie die Behältnisse auf die jeweiligen Pflanzen ab. Tontöpfe sind nie verkehrt, aber Plastikbehälter haben auch ihre Vorteile. Tontöpfe sind auch weiß angestrichen sehr hübsch, wenn Ihnen das erdige Aussehen des gebrannten Tons nicht so zusagt. Honigfarbene Töpferware, Blei- oder Fiberglasreproduktionen sowie Steinurnen oder rustikale Holzkübel ergänzen die Auswahl an Behältern.

Für Tische empfehlen sich Harthölzer wie Teak, das mit zunehmender Verwitterung leicht grau wird, oder sonst Marmor oder Schiefer, und für Farbigkeit kann Plastik sorgen. Ein eingebauter Grill ist zweckmäßig, wenn Sie gern draußen essen; wer den Anblick der Feuerstelle nicht ständig genießen will, zieht vielleicht einen tragbaren Grillständer vor.

Die persönliche Note kann durch verschiedenste Dinge erzielt werden. Während der eine klassische Skulpturen liebt, hat der andere eine Schwäche für schöne Steine, Findlinge oder Fossilien. Auch ausgediente Kohlekästen, Waschbottiche oder Kupferkessel haben ihren Reiz – entscheidend sind Ihr Geschmack und Stil.

1

2

1 *Dieser Hauseingang in Barcelona bietet dem Gast einen freundlichen Empfang und dem Bewohner ein schattiges Plätzchen.*
2 *Ein Vordach blühender Wistarien, mit Iris unterpflanzt, hebt sich als lebhafter Kontrast von dem alten Gemäuer einer Terrasse in Frankreich ab.*

4

3 *Eine ungewöhnliche Mischung aus Aschenkraut und winzigen Geranienarten als hübsche Sommerpflanzen gegen einen Hintergrund aus Blattgrün.*
4 *Hochrankende Kresse sorgt im Nu für muntere Farbtupfer, während die Kletterrosen die geradlinigen Konturen der Veranda auflockern.*

5

5 *Eine Frühjahrsbepflanzung in interessanten Gefäßen belebt noch so trübe Winkel. Im Winter gehört die Bühne wieder der nun von dichten Fuchsien übertönten alten Bleizisterne.*

6 *Innenhöfe verlangen viel Geduld, und selbst schnellwachsende Kletterpflanzen brauchen ihre Zeit. In diesem herrlichen Hofwinkel wetteifern die Blüten üppiger Kletterrosen mit den weniger zahlreichen, dafür aber farblich dominierenden gelben Blüten des Rosenstocks.*

6

7

7 *Kräftige Blüten, wie etwa Tagetes, können andere Blumen leicht übertönen. Hier jedoch ergibt eine ungefüllte Sorte zusammen mit den prächtigen Lilien und dem originellen Gartenstuhl ein harmonisches Ganzes.*

Dachgärten

Dächer können sehr vielseitig gestaltet werden und sich im Stil vom übrigen Haus oder Garten deutlich absetzen; allerdings erfordern rigorose bauliche Veränderungen in vielen Ländern die Genehmigung von Bau- oder Aufsichtsbehörden. Doch innerhalb der gesteckten Grenzen bleibt noch genug Spielraum für kreative Ideen.

Wind wird ein vorrangiges Problem sein, deshalb ist das Aufstellen eines Windschutzes in Form von Stellschirmen oder dergleichen unerläßlich. Ein fest installierter Windfang ist nicht unbedingt die beste Lösung, da er an bestimmten Stellen starke Turbulenzen erzeugen kann. Auch muß die Verankerung entsprechend stark sein. Eine Glaswand bietet sich an, wenn eine schöne Aussicht da ist und Geld keine Rolle spielt. Holzbarrieren, etwa Spaliere und ähnliches, sollten Sie am besten von einem Fachmann installieren lassen; bohren Sie nicht auf eigene Faust Löcher in die Dachabdeckung. Weniger Kenntnisse verlangt eine Bambuswand, die Sie aus dicken Bambusstangen einfach zusammensetzen können, indem Sie sie in den vorgebohrten Löchern einer schweren Holzbohle befestigen. Das Gewicht des Holzes bietet die nötige Verankerung, während der Bambus als Spalier für diverse Ranken dienen kann. Ein Rahmen aus Grün läßt sich leicht mit einer Reihe Lorbeerbäumchen, in härterem Klima mit Schlehen oder auch *Prunus lusitanica* errichten.

Der Boden verlangt Ihre Aufmerksamkeit in mehrfacher Hinsicht. Lassen Sie die Tragfähigkeit (für schwere Töpfe und Wannen mit Blumenerde) von einem Architekten oder Bauingenieur prüfen. Oft kann eine zusätzliche Schicht helfen, die Last zu verteilen und den Boden gleichzeitig abzudichten. Lattenroste, auch wasserbeständige, sind in verschiedenen Farbtönen erhältlich. Pflasterung ist meist zu schwer, abgesehen von einigen dünneren Natursteinplatten und natürlich Keramikfliesen.

Für Schatten auf einem offenen Dachgarten sorgt am besten eine mit Wistarien oder wildem Wein umrankte Pergola. Manche Bäume, etwa Birken, gedeihen recht gut in Töpfen; allerdings besteht die Gefahr, daß der ständige Wind sie verformt und verkrüppelt und daß sie in ihren Proportionen nicht zu den anderen Gewächsen passen. Wer einen windgeschützten, sonnigen Dachgarten besitzt, könnte ihn mit bunten Sonnenschirmen oder Segeltuchmarkisen leicht in ein Urlaubsparadies verwandeln, in dem ein paar Liegestühle inmitten blühender Geranien und Fuchsien die Stimmung perfekt machen.

1

2

3

1 *Dieses herrliche Dach wurde von jemand geschaffen, der als völliger Neuling begann und viel aus seinen eigenen anfänglichen Fehlern lernte. Alle Pflanzen stehen in Töpfen und Kübeln. Erstaunlich ist die Artenvielfalt – mit zartem Frühjahrslaub, Sommerblumen, bunten Herbstblättern und Winterbeeren –, die durch die verschiedenen Ebenen der Dachfläche in der Gesamtwirkung noch verstärkt wird. Die Krönung bilden Nachbildungen anmutiger Laternen – die Originale zieren die Kuppeln des Brighton Pavillons.*

2 *Ein wunderbarer Torbogen aus Bougainvillea, Geranien in großen Töpfen und wilder Wein auf einem sonnendurchfluteten Dach in Griechenland.*

3 *Ein weiterer Dachgarten in London mit dichtem Blattgrün das ganze Jahr über. Spitzige Sukkulenten und Fächerpalmen stehen im Blickpunkt, und im Frühjahr beleben Narzissen und Hyazinthen das Bild mit munteren Farbtupfern.*

Kleine Gärten

Widerstehen Sie der Versuchung, Ihr ganzes gärtnerisches Können auf einem kleinen Fleckchen Garten zur Schau stellen zu wollen. Wer einen kleinen Garten hat, sollte sich auf weniges beschränken. Auf den ersten Blick mag es einfallslos erscheinen, bei der Anlage des Gärtchens nur ein Thema oder auch eine Farbe in den Vordergrund zu stellen, doch das kann helfen, die Fläche größer und friedlicher wirken zu lassen.

Je kleiner die Fläche, desto wichtiger ist umsichtige Planung. Zu wissen, was man besser wegläßt, ist nicht immer einfach. Eine geometrische Strukturierung ist ratsam, damit Sie den Überblick behalten. Eine Anlage genau definierter Beete bietet auch einen hübschen Anblick von den Fenstern der oberen Stockwerke. Zum Pflanzen eignen sich Kräuter, Gemüse oder Blumen, während die Ränder mit kleinen Hecken oder Ziersteinen abgesteckt werden könnten.

Weniger hausbacken wirken Beete mit verschiedenfarbigen Blumensorten ohne jegliche Umrandung. Selbst dem Gärtchen des Wochenendhauses, wo man gern seine Lieblingsblumen wild durcheinander wachsen läßt, kann ein wenig Ordnung gut tun, vielleicht durch einen Formschnitt an Hecke und Sträuchern oder einfach einen hübsch angelegten Weg zwischen den Beeten.

Gärten ohne gerade Linien und rechte Winkel sind im kleinen Maßstab nicht sehr attraktiv. Erst ab einer bestimmten Größe können sie das Gefühl vermitteln, man befinde sich in einer natürlich gewachsenen Landschaft mit sanft wechselnder Perspektive. Auf kleinen Flächen ist so etwas jedoch zum Scheitern verurteilt. Eher möglich ist die Schaffung einer romantischen Ecke, eines schattig-kühlen Laubenplätzchens in einem geschützten Winkel, was besonders für Stadtbewohner sehr reizvoll sein kann.

Ein gewisses Maß an Geschütztheit sollte der Garten auf jeden Fall bieten, die auf verschiedenem Wege erzielt werden kann. Bäume schirmen zwar bestens vor neugierigen Blicken ab, können aber gleichzeitig den Boden auslaugen und mit der Zeit zuviel Schatten bilden. Bei manchen Arten kann Kappen eine gute Lösung sein, sonst sind vielleicht Heckensträucher vorzuziehen, von denen manche bei sorgfältiger Pflege zur hohen Wand hochgezogen werden können. Außer der beliebten *Cupressus leylandii* stehen noch viele andere Arten zur Wahl.

Eine weitere Möglichkeit bieten Spaliere mit immergrünen Kletterern, die Wände und Zäune dicht überwachsen können. Die Gerüste, die meist ein rechteckiges oder rautenfömiges Gitterwerk haben, eignen sich allerdings nur für leichte, durchbrochene Abschirmung. Wenn Sie eine völlig dichte Wand möchten, könnten Sie zwei Gitter übereinanderfügen, um kleinere Zwischenräume und größere Festigkeit zu erzielen. Am besten befestigen Sie das Gitter an starken Latten, die an die Wand oder den Zaun genagelt werden. Halbhohe Barrieren lassen sich aus Bambus erreichen oder in Form eines Palisadenzaunes, aber auch einfach aus einem Maschendraht, der in kurzer Zeit hinter dichten Winden oder Efeuranken verschwindet. Einjährige Kletterpflanzen wie Gartenwicken, Kapuzinerkresse oder Stangenbohnen können an dünnen Pfählen hochgezogen werden, um einen wunderbaren, wenn auch zeitweiligen Sichtschirm zu ergeben, hinter dem sich die Spielecke der Kinder, ein Gemüsegärtchen oder eine das übrige Bild störende Gerümpelecke verbergen kann.

1

2

3

1 Ein sonniges Plätzchen ist ideal, um eine kleine Bank aufzustellen. Ein alter Kaminhut wurde zum Blumenständer.
2 Ein Steinpfad führt über einen kleinen Teich und verschwindet in dichtem Grün.
3 Kreise aus Pflasterziegeln brechen die schmalen Dimensionen dieses Reihenhausgartens. Das üppige Grün enstand innerhalb von zwei Jahren.

Auf einer kleinen Gartenfläche einen Rasen anzulegen, wäre sicher nur eine Notlösung – wer auf einen grünen Grund nicht verzichten möchte – und einen sonnigen Garten hat –, sollte anstelle von Gras vielleicht einmal Kamille oder Thymian ausprobieren.

Ziegel wirken wärmer als Stein, besonders im Winter, und lassen sich in verschiedenen Mustern legen oder mit Pflaster- und Kopfstein kombinieren. Achten Sie bei Ziegeln nur darauf, daß sie keine porösen Mauerziegel, sondern die witterungsbeständigen Bodenziegel nehmen. Bunte Kiesel in verschiedenen Farbabstufungen und Größen können äußerst effektvoll angelegt werden und Ihnen manche angenehme Überraschung bereiten, wenn im Frühjahr völlig unerwartete Pflänzchen dazwischen emporsprießen.

Für Musterungen sind auch farbige Fliesen – vielleicht passend zum Fliesenbelag im Haus – wunderbar geeignet, die dann jedoch frostbeständig sein sollten. Auch in winzigen Vorgärten sind Fliesen ideal, etwa als harmonische Überleitung in den Hausflur.

Gepflegte, saubere Ränder zwischen Erde und Kies und zwischen Beeten und Wegen sind wichtig. Ob Sie für Einfassungen kleine Polsterpflanzen nehmen oder sie mit Steinen, Schiefer oder Holzplatten bestecken, ist Sache des persönlichen Geschmacks. Auch die viktorianischen Beetumrandungen in Seil- oder Muschelform, die man heute allerdings kaum noch findet, können sehr gut aussehen. Betoneinfasungen können mit Jauchewasser oder ähnlichem bestrichen werden, um den Bewuchs mit Flechten zu fördern.

4 *Eine unerwartete Kombination aus sauber abgesteckten Kieselwegen und Beeten vor einem wuchernden Sommerhausgarten.*
5 *Diese Gartenanlage kommt am besten von oben zur Geltung. In mit Buchsbaumhecken gesäumten Beeten wachsen vielerlei Sträucher und Blumen bunt durcheinander.*
6 *Eine moderne Plastik, wie geschaffen für einen winzigen Garten – ein Wassergitter von William Pye.*

6

Auswahl der Pflanzen

Bei der Wahl der Pflanzen für den Garten haben Sie nicht die gleiche Freiheit wie in der kontrollierbaren Umgebung eines Treibhauses oder Wintergartens. Beispielsweise werden Sie Pläne für einen Garten voller bunter Sommerblumen aufgeben müssen, wenn der Boden in dichtem Schatten liegt. Dann bleibt nur noch die Möglichkeit, sich an Frühjahrsblühern zu erfreuen, die herauskommen, bevor das Laub der Bäume kein Licht mehr durchläßt. Abgesehen vom Schatten werden Sie auch durch die Bodenverhältnisse eingeschränkt. Vergewissern Sie sich deshalb vorher, wie der Boden beschaffen ist und welche Pflanzen für Ihre Gegebenheiten am ehesten in Frage kommen.

Eine grundsätzliche Frage ist die Entscheidung zwischen Grün- und Blütenpflanzen, wobei Sie im Normalfall eine ausgewogene Mischung herstellen sollten, mit ein paar immergrünen Gewächsen, damit der Winter nicht so trostlos wird. Manche Pflanzen bestechen durch Blüten oder besonderen Duft, während bei anderen der Reiz in der Form der Blätter und Zweige liegt. Rabatten oder Zwiebelpflanzen schaffen Übergänge und Harmonie, wo sonst allzu unterschiedliche Gewächse miteinander konkurrieren würden, erfordern dafür aber mehr Arbeit und Zeit als einfache Sträucher und Büsche – auch kommen sie erst in der Masse richtig zur Geltung.

Wer wenig Interesse an Pflanzen – und der damit verbundenen gärtnerischen Arbeit – hat, kann den Garten ebensogut wie einen Raum gestalten. Sitzgelegenheiten und ein Tisch bilden die »Möblierung«, während eine Statue, eine Topfpflanze oder ein Steinbrunnen die passende Dekoration abgeben. Für Kinder ist eine Gartenlaube ein herrlicher Platz zum Spielen, und wenn Sie ein paar Beete haben, können die Kleinen – unter Anleitung – schon früh mit den Freuden und Pflichten der Gartenarbeit vertraut gemacht werden. Ein Klettergerüst und eine Schaukel, vielleicht auch eine Hängematte, runden den für Kinder idealen Garten ab.

2

1

3

4

1 *Herrliche Blüten vor einem Hintergrund grüner Büsche und Bäume.*
2 *Eine Gartenbank in Sissinghurst in Kent wird von herrlichen Klematisblüten umrankt.*
3 *Verschiedene Irisarten umsäumen einen liebevoll angelegten Gartenweg.*

4 *Kräuter, Efeu und weitere Ranken formen sich zu einem Bild aus Ziegel- und Blattmustern.*
5 *Euphorbien und Buchsbaum verschönern diesen charmant ländlichen Eingang.*
6 *Eine attraktiv bepflanzte Ecke bietet auch von drinnen einen wunderschönen Anblick.*

Pflanzen
CHECKLISTE

ZIMMERPFLANZEN

Gut für warme Räume

- *Begonia rex*
- *Howeia fosteriana*
- *Pelargonium*
- *Asparagus*

Gut für kühle Räume

- *Jasminum polyanthum*
- *Ficus benjamina*
- *Gevillea robusta*
- *Abutilon*

Brauchen etwas mehr Pflege

- *Hoya carnosa*
- *Acacia dealbata*
- *Citrus*
- *Cymbidium*
- *Stephanotis*
- *Plumbago capensis*
- *Adiantum capillis veneris*

Zu bestimmten Zeiten

- *Lilium longiflorum*
- *Narcissus* 'Paper White'
- *Vallota speciosa*
- *Primula*
- *Schizanthus*
- *Campanula isophylla*
- *Acidanthera*
- *Freesia*
- *Clivia*

FENSTERKÄSTEN

In der Sonne

- *Hebe* 'Carl Teschner'
- *Genista lydia*
- *Santolina incana*
- *Hedera* (verschiedene Arten)

Im Schatten

- *Buxus*
- *Viburnum davidii*
- *Vinca minor*
- *Aucuba japonica*

WINTERGARTEN

Für kühles Grün

- *Kentia fosteriana*
- *Fatsia japonica*
- *Sparmannia africana*
- *Fuchsia* 'White Spider'
- *Adiantum*
- *Campanula isophylla*
- *Nicotiana sylvestris*

Hübsch und sonnig

- *Plumbago capensis*
- *Acacia dealbata*
- *Jasminum polyanthum*
- *Pelargonium*
- *Helichrysum petiolatum*
- *Lapageria rosea*
- *Nerium oleander*

DACHGARTEN ODER BALKON

In der Sonne

- *Cytisus praecox*
- *Lavendula latifolia*
- *Ceanothus veitchianus*
- *Cistus laurifolius*
- *Jasminum officinale*
- *Vitis* 'Brandt'
- *Ceratostigma willmottianum*

Im Schatten

- *Camellia*
- *Mahonia japonica*
- *Elaeagnus ebbingei*
- *Fuchsia magellanica*

Lonicera halliana
Hedera colchica
Helleborus corsicus

Im Wind

- *Viburnum tinus*
- *Jasminum nudiflorum*
- *Genista hispanica*

Buxus sempervirens
Hippophae rhamnoides
Lonicera pileata

GARTEN

Ideale Rabattenpflanzen

- *Acanthus mollis*
- *Alchemilla mollis*
- *Artemisia* 'Lambrook Silver'
- *Geranium endressii* 'Wargrave Pink'

Viola cornuta 'Alba'
Helleborus corsicus
Campanula persicifolia
Euphorbia robbiae
Cyclamen neapolitanum
Lychnis coronaria

Ideale Sträucher

- *Choisya ternata*
- *Daphne cneorum* 'Somerset'
- *Buxus sempervirens*
- *Philadelphus* 'Belle Etoile'
- *Viburnum bodnantense* 'Dawn'

Weigela florida 'Variegata'
Hammamelis mollis 'Pallida'
Cistus corbariensis
Ceanothus 'Delight'
Magnolia grandiflora
Potentilla arbuscula

Für sonnige Wände

- *Jasminum officinale*
- *Humulus lupulus* 'Aureus'
- *Wisteria sinensis*
- *Rosa* (verschiedene Arten)

Solanum crispum 'Album'
Vitis vinifera 'Purpurea'
Trachelospermum jasminoides

Für schattige Wände

- *Camellia*
- *Parthenocissus henryana*
- *Jasminum nudiflorum*
- *Rosa* 'Mermaid'

Hedera 'Gloire de Marengo'
Hydrangea petiolaris
Clematis montana 'Elizabeth'

Teppichpflanzen

- *Ajuga reptans*
- *Vinca major* 'Variegata'
- *Lamium maculatum*

Viola cornuta
Cyclamen neapolitanum
Convallaria majalis

Kübelpflanzen

- *Magnolia grandiflora*
- *Euphorbia wulfenii*
- *Rosmarinus officinalis*

Osmanthus delavayi
Senecio greyi
Juniperus hibernica

Teil 4

GRUND-LAGEN FÜR JEDES HAUS

Ohne Versorgung mit Strom, Gas und Wasser und den dazu notwendigen Installationen kann ein Haushalt nicht funktionieren. Die entsprechenden Leitungen sollten so verlegt werden, daß sie nur da sichtbar werden, wo sie gebraucht werden. Wie die Präzision und Eleganz dieser Küchen zeigt, ist zu einer gelungenen Kücheneinrichtung ebensoviel gesunder Menschenverstand erforderlich wie Ästhetik und Kreativität.

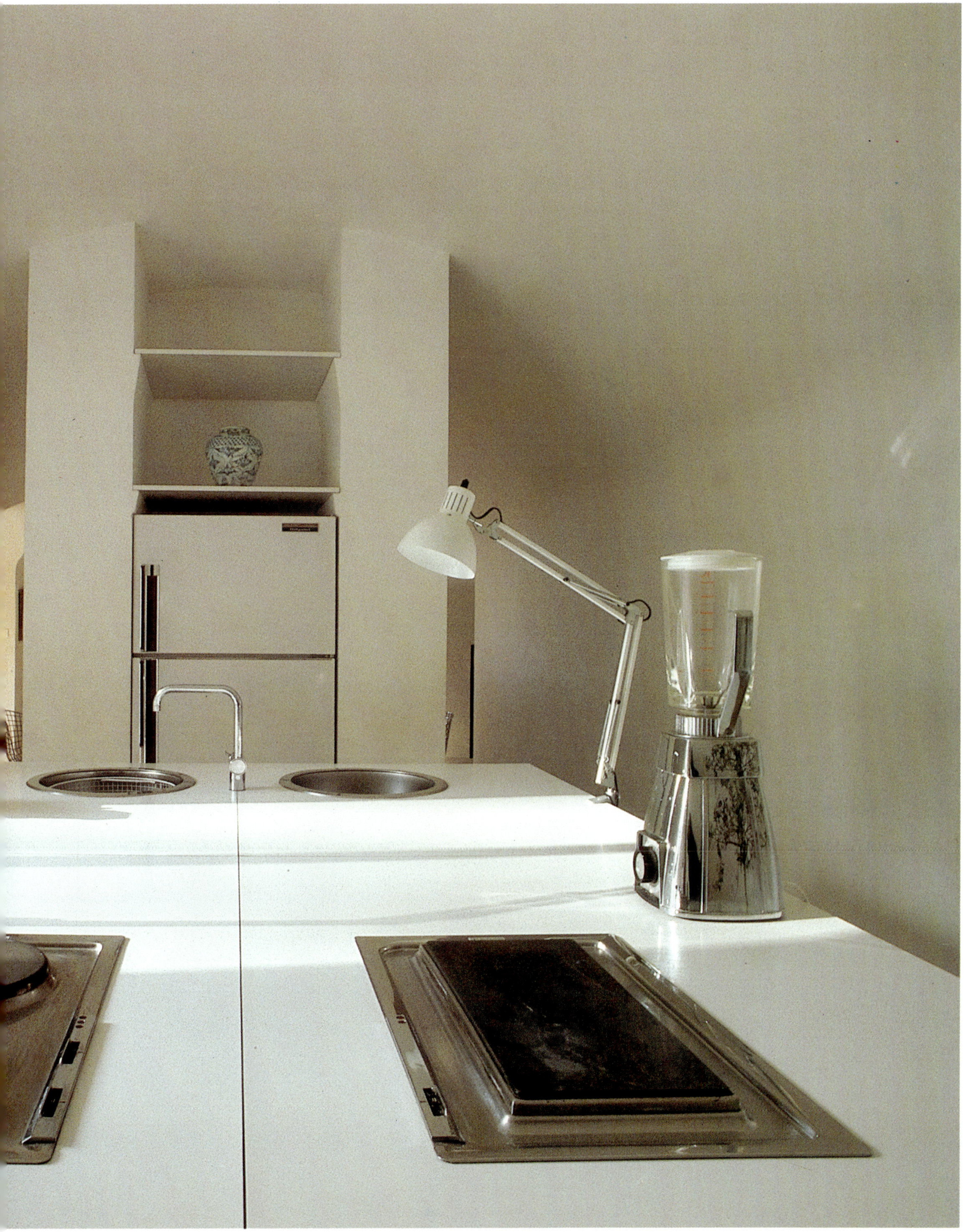

SICHERHEIT IM HAUS

Die meisten Menschen setzen in ihrem Haus Sicherheit als selbstverständlich gegeben voraus. Trotzdem ereignen sich gerade hier schwere Unfälle, von denen einige sogar tödlich enden. Mehr als die Hälfte der Unfälle mit tödlichem Ausgang sind laut Statistik das traurige Ergebnis von Stürzen, die in der Mehrheit Menschen über 65 betreffen. Tödliche Unfälle werden auch durch Brände, Vergiftung (durch Gas oder Dämpfe, Arzneimittel oder Chemikalien), Ersticken, Ertrinken oder Stromschlag verursacht. Abgesehen von diesen schrecklichen Unfällen benötigen jährlich Millionen Menschen ärztliche Hilfe oder müssen gar im Krankenhaus behandelt werden wegen Verletzungen, die sie sich zu Hause zugezogen haben. Die meisten Unfälle davon hätten sich sicherlich vermeiden lassen.

Sie sind dafür verantwortlich, Unfällen in Ihrem Haus vorzubeugen. Vorbeugung beginnt bereits bei der Planung: suchen Sie Baustoffe, Einrichtungsgegenstände und Haushaltsgeräte danach aus, wie sicher sie sind – z. B. flammensichere Anstriche und Polsterbezüge, auf ihre Sicherheit überprüfte Elektrogeräte, rutschfeste Bodenbeläge usw. In vielen Ländern haben Verbraucherschutzorganisationen gesetzlich verankerte Sicherheitsnormen durchgesetzt; kaufen Sie also nur noch Geräte, die diesen Mindestvoraussetzungen entsprechen, denn nur, wenn wir als Verbraucher auch weiterhin darauf bestehen, werden Hersteller und Designer ihre Produkte auf Sicherheit hin auslegen. In der Regel geht Sicherheit auch nicht zu Lasten des Aussehens; bei Produkten mit gutem Design ist auch der Faktor Sicherheit berücksichtigt.

Der äußere Zustand

Wenn Sie Ihr Haus in einem guten Zustand halten, können Sie in der Regel Unfälle durch herunterfallende Mauerteile, abbröckelnden Putz und dergleichen vermeiden. Richten Sie Ihr Augenmerk vor allem auf die Eingänge – ausreichende Beleuchtung und ebene, rutschfeste Treppen und Wege sind von größter Wichtigkeit.

Sie können als Hausbesitzer für Verletzungen anderer Personen auf Ihrem Grundstück verantwortlich gemacht werden – egal, ob es sich dabei um Familienmitglieder, gebetene oder ungebetene Gäste handelt.

Sicherheit im Haus

Auch im Inneren Ihres Hauses machen sich sorgfältige Instandhaltung und Planung bezahlt. Schenken Sie dabei der Heizung und der elektrischen Anlage besondere Aufmerksamkeit.

Belüftung

Ausreichende Belüftung ist wichtig, da zum Verbrennen aller Brennstoffe Sauerstoff nötig ist und Nebenprodukte des Verbrennungsvorgangs abgeführt werden müssen. Dabei reichen offene Schornsteine für Öl-, Kohle- oder Holzbrenner nicht aus; da hier Kohlenmonoxid und Schwefeldioxid entstehen, ist ein geschlossenes System nötig. Bei Gasbrennern muß ein Rauchabzug vorhanden sein, durch den Luft angesaugt wird und Abgase ausgestoßen werden.

Sorgen Sie dafür, daß Schornsteine und Ventilatoren in Ordnung sind.

Unzureichende Belüftung wird nicht immer deutlich bemerkbar. Einen defekten Rauchabzug erkennen Sie an einer Verfärbung am oberen Ende des Gasbrenners. Oft können Sie sogar unangenehme Nebeneffekte wie z. B. Kopfweh verspüren.

Wichtig ist auch, daß Sie bei leicht entzündbaren Stoffen die Sicherheitsvorschriften beachten, mit denen geregelt wird, wo und wie sie gelagert werden sollen.

Gas

Abgesehen von Gefahren durch unzureichende Belüftung droht bei Gas auch die Gefahr einer Explosion. Falls die Gasleitung leck ist oder ein Gasofen versehentlich angeschaltet, aber nicht angezündet wird, sammelt sich Gas im Zimmer. Bereits ein kleiner Funke von einer brennenden Zigarette oder dem Ein- oder Ausschalten des Lichtes kann

Sicherheit außerhalb des Hauses
1 *Solides und intaktes Gefüge; gut befestigte Verkleidung, Dachziegel oder -platten, Schornsteine und Fernsehantenne; intakte Regenrinnen.*
2 *Gut angelegte Zugänge; intakte Stufen; rutschfeste, ebene Wege; ausreichende und geschickt angebrachte Außenbeleuchtung.*
3 *Türen mit Verbund- oder Sicherheitsglaseinsatz, damit man sich nicht an beschädigtem Glas verletzen kann.*
4 *Sicherer Aufbewahrungsort für leicht entzündbare Brennstoffe, gemäß den Sicherheitsbestimmungen.*
5 *Verschließbare Aufbewahrungsorte für Werkzeug, Farben usw.*
6 *Fenster in höheren Stockwerken sollten mit Riegeln versehen sein, die sich im Notfall leicht öffnen lassen.*
7 *Intakte Starkstromdosen im Freien für Verlängerungskabel und Elektrowerkzeug.*

das Gas-Luft-Gemisch entzünden und zur Explosion bringen.

In den meisten Gasherden ist eine Sicherheitsvorrichtung eingebaut, so daß die Gaszufuhr nicht geöffnet werden kann, ohne daß das Gas angezündet wird; dazu gehört ein Zündmechanismus, der mit einem elektrischen Zündfunken und nicht mit einer Zündflamme arbeitet.

Lassen Sie Gasherde und die Heizung nur von einem Fachmann einbauen und warten. Vergewissern Sie sich, daß Sie im Notfall wissen, wo die Gashauptleitung abgedreht werden kann, und daß diese leicht zugänglich ist.

Elektrischer Strom

Tödliche Unfälle im Haus durch Stromschlag sind zum Glück selten. Dagegen stellen Brände, die durch Fehler in der Verkabelung, Überlast, Überhitzung oder fehlerhafte Isolierung entstehen, eine sehr reale Gefahr dar.

Vergewissern Sie sich, daß die gesamte elektrische Anlage und die einzelnen Geräte in Ordnung sind.

Elektrische Anlagen müssen den Sicherheitsvorschriften entsprechen und sollten daher von einem Fachmann installiert werden. Lassen Sie Ihre Anlage alle fünf Jahre überprüfen und nach ca. 20 Jahren erneuern. Falls in Ihrem Haus die Leitungen, Schalter und Sicherungen völlig chaotisch installiert sind, ist die Anlage wahrscheinlich alt, und es ist Vorsicht geboten.

Bei der Planung der Anlage sollten Sie für jedes Zimmer ausreichend Steckdosen vorsehen. Durch Zwischenstecker und herumliegende Verbindungskabel entstehen leicht Unfälle. Fehlt es in einem Haus an genügend Steckdosen, war die Planung schlecht.

Defekte an elektrischen Leitungen können auch durch Nagetiere verursacht werden. Wird von Kabeln die Isolierung aus Kunststoff entfernt, kann es zu Stromschlägen, zum Durchbrennen von Sicherungen und unter Umständen sogar zu Bränden kommen. Es ist also ratsam, in alten Häusern regelmäßig die elektrische Anlage überprüfen zu lassen, vor allem, wenn Sie wissen, daß Sie Mäuse oder Ratten im Haus haben.

Elektrogeräte sollten immer der Anleitung des Herstellers entsprechend gehandhabt werden. Vergewissern Sie sich, daß die Stecker richtig verkabelt sind und die Anschlußkabel fest am Gerät befestigt und in einwandfreiem Zustand sind. Achten Sie darauf, daß die Steckdosen mit entsprechenden Sicherungen abgesichert sind.

In vielen Ländern gibt es verschiedene Normen, Steckdosen und Stecker; zudem hat der Strom aus der Steckdose in verschiedenen Ländern unterschiedliche Spannung und Frequenz. Daher können Elektrogeräte, die in einem Land hergestellt wurden, oft nicht in anderen verwendet werden, ohne Überhitzung zu riskieren.

Wenn zu viele Verbraucher mit einem Stromanschluß verbunden sind, kann es zu Überlastung kommen. Vor allem Fernsehgeräte können sich überhitzen, wenn Sie sie immer angeschlossen lassen, auch wenn sie gar nicht angeschaltet sind. Elektrowerkzeuge, mit denen sie viel im Freien arbeiten, sollten mit wasserfesten, strapazierfähigen Kabeln und Steckern ausgestattet sein.

Das Badezimmer ist der Ort in Ihrem Haus, an dem die Gefahr eines Stromschlags am größten ist. Seien Sie daher hier besonders vorsichtig, und beachten Sie peinlich genau die Sicherheitsbestimmungen etwa für Steckdosen und Anschlüsse und für die Stromversorgung von Waschmaschinen und ähnlichem.

Fußböden

Stürze stellen im Haus die größte Gefahr dar; sie werden oft durch Bodenunebenheiten, lockere Fliesen, ausgefranste Teppiche oder auf dem Boden nicht gut befestigte Läufer verursacht. Sorgen Sie daher dafür, daß alle Böden in Ihrem Haus – vor allem aber auf den Treppen – eben, rutschfest und in gutem Zustand sind. Falls Sie Wert auf gebohnerte Böden legen, verwenden Sie rutschfestes Wachs und mit einer Gummiunterlage beschichtete Läufer. Sorgen Sie dafür, daß unebene Stellen und Stufen gut beleuchtet sind.

Aufbewahrungsmöglichkeiten

Durch vollgestopfte oder schlecht angelegte Aufbewahrungsmöglichkeiten können Unfälle und Brände entstehen; zudem ist dies, vor allem in der Küche, meist unhygienisch. Sorgen Sie dafür, daß Gegenstände, die sehr hoch gestapelt oder irgendwo weit oben aufbewahrt sind, gefahrlos zugänglich sind, und bringen Sie dazu eine stabile Leiter oder Treppe mit Geländer an.

Verringern der Brandgefahr

Brände sind wahrscheinlich die am gefürchtetsten und verheerendsten Unfälle im Haus, da sie

Sicherheit im Haus
1 *Moderne und richtig geerdete Stromleitungen.*
2 *Fachmännisch verkabelte Stromleitungen, die alle fünf Jahre überprüft werden.*
3 *Genügend Steckdosen in allen Räumen.*
4 *Steckdosen mit Sicherheitsabdeckung im Bad.*
5 *Intakte und den Sicherheitsbestimmungen entsprechende Kabel, Steckdosen, Anschlüsse und Elektrogeräte.*
6 *Rauchabzüge und ausreichende Frischluftzufuhr für Gasbrenner und andere Heizgeräte.*
7 *Gasleitungen und -öfen.*
8 *Gashähne, die nicht versehentlich geöffnet werden können.*
9 *Ebene, rutschfeste Teppiche, Läufer usw.*
10 *Pflegeleichte Fußbodenbeläge.*
11 *Feuerhemmende Materialien an Wänden, Möbeln und Wandoberflächen.*
12 *Ein verschließbares Schränkchen für Arzneien und Chemikalien.*
13 *Aufbewahrungsorte für Reinigungsmittel, Streichhölzer usw. außerhalb der Reichweite von Kindern.*
14 *Trockene Aufbewahrungsmöglichkeiten für Lebensmittel.*

das Leben der Bewohner, deren Besitztümer und das gesamte Haus bedrohen. Dabei geht von Rauch und giftigen Dämpfen mehr Gefahr aus als von der Hitze und den Flammen.

In Wohnhäusern beginnen die meisten Brände in der Küche, wo sie oft durch Öl entstehen, das zu lange unbeaufsichtigt in einer Pfanne erhitzt wurde. Öl entzündet sich nämlich selbst, wenn es eine bestimmte Temperatur erreicht – seien Sie daher beim Fritieren besonders vorsichtig. Andere häufige Ursachen für Brände sind brennende Zigaretten, mit Streichhölzern spielende Kinder und Defekte in der elektrischen Anlage und Elektrogeräten.

Bestimmte Baustoffe brennen besonders leicht; so ist z. B. bei einem Haus aus Holz größere Vorsicht geboten als bei einem aus Ziegeln und Mörtel. In vielen Ländern ist gesetzlich geregelt, welche Baustoffe wo und wie verwendet werden dürfen.

Auch die Anlage eines Hauses oder einer Wohnung hat Einfluß darauf, wie sich ein Brand ausbreitet. Es wäre prinzipiell am günstigsten, einen Brand an der Stelle einzudämmen, wo er beginnt; was allerdings bei einer offenen Bauweise schwierig ist. Die heute erhältlichen feuerhemmenden Materialien für Innenwände, Türen und Anstriche sorgen dafür, daß es ca. eine halbe Stunde dauert, bis z. B. eine feuerhemmende Tür durchgebrannt ist. Türen, die nicht aus solchen Stoffen sind, halten Feuer und Rauch nur kurze Zeit auf. Stellt in einem Haus mit mehr als zwei Stockwerken das Treppenhaus die einzige Fluchtmöglichkeit dar, ist es ratsam, um das Treppenhaus herum nur Wände und Türen aus feuerhemmenden Stoffen anzubringen. Beachten Sie auf jeden Fall alle Auflagen, die die Anlage eines Hauses und Veränderungen daran betreffen.

Falls Sie nicht gerade außergewöhnlich weit von der nächsten Feuerwache entfernt wohnen, empfiehlt es sich nicht, in komplizierte Feuerlöschgeräte zu investieren. Zum einen eignen sich die meisten Feuerlöscher nur für kleinere Brände, und zum zweiten müssen verschiedene Stoffe auf verschiedene Weise gelöscht werden. Und selbst wenn sie den entsprechenden Feuerlöscher hätten, wüßten die meisten von uns wahrscheinlich nicht, wie man ihn benutzt.

Es wäre allerdings empfehlenswert, in der Küche eine feuerfeste Decke aufzubewahren; damit lassen sich Brände, die vom Herd ausgehen, z. B. Ölbrände, schnell ersticken. Diese Decken sind meist aus Glasfiber, schmelzfestem Polyamid oder besonders behandelter Wolle. Im Fachhandel kaufen.

Es gibt verschiedene Arten Feuerlöscher, die alle nur für bestimmte Brandarten geeignet sind. Falls Sie welche für Ihr Haus anschaffen wollen, haben Sie die Wahl zwischen:

Feuerspritzen sind Löschgeräte, mit denen Wasser unter Druck auf den Brandherd gespritzt wird. Sie sind sehr wirksam bei normalen brennbaren Materialien wie Holz, Papier oder Stoff, eignen sich aber nicht für Brände in Elektrogeräten, die unter Strom stehen, oder für leicht entzündbare Flüssigkeiten.

Schaum- und Pulverlöschgeräte sind sehr wirksam bei leicht entzündbaren Flüssigkeiten wie Öl oder Alkohol, hinterlassen aber beträchtlichen Schmutz.

Kohlendioxid- oder Halonlöschgeräte eignen sich für Brände, die in elektrischen Geräten entstehen, da das Löschmittel – ein Gasgemisch – die Geräte nicht angreift. Gehen Sie allerdings vorsichtig mit diesen Löschgeräten um, da die Löschmittel giftig sind oder zum Erstickungstod führen können.

Alarmanlagen

Die Rauchmelde- und Sprinkleranlagen, die heute in vielen Büros und öffentlichen Gebäuden installiert sind, sind in der Regel zu teuer und zu groß für ein Wohnhaus; in manchen Fällen sind kleinere Alarmanlagen jedoch vorgeschrieben. Dafür gibt es bereits recht preiswerte batteriebetriebene Rauchmelder, bei denen ein lautes Warnsignal ertönt, sobald der eingebaute Mechanismus Rauch registriert oder – bei einigen Versionen – auch sobald die Batterie schwach wird. Diese Rauchmelder lassen sich leicht an strategischen Punkten an der Decke oder der Wand anbringen – es ist jedoch ratsam, sie nicht in der Küche einzubauen, da sie sonst jedesmal, wenn etwas anbrennt, Alarm schlagen.

Fluchtwege

Sorgen Sie in Ihrem Haus für geeignete Fluchtwege, vor allem von den oberen Etagen aus und mit Rücksicht auf sehr junge und auf nicht mehr besonders flinke Familienmitglieder. In einigen Ländern ist sogar eine Feuertreppe vorgeschrieben.

Die meisten Fluchtvorrichtungen sind zu kompliziert und zu langsam. Außen angebrachte Feuerleitern sind zwar auch für

Brandschutz
1 *Gekehrte Schornsteine.*
2 *Feuerhemmende Zimmerdecken.*
3 *Schutzgitter vor offenen Kaminen und Heizgeräten.*
4 *Feuerhemmende Nachtwäsche.*
5 *Fluchtwege.*
6 *Streichhölzer immer außerhalb der Reichweite von Kindern.*
7 *Mit Thermostat geregelte Friteuse.*
8 *Brandschutzdecke in der Nähe des Herdes.*
9 *Trockner außerhalb des Bereichs von Heizgeräten.*
10 *Am Herd keine Vorhänge, sondern Rollos.*
11 *Gewartete Heizgeräte und Boiler.*
12 *Gewartete Gasöfen und -herde.*

13 *Feuerhemmende Tür zum Treppenhaus.*
14 *Feste Heizkörper im Flur.*
15 *Sicherer Ort für leicht entzündbare Materialien.*
16 *Vorm Weggehen alle Stecker aus Dosen ziehen.*
17 *Feuerhemmende Polsterbezüge.*
18 *Genügend Steckdosen in allen Räumen.*
19 *Im Bett nicht rauchen.*
20 *Anleitung für Heizkissen usw. befolgen.*
21 *Ausreichender Stauraum.*
22 *Batteriebetriebene Feuermelder.*
23 *Überprüfte elektrische Anlage.*

Kinder, ältere oder in Panik geratene Menschen leicht zu bewältigen; sie sind aber recht teuer und laden Einbrecher geradezu ein. Als günstigster Fluchtweg bietet sich das Treppenhaus an; dazu müssen aber die umgebenden Wände, Türen und Anstriche aus feuerhemmenden Materialien sein.

Wieviele Tragödien haben sich schon ereignet, weil von Feuer Eingeschlossenen der letzte Ausweg, das Fenster, versperrt war durch zu kleine Fensteröffnungen, Gitter oder zu widerstandsfähige Fensterscheiben. Sorgen Sie daher dafür, daß jedes Zimmer, vor allem Schlafzimmer, mindestens ein Fluchtfenster haben.

Vorkehrungen in den Räumen

Gänge, Treppen und Treppenabsätze

Hier sollten Sie unnötig herumstehende Dinge entfernen, um Stürze zu verhindern; das bedeutet: gut befestigte Läufer, keine ausgefransten Teppiche oder lose Teppichstäbe.

Bestehen Sie darauf, daß Ihre Kinder keine Spielsachen auf den Treppen und keine Fahrräder in den Gängen liegen lassen. Sorgen Sie dafür, daß die Stufen und die Treppengeländer in Ordnung sind. Da die Treppen auch als Fluchtweg dienen, ist eine gute Instandhaltung von größter Wichtigkeit.

Wohn- und Eßzimmer

Hier ist die offensichtlichste Gefahrenquelle der offene Kamin; befestigen Sie daher z. B., bevor Sie das Zimmer für längere Zeit verlassen, ein Schutzgitter vor dem Kamin. Brandgefahr droht auch durch Nachlässigkeit beim Rauchen, durch zu wenig Steckdosen oder herumliegende oder nicht intakte Kabel. Moderne Polsterungen, etwa aus aufgeschäumtem Polyurethan fangen leicht Feuer und geben giftige Dämpfe ab; dies läßt sich durch besonders behandelte Bezüge oder Polsterstoffe vermeiden. Schaffen Sie am besten nur Möbel aus flammhemmenden Materialien an, oder behandeln Sie sie mit einem flammhemmenden Imprägnierspray.

Küchen

Die meisten Unfälle in einem Haushalt geschehen in der Küche. Durch gut angebrachte Arbeitsflächen, leicht zu reinigende Oberflächen und ausreichende Ablagen können Sie viele Gefahrenquellen ausräumen.

Am unfallträchtigsten ist das Fritieren. Wenn Sie oft fritieren, ist eine elektrische, durch einen Thermostat geregelte Friteuse oder ein anderes sicheres Fritiergerät ratsam.

Andere häufige Unfälle sind Verbrennungen und Verbrühungen; davon sind besonders auch Kinder betroffen. Die Gefahr für Ihre Kinder können Sie durch um die Herdplatten angebrachte Schutzleisten und breite Töpfe, die nicht so leicht umkippen, verringern. Kochen Sie zudem, wenn Kinder in der Küche sind, nur auf den hinteren, für Kinder schlecht erreichbaren Platten.

In der Küche werden heute immer mehr Elektrogeräte verwendet; sorgen Sie daher für genügend Steckdosen, und benutzen Sie nur intakte Geräte. Passen Sie auch auf, daß Kabel nicht in der Nähe von Wärmequellen liegen, da sie dort leicht verschmoren. Achten Sie auch auf ausreichende Belüftung und darauf, daß Öfen und Heizgeräte über einen geeigneten Abzug verfügen.

Schlafzimmer

Ihr Schlafzimmer ist so lange sicher, wie Sie dort nicht rauchen!

Sorgen Sie dafür, daß die Elektrogeräte intakt sind und daß genügend Steckdosen vorhanden sind, damit wenig Kabel herumliegen. Verwenden Sie Heizkissen entsprechend der Gebrauchsanweisung, und lassen Sie sie regelmäßig überprüfen.

Vorsicht ist auch geboten, wenn Sie einen Heizstrahler im Schlafzimmer stehen haben – Kleider, die nahe an einem Heizstrahler liegen, können leicht Feuer fangen; dies gilt auch für einen Schal o. ä., der um eine Lampe gewickelt wurde, um das Licht etwas zu dämpfen.

Badezimmer

Sicherheit im Badezimmer erreichen Sie vor allem durch richtigen Umgang mit elektrischen Geräten. Wasser, Strom und Menschen können eine tödliche Mischung ergeben; daher ist in den meisten Ländern streng geregelt, welche Steckdosen und Schalter verwendet, wo Heizgeräte aufgestellt werden dürfen usw.

Durch rutschfeste Böden und Griffe z. B. über der Badewanne verringern Sie das Risiko eines Sturzes, vor allem für ältere Menschen. Rutschfeste Beläge sind besonders auch in Duschen und Wannen zu empfehlen. Achten Sie zudem darauf, daß Sie Arzneimittel und chemische Mittel für den Haushalt immer sicher verschlossen aufbewahren.

SICHERHEIT BEI ARBEITEN AM HAUS

- Lassen Sie größere Arbeiten an Gas- und Stromleitungen nur von einem Fachmann durchführen.
- Vergewissern Sie sich bei allen Arbeiten an der elektrischen Anlage, daß die Sicherung herausgedreht ist.
- Planen Sie vorausschauend – Unfälle geschehen oft da, wo man darauf nicht vorbereitet ist.
- Verwenden Sie immer die richtigen und intakten Werkzeuge und nur entsprechend der Bedienungsanleitung.
- Räumen Sie nach den Arbeiten auf, sperren Sie gefährliche Dinge weg, und hinterlassen Sie keine Schutthaufen, über die man stolpern kann.
- Rauchen Sie nicht beim Arbeiten.
- Sorgen Sie dafür, daß sich Kinder nur in sicherem Abstand aufhalten.
- Bringen Sie älteren Kindern den richtigen Umgang mit Werkzeugen und gefährlichen Materialien bei, und sorgen Sie dafür, daß sie sie nur unter Aufsicht Erwachsener benutzen.
- Überlegen Sie zuerst, bevor Sie etwas tun. Es ist immer frustrierend, wenn man Fehler macht oder etwas schiefgeht. Bleiben Sie ruhig!
- Vermeiden Sie unnötige Risiken, und wenden Sie sich an einen Fachmann, wenn Sie irgendwo unsicher sind.
- Falls Sie viel selbst erledigen wollen, brauchen Sie eine entsprechend eingerichtete Werkstatt mit ausreichend Steckdosen und Beleuchtung, mit Ablagen und stabilen Arbeitsflächen, außerdem Schutzbrillen, Arbeitshandschuhe und Schutzbekleidung und vieles mehr.
- Bewahren Sie Werkzeug und Arbeitsmaterialien außerhalb der Reichweite von Kindern auf.
- Verwenden Sie nur intakte Leitern, und stellen Sie sie auf festem Untergrund und in sicherem Winkel auf. Beugen Sie sich nie zu weit vor.
- Gehen Sie sorgfältig mit Klebstoffen um.
- Verwenden Sie nur Elektrowerkzeuge mit intakten Kabeln und nur mit intakten Steckdosen und Sicherungen.
- Ziehen Sie den Stecker heraus, wenn Sie nicht damit arbeiten oder Teile auswechseln, und halten Sie Ihre Werkzeuge nie am Kabel.

  Vorsicht bei scharfen Schneidkanten, verwenden Sie scharfe Werkzeuge möglichst nur auf stabilen Werkbänken.
- Vergewissern Sie sich, daß da, wo Sie in Wänden oder Decken bohren wollen, keine Kabel oder Rohre sind.
- Steigen Sie, wenn Sie an höherliegenden Stellen, z. B. im Treppenhaus, arbeiten, auf stabile Leitern, Gerüste oder Plattformen. Klettern Sie in höheren Stockwerken nie auf Fensterbretter, ohne sich absolut zuverlässig abzusichern.
- Sorgen Sie dafür, daß, wenn Sie gefährliche Arbeiten erledigen, immer jemand dabei ist, der bei einem Unfall sofort Hilfe holen kann.
- Absolvieren Sie einen grundlegenden Erste-Hilfe-Kurs, und bewahren Sie in Ihrem Haus leicht erreichbar die allernotwendigste Erste-Hilfe-Ausrüstung wie Verbandmaterial, Desinfektionsmittel usw. auf.

Besondere Vorkehrungen

Für Babies, Kleinkinder und Kinder

Sicherheit für ein Baby, das noch zu klein ist, herumzukrabbeln oder sich aufzusetzen und sich für seine Umwelt zu interessieren, bedeutet vor allem Geborgenheit in einem warmen und sauberen Heim und ständige Beaufsichtigung durch eine liebevolle Person.

Sobald sich das Baby allein bewegen kann, ändert sich das. Es entwickelt rasch den Wunsch, alles zu erforschen; von da an müssen Sie achtgeben, daß es sich möglichst wenig verletzen und möglichst wenig Schaden an wertvollen Gegenständen anrichten kann. Kinder lernen meist recht schnell, was sie zu Hause gefahrlos tun können und was nicht; schwierig wird es nur, wenn Sie mit dem Kind z. B. bei Freunden sind. Bis zu einem Alter von fünf oder sechs Jahren ist für ein Kind nichts wichtiger als Beaufsichtigung; durch sorgfältige Planung können Sie sich das Beaufsichtigen allerdings erheblich erleichtern.

Stellen Sie alles, an das Kinder nicht herankommen sollen, in einer Höhe von mindestens einem Meter ab, d. h. außerhalb ihrer Reichweite, und sperren Sie alles, womit sie sich verletzen könnten, weg. Und denken Sie auch an Schutzkappen für Steckdosen. Sie ersparen sich viel Aufregung, wenn in den Zimmern, in denen sich Kinder aufhalten, alles auf Sicherheit hin ausgelegt ist; in Zimmer, in denen das nicht möglich ist, sollten Sie Ihre Kinder unter keinen Umständen hineinlassen.

Für ältere Menschen

Mehr als die Hälfte aller Unfälle mit tödlichem Ausgang im Haus treffen Menschen über 65 – für Menschen dieser Altersgruppe sind also Sicherheitsvorkehrungen besonders wichtig. Stürze sind hier die häufigsten Unfälle; achten Sie daher besonders auf ruschfeste Bodenbeläge und ausreichende Beleuchtung, zumal da Stürze bei älteren Menschen meist schlimmere Folgen haben als bei jüngeren.

Legen Sie bei der Planung der Küche besonderen Wert auf Sicherheit, weil hier viele Unfälle geschehen. Da mit zunehmendem Alter die Reaktionen langsamer werden und das Gedächtnis leichter nachläßt, ist es ratsam, Elektrogeräte zu verwenden, die automatisch geregelt werden, damit z. B. das Wasser im Kessel nicht verkochen kann.

SCHÄDLINGE UND PARASITEN

FLÖHE

Menschen-, Katzen- und Vogelflöhe kommen im Haus am häufigsten vor. Katzen- und Rattenflöhe befallen auch Menschen.

Schaden. Die Larven und Puppen leben auf Kosten des Wirts. Erwachsene Flöhe zeigen sich, sobald ein möglicher Wirt auftaucht; durch den Biß dieser blutsaugenden Tiere entstehen Hautreizungen. Katzenflöhe gedeihen besonders in Häusern mit Zentralheizung und vielen Teppichen.

Gegenmaßnahmen. Sprühen Sie gegen Larven Insektizide auf Teppiche und Polstermöbel und in Ecken und Spalten, und saugen Sie gründlich mit dem Staubsauger. Verbrennen Sie bei Katzenflöhen die Katzenstreu, und besprühen Sie die Schlafplätze der Katze. Behandeln Sie befallene Tiere mit Puder oder Shampoo. Entfernen Sie Vogelnester aus Dachrinnen und unter dem Dach.

WANZEN

Schaden. Nymphen und erwachsene Wanzen saugen Blut. Viele Menschen sind gegen die Bisse empfindlich. Wanzen findet man meist in schmutzigen, überfüllten Räumen; sie verbreiten einen üblen Geruch.

Gegenmaßnahmen. Lassen Sie Wanzen ausräuchern, oder besprühen Sie sie mit Insektiziden, wie z. B. Lindan. Wirtstiere für einige Wanzenarten sind Vögel und Fledermäuse – entfernen Sie daher Vogelnester aus Dachrinnen und unter dem Dach.

STECHMÜCKEN

Schaden. In Zonen mit gemäßigtem Klima führen die Bisse zu Hautreizungen. In tropischen Gegenden übertragen Stechmücken oder Moskitos Malaria, Gelbfieber, Enzephalitis und andere Krankheiten.

Gegenmaßnahmen. Verhindern Sie mit Fliegenfenstern oder Moskitonetzen, daß sie ins Haus gelangen. Gehen Sie gegen erwachsene Mücken mit Insektiziden, wie z. B. Pyrethrin oder Aerosolspray vor, und gießen Sie etwas Paraffin auf stehende Wasserflächen, so daß Puppen und Larven keine Luft mehr bekommen.

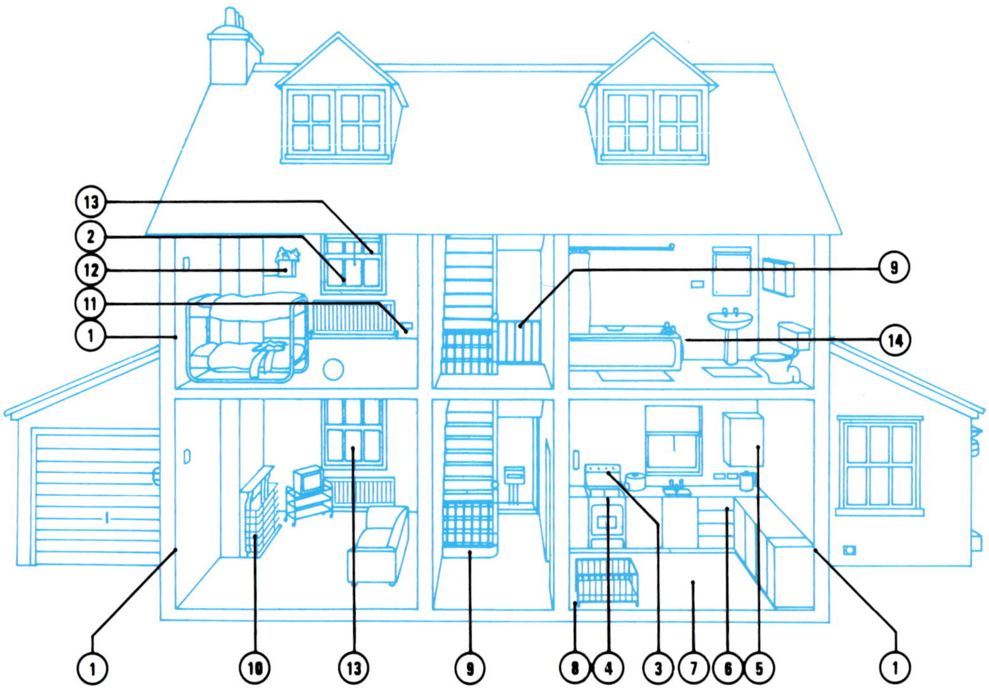

Sicherheit für Babys und Kleinkinder

1 *Alle Gegenstände, an die Kinder nicht herankommen sollen, in einer Höhe von mindestens 1 m aufbewahren.*
2 *An allen Fenstern Riegel bzw. Gitter.*
3 *Herdregler mit Sicherheitsschaltern; zudem außer Reichweite von Kindern.*
4 *Sicherheitsleisten um die Herdplatten.*
5 *Außer Reichweite angebrachte, verschließbare Orte für Arzneimittel, Reinigungsmittel usw.*
6 *Sichere Riegel an niedrigen Schrankfächern, in denen zerbrechliche oder gefährliche Dinge aufbewahrt werden.*
7 *Strapazierfähige Böden und Arbeitsflächen.*
8 *Eine Spielecke in der Küche abseits von Herd, Arbeitsfläche und Spülbecken.*
9 *Gitter an den Treppen, um Stürze zu verhindern.*
10 *Fest an der Wand befestigte Schutzgitter vor offenen Kaminen und Heizgeräten.*
11 *Sicherheitskappen für die Steckdosen.*
12 *Nachtlicht.*
13 *Sicherheitsfilm über Glasscheiben, um Schnittwunden an zerbrochenen Scheiben zu verhindern.*
14 *Rutschfeste Matten oder Sitzeinlagen in Badewannen und Duschen.*

SCHÄDLINGE, DIE DAS GEFÜGE DES HAUSES ANGREIFEN

NAGETIERE

Schaden. Mäuse hinterlassen bei der Suche nach Nahrung Exkremente und können Salmonellen und andere Krankheiten übertragen. Ratten, die in der Kanalisation, unter Abfallhaufen o. ä. leben, verbreiten schlimmere Krankheiten, wie z. B. Trichinose, auf Bauernhöfen möglicherweise auch Maul- und Klauenseuche. Im 14. Jahrhundert verbreiteten Rattenflöhe die Beulenpest in Europa, die es auch heute noch in Lateinamerika und Südostasien gibt.

Gegenmaßnahmen. Bewahren Sie Nahrungsmittel in Schränken und Behältern auf, die sicher vor Nagetieren sind. Bei starkem oder langanhaltendem Befall sollten Sie sich an einen Kammerjäger wenden.

FLIEGEN

Schaden. Sie ernähren sich von Lebensmitteln. Da sie nur einen Saugrüssel haben, zerkleinern sie Lebensmittel, um sie essen zu können, mit den Beinen, mit denen sie aber auch in Abfall, Unrat usw. herumwühlen. Stubenfliegen brüten auf verfaulenden, organischen Stoffen, Schmeißfliegen auf Fleisch oder Aas. Alle Fliegenarten können Magen-Darm-Entzündungen und Typhus übertragen, in wärmeren Regionen auch Ruhr, Bindehautentzündung, Cholera und Diphtherie.

Gegenmaßnahmen. Sorgen Sie vor allem für Hygiene – geben Sie Abfälle in geschlossene Beutel oder Mülleimer, und lassen Sie Lebensmittel im Sommer nicht frei herumliegen. Bringen Sie an den Fenstern Fliegengitter an, oder verwenden Sie Aerosolspray oder Fliegenfänger (z. B. mit Dichlorvos). Geben Sie im Herbst gegen Fliegen in den Staubsaugerbeutel vor dem Saugen Insektengift.

KAKERLAKEN

Schaden. Sie kriechen in der Nacht zum Fressen aus Spalten und Ritzen und hinterlassen übelriechende Exkremente und Speichel. Dies kann zu Lebensmittelvergiftungen und zur Übertragung von Infektionen in Küchen, Krankenhäusern und Gaststätten führen.

Gegenmaßnahmen. Kakerlaken bevorzugen warme Räume und verbreiten sich in Wohnblocks, Büros usw. Da die Insektizide in Verstecke gesprüht werden sollten, ist eine besondere Ausrüstung erforderlich – wenden Sie sich daher an einen Kammerjäger. Um auch Nymphen, die aus versteckten Eiern schlüpfen, zu vertilgen, sind Nachfolgebehandlungen notwendig.

LEBENSMITTEL-SCHÄDLINGE

wie z. B. Mehlkäfer, Bücherläuse, Getreidekäfer, Mehlmotten u. a.

Schaden. Diese Schädlinge ernähren sich von trockenen Lebensmitteln, wie Mehl, Nudeln, Instantsuppen, und verunreinigen Lebensmittel in Speisekammern, Küchenschränken usw.

Gegenmaßnahmen. Legen Sie vergiftete Köder aus, reinigen Sie die Speisekammer und die Schränke, und verwenden Sie Insektizidspray.

AASFRESSENDE SCHÄDLINGE

Schaden. Diese Schädlinge ernähren sich nicht nur von toten Tieren, wie z. B. Vögeln, sondern auch von Käse, Schinken, Speck usw.

Gegenmaßnahmen. Gehen Sie gegen diese Käfer und Würmer mit Insektiziden, wie z. B. Diazinon, vor, und entfernen Sie Vogelnester in Regenrinnen oder unter dem Dach.

AMEISEN

Schwarze Wegameisen

Schaden. Diese Ameisen übertragen keine Krankheiten; sie stürzen sich allerdings auf alles Süße.

Gegenmaßnahmen. Legen Sie mit Borsäure behandelte Köder vor die Eingänge des Baus, die dann im Nest verteilt werden; dadurch können Sie die ganze Kolonie vernichten. Oder verwenden Sie Insektizidspray.

Pharaoameisen

Schaden. Diese tropischen Ameisen breiten sich immer mehr auch in Europa aus. Sie können nur in Häusern mit Zentralheizung und hoher Luftfeuchtigkeit leben und ernähren sich von Protein. Pharaoameisen übertragen Infektions- und andere Krankheitserreger.

Gegenmaßnahmen. Da sie sehr klein (2 mm) sind und gut versteckt leben, sind sie schwer auszurotten. Kammerjäger benutzen meist Borsäurespray oder Köder.

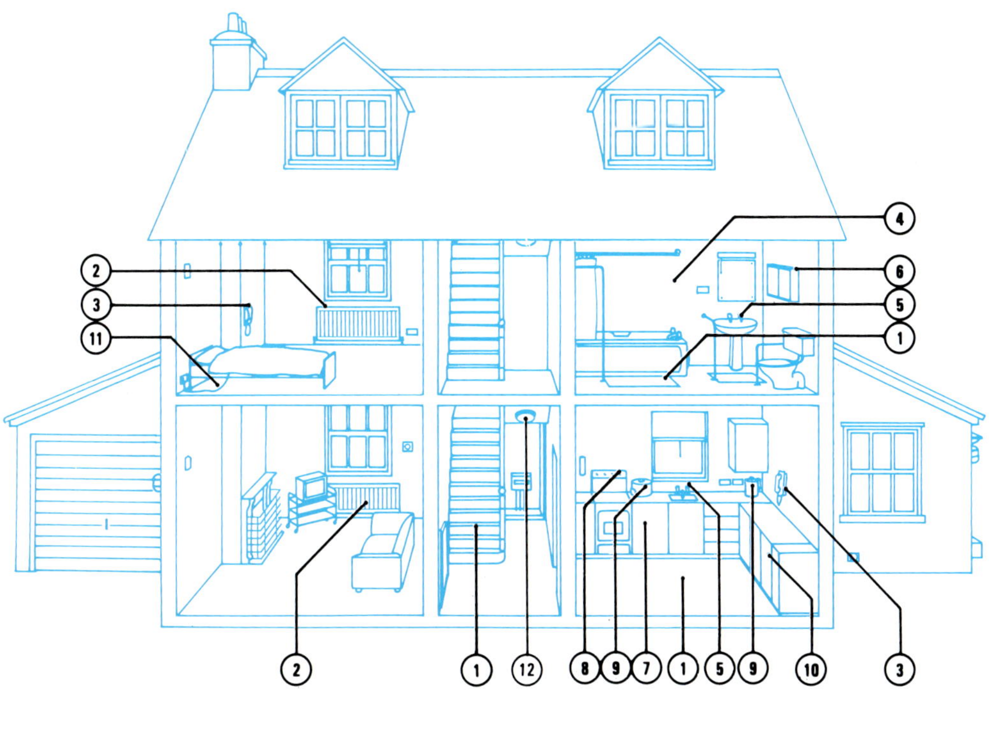

Sicherheit für ältere Menschen

1 *Ebene, rutschfeste und intakte Böden.*
2 *Effektive, automatisch geregelte Heizung und ausreichende Isolierung.*
3 *An einer zweckmäßigen Stelle angebrachte Türsprechanlage und Telefon, damit man nicht so hetzen muß, wenn es klingelt.*
4 *Im Bad rutschfeste Boden-, Wannen- und Duschbeläge und Haltegriffe.*
5 *Wasserhähne, die mit wenig Kraftaufwand betätigt werden können, z. B. mit Hebel.*
6 *Verschließbare Arzneischränkchen, die man auch mit zittrigen Händen öffnen kann.*
7 *Eine zweckmäßig eingerichtete Küche, in der man sich wenig bücken oder hochsteigen muß.*
8 *Leicht zu bedienende Herdschalter, die anzeigen, ob der Herd angeschaltet ist.*
9 *Küchengeräte, wie Teekessel oder Friteusen, mit selbsttätiger Regelung.*
10 *In zweckmäßiger Höhe angebrachte Küchenmöbel.*
11 *Benutzung von Heizkissen nur nach Bedienungsanleitung.*
12 *Ausreichende Beleuchtung – besonders an Treppen, um Stürze zu vermeiden, und im Wohnbereich für abendliche Beschäftigungen.*

BEHINDERTENGERECHTES BAUEN

Beim Bau eines Hauses jemanden, der irgendeine Art von Behinderung hat, zu berücksichtigen ist nicht viel anders als ein Haus den Eigenheiten einer gesunden Familie entsprechend anzulegen. Allein der Begriff »behindert« ist ja schon irreführend, da er eine so große Vielzahl an körperlichen und geistigen Zuständen bezeichnet; zudem wird eine Reihe von Behinderungen mit zunehmendem Alter fast schon die Regel.

Es ist vielleicht hilfreich, sich bei der Planung eines Hauses die Denkweise von Professor Heinz Woolf vom Institut für Biotechnik an der Universität von Brunel in England zu eigen zu machen. Für ihn unterscheidet sich ein älterer Mensch, der eine Hebevorrichtung braucht, um in die Badewanne zu steigen bzw. herauszukommen, in nichts von seiner Enkelin, die einen Hammer und Nägel braucht, um ein Regal aufzustellen – beide benötigen ein Werkzeug, um mit einem Problem fertigzuwerden. Das Bedürfnis des einen ist so normal wie das der anderen.

Heute sollten nur noch wenige Behinderungen ein wirkliches Hindernis für ein Zusammenleben mit der Familie und Freunden in einer Umgebung, die dem Bedürfnis nach Selbstverwirklichung entspricht, darstellen. Während der letzten zwei Jahrzehnte haben immer mehr Architekten und Konstrukteure begonnen, die Probleme, die bestimmte Behinderungen mit sich bringen, zu berücksichtigen. Daneben werden neue Techniken entwickelt und immer mehr auch Produkte hergestellt, die für Behinderte geeignet sind und sich leicht in ein Haus einbauen lassen. Einige Architekten und Hersteller sind sogar der Meinung, daß eine Einrichtung, die den Bedürfnissen Behinderter gerecht wird, auch für Nichtbehinderte besser ist – z. B. flache Hauszugänge anstelle von Treppen, oder Gänge und Türen, die für einen Rollstuhl breit genug sind, oder auf einer zweckmäßigen Höhe angebrachte Schalter.

Nicht nur ein Haus, in dem ein behinderter Mensch wohnt, muß entsprechend den Bedürfnissen seiner Bewohner angelegt werden, sondern ebenso jedes andere Haus. Mit dem Unterschied allerdings, daß bei Häusern für Behinderte ein höheres Maß an Präzision erforderlich ist. Die meisten Häuser werden auf ein Vorbild hin angelegt, das mit mehr oder weniger großer Genauigkeit eingehalten wird; beim Bau von Häusern, in denen bestimmte Behinderungen berücksichtigt werden müssen, ist der Spielraum viel geringer. Der Architekt John Penton, der sich besonders dem Bau von Wohnungen und Häusern für ältere und behinderte Menschen widmet, betont, wie wichtig eine genaue Analyse der Bedürfnisse jedes Hausbewohners ist. Dies sollte auch der Ausgangspunkt Ihrer Planungen sein.

Individuelle Planung

Jede Behinderung ist anders, zudem reagieren keine zwei Menschen auf dieselbe Behinderung gleich. Daher müssen bei der endgültigen Planung die Bedürfnisse des einzelnen berücksichtigt werden. Für Menschen, deren Behinderung von ihrem zunehmenden Alter herrühren und deren Charakter, Geschmack und Gewohnheiten schon mehr oder weniger fest sind, bedeutet die Behinderung eine Anpassung an neue Gegebenheiten; bei Menschen dagegen, die behindert geboren oder auf Grund von Krankheit oder durch einen Unfall behindert werden, müssen Sie meist radikalere Lösungen finden.

In beiden Fällen sollten Sie bei Ihrer Planung so genau wie möglich die Wünsche der behinderten Personen berücksichtigen. Überlegen Sie, ob und wie Ihr Haus oder Ihre Wohnung an die Bedürfnisse des Behinderten angepaßt werden könnte; und versuchen Sie sich vorzustellen, welche Unannehmlichkeiten und Schwierigkeiten sich im Alltag eines Behinderten ergeben könnten und wie man dem abhelfen könnte.

Im Gespräch mit Menschen, die ähnliche Probleme haben, entdecken Sie oft neue Gesichtspunkte. Beschäftigungstherapeuten können dazu beitragen, daß Behinderte die Grenzen ihrer körperlichen Fähigkeiten realistisch einschätzen lernen. Bei Organisationen, die sich auf die Betreuung von Menschen mit bestimmten Behinderungen konzentrieren, können Sie sich über Hilfsmittel und Umstellungsmaßnahmen beraten lassen. Sobald Sie die notwendigen Kriterien herausgearbeitet haben, ist es empfehlenswert, sich mit einem Architekten über Ihre Vorhaben zu unterhalten, bei schwereren Behinderungen auch mit dem Arzt der behinderten Person oder einer Behindertenorganisation.

Je ausgeklügelter die Hilfsmittel und je radikaler die Veränderungen sein müssen, desto teurer werden sie leider auch. So können nur wenige Familien ohne finanzielle Unterstützung eine ideale Umgebung für ein behindertes Kind schaffen. Es ist daher ratsam, sich bei karitativen Organisationen über eventuelle Ansprüche zu erkundigen, um zu erfahren, wo und wie Sie finanzielle Unterstützung erhalten, bevor die Durchführung Ihrer Pläne zu weit fortgeschritten ist. Bestimmte Behörden sind verpflichtet, unter bestimmten Bedingungen Unterstützung zu gewähren; auch von Krankenkassen erhalten Sie im Bedarfsfall Unterstützung. Der Bau von Wohnungen für Behinderte richtet sich nach der Vorschrift DIN 18025.

Selbständigkeit

Großen moralischen Auftrieb gibt Behinderten die Fähigkeit, den Alltag selbständig bewältigen zu können. Dies ist wahrscheinlich der wichtigste Faktor bei der Planung, durch den sich der Alltag eines Behinderten wesentlich verbessern läßt. Wie der Architekt Selwyn Goldsmith, der sich viel mit behindertengerechtem Bauen beschäftigt, festgestellt hat, reichen die Ansätze beim Bauen für Behinderte von Häusern, »in denen wir Menschen mit einer Behinderung beiseiteschieben«, bis zu solchen, »die zur Beteiligung und Selbstbestimmung Behinderter, zu Kommunikation und Verständnis, zu gegenseitiger Unterstützung und Rücksicht dienen«. Durch Vorkehrungen kann der Lebensraum Behinderter so gestaltet werden, daß er ihnen ein Höchstmaß an Selbständigkeit bietet.

Mit Hilfe der Mittel, die heute Kommunikation, Mobilität und Medizin zum Ausgleich bestimmter Behinderungen bereitstellen, sollten fast alle Behinderten ihre täglichen Arbeiten selbständig verrichten können – abgesehen von denen, die nur mit fremder Hilfe in ihren Rollstuhl bzw. wieder heraus gelangen.

Dazu sind in der Regel überraschend wenig größere Veränderungen nötig: bauliche Veränderungen sind meist nur da erforderlich, wo Türen und Gänge verbreitert werden müssen, damit sich auch ein Rollstuhl leicht manövrieren läßt. Einige für Behinderte durchgeführte Veränderungen wirken sich positiv auf alle Hausbewohner aus: ebene Fußböden mit rutschfesten Oberflächen; ausreichende und systematisch geordnete Aufbewahrungsmöglichkeiten; gute Beleuchtung, Heizung und Belüftung. Viele Geräte und Einrichtungsgegenstände, die bestimmten Behinderungen dienen, sind unauffällig und lassen sich überall leicht integrieren – besondere Sitzgelegenheiten zur Stütze bei Rückenschwächen; visuelle Signale gebende Telefone und Türglocken; Türgriffe und Wasserhähne, die auch Menschen mit wenig Kraft in den Händen betätigen können; Wecker, die für Taube wahrnehmbare Schwingungen aussenden usw. Viele alltägliche, die Arbeit erleichternde Geräte und Einrichtungsgegenstände erhöhen auch ohne besondere Anpassung die Anzahl der Arbeiten, die Behinderte selbständig erledigen können. Dazu sollten alle Steckdosen, Schalter und Griffe in einer Höhe angebracht sein, in der man sie von einem Rollstuhl aus, ohne sich zu bükken, erreichen kann.

Zu den Tätigkeiten, die Behinderte am schwersten allein ausführen können, gehört das aus dem Bett Kommen und Ankleiden. Eine große Erleichterung bietet oft ein Bett, bei dem sich die Matratze mit Hilfe von Schaltern so verstellen läßt, daß man leichter aus dem Bett steigen kann. An die Kleidung kommt man leichter heran, wenn sie auf ausziehbaren Kleiderstangen oder in durchsichtigen, in Schienen oder auf Rädern laufenden Schubladen aufbewahrt wird, die sich in passender Höhe aus dem Schrank ziehen lassen. Das Ankleiden geht leichter auf einer bequemen Sitzmöglichkeit in der richtigen Höhe; zum Anziehen von Schuhen und Strümpfen ohne fremde Hilfe gibt es eine Reihe raffinierter Hilfsmittel. Denken Sie auch an einen Stuhl vor einem gut beleuchteten Spiegel, damit man sich die Haare bequem bürsten und das Make up auflegen kann.

Schwierig wird es für Behinderte auch im Badezimmer. Zum einen sollte das Badezimmer nicht zu weit vom Schlafzimmer entfernt sein. Zum anderen sollte im Badezimmer für ausreichend Bewegungsfreiheit gesorgt und der Bodenbelag rutschfest sein. In vielen Fällen müssen zusätzlich nur noch gut plazierte und lange Griffe am Rand der Badewanne angebracht und der Toilettensitz erhöht und mit Handstützen ausgestattet werden; eventuell muß auch das Waschbecken etwas niedriger gesetzt werden. Sehr hilfreich für viele ältere Menschen sind besondere Sitzmöglichkeiten in der Badewanne und Wasserhähne, die man ohne großen Kraftaufwand drehen oder sogar über Schalter bedienen kann.

Rollstühle

Die radikalsten und damit teuersten Veränderungen sind die, mit denen ein Haus oder eine Wohnung an die Anforderungen eines Rollstuhlfahrers angepaßt werden muß. Schließlich benötigt man zum Herumfahren mit einem Rollstuhl mehr Platz als zum Gehen.

Welche Veränderungen notwendig sind, hängt davon ab, ob sie für jemanden vorgenommen werden müssen, der ständig an einen Rollstuhl gefesselt ist, oder für jemand, der im Haus relativ mobil ist und nur außer Haus einen Rollstuhl braucht. Bei Häusern für Menschen, die an den Rollstuhl gefesselt sind, muß innerhalb des Hauses für ausreichend Platz auf den Gängen und in den Räumen und eventuell für besondere Transportmöglichkeiten gesorgt werden. Bei weniger vom Rollstuhl Abhängigen muß lediglich genügend Platz vorhanden sein, damit sie mit dem Rollstuhl aus dem Haus bzw. hineinfahren können. Bei jedem einzelnen Fall gibt es natürlich unterschiedliche Probleme und Lösungen; grundsätzlich gelten aber einige Punkte, die auf jeden Fall berücksichtigt werden sollten.

Zunächst wären da einige wichtige Abmessungen: der Zwischenraum bei offenen Türen sollte mindestens 775 mm betragen; ein durchschnittlich großer Rollstuhl hat einen Wendekreis von ca. 1,50 m Durchmesser, bei größeren beträgt er mehr. Diese Abmessungen müssen bei der Anlage von Gängen, Küchen, Badezimmern, Schlafzimmern und anderen Räumen gegeben sein, in denen sich der Behinderte mit dem Rollstuhl bewegt und aus dem bzw. in den Stuhl steigt oder gehoben wird.

Außerdem sollten die Treppen innerhalb des Hauses so weit wie möglich entfernt werden. Am besten wäre es, wenn sich Eingang, Wohnzimmer, Küche, Badezimmer und das Zimmer des Behinderten in einem Stockwerk befänden. Eventuell können ein zusätzliches Schlafzimmer und ein Badezimmer im Erdgeschoß angebaut werden; falls dafür kein Platz ist, kann auch ein Aufzug eingebaut werden, mit dem der Rollstuhl zwischen den Stockwerken hin- und hertransportiert werden kann. Dann sollte jedoch in jedem Stockwerk ein Badezimmer oder zumindest eine Toilette sein.

Sorgen Sie auch für einen bequemen Eingang. Falls Sie einen neuen Eingang anlegen, sollte er mit einer bündigen Schwelle ausgestattet sein. Die Vordertreppe sollte durch eine Rampe ersetzt werden, allerdings höchstens mit einer Steigung von 8 bis 9 Prozent; oft läßt sich der Hintereingang leichter umbauen. Eventuell kann auch außen ein Aufzug angebaut werden, wenn dafür genügend Platz ist.

Ein weiterer wichtiger Punkt ist die Garage. Zum einen sollte es einen direkten ebenen und überdachten Zugang vom Haus zur Garage geben; zum anderen sollte die Garage geräumig genug sein, damit man bequem vom Rollstuhl ins Auto wechseln und den Rollstuhl ins Auto befördern kann.

Wie und mit welchen Hilfsmitteln ein Behinderter aus bzw. in seinen Rollstuhl kommt, hängt von seiner Behinderung ab; in schweren Fällen kann sogar ein Lifter nötig sein. In jedem Fall sollte im Badezimmer genügend Platz sein, damit man vom Rollstuhl aus leicht in die Badewanne, unter die Dusche oder auf die Toilette gelangt.

Achten Sie darauf, daß in der Küche die Arbeitsflächen, die Geräte und die Küchenschränke vom Rollstuhl aus leicht zugänglich sind. Überlegen Sie auch genau, wieviel Bodenfläche frei bleiben muß, damit genügend Bewegungsfreiheit für den Rollstuhl bleibt; lediglich bei einer Küche für zwei Personen ist nicht so viel Platz notwendig – so lange man vorwärts mit dem Rollstuhl hinein- und rückwärts wieder hinausfahren kann. Am günstigsten wäre eine Küche, bei der die erforderlichen Geräte, Einrichtungsgegenstände und Arbeitsflächen in L-Form angeordnet sind und so viel Platz ist, daß der Rollstuhl bequem um 180° gedreht werden kann.

Hilfsmittel und Wirkungskreis

Neue technische Entwicklungen, vor allem auf dem Gebiet der Elektronik und der neuen Medien, revolutionieren die Hilfsmittel für Menschen mit besonderen Bedürfnissen und ermöglichen ihnen, Dinge zu tun, die noch vor kurzem für sie undenkbar waren. Zumindest rein theoretisch kann heute jeder mit Hilfe eines Computers und moderner Informationstechnik senden und empfangen, Verbindung mit Datenbanken aufnehmen, Hilfe herbeiholen, neue Fähigkeiten erlernen, auf seine unmittelbare Umgebung einwirken, Einkäufe tätigen und Bankangelegenheiten erledigen.

Zudem hat sich eine neue Denkweise entwickelt, die darauf abzielt, Behinderten genügend Selbständigkeit und Freiheit zu geben, damit sie ein normales Leben führen können. Dadurch wurden auch neue Einstellungen und Ansätze eröffnet, die Behinderte ermutigen, sich Tätigkeiten, die für Gesunde alltäglich sind, wie Kochen und Gartenarbeiten zuzutrauen.

Mobilität

Wie selbständig ein Mensch ist, hängt davon ab, inwieweit er sich, wann und wohin er (innerhalb vernünftiger Grenzen) will, bewegen kann, ohne auf fremde Hilfe angewiesen zu sein. Der Durchbruch für die Menschen, die jemand brauchen, der sie führt, ihren Rollstuhl schiebt oder sie auch nur eine kurze Strecke fährt, ist geschafft, wenn sie das alles alleine können.

Die meisten kleinen Fahrzeuge und motorisierten Rollstühle werden von einem Elektromotor mit einer aufladbaren Batterie angetrieben. Diese Fahrzeuge haben wegen der Batterie eine geringe Reichweite, sind aber sehr leise und lassen sich leicht steuern – notfalls sogar mit einer Hand. Die heute weitverbreiteten leichten Rollstühle, die ursprünglich für Sportzwecke entwickelt wurden, sind sehr beweglich. Einige Rollstühle sind bereits mit Vorrichtungen ausgestattet, mit denen sich bis zu 125 mm hohe Stufen oder Randsteine bewältigen lassen; außerdem gibt es auch tragbare Rampen zum Zusammenklappen und Aufzüge in und außerhalb von Häusern.

Serienautos können vom Hersteller an die Bedürfnisse eines Behinderten angepaßt werden; entsprechende Modelle können auch von darauf spezialisierten Firmen z. B. mit einem höheren Dach oder einer hydraulischen Rampe ausgestattet werden, so daß sich ein Rollstuhl ohne Schwierigkeiten in das Fahrzeug heben und dort befestigen läßt. Einige Firmen liefern auch Fahrzeuge mit besonderen Merkmalen für bestimmte Behinderungen, so daß man z. B. im Rollstuhl sitzend Auto fahren kann.

Kommunikation

Auf diesem Gebiet wurden in den letzten zehn Jahren sehr viele neue Hilfsmittel für Behinderte in Schrift oder Sprache übersetzt und mit Computerprogrammen verbunden; Sprache kann visuell dargestellt und Telefongespräche können über Sichtgeräte geführt werden. Mit Hilfe phantasievoller Lernprogramme können behinderte Kinder ihre Fähigkeiten optimal nutzen lernen. Tastaturen können auf verschiedene Arten – sogar durch Augenzwinkern – aktiviert werden, und bald wird es auch möglich sein, Sprachsynthesizer im täglichen Leben zu benutzen.

Mikroprozessoren haben vieles möglich gemacht: elektronische Alarmvorrichtungen, auf Blinzeln ansprechende Schaltsysteme, Thermometer mit Sprachausgabe für Blinde und eine Reihe von Hilfsmitteln beim Telefonieren (Geräte mit induktiver Kopplung, Hörer mit Blinklicht und Verstärker oder auch drahtlose Telefone) sind nur einige Beispiele für weitverbreitete und preisgünstige Geräte.

Sitzgelegenheiten

Vollkommen auf ihre Person abgestimmte Stühle, in denen schwerbehinderte Kinder ohne fremde Hilfe sitzen können, unterstützen deren körperliche Entwicklung. Auch weniger spezialisierte Hersteller berücksichtigen bei der Konstruktion neuer Stühle ergonomische Prinzipien. In England hat ein Hersteller sogar von einer Anzahl Menschen mit Rükkenbeschwerden Gipsabdrücke von deren Rücken genommen und die dabei gewonnenen Erkenntnisse in die Konstruktion zweier Stühle, die an die Rückenform großer und kleiner Menschen angepaßt sind, einfließen lassen.

In Dänemark wurde ein Stuhl entworfen, der sich an die Bedürfnisse des einzelnen anpassen läßt. Dieser Stuhl wird entsprechend der Gestalt des Besitzers aus austauschbaren Teilen zusammengebaut. Dabei läßt sich der Sitz über einen Elektromotor schräg stellen, damit man leichter aufstehen kann; der gesamte Stuhl kann auch in Höhe und Neigung verstellt werden, und zusätzlich gibt es eine große Auswahl an Rückenlehnen und Armstützen.

Kochen

Unabhängig von den notwendigen Anpassungen sollte die Küche grundsätzlich um das Spülbecken, den Herd und die Küchenmöbel herum angelegt sein (siehe dazu: Küchen). Welche Veränderungen notwendig sind, hängt davon ab, wer in der Küche arbeitet, und von der Art der Behinderung dieser Person(en).

Einige Veränderungen für Behinderte kommen auch den übrigen Mitgliedern des Haushaltes zugute: der Boden sollte eben und mit einem rutschfesten Belag versehen sein; die Fenster sollten sich leicht öffnen lassen; für ausreichende Beleuchtung sollte gesorgt sein, und die Schalter und Regler sollten leicht zu erreichen und möglichst auf einer Höhe sein. Alles, was nicht in die Küche gehört, sollte woanders aufbewahrt werden; mit Schubladen auf Rädern und Drehelementen lassen sich die vorhandenen Aufbewahrungsmöglichkeiten noch besser ausnutzen.

Für Menschen, die vom Rollstuhl aus oder zumindest zum Teil sitzend arbeiten müssen, ist die richtige Höhe der Arbeitsflächen entscheidend. Empfehlenswert wäre es, die Arbeitsflächen auf zwei Ebenen einzurichten, so daß entweder im Stehen oder im Sitzen gearbeitet werden kann. Wird im Stehen gearbeitet, liegt die ideale Höhe zwischen 875 mm und 1 m; wird im Sitzen gearbeitet, ist sie entsprechend der Behinderung etwas niedriger. Berücksichtigen Sie bei der Planung, daß unterhalb der Arbeitsflächen ausreichend Raum für die Füße und den Rollstuhl sein muß. In kleinen Küchen sind auch ausziehbare Arbeitsflächen empfehlenswert; diese können unter Umständen mit Aussparungen versehen sein, in denen Schüsseln und andere Behälter festen Halt finden. Auch Spülbecken, an der Wand angebrachte oder andere Herde sollten in der richtigen Höhe eingebaut werden. Dabei sind Herde, bei denen Koch- und Backteil getrennt und in Sichthöhe angebracht sind, oft sehr empfehlenswert.

Für teilweise oder vollkommen blinde Menschen gibt es eine Reihe nützlicher Hilfsmittel, z. B. zum Brotschneiden oder mit Blindenschrift gekennzeichnete Herdschalter. Mit einfallsreichen Vorrichtungen lassen sich Probleme einfach und mit wenig Kosten lösen – so brauchen Sie Eier oder Gemüse z. B. nur in einem Drahtkorb in kochendes Wasser legen, damit Sie sie später zum Abschrecken nicht umständlich herausfischen müssen.

Menschen, die ihre Hände nicht mehr einwandfrei gebrauchen können oder vielleicht nur noch eine gesunde Hand haben, können sich schon mit herkömmlichen Elektrogeräten wie einem Rühr- oder einem Zerkleinerungsgerät behelfen. Zudem gibt es bereits Haushaltsgeräte, die sich durch Berührung betätigen oder regeln lassen, oder auch solche, mit denen man mit einer Hand Gemüse schälen oder Dosen und Gläser öffnen kann. Sehr nützlich sind auch Vorrichtungen, mit denen man Pfannen und Schüsseln halten kann, ohne daß etwas verschüttet wird. Wenn Sie einen langen Wasserhahn einbauen, der bis über den Ausguß hinaus geschwenkt werden kann, brauchen Sie auch keine schweren, mit Wasser gefüllten Töpfe mehr aus dem Spülbecken zu heben.

Gartenarbeit

Abgesehen von dem Vergnügen, das Gartenarbeit bereiten kann, hat sie oft auch therapeutische Wirkung für Behinderte. Neue technische Entwicklungen machen das Pflanzen und Gießen leichter, so daß z. B. auch Blinde das Erfolgserlebnis, etwas selbst im Garten gezogen zu haben, verspüren und ihre Pflanzen riechen und berühren können.

Überlegen Sie zuallererst, welche Art Garten Ihnen und Ihrem behinderten Familienmitglied das meiste Vergnügen bereitet und vor allem von der Arbeit her bewältigt werden kann. Falls ein Teil der Arbeiten von einem gesunden Menschen übernommen wird, ist die mögliche Auswahl natürlich erheblich größer. Sollte Ihnen im Grunde nur daran gelegen sein, sich im Freien unter Bäumen und zwischen Pflanzen aufhalten zu können, ist ein Garten empfehlenswert, der möglichst wenig Pflege erfordert. Dieser könnte unter anderem einen Bereich zum Draußensitzen (mit Sonne und Schatten), Büsche,

Bodenpflanzen, kleine Bäume und mehrjährige Pflanzen umfassen.

Auch für Menschen, die gerne im Garten graben, gibt es entsprechende Hilfsmittel, so daß keine allzu schweren Arbeiten mehr erforderlich sind. Zudem kann man sich die Arbeiten auch dadurch erleichtern, daß man sich auf bestimmte Bereiche konzentriert oder nur einige Beete anlegt und diese intensiv pflegt; dazu sind Hilfsmittel wie langstielige Geräte und Kniebänke zu empfehlen. Die meisten arbeitssparenden Gartengeräte wie elektrische Heckenscheren oder Rasenmäher mit Elektro- oder Benzinmotor erfordern zum sicheren Betrieb jedoch größeren Kraftaufwand, so daß sie für einen Teil der Behinderten kaum geeignet sind.

Eine gute Lösung ist es, den Garten auf einer Höhe anzulegen, in der die Arbeiten bequem im Stehen oder vom Rollstuhl aus erledigt werden können. Erhöht angelegte Beete können allerdings recht teuer sein, da jedes Beet wegen seines Gewichts auf ein festes Fundament aus Beton gesetzt werden sollte; aber für begeisterte Gärtner kann sich die Investition durchaus lohnen. Für einen Behinderten in einem Rollstuhl müssen die Beete von zwei Seiten her zugänglich und am besten nicht breiter als 1,2 m sein. Falls Sie Gemüse und Kräuter in Fruchtwechselwirtschaft anpflanzen wollen, empfiehlt es sich, vier Beete anzulegen, in denen jährlich gewechselt wird – drei davon jeweils für Gemüse und Kräuter und das vierte Beet für Beerenobst. Wenn Sie die Beete anfangs mit gutem Humus füllen und jedes Jahr eine Schicht Mist oder Kompost darübergeben, muß weniger umgegraben werden.

Eine billigere Lösung stellen Beete dar, die auf alten Betonröhren, aufeinandergestapelten Reifen oder niedrigen Mauern in einer entsprechenden Höhe angelegt wurden. Pflanzen, die keinen Kalk vertragen, können Sie auch in Beeten aus Torfblöcken ziehen, müssen sie allerdings bei trockenem Wetter besonders gut gießen.

UMGANG MIT BEHINDERUNGEN

MASSNAHMEN BEI BESTIMMTEN BEHINDERUNGEN

Teilweise oder völlige Blindheit

Bauliche Maßnahmen
- Sorgen Sie für intakte, ebene Böden mit rutschfester Oberfläche.
- Bei teilweiser Blindheit: machen Sie Türen, vorspringende Ecken und Möbel mit kontrastierenden Farbtönen und Stoffen deutlich erkennbar.

Allgemeine Maßnahmen
- Systematisch eingeräumte Schränke usw. mit Schiebetüren.
- Pflegeleichte Badezimmer- und Toilettenausstattung.
- Besondere Hilfsmittel zum Kochen.
- Bei teilweiser Blindheit: gute Beleuchtung und Vergrößerungsgläser.

Schlechtes Hörvermögen

Allgemeine Maßnahmen
- Genug Platz, damit man sich in Küche/Eßzimmer/Arbeitszimmer gegenübersitzen kann.
- Gutes Licht, um von den Lippen zu lesen.
- Lichtsignale bei Telefon, Türglocke usw.
- Eventuell Induktionsschleife für Fernsehen und Telefon; Kabelfernsehen und Bildschirmtext.
- Schwingungen aussendender Wecker.

Nur eine gesunde Hand

Allgemeine Maßnahmen
- Entsprechende Küchenhilfsmittel.
- Zerkleinerungsgerät, elektrischer Dosenöffner, Geschirrspüler.
- Besonderes Geschirr und Teller mit Rand zum besseren Halten.
- Besonders ausgerüstetes Auto.

Schwache Hände und Arme mit geringer Reichweite

Allgemeine Maßnahmen
- Alles leicht erreichbar angeordnet in der Küche.
- Geräumige Arbeitsflächen und ausreichend Steckdosen.
- Entsprechende Küchengeräte.
- Leichte Töpfe und Teller und eventuell ein Mikrowellenherd.
- Hebel an Wasserhähnen.
- Leicht zu öffnende oder auf Berührung reagierende Türgriffe.
- Große Kippschalter oder wärmeempfindliche Schalter.

Rückenbeschwerden oder Schwierigkeiten beim Bücken

Allgemeine Maßnahmen
- In entsprechender Höhe angebrachte Schränke, Arbeitsflächen usw.
- Entsprechende Stühle.
- Entsprechendes Bett.
- Handgriffe über der Badewanne.

Eingeschränkte Aktivitäten; ernste Herz- oder Brustbeschwerden, aber noch beweglich

Bauliche Maßnahmen
- Weniger Treppen oder aber Aufzüge oder Treppenlifte.
- Bade- und Schlafzimmer in einem Stockwerk.
- Zusätzliche Toilette im Erdgeschoß mit den Hauptwohnbereichen.

Allgemeine Maßnahmen
- Sitzmöglichkeiten in der Küche und anderen Arbeitsbereichen.
- Kompakte Anordnung der Arbeitsbereiche und Wohnräume.
- Möglichst viele Elektrogeräte, um schwere Tätigkeiten zu erleichtern.
- Günstig angelegte Türsprechanlagen und drahtlose Telefone, damit man nicht hetzen muß, wenn es läutet.

Eingeschränkte Bewegungsfähigkeit; Stock oder Gehhilfen notwendig

Bauliche Maßnahmen
Wie oben, zusätzlich:
- Ebene, intakte Fußböden mit rutschfesten Oberflächen.
- Türen, die breit genug sind für einen Rollstuhl (900 mm).
- Geräumige Flure und Treppen, eventuell ist eine Verbreiterung nötig.

Allgemeine Maßnahmen
- Notwendige Veränderungen im Badezimmer, z. B. Handgriffe.
- Bequeme Stühle zum Aufstehen.

Stark eingeschränkte Bewegungsfähigkeit, Rollstuhl aber nicht ständig notwendig

Bauliche Maßnahmen
- Türen, die breit genug sind für einen Rollstuhl (900 mm).
- Genügend Raum in den Gängen zum Manövrieren mit dem Rollstuhl.
- Toilette/Badezimmer im Erdgeschoß mit den Hauptwohnbereichen.
- Ebene, intakte Fußböden mit rutschfesten Oberflächen.
- Fenster, die so niedrig sind, daß man im Sitzen hinaussehen kann.

Allgemeine Maßnahmen
- Leicht zu betätigende Tür- und Fenstergriffe, Schalter und Steckdosen in bequem erreichbarer Höhe.
- Arbeitsflächen in bequemer Höhe, an denen man im Sitzen arbeiten kann. Hebel an Wasserhähnen.
- Entsprechend eingerichtetes Bad
- mit Plattformen an den Enden der Wanne.

Auf einen Rollstuhl angewiesen

Bauliche Maßnahmen
Wie oben, zusätzlich:
- Hauptwohnbereiche, Schlafzimmer, Bad und Toilette im gleichen Stock wie der Eingang.
- Lifter an allen erforderlichen Stellen.
- Genügend Raum zum Manövrieren mit dem Rollstuhl.
- Küche und Badezimmer, die entsprechend den Bedürfnissen des Behinderten eingerichtet sind.
- Ausreichend geräumige Garage mit direktem Zugang zum Haus.

Allgemeine Maßnahmen
- Hilfsmittel, die den Bedürfnissen des Behinderten entsprechend eingerichtet sind.

BESONDERE GESUNDHEITLICHE PROBLEME

Dialysegerät zu Hause

Bauliche Maßnahmen
- Ein Zimmer, das für die Dialysebehandlung eingerichtet ist.

Epilepsie

Allgemeine Maßnahmen
- Schutzgitter vor offenen Kaminen.
- Keine scharfkantigen Möbel.

Inkontinenz

Allgemeine Maßnahmen
- Pflegeleichte Fußböden, Stühle und Bettbezüge.

ELEKTRISCHER STROM

Elektrischer Strom ist die bequemste und zweckmäßigste Form von Energie in Ihrem Haus. Beim Anknipsen eines Schalters liefert Strom Licht, Wärme und Warmwasser und die Energie für viele Haushaltsgeräte.

Woher Strom kommt und wie der Haushalt damit versorgt wird, ist für die meisten von uns ein Geheimnis, Strom ist einfach da, wenn wir ihn brauchen. Die Stromkabel liegen in Wänden, Fußböden und Decken verborgen, sichtbar wird die Stromversorgung für uns meist nur an Steckdosen, Schaltern, Lampen und Elektrogeräten.

Die elektrischen Leitungen und Anschlüsse sind normalerweise so angeordnet, wie sie im jeweiligen Haus gebraucht werden. Da die Bedürfnisse von Haus zu Haus verschieden sind, läßt sich die elektrische Anlage eines Hauses in der Regel kaum oder gar nicht auf ein anderes Haus übertragen.

Ist die elektrische Anlage in Ihrem Haus unzureichend oder entspricht sie nicht Ihren Anforderungen, können Sie dem meist leicht abhelfen. Sie können dazu die bestehende Anlage verändern oder erweitern, indem Sie neue Anschlüsse und Steckdosen anbringen oder auch Kabel in neu an- oder ausgebauten Bereichen verlegen.

Sorgfältige Planung ist hier von größter Bedeutung. Es bringt wenig, die elektrische Anlage des Hauses zu verändern, nur um später festzustellen, daß Sie zusätzliche Anschlüsse brauchen. Versuchen Sie also bei Arbeiten an der Stromanlage, auch zukünftige Anforderungen zu berücksichtigen. Da diese meist nicht einfach vorauszusagen sind, empfiehlt es sich, die Anforderungen lieber etwas zu hoch anzusetzen; es ist schließlich besser, jetzt einige Steckdosen zusätzlich zu haben als später zu wenig.

Notieren Sie die vorhandenen Steckdosen, Anschlüsse und Schalter. Machen Sie einen Plan der Bereiche, in denen die Anlage vielleicht nicht ausreicht, und zeichnen Sie die vorhandenen Anschlüsse und die nötigen Veränderungen ein. Falls Sie die Anlage erweitern müssen, sollten Sie mit einem Architekten oder Bauunternehmer darüber sprechen und sich dann an einen Elektriker wenden. Falls es sich nicht gerade um eine einfachere Arbeit handelt wie den Einbau eines Dimmers anstelle eines vorhandenen Schalters, ist Beratung durch einen Elektriker sinnvoll und oft unerläßlich.

Beratung durch Fachleute ist im Hinblick auf die Sicherheit wichtig, ebenso auch, um die Beeinträchtigungen Ihres Lebens durch die nötigen Arbeiten möglichst gering zu halten. Da die Stromleitungen in den Wänden verlegt werden, läßt sich eine Beschädigung der Wandoberfläche nicht vermeiden. Hier hilft nur die saubere Arbeit des Fachmanns.

Woher der Strom kommt

In der Regel gelangt der Strom über unter der Erde verlegte Kabel ins Haus, in einigen ländlichen Gegenden noch über an Masten befestigten Leitungen. In beiden Fällen wird er durch den Hauptsicherungskasten und den Stromzähler zum versiegelten Verteilerkasten geleitet. Von da aus fließt er durch verschiedene Stromkreise, die alle durch Sicherungen mit einer bestimmten Nennleistung gesichert sind, zu den Stromverbrauchern im Haus.

Machen Sie sich auf keinen Fall an der Hauptsicherung und dem Zähler zu schaffen – sie sind Eigentum der Elektrizitätswerke.

Die Größe des Verteilerkastens hängt von der Anzahl der Stromkreise im Haus ab. In einem durchschnittlich großen, zweistöckigen Haus mit drei Schlafzimmern sind es in der Regel fünf oder sechs:

- zwei Starkstromkreise – einer für jedes Stockwerk;
- zwei Beleuchtungskreise – einer für jedes Stockwerk;
- ein eigener Stromkreis für einen Elektroherd;
- ein Stromkreis für den Heißwasserboiler.

Falls an einer anderen Stelle der Stromverbrauch besonders hoch ist, kann dort sehr wohl ein weiterer Stromkreis notwendig sein. Dies trifft vor allem für die Küche zu, in der mehrere Starkstromgeräte gleichzeitig in Betrieb sein können. Falls Sie über einen Speicherofen verfügen, empfiehlt es sich, diesen über einen eigenen Stromkreis, an den ein Nachtstromzähler angeschlossen ist, zu versorgen.

Jeder Stromkreis wird über eine eigene Sicherung abgesichert. Dazu werden entweder Sicherungen mit auswechselbarem Schmelzleiter oder Patronensicherungen verwendet oder auch Trennschalter; Trennschalter sind leicht zu handhaben – sobald der Stromkreis aus irgendeinem Grund überlastet ist, wird er durch den Schalter getrennt und kann, sobald der Fehler behoben ist, einfach über den Schalter wieder geschlossen werden. Wenn eine Patronensicherung durchbrennt, muß sie durch eine neue ersetzt werden. Bei Sicherungen mit auswechselbarem Schmelzleiter ist es ratsam, einen Ersatzschmelzdraht und eine Taschenlampe griffbereit in der Nähe des Sicherungskastens aufzubewahren; vergewissern Sie sich, daß Sie den Draht auch wirklich auswechseln können.

Planung

Zuallererst müssen Sie entscheiden, welche neuen Anschlüsse und Steckdosen Sie brauchen, welche Leitungen neu oder an anderer Stelle verlegt werden müssen und welche Sie nicht mehr brauchen. Von den damit verbundenen Arbeiten und vom Alter der elektrischen Anlage hängt ab, ob Sie die alte Anlage verändern und erweitern können oder erneuern müssen. Wenn Sie die Anlage nicht ersetzen müssen, sparen Sie viele Unannehmlichkeiten und Kosten.

Wo eine Reihe neuer Stromverbraucher angeschlossen wird, ist wegen des zusätzlichen Verbrauchs eventuell sogar ein weiterer Stromkreis erforderlich. In extremen Fällen – wenn z. B. die Anlage sehr alt ist oder die Kabel schlampig verlegt wurden – muß sogar das ganze Haus neu verkabelt werden. Dies bringt natürlich größere Arbeiten und damit auch größere Unannehmlichkeiten mit sich. In einem solchen Fall lohnt es sich, gleich auch andere notwendige Arbeiten am Haus durchführen zu lassen. So entstehen nur einmal die unvermeidbaren Beschädigungen und nicht jedes halbe Jahr wieder durch neue kleinere Arbeiten.

Um den Umfang der Arbeiten abschätzen zu können, sollten Sie folgende Punkte durchgehen:

- Wie alt ist die Anlage, und wann wurde sie das letzte Mal überprüft? In der Regel sollte eine Anlage, die älter als 25 Jahre ist, erneuert werden; außerdem sollte jede Anlage mindestens alle fünf Jahre überprüft werden.
- Benötigen Sie für neue Anschlüsse oder Geräte eigene Stromkreise? Falls ja – schließen Sie sie nicht an bereits vorhandene an.

● Wo – im Verhältnis zum Verteiler – sollen neue Steckdosen und Anschlüsse angebracht werden? Eventuell müssen, wenn sie an einer anderen Stelle installiert werden, weniger Kabel verlegt werden, so daß der entstehende Schaden geringer ist.

● Betreffen die geplanten Veränderungen nur die Beleuchtung? Falls Sie nicht gerade eine große Zahl neuer Anschlüsse, für die ein eigener Stromkreis erforderlich ist, planen, können Sie die neuen Anschlüsse eventuell auch an vorhandene Stromkreise anschließen oder die Starkstromleitung nutzen.

● Gibt es in jedem Zimmer genügend Steckdosen? Im Idealfall sollte jedes Elektrogerät über einen eigenen Anschluß verfügen bzw. an eine eigene Steckdose angeschlossen sein und nicht über einen Mehrfachstecker, damit nicht zu viel Kabel herumliegen. Sorgen Sie daher nach Möglichkeit im ganzen Haus für ausreichend Steckdosen und Anschlüsse. Oft können zusätzliche Steckdosen an die vorhandenen Stromkreise angeschlossen werden; sind viele neue Steckdosen nötig oder sollen mehrere Starkstromgeräte angeschlossen werden, kann ein zusätzlicher Stromkreis notwendig sein.

● Besteht wegen neuer Geräte oder Anschlüsse die Gefahr der Überlastung vorhandener Stromkreise? Auch hier kann es erforderlich sein, einen neuen Stromkreis anzulegen oder einen vorhandenen zu erweitern. Wie stark die einzelnen Stromkreise belastet sind, sollten Sie mit einem Elektriker klären.

Beratung

Sobald Sie sich entschieden haben, welche Veränderungen Sie durchführen lassen wollen – ob lediglich vorhandene Stromkreise erweitert oder neue angelegt werden sollen oder ob die gesamte Anlage ausgewechselt werden muß – und in etwa abgeschätzt haben, wieviel Arbeit damit verbunden sein dürfte, sollten Sie sich auf jeden Fall an einen Fachmann wenden und sich beraten lassen.

Elektrische Anlage

CHECKLISTE

- Ist es möglich, die Leitungen in Kabelkanälen zu verlegen, so daß sich die Anlage später ohne große Mühe verändern läßt?
- Wie viele Steckdosen sind in den einzelnen Zimmern erforderlich?
- Reichen die Starkstromkreise für alle Elektrogeräte, Anschlüsse und Lampen aus, die Sie eventuell zur gleichen Zeit benutzen wollen? Genaue Planung notwendig.
- Haben Sie bei der Verkabelung die Gestaltung der Beleuchtung berücksichtigt, so daß die notwendigen Anschlüsse auch an den gewünschten Stellen angebracht werden?
- Haben Sie für Niederspannungsbeleuchtungsanschlüsse die erforderlichen Transformatoren vorgesehen?
- Haben Sie die Möglichkeit, Lampen und andere Geräte an Stromschienen anzuschließen, Ihren Wünschen entsprechend ausgenützt?
- Sind die Schalter und Regler, wie z. B. Dimmer, bequem und sicher erreichbar angebracht – vor allem für Kinder, ältere und behinderte Menschen?
- Verwenden Sie Schutzkontaktsteckdosen und -stecker und andere besondere Sicherheitsvorrichtungen?
- Herumliegende Kabel sind potentielle Gefahrenquellen, zudem sind sie nicht besonders ansehnlich. Sorgen Sie daher dafür, daß sie gut befestigt oder verdeckt verlegt sind.
- Verkabeln Sie Ihre Computeranlage so, daß keine Störungen durch andere Leitungen auftreten können. Lassen Sie sich dazu am besten von einem Fachmann beraten.
- Wollen Sie z. B. die Heizung, die Beleuchtung oder die Alarmanlage von Ihrem Computer steuern lassen? Haben Sie die notwendigen Vorkehrungen bei der Verkabelung berücksichtigt?
- Falls Sie in Ihrem Haus eine Einliegerwohnung anlegen wollen, haben Sie dafür auch einen eigenen Stromkreis und Zähler für die gesonderte Abrechnung vorgesehen?
- Wollen Sie die elektrischen Leitungen erweitern oder auswechseln? Gehen Sie dabei so vor, daß die Anschlüsse sicher sind und Ihren Wünschen entsprechen, so daß keine Kabel mehr herumliegen müssen und ausreichend Steckdosen – wo notwendig – vorgesehen sind.
- Haben Sie auch berücksichtigt, daß größere Veränderungen an der Verkabelung auch umfangreiche Ausbesserungsarbeiten erforderlich machen?

Stromverbrauch

ELEKTROGERÄTE

Gerät	Nennleistg. (kW)[1]
Aufzug	1–2
Bohrmaschine	weniger als ½
Bügeleisen	1
Computer	weniger als ½
Durchlauferhitzer	2–3
Duschboiler	2–3
Fersehgerät	weniger als ½
Friteuse	1–2
Gefriertruhe	weniger als ½
Geschirrspüler	2–3
Haartrockner	½–¾
Heißlufttrockner	2–3
Heizdecke	weniger als ½
Heizgeräte	1–3
Küchengeräte (Dosenöffner, Kaffeemühle, Mixer usw.)	weniger als ½
Kühlschrank	weniger als ½
Rasenmäher	weniger als ½
Rasierapparat	weniger als ½
Staubsauger	½
Stereoanlage	weniger als ½
Tischlampe	weniger als ½
Ventilator	weniger als ½
Wäscheschleuder	weniger als ½
Waschmaschine	2–3
Wasserkessel	3

[1] Die Werte geben nur den Leistungsbedarf an. Der Verbrauch und damit die Kosten hängen von der Benutzungsdauer ab. Der Verbrauch wird daher in Kilowattstunden (kWh) gemessen.

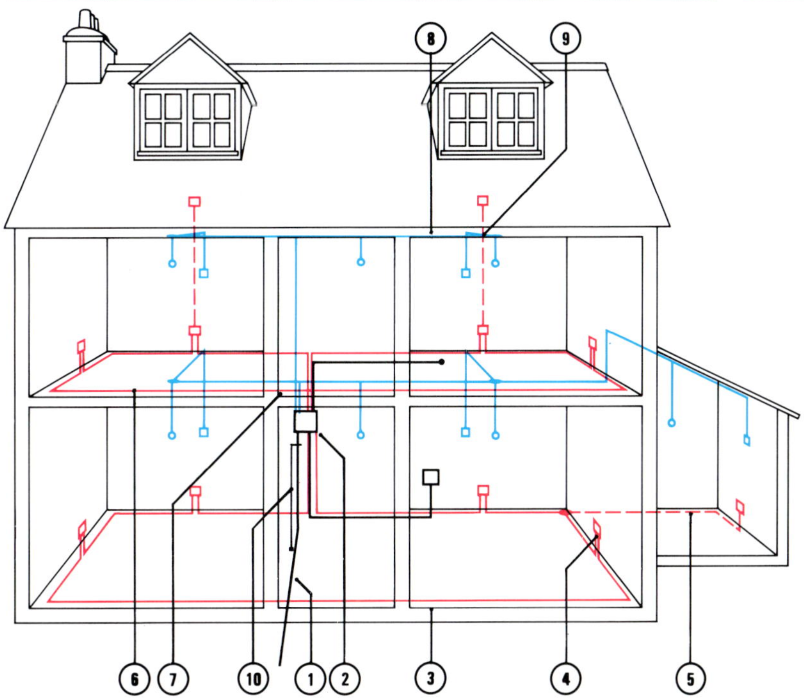

Elektrische Leitungen
1 *Stromversorgungsleitung.*
2 *Verteilerkasten.*
3 *Ringkreis im Erdgeschoß.*
4 *Steckdose.*
5 *Abzweigleitung.*
6 *Ringkreis im ersten Stock.*
7 *Beleuchtungskreis im Erdgeschoß.*
8 *Beleuchtungskreis im ersten Stock.*
9 *Abzweigleitung für Steckdosen im Speicher.*
10 *Erdungsleitung.*

Beleuchtung

Im Idealfall verfügt jedes Stockwerk über einen eigenen Beleuchtungsstromkreis, der für zwölf 100-Watt-Glühbirnen ausreicht. Für weitere Lampen benötigen Sie einen zusätzlichen Stromkreis.

Die Leitungen für den Beleuchtungskreis verlaufen unter der Oberfläche der Decke und der Wand bis zu den Schaltern oder den Anschlüssen. Neue Lampenanschlüsse oder Schalter werden in der Regel in einer Verteilerdose an den Beleuchtungskreis angeschlossen. Die durch die Arbeiten entstehenden Schäden können Sie dadurch begrenzen, daß Sie z. B. im darüberliegenden Fußboden ein Dielenbrett hochheben, in die Decke ein Loch bohren und die Leitung für eine neue Deckenlampe zwischen Fußboden und Decke verlegen. Bei an der Wand angebrachten Lampen oder bei Schaltern können Sie die Leitungen, unter dem Verputz bzw. in Wandhohlräumen verlegen.

Steh- oder Tischlampen und frei stehende Punktstrahler haben den Vorteil, daß dabei keine Kabel verlegt werden müssen; wodurch sich eine Beschädigung der Wandoberfläche vermeiden läßt.

In Zimmern mit hoher Decke kann es erforderlich sein, eine niedrigere Decke einzuziehen und zwischen alter und neuer Decke die elektrischen Leitungen zu verlegen, etwa wenn die Zimmerdecken aus sehr hartem Material sind.

In bestimmten Bereichen, wie Gängen und Treppenhäusern, sind zusätzliche Schalter sehr nützlich, da man dort das Licht an verschiedenen Stellen ein- und ausschalten können sollte. Hat ein Zimmer mehrere Türen, sollte neben jeder ein Lichtschalter angebracht sein. Da solche Schalter an der Wand angebracht werden, läßt sich beim Verlegen der Leitungen eine Beschädigung der Wände kaum vermeiden.

Wenn Sie besondere Glühbirnen mit niedrigem Energieverbrauch verwenden, benötigen Sie dazu eventuell besondere Zwischenstecker. Tisch- und Stehlampen werden in der Regel an Steckdosen angeschlossen, dazu können Mehrfachstecker notwendig sein; Deckenlampen werden in der Regel über die Verteilerdose an den Beleuchtungskreis angeschlossen.

In einigen Bereichen wie Küche und Bad sind bestimmte Besonderheiten zu beachten (siehe unten).

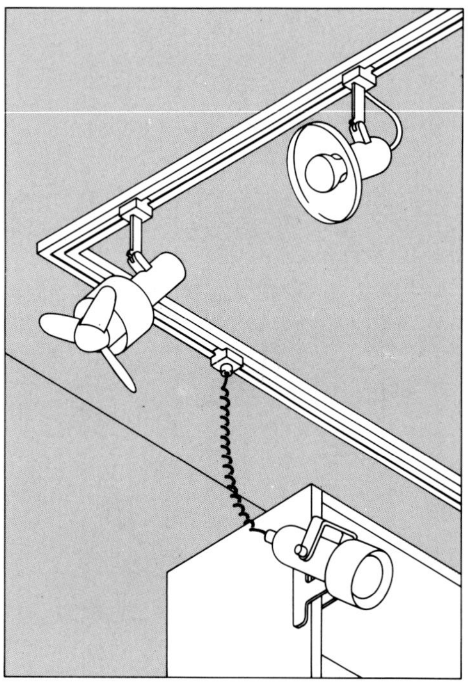

1

1 *Entlang dieser Stromschiene können Lampen an einer beliebigen Stelle angeschlossen werden. Stromschienen werden meist für Punktstrahler verwendet, es lassen sich aber auch andere Elektrogeräte, wie z. B. ein Ventilator, anschließen. Über ein doppeladriges Kabel können auch weiter entfernt angebrachte Geräte mit der Schiene verbunden werden, wie z. B. der an einem Regal angebrachte Strahler.*

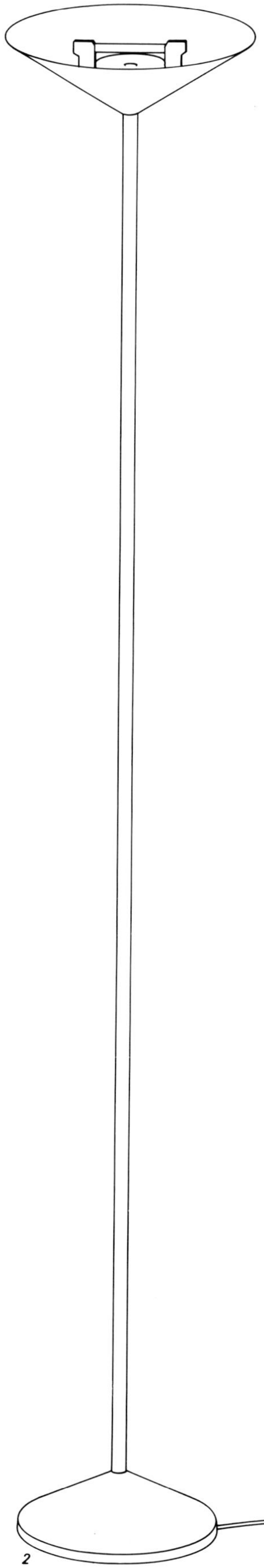

2

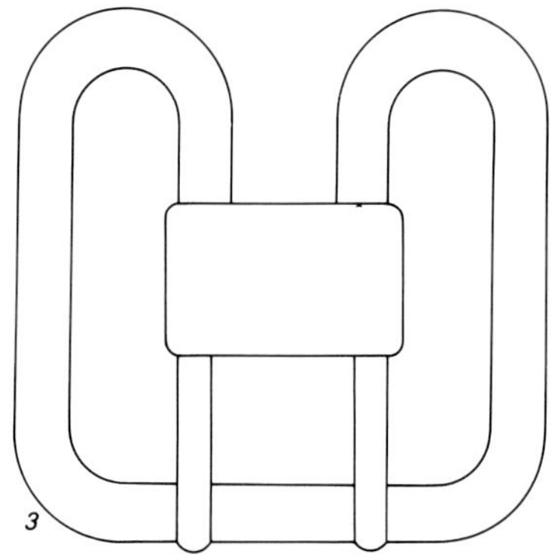

3

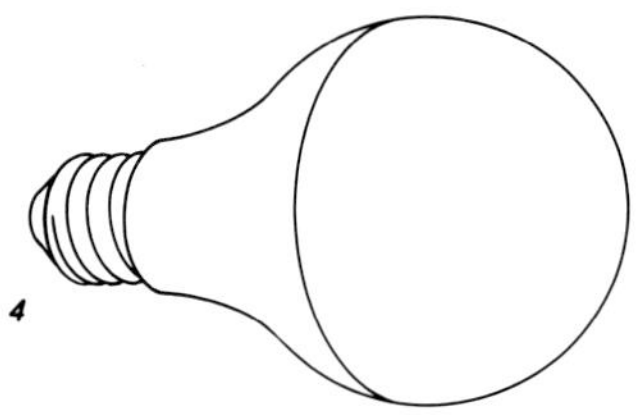

4

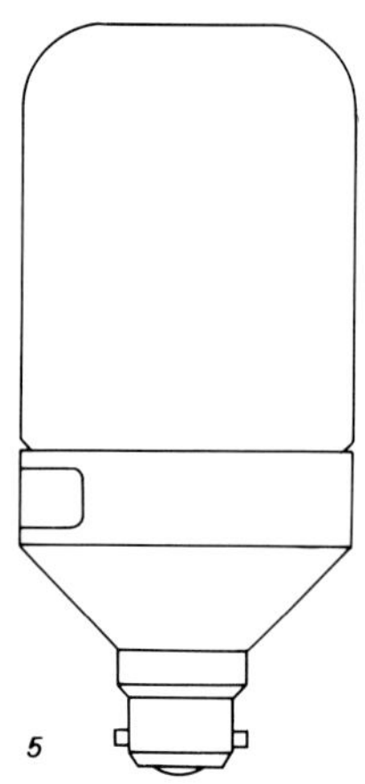

5

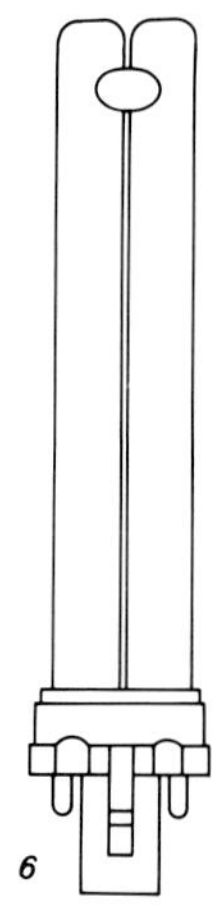

6

2 *Ein Deckenfluter mit Bodenschalter, Glühbirnen mit niedrigem Energieverbrauch und langer Lebensdauer:*
3, 5, 6 *Leuchtstofflampen*
4 *Niederspannungs-Halogen-Glühlampe mit besonderem Lampensockel, für die eine Spezialfassung und ein Transformator erforderlich sind.*

Steckdosen

Beachten Sie bei der Planung, wo Steckdosen angebracht werden sollen, folgende Richtlinien:

- Die Anzahl der vorhandenen Steckdosen läßt sich am einfachsten dadurch erhöhen, daß einzelne Steckdosen durch doppelte ersetzt werden. Dabei müssen keine Kabel verlegt werden, und die Arbeiten beschränken sich auf den unmittelbaren Bereich um die Steckdose.
- Bauen Sie bei neuen Steckdosen immer gleich doppelte und keine einfachen ein.
- Am günstigsten wäre es, in einem Zimmer an jeder Wand mindestens eine Doppelsteckdose zu haben. Dies gilt vor allem für Wohnzimmer und Einzimmerapartments, da dort der Strombedarf voraussichtlich sehr hoch ist. In Küchen und Badezimmern spielt die Sicherheit eine große Rolle, so daß dort besondere Lösungen erforderlich sind.
- In größeren Bereichen des Hauses wie z. B. im Wohnzimmer oder in langen Gängen sollten im Abstand von ca. 3 m Steckdosen angebracht sein; die Kabel der meisten Staubsauger sind zwischen 1,5 und 4,5 m lang.
- Falls das gesamte oder ein Teil des Hauses neu verkabelt werden muß, können Steckdosen bei Bedarf leicht an einer anderen Stelle angebracht werden. Sind dagegen nur einige zusätzliche Steckdosen nötig, können Sie diese meist an die Starkstromleitung anschließen.

Küchen

Die Sicherheit ist in der Küche ein entscheidender Faktor, da dort in der Regel nicht nur die meisten Starkstromgeräte wie Herd, Spülmaschine, Kühlschrank, Gefriertruhe und eventuell sogar Waschmaschine und Wäschetrockner stehen, sondern auch ständig mit Wasser und anderen Flüssigkeiten hantiert wird.

Eine ausreichende Beleuchtung in der Küche, vor allem über den Arbeitsflächen, ist von großer Bedeutung. Wenn Sie unter Einbauschränken Leuchtstofflampen anbringen, werden diese meist an den Beleuchtungskreis an der Decke angeschlossen; sie können allerdings auch über ein Kabel mit eigener Sicherung mit einer Steckdose verbunden werden. In beiden Fällen kann das Kabel innerhalb des Einbauschranks verlaufen, so daß es nicht unter der Wandoberfläche verlegt werden muß bzw. nicht herunterhängen kann.

Achten Sie während der Planung darauf, daß Sie beim Kalkulieren des Stromverbrauchs in der Küche alle Geräte und Lampen berücksichtigen, die Sie benutzen werden.

Nicht für alle Küchengeräte müssen Sie eine eigene Steckdose einplanen; für Geräte, die dauernd an das Stromnetz angeschlossen sind, wie Abzugshauben oder Belüftungsanlagen in der Küche, ist es allerdings ratsam, eigene Steckdosen vorzusehen. In der Nähe der Arbeitsflächen sollten ausreichend Steckdosen für tragbare Elektrogeräte vorhanden sein; einige dieser Geräte benötigen auch einen eigenen Stromkreis oder durch eigene Sicherungen abgesicherte Anschlüsse. In der Regel werden die Steckdosen an der Wand über den Arbeitsflächen und nicht über dem Fußboden angebracht; einige können auch in Einbauelementen angebracht sein.

Alle Herde, Backöfen und Kochplatten müssen direkt an den Verteilerkasten angeschlossen sein. Der Einbau oder das Umstellen dieser Geräte ist recht aufwendig und erfordert eine genaue Planung der Kabelführung.

Badezimmer

Die Sicherheitsbestimmungen für Badezimmer sind von Land zu Land verschieden.

Es gelten jedoch einige allgemeine Regeln. So sollten im Bad möglichst wenig Steckdosen vorhanden sein; verbinden Sie die notwendigen Steckdosen für Rasierapparate usw. mit besonderen Sicherungen. Schließen Sie Lampen, elektrische Heizgeräte und beheizbare Handtuchhalter an eigene Anschlüsse oder an Steckdosen an, die außer Reichweite der Badewanne oder der Dusche liegen. Verwenden Sie als Lichtschalter besondere Sicherheitsschalter, oder bringen Sie sie gleich außerhalb des Badezimmers an.

Von Leitungen, die über dem Verputz verlegt sind, ist abzuraten; sie sollten in der Decke und unter dem Verputz oder in Versenkungen oder Nischen angebracht werden.

Alle Metallteile wie Wasserrohre sollten geerdet werden. Achten Sie darauf, daß der Erdungskreis nicht durch Kunststoffteile unterbrochen wird.

Falls Sie Ihre Waschmaschine und den Wäschetrockner im Bad aufstellen, sollten Sie dafür sorgen, daß der Abstand zur Badewanne oder Dusche mindestens 2 m beträgt. Lassen Sie alle Arbeiten an der elektrischen Anlage und alle Installationen nur von Fachleuten durchführen.

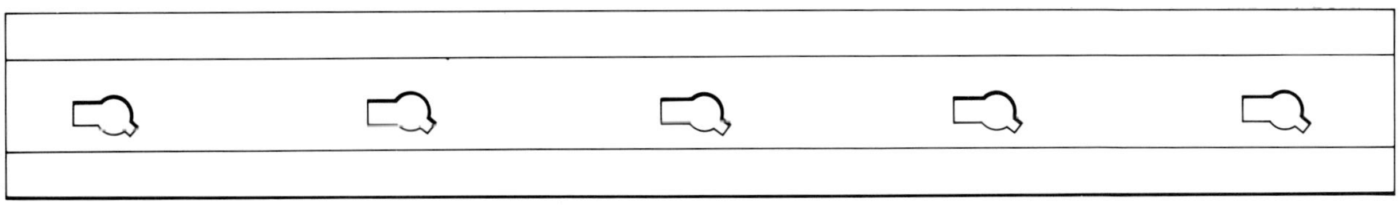

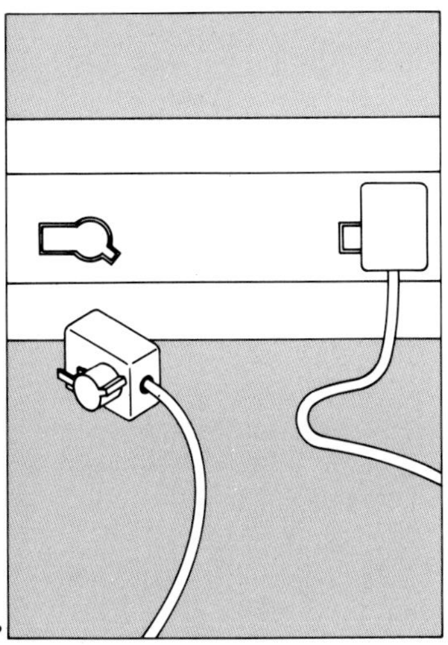

9

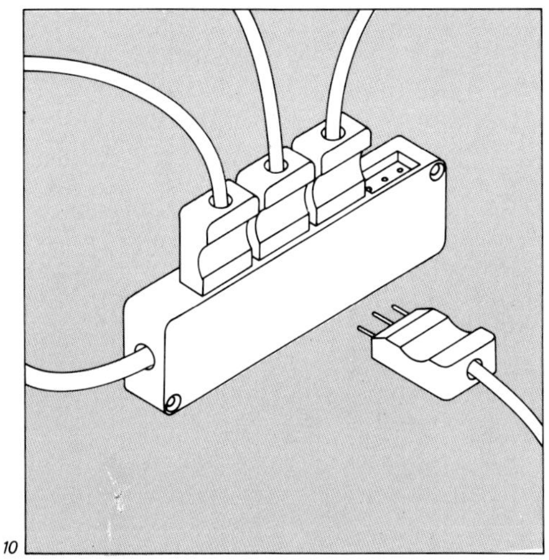

10

7 *Eine Stromschiene, die entlang einer Arbeitsfläche angebracht sein kann, mit besonderen Steckdosen und Steckern* (8) – *der Stekker muß dabei um 90° gedreht werden.*
9 *Bodensteckdose*
10 *Dieser kompakte Zwischensteckerblock für besondere, kleine Stecker ist ein gutes Mittel gegen Kabelsalat, z. B. bei einer Stereoanlage, einem Computer usw.*

Heizung

Es gibt eine große Anzahl verschiedener elektrischer Heizgeräte (siehe dazu: Heizung); wie groß die Schäden sind, die durch den Einbau hervorgerufen werden, ist von Gerät zu Gerät verschieden. Beim Einbau von Anlagen, die für gleichmäßige Wärme sorgen wie z.B. Decken- und Fußbodenheizung, entstehen größere Schäden, so daß es ratsam ist, sie nur bei einem Neubau zu installieren.

Für einen Speicherofen ist ein eigener Stromkreis erforderlich. Diese Öfen sind zwar freistehend, werden aber meist direkt mit einem an der Wand angebrachten Anschluß verbunden.

An der Wand angebrachte Heizkörper und Fußleistenheizkörper werden über eine in der Wand verlegte Leitung mit dem Starkstromkreis verbunden; da sie fest an der Wand angebracht sind, werden sie auch fest an den Stromkreis angeschlossen.

Andere elektrische Heizgeräte, wie z.B. freistehende Heizlüfter oder mit Öl gefüllte Heizkörper, müssen dagegen einfach an eine Starkstromdose, in manchen Fällen auch nur an eine normale Steckdose angeschlossen werden.

Aber nicht nur elektrische Heizgeräte müssen mit elektrischem Strom versorgt werden – auch für die Regelung von Heizanlagen, die mit Öl, Gas oder festen Brennstoffen befeuert werden, ist Strom erforderlich. Dazu können Regelvorrichtungen, wie z.B. Zeitschalter, Zimmerthermostate, Umwälzpumpen oder Regelventile, an den Starkstromkreis angeschlossen werden. Mit Ausnahme von Zimmer- und Heizkörperthermostaten werden diese Vorrichtungen in der Nähe der Heißwasserboiler und Brenner angebracht. Bei einem Heißwasserboiler mit eigenem Gehäuse können die Leitungen auch über dem Putz verlegt werden; dies gilt ebenfalls für einen Warmwasserboiler.

Ein an das Heißwassersystem angeschlossener Boiler muß über einen eigenen Stromkreis direkt mit dem Verteilerkasten verbunden werden.

Durchlauferhitzer eignen sich besonders für Wasseranschlüsse, die nicht so oft benutzt werden und bei denen nur geringe Mengen Warmwasser benötigt werden, und für Duschen. Da der Stromverbrauch dabei oft hoch ist, können Sie einen Durchlauferhitzer als eine geschlossene Anlage mit eigenem Stromkreis anlegen; Sie können den Durchlauferhitzer auch direkt mit dem Starkstromkreis verbinden. Normalerweise werden solche Geräte aber fest an eine eigene Steckdose angeschlossen.

Kabelführung im Freien

Benötigen Sie z.B. in der Garage, in der Werkstatt oder im Gewächshaus elektrischen Strom, reicht in der Regel ein Stromkreis für die gesamten Nebengebäude aus. Dort kann der Stromkreis dann in einen Starkstrom- und einen Beleuchtungsstromkreis aufgeteilt werden.

Diese Versorgungsleitung und alle Kabel für die Gartenbeleuchtung, den Swimming-Pool usw. sollten am besten unter der Erde verlegt und mit einer Schutzhülle versehen werden. Falls die Leitungen über der Erde verlegt werden müssen, sollten Sie darauf achten, daß Sie eventuelle Auflagen über die Höhe der Leitung, die Träger und die Art der Befestigung einhalten.

Es empfiehlt sich, die Leitungen in den Außengebäuden in Schutzrohren aus verzinktem Stahl oder Plastik zu verlegen. Wenn Sie einen Beleuchtungskreis von einem Starkstromkreis abzweigen, sollten Sie ihn durch eine eigene Sicherung absichern. Da das Aussehen der Verkabelung meist nicht so wichtig ist, ist die einfachste Lösung, die Leitungen über dem Putz zu verlegen.

Geräte mit Elektromotor, wie z.B. Rasenmäher, Heckenscheren oder Kettensägen, die im Freien verwendet werden, können von einem Stromkreis im Haus oder im Nebengebäude aus mit Strom versorgt werden. Eine eigens für diese Geräte bestimmte Steckdose wäre allerdings empfehlenswert; diese könnte durch einen Reststromtrennschalter abgesichert werden, der die Stromversorgung unterbricht, falls irgendeine Stelle undicht wird. Diese Trennschalter sind entweder in den Stecker oder in die Starkstromdose integriert; sie können aber auch so angelegt werden, daß damit der gesamte Starkstromkreis abgesichert wird.

Schalter oder Steckdosen, die im Freien angebracht werden, sollten wasserdicht sein oder durch eine Abdeckung vor Umwelteinflüssen geschützt sein.

Telefon und Fernsehen

Nicht nur für die Stromversorgung eines Hauses sind Kabel erforderlich – auch Telefon und Fernsehen müssen über Kabel mit der Außenwelt verbunden sein. Die dafür notwendigen Lei-

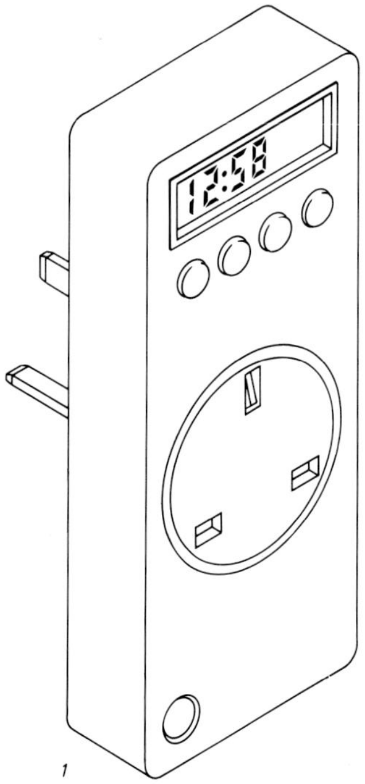
1

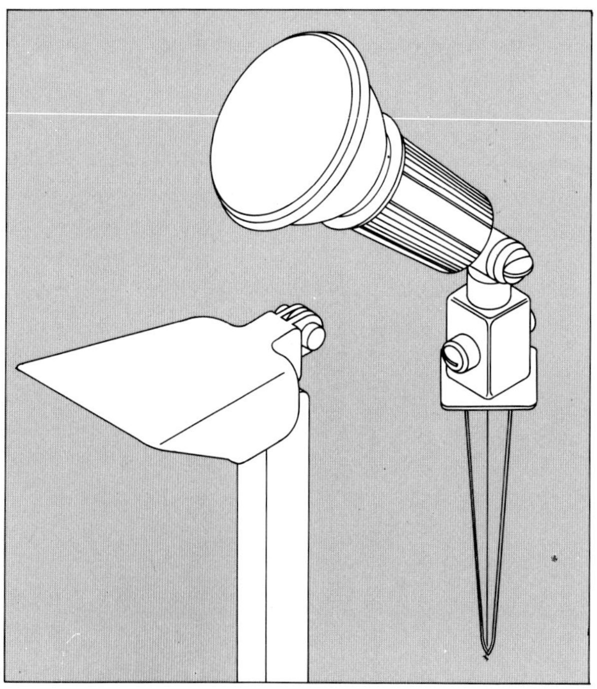
2

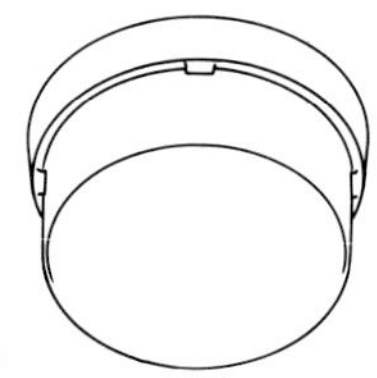
3

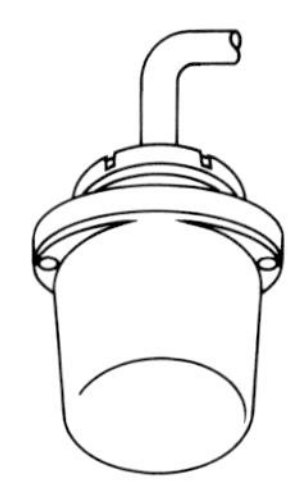
4

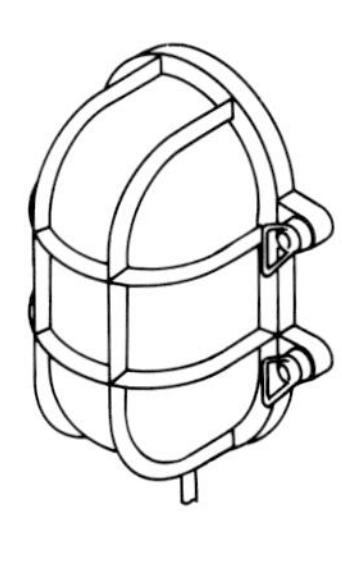
5

1 Zeitschalter, der an den Starkstromkreis angeschlossen wird und Elektrogeräte zu vorher festgelegten Zeiten ein- und ausschaltet.
Beleuchtung im Freien:
2 Auf einem Dorn befestigte Lampenanschlüsse zur Beleuchtung von Wegen und Pflanzen.
3 Wandleuchte in einem wasserfesten Gehäuse
4 Außenlampe mit Rohrleitung für den Eingang
5 Ovale, energiesparende Wandleuchte mit einer Leuchtstofflampe

tungen werden bei der Planung oft nicht berücksichtigt; daher kommt es, daß die Leitungen manchmal an einer ungünstigen Stelle verlegt werden und ein unansehnliches Aussehen haben.

Telefonapparate sind über Kabel mit dem Hörer und der Anschlußbuchse verbunden. Das Verbindungskabel zum Anschluß verläuft oft unter oder entlang der Fußbodenleiste und um Türrahmen und Ecken herum. Wird das Telefonkabel zusammen mit elektrischen Leitungen in Kabelkanälen (siehe unten) verlegt, muß sie gegen mögliche Interferenz durch die Stromleitungen abgeschirmt werden.

Zum Empfang des Fernsehprogramms muß ein Fernsehgerät an eine eigene Antenne oder an eine Gemeinschaftsantenne angeschlossen werden. Fernsehantennen werden meist auf oder unter dem Dach angebracht und über ein Kabel mit dem Fernsehgerät verbunden. Dieses Kabel wird meist außen an der Mauer verlegt, an einer passenden Stelle durch die Mauer oder eine Fensteröffnung geleitet und im Inneren entlang der Wand zum Fernsehgerät verlegt. Auch hier kann das Kabel durch einen entsprechenden Kabelkanal geführt werden.

Videorekorder werden über den Starkstromkreis mit Strom versorgt; es ist ratsam, ausreichend Steckdosen in der Nähe des Fernsehgerätes zu installieren.

Beim Kabelfernsehen wird im Haus ein ähnliches Leitungsnetz verlegt wie beim Telefon; dabei verläuft die Leitung bis zu einer Anschlußbuchse in der Nähe des Fernsehgeräts. Bei einigen Kabelfernsehsystemen ist der Zähler im Haus angebracht, bei anderen außerhalb in einem Verteiler, der z. B. für eine Straße zuständig ist.

Kabelkanäle

Anstatt unter bzw. auf der Oberfläche von Wänden, in Fußböden oder Decken oder in Wandvorsprüngen können Kabel auch in Kabelkanälen verlegt werden. Ein Kabelkanal ist ein besonderes Gehäuse, durch das Kabel geführt werden und das waagrecht oder senkrecht an einer Wand oder der Decke angebracht werden kann. Es gibt Kabelkanäle z. B. in Form von Fußbodenleisten; diese werden dann anstelle der Leisten am Sockel einer Wand angebracht.

Wenn Sie Kabelkanäle verwenden, ist es nicht mehr nötig, Leitungen unter der Wandoberfläche zu verlegen. Dadurch können Erweiterungen zu oder Veränderungen an bestehenden Leitungen leichter und ohne größere Beschädigungen durchgeführt werden. Auch wo es sonst schwierig ist, Leitungen zu verlegen, z. B. in massiven Wänden und Decken oder unter einer Wandtäfelung, läßt sich das mit Kabelkanälen leicht bewerkstelligen. Bei einigen Versionen sind in regelmäßigen Abständen Steckdosen und zusätzliche Kanäle für weitere Leitungen integriert.

Die Schwierigkeit bei Kabelkanälen liegt darin, daß das Funktionieren bestimmter Systeme erheblich gestört werden kann, wenn z. B. Stromkabel zu nahe an anderen Leitungen verlaufen. Daher müssen gegen Störungen empfindliche Leitungen durch eine besondere Verkabelung oder durch eine Schutzumhüllung aus Metall abgeschirmt werden.

So müssen z. B. Telefonleitungen gegen elektrische Leitungen abgeschirmt werden, die Kabel zwischen Fernsehgerät und Antenne oder Kabelfernsehleitungen dagegen nicht. Informieren Sie sich daher, bevor Sie neue Leitungssysteme verlegen lassen, über eventuell erforderliche Abschirmmaßnahmen.

Informationstechnik

Durch die Entwicklung der Mikrochips wurde das Gebiet der Kommunikation und der Datenspeicherung gewaltig verändert. Inwieweit wird dadurch die elektrische Anlage in Ihrem Haus beeinflußt?

Damit ein Computer einwandfrei arbeiten, also Daten speichern, verarbeiten und abrufen kann, muß er über eine Steckdose an einen Stromkreis angeschlossen werden, in dem eine konstante Spannung gewährleistet ist. Bereits durch minimale Spannungsschwankungen oder durch Interferenz können beim Betrieb eines Computers Fehler entstehen.

Zur Datenkommunikation wird ein Computer oder eine Computeranlage an ein Netzwerk angeschlossen; dies geschieht in der Regel über die Telefonleitung. Auch das Kabelfernsehen und die neuen Medien spielen dabei eine immer größere Rolle.

Bei vielen Computersystemen sind mehrere Steckdosenanschlüsse für die verschiedenen Peripheriegeräte wie Bildschirm, Diskettenlaufwerk oder Drucker erforderlich. Durch eine Mehrfachsteckdose oder eine Stromschiene läßt sich ein allzugroßer Kabelsalat vermeiden.

6
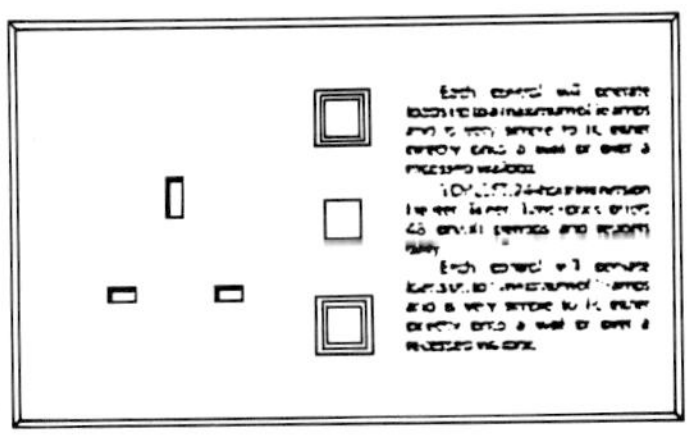

7
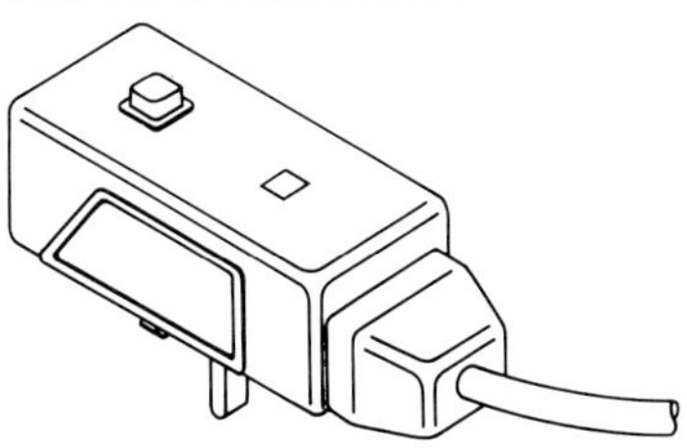

8
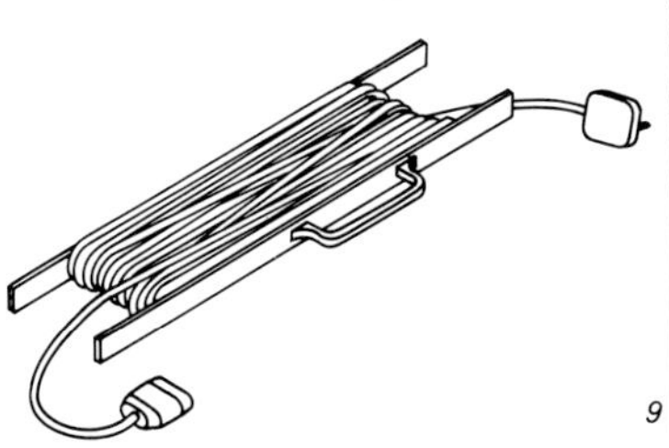

9
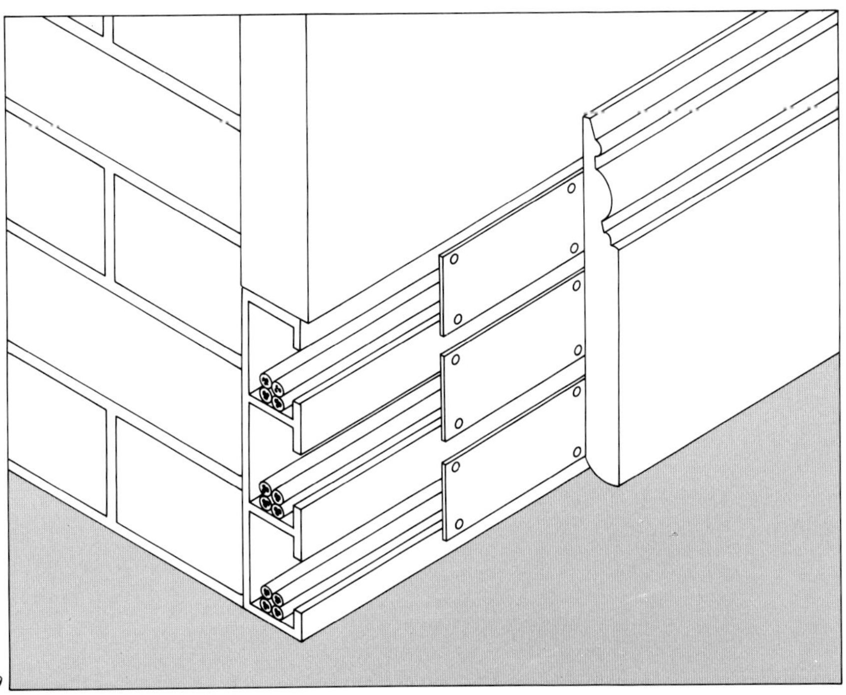

Sicherheit im Freien

6 *Elektrogeräte und -werkzeuge, die im Freien benutzt werden, können an solche durch einen Reststromtrennschalter gesicherte Steckdosen angeschlossen werden.*

7 *Ein für Arbeiten im Freien geeigneter Stekker mit Reststromtrennschalter.*

8 *Verlängerungskabel für den Außenbereich*

9 *Falls Stromleitungen und Telefonkabel dicht beieinander verlegt werden sollen, müssen sie gegeneinander abgeschirmt werden. Dazu kann z. B. dieser Metallkabelkanal dienen, der hinter der Bodenleiste angebracht wird.*

INSTALLATIONEN

Indirektes System
Das große Schaubild zeigt eine typische Wasserversorgungs- und Zentralheizanlage. Durch die Steigleitung wird kaltes Wasser von der Hauptwasserleitung zum Kaltwasserbehälter transportiert; davon geht in der Regel nur die Trinkwasserleitung für den Kaltwasserhahn in der Küche ab. Vom Wasserbehälter unter dem Dach werden die anderen Kaltwasserhähne, die Toilette und der Warmwasserzylinder versorgt. Ein zweiter Wasserbehälter, der Ausdehnungsbehälter, versorgt die Zentralheizung mit Kaltwasser.

Im dargestellten Haus wird das Wasser im Heizkessel erhitzt und über ein elektrisch betriebenes Ventil entweder zum Warmwasserzylinder oder zu den Heizkörpern oder zu beiden geleitet. Das Wasser für die Warmwasserversorgung des Haushalts wird im Zylinder »indirekt« durch das Heizwasser erhitzt und fließt am oberen Ende des Zylinders ab; Luftbläschen und Dampf können über Lüftungsleitungen entweichen.

Direktes System
Das kleinere Schaubild zeigt eine ältere Anlage. Das Kaltwasser für alle Speiseleitungen wird dabei direkt der Hauptsteigleitung entnommen; das Wasser für Heizung und Haushalt wird durch einen Gasbrenner erhitzt. Zusätzlich ist ein Ausdehnungsbehälter für die Zentralheizung eingebaut.

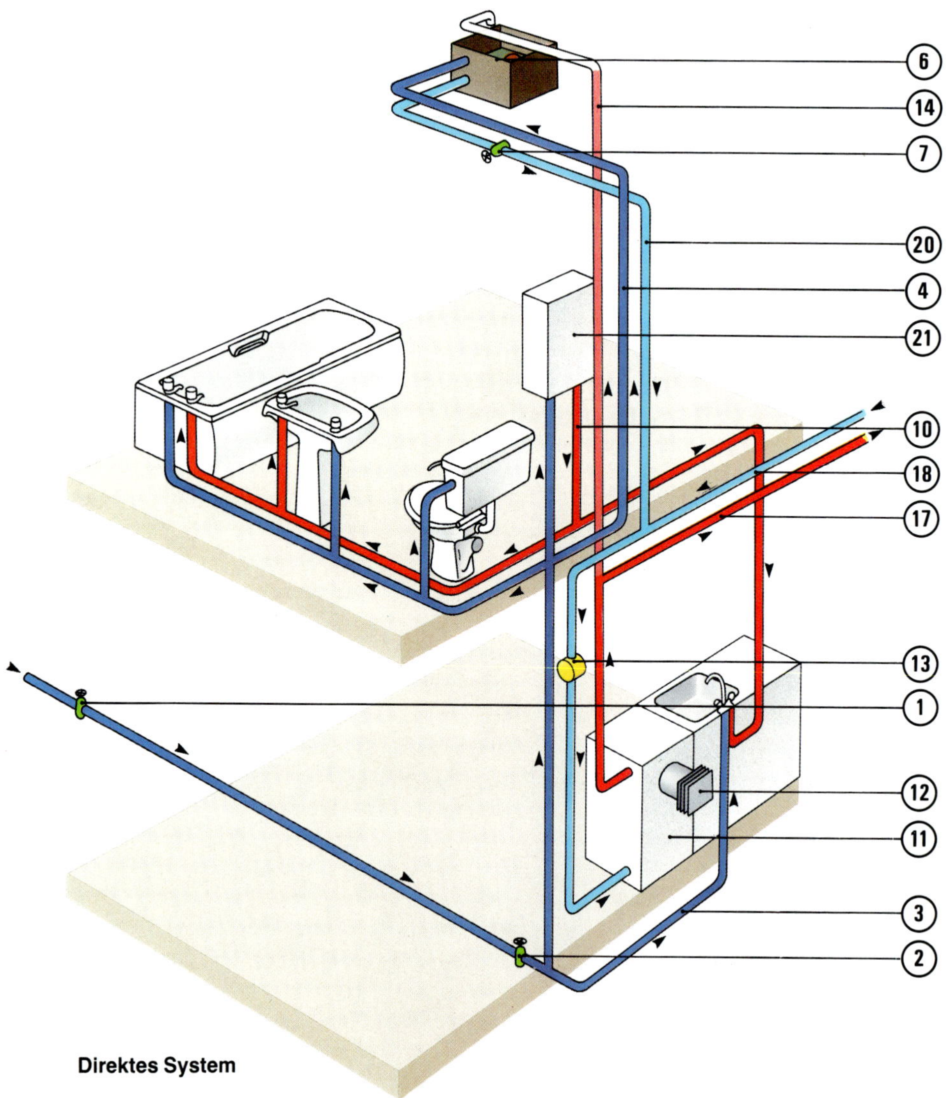

Direktes System

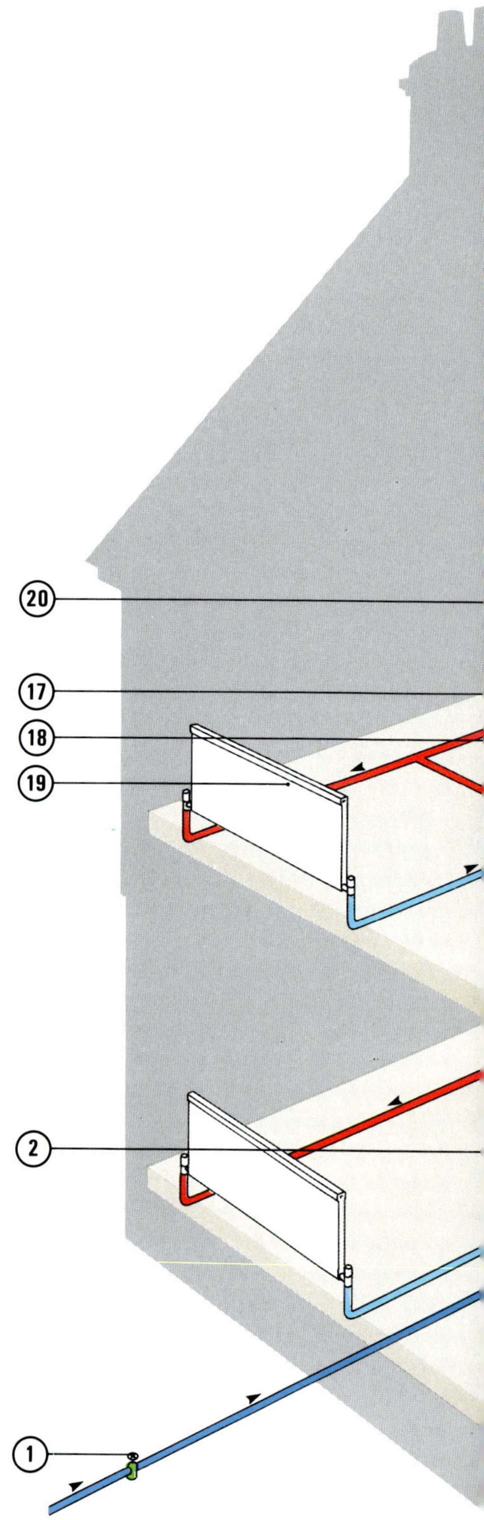

Indirektes System

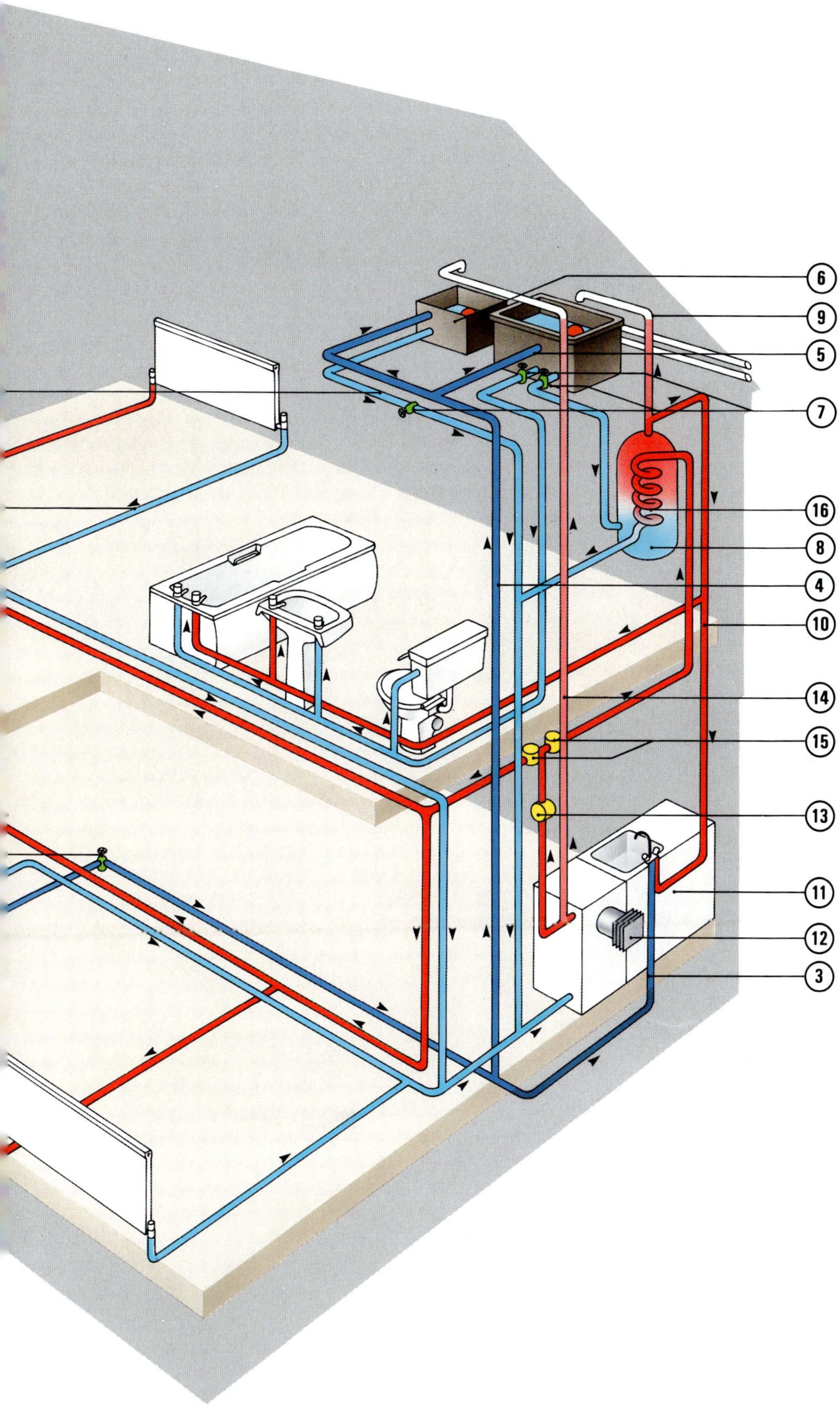

ERLÄUTERUNG

1 Absperrhahn der Wasserwerke
2 Haupthahn
3 Trinkwasserleitung
4 Steigleitung
5 Kaltwasserbehälter
6 Ausdehnbehälter für die Zentralheizung
7 Absperrventil
8 Warmwasserzylinder
9 Entlüftungsrohr für den Warmwasserboiler
10 Warmwasserleitung
11 Heizkessel
12 Rauchabzug
13 Umwälzpumpe
14 Entlüftungsrohr für die Zentralheizung
15 Ventil(e) mit Elektromotor
16 Wärmetauscher
17 Heizwasservorlaufleitung
18 Heizwasserrücklaufleitung
19 Heizkörper
20 Kaltwasserversorgung für die Heizung
21 Gasbrenner

SICHERHEITSVORKEHRUNGEN

Keine noch so teuren Schlösser oder Alarmanlagen halten einen professionellen Einbrecher ab, nur laute Alarmgeräusche und offen sichtbare Abschreckungsmittel können Diebe entmutigen, vor allem Gelegenheitstäter, die die Nachlässigkeit anderer ausnutzen. Gute Sicherheitsvorkehrungen und gut befestigte Sicherheitsschlösser sind die Investition wert – Zahlungen einer Versicherungsgesellschaft können einfach nicht für den Verlust unersetzbarer Gegenstände von persönlichem Wert entschädigen.

Die Sicherheit eines Hauses hängt in erster Linie von Vorsichtsmaßnahmen ab, die schon der gesunde Menschenverstand gebieten würde: lassen Sie kein Geld oder Wertgegenstände offen herumliegen, notieren Sie nie Ihre Adresse in der Handtasche oder am Schlüsselbund, deponieren Sie nie den Haustürschlüssel unter der Fußmatte oder an anderen Verstecken – Diebe wissen meist genau, wo sie suchen müssen. Glauben Sie auch nicht, Sie hätten wenig, was einen Dieb interessieren könnte: Gebrauchsgegenstände wie Stereoanlagen, Fernseh- und Elektrogeräte sind bevorzugte Objekte, da sie sich leicht weiterverkaufen lassen. Führen Sie eine Bestandsliste aller Wertgegenstände, in der Sie deren Seriennummern notieren und fotografieren Sie nicht numerierte. Gravieren Sie in Fahrräder, Tennisschläger u. ä. Ihren Namen und Adresse ein.

Gegenstände mit ultravioletter Bestrahlung zu kennzeichnen ist weniger ratsam, da Sie die Markierungen alle paar Monate wieder auffrischen müssen. Versicherungspolicen sollten an die Inflationsrate angeglichen sein und regelmäßig auf den neuesten Stand gebracht werden, damit auch Neuerwerbungen berücksichtigt sind und ausreichender Versicherungsschutz gewährleistet ist. Eine Regelung »neu-für-alt« ist empfehlenswert, da Sie damit nach einem Verlust die meisten Gegenstände zu ihrem tatsächlichen Preis wieder kaufen können. Vergewissern Sie sich, daß Ihre Versicherung auch Schäden durch gewaltsames Eindringen Fremder abdeckt.

Lassen Sie sich von Polizeibeamten und Mitarbeitern von Wachgesellschaften über Sicherheitsvorkehrungen beraten, und informieren Sie sich auch über deren Kosten. Schließlich hat es wenig Sinn, ein teures Vorhängeschloß an einem Schuppen anzubringen, in dem nur Blumentöpfe sind, oder drei Sicherheitsschlösser an einer bereits altersschwachen Vordertür. Achten Sie auch darauf, welche Maßnahmen Ihre Versicherungspolice vorschreibt, sonst kann es passieren, daß Ihre Ansprüche nicht anerkannt werden.

Letztendlich hängt die Sicherheit Ihres Hauses aber davon ab, wie Sie die Sicherheitsvorkehrungen einhalten.

Ungeschützte Punkte

Um ausreichende Sicherheit für Ihr Haus zu gewährleisten, ist es unerläßlich, Einbrechern das Eindringen an ungeschützten Punkten zu erschweren und die Risiken in gefahrenträchtigen Situationen zu verringern. Überlegen Sie, wie Sie ins Haus kommen würden, falls Sie sich ausgesperrt hätten. Könnte man z. B. an einer unbeleuchteten Stelle durch ein Kellerfenster einsteigen oder zu einem unverschlossenen Oberlicht gelangen? Einbrecher suchen meist eine Stelle, an der sie geräuschlos eindringen können; dazu versuchen sie oft durch ein ungeschütztes Fenster an der Rückseite des Hauses, über eine Feuerleiter oder ein Flachdach einzusteigen.

Außentüren und Fenster sind die offensichtlichsten ungeschützten Punkte. Vorsicht ist vor allem bei solchen geboten, die von Nachbarn und Passanten nicht eingesehen werden können, ebenso bei Fenstern in der Nähe von Flachdächern, Regenrinnen, angrenzenden Mauern oder Bäumen. Andere gefährliche Stellen werden gern übersehen: Büsche und Hecken, die nahe am Haus Deckung bieten, Garagen und Schuppen mit direktem Zugang zum Haus, oder auch Werkzeuge und Geräte, die von einem Einbrecher verwendet werden können. Sogar Kinder- und Puppenwagen lassen sich zum Abtransportieren von Fernsehgeräten o. ä. nutzen.

Gefahren können auch von bestimmten Situationen und von Ihren alltäglichen Gewohnheiten ausgehen. Vermeiden Sie daher Routine oder lange Abwesenheiten, oder verbergen Sie zumindest deutlich sichtbare Anzeichen davon, da dadurch Einbrecher angelockt werden könnten. Denken Sie daran, daß die »Stoßzeit« für Einbrecher der Tag ist. Ihr Haus sollte nie verlassen aussehen – auch die Mitteilung auf dem Anrufbeantworter sollte keinen Hinweis auf längere Abwesenheit enthalten, sondern nur, daß Sie kurzzeitig nicht zu erreichen sind.

Wenn Sie Handwerker, Fensterputzer o. ä. im Haus haben, sollte immer jemand zuhause sein. Lassen Sie sich von Personen, die an Ihrer Tür klingeln und die Sie nicht kennen, stets die Papiere zeigen – auch von Besuchern in Uniform; im Zweifelsfall können Sie immer noch deren Arbeitgeber oder Behörde anrufen. Vertrauen Sie Ihre Möbel bei einem Umzug oder anderen Gelegenheiten nur seriösen Firmen an. Vergewissern Sie sich, daß die Firma gegen Schäden und Verluste versichert ist, und machen Sie eine vollständige Aufstellung Ihrer Besitztümer. Suchen Sie auch Handwerker oder Baufirmen sorgfältig aus, da diese über einen längeren Zeitraum Zugang zu Ihrem Haus haben. Unter Umständen ist es sogar ratsam, die Türschlösser auszuwechseln, sobald die Arbeiten beendet sind.

Lange Abwesenheit

Wenn Sie einen ganzen Tag weg sind oder abends ausgehen, sollten Sie sich vergewissern, daß alle Fenster und Türen verschlossen sind, und Zeitschalter so einstellen, daß bei Anbruch der Dunkelheit einige Lichter automatisch angeschaltet werden. Sperren Sie Hunde im Haus ein, und lassen Sie Katzen draußen.

Deponieren Sie bei längerer Abwesenheit Ihre Wertsachen in einem Bankschließfach, bestellen Sie für diese Zeit Zeitungen usw. ab, lassen Sie Vorhänge und Fensterläden halb offen, und stellen Sie die Zeitschalter so ein, daß die Lichter zu verschiedenen Zeiten angeschaltet werden. Geben Sie Freunden oder Nachbarn einen Hausschlüssel – allerdings ohne Ihre Adresse – und informieren Sie die Polizei über Ihre Abwesenheit und darüber, wer die Schlüssel hat. Es sollte möglichst auch nicht überall bekannt werden, daß und wie lange Sie weg sind. Bitten Sie einen Nachbarn, alles Verdächtige der Polizei zu melden und – vielleicht auch – die Post ins Haus zu legen und abends die Vorhänge zuzuziehen. Verständigen Sie, falls Ihnen während Ihrer Abwesenheit die Schlüssel gestohlen werden, unbedingt auch Ihre Nachbarn.

Besondere Vorkehrungen

Bei einem Haushalt mit kleinen Kindern, älteren oder behinderten Menschen ist besondere Vorsicht geboten, ebenso bei Menschen, die allein oder sehr abgelegen leben. Haben Sie kleine Kinder, sollte das Schloß an der Vordertür außerhalb ihrer Reichweite angebracht werden, die Türkette und der Türspion aber so, daß sie sie erreichen können. Schärfen Sie den Kindern ein, niemand ins Haus zu lassen. Wenn Sie ohne die Kinder weggehen, sollte der Babysitter oder das älteste Kind genau wissen, wohin Sie gehen und wann Sie zurückkommen; hinterlassen Sie für alle Fälle die Adresse und Telefonnummer, unter der Sie zu erreichen sind, und die eines Nachbarn in der Nähe aller Telefonapparate. Zeigen Sie dem Babysitter auch, wie man bei einem Brand am schnellsten aus dem Haus kommt.

Falls Sie schon älter oder behindert sind, allein leben oder abgelegen wohnen, ist es ratsam, einen Türspion und neben der Tür einen Schalter für die Eingangsbeleuchtung anzubringen, zumindest aber eine Türkette. Überprüfen Sie immer die Identität der Personen, die vor Ihrer Tür stehen! Notieren Sie die Telefonnummer eines Nachbarn in der Nähe des Telefons, und scheuen Sie sich auch nicht, die Polizei anzurufen, wenn Sie etwas Verdächtiges bemerken. Für ältere oder behinderte Menschen wäre es empfehlenswert, über eine Gegensprechanlage mit einem befreundeten Nachbarn verbunden zu sein oder sich mit Nachbarn zusammenzuschließen und aufeinander aufzupassen.

Falls Sie allein leben, sollten Sie kein Namensschild an der Türklingel anbringen oder zumindest darauf zwei Namen notieren; ebenso sollten Sie im Telefonbuch nur die Anfangsbuchstaben Ihres Vornamens angeben. Trillerpfeifen oder kleine Warnsirenen mit Batterie, die sie in der Tasche oder am Gürtel tragen können, sind eine billige, aber wirkungsvolle Sicherheitsmaßnahme.

Schlösser und Riegel

Bringen Sie an allen Fenstern und Außentüren Schlösser an. Lockere oder schlecht angebrachte Schlösser bieten keinen ausreichenden Schutz – wenden Sie sich daher an einen Schlosser; der weiß, ob der Tür- oder Fensterrahmen verstärkt werden muß, und bringt ein Schloß so an, daß es fest sitzt. Falls ein Schloß klemmt, sollten Sie nie Öl, sondern ein Trockenschmiermittel verwenden.

Lassen Sie bei Fenstern nur Riegel einbauen, die sich mit einem Schlüssel verschließen lassen, damit sie nicht per Hand durch ein in die Glasscheibe geschnittenes Loch geöffnet werden können. Befestigen Sie Schlösser möglichst mit Schrauben, die sich nicht mehr aufdrehen lassen, damit man sie nicht abschrauben kann, wenn man eine Fensterscheibe eingeschlagen hat. Bei Rahmen aus Holz oder Metall sind verschiedene Schlösser und Riegel erforderlich: bei Metallrahmen wird entweder der Rahmen oder der Fenstergriff abgeschlossen; solche Schlösser können auch an Doppelglasfenstern angebracht werden. Für Fenster mit Holzrahmen, Flügel- und Schiebefenster gibt es verschiedene Schlösser; für schmale Flügelfenster eignen sich Riegel gut.

Für Türen gibt es zwei Schloßarten: Steckschlösser und aufgesetzte Schlösser. Steckschlösser werden in der Tür angebracht, so daß nur das Schlüsselloch sichtbar ist; sie sind daher für Einbrecher weniger gut zugänglich, können aber nur in Türen eingebaut werden, die mindestens 45 mm dick sind. Aufgesetzte Schlösser werden auf der Türoberfläche angebracht und eignen sich auch für dünnere Türen. Beide Schlösser sollten von innen und außen auf- und zugesperrt werden können und mit einer Einriegelvorrichtung versehen sein, so daß man sie nicht ohne Schlüssel öffnen oder schließen kann – auch nicht mit einer Plastikkarte, die zwischen Tür und Rahmen geschoben wird. Dies ist besonders wichtig, wenn in oder über der Tür ein Glaseinsatz oder -fenster ist oder man durch den Briefkastenschlitz an das Schloß herankommt. Auch sollte ein Einbrecher, der auf andere Weise in das Haus gekommen ist, das Haus mit der Beute nicht durch die Tür verlassen können – wenn nicht gerade ein Schlüssel herumliegt. Innentüren können durch im Türgriff angebrachte Schlösser gesichert werden.

Durch Riegel können sie Türen und Fenster zusätzlich absichern. Gut geeignet sind aufgesetzte, nicht abschließbare Riegel, da sie einen ausreichenden Schutz gewährleisten und sich von innen schnell öffnen lassen, wenn Sie das Haus z. B. bei einem Brand – auch daran sollte man denken – rasch verlassen wollen.

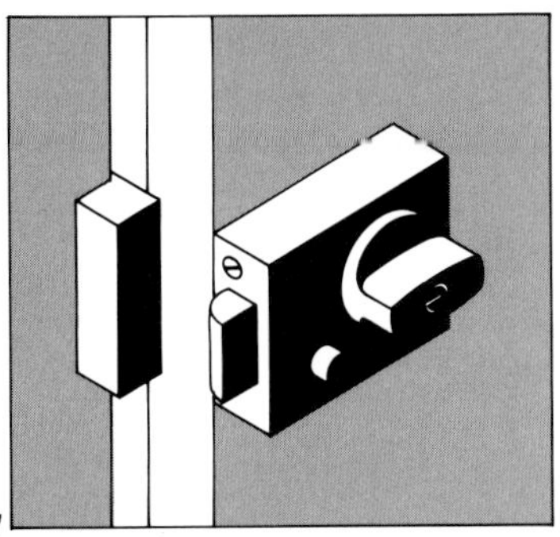
1

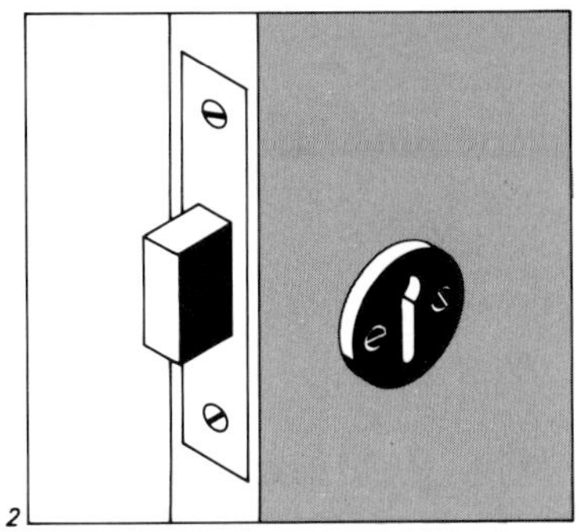
2

3

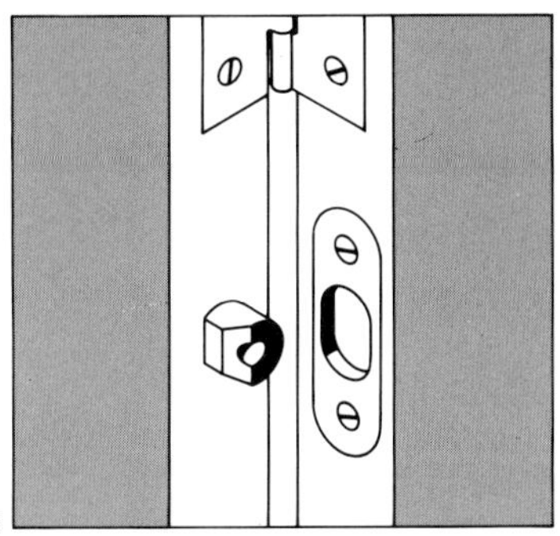
4

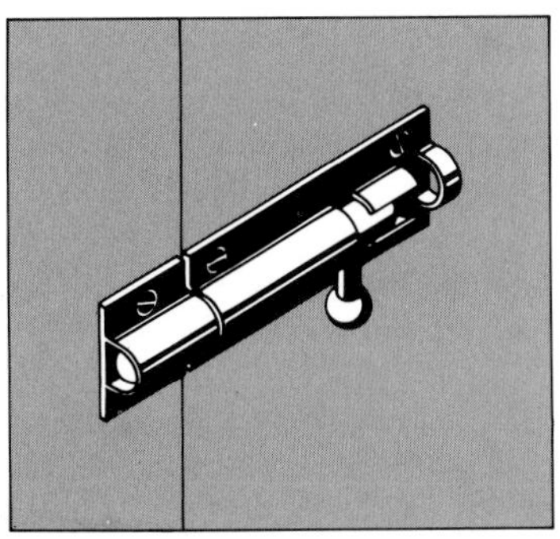
5

6

7
8

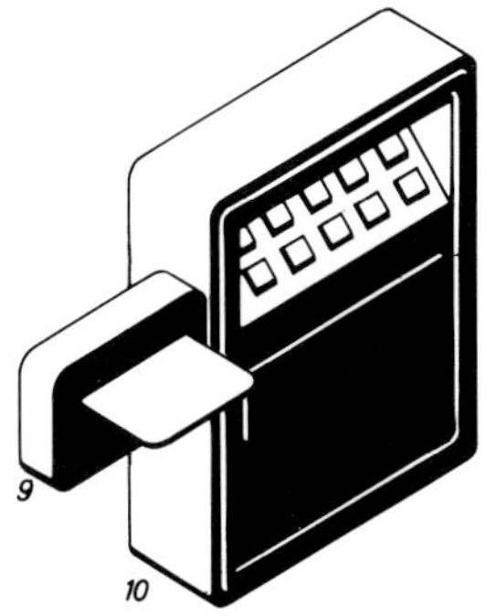
9
10

1 Sicherheitsschloß
2 Steckschloß
3 Steckschloß mit zwei Bolzen
4 Scharnierriegel
5 Türriegel
6 Türkette
7 Türspion
8 Türsprechanlage
9 Lesegerät für Berechtigungskarten
10 Gerät zum Eintippen eines Kenncodes

Türen

Außentüren sollten aus Metall oder stabilem Holz gemacht werden, mindestens 45 mm dick sein, sehr genau passen (also ohne breitere Spalte, über die die Tür ausgehebelt werden könnte) und mit drei stabilen, in gleichmäßigem Abstand verteilten Türangeln versehen sein und nach innen aufgehen. Der Türrahmen sollte ebenso solide sein wie die Tür.

Vorder- und Hintertüren sollten besonders sicher und gut beleuchtet sein; zu empfehlen sind zwei in geeignetem Abstand voneinander angebrachte Steckschlösser und zusätzlich für die Nacht oben und unten an der Tür je ein aufgesetzter Riegel, Türketten sollten ausreichend Platz lassen, damit man um die Tür herumsehen kann; eine provisorische, aber wirksame Maßnahme ist auch ein Holzkeil neben der Tür, der zwischen Tür und Boden geschoben werden kann. Die Türoberfläche kann mit einer mindestens 4 mm dicken Stahlplatte versehen werden, die das Schloß in einem Bereich von mindestens 250 mm abdecken sollte. Türen können auch mit diagonalen Stangen abgesichert werden; diese sind recht stabil, aber wenig ansehnlich. Die gemeinsame Eingangstür eines Wohnblocks oder eines Mehrfamilienhauses sollte immer abgeschlossen sein und nur Hausbewohner einen Schlüssel besitzen; in gemeinsamen Treppenhäusern und Gängen sollte neben jeder Wohnungstür ein Lichtschalter sein.

Schließen Sie Innentüren nachts und wenn keiner zuhause ist ab; allerdings nur, wenn sie sehr stabil sind. Eine verschlossene Innentür kann jemand, der erfolgreich in das Haus eingebrochen ist, eventuell abschrecken, könnte ihn aber auch dahinter etwas Wertvolles vermuten lassen. Fluchtwege sollten nie versperrt werden; falls ein Teil Ihres Hauses aber besonders gefährdet ist und der Fluchtweg dadurch nicht versperrt wird, können sie dort ein mit einem Schlüssel abschließbares Schloß anbringen.

Fenster/Glastüren

Die Fenster und Fensterrahmen sollten genau ineinander passen und aus festem Holz, Stahl oder Aluminium sein; die Glasscheibe sollte tief und fest im Rahmen verankert sein. Fenster, die selten oder nie geöffnet werden, können sie auch mit Schrauben verschließen. Andere können mit einer Vorrichtung versehen werden, damit man sie nur ein kleines Stück weit öffnen kann. Schiebefenster mit Holzrahmen benötigen an beiden Seiten ein Schloß; einige sind mit einem Anschlag versehen, an dem man das Fenster beim Lüften verschließen kann.

Falls innen Fensterläden angebracht sind, sollten diese mit einer genau passenden Querstange aus Metall gesichert werden; Spalten, an denen die Stange ausgehebelt werden könnte, sollten durch oben und unten am Fensterladen aufgesetzte, abschließbare Riegel gesichert werden. Außen oder innen angebrachte Gitter und Stäbe aus Eisen sind zwar meist nicht sehr ansehnlich, bieten aber an Keller- und Erdgeschoßfenstern guten Schutz. Überprüfen Sie bei außen angebrachten Gittern öfter, ob sie rosten und wie fest sie verankert sind. Bei nach außen aufgehenden Fenstern können Sie innen Gitter anbringen; ein Falt- oder Harmonikagitter läßt sich auch hinter einem Vorhang verbergen. Ältere Gitter mit Verzierungen können Sie auch als reizvolle Elemente besonders hervorheben.

Bei Schiebetüren aus Glas brauchen Sie für die obere und untere Laufschiene je einen abschließbaren Riegel. An Verandatüren sollten Sie drei aufgesetzte, abschließbare Riegel anbringen – oben, in der Mitte und unten – damit sich die Tür nicht verzieht.

Fenster mit einer Scheibe aus Draht, Acryl- oder Polykarbonatglas bieten zusätzlichen Schutz für besonders gefährdete Glastüren oder Fenster. Drahtglasscheiben sind allerdings weniger sicher, da man den Draht durchschneiden kann, sobald man das Glas zerbrochen hat. Scheiben aus Acrylglas sind zehnmal stabiler als solche aus Glas, zudem sind sie sehr leicht und können in einen festen Rahmen eingefügt werden; sie sind allerdings sehr teuer und können leicht verkratzt oder verbrannt werden. Polykarbonatscheiben können praktisch nicht brechen; sie müssen wegen ihres geringen Gewichts allerdings mit einer Umrandung von mindestens 8 mm in den Fensterrahmen eingepaßt und fest damit verschraubt werden. Daher eignen sie sich nur für stark gefährdete Fenster, bei denen es nichts ausmacht, daß sie nicht geöffnet werden können, und deren Aussehen keine Rolle spielt.

Weitere Vorkehrungen

Am Eingang

Ein Türspion mit einem Sichtradius von 180°, der so angebracht

1

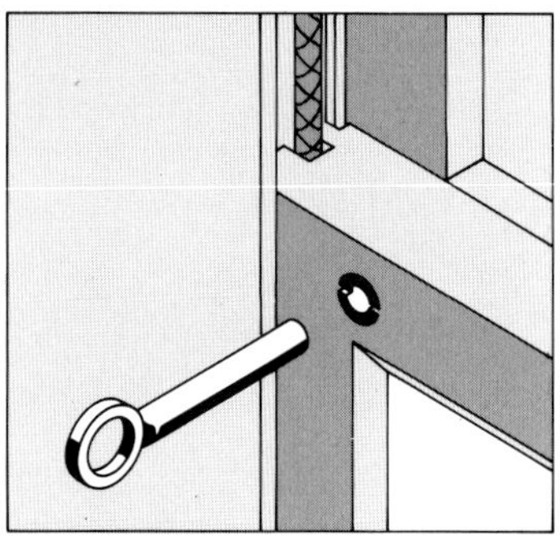
2

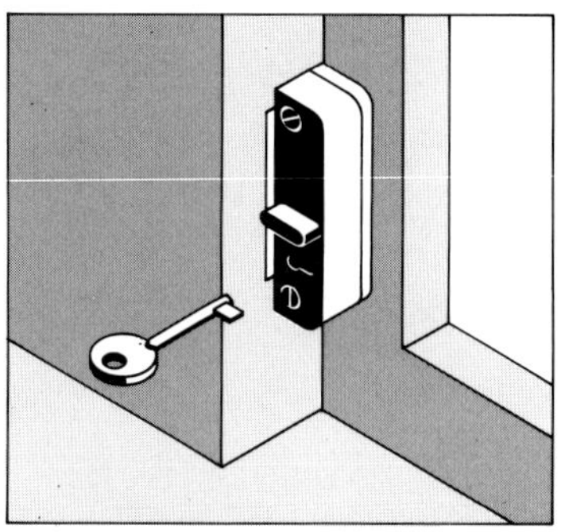
3

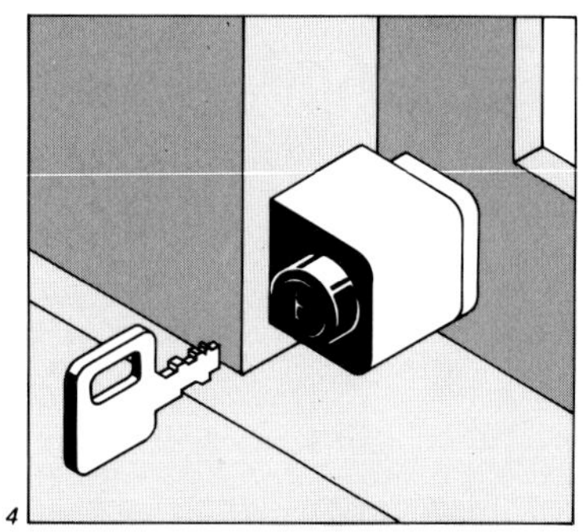
4

5

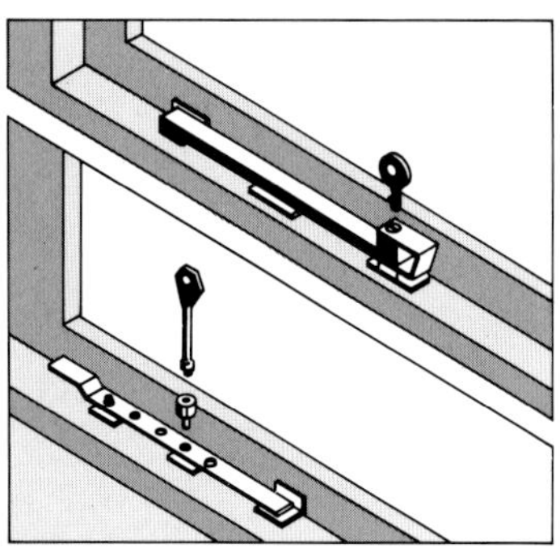
6

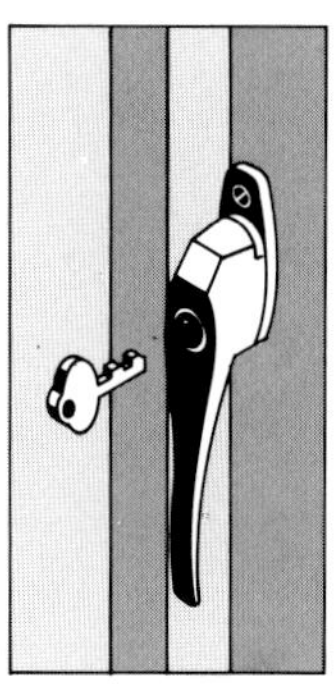
7

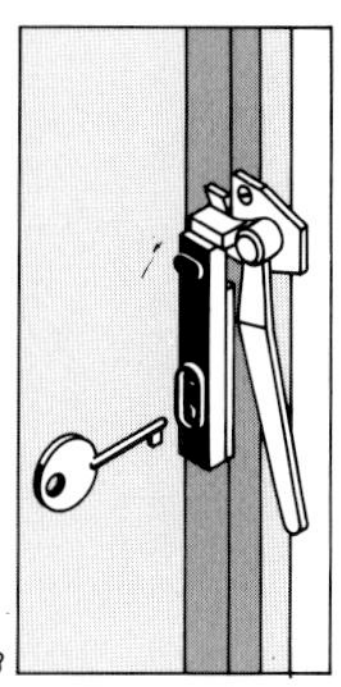
8

9

ist, daß alle Familienmitglieder hindurchschauen können, bietet bei Eingangstüren guten Schutz.

Auch mit Türsprechanlagen können sie überprüfen, wer vor dem Eingang steht; sie eignen sich vor allem für Wohnblocks. Sehen Sie sich Unbekannte aber immer noch durch den Türspion oder bei eingehängter Türkette an, bevor Sie sie einlassen. Kameras am Eingang sind zwar nicht billig, aber Sie können damit von Ihrer Wohnung aus genau sehen, wer vor der Tür steht. Wird Ihr Wohnblock von einem Wachmann kontrolliert, sollte der leicht per Telefon oder über eine Gegensprechanlage zu erreichen sein.

Zeitschalter

Zeitschalter für die Beleuchtung sind ein wirkungsvolles und preiswertes Abschreckmittel. Sehr zu empfehlen sind Zeitschalter, die Sie so einstellen können, daß die Beleuchtung über einen längeren Zeitraum hinweg jeweils zu verschiedenen Zeiten eingeschaltet wird. Außerdem gibt es bereits Zeitschalter, die die Intensität des Sonnenlichts registrieren und die Beleuchtung automatisch bei Einbruch der Dunkelheit einschalten. Zeitschalter sollten die Beleuchtung in der Küche, im Schlaf- und im Wohnzimmer regeln; bauen Sie Zeitschalter nicht in Gängen ein, da diese – wie auch Einbrecher wissen – eher als Durchgang genutzt werden und weniger als Zimmer, in dem man noch tief in der Nacht arbeitet.

Wenn Sie einen Computer besitzen, können Sie während Ihrer Abwesenheit mit einem entsprechenden Programm die Beleuchtung Ihres Hauses regeln. Computer können nicht nur Lampen ein- und ausschalten, sondern auch die Heizung und Belüftung regeln oder Alarmanlagen steuern.

Alarmanlagen

Alarmanlagen dienen dazu, mit einem lauten Alarmsignal auf einen Einbrecher aufmerksam zu machen; gut sichtbar außen am Haus angebracht können sie aber auch abschreckend wirken. Lassen Sie sich von einem für Verbrechensverhütung zuständigen Polizisten oder einer Wachgesellschaft beraten, welche Alarmanlage am geeignetsten für Ihr Haus ist. Lassen Sie eine Alarmanlage nur von einem Fachmann einbauen, und holen Sie mindestens drei Kostenvoranschläge ein. Deponieren Sie für alle Fälle einen Schlüssel bei einem Nachbarn, damit der die Anlage ausschalten kann, falls sie während Ihrer Abwesenheit versehentlich ausgelöst wird.

Die meisten Alarmanlagen für Privathäuser sind mit verschiedenen Detektoren wie Infrarotstrahler, Drucksensormatten und Ultraschallsender ausgestattet.

Alarmanlagen mit geschlossenem bzw. unterbrochenem Stromkreis werden ausgelöst, sobald ein Stromkreis durch das Öffnen einer Tür oder eines Fensters geschlossen bzw. unterbrochen wird. Die Alarmglocke gibt eine bestimmte Zeit lang ein Alarmsignal ab und schaltet sich dann wieder aus. Bei einigen Anlagen wird an der Eingangstür eine Lampe angeschaltet, sobald das Alarmgeräusch aufhört; andere Anlagen sind direkt mit der nächsten Polizeistation verbunden.

Infrarotstrahler senden einen gebündelten Lichtstrahl zu einer gegenüber angebrachten Photozelle; sobald der Lichtstrahl unterbrochen wird, wird der Alarm ausgelöst. Bringen Sie solche Anlagen am Rand des Grundstücks an möglichen Zugängen so an, daß Tiere sie nicht auslösen können und Eindringlinge sie nicht sehen und darübersteigen oder darunter hindurchkriechen können.

Ultraschallsender registrieren die Bewegung eines Menschen innerhalb eines bestimmten Bereiches. Jeder Sender kann nur einen kleinen Bereich abdecken, daher ist meist an den besonders gefährdeten Stellen jeweils ein eigener Sender nötig.

Luftdruckdifferenzsensoren lösen Alarm aus, sobald sie eine Veränderung des Luftdrucks registrieren, die durch das Öffnen einer Tür oder eines Fensters verursacht wird. Die Sensoren dekken nur einen begrenzten Bereich ab und eignen sich nur für Räume, in denen der Luftdurchzug an Türen und Fenstern konstant und sehr niedrig ist.

Drucksensormatten werden an geeigneten Stellen unter Teppichen, Läufern usw. versteckt; dabei wird der Alarm durch Druck, also dadurch, daß jemand darauftritt, ausgelöst.

Safes

Safes sind meist teuer und schwierig einzubauen; im Fußboden angebrachte Safes sind die wohl beste Lösung. In der Regel ist es vernünftiger, Wertgegenstände in einem Bankschließfach aufzubewahren. Allerdings sollte ein Schrank oder ein Zimmer mit guten Schlössern und einer soliden Tür gesichert werden.

Schlösser und Riegel

1 *Anschlag, an dem das Schiebefenster verschlossen wird; bietet genug Zwischenraum zum Belüften.*
2 *Schloß in einem Schiebefenster*
3 *Schloß im Rahmen eines Holz- oder Metallflügelfensters*
4 *Einschnappverschluß an Dreh- oder Kippflügelfenstern*
5 *Sicherheitsbolzen für große Flügelfenster mit Holzrahmen*
6 *Fensterriegel und Anschlag für Kippfenster*
7 *Verschließbarer Fenstergriff*
8 *Aufgesetzes Schloß an einem Metallrahmen*
9 *Schloß an einer Terrassentür*

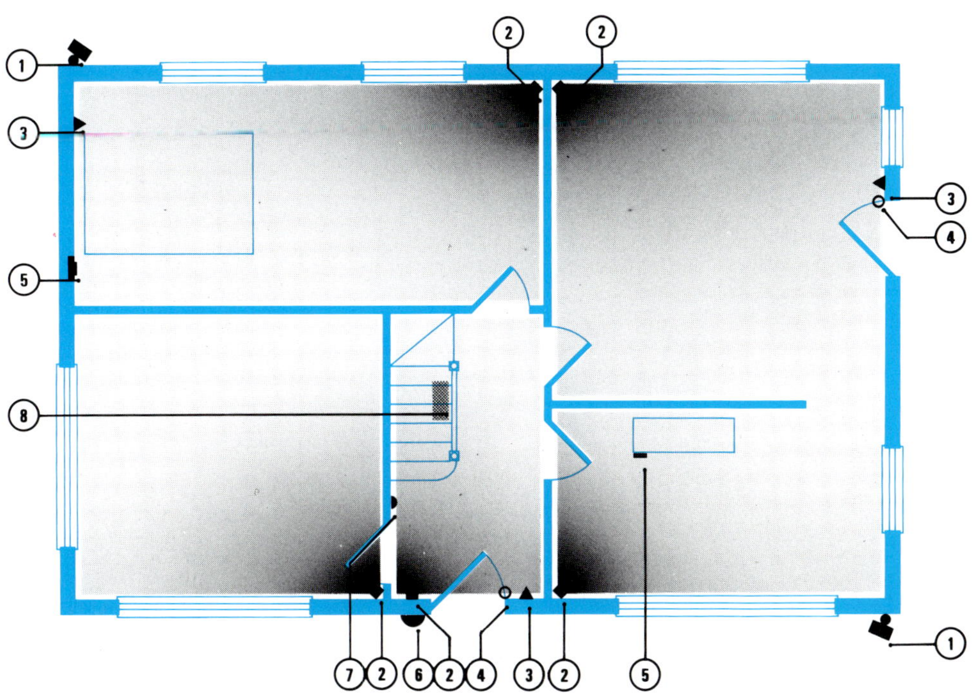

Sicherheitsvorkehrungen im und am Haus

1 *Flutlichtbeleuchtung im Freien*
2 *Passive Infrarot- oder Ultraschalldetektoren*
3 *Paniktüröffner*
4 *Türkontakte*
5 *Trägheitssensoren an Möbeln und Tresoren*
6 *Alarmglocke im Freien*
7 *Alarmglocke im Inneren des Hauses*
8 *Steuereinrichtung*

INSTANDHALTUNG

Auch wenn Ihr Dach vielleicht kein riesiges Loch aufweist oder kein Schimmel an den Mauern ist, ist es doch besser, nach möglichen Schäden zu suchen als darauf zu warten, daß sie sich bemerkbar machen. Ernste Fehler stellen anfangs meist nur erfahrene Bauingenieure oder Gutachter fest, aber bei genauer Untersuchung kann auch ein Laie einiges erkennen.

An der Oberfläche sichtbare Symptome haben oft schwerwiegende Ursachen; versuchen Sie daher, den Ursachen auf den Grund zu gehen. Es ist in jedem Fall besser, die Ursachen zu beseitigen als die Symptome. Überprüfen Sie bei Reparaturarbeiten auch, warum sie nötig waren und wie sie ausgeführt wurden. Falls Sie ein Haus noch nicht lange besitzen, sollten Sie auch untersuchen, ob Ihr Vorgänger vielleicht durch eine Reparatur etwas verbergen wollte.

Ist das Holz hinter diesem neuen Anstrich in gutem Zustand? Vergewissern Sie sich, indem Sie mit einem Taschenmesser hineinstechen. Verbirgt der neue Verputz Risse, die durch Bewegung des Gebäudes verursacht wurden? Suchen Sie nach neueren Rissen.

Sehen Sie sich, sobald Sie Ihr Haus und die durchgeführten Reparaturen überprüft haben, die Nachbarhäuser an. Ähnliche und gleich alte Häuser haben meist die gleichen Schwachstellen.

Lassen Sie sich von einem Fachmann beraten, wenn Sie ein ernstes Problem vermuten. Fragen Sie auch, welche Arbeiten notwendig sind und was geschieht, wenn Sie nichts unternehmen, denn schließlich müssen Sie die Kosten tragen.

Die Mauern

Eine Mauer in gutem Zustand sollte gerade verlaufen. Bei älteren Häusern sind kleine Abweichungen nichts Ungewöhnliches, bei neuen Häusern dagegen Anlaß zur Besorgnis. Tür- und Fensterrahmen sollten rechteckig sein und ohne Zwischenräume und fest in die Mauern eingepaßt sein.

Ausbeulungen der Maueroberfläche rühren meist von der Ausdehnung durch Feuchtigkeit im Mauerwerk her oder von einer Ausdehnung der Dachkonstruktion, was sich am oberen Ende der Mauern am deutlichsten zeigt.

Risse

Risse deuten auf Bewegung hin. Bei älteren Häusern sind kleinere oder Haarrisse kein Grund zur Besorgnis (auch neuere Häuser müssen sich erst noch etwas setzen), bei größeren Rissen sollten Sie allerdings nach deren Ursachen suchen.

Risse können senkrecht, waagrecht oder stufenweise entlang den Fugen verlaufen. Sie können durch Bewegung von sehr trockenem oder feuchten Boden hervorgerufen werden oder durch Bäume, die daneben wachsen oder erst kürzlich gefällt wurden. Andere Ursachen sind die Ausdehnung des Ziegelwerks oder der Dachkonstruktion oder das Versagen der Fundamente oder von Verbindungselementen.

Risse, die sich nicht weiter ausdehnen, können Sie auskratzen und wieder schließen; damit wird allerdings nicht die Ursache wie z. B. Bewegung des Untergrunds beseitigt. Achten Sie vor allem bei Fugen auf neue Risse. Ob sich das Dach oder der Untergrund weiterhin bewegt, können Sie leicht überprüfen: befestigen Sie dünne Glasstreifen so mit Zement über einem Riß, daß sie deutlich zu sehen und über dem Riß frei sind. Falls Ihre Befürchtungen berechtigt sind, finden Sie bald auch Risse im Glas. Dann sollten Sie sich an einen Fachmann wenden, da meist größere Reparaturarbeiten wie z. B. Untermauerungen nötig sind.

Feuchtigkeit

Bei modernen Hohlmauern dürfte im Gegensatz zu alten massiven Mauern keine Feuchtigkeit eindringen. Wenn Sie nach einem Regen aber feuchte Flecken an der Innenseite von Mauern wahrnehmen, sollten Sie nach deren Ursachen suchen. Überprüfen Sie bei einem heftigen Regen, ob Dachrinnen undicht oder ver-

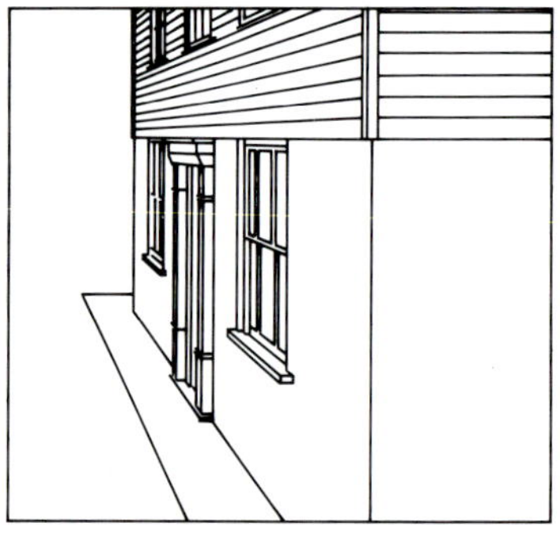
1

3

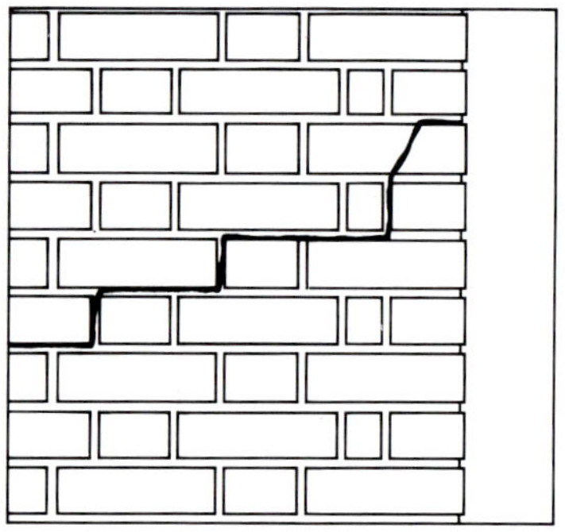
2

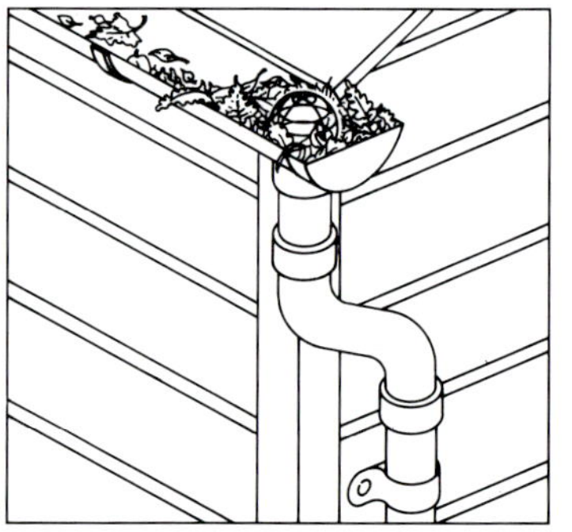
4

stopft sind und überlaufen. Sehen Sie auch unter den Fenstersimsen nach, ob die darunter angebrachte Rille, die verhindert, daß Wasser vom Sims die Mauer hinunterläuft, verstopft ist. Überprüfen Sie auch die Überlaufrohre von Wasserbehältern und Toilettenspülkästen; falls diese ständig tropfen, ist das Kugelventil vielleicht nicht in Ordnung.

In Hohlmauern wird Feuchtigkeit normalerweise nicht weitergeleitet. Wo dies doch der Fall ist, könnte es daran liegen, daß Mörtel den Hohlraum in der Mauer überbrückt.

Abgesehen vom Säubern und Reparieren von Dachrinnen usw. hilft gegen das Eindringen von Feuchtigkeit oft nur das Verputzen oder Verkleiden der Mauern oder in weniger schlimmen Fällen eine farblose wasserabstoßende Silikonschicht.

Hochsteigende Feuchtigkeit

In modernen Häusern, an denen Feuchtigkeitsisolierschichten angebracht wurden, dürfte aufsteigende Feuchtigkeit nicht vorkommen. Falls doch, ist die Isolierschicht entweder defekt oder wurde z. B. durch Verputz, ein Blumenbeet, einen Haufen Schutt o. ä. überbrückt. Überprüfen Sie, ob die Isolierschicht, die in einer Höhe von ca. 150 mm über dem Boden rund um das Haus verlaufen sollte, unverdeckt und intakt ist.

Bei vielen alten Häusern wurden wasserabstoßende Chemikalien in den Sockel der Mauern gespritzt. Falls Sie eine solche Behandlung durchführen lassen wollen, können Sie sich von darauf spezialisierten Firmen beraten lassen und Kostenvoranschläge einholen. Überzeugen Sie sich davon, daß Sie es mit einer zuverlässigen Firma zu tun haben – 20 Jahre Garantie nützen Ihnen wenig, wenn die Firma nach einem Jahr bankrott ist.

Mauerarten

Ziegelwerk

In einer Ziegelmauer, die in gutem Zustand ist, sollte die Oberfläche der einzelnen Ziegel in Ordnung sein; außerdem sollten sie gut verfugt sein, damit das Eindringen von Wasser verhindert wird. Kratzen Sie bröckeligen Mörtel weg und ersetzen Sie ihn durch neuen. Nehmen Sie zum Säubern der Ziegel eine harte Bürste und klares Wasser (keine Reinigungsmittel oder Seife) und reiben Sie besonders hartnäckigen Schmutz mit einem entsprechenden Stück Ziegel ab.

Poröses Ziegelwerk können Sie mit einem Anstrich versiegeln, müssen den Anstrich aber regelmäßig erneuern. Weiße Ablagerungen an neuem Ziegelwerk sind Salz, das aus den Ziegeln herausgelaugt wurde; diese Ablagerungen verschwinden mit der Zeit. Ernst zu nehmende Schäden sind durch Frost gesplitterte Ziegel; da hilft nur, die defekten Ziegel auszuwechseln oder – bei großflächigen Beschädigungen – die Mauer zu verputzen.

Verputz

Durch einen Verputz wird die Witterungsbeständigkeit einer Mauer verbessert und eine poröse Mauer geschützt. Wölbungen im Verputz sind ein Anzeichen dafür, daß Feuchtigkeit die Haftung des Putzes auf den Ziegeln oder auf einer darunterliegenden Putzschicht gelockert hat; überprüfen Sie das, indem Sie auf den Putz klopfen und horchen, ob es hohl klingt.

Füllen Sie größere Risse, die auf eine Bewegung der darunterliegenden Mauer hindeuten, mit Putz. Kleinere Risse werden beim Anstreichen automatisch mit Farbe geschlossen; brüchige Maueroberflächen sollten vor dem Farbanstrich mit einem Grundanstrich behandelt werden, um einen besseren Schutz zu erreichen.

Holzverkleidung

Fachwerkhäuser, die oft wie herkömmliche Ziegelhäuser aussehen, werden immer beliebter. Falls Sie in einem Fachwerkhaus leben, sollten Sie daran denken, daß in den Hohlmauern eine wasserdichte Membran angebracht ist, die nicht beschädigt werden darf. Lassen Sie also lieber die Finger von Arbeiten, bei denen Sie größere Löcher in die Außenmauern machen müßten, z. B. beim Einbau von Steckdosen. Da die Mauern bereits gut isoliert sind, ist eine Isolierung des Hohlraums überflüssig.

Eine mit einem Farbanstrich versehene Verkleidung aus Holzschindeln können Sie wie die übrigen Holzteile an Ihrem Haus behandeln (siehe unten). Falls Sie das Holz in seinem natürlichen Zustand belassen, müssen Sie es regelmäßig mit Holzschutzmittel behandeln; einige Holzarten wie z. B. die Bleistiftzeder, enthalten bereits selbst schützende Öle.

Dächer

Das Dach ist zum einen eine eigene Konstruktion, die in sich stabil sein muß, und zum anderen ein Schutz gegen Witterungseinflüsse. An allen Stellen, an denen die Oberfläche des Daches, also die Dachplatten oder -ziegel, z. B.

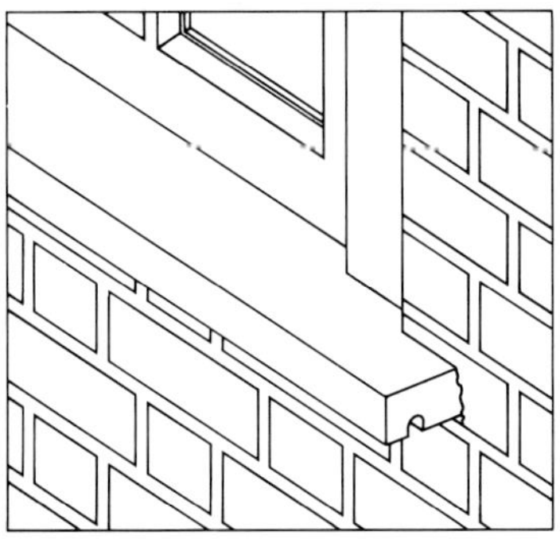
5

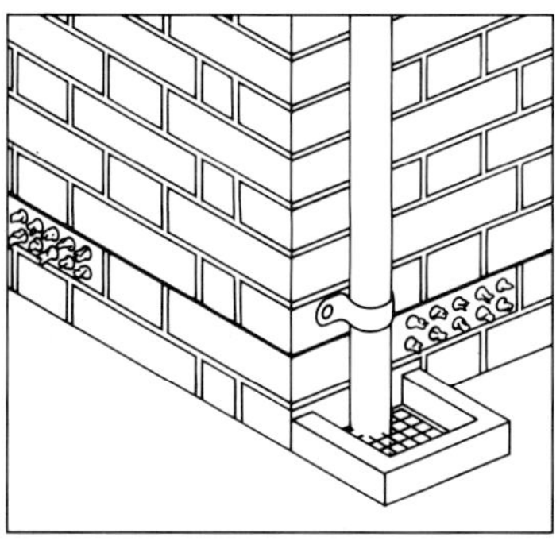
6

7

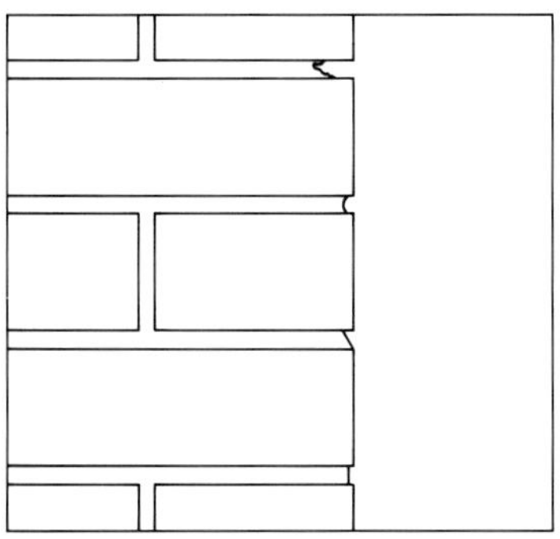
8

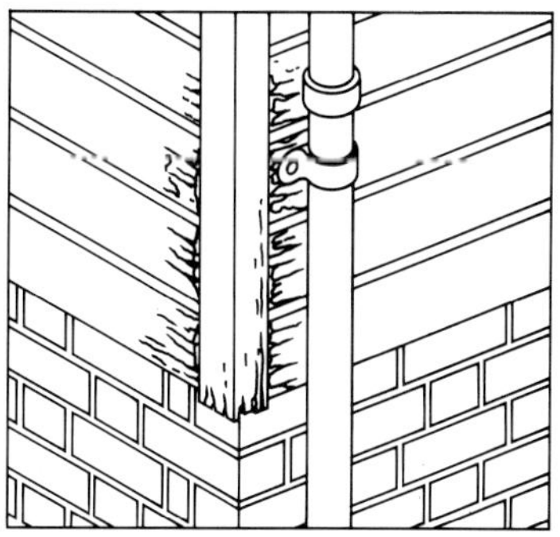
9

10

1 *Überprüfen Sie die Fluchtlinien des Hauses.*
2 *Risse deuten auf mögliches Absakken hin.*
3 *Schließen Sie undichte Stellen zwischen den Fensterrahmen und der Mauer mit Mastix.*
4 *Regenrinnen dürfen* nicht *verstopft werden; bringen Sie daher z. B. darüber eine Gitterabdeckung an.*
5 *Unter Fenstersimsen sollte eine Abtropfrille sein.*
6 *Die Öffnungen in Lüftungsziegeln und Abflüsse dürfen* nicht *verstopft sein.*
7 *Die Feuchtigkeitsisolierschicht darf* nicht *überbrückt werden.*
8 *Die Mörtelschicht zwischen den Ziegeln muß neu verfugt werden (oben). Es gibt drei Fugenprofile; (von oben nach unten) gerillt, abgeschrägt und zurückgesetzt.*
9 *Wegen undichter Stellen in der Regenrinne angefaulte Holzverkleidung.*
10 *Alter und zerfallender Fensterkitt und defekter Anstrich in einer Ecke des Rahmens.*

durch in Dachkehlen angebrachte Regenrinnen, durch Dachfenster und besonders durch Schornsteine unterbrochen wird, kann Wasser eindringen. Untersuchen Sie daher das Dach Ihres Hauses regelmäßig und sorgfältig von innen und von außen; falls Sie mit einer Leiter nicht an das Dach herankommen, müssen Sie notfalls zum Fernglas greifen.

Falls das Dach in einem besonders schlimmen Zustand ist, sollten sie überprüfen, ob dadurch auch die Stabilität von tragenden Mauern beeinträchtigt wurde. Hängt das Dach z. B. stark durch, sollten sie die Mauern auch auf Anzeichen von Bewegung untersuchen. Ob Mauern durch das Gewicht des Dachs nach außen gedrückt wurden, kann man an der Form der Firstlinie erkennen und daran, ob die Mauern senkrecht sind.

Wurden die Mauern zu stark nach außen gedrückt, ist die Stabilität des Hauses nicht mehr gewährleistet; oft hilft dann auch ein neues Dach nicht mehr. Wenden Sie sich auf alle Fälle an einen Fachmann, bevor Sie etwas unternehmen.

Eine gar nicht so seltene »Verbesserung« eines alten Hauses, die verheerende Wirkung haben kann, ist das Ersetzen eines alten Schieferdachs durch Dachziegel aus Beton. Die neuen Ziegel sind zwar billiger, aber wesentlich schwerer als Schieferplatten, so daß das neue Dach sehr oft zu schwer für die Konstruktion ist.

Nach zwei Seiten abfallende Dachlinien bei älteren Reihen- oder Doppelhäusern lassen sich leicht erkennen, da sie entlang der Trennwand zwischen den einzelnen Häusern deutlich abfallen. Dies ist darauf zurückzuführen, daß das Dach auf beiden Seiten der Trennwand durchhängt oder sich die Außenmauern an beiden Seiten des Hauses gesetzt haben. Trennwände sind geschützter als Außenwände und tragen weniger Gewicht, daher setzen sie sich meist nicht so stark. Das einzige, was Sie hier tun können, ist, sofort alle Lücken zwischen den Dachschindeln oder -platten mit Mastix zu schließen.

Überprüfen der Dachkonstruktion

Auch bei einem stark durchhängenden Dach können Sie oft die Ursachen selbst erkennen. Untersuchen Sie dazu das Holz auf Fäulnis und die Verbindungsstellen auf ihren Zustand. An der Innenkante der Außenmauern ist eine Mauerlatte angebracht; da sie hinter der Dachtraufe liegt, ist diese Latte besonders anfällig für Fäulnis. Hier sind auch die Dachsparren und Deckenbalken befestigt – überprüfen Sie daher, ob die Sparren sich über die Mauerlatte geschoben haben oder ob sich die Latte entlang der Mauer verschoben hat. Die Ursache für das Durchhängen des Dachfirsts könnte auch am oberen Ende der Sparren zu finden sein. Untersuchen Sie die Dachsparren dort, wo sie auf die Firstpfette treffen, die entlang des Dachfirsts verläuft, auf Fäulnis und Versagen. Hier sind Reparaturarbeiten meist weniger aufwendig als am unteren Teil des Sparren.

Weniger starkes Durchhängen des Daches rührt meist von einem Versagen der darunterliegenden tragenden Elemente her. Die Dachsparren werden in regelmäßigen Abständen von waagrechten Balken, den Pfetten, getragen. Pfetten sind die wichtigsten Längsträger eines Dachstuhls und werden ihrerseits durch Balken gestützt, die auf den darunterliegenden Mauern ruhen. Überprüfen Sie, ob die Pfetten und Sparren intakt sind, oder ob die Pfetten verdreht oder schief oder die Balken verbogen sind. Dies kann auf eine zu geringe Anzahl Pfetten, auf Holz, das nicht stabil genug ist, oder schlecht befestigte Balken zurückzuführen sein. Altes Holz z. B. kann austrocknen und an Stabilität verlieren. Auch durch falsch angelegte Giebel kann die Belastung der Pfetten zu hoch werden, was dann zu einem Durchhängen des Firsts führt.

Falls der Schaden noch nicht zu groß ist, können die betreffenden Pfetten eventuell abgestützt und angehoben werden, so daß der First wieder gerade verläuft.

Ebenso offensichtlich wie das Durchhängen des Dachs ist eine Wellung des Daches, die quer zu den Dachsparren verläuft. Überprüfen Sie dann, ob wegen des Alters der Sparren deren Stabilität nachgelassen hat oder ob einige Sparren defekt sind, so daß die danebenliegenden zusätzliches Gewicht tragen müssen. Falls die Abstände zwischen den Sparren zu groß sind, ist die Wirkung ähnlich.

Schornsteine

Schornsteine sind Wind und Wetter, dem ständigen Wechsel zwischen Heiß und Kalt und der Korrosion hervorrufenden Mischung von Wasser und Ruß ausgesetzt.

Überprüfen Sie, ob der Schornstein schief ist oder Wölbungen aufweist und ob der Mör-

Dachstühle
1 *Kehlbalkendach*
2 *Dach mit zweifach stehendem Stuhl*
3 *Zum Ausbauen des Speichers umgebauter Dachstuhl*
4 *Sparren mit Verbandshölzern*

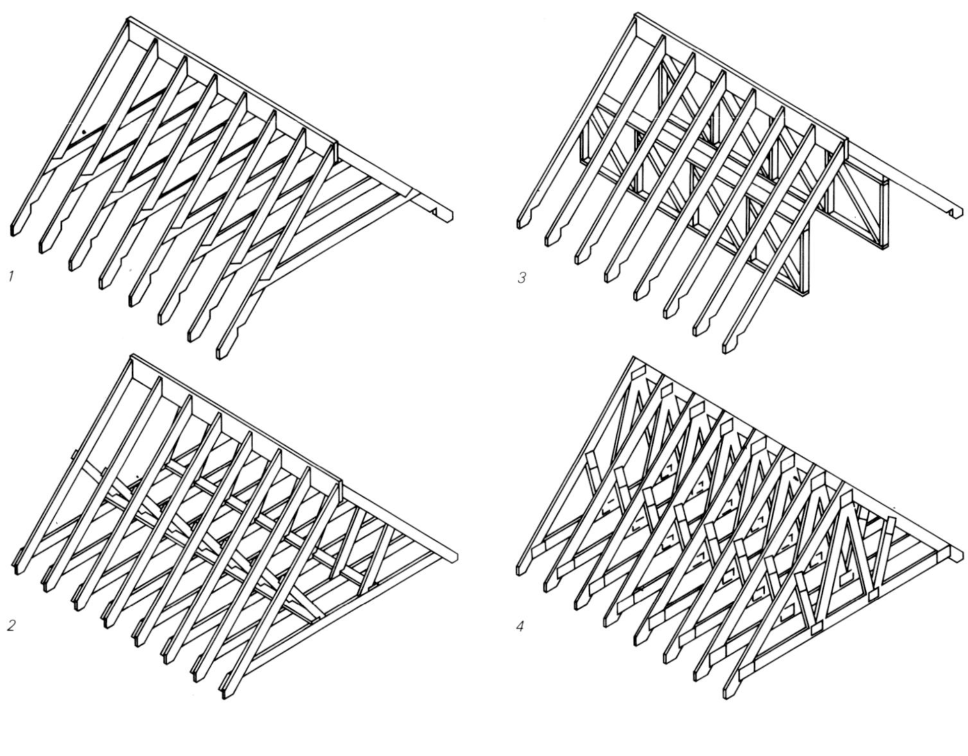

5 *Überprüfen Sie, ob die Mauern senkrecht verlaufen.*
6 *Das Abfallen der Firstlinie könnte von einem Absacken der Außenmauern herrühren.*
7 *Der Blechstreifen um das Dachfenster muß repariert werden.*
8 *Die Wellung des Daches könnte durch zu weit auseinanderliegende Dachsparren entstanden sein; außerdem fehlt hier eine Schieferplatte, andere sind verrutscht.*
9 *Durchhängender Dachfirst*
10 *Die Umrandung des Schornsteinkopfes weist größere Risse auf und muß – ebenso wie die Blecheinfassung – repariert werden.*

tel in gutem Zustand ist. Gegebenenfalls muß der Schornstein neu verfugt werden; um die Struktur des Schornsteins zu verbessern, müssen Sie sich an einen Fachmann wenden, da zu den Arbeiten ein Gerüst erforderlich ist.

Die Schornsteinköpfe sollten keine Risse aufweisen und fest in die Schornsteinumrandung eingebettet sein. Schließlich sollen ja keine größeren Teile während eines Sturms herunterstürzen und das Dach beschädigen. Die Umrandung sollte in gutem Zustand sein, dicht abschließen und schräg nach außen verlaufen, so daß kein Wasser in den Schornsteinkopf eindringen kann.

Ebenso wie die Schnittstelle zwischen Dach und Schornstein muß auch jede andere Schnittstelle zwischen einem Dach und einer senkrechten Mauer gut abgedichtet sein; so z. B. bei einer über das Dach hinausstehenden Trennwand zwischen Doppelhaushälften. Zum Abdichten eignet sich eine Einfassung aus Blech, die zum Teil in die Mauer integriert wird; stattdessen findet man oft ein dünnes Band aus Mörtel. Untersuchen Sie dieses auf Risse und auf Lücken zwischen Mauer und dem Band.

Falls Sie den Kopf eines nicht mehr genutzten Schornsteins stehen lassen wollen, sollten Sie ihn mit einem halbrunden Firstziegel abdecken, damit kein Regen hineinkommt, die Belüftung aber gewährleistet ist. Auf lange Sicht ist es aber günstiger, den Schornsteinkopf bis zur Höhe des Firsts abzubauen und den Schornstein mit einer Betonplatte abzudecken. Dabei muß die Platte auf Entlüftungsziegeln angebracht werden, damit das Schornsteininnere belüftet wird und sich die Wände nicht wegen der Kondensation verfärben.

Dacharten

Um auf das Dach zu gelangen, brauchen Sie Leitern – eine, die fest auf dem Boden steht und bis über die Regenrinne reicht, und eine Dachleiter, die am First befestigt wird, da Regenrinnen nicht genügend Halt für eine Leiter bieten.

Durch Witterungseinflüsse wie Frost können Firstziegel gelokkert werden, so daß Regenwasser eindringen kann. Befestigen Sie lockere Dachziegel mit Hilfe von Mörtel und befeuchten Sie dazu zuerst die Ziegel, damit der Mörtel nicht zu schnell austrocknet. Vergewissern Sie sich auch, daß die Abdeckungen auf Giebelmauern und Brüstungen fest sitzen.

Holzschindeln

Ein mit Holzschindeln oder -platten gedecktes Dach sollte gelegentlich auf Fäulnis und auf eine regelmäßige Oberfläche untersucht werden.

Dachpappe

Von einem flachen, mit Dachpappe gedeckten Dach sollte Regenwasser schnell ablaufen und sich dort nicht sammeln können. Überprüfen Sie, ob die Verbindungsstellen auf dem Dach abgedichtet sind und ob sich dort Risse oder Blasen finden. Dichten Sie diese mit Bitumenmastix ab, und schließen Sie größere Risse mit Dachpappe und dichten sie anschließend ab. Untersuchen Sie auch alle Einfassungen – allzu defekte können Sie durch selbstklebende Einfassungen aus Bitumen ersetzen; damit lassen sich auch kleinere Risse abdichten. Zusätzlichen Schutz für ein Dach aus Dachpappe bietet eine Schicht Kies.

Asphalt

Der Asphaltbelag sollte geschmeidig und fest sein und auf einer stabilen Unterlage, die keiner Bewegung ausgesetzt ist, angebracht werden. Bei Bewegung reißt der Asphalt, so daß Wasser eindringen kann.

Schieferplatten

Die Oberfläche eines Schieferdaches sollte glatt und eben sein. Platten lassen sich schwer ersetzen, da die Nägel, mit denen eine Platte befestigt wird, von der nächsthöheren Platte verdeckt werden.

Falls Sie selbst Schieferplatten auswechseln wollen, besorgen Sie sich ein Schneidgerät, mit dem sie zwischen die Platten fahren und den entsprechenden Nagel abschneiden können. Dann wird die defekte Platte entfernt und ein dünner Deckstreifen aus Blei, Kupfer oder Zink zwischen den danebenliegenden Platten festgenagelt und über die Unterkante der neuen Platte gebogen, so daß diese fest sitzt.

Wenn die Schieferplatten alt und brüchig werden, müssen Sie nicht unbedingt das Dach neu decken. Kostengünstiger wäre das Abdichten der Dachunterseite mit einer dicken Schicht Dichtmittel aus Kunststoff. Dadurch kann allerdings die Belüftung beeinträchtigt werden, außerdem kann auch das Dichtmittel Risse bekommen. Tragen Sie das Mittel nicht auf der Oberfläche des Daches auf, da dessen Aussehen darunter leiden könnte.

Schieferplattenimitationen sind in der Regel dünner und dunkler

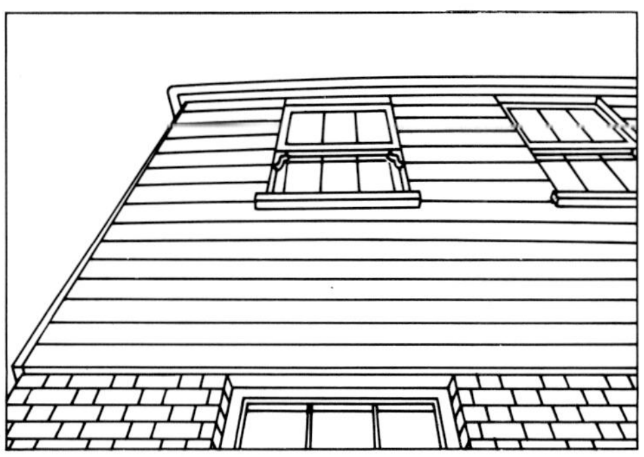

7

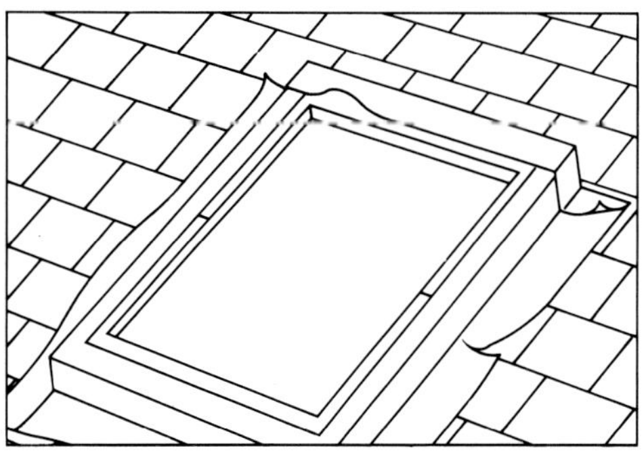

9

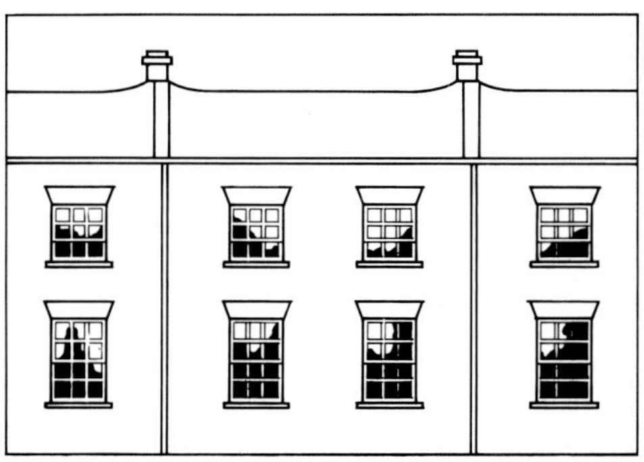

8

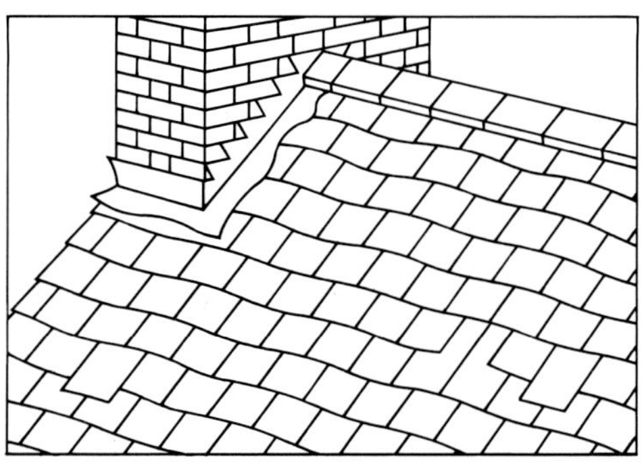

10

als Naturschieferplatten. Sie werden mit Nägeln befestigt und von den darüber angebrachten Platten halb verdeckt. Viele Schieferimitationen enthalten kein Asbest mehr.

Dachziegel
Zum Decken eines Daches werden in zunehmendem Maße Betonziegel verwendet, da sie billiger sind als Schieferplatten. Überprüfen Sie ein Ziegeldach auf eine gleichmäßige Oberfläche und fehlende oder beschädigte Ziegel. Defekte Ziegel lassen sich leicht auswechseln; heben Sie dazu die daneben- und darüberliegenden etwas an, entfernen sie den defekten, und setzen Sie den neuen so ein, daß die Nasen fest auf den Dachlatten sitzen.

Achten sie darauf, daß durch einen oder mehrere neue Dachziegel nicht die Gleichmäßigkeit der Oberfläche unterbrochen wird und an der Schnittstelle zwischen alten und neuen Ziegeln nicht Spalten entstehen. Dachziegel aus Ton werden nun seltener verwendet, aber immer noch hergestellt; finden sie keine passenden Tonziegel als Ersatz für defekte, können Sie auch entsprechend geformte Betonziegel verwenden.

Dachrinnen

Dachrinnen sind mitunter gerippt, so daß der Wasserfluß nicht durch Unrat behindert wird; trotzdem müssen die Rinnen – wie andere auch – gelegentlich gereinigt werden. Alte gußeiserne Rinnen und deren Halterungen sehen von unten oft intakt aus, können aber an der nicht einsehbaren Seite stark verrostet sein. Sind die Rinnen oft durch Blätter verstopft, sollten Sie einen Laubfangkorb über den Rinnen anbringen. Dadurch verhindern Sie auch, daß Vögel in den Rinnen nisten und diese durch Nestmaterial verstopft werden.

Beobachten Sie, wie schnell das Wasser bei starkem Regenfall abfließt. Oder gießen Sie am hintersten Ende der Rinne mit einem Eimer oder dem Gartenschlauch Wasser hinein; dadurch erkennen Sie, ob die Rinne wegen einer fehlenden Halterung irgendwo durchhängt oder der Wasserfluß durch Schmutz verzögert wird. Schon eine kleine Menge Unrat kann sich stark bemerkbar machen.

Überprüfen sie auch die Halterungen, mit denen die Rinnen am Stirnbrett befestigt sind. Falls Schrauben verrostet und herausgefallen sind, sollten Sie die Löcher im Brett mit Mastix verschließen und die Halterungen wieder befestigen. Die Rinne sollte leicht zum Abfluß hin abfallen und nicht durchhängen.

Stärker angefaulte Stirnbretter sollten Sie durch neue ersetzen. Versuchen Sie dazu aber nicht, schwere Rinnen aus Gußeisen allein abzunehmen.

Entfernen sie die Roststellen an den Rinnen gründlich, und behandeln Sie diese Stellen mit Rostschutzmittel, bevor Sie sie mit Epoxidharz glatt verspachteln – an unebenen Stellen kann sich Schmutz ansammeln. Dichten Sie außerdem undichte Stellen mit Bitumenmastix ab und achten Sie im Winter darauf, daß sich kein Schnee zwischen den Mauern und den Rinnen ansammelt.

Kanalisation

Überprüfen Sie die Regenfallrohre, vor allem wenn sie aus Gußeisen sind, auf Risse und undichte Verbindungsstellen, und suchen Sie nach feuchten Flecken an der Mauer. Bei alten Häusern findet man am Ende der Rohre oft Wasserfangkästen; diese können durch Blätter oder Nistmaterial verstopft werden. Bei Fallrohren aus Gußeisen sind an Verbindungsstellen, an denen das obere Rohr etwas übersteht, oft Spalten. Ist das Rohr verstopft, läuft durch diese Spalten etwas Wasser aus, so daß sich leicht feststellen läßt, wo die Verstopfung ist. Am Boden sollte das Wasser in einen offenen Gully oder über ein waagrechtes Rohr ablaufen.

Fallrohre von Toiletten, die meist mit den Abflußrohren der Badewanne und der Waschbekken verbunden sind, sollten luftdicht abgeschlossen sein. Die Fallrohre werden zur Entlüftung bis zum Dach des Hauses geführt und sind am oberen Ende mit einer Abdeckung versehen.

Abflußrohre sollten mit einem Einsatz versehen sein, um Schmutz zurückzuhalten. Wenn im Abflußrohr Wasser zu sehen ist, bedeutet das, daß der Geruchsverschluß intakt ist und die Leitungen nicht irgendwo im Haus undicht sind.

Wenn Sie die Abdeckung des Kontrollschachts öffnen und jemand im Haus einige Wasserhähne aufdreht und die Toilettenspülung betätigt, sollte ein kräftiger Wasserfluß und kein Tröpfeln wahrzunehmen sein. Überzeugen Sie sich auch, daß die Schachtwände in gutem Zustand sind und der Wasserabfluß nicht durch herunterfallenden Putz verstopft werden kann.

Holzteile

Für Holz, das mit einem Anstrich versehen ist, gilt dasselbe wie für gestrichene Tür- und Fensterrahmen. Sobald der Anstrich Risse bekommt, dringt Wasser in das Holz; der Anstrich bekommt noch mehr Risse und blättert teilweise ab, so daß das Holz offenliegt und zu faulen beginnt. Entfernen Sie daher den gesamten Anstrich, füllen Sie Risse im Holz mit einer Spachtelmasse, bringen Sie einen Grundanstrich an, und streichen Sie nochmals darüber. Achten Sie darauf, daß unbehandeltes Holz nicht feucht wird bzw. daß es vor dem Streichen wieder völlig trocken ist, da der neue Anstrich sonst Blasen wirft. Falls die Farbe lediglich verblaßt ist, können sie sie abschmirgeln und neu darüberstreichen.

Für Holz gibt es heutzutage eine breite Palette an attraktiven konservierenden Farbanstrichen. Ebenso gibt es z. B. zum Füllen von Rissen im Holz bereits Füllstoffe, die farblich mit dem Holz bzw. dem Anstrich übereinstimmen.

Schneiden Sie angefaultes Holz immer aus und ersetzen Sie es durch neues, behandeltes Holz. Einen feuchten Tür- oder Fensterrahmen sollten sie austrocknen lassen. Sobald das Holz hart wird, können sie die Risse füllen und den Rahmen neu streichen. Falls das Holz weich bleibt, so daß Sie ganz leicht mit einem Messer hineinstechen können, ist das Holz verfault.

An den unteren Teilen eines Türrahmens findet sich am ehesten Fäulnis. Bei Flügelfenstern sind die unteren Ecken des Rahmens und der Fenster, Fenstersims und Fensterbrett die Schwachstellen. Achten Sie auch darauf, daß die Verbindungsstelle zwischen Glasscheibe und Holz gut abgedichtet ist. Eindringendes Wasser führt leicht zu Fäulnis; ersetzen Sie daher ausgetrockneten oder fehlenden Fensterkitt – und vergessen Sie auch Glastüren nicht.

Die meisten der oben erwähnten Punkte gelten gleichermaßen auch für Fenster aus Metall (abgesehen von Aluminiumfenstern), mit dem Unterschied, daß hier Rost und nicht Fäulnis entsteht.

Suchen Sie auch nach Spalten zwischen Tür- oder Fensterrahmen und der Mauer; diese können leicht zu Fäulnis oder Feuchtigkeit in den Mauern führen. Füllen Sie solche Zwischenräume nicht mit Mörtel oder Kitt, sondern mit Mastix, da dieser geschmeidig bleibt, und streichen Sie mit Farbe darüber.

An der Unterseite der Fenstersimse sollte eine Rille verlaufen, die verhindert, daß Wasser vom Sims die Mauern hinunterfließt. Falls keine derartigen Rillen vorhanden sind, können sie stattdessen einen dünnen Streifen Hartholz anbringen, was dieselbe Wirkung hat. Wenn diese Rillen z. B. durch Farbe verstopft sind, sollten Sie sie säubern.

Die Hohlräume, die dazu dienen, Schiebefenster aufzunehmen, sind besonders anfällig für Fäulnis. Untersuchen Sie bei Fenstern, bei denen das Sims nicht hervorsteht, auch das untere Ende des Simses.

Erkerfenster sind manchmal nicht tief genug in der Mauer verankert, so daß sie nicht genügend Halt haben. Daher sacken sie unter Umständen nach vorne, und es entstehen Zwischenräume, durch die Regenwasser eindringen kann.

Selbst wenn bei faulendem Holz die Fäulnis nicht direkt sichtbar ist, ist sie doch leicht am Zustand des Anstrichs zu erkennen. Außerdem kann man oft einen feuchten Geruch und bei genauerer Untersuchung auch Pilzbefall feststellen. Meist ist das Holz morsch, so daß man leicht mit einem Messer hineinstechen kann.

Man unterscheidet zwei Arten von Fäulnis – Naßfäule und Trokkenfäule. In beiden Fällen muß das Holz erst feucht werden, damit sich die Fäulnis ausbreiten kann; morsches Holz wird schließlich trocken und spröde. Der Unterschied zwischen beiden Arten liegt darin, daß Naßfäule nachläßt, sobald das Holz ausgetrocknet ist, während Trockenfäule beginnt, sich im restlichen Gebäude auszubreiten und selbst Mauerwerk und Verputz und Stoffe, die nicht feucht sind, angreift.

Wenn Sie Holz jedoch sorgfältig mit einem Konservierungsmittel behandeln, dürfte es Holzwürmern und Pilzbefall gewachsen sein.

Machen Sie sich klar, daß Sie nicht nur gegen die Symptome, sondern auch gegen die Ursachen von Feuchtigkeit vorgehen müssen.

Trockenfäule
Anzeichen für Trockenfäule in Holz sind eine matte, braune Farbe, rissiges und verzogenes Holz und ein modriger Geruch. Graue Pilzfäden oder ein fortgeschrittener Pilzbefall, der schmutziger Baumwolle ähnelt, kann ebenfalls zu sehen sein. Sobald sich der Pilzbefall weiter ausbreitet, bilden sich rostrote Flecken und ovale Pilzkörper, und Risse entstehen auch quer zur Maserung.

Sobald Sie Trockenfäule entdecken oder vermuten, sollten Sie etwas dagegen unternehmen und sich dazu an einen Fachmann wenden. Bei Holz müssen sämtliche befallenen Stellen weiträumig ausgeschnitten und verbrannt werden. Bei Verputz müssen die befallenen Stellen mit einem Rand von 300 mm von der Mauer abgelöst werden. Andere Materialien, wie Erde oder Schutt, mit Anzeichen von Pilzbefall müssen ebenfalls entfernt und die zurückbleibenden Oberflächen mit einem Fungizid behandelt werden. Behandeln Sie auch alle neuen Holzteile unbedingt mit einem Konservierungsmittel.

Naßfäule
Holz, in dem sich Naßfäule ausgebreitet hat, muß dazu erst feucht geworden sein. Versuchen Sie daher, die Ursache für die Feuchtigkeit ausfindig zu machen und zu beseitigen. Schneiden Sie dann das befallene Holz aus und ersetzen es durch neues, und behandeln Sie alle Holzteile mit einem Fungizid. Sorgen sie auch für bessere Belüftung.

Bei größeren Ausschnitten ist es meist günstiger, ein neues Holzstück einzusetzen als sie mit einer Spachtelmasse zu füllen. Schneiden Sie das neue Holz passend zu, und behandeln Sie es mit einem Pestizid und kleben es mit einem wasserfesten Harzklebstoff fest. Füllen Sie eventuelle Zwischenräume mit einer Spachtelmasse, und glätten Sie die Oberfläche.

Holzschädlinge
Die einzige Spur von Befall durch Holzschädlinge sind oft nur die vielen Löcher, die sie hinterlassen; den Käfer selbst sieht man in den seltensten Fällen. Die Larven zerfressen das Holz von innen her; sie können – je nach Art – bis zu vier Jahre im Holz leben. Die Löcher stammen von den ausgereiften Käfern, die das befallene Holz verlassen; sie können aber fast unmittelbar nach dem Schlüpfen neue Eier legen und sich so in weiteren Bereichen ausbreiten.

Der am weitesten verbreitete Schädling ist der Holzwurm. Charakteristisch für ihn sind die runden Bohrlöcher mit einem Durchmesser von ca. 1,5 mm. Oft läßt sich schwer sagen, ob noch Holzwürmer in einem bestimmten Holzteil aktiv sind; verräterische Anzeichen sind neue Löcher oder frische, dünne längliche Kügelchen um die Löcher herum. Sorgfältig beobachten!

Andere Holzschädlinge sind der Holzbock, der das Splintholz junger Laubbäume befällt, und der Klopfkäfer.

Auch Termiten können – vor allem in einigen Gegenden in den Vereinigten Staaten – ein Problem darstellen.

Wie stark tragende Holzteile geschädigt sind, können Sie durch Hineinstechen mit einem Messer überprüfen – je weicher das Holz ist, desto stärker ist es geschädigt.

Falls Dielenbretter stark befallen sind, sollten Sie auch die darunterliegenden Deckenbalken untersuchen.

Gegen geringeren Befall können Sie mit Aerosolspray oder Mitteln, die mit einem Pinsel aufgetragen werden, vorgehen. Falls es bereits schlimmer ist, sollten Sie sich an einen Fachmann wenden.

CHECKLISTE: BEI DER BESICHTIGUNG ZU BEACHTEN

Schädlinge, die Nahrungsmittel verderben und/oder Krankheiten verbreiten

NAGETIERE

Hausmäuse, Feldmäuse im Winter, Ratten und Eichhörnchen – die beiden letzteren richten größeren Schaden an.
Schaden. Der Schaden entsteht dadurch, daß sie ständig, um ihre Schneidezähne zu schärfen, an Kabeln, Leitungen, Plastikrohren usw. nagen.
Gegenmaßnahmen. Versperren Sie die Schlupflöcher mit Draht und schnell bindendem Zement, und legen Sie Köder mit rasch wirkendem Gift aus.

VÖGEL

Wie z. B. Tauben, Stare, Möwen, Sperlinge usw.
Schaden. Die Nester können Schornsteine und Dachrinnen verstopfen und Dachziegel lockern, so daß Fäulnis das Dach angreift. Tauben- und Starschwärme können Mauerwerk beschädigen. (Vogelnester und -kot sind Brutstätten für Fliegen, Würmer, Flöhe usw.)
Gegenmaßnahmen. Entfernen Sie Nester, reinigen Sie Dachrinnen und bringen Sie Drahtabdeckungen an; befestigen Sie lockere Ziegel wieder.

HOLZSCHÄDLINGE

Die Larven bestimmter im Holz brütender Käfer, wie z. B. der Holzwurm oder der Klopfkäfer.
Schaden. Die Larven fressen oft jahrelang in tragenden Holzteilen, Bodenbrettern oder Möbeln und zerstören schließlich das Holz. Nur Teak- und Mahagoniholz sind immun, Nadelbaumholz dagegen sehr anfällig. Klopfkäfer greifen nur Balken aus altem Hartholz an; sie sind an den typischen Löchern mit 2 mm Durchmesser zu erkennen.
Gegenmaßnahmen. Verwenden Sie nur vorher behandeltes Holz, und lassen Sie alle Holzteile untersuchen und gegebenenfalls behandeln. Verwenden Sie dazu Mittel wie z. B. Lindan oder Dieldrin, und erneuern Sie Insektizidpolitur in regelmäßigen Abständen.

TEPPICHSCHÄDLINGE

Schaden. Das Gefährliche an Teppich- und Pelzschädlingen sind deren Larven, die sich von Wolle, Haar, Fell und Federn ernähren. Anzeichen für Befall sind runde Löcher in Teppichen, Decken und Kleidung, oft entlang der Nähte. Sie leben auch im Staub und Schmutz unter Bodenbrettern und hinter Möbeln.
Gegenmaßnahmen. Streuen Sie Mottenpulver auf befallene Stücke, und blasen Sie Insektenpulver in Spalten. Saugen Sie mit dem Staubsauger.

MOTTEN

Die Larven von Kleidermotten ernähren sich von Wolle, Hausmottenlarven von Textilien.
Schaden. Die Larven zerfressen Wolle, Haar, Fell, Federn, Decken, Teppiche, Kleidungsstücke und Polstermöbel – vor allem wenn diese schmutzig sind.
Gegenmaßnahmen. Verwenden Sie mottensichere Teppiche, Polsterung, Vorhänge usw. Behandeln Sie befallene Stücke mit Mottenpulver, und bewahren Sie Wollsachen gut gereinigt in Tüten auf.

CHECKLISTE ZUR INSTANDHALTUNG

WAS WANN ZU ÜBERPRÜFEN IST?

Im Frühjahr

- Welche Schäden hat der Winter angerichtet?

Im Herbst

- Welche Maßnahmen müssen Sie treffen, um Ihr Haus vor Beschädigungen im Winter zu schützen?

AUSSTATTUNG

- Vergewissern Sie sich, daß die Ausstattung des Hauses in Ordnung ist. Dazu benötigen Sie u. a. eine Leiter; überprüfen Sie, ob sie intakt ist, und stellen Sie sie sicher auf.

ÜBERPRÜFEN UND REPARIEREN

- Einfachere Überprüfungen und Reparaturen, wie z. B. verstopfte Abflußrohre reinigen oder Dachbalken im Speicher überprüfen, können Sie meist selbst durchführen. Machen Sie sich aber nicht an Arbeiten, die Sie nicht erfolgreich und gefahrlos erledigen können, sondern wenden Sie sich im Zweifelsfall an einen Fachmann.

SCHORNSTEINE

Schornsteinköpfe	Falls defekt
Sind sie gut befestigt?	Neuer Mörtel
Ist die Umrandung aus Mörtel intakt?	Neuer Mörtel

Schornstein	Falls defekt
Sind die Fugen in gutem Zustand?	Neu verfugen
Hat der Schornstein irgendwo Risse? Ist er nach einer Seite geneigt?	Beratung durch einen Fachmann
Ist die Blecheinfassung zwischen Schornstein und Dach in gutem Zustand?	Einfassung erneuern

ABFLÜSSE

	Falls defekt
Sind die Gullys durch irgend etwas verstopft?	Frei machen
Fließt das Wasser einwandfrei ab?	Verstopfung beseitigen/Beratung durch einen Fachmann
Ist das Mauerwerk der Schachtöffnung in gutem Zustand?	Reparieren/Beratung durch einen Fachmann
Ist die Schachtabdeckung in gutem Zustand?	Auswechseln

REGENRINNEN

	Falls defekt
Sind die Regenrinnen verstopft (z. B. durch Blätter, Tennisbälle usw.)?	Frei machen
Verlaufen die Regenrinnen geradlinig, oder hängen sie an einer Stelle durch?	Wieder befestigen/neue Träger
Fließt das Wasser einwandfrei ab? *Bei starkem Regen oder mit Gartenschlauch überprüfen.*	Regenrinnen reinigen/Träger wieder befestigen
Sind Regenrinnen oder Fallrohre defekt, rosten sie, oder sind sie nicht mehr sicher befestigt?	Reparieren/Auswechseln
Sind die Fallrohre an Verbindungsstellen undicht?	Mit Mastix abdichten

MAUERN

Außen	Falls defekt
Verlaufen die Mauern senkrecht und geradlinig?	Beratung durch einen Fachmann
Weist das Mauerwerk Risse auf?	Beratung durch einen Fachmann
Weist der Verputz Risse auf, oder blättert er ab?	Neuer Verputz/Beratung durch einen Fachmann
Sind die Ziegel bröckelig?	Verputzen/Verkleiden/Ersatz
Sind ständig weiße Ablagerungen an alten Mauern?	Beratung durch einen Fachmann
Ist der Mörtel fest und in gutem Zustand?	Neu verfugen
Lüftungsziegel verstopft?	Reinigen
Wachsen nahe am Haus hohe Bäume?	Beratung durch einen Fachmann
Wird die Feuchtigkeitsisolierschicht durch Erde oder Mörtel überbrückt?	Entfernen

Innen	Falls defekt
Sind an den Mauern feuchte Flecken? *Suchen Sie unter Fensterbrettern und neben Kaminvorsprüngen nach Anzeichen eindringender Feuchtigkeit, und suchen Sie nach Anzeichen für hochsteigende Feuchtigkeit*	Beratung durch einen Fachmann
Gibt es Anzeichen für Kondensation im Schornstein? *Sind an nicht mehr benutzten Schornsteinen feuchte Flecken*	Für Belüftung des Schornsteins sorgen

DACH

Außen	Falls defekt
Fehlen Ziegel oder Platten, sind sie verrutscht oder beschädigt?	Ersetzen
Sitzen die Firstziegel fest auf einer Schicht Mörtel?	Neuer Mörtel
Hängt das Dach durch?	Beratung durch einen Fachmann
Sind die Dachkehlen überall sauber und in gutem Zustand?	Reparieren/Ersetzen
Ist das Kehlblech an Dachschnittstellen intakt?	Neues Blech anbringen

Innen	Falls defekt
Sind innen im Dachboden feuchte Flecken? *Nach starkem Regen nachsehen.*	Dach überprüfen/reparieren
Sind Anzeichen von Fäulnis oder anderen Fehlern am Dachstuhl zu sehen?	Beratung durch einen Fachmann
Ist der Dachboden ausreichend belüftet?	Für Belüftung sorgen
Sind an den Dachtraufen Zwischenräume für Luft?	Für Belüftung sorgen

FLACHDÄCHER

Außen	Falls defekt
Sind irgendwo Risse in der Dachpappe?	Reparieren
Sind die Anschlußstreifen zwischen Dach und Mauern in gutem Zustand?	Ersetzen

Innen	Falls defekt
Sind innen feuchte Flecken zu sehen?	Dach überprüfen/reparieren
Sind Anzeichen von Fäulnis oder Defekten an den Holzteilen zu sehen?	Beratung durch einen Fachmann

HOLZ- UND METALLTEILE

Außen	Falls defekt
Sind die Farbanstriche in gutem Zustand?	Neu streichen
Sind irgendwo Anzeichen von Fäulnis oder starkem Rost zu sehen?	Betroffene Teile erneuern
Ist der Kitt an Türen und Fenstern in Ordnung?	Ersetzen/ausbessern
Sind zwischen Rahmen und Mauern Zwischenräume?	Mit Mastix abdichten

REGISTER

Kursive Zahlen verweisen auf Illustrationen und Überschriften

A

B

C

D

E

F

N

O

P

Q

R

S

T

U

V

W

Z

QUELLENVERZEICHNIS

Die Zitate auf Seite 209 sind entnommen dem Buch *A Pattern Language* von Christopher Alexander, Sara Ishikawa, Murray Silverstein unter Mitarbeit von Max Jacobson, Ingrid Fiksdahl-King, Shlomo King (Oxford University Press, New York, 1977), Copyright © 1977 by Christopher Alexander.

Die Verleger danken den folgenden Personen und Organisationen für deren freundliche Unterstützung bei der Beschaffung von Informationen und Unterlagen für dieses Buch: den vielen geduldigen Besitzern, die es uns gestatteten, ihre Wohnungen zu besuchen und zu fotografieren; anderen, die uns halfen, die geeigneten Objekte zu finden; Linda Aitken von Hackney Council Planning Department; Rachael Chidlow; Hazel Clark; Ron Hurst von Ron Hurst Associates; Sylvia Katz; Kilkenny Shop (Dublin); Candida Lycett-Green; Lynda Relph-Knight; Yvonne Ryszkowski; Mike Ersser and Steve Burden von Tradespools Limited; John Sadler von Viewtech Ltd.

Die folgenden Nachweise der Fotografen, Agenturen, Magazine und anderer, die uns Fotos zur Verfügung stellten, einschließlich aller namentlich feststellbarer Architekten, Designer und Stilisten, werden nach der Seitenzahl aufgeführt. Die Verlage können keine weiteren Informationen geben. (Abkürzungen: CO – Conran Octopus; EWA – Elizabeth Whiting & Associates; MMC – *La Maison de Marie Claire;* WOI – *The World of Interiors).*

2 Kari Haavisto
8-9 *Maison Française/*Jean Pierre Godeaut
10-11 **links** Gilles de Chabaneix; **rechts** Millennium
12 **von links nach rechts** Sotheby's; National Trust/Tim Stephens; CO/Angelo Hornak
13 WOI/John Vere Brown
14 **links** National Trust/John Bethell; **rechts** National Trust/Horst Kolo
15 WOI/Christopher Simon Sykes
16 **von links nach rechts** Pat Hunt; Tim Street-Porter; *Ambiente/*Sebastian Giefer
17 **beide** *Ambiente/*Sebastian Giefer
18 **von links nach rechts** Picturepoint; MMC/Claude Pataut; Picturepoint
19 **von links nach rechts** Guy Bouchet; MMC/Gilles de Chabaneix; EWA/Tim Street-Porter
20 *Maison Française/*Jean Piere Godeaut
21 **oben links** Robert Harding/Gallow; **unten** *Maison Française/* Jean Pierre Godeaut; **oben rechts** PIX/Aufroy
22 **oben** ESTO/Ezra Stoller; **unten** Angelo Hornak
23 TOP/Pascal Hinous
24 Tim Street-Porter
25 **oben** *100 Idées/*Guy Bouchet (Le Foll); **unten** MMC/Gilles de Chabaneix (Josée Postic)
26 **von links nach rechts** Co/Angelo Hornak; EWA/Tim Street-Porter *(Architekt* Stephen David Ehrlich); Bridgeman Art Library
27 MMC/Gilles de Chabaneix
28 Simon Brown
29 **links** CO/Ken Kirkwood; **rechts** *Maison Française/*Jean Pierre Godeaut
30 *Maison Française/*Jean Pierre Godeaut
31 WOI/James Mortimer
32 ARCAID/Richard Bryant
33 *House & Garden* (USA)/Russell McMasters (Wohnung von John C. McGuire)
34 Peter Baistow
35 **oben** Guy Bouchet; **unten** EWA/Frank Herboldt
36 EWA/Tim Street-Porter
37 *Maison Française/*Jean Pierre Godeaut
38 Gilles de Chabaneix
39 **oben** MMC/Gilles de Chabaneix (Gabrielle Pascal, Rozensztroch); **unten** Kari Haavisto
40 EWA/Tim Street-Porter
41 Philippe Leroy
42-3 **beide** Camera Press/Bent Rej
44 *Casa Vogue/*Gaetano Mansi
46-7 **1** EWA/Tim Street-Porter *(Architekt* Spear); **2** ARCAID/Richard Bryant; **3** EWA/Neil Lorimer; **4** Michel Nahmias; **5** Gillian Darley; **6** EWA/Clive Helm; **7** Marcus Harrison; **8** *Interni/*Matteo Piazza; **9** EWA/Ann Kelley; **10** Robert Emmett Bright *(Architekt* Piero Pinto); **11** Gillian Darley; **12** Peter Baistow
50-1 **alle** Co/Simon Brown
52-3 **1** Co/Shona Wood; **2-11** Co/Ken Kirkwood; **12** CJB AO/Ken Kirkwood (*Architekten* Hunt Thompson Associates, *Tischlerei* Bukkingham McCarthy); **13-15** CO/Ken Kirkwood
62-3 CO/Michael Dunning
67 **1** Morley Von Sternberg (*Architekten* Benson & Forsyth); **2** ESTO/Peter Aaron, **3** *Casa Vogue/*Oberto Gili; **4** ARCAID/Richard Bryant (*Designer* Jon Weallans); **5** *Abitare;* **6** EWA/Gary Chowitz
68-9 **1** Trevor Horne (*Architekt* Trevor Horne); **2** *Casa Vogue/*Aldo Ballo; **3** CO/Dennis Gilbert (*Architekt* Mark Foley/Burrell Foley, Wohnung von Gough-Yates; **4** CO/Dennis Gilbert (*Architekt* Mark Foley/Burrell Foley); **5** CO/Ken Kirkwood (*Designer* George Powers)
70-1 **1** EWA/Neil Lorimer; **2, 3** Ken Kirkwood (*Architekt* Pierre Bötschi); **4** Heini Schneebeli; **5** CO/Heini Schneebeli (*Architekten* Joanna Van Heyningen und Birkin Haward); **6, 7** John Donat
72-3 **1** Gilles de Chabaneix; **2** Morley Von Sternberg (*Architekten* Benson & Forsyth); **3** EWA/Neil Lorimer; **4** Martin Charles (*Designer* Brian Muller/Wide Angle Productions); **5** EWA/Michael Nicholson; **6** Francis Machin (Machin Designs); **7** Jessica Strang (*Architekt* Oliver Morgan)
74-5 **1** Jessica Strang (*Architekt* Theo Crosby); **2, 3** CO/Heini Schneebeli (*Architekt* Richard Gooden); **4, 5** The Arkansas Office/Timothy Hursley (*Architekt* Bruce Kuwabara)
76-7 *Domus/*Aldo Ballo (*Architekt* Paolo Farina)
78-9 **1** EWA/Jay Patrick; **2** Gillian Darley; **3** Picturepoint; **4** Peter Mackertich; **5** PIX/Perdereau; **6** Marcus Harrison; **7, 8** Gillian Darley
80-1 **1** Gillian Darley; **2** Peter Mackertich; **3** Gillian Darley; **4** EWA/Ann Kelley; **5** Gillian Darley; **6** Peter Baistow; **7** Pat Hunt; **8** PIX/La Rochelle; **9** Peter Mackertich; **10** Picturepoint; **11** Bernard Leser Publications/Rodney Weidland *(Vogue Living);* **12** Gillian Darley
82-3 **1** Guy Bouchet; **2** Paul Warchol; **3, 4** ARCAID/Lucinda Lambton (*Designer* Glyn Boyd Harte); **5** MMC/Claude Pataut (Marion Bayle)
84-5 **1** EWA/Michael Nicholson; **2** Ken Kirkwood ; **3** EWA/Spike Powell (Odette Azaqury); **4** Gillian Darley; **5** Peter Baistow (*Designer* Peter Julien); **6** Gillian Darley; **7** John Vaughan; **8** Peter Baistow
86-7 Balthazar Korab (*Architekt* George Woo)
88-9 **1** ESTO/Peter Aaron; **2** Picturepoint; **3** *Abitare/*Christine Tiberghion

90-1 1 WOI/Fritz von der Schulenburg (*Architekt* Doug Patterson); **2** Gillian Darley; **3** Balthazar Korab (*Architekt* George Woo); **4** Jessica Strang (*Architekt* Theo Crosby, *Designer* Colin Forbes); **5** PIX/Schwartz; **6** Gillian Darley
92-3 **1** Australian Consolidated Press *(Belle)*; **2** EWA/Ann Kelley; **3** PIX/Mille; **4** Shona Wood; **5** EWA/Ann Kelley; **6** Bernard Leser Publications/Rodney Weidland *(Vogue Living)*
94-5 **1** Australian Consolidated Press *(Belle)*; **2** Balthazar Korab (*Architekt* S. Torre); **3** ARCAID/Lucinda Lambton; **4** EWA/Tim Street-Porter; **5** Wayne Side; **6** John Vaughan
96-7 **1** ARCAID/Richard Bryant (*Architekt* Lattimore & Sugarman); **2** John Vaughan
100-1 **1** EWA/Michael Dunne (Earl Bum Combs); **2** EWA/Tim Street-Porter (*Architekt* Piers Gough); **3** Runtal Radiators; **4** ARCAID/Richard Bryant (*Architekt* Eva Jiricna); **5** CO/Simon Brown; **6** ARCAID/Richard Bryant (*Designer* Future Systems); **7** EWA/Tim Street-Porter; **8** ARCAID/Richard Bryant (*Architekt* David Wild); **9** EWA/Michael Dunne (Bernard Hunt Associates); **10** EWA; **11** EWA/Karl-Dietrich Buhler; **12** *Abitare/*Gabriele Basilico
102-3 **1** CO/Ken Kirkwood; **2** Marcus Harrison
104-5 **1** *100 Idées/*Alex MacLean (Mahé); **2** *100 Idées/*Alex MacLean (Lebeau); **3** CO/Peter Mackertich (*Designer* Denis Masi); **4** Camera Press; **5** CO/Dennis Gilbert (*Architekten* Mark Foley/Burrell Foley); **6** *Abitare/*Gabriele Basilico
106-7 **alle** CO/Simon Brown (*Architekt* Richard Gooden)
108-9 **1** Jessica Strang (*Designer* Pieter Brattinga); **2** Gilles de Chabaneix (*Architekt* Eva Jiricna); **3** CO/Ken Kirkwood (*Architekt* Roger Mears); **4** Habitat
111 **1, 2** Alan Shortall (*Architekten* de Blacam & Meagher); **3** Bernard Leser Publications/Rodney Weidland *(Vogue Living)*; **4** EWA/Tim Street-Porter; **5** Jessica Strang
112-13 **1** Disegno Duo/L. Salvador; **2** Tim Street-Porter; **3** Philippe Leroy; **4** CO/Ken Kirkwood; **5** CO/Ken Kirkwood (*Designer* George Powers)
114-15 **beide** Ianthe Ruthven (*Malerei* Lyn Le Grice, Old Brewery Yard, Penzance, Cornwall)
116-17 **1** John Vaughan; **2** WOI/Fritz von der Schulenburg; **3** CO/Simon Brown; **4** Gilles de Chabaneix; **5** Ken Kirkwood
118-19 **1** Co/Simon Brown; **2** Peter Baistow
120-1 **1** MMC/Claude Pataut (Christine Puech); **2** EWA/Tim Street-Porter; **3** CO/Ken Kirkwood; **4** Gilles de Chabaneix; **5** Bernard Leser Publications/Rodney Weidland *(Vogue Living)*
122-3 **1, 2** *Casa Vogue/* Santi Caleca; **3, 4** EWA/Tim Street-Porter
124-5 **1** Victoria & Albert Museum; **2** Victoria & Albert Museum/aus *William Morris Textiles* von Linda Parry (Weidenfeld & Nicolson, 1983); **3-6** CO/P. J. Gates; **7** Victoria & Albert Museum; **8-10** CO/P. J. Gates; **11** Victoria & Albert Museum/Bridgeman Art Library; **12, 13** CO/P. J. Gates; **14** Collier Campbell; **15-17** CO/P. J. Gates
126-7 **1** WOI/James Mortimer; **2** Collier Campbell; **3** WOI/Tom Leighton; **4** CO/Simon Brown
128-9 **1** CO/Simon Brown; **2** Ken Kirkwood; **3, 4** CO/Simon Brown
130-1 **1** Gilles de Chabaneix; **2** Ken Kirkwood; **3** CO/Simon Brown
132-3 WOI/James Wedge
134-5 **von links nach rechts** Gillian Darley; CO/Simon Brown (*Architekten* de Blacam & Meagher); Simon Brown; Peter Baistow; Gilles de Chabaneix; EWA/Clive Helm; *Abitare/*Matteo Piazza; Clive Helm (*Architekten* Davis & Bayne)
136-7 **1** EWA/Ron Sutherland; **2** WOI/John Vaughan; **3** CO/Ken Kirkwood; **4** Sheppard Day
138-9 **von links nach rechts** Sheppard Day; Wicanders; Clive Helm (*Architekten* Davis & Bayne); MMC/Jean-Luc Eriaud; Arc Linea; CO/Peter Mackertich; Habitat; Pat Hunt (*Architekt* Georgie Wolton)
140-1 **von links nach rechts** CO/Simon Brown (*Designer* François Gilles/Interiors Paris London); CO/Simon Brown (*Architekten* de Blacam & Meagher); *Abitare/*Matteo Piazza; EWA/Michael Dunne; John Vaughan; Ken Kirkwood (Malerei Mary MacCarthy); **oben rechts** CO/Peter Mackertich (*Designer* Denis Masi)
142-3 **von links nach rechts** *Abitare/* Fabio Cianchetti; Tim Street-Porter; Simon Brown (*Designer* Chris Hesford/Astrohome); TOP/Pascal Hinous (*Designer* Jacques Grange); EWA/Michael Dunne (Sillman); Gilles des Chabaneix; Pat Hunt; MMC/Guy Bouchet
144-5 **1** CO/Peter Mackertich (*Teppiche* Helen Yardley, *Fußboden* Anton Nickson); **2** TOP/Pascal Hinous (Max and Clementine); **3** EWA/Michael Dunne
146-7 **1** CO/Simon Brown (*Designer* François Gilles/Interiors Paris London, *malerische Wirkung* Nick Fer und Michael Snyder); **2** TOP/Pascal Hinous (*Designer* Albert Pinto)
148-9 **1** CO/Simon Brown (*Designer* François Gilles/Interiors Paris London, *malerische Wirkung* Nick Fer und Michael Snyder); **2** Gilles de Chabaneix; **3** *Abitare;* **4** Paul Warchol (*Architekt* Steven Holl)
150-1 **von links nach rechts** *Abitare/* Antonia Mulas; John Vaughan; ARCAID/Lucinda Lambton (*Designer* Amanda Feilding); Gilles de Chabaneix; CO/Simon Brown (*Architekt* Ian Hutchinson); Ken Kirkwood; John Vaughan; Simon Brown (*Designer* Andrew James)
152-3 **1** Marcus Harrison; **2** EWA/Tim Street-Porter (Eric Moss); **3** Guy Bouchet; **4** Gilles de Chabaneix; **5** CO/Simon Brown (*Architekten* de Blacam & Meagher); **6** ARCAID/Richard Bryant (*Architekt* David Wild)
154-5 **von links nach rechts** *Malerei* Mary MacCarthy; Jessica Strang (*Malerei* Lyn Le Grice); MMC/Antoine Rozes; Gilles de Chabaneix; TOP/Roland Beaufre; Collier Campbell; Bill McLaughlin; Designers Guild; **oben rechts** Angelo Hornak (*Malerei* Mark Hornak)
156-7 **1** ARCAID/Richard Bryant (*Wandmalerei* Sue Ridge); **2** EWA/Spike Powell *(Wandmalerei* Tim Behrens); **3** WOI/François Halard; **4** TOP/Pascal Hinous (*Designer* Jacques Grange)
158-9 **1** Camera Press; **2** WOI/Clive Frost; **3** Martin Charles (*Designer* Brian Muller/Wide Angle Productions); **4** John Vaughan; **5** Balthazar Korab; **6** *Abitare/*Alo Zanetta
160-1 **1** CO/Simon Brown (*Architekten* de Blacam & Meagher); **2** CO/Bill Batten (*Designer* Hilary Green); **3, 4** CO/Simon Brown (*Designer* François Gilles/Interiors Paris London)
162-3 **1** Gilles de Chabaneix; **2** MMC/Antoine Rozes (Claire Hirsch-Marie); **3** Gilles de Chabaneix; **4** Tim Street-Porter; **5** EWA/Tim Street-Porter (Batey Mack); **6** *Abitare/* Daniele Consolascio; **7, 8** Guy Bouchet; **9** Tim Street-Porter; **10** John Vaughan; **11** Tim Street-Porter
164-5 Bernard Leser Publications/John Hay *(Vogue Living)*
166-7 **1** Ianthe Ruthven; **2** Brigitte Baert/Alain Dovifat; **3** Jaques Dirand; **4** CO/Peter Mackertich (*Designer* Denis Masi); **5** TOP/Pascal Hinous (*Designer* Bronner Shaul); **6** Guy Bouchet
168-9 **von links nach rechts** ARCAID/Lucinda Lambton (The Abbey Hotel, Penzance, Cornwall); Gilles de Chabaneix; Peter Baistow; David Brittain; *Maison Française/* Philippe Leroy; WOI/James Mortimer; TOP/Pascal Hinous (*Designer* Canovas); Collier Campbell
170-1 **1** WOI/James Mortimer; **2** CO/Ken Kirkwood; **3** Collier Campbell; **4** John Vaughan; **5** ARCAID/Lucinda Lambton (*Designer* Lyn Le Grice); **6** Peter Paige (*Designer* Philip Reed)
172-3 **1** EWA/Richard Davis; **2** Bill McLaughlin; **3** Guy Bouchet; **4** WOI/Clive Frost; **5** CO/Simon Brown; **6** *Abitare/*Antonia Mulas; **7** *Good Housekeeping* (UK)/Jan Baldwin (*Architekt* Penny Martin-Jones, *Baumeister* Derek Martins); **8** TOP/Pascal Hinous (*Designer* Jacques Grange); **9** Ken Kirkwood
174-5 **1** Tim Street-Porter; **2** EWA/Michael Dunne; **3** EWA/Tim Street-Porter (Lloyd Ziff); **4** Paul Warchol; **5** CO/Dennis Gilbert; **6** CO/Peter Mackertich (*Designer* Denis Masi); **7** Guy Bouchet
176-7 **1** WOI/Christopher Simon Sykes; **2** *Abitare/*Antonia Mulas; **3** Jacques Dirand; **4** John Vaughan (*Architekt* Koen van Velsen); **5** John Vaughan **6** Guy Bouchet; **7** EWA/Frank Herboldt
178-9 **1** Jessica Strang (*Designer* Sarah Lister); **2** Gilles de Chabaneix; **3** CO/Simon Brown (*Architekten* de Blacam & Meagher); **4** John Vaughan; **5, 6** Tim Street-Porter; **7** EWA/Clive Helm; **8** EWA/Jerry Tubby; **9** EWA/Frank Herboldt
180-1 **alle** EWA/Tim Street-Porter (Moore Ruble Yudell, Los Angeles)
182-3 **1** Guy Bouchet, **2** CO/Peter Makkertich (*Designer* Denis Masi); **3** EWA/Michael Dunne; **4** Tim Street-Porter
186-7 **1** Ken Kirkwood (*Designer* John Pawson); **2** CO/Ken Kirkwood; **3** WOI/John Vaughan; **4** EWA/Julian Nieman (Peter Bell & Associates); **5, 6** CO/Simon Brown; **7** CO/Simon Brown (*Architekt* Ian Hutchinson)
188-9 **1** CO/Simon Brown (*Architekt* Ian Hutchinson); **2** EWA/Clive Helm (Isobel Czarska Designs); **3** CO/Simon Brown (*Architekt* Shay Cleary); **4** EWA/Michael Dunne; **5** CO/Peter Mackertich; **6** *Good Housekeeping* (UK)/Jan Baldwin (*Bettdesign* David Colwell)
190-1 **1, 2** ARCAID/Richard Bryant (*Architekt* Eva Jiricna); **3** CO/Simon Brown (*Architekt* Shay Cleary); **4** Jessica Strang (*Designer* Gerd Seeber); **5** ESTO/Wolfgang Hoyt
192-3 **beide** EWA/Tim Street-Porter
194-5 CO/Ken Kirkwood
196-7 **1** Robert Harding/Brock; **2** WOI/James Mortimer; **3** Clive Helm (*Architekten* Davis & Bayne); **4** CO/Simon Brown (*Architekten* de Blacam & Meagher); **5** John Vaughan
198-9 **1** Fritz von der Schulenburg; **2** EWA/Tim Street-Porter (Joan Sacks); **3** *Abitare;* **4, 5** CO/Ken Kirkwood

200-1 **1** John Vaughan; **2** *Abitare;* **3** *Casa Vogue/* Giovanna Piemonti; **4** CO/Peter Mackertich; **5, 6** John Vaughan

202-3 **1** MMC/Roland Beaufre (Sylvie Hourdin); **2** Ken Kirkwood

204-5 **1** MMC/Gilles de Chabaneix (Mahé); **2** *Maison Française/*Christian Gervais; **3** CO/Simon Brown; **4** Gilles de Chabaneix

206-7 **1** ARCAID/Richard Bryant (*Designer* Peter Leonard); **2** Bruno de Hamel (*Architekt* Emilio Nadal); **3** ESTO/Wolfgang Hoyt; **4** Camera Press

209 **oben links** Ken Kirkwood; **oben rechts** EWA/Neil Lorimer; **unten links** Guy Bouchet; **unten rechts** MMC/Claude Pataut (Manon Bayle, Christine Puech)

210-11 **1** EWA/Michael Dunne (Fisher); **2** Pat Hunt (*Architekt* Rick Mather); **3** MMC/Claude Pataut (Christine Puech); **4, 5** Tim Street-Porter; **6** *100 Idées/*Guy Bouchet (Lebeau); **7** Gilles de Chabaneix; **8** Tim Street-Porter

212-13 **1** MMC/Claude Pataut (Christine Puech); **2** Gilles de Chabaneix; **3** CO/Simon Brown (*Architekt* Ian Hutchinson); **4** MMC/Jean-Luc Eriaud

214-15 **1** CO/Ken Kirkwood; **2** WOI/James Mortimer

216-17 **1** EWA/Tim Street-Porter (*Designer* Frank Gehry); **2** TOP/Pascal Hinous (*Designer* Alberto Pinto); **3** *Maison Française/*Christian Gervais; **4** *Maison Française/*Jean Pierre Godeaut

218-19 **1** ARCAID/Richard Bryant (*Architekt* Eva Jiricna); **2** CO/Ken Kirkwood; **3** WOI/John Vaughan; **4** MMC/Claude Pataut (Marion Bayle, Christine Puech); **5** Gilles de Chabaneix

220-1 **1** Pat Hunt; **2** WOI/James Mortimer; **3** Tim Street-Porter; **4** CO/Ken Kirkwood; **5** Ken Tam (*Designer* Anthony Feldman); **6** Ken Kirkwood; **7** TOP/Roland Beaufre (Gerard Garouste); **8** Tim Street-Porter; **9** Fritz von der Schulenburg

222-3 **1** Guy Bouchet; **2** CO/Ken Kirkwood; **3** CO/Simon Brown; **4** Gilles de Chabaneix; **5** Simon Brown (*Designer* Michael White); **6** Ken Kirkwood

224-5 CO/Ken Kirkwood

226-7 **1** *Sunday Express Magazine/*Simon Brown; **2** *Maison Française/* Jean Pierre Godeaut; **3** ARCAID/Richard Bryant (*Architekt* Eva Jiricna)

228-9 **1** MMC/Gilles de Chabaneix (Jacqueline Benard); **2** CO/Peter Mackertich; **3** MMC/Guy Bouchet (Mahé); **4** Bernard Leser Publications/Rodney Weidland (*Vogue Living);* **5** EWA/Tim Street-Porter (Steinberg, Binder); **6** *Abitare/*Gabriele Basilico; **7** Guy Bouchet

230-1 **1** EWA/Neil Lorimer; **2** Gilles de Chabaneix; **3** EWA/Neil Lorimer; **4** CO/Simon Brown (*Architekt* Richard Gooden)

232-3 **1** Gaggenau; **2** Bernard Leser Publications/Rodney Weidland *(Vogue Living);* **3** CO/Peter Mackertich; **4** Camera Press

234-5 **1** CO/Simon Brown; **2** *Sunday Express Magazine/*Simon Brown; **3** Miele; **4** Gaggenau; **5** EWA/Michael Dunne; **6** CO/Simon Brown

236-7 **1** Philippe Leroy; **2** Miele; **3** Habitat; **4** EWA/Tim Street-Porter; **5** CO/Simon Brown

238-9 **1** Bernard Leser Publications/Rodney Weidland *(Vogue Living);* **2** MMC/Claude Pataut (Marion Bayle); **3** *Abitare;* **4** WOI/James Mortimer; **5** EWA/Michael Nicholson (Nina Stihi); **6** EWA/John Bouchier (Michael Tilley); **7** CO/Shona Wood

240-1 **1, 2** CO/Ken Kirkwood; **3, 4** CO/Simon Brown; **5, 6** *Kitchen Choice/*Tom Leighton

242-3 **CO**/Ken Kirkwood

244-5 **1** Simon Brown; **2, 3** Guy Bouchet; **4** WOI/Fritz von der Schulenburg; **5** MMC/Guy Bouchet; **6** ARCAID/Richard Bryant (*Architekt* Eva Jiricna)

246-7 **1** ARCAID/Richard Bryant (*Möbel* Ben Fowler); **2** CO/Ken Kirkwood; **3, 4** CO/Simon Brown; **5** Clive Helm (*Architekten* Davis & Bayne); **6** MMC/Gilles de Chabaneix (Rozensztroch)

248-9 **1** EWA/Frank Herboldt; **2** John Vaughan; **3** Jacques Dirand; **4** WOI/James Mortimer; **5** Bill McLaughlin

250-1 **1** CO/Ken Kirkwood (*Designer* George Powers); **2, 3** Guy Bouchet; **4** Tim Street-Porter; **5** Jacques Dirand

252-3 **1** MMC/Jean-Luc Eriaud; **2** TOP/Pascal Hinou (*Designer* Alberto Pinto); **3** Guy Bouchet; **4** Camera Press; **5** Jessica Strang; **6** MMC/Gilles de Chabaneix (Renault)

254-5 **1** *Maison Française/*Jean Pierre Godeaut; **2** Jessica Strang (*Designer* Gerd Seeber)

256-7 **von links nach rechts** CO/Ken Kirkwood; John Vaughan; Tim Street-Porter; *100 Idées/*Gilles de Chabaneix (Garon); CO/Peter Mackertich (*Designer* Denis Masi); Habitat; CO/Ken Kirkwood (*Designer* George Powers); Conran's/Tom Hooper

258-9 **1, 2** *Abitare/*Matteo Piazza; **3** CO/Ken Kirkwood; **4** Bernard Leser Publications/Rodney Weidland *(Vogue Living);* **5** CO/Simon Brown (*Designer* François Gilles/Interiors Paris London)

260-1 **1** WOI/ames Mortimer; **2** Gilles de Chabaneix; **3** Bernard Leser Publications/Rodney Weidland *(Vogue Living);* **4** WOI/James Mortimer

262-3 **1** Conran's/Michael Weinberg; **2, 3** CO/Simon Brown; **4** Paul Warchol; **5, 6** CO/Ken Kirkwood (*Architekt* Roger Mears)

264-5 **1** Guy Bouchet; **2** John Vaughan (*Architekt* Koen van Velsen); **3** Gilles de Chabaneix; **4** *Ambiente/* Peter Moody Meyer; **5** Gilles de Chabaneix; **6** WOI/James Mortimer

266-7 **1** WOI/Fritz von der Schulenburg (*Architekt* Doug Patterson); **2** *Abitare/*Ornella Sancassani

268-9 **1** MMC/Claude Pataut (Marion Bayle); **2** Bernard Leser Publications/Duncan McNeill *(Vogue Living);* **3** Camera Press; **4** CO/Ken Kirkwood (*Architekt* Roger Mears); **5** Ken Kirkwood (*Architekt* Keith Garbett)

270-1 **von links nach rechts** EWA/Michael Nicholson; Ken Kirkwood; Gilles de Chabaneix; WOI/Ken Kirkwood; Tim Street-Porter; Guy Bouchet; MMC/Pierre Perouse (Gabrielle Pascal); Trevor Horne (*Architekt* Trevor Horne); **oben rechts** Jacques Dirand

272-3 **1** Fritz von der Schulenburg; **2** WOI/James Mortimer; **3** EWA/Friedhelm Thomas; **4, 5** Gilles de Chabaneix; **6** WOI/John Vaughan

274-5 **1** CO/Simon Brown; **2** Camera Press; **3** WOI/Ken Kirkwood; **4** Gilles de Chabaneix; **5** Camera Press; **6** WOI/Clive Frost; **7** Camera Press; **8** Simon Brown; **9** TOP/Pascal Hinous (*Architekt* Andre Laurenti); **10** Camera Press

276-7 **1** Tim Street-Porter; **2** CO/Ken Kirkwood; **3** MMC/Claude Pataut (Marion Bayle); **4** ARCAID/Richard Bryant (*Architekt* Eva Jiricna); **5** WOI/James Mortimer

278-9 ARCAID/Richard Bryant

280-1 **1** *100 Idées/*Alex MacLean (Lebeau); **2** CO/Simon Brown (*Architekten* de Blacam & Meagher); **3** ARCAID/Richard Bryant (*Architekt* Eva Jiricna); **4** Mothercare UK Limited

282-3 **1, 2** CO/David Brittain (Ken Lumsdale, *Möbel* Mothercare UK Limited); **3** Transworld Features; **4** Camera Press

284-5 **1** Transworld Features; **2** Kari Haavisto; **3** Transworld Features/Jean Pierre Godeaut; **4** Heal's; **5** ARCAID/Lucinda Lambton

286-7 **1** Transworld Features; **2** Shona Wood (*Architekt* Tom Jestico); **3** Camera Press; **4** EWA/Tim Street-Porter; **5** Syndication International

288-9 **1** Ianthe Ruthven; **2** Camera Press; **3** *Abitare/* Gabriele Basilico

290-1 TOP/Pascal Hinous (Max and Clementine)

292-3 **1** Guy Bouchet; **2** TOP/Pascal Hinous (*Designer* Daniel Kiener); **3** EWA/Tim Street-Porter; **4** EWA/Clive Helm; **5** WOI/Clive Frost

294-5 **1** Gilles de Chabaneix; **2** *Abitare/* Gabriele Basilico; **3** Tim Street-Porter; **4** ARCAID/Richard Bryant; **5** Guy Bouchet

296-7 **1** *Abitare/*Gabriele Basilico; **2** Peter Mackertich (*Designer* Denis Masi); **3** EWA/Michael Nicholson (Kit Williams); **4** MMC/Antoine Rozes (Claire Hirsch-Marie); **5** ESTO/Wolfgang Hoyt (*Architekt* Abraham W. Geller)

298-9 **1** CO/Ken Kirkwood; **2** Miele; **3** Camera Press

300-1 **1** CO/Ken Kirkwood; **2** Philippe Leroy; **3** CO/Ken Kirkwood; **4** The Design Council, London; **5** Octopus Books Ltd

302-3 MMC/Antoine Rozes (Claire Hirsch-Marie)

304-5 **1** Cobuild Design; **2** Robert J. Levin; **3** EWA/Michael Dunne; **4** Gilles de Chabaneix; **5** Robert Emmett Bright (*Architekt* Gae Aulenti); **6** Henri Gueron

306-7 **1** *House Beautiful/*Michael Skott (Dexter Design); **2** Gilles de Chabaneix; **3** Bernard Leser Publications/Greg Barrett *(Vogue Living);* **4** *Abitare/* Gabriele Basilico; **5** EWA/Richard Davies

308-9 **1, 2** Tim Street-Porter; **3-5** ARCAID/Richard Bryant (*Designer* Future Systems)

310-11 Camera Press

312-13 **1** *Maison Française/*Jean Pierre Godeaut; **2** MMC/Claude Pataut (Marion Bayle); **3** Linda Burgess; **4** John Vaughan; **5** CO/Simon Brown

314-15 **1** Marcus Harrison; **2, 3** Gillian Darley; **4** Shona Wood; **5** Simon Brown

316-17 **1** Marcus Harrison; **2** ARCAID/Lucinda Lambton; **3** Pat Hunt

318-19 **1** Gilles de Chabaneix; **2** PIX; **3** Octopus Books Ltd/Jerry Harpur; **4** Robert Emmett Bright (*Architekt* Alberto Ponis); **5** Gemma Nesbitt; **6, 7** Linda Burgess

320-1 **1** Simon Brown; **2** Camera Press; **3** Jerry Harpur (*Designer* Clifton Nurseries)

322-3 **1** Pat Hunt; **2** Jessica Strang (*Designer* Philip Mercer); **3** Ken Kirkwood; **4, 5** Pat Hunt; **6** Oxford Gallery (*Wassergitter* William Pye)

324-5 **1** ARCAID/Richard Bryant (*Designer* Baker); **2** Linda Burges; **3** Jerry Harpur; **4** Pat Hunt; **5** Jerry Harpur; **6** Robert Emmett Bright (*Architekt* Alberto Ponis)

326-7 **beide** Guy Bouchet

368 Kari Haavisto